Gedruckt mit freundlicher Unterstützung von
der Rosa-Luxemburg-Stiftung und
der Norddeutschen Stiftung für Umwelt und Entwicklung

Bibliographische Information der Deutschen Nationalbibliothek

Die Deutsche Nationalbibliothek verzeichnet diese Publikation
in der Deutschen Nationalbibliographie; detaillierte bibliographische Daten
sind im Internet über http://dnb.d-nb.de abrufbar.

© 2007 oekom, München
oekom verlag, Gesellschaft für ökologische Kommunikation mbH
Waltherstrasse 29, 80337 München

Umschlagabbildung: Arno Krause
Druck: DIP – Digital-Druck Witten
Gedruckt auf FSC-zertifiziertem Papier

Alle Rechte vorbehalten
ISBN 978-3-86581-059-5

Hermann Behrens, Jens Hoffmann (Bearb.)

Umweltschutz in der DDR

Analysen und Zeitzeugenberichte

Band 2
Mediale und sektorale Aspekte

Ausgeschieden von
Landtagsbibliothek
Magdeburg
am 6.5.25

Institut für Umweltgeschichte und Regionalentwicklung e.V. (Hg.)
Hermann Behrens und Jens Hoffmann (Bearb.):

UMWELTSCHUTZ IN DER DDR

Band 2: Mediale und sektorale Aspekte

Vorwort

Uwe Wegener und Lutz Reichhoff Gestaltung und Pflege der Landschaft	1
Olaf Gloger Entwicklung der Landschaftsschutz- und Erholungsgebiete im ehemaligen Bezirk Frankfurt (Oder)	27
Hermann Könker Komplexe Standortmeliorationen	45
Hans-Joachim Mohr Die Entwässerung landwirtschaftlicher Nutzflächen: Schwerpunkt der Meliorationstätigkeit 1960–1990 – ein kritischer Rückblick	59
Hans-Friedrich Joachim Zum Flurholzanbau und zur Flurholzwirtschaft	81
Hans-Friedrich Joachim Zur Pappel- und Weidenforschung und zum Anbau dieser schnellwüchsigen Baumarten	107
Karl Heinz Großer Der Wald in der Umweltpolitik	127
Ulrich Mittag Dorfplanung und Umwelt	143

Joachim Bencard (†) 179
Der Küstenschutz

Manfred Simon 187
Zur institutionellen Entwicklung der Wasserwirtschaft bis 1990 –
Schwerpunkt: Aufgaben der Wasserbewirtschaftung

Helmut Klapper 215
Gewässerschutz aus persönlicher Sicht eines Hydrobiologen

Helmut Klapper 233
Gewässerschutz und Gewässernutzung im Spannungsfeld zwischen
Ökologie und Ökonomie

Walter Haase 245
Modernisierung und Automatisierung kommunaler
Abwasserreinigungsanlagen

Kurt Kutzschbauch 263
Abprodukteanfall und -nutzung, speziell Berlin-Ost sowie
ausgewählte Ergebnisse der Forschungsgruppe „Umwelt" des
Zentralinstituts für Wirtschaftswissenschaften an der Akademie
der Wissenschaften der DDR – ein Zeitzeugenbericht

Rolf Donner 301
Abproduktenmessen

Susanne Hartard und Michael Huhn 309
Das SERO-System

Ernst Ramin 335
Verwirklichte und andere Ideen des Umweltschutzes:
Drei Beispiele aus einem Vierteljahrhundert der Tätigkeit
in der Ostberliner Stadtreinigung

Giselher Schuschke, Günther Brüdigam & Werner Schirmer 341
Lärmschutz

Manfred Mücke 371
Umweltschutz durch Bergrecht

Albrecht Krummsdorf 395
Wiederurbarmachung und Rekultivierung im Braunkohlenbergbau

Sebastian Pflugbeil 415
Der radikale Ausstieg – wenig beachtete Früchte der Revolution von 1989

Grafiker für das Motiv des Einbandes, Autorinnen, Autoren 427

Abkürzungen

a	Jahr
AAT	Abproduktarme Technologie
ABI	Arbeiter- und Bauern-Inspektion
Abs.	Absatz
Abschn.	Abschnitt
Abt.	Abteilung
ABZ	Aufbereitungszentren
ACZ	Agrochemische Zentren
AdL	Akademie der Landwirtschaftswissenschaften
AdW	Akademie der Wissenschaften
AFT	Abproduktfreie Technologie
AfW	Amt für Wasserwirtschaft
AG (Z)	Zentrale Arbeitsgemeinschaft
AG	Arbeitsgruppe
AICB	Association International Contre le Bruit
AIV	Agrarindustrielle Vereinigung (Pflanzenproduktion)
AK	Arbeitskraft
AO	Anordnung
AROS	altrohstoffhaltiges (Papier)
Art.	Artikel
ASE	Arbeitsstab Elbe
ASP	Annahme-Stützpunkt
ASR	Akademie für Staats- und Rechtswissenschaften
AST	Aufgabenstellung
Az.	Aktenzeichen
BA / Barch	Bundesarchiv
BBergG	Bundesberggesetz
BBodSchG	Bundesbodenschutzgesetz
BFA	Bezirks-Fachausschuss
BfT	Büro für Territorialplanung
BGBl.	Bundesgesetzblatt
BGH	Bundesgerichtshof
BHI	Bezirkshygieneinspektion
BImSchV	Verordnung zur Durchführung des Bundes-Immissionsschutzgesetzes
BK	Braunkohle
Bl.	Blatt
BMBF	Bundesministerium für Bildung und Forschung
BPA	Bezirks-Parkaktiv
BPK	Bezirksplankommission
BRD	Bundesrepublik Deutschland
BSB	Biochemischer Sauerstoffbedarf
BStU	Bundesbeauftragte für die Unterlagen des Staatssicherheitsdienstes der ehemaligen Deutschen Demokratischen Republik
BTG	Brennstofftechnische Gesellschaft
Buchst.	Buchstabe
BUND	Bund für Umwelt und Naturschutz Deutschland
BVS	Bundesvereinigung gegen Schienenlärm
BVZ	Bundesvereinigung gegen Fluglärm

bzw.	beziehungsweise
C	Kohlenstoff
CDU	Christlich Demokratische Union
CDUD	Christlich-Demokratische Union Deutschlands
CKB	Chemisches Kombinat Bitterfeld
cm	Centimeter
CN	Cyanid
CO_2	Kohlendioxid
COMECON	Council of Mutual Economic Aid, englisch für: RGW, Rat für gegenseitige Wirtschaftshilfe
ČSFR	Tschechoslowakische Bundesrepublik, Tschechoslowakei
ČSSR	Tschechoslowakische Sozialistische Republik
$CuSO_4$	Kupfersulfat
d.h.	das heißt
DAL	Deutsche Akademie der Landwirtschaftswissenschaften
DAL	Deutscher Arbeitsring für Lärmbekämpfung e.V.
DB	Durchführungsbestimmung
DBA	Deutsche Bauakademie
DBD	Demokratische Bauernpartei Deutschlands
DDR	Deutsche Demokratische Republik
DDT	Dichlordiphenyltrichlorethan
DEFA	Deutsche Film AG
DGAW	Deutsche Gesellschaft für Abfallwirtschaft
DIN	Deutsches Institut für Normung e. V.
DK	Düngekalk
DKB	Deutscher Kulturbund
DM	Deutsche Mark
DSD	Duales System Deutschland
dto.	dito
DVO	Durchführungsverordnung
EAK	Eigenaufkommen
ebd.	ebenda
ECE	Economic Commission for Europe
EDV	Elektronische Datenverarbeitung
EG	Europäische Gemeinschaft
EGW	Einwohnergleichwerte
EU	Europäische Union
evtl.	eventuell
EW	Einwohner
f.	für
FAG	Facharbeitsgruppe
FB	Flussbereiche
FDGB	Freier Deutscher Gewerkschaftsbund
FDJ	Freie Deutsche Jugend
ff.	und folgende
FFH	Flora-Fauna-Habitat
FGW	Friedländer Große Wiese
FH	Fachhochschule
FN	Forstwirtschaftliche Nutzfläche
Fn.	Fußnote
FND	Flächennaturdenkmal

FZWT		Forschungszentrum für Wassertechnik
g		Gramm
GBl.		Gesetzblatt
GE		Grundsatzentscheidung
ggf.		gegebenenfalls
GHU		Gesellschaft für Hygiene und Umweltmedizin
GJ		Gigajoule
GmbH		Gesellschaft mit beschränkter Haftung
GNU		Gesellschaft für Natur und Umwelt
GST		Gesellschaft für Sport und Technik
GVS		Geheime Verschlusssache
GWR		Grundwasserregulierung
h		Stunde
H_2S		Schwefelwasserstoff
ha		Hektar
HAB		Hochschule für Architektur und Bauwesen (Weimar)
HEK		schlagbezogene Höchstertragskonzeption
Hg.		Herausgeber
HNO		Hals-Nasen-Ohren
HO		Handelsorganisation
HUB		Humboldt-Universität Berlin
i.d.R.		in der Regel
i.V.m.		in Verbindung mit
IAEA		International Atomic Energy Agency, Internationale Atomenergiebehörde
IBP		Industrielle Bruttoproduktion
ICSU		International Council of Scientific Union/Internationaler Rat der Wissenschaftlichen Union
IFG		Industriefachgruppe
IfK		Institut für Kommunalwirtschaft
IfS		Institut für Sekundärrohstoffwirtschaft
IfU		Institut für Umweltschutz
IfW		Institut für Wasserwirtschaft
IG		Interessensgemeinschaft
IGA		Internationale Gartenausstellung
IGBP		Internationales Geosphäre-Biosphäre-Programm
IGG		Institut für Geographie und Geoökologie Leipzig der AdW
ILN		Institut für Landesforschung und Naturschutz, später: für Landschaftsforschung und Naturschutz
IM		Inoffizieller Mitarbeiter des MfS, folgende Kategorien:
	FIM	Führungs-IM
	GMS	Gesellschaftlicher Mitarbeiter des MfS für Sicherheit
	IMB	Inoffizieller Mitarbeiter des MfS zur Bearbeitung im Verdacht der Feindtätigkeit stehender Personen
	IME	Inoffizieller Mitarbeiter des MfS im besonderen Einsatz
	IMK	Inoffizieller Mitarbeiter des MfS zur Sicherung der Konspiration
	IMK/KW	Inoffizieller Mitarbeiter des MfS, der konspirativ Räume zur Verfügung stellte
	IMS	Inoffizieller Mitarbeiter des MfS zur Sicherung eines Objekts oder Bereichs
ISW		Ingenieurschule für Wasserwirtschaft
IUCN		International Union for Conservation of Nature

IUGR	Institut für Umweltgeschichte und Regionalentwicklung e.V. an der Hochschule Neubrandenburg (Mecklenburg-Vorpommern)
IWWU	Institut für Weiterbildung, Wasser und Umwelt
KAP	Kooperative Abteilung Pflanzenproduktion
Kap.	Kapitel
KB	Kulturbund (der DDR)
KDT	Kammer der Technik
KFA	Komplexe Forschungsaufgabe
KFA	Kraftwerks-E-Filterasche
KFA	Komplexe Forschungsaufgabe
kg	Kilogramm
KHI	Kreishygieneinspektion
KIM	Kombinat Industrielle Mast
KKW	Kernkraftwerk
KMU	Karl-Marx-Universität (Leipzig)
KPD	Kommunistische Partei Deutschlands
kWh	Kilowattstunde
KWP	Kombinat Wassertechnik und Projektierung
LäSG	Lärmschutzgebiete
LAWA	Länderarbeitsgemeinschaft Wasser
LDPD	Liberal-Demokratische Partei Deutschlands
L_{eq}	äquivalenter Dauerschallpegel
lfm.	laufender Meter
LKG	Landeskulturgesetz
LKW	Lastkraftwagen
LN	Landwirtschaftliche Nutzfläche
LPG	Landwirtschaftliche Produktionsgenossenschaften, (T) = Tierproduktion; (P) = Pflanzenproduktion
LSG	Landschaftsschutzgebiet
lt.	laut
M	Mark der DDR
m	Meter
m.E.	meines Erachtens
m.W.	meines Wissens
m.w.N.	mit weiteren Nachweisen
m^3	Kubikmeter
MAB	(Kombinat) Metallaufbereitung
MAB	Man and the Biosphere
MAS	Maschinen-Ausleihstation
M-B-S	Mecklenburgisch-Brandenburgische Seenplatte
MDN	Mark Deutscher Notenbank (später Mark der DDR)
ME	Mengeneinheit
MFD	Maulwurffräsdränung
MfG	Ministerium für Gesundheitswesen
MfS	Ministerium für Staatssicherheit
MfUW	Ministerium für Umweltschutz und Wasserwirtschaft
mg	Milligramm
MGK	Ministerium für Glas- und Keramikindustrie
MHF	Ministerium für Hoch- und Fachschulwesen
Mio.	Million(en)
MIT	Massachusetts Institut of Technology

MJ	Megajoule
MLF	Ministerium für Land- und Forstwirtschaft
mm	Millimeter
MMK	mittelmaßstäbige Standortkartierung
MMM	Messe der Meister von Morgen
MPS	Material Product System
Mrd.	Milliarde(n)
MTS	Maschinen-Traktoren-Station
M-V	Mecklenburg-Vorpommern
MW	Megawatt
MWT	Ministerium für Wissenschaft und Technik
N	Stickstoff
$NaNO_3$	Natriumnitrat
NATO	North Atlantic Treaty Organisation, auch: Nordatlantikvertrag-Organisation
Nbg.	Neubrandenburg
ND	Naturdenkmal
NDPD	Nationaldemokratische Partei Deutschlands
NGO	Non-Governmental Organization, Nichtstaatliche Organisation
NH_3	Ammoniak
NN	Normalnull
NO_3	Nitrat
NÖS	Neues Ökonomisches System
NO_x	Stickoxyde
NPT	Treaty on the Non-proliferation of Nuclear Weapons, Atomwaffensperrvertrag
Nr.	Nummer
NSG	Naturschutzgebiet
NSW	Nicht Sozialistisches Wirtschaftsgebiet
NVA	Nationale Volksarmee
o.a.	oben angeführt
O_2	Sauerstoff
OECD	Organisation for Economic Cooperation and Development, Organisation für wirtschaftliche Zusammenarbeit und Entwicklung
OFM	Oberflussmeisterei
OGK	Ortsgestaltungskonzeption
OM	Ordentliches Mitglied
OPEC	Organization of the Petroleum Exporting Countries, Organisation erdölexportierender Länder
OPK	Einleitung einer Operativen Personenkontrolle (Maßnahme des MfS)
OV	Operativer Vorgang
PE	Polyethylen
PVC	Polyvinylchlorid
rd.	rund
RdB	Rat des Bezirks
RdK	Rat des Kreises
RdL	Reinhaltung der Luft
Red.	Redaktion
RWV	rationelle Wasserverwendung
SAAS	Staatliches Amt für Atomsicherheit und Strahlenschutz
SAPMO	Stiftung Archive der Parteien und Massenorganisationen der DDR im Bundesarchiv
SAW	Sächsische Akademie der Wissenschaften

SBA	Staatliche Bauaufsicht
SBBI	Staatliches Büro für die Begutachtung von Innovationsvorhaben
SDAG	Sowjetisch-Deutsche Aktiengesellschaft Wismut
SED	Sozialistische Einheitspartei Deutschlands
SERO	Sekundärrohstoffwirtschaft
SKE	Steinkohleeinheit
SKF	Staatliches Komitee für Forstwirtschaft beim Rat für landwirtschaftliche Produktion und Nahrungsgüterwirtschaft der DDR
SKG	Ständige Kontrollgruppe Anlagensicherheit
SMAD	Sowjetische Militäradministration
SN	Sonstige Nutzfläche
SNA	System of National Accounts
SO_2	Schwefeldioxid
SPD	Sozialdemokratische Partei Deutschlands
SPK	Staatliche Plankommission
StAUN	Staatliches Amt für Umwelt und Natur
StAWA	Staatliches Amt für Wasser und Abfall
StFB	Staatlicher Forstbetrieb
StGB	Strafgesetzbuch
StK	Ständige Kommission
StUG	Studienarchiv Umweltgeschichte des Instituts für Umweltgeschichte und Regionalentwicklung e.V. an der Hochschule Neubrandenburg
STUI	Staatliche Umweltinspektion
t	Tonne
Tab.	Tabelle
TEK-LP	Territoriale Entwicklungskonzeption - Landschaftsplan
TGL	Technische Güte- und Leistungsbedingungen
TÖZ	Technisch-ökonomische Zielstellung
TPAH	Thermoplastabfälle aus Haushalten
TR	Totalreservat
Tsd.	Tausend
TSM	Talsperrenmeisterei
TU	Technische Universität
TWBA	Tiefenwasserbelüftungsanlage
u.a.	und andere, unter anderem
u.a.m.	und andere(s) mehr
UBA	Umweltbundesamt
UdSSR	Union der Sozialistischen Sowjetrepubliken (auch Sowjetunion)
UFZ	Umweltforschungszentrum
UNEP	United Nations Environment Programme, Umweltprogramm der Vereinten Nationen
UNESCO	United Nations Educational, Scientific and Cultural Organization, Organisation der Vereinten Nationen für Bildung, Wissenschaft und Kultur
UNO	United Nations Organization, Vereinte Nationen
USD	US-Dollar
usw.	und so weiter
UTG	Umwelttechnische Gesellschaft
UVP	Umweltverträglichkeitsprüfung
UWE	Abteilung Umweltschutz, Wasserwirtschaft und Erholung beim Rat des Bezirkes
v.a.	vor allem
v.H.	von Hundert

VbE	Verrechenbare Einheit
VD	Vertrauliche Dienstsache
VdgB	Vereinigung der gegenseitigen Bauernhilfe
VDI	Verein Deutscher Ingenieure
VE	Verrechnungseinheit
VEB	Volkseigener Betrieb
VEB FWV	Volkseigener Betrieb Fernwasserversorgung
VEB GuM	Volkseigener Betrieb der Gewässerunterhaltung und des Meliorationsbaus
VEB WAB	Volkseigener Betrieb der Wasserversorgung und Abwasserbehandlung
VEG	Volkseigenes Gut
Verf.	Verfasser
vgl.	vergleiche
VKSK	Verband der Kleingärtner, Siedler und Kleintierzüchter
VM	Valutamark
VÖW	Vereinigung für ökologische Wirtschaftsforschung e.V.
VR	Volksrepublik
VS	Verschluss-Sache
VVB	Vereinigung Volkseigener Betriebe
VVS	Vertrauliche Verschlusssache
VWR	Volkswirtschaftsrat
WBZ	Weiterbildungszentrum
WHO	World Health Organization, Weltgesundheitsorganisation
WN	Wasserwirtschaftliche Nutzfläche
WTR	Wissenschaftlich-Technische Revolution
WTZ	Wissenschaftlich-Technisches Zentrum
WWD	Wasserwirtschaftsdirektion
z.B.	zum Beispiel
z.T.	zum Teil
ZAK	Zentraler Arbeitskreis
ZBE	Zwischenbetriebliche Einrichtung
ZfK	Zentralinstitut für Kernforschung (Rossendorf)
ZGB	Zivilgesetzbuch
ZI	Zentralinstitut
Ziff.	Ziffer
ZIW	Zentralinstitut für Wirtschaftswissenschaften
ZK	Zentralkomitee
ZME	Zentralmodell Elbe
ZNV	Zentrale Naturschutzverwaltung
ZUG	Zentrum für Umweltgestaltung

Bezirke in der Deutschen Demokratischen Republik

Bezirke und Kreise in der DDR, Karte aus Geographie. Lehrbuch für Klasse 10. Ökonomische Geographie der sozialistischen Staatengemeinschaft und der Deutschen Demokratischen Republik, Berlin 1987, 3. Umschlagseite. Bezirke: 1 – Berlin (DDR), 2 – Cottbus, 3 – Dresden, 4 – Erfurt, 5 – Frankfurt/Oder, 6 – Gera, 7 – Halle, 8 – Karl-Marx-Stadt, 9 – Leipzig, 10 – Magdeburg, 11 – Neubrandenburg, 12 – Potsdam, 13 – Rostock, 14 – Schwerin, 15 - Suhl

Vorwort

Der Umweltschutz hatte Ende der 1980er Jahre in den Augen der Bevölkerung der Deutschen Demokratischen Republik insbesondere in den Industrieregionen in den Süd-Bezirken höchste Priorität. Auseinandersetzungen um Umweltprobleme wurden in diesen Regionen zunehmend öffentlich ausgetragen. Eine Bewegung „oppositioneller" Umweltgruppen entstand. In der Bundesrepublik erfreute sich vor allem der Teil dieser „oppositionellen" Umweltbewegung einer großen Aufmerksamkeit, der unter dem Dach der evangelischen Landeskirchen arbeitete.

Der Umweltschutz war in der Zeit der „Wende" auch einer der wichtigsten Diskussionspunkte am „Runden Tisch der DDR". Erste Umweltbilanzen erschienen mit dem „Umweltbericht der DDR", die auch eine empirische Grundlage für Urteile über die Umweltpolitik der DDR bildeten. Auch auf dem Gebiet der alten Bundesrepublik erlebte das Interesse am Thema „Umweltschutz in der DDR" in den ersten Jahren nach der Vereinigung der beiden deutschen Staaten einen kurzen Aufschwung. Dann ebbte es deutlich ab und ist heute fast „verschwunden".

In vorliegenden Rückblicken herrscht häufig ein negatives Urteil vor: Für die einen gab es eine Umweltpolitik, die ihren Namen verdiente, nicht. Für die anderen war sie theoretisch vorbildlich, aber praktisch ebenfalls nicht vorhanden. Für Dritte zeigten nur die (oppositionellen) Umweltgruppen unter dem Dach der evangelischen Landeskirchen umweltpolitische Verantwortung.

Das vorliegende Werk bietet genügend Grundlagen für ein differenzierteres Bild: Zahllose Expertinnen und Experten haben sich in unterschiedlichen Arbeitszusammenhängen engagiert für den Erhalt der natürlichen Lebensgrundlagen in der DDR eingesetzt, für Bodenschutz, Gewässerschutz und Schutz vor Lärm, für die Luftreinhaltung, für Naturschutz und Landschaftspflege.

Für die vorliegende Beitragssammlung in 3 Bänden konnten insgesamt 44 Autoren und 2 Autorinnen gewonnen werden, die überwiegend Zeitzeugen und Zeitzeuginnen sind und in vielen Fällen jahrzehntelang im Bereich Umweltforschung, Umweltschutz und Umweltgestaltung arbeiteten. Sie äußern sich zu vielen bisher nicht oder nur wenig bearbeiteten Themenstellungen. Sie beschreiben Chancen und Hemmnisse, Reichweite und Grenzen für eine erfolgreiche Umweltpolitik im untergegangenen zweiten deutschen Staat.

Im **Band 1** finden sich Analysen und Zeitzeugenberichte zu den Rahmenbedingungen der Umweltpolitik in der DDR. Im Sinne einer Einführung gibt *Behrens* eine Übersicht über seit 1990 erschienene Rückblicke auf den Umweltschutz in der DDR insgesamt oder auf einzelne Bereiche der Umweltpolitik. Auf dieser Grundlage werden einige Forschungsdefizite benannt. *Hoffmann* und *Behrens* stellen daraufhin die Organisation des Umweltschutzes in der DDR dar. Danach wird die Entwicklung der wesentlichen Umweltschutz-Begriffe (*Krummsdorf*) dargestellt. Es folgen Analysen zu den stofflichen Rahmenbedingungen der Umweltpolitik (*Tammer*), zum Umweltrecht (*Oehler*), zur sozialistischen „Reproduktionstheorie" (*Tjaden*), zu Aspekten der Umweltphilosophie (*Löther, Hörz*) und zur Wahrnehmung der „Umweltfrage" in der belletristischen Literatur (*H. Knabe*). Beispielhaft werden schließlich Umweltprobleme und Umweltpolitik auf bezirklicher (regionaler) Ebene dargestellt (Beiträge *Herrmann* und *Behrens*).

Im **Band 2** folgen mediale und sektorale Betrachtungen der Umweltpolitik der DDR mit Beiträgen zu Problemen des Naturschutzes und der Landschaftspflege bzw. der Landeskultur in Agrarlandschaften sowie zum Schutz und zur Entwicklung der Wälder (*Wegener & Reichhoff, Gloger, Könker, Mohr, Joachim, Großer*), zur Umweltrelevanz der Dorfplanung (*Mittag*), zum Gewässer- und Küstenschutz (*Klapper, Simon, Bencard und Haase*), zur Sekundärrohstoffwirtschaft (*Kutzschbauch, Donner, Ramin, Hartard und Huhn*), zum Lärmschutz (*Schuschke, Brüdigam und Schirmer*), zum Bodenschutz in Bergbaulandschaften (*Mücke, Krummsdorf*) und schließlich zum Ausstieg aus der Atomenergienutzung (*Pflugbeil*).

Im **Band 3** widmen sich die Autoren und die Autorin dem Themenbereich „beruflicher, ehrenamtlicher und freiwilliger Umweltschutz". Es werden von Zeitzeugen neben dem Beirat für Umweltschutz beim Ministerrat der DDR (*Oehler*) und dem Rat für Umweltforschung beim Präsidium der Akademie der Wissenschaften der DDR (*Mundt*) die Klasse Umweltschutz und Umweltgestaltung an der Akademie der Wissenschaften (*Kroske*) und die Sektion Landeskultur der Deutschen Akademie der Landwirtschaftswissenschaften – später Akademie der Landwirtschaftswissenschaften – (*Bauer*) vorgestellt. *Behrens* stellt das Institut für Landschaftsforschung und Naturschutz vor, *Zuppke* das Zentrum für Umweltgestaltung. *Mohry* gibt einen Überblick über die 290.000 „Experten-Köpfe" zählende Kammer der Technik. Der Umweltbewegung der DDR widmen sich *Behrens, Gensichen* und *Beleites*. *Simon* und *Rogge* stellen den Bezirksfachausschuss Wasser der Gesellschaft für Natur und Umwelt im Kulturbund der DDR im Bezirk Magdeburg als Beispiel für ehrenamtlichen und freiwilligen Gewässerschutz dar. Beispiele für die hochschulgebundene Umweltforschung und ein Bericht über eine frühe studentische Umweltschutzinitiative in Tharandt (Sachsen) folgen (*Hänsel, Krummsdorf, Fritsche, Dobberkau, Stottmeister und W. Knabe*). Ein Beitrag über Umweltplakate in der DDR beschließt den dritten Band (*Behrens* und *Hoffmann*).

Insgesamt zeigt sich, dass es in der Geschichte der DDR-Umweltpolitik mindestens vier Phasen gab, die jede für sich interessante Ansätze und Entwicklungen bergen, deren weitere Untersuchung sich lohnen wird: Die Phase bis Anfang der 1960er Jahre, zu der als innovative Ansätze die „Landschaftsdiagnose der DDR", das Naturschutzgesetz der DDR von 1954 oder die „landschaftsgebundenen Tagungen" gehören, dann die Phase, in der als modernes Umweltschutzgesetz, das ohne wirksame Durchführungsverordnungen blieb, das Landeskulturgesetz entstand, das 1970 verabschiedet wurde. Diese Phase endete mit der Einrichtung des Ministeriums für Wasserwirtschaft und Umweltschutz 1972. Danach beginnt bereits die Phase der Stagnation – wesentlich mit hervorgerufen durch die Verschärfung der Rohstoff- und Energiesituation durch den „Ölschock" Mitte der 1970er Jahre und die damit verbundene Renaissance der Braunkohle – und schließlich, seit Mitte der 1980er Jahre, die des Niedergangs, zu deren Merkmalen das Entstehen oppositioneller bzw. autonomer Umweltgruppen gehörte.

Die Bearbeiter und das Institut für Umweltgeschichte und Regionalentwicklung e.V. hoffen, mit diesem umfangreichen Sammelband Neugier zu wecken „auf mehr" zum Thema Umweltschutz und Umweltgestaltung in der DDR und in den übrigen ehemaligen sozialistischen Staaten.

Dank gilt der *Norddeutschen Stiftung für Umwelt und Entwicklung* sowie der *Rosa-Luxemburg-Stiftung* für die Unterstützung der Drucklegung und des Vertriebs der vorliegenden Veröffentlichung.

Dank gilt auch den Grafikern Werner *Schinko* (Röbel) und Arno *Krause* (Hundorf bei Schwerin). Werner Schinko stellte die Grafiken für die Gestaltung der Titelseiten des ersten und dritten Bandes, Arno Krause die Grafik für die Titelseite des zweiten Bandes unentgeltlich zur Verfügung.

Hermann Behrens und Jens Hoffmann

Uwe Wegener und Lutz Reichhoff

Gestaltung und Pflege der Landschaft

1. Gesetzliche Grundlagen

Das erste Naturschutzgesetz der DDR von 1954 stand inhaltlich in der Tradition des Reichsnaturschutzgesetzes und war durch die beharrliche Initiative der Natur- und Heimatfreunde im Kulturbund als Vorschlag in die Volkskammer gekommen (vgl. REICHHOFF 1999). Im Gegensatz zum Reichsnaturschutzgesetz von 1935 waren in diesem Gesetz bereits Passagen zur Landschaftspflege enthalten.

Einen entscheidenden gesetzgeberischen Durchbruch stellte im Jahre 1970 das Landeskulturgesetz, d. h. das „Gesetz zur planmäßigen Gestaltung der sozialistischen Landeskultur in der DDR", dar. Erstmalig in Deutschland sollte in einem Gesetz das gesamte System der gesellschaftlichen Umweltbeziehungen des Menschen erfasst und gesetzgeberisch bearbeitet werden. Es ging vor allem um die Verhinderung der Luft- und Wasserverschmutzung, um die Eindämmung des Industrie- und Verkehrslärms, um die schadlose Beseitigung von Abprodukten, um die Verbesserung der Arbeits- und Lebensbedingungen der Menschen, die Sicherung und rationelle Nutzung der Naturressourcen und die Gestaltung und Pflege der Landschaft (vgl. WEINITSCHKE 1987).

Dass die Schere zwischen diesem hohen landeskulturellen Anspruch und der Wirklichkeit besonders im Umweltbereich auch aus wirtschaftlichen Gründen immer weiter auseinander ging, muss nicht gesondert betont werden. Dies begründete sich zum einen in den nicht verfügbaren Ressourcen und der geringen Effektivität der Produktion als auch zum anderen in dem von VI. Parteitag der SED festgelegten Grundsatz, dass die Landeskultur als Stütze für die Produktion gesehen werde sollte, der Produktion also ein Primat zugeordnet wurde (vgl. REICHHOFF 1999).

Die erste Durchführungsverordnung zum Landeskulturgesetz diente dem Schutz und der Pflege der Pflanzen- und Tierwelt und der landschaftlichen Schönheiten (Naturschutzverordnung).

Im Landeskulturgesetz wurde auch festgestellt, dass die Landschaftspflege nicht losgelöst von den gesellschaftlichen Entwicklungen und von den industriellen und Land nutzenden Wirtschaftszweigen gesehen werden kann. Das brachte für den

Naturschutz die Verpflichtung mit sich, das gesellschaftliche Anliegen, die Anforderungen von Landschaftspflege und Naturschutz im Verhältnis zur materiellen Produktion (Einheit von Ökonomie und Ökologie) zu formulieren. Dabei gewann die Ökonomie der Selbstversorgung zwangsweise das Übergewicht.

Im Landeskulturgesetz hatte der gestaltende Naturschutz einen festen Platz. In der Folge wurden die für den Naturschutz prioritären Funktionsbereiche und die Interferenzbereiche zur intensiven Landnutzung herausgearbeitet. Die genauere Erforschung der Landschaftselemente begann in dieser Zeit. Auch die Landschaftsplanung als Grundlage einer effektiven Landnutzung wurde erkannt, aber in der Folgezeit flächendeckend nicht entwickelt.

Dennoch kann das Landeskulturgesetz als ein Ausgangspunkt zur Erweiterung des konservierenden um den die Landschaft gestaltenden Schutz (Landschaftspflege) gesehen werden.

2. Historische Entwicklung der Landschaftspflege in der DDR

Die historische Entwicklung der Landschaftspflege wird in diesem Kapitel anhand der größten flächennutzenden Wirtschaftszweige, der Landwirtschaft und der Forstwirtschaft, dargestellt.

Die Landnutzung setzte nach 1945 dort wieder ein, wo sie vor Ausbruch des 2. Weltkrieges stehen geblieben war, dennoch waren die Bedingungen ungleich schwieriger:
- Es fehlten wichtige Ressourcen.
- Vielfach hatten Zugtiere und Maschinen die Kriegseinwirkungen nicht überstanden oder waren als Reparationsleistungen in die Sowjetunion abtransportiert worden.
- Die noch vorhandene Technik war veraltet und nicht mehr einsatzfähig.
- Es kam hinzu, dass durch Umsiedlung und Vertreibung aus Polen und Tschechien auf dem Territorium der späteren DDR wesentlich mehr Menschen lebten und ernährt werden mussten als etwa 1939.

Die Ernährung der Bevölkerung und der Besatzungstruppen hatte in den ersten Jahren absolute Priorität, hinter der die Landschaftspflege verständlicherweise zurückstand.

Die Agrarlandschaft blieb zunächst kleinflächig strukturiert. Durch die Aufteilung von Rittergütern und Großgrundbesitz nahm die landschaftliche Diversität eher noch zu. Die Artenvielfalt in der Landschaft glich in etwa der Vielfalt zur Jahrhundertwende vom 19. zum 20. Jahrhundert.

Dennoch waren die Schäden in der Landschaft nicht zu übersehen, was LINGNER (1952) in seiner Schrift „Landschaftsgestaltung" unter dem Stichwort „Alarmzeichen" beschrieb: Borkenkäfergradation in Thüringen 1947-49, Unwetterkatastrophe in Bruchstedt 1950, Wassermangel im mitteldeutschen Raum, Wassernot in Senftenberg, Wassernot im Schecktal in der Niederlausitz, Wassernot im Flusstal der Elbe u. a. Auffällige Schäden an Böden traten auch durch Wasser- und Winderosion zu Tage. Die von ihm entwickelte „Landschaftsdiagnose", Bearbeitungszeitraum 1947-1949 und 1952-1962, sollte diese Probleme sichtbar machen und zur „Heilung" beitragen. Die stark ressourcenorientierte „Landschaftsdiagnose" entfaltete aber kaum praktische Wirkungen (vgl. Hiller 2002).

Mit der Bildung erster Genossenschaften und der Konsolidierung der Volksgüter ab 1952 wurde die Intensivierung der Landnutzung vorbereitet. Diese Entwicklung hielt etwa 10 Jahre an. Bis 1962 war in der DDR die „Vollgenossenschaftlichung" in der Landwirtschaft selbst bis in die Gebirgsgegenden durchgesetzt. Dabei gab es alle Formen, vom staatlich geförderten freiwilligen Zusammenschluss bis zur Zwangskollektivierung. Ursprünglich ließen die Genossenschaften auch einen weiten Gestaltungsspielraum zu.

Die zunehmende Monotonie von großen Teilen der Agrarlandschaft führte in anderen Landschaftsteilen zu einer vermehrten Landschaftspflege:
- Die Unterschutzstellung von Ausschnitten der Landschaft als Naturschutzgebiete (NSG) oder Landschaftsschutzgebieten (LSG) nahm zu.
- Der Flurholzanbau wurde besonders in den 1950er Jahren gefördert (vgl. HORN 1956).
- Es wurden eine Reihe von Landschaftspflegeprojekten zur Rekultivierung von Heiden, Hutungen und Feuchtgrünland gefördert (u.a. die Beispiellandschaft von Georg Pniower in den Erosionsgebieten rings um den Huy – vgl. Kap. 4.1).
- In diese Zeit fällt auch der Beginn landeskultureller Forschungen insbesondere durch das Institut für Landschaftsforschung und Naturschutz Halle der AdL (ILN) und das Institut für Geographie und Geoökologie Leipzig der AdW (IGG).

Dennoch nahm die Intensivierung der Landnutzung ungleich schneller zu, als dass die Landschaftspflege dieses Defizit ausgleichen konnte. Die Schere zwischen Landnutzung und Landschaftspflege öffnete sich weiter. Die Landnutzung ging in den 1970er Jahren zu einer industriemäßigen Produktion über.

Die Pflege und Nutzung des Waldes verlief etwas anders als die Entwicklung der Landwirtschaft. Zwar hielt auch in der Forstwirtschaft die bereits im Krieg begonnene und durch die Reparationsschläge fortgesetzte Übernutzung des Waldes an (RUFFER & SCHWARZ 1984), aber bereits vom Jahre 1951 an wurde der Einschlag ganz entscheidend von 10,1 Mio. m^3/a auf 6,6 Mio. m^3/a gesenkt. Damit begann das Jahrzehnt der „vorratspfleglichen Waldwirtschaft", mit der die kriegsbedingte Übernutzung weitsichtig wieder ausgeglichen werden sollte. Landschaftspflegerische Aspekte, wie Erosionsschutz und Gewässerschutz, fanden zunehmend Berücksichtigung. Von 1961-1970 war auch in der Forstwirtschaft eine intensivere Nutzung bestimmend. Die weitere Entwicklung von 1970-1980 verlief zwiespältig. Die Großraumbewirtschaftung mit zahlreichen negativen Folgen nahm zu, gleichzeitig übernahm die Forstwirtschaft jedoch auch zahlreiche landeskulturelle Leistungen im Übergangsbereich zur Landwirtschaft, die heute undenkbar wären (WEGENER 1994).

Unter dem Druck zunehmender Waldschäden setzte von 1980 an erneut ein Umdenken ein. Landeskulturelle Funktionen wurden stärker gefördert, aber durch ausbleibende Holzimporte stieg der Holzeinschlag erneut an. Dennoch wurde das Streben nach der Einheit von Ökologie und Ökonomie auf der Forstfläche deutlich. Das Prinzip der Nachhaltigkeit der Holzproduktion war Leitmotiv der Forstwirtschaft der DDR und wurde mit Hilfe der Forsteinrichtung immer wieder durchgesetzt. Darüber können auch einzelne übernutzte Bestände oder ganze übernutzte Reviere nicht hinweg täuschen.

3. Entwicklung der Landnutzungszweige hinsichtlich Schutz und Pflege der Landschaft

3.1 Landwirtschaft

Mit mehr als sechs Mio. ha war die Landwirtschaft der umfangreichste Flächennutzer des Landes mit nachhaltigen Auswirkungen auf die Landschaftspflege. Von 1962 bis Mitte der 1980er Jahre wandelte sich die landwirtschaftliche Produktion. Wurde zunächst eine Intensivierung um jeden Preis betrieben, so ging die Landwirtschaft bedingt durch die Verknappung wichtiger Betriebsstoffe und der Energie zum ressourcensparenden Typ der Intensivierung über (SCHNURRBUSCH 1987). Anfang der 1980er Jahre bestanden in der DDR 1.065 Genossenschaften (LPG) Pflanzenproduktion, 2.819 LPG Tierproduktion sowie 69 Volkseigene Güter (VEG) Pflanzenproduktion und 332 VEG Tierproduktion (HAGEDORN et al. 1983). Landeskulturelle Leistungen der Landwirtschaft ließen sich zumeist immer nur dann verwirklichen, wenn sie mit dem intensiven Produktionsgeschehen vereinbar waren, wie z.B. der Erosionsschutz, der Flurholzanbau oder die Anreicherung der Agrarlandschaft mit Wasserspeichern zur Bewässerung.

Die Durchsetzung einer extensiven Nutzung auf 10-15 % der landwirtschaftlichen Nutzfläche (LN) zum Schutz bestandesbedrohter Tier- und Pflanzenarten,

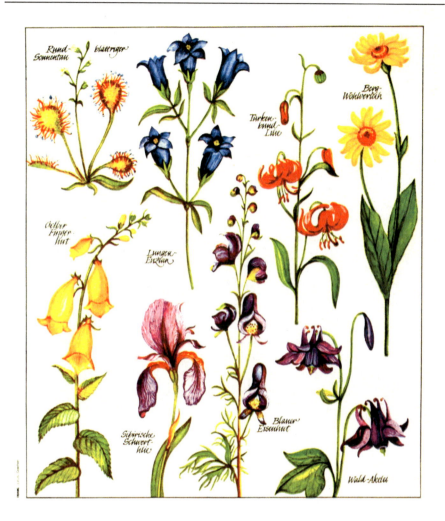

Abbildung 1: „Schützt die Sommerblüher". Herausgeber: agra Markkleeberg (1979). Gestaltung: DEWAG Leipzig, Graichen. Quelle: Plakatsammlung im Studienarchiv Umweltgeschichte des Instituts für Umweltgeschichte und Regionalentwicklung e.V. an der Hochschule Neubrandenburg

wie sie vom Naturschutz als notwendig erachtet wurde, war jedoch nahezu unmöglich.

Eine gewisse Ausnahme bildete der Schutz der Großtrappe, der in der DDR einen hohen Stellenwert hatte und auf den hier etwas ausführlicher eingegangen werden soll. So wurden in den Bezirken Potsdam, Magdeburg und Frankfurt/Oder von 1970 an großflächig Trappenschongebiete eingerichtet. In diesen Gebieten musste eine gesonderte Fruchtfolge mit einem höheren Rapsanteil, dem Anbau von Kartoffeln, Luzerne und Klee durchgesetzt werden. Der Düngereinsatz wurde begrenzt, und der Einsatz von Pflanzenschutzmitteln auf ein Minimum herabgesetzt. Die Saatgutbeizung und die Ausbringung von Giftgetreide gegen Mäuse musste ebenfalls zuverlässig verhindert werden. Auch die Ausbringung von Gülle wurde entscheidend eingeschränkt. Die Pflegearbeiten auf den Ackerflächen waren bis zum 15. April abzuschließen. Unter einem besonderen Schutz standen die Balzplätze in der Agrarlandschaft. Auch Meliorationsmaßnahmen und sonstige landschaftsverändernde Eingriffe mussten zur Brutzeit und während der Aufzucht der Jungvögel ruhen (HEIDECKE, LOEW & MANSIK 1983). Im Jahre 1979 bestanden in der DDR 25 Schongebiete mit einer mittleren Größe von 3.000 ha (DORNBUSCH 1983). Da es keine Regelung für die Entschädigung der landwirtschaftlichen Betriebe für die Trappenschutzmaßnahmen gab, glich der Trappenschutz einem jährlich sich wiederholenden Kampf um die Einhaltung der weitgefächerten Maßnahmen (LITZBARSKI & LOEW 1983, RUTSCHKE und MIETH 1966, DITTBERNER, H. u. W. 1977, LITZBARSKI 1996). Dieser Spagat zwischen Nutzung und Schutz konnte nur durch eine intensive Betreuung vor Ort, ein Auswilderungsprogramm und eine kooperative Zusammenarbeit mit den Genossenschaften, insbesondere den Traktoristen, erfolgreich gestaltet werden (LITZBARSKI & LOEW 1983). Diese Kombination von Landschaftspflege, Auswilderung und Schutz hat sich auch nach den neueren Übersichten in den Trappengebieten Brandenburgs bewährt. Zumindest gelang es mit 71-73 Alttieren den Bestandesrückgang aufzuhalten (RYSLAVY 2004).

Leichter war hingegen die völlige Ausgliederung von Flächen aus der Nutzung für den Naturschutz, bedingt durch die stark vereinfachten Eigentumsverhältnisse. Allerdings hatte hier die staatliche Leitung, wohl aus Gründen des Autarkiestrebens, wenig Interesse, den Anteil der Naturschutzflächen über 1 % der Landesfläche anwachsen zu lassen.

Die Kapazität für die Landschaftspflege, auch außerhalb der normalen Bewirtschaftung, war z.B. in den großen Meliorationskombinaten und Meliorationsgenossenschaften durchaus vorhanden. Sie befassten sich aber überwiegend mit:

- der Be- und Entwässerung; in den 1980er Jahren waren mehr als 930 000 ha bewässert.
- Insgesamt umfasste die Hydromelioration bis 1981 etwa die Hälfte der LN (SCHNURRBUSCH 1987);
- der großräumigen landwirtschaftlichen Nutzbarmachung der Moore in Mecklenburg, die nicht selten einer Vernutzung glich;
- der Anlage von Wasserspeichern im Flachland für Beregnungszwecke.

Die Bedeutung der Moore als produzierende Ökosysteme war in der DDR lange Zeit nicht oder nicht ausreichend bekannt. Nur so ist bei den großflächigen Mooren hinsichtlich des Naturschutzes und der landwirtschaftlichen Nutzung das Fehlen einer angepassten Nutzung bzw. das Fehlen eines umfassenden Schutzes noch wachsender oder wenig vernutzter Moore zu verstehen.

Die DDR verfügte über etwa 500.000 ha Moorstandorte $\cong$ 7,7 % der landwirtschaftlichen Nutzfläche. Die Moorstandorte unterlagen weitgehend einer Intensivnutzung. Bei intensiver landwirtschaftlicher Nutzung und niedrigen Grundwasserständen unter 60 cm kommt es zu einem starken Moorabbau, zu Moorsackungen und zu einer Vermullung der Oberfläche. SUCCOW (1988) bezifferte den jährlichen Torfverlust auf 3,3 Mio. t Trockenmasse bzw. 6,9 t je ha.

Auf der Grundlage der Erfahrungen in den Brandenburgischen Luchgebieten wurde auf die Vernutzung der Moore bereits 1984 hingewiesen (WEGENER) ohne dass sich für die Bewirtschaftung von landwirtschaftlichen Flächen grundsätzliche Änderungen ergeben hätten. Nach der Einschätzung von JESCHKE und ERDMANN (1984) befanden sich etwa 20 % des Niedermoor-Graslandes in einem Zustand, der kaum noch eine Nutzung zuließ.

Am ehesten war noch in Naturschutzgebieten eine Änderung der Bewirtschaftung durch Wassereinstau, Umwandlung der Ackernutzung in Grünland, Aussetzen der Stickstoffdüngung, aber Beibehaltung der Mahd, erreichbar. Daher wurde zum Teil auch mit Erfolg auf die Notwendigkeit der Unterschutzstellung noch wachsender Moore verwiesen (SUCCOW & JESCHKE 1986). In Mecklenburg waren 1986 von einer Regenmoorfläche von 4.245 ha, 1.480 ha mit wachsender Tendenz in Naturschutzgebieten erfasst (JESCHKE 1986).

Die Flurgestaltung als landeskulturelle Aufgabe erkannte man etwa seit 1970 überwiegend unter dem Aspekt der höheren Produktivität. Integriert waren aber dennoch folgende Maßnahmen:
- Einschränkung der Erosion,
- Erhaltung oder Neuanlage von Flurgehölzen,
- Verbesserung der Funktion von Fließ- und Standgewässern,
- Erhalt von Grünland, aber intensivere Nutzung,

- Schaffung verbesserter Lebensbedingungen für geschützte Pflanzen- und Tierarten. Letzteres wurde zumindest verbal angestrebt (SCHNURRBUSCH et al. 1970).

In der Landwirtschaft sollte kein m² ungenutzt bleiben. In der täglichen Praxis sah dies völlig anders aus, da die Flächenbilanz nie ermittelt oder Flurstücken nachgemessen wurden. So blieben schwer bewirtschaftbare Flächen nicht selten liegen. Das betraf im Gebirge bis zu 20 % der LN. Waldränder hatten die Möglichkeit, bis zu 10 m in die Feldflur hinaus zu wachsen, Ackerraine oder Splitterflächen blieben häufig ungenutzt. Für den Naturschutz war das ein Vorteil, wenn auch ein nicht direkt planbarer. Im Gebirge existierte ein relativ hoher Anteil privater Flächen, auf denen eine staatlich subventionierte Heuernte eingebracht wurde, durchaus auch zum Vorteil der Bergwiesenerhaltung.

Selbst in den intensiv genutzten Lössagrarlandschaften konnten noch 3-5 % extensiv bis nicht genutzte Flächen ermittelt werden, die sich in den stärker reliefierten Hügelländern bis auf 15 % (ohne die waldbestimmten Landschaftseinheiten) steigerte (vgl. REICHHOFF 1988).

Ein erhebliches Verwertungsproblem stellte mit zunehmender Konzentration der Tierproduktion und der strohlosen Aufstallung in den 1970er Jahren die Gülle dar, die in großen Mengen anfiel. Nicht selten wurde von der planmäßigen Verwertung auf Ackerflächen oder einer geordneten Deponie abgewichen und die Gülle auf Brachland, in Sölle oder Teiche oder illegal direkt in die Vorfluter verbracht. Die Begüllung von Wiesen, Magerrasen, Heiden und Gewässern entwickelte sich auch zu einem Naturschutzproblem.

Eine Landschaftsplanung nach heutigen Maßstäben existierte nicht. Zwar gab es Büros für Territorialplanung, die an regionalen Entwicklungskonzepten arbeiteten, aber nur für Sondergebiete des Bergbaues, für LSG oder für Bebauungen mündeten diese Konzeptionen auch in exakte Landschaftsplanungen. Durch den Einsatz von Bodenkommissionen in allen Kreisen war der Gesetzgeber aber bemüht, den Entzug von landwirtschaftlicher und forstlicher Nutzfläche zu minimieren.

3.2 Forstwirtschaft

Während die Einbindung von Landschaftspflegeprojekten in die Landwirtschaft nur selten gelang, waren die Aussichten für Landschaftspflege und Naturschutz in der Forstwirtschaft günstiger. Von der Integration des Naturschutzes auf ganzer Fläche sprach man in der DDR-Zeit allerdings nicht. Angesichts der großflächigen Kahlschlagwirtschaft in der Fichte und Kiefer wäre es auch vermessen gewesen, von einem Naturschutz auf ganzer Forstfläche auszugehen. Dennoch stand die

Forstwirtschaft Naturschutzprojekten durchaus aufgeschlossen gegenüber. Das hatte mehrere Gründe:
- Der Naturschutz war im Landwirtschaftsministerium bei der Hauptabteilung Forstwirtschaft angesiedelt.
- Die Mehrzahl der NSG befand sich ohnehin in Wäldern.
- Die notwendige Kapazität war in den großen Staatsbetrieben vorhanden.
- Zahlreiche Revier- und Oberförster waren ehrenamtlich im Naturschutz tätig.
- In den 1980er Jahren wurden außerdem auf Drängen der Bezirksverwaltungen Naturschutzwarte in verschiedenen Forstbetrieben der Bezirke Neubrandenburg, Cottbus, Magdeburg und Dresden eingesetzt, um Aufgaben des Naturschutzes und der Landschaftspflege vor Ort durchzusetzen (WEGENER 1998).
- Die Forstwirtschaft betreute auch die Landschaftspflegeprojekte in der waldoffenen Landschaft. Vielfach waren Projekte der Pflege und Landschaftsgestaltung nur unter Mitwirkung der Forstwirtschaft durchsetzbar.

In der universitären Ausbildung existierte in Tharandt ein Lehrstuhl Landeskultur und Naturschutz, des Weiteren eine wissenschaftliche Arbeitsgruppe Landeskultur unter der Leitung von Prof. Dr. F. Paul.

Bei der Waldbewirtschaftung der DDR wurde unterschieden zwischen:
- Schutzwäldern ohne Bewirtschaftung (Küstenschutzwald, schutzwürdige Parkanlagen, Naturwaldzellen, NSG ohne Bewirtschaftung, Erosionsschutzwälder u.a.),
- Schon- und Sonderforsten (Wälder für Versuchszwecke, Waldbrandriegel, bioklimatische Schutzgebiete, NSG, Trinkwasserschutzgebiete, Erholungswälder u.a.),
- Wirtschaftswäldern, z.T. mit Sonderbestimmungen in LSG, in Forstsaatgutbeständen (BRA 1978).

Die NSG wurden überwiegend bewirtschaftet, und für natürliche Dynamik blieb wenig Raum. Zumeist legte eine Behandlungsrichtlinie den Rahmen für die Bewirtschaftung fest. In der Regel durften die Bäume im NSG 20-30 Jahre älter werden, ein Minderheitenschutz wurde ebenso gesichert, wie der Schutz der Bodenvegetation und das Belassen von Totholz, d. h. Anforderungen, die sich heute auch ohne speziellen Schutzstatus in einem gut geführten Forstamt verwirklichen lassen.

Der Schutzstatus Landschaftsschutzgebiet (LSG) hatte auf die Intensität der Bewirtschaftung einen geringen Einfluss. Dennoch wurde in diesen Gebieten maßgeblich auf die Sicherung naturnaher Wälder, z.B. der Buchen- und Eichenwälder, hingewirkt. Landschaftstage in den verschiedenen Regionen, z.B. Thüringer Wald, Elbsandsteingebirge, Harz, Mittelelbegebiet oder Müritz-Seengebiet, setzten sich für die Durchsetzung von landeskulturellen Mindestanforderungen ein, die zum Teil auch umgesetzt wurden (vgl. AUSTER 1998). Dazu gehörten die Erhaltung des Laubwaldanteils, die Begrenzung der Kahlschläge auf 3 ha, das Belassen von Totholz und das Überhalten von wenigen Altbäumen je Revier sowie die schnelle Instandsetzung der Wege nach Fällarbeiten in Erholungsgebieten.

3.3 Wasserwirtschaft

Die DDR verfügte über einen angespannten Wasserhaushalt. Vom Wasserdargebot, das sich auf 880 m³ je Einwohner und Jahr belief, standen zur tatsächlichen Nutzung lediglich etwa 50 % zur Verfügung. Diese Situation bedingte die bilanzierte Verteilung bei intensiver Wassernutzung und eine zielgerichtete Mehrfachnutzung. Die Mehrfachnutzung war jedoch nur zu sichern mit einer ausgeprägten Wassergütebewirtschaftung. Hier stieß die DDR sehr bald an ihre Grenzen und überforderte sowohl den Landeswasserhaushalt als auch die Wasserwirtschaft, weil die Industrie des Landes extensiv erweitert wurde, die Landwirtschaft im Zuge der Intensivierung immer mehr Wasser zur Beregnung einsetzte und schließlich das Wohnungsbauprogramm überdimensionierte Trinkwasserressourcen benötigte. So verteilte sich die Abwasserlast wie in *Tabelle 1* angegeben.

Tabelle 1: Verteilung der Abwasserlast (in Mio. EGW je Jahr)

	1975	1989 (Plan)
Landwirtschaft	36	100
Industrie	46	61
Bevölkerung	17	17

Quelle: LAUTERBACH 1979

Beim Wasserverbrauch der Bevölkerung war zwar keine planmäßige Steigerung vorgesehen. Das umfangreiche Wohnungsbauprogramm führte jedoch auch in diesem Bereich zu einer exzessiven Steigerung des Verbrauchs.

Den ökonomischen Zielen der Wasserbewirtschaftung, wie effektive Nutzung des Wasserdargebots, Minimierung der Kosten der Wasseraufbereitung und Abwasserreinigung sowie Verfügbarmachung des Wasserdargebots mit möglichst geringem Aufwand, standen folgende ökologische Ziele gegenüber:

- Schutz aller Teile des Wasserkreislaufs gegen schädigende Veränderungen der Wassermenge und der Wassergüte (NEEF und NEEF 1977),
- pflegliche Nutzung des Wassers, Förderung der Gratisleistungen, Sicherung der Mehrfachnutzung,
- Sicherung der wassergebundenen Lebensgemeinschaften in allen Trophiestufen,
- Erhaltung intakter Ökosysteme im Boden und im Grundwasserbereich (WEGENER 1987).

Fließgewässer haben den intensivsten Kontakt zur umgebenden Landschaft, sie stellen das „Gefäßsystem" einer Landschaft dar. Entsprechend stark wirken sich daher auch Belastungen aus der Industrie, kommunalen Kläranlagen und der Landwirtschaft aus.

Ohne Aussicht auf generelle Besserung glichen einige Flüsse in den Industriegebieten, wie die Saale, Mulde, Pleiße oder Weiße und Schwarze Elster, eher Abwasserkanälen. Auch die Elbe als wichtigster Fluss der DDR war stark belastet. Dieses Dilemma der Vernutzung zahlreicher Flüsse wurde öffentlich nicht diskutiert. Offensichtlich waren hier bereits die ökonomischen Grenzen der DDR erreicht, wenn es um gravierende Maßnahmen der Gewässersanierung ging.

Die oben genannten ökologischen Anforderungen nach Erhaltung der wassergebundenen Lebensgemeinschaften ließen sich unter diesen Bedingungen nicht sichern. Wichtige Maßnahmen der Gewässerprophylaxe und Therapie waren:
- der Aufbau von Kläranlagen mit drei Reinigungsstufen,
- die Umstellung von abwasserintensiven Industrien bzw. die Kreislaufführung des Wassers in den Betrieben,
- die Reduzierung der flächigen Belastung der Fließgewässer und des Grundwassers durch Pestizide, Schwermetalle und Dünger aus der Landwirtschaft.

Bei letzterem Ansatz wäre nur eine flächige Einflussnahme erfolgreich gewesen, die aber nicht erfolgte. Einmal war das Problem der Eutrophierung aus der Landwirtschaft in der Praxis noch nicht ausreichend bekannt, zum anderen sollte die Landwirtschaft bei der Nahrungsgüterproduktion nicht reglementiert werden.

Der Nährstoffaustrag aus dem Einzugsgebiet hätte aber nur durch folgende Maßnahmen beeinflusst werden können:
- Düngung kulturengerecht und zum richtigen Zeitpunkt,
- weitreichende flurgestaltende Maßnahmen zur Verminderung des Nährstoffabtrags und der Erosion,
- wassergütewirtschaftliche Vorkehrungen in Tierproduktionsanlagen,
- pflanzenbauliche Maßnahmen zur Verbesserung des Nährstoffumsatzes.

Der Zustand der Standgewässer der DDR war zwar günstiger, ihre Gefährdung jedoch ebenfalls real, wobei diese wesentlich schwieriger zu sanieren bzw. zu renaturieren sind. Die Forschung auf dem Gebiet der Sanierung stehender Gewässer hatte wegen des hohen Belastungspotentials ein beachtliches Niveau erreicht und konnte auch im Weltmaßstab geeignete Technologien zur Gewässersanierung anbieten (KLAPPER 1984). Allerdings waren diese Methoden kostenintensiv und wurden überwiegend nur als Pilotprojekte in die Praxis überführt (z.b. die Tiefenwasserbelüftung, Tiefenwasserableitung, Nährstofffällung, Entschlammung, Biomasseabschöpfung – KALBE 1976; KLAPPER 1984).

Auch die kleineren Stillgewässer wurden durch Eutrophierung aus den umliegenden landwirtschaftlichen Nutzflächen schwer geschädigt. Die zeigte sich beispielsweise am Zustand der Altwasser des Mittelelbegebietes, die in ihrer Vielzahl in einen vegetations- und artenarmen, polytrophen Zustand übergingen (REICHHOFF, RATHMANN & ROCHLITZER 1986). Auch hier wurden in den 1980er Jahren erste Sanierungsmaßnahmen durch Entschlammung und Entlandung eingeleitet, die auch dem Problem beggnen sollten, dass infolge des Flussausbaus keine neuen Altwasser mehr entstehen, die bestehenden aber beschleunigt verlandeten (REICHHOFF 2003).

Die DDR war mehr als andere mitteleuropäische Länder auf Trinkwassertalsperren angewiesen. Die genannten Technologien der Belüftung und Nährstofffällung waren auch für diese Gewässer bestimmt, da die Talsperreneinzugsgebiete z.T. nur unzureichend saniert waren, andererseits die Trinkwasserversorgung stabil gehalten werden musste. Um auch das Beregnungsprogramm der Landwirtschaft erfüllen zu können, wurden im Tiefland Wasserspeicher gebaut, die bei ausreichender Eingliederung in die Landschaft eine landeskulturelle Bereicherung darstellen konnten (GÖRNER & HIEKEL 1983; WESTHUS 1985; WEGENER 1988).

In den 1970er Jahren wurde zusätzlich zu den Speichern der Aufstau von Seen ins Auge gefasst, um ausreichend Bewässrungswasser zur Verfügung zu haben. Auf die ökologisch negativen Seiten dieser zusätzlichen Staulamelle machten Universitätsinstitute und das ILN rechtzeitig aufmerksam, um auf diese Weise Schaden von den Seenlandschaften abzuwenden. Besonders wertvoll waren die wenigen Klarwasserseen, die nordwestlich von Berlin noch existierten. Der Bezirk Potsdam stellte sie zum überwiegenden Teil unter Schutz, dennoch wurde im Einzugsgebiet des Stechlinsees im Jahre 1966 das Atomkraftwerk bei Rheinsberg in Betrieb genommen.

Der Hochwasserschutz in der DDR wurde, abgesehen von den zahlreichen Talsperren, die das Wasser in den Entstehungsgebieten zurückhielten, auf dem Niveau der Zeit vor 1939 weitergeführt, jedoch auch nicht vernachlässigt. Das hatte den großen landeskulturellen Vorteil, dass weite Auengebiete an der Oder und Elbe erhalten blieben und nicht, wie vergleichsweise am Rhein, dicht bebaut wurden. In diesem Zusammenhang sei darauf verwiesen, dass auch der Ausbau der Flüsse nicht weiter betrieben wurde. Die Elbe verblieb beispielsweise im Ausbauzustand der 1930er Jahre. Selbst für die Unterhaltung der Flussbauwerke (Buhnen, Leitwerke, Deckwerke) reichten die Kapazitäten nicht, sodass deren Verfall zu hohen Gunstwirkungen für den Naturschutz führte. Die Rekonstruktion und der Ausbau der Flussbauwerke setzten unmittelbar nach 1990 ein. In dieser Ausgangssituation konnte im Jahre 1979 das Biosphärenreservat „Mittlere Elbe" ausgewiesen und 1986 und 1990 erweitert werden. An der Oder blieb ebenfalls die traditionelle Nutzung weitgehend erhalten.

In den Bereich der Wasserwirtschaft fiel ebenfalls der Küstenschutz. Die DDR verfügte über eine Außenküste von 350 km, einschließlich der Boddenküsten waren es 1.500 km (WEINITSCHKE 1987). Der Küstenschutz wurde konservativ betrieben, um allen Anforderungen der Landsicherung, des Erholungswesens, der Schifffahrt und der Landwirtschaft nachzukommen. So fehlte an vielen, auch unbesiedelten Küstenabschnitten die natürliche Dynamik, die auch zu erheblichen Einsparungen geführt hätte (vgl. JESCHKE & KNAPP 1991). Der 1990 eingerichtete Nationalpark „Vorpommersche Boddenlandschaft" stellt diese natürliche Dynamik an wenigen Stellen wieder her.

Die Berücksichtigung von Naturschutzbelangen im Rahmen der Wasserwirtschaft war prinzipiell leichter möglich als in der Landwirtschaft. Auch gab es von 1960 an in der Wasserwirtschaft einen Trend hin zu ingenieurbiologischen Bauweisen. Hier waren Naturschutzprojekte leichter integrierbar. Auch die Zentrale für Wasservogelforschung in Potsdam, unter Leitung von Professor Erich Rutschke (RUTSCHKE 1972, 1998), trug wesentlich dazu bei, Schutzaufgaben in die Wasserwirtschaft zu integrieren. Die Unterschutzstellung der heute bestehenden Wasservogelschongebiete wurde daher bereits von dieser Einrichtung und vielen hundert Wasservogelzählern vorbereitet.

3.4 Bergbau und Industrie

Die DDR als rohstoffarmes Industrieland musste bei der Energiegewinnung auf die eigene Braunkohle setzen. Die Erdöllieferungen aus der Sowjetunion waren zwar wichtig, reichten jedoch nicht aus und wurden zudem in den 1980er Jahren begrenzt. Um andere Energieträger auf dem Weltmarkt einkaufen zu können, fehlte die finanzielle Basis. Die Atomenergie wurde ebenfalls aus finanziellen Gründen eher bescheiden ausgebaut. Der Landentzug durch Bergbau und Industrie war jedoch erheblich und belief sich von 1950-1981 auf über 260.000 ha LN, davon allein durch den Braunkohlenabbau auf 107.400 ha (EINHORN 1987, WÜNSCHE u.a. 1983). Allerdings unterlag der Flächenentzug auch einem Wandel durch das Inkrafttreten der Bodennutzungsverordnung. Betrug der Flächenentzug von 1950-1965 jährlich 12.567 ha, so ging er nach 1965 um etwa 50 % zurück. Nur in der

Braunkohle blieb der Flächenentzug durch höhere Förderleistungen und ungünstigere Abbaubedingungen nach wie vor hoch (EINHORN 1987). Betrug das Verhältnis von Kohle zu Abraum im Jahre 1950 1:2,6; so waren es 1980 bereits 1:4,2. Das Verhältnis von Kohle und Wasser gestaltete sich noch ungünstiger – im Jahre 1950 1:3, Prognose 1989: 1:10 (MÜLLER 1982). Diese ungünstigen Bedingungen wirkten sich nicht nur auf Natur und Landschaft aus, sondern auch unmittelbar auf die Besiedlung, so wurden bis 1980 75 Ortschaften abgebaggert.

Die Einflüsse von Industrie und Bergbau hatten erhebliche Rückwirkungen auf das Grund- und Oberflächenwasser. So entnahm allein die Papier- und Zellstoffindustrie im Jahre 1981 aus den Flüssen 200 Mio. m^3 Wasser. Hohe Wasserverluste brachte auch der Braunkohlenbergbau mit sich. Einmal wurden durch die Absenkung des Grundwasserspiegels ca. 250.000 ha in der Niederlausitz in der Ertragsfähigkeit geschädigt, zum anderen fehlte das geförderte Wasser der Trinkwassergewinnung.

Durch den Bergbau gingen zum einen gewachsene, wertvolle Kulturlandschaften, Wälder, Moore, auch Naturschutzgebiete, verloren, zum anderen entstand in den rekultivierten Gebieten, sichtbar zunächst um Senftenberg, eine juvenile Landschaft mit oligotrophen Seen, Landschaften und Pflanzengesellschaften, die sowohl dem Naturschutz als auch dem Erholungswesen genügten.

Da die DDR eine weitgehende Autarkie in der Nahrungsmittelerzeugung anstrebte, wurde die landwirtschaftliche Rekultivierung der devastierten Bergbauflächen bevorzugt angewendet. Der Gesetzgeber sah die Wiedernutzbarmachung der umfangreichen Bergbauflächen immer auch als ein landeskulturelles Erfordernis. Die Einzelheiten dazu legten das Berggesetz und die Bodennutzungsverordnung fest. Bis 1982 wurden etwa zwei Drittel der entzogenen Flächen wieder nutzbar gemacht.

In den Bergbaugebieten, sowohl in der Niederlausitz als auch im Leipziger Revier und um Bitterfeld, entstanden hier auf der Basis einer umfassenden Landschaftsplanung nachhaltig nutzbare Seenlandschaften mit Waldflächen und einem hohen Anteil agrarischer Nutzflächen.

Für den Naturschutz in den Bergbaugebieten wirkte es sich günstig aus, dass der Bergbau über ausreichend finanzielle Mittel und Kapazitäten verfügte, um z.B. Umsiedlungsaktionen und habitatgestaltende Maßnahmen im großen Umfang zu finanzieren.

Ein interessantes Projekt ist in diesem Rahmen die Gestaltung des NSG „Insel im Senftenberger See" mit 433 ha Land- und 466 ha Wasserfläche sowie 32 Nebeninseln, Sandbänken und Schilfzonen, sowie einer immer noch vorhandenen Dynamik der geschütteten Böschungen (EINHORN 1987).

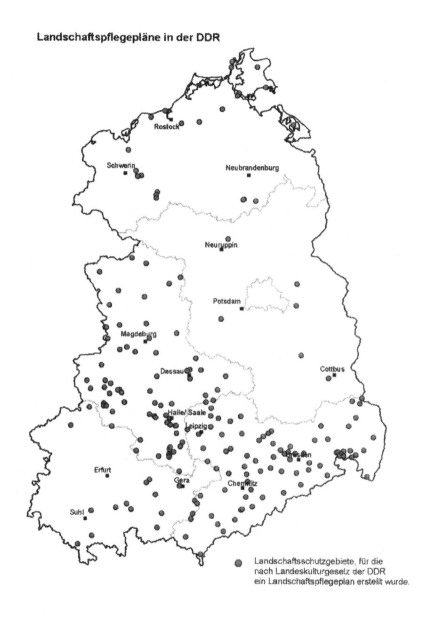

Abbildung 2: Landschaftspflegepläne in der DDR 1990. Quelle: WILKE & HERBERT 2006, 35

4. Natur- und Landschaftsschutz in den sächsischen Bezirken

4.1 Bedeutung von Schutzgebieten in der Landschaftspflege

Während der Anteil der Naturschutzgebiete lediglich 1 % der Landesfläche der DDR umfasste, waren es bei den Landschaftsschutzgebieten (LSG) knapp 18 % (SCHIEMENZ 1987). Von der Fläche her fielen daher nur die LSG nennenswert ins Gewicht. Die Pflege der NSG erfolgte nach Behandlungsrichtlinien, die gemeinsam von Praktikern und Wissenschaftlern, überwiegend des ILN, erarbeitet wurden. Für die LSG wurden Landschaftspflegepläne, zumeist von den Büros für Territorialplanung, in den Bezirken Halle und Magdeburg von der regionalen Arbeitsgruppe Dessau des ILN, erarbeitet. Vom Ansatz her sollten hier Gebiete mit einer vorbildlichen Landschaftspflege entstehen. Die wirtschaftliche Nutzung wurde nicht eingeschränkt, wohl aber besser koordiniert als außerhalb des LSG. In der Regel waren LSG Schwerpunktbereiche der Erholung, sodass Anforderungen des Erholungswesens auch in der Landschaftspflege umgesetzt wurden.

Mit der Gesamtheit der LSG war wohl der überwiegende Bestand der für verschiedene Formen der Erholungsnutzung geeigneten Gebiete unter Schutz gestellt worden. In den Gebieten erfolgte auch der Aufbau der notwendigen Infrastruktur. Dabei konnten sanfte Formen, wie die Erschließung von Wanderwegen, durchaus auch von härteren, wie etwa die Verbauung von Uferlinien der Gewässer mit Bungalows, der Bau einer Seilbahn im Bodetal im Harz oder der Ausbau von Hotels an sensiblen Standorten erfolgen.

Hinsichtlich des Naturschutzes sollten die Reservate ursprünglich keine Segregation von Nutzung und Schutz festschreiben. Es war aber inzwischen nachgewiesen worden, dass in den Naturschutzflächen, überwiegend NSG und FND, günstigenfalls ein Drittel des Artenbestandes erhalten werden kann, zwei Drittel sind in der „ungeschützten" Kulturlandschaft zu erhalten und unterliegen damit den Einwirkungen der Landnutzung.

Vom Anliegen her sollte der Naturschutz in der DDR in der Einheit von Nutzung und Schutz entwickelt werden. Dafür fehlte aber – wie in der BRD auch – der schlüssige Beweis (WEINITSCHKE 1987). So müssen wir heute in den NSG den stärker segregativen Teil von Nutzung und Schutz sehen, während in den LSG ein integrativer Schutzansatz vorhanden war, der jedoch in der Praxis nur selten wirksam wurde. Der vielfach gehegte Wunsch, Naturschutz in der Einheit von Nutzung und Schutz oder im „Kielwasser" der Wirtschaftszweige zu verwirklichen, ist in der Praxis nur in wenigen Teilbereichen erfüllt worden.

Die Kategorie des Biosphärenreservates wurde als internationales Schutzgebiet in der DDR zwar unter Vorbehalt aber sehr früh aufgenommen und im Jahre 1979 an der Mittleren Elbe im Steckby-Lödderitzer Forst bei Dessau sowie im Thüringer Wald im Vessertal bei Suhl eingerichtet. Zunächst beschränkten sich die Gebiete auf NSG. Im Mittelelbegebiet wurde aber 1986 eine Erweiterung auf LSG-Flächen der Dessau-Wörlitzer Kulturlandschaft vorgenommen. In der Folgezeit erwies sich diese Schutzkategorie für historische Kulturlandschaften als besonders geeignet, umschließt sie doch die Erhaltung von Kulturlandschaften, die weitere Gestaltung, den Schutz der NSG des Reservates und die natürliche Dynamik in Teilen des Gebietes.

Abbildung 3: Naturschutzgebiet Klein Vielener See. Foto: Behrens

4.2 Naturschutzgebiete (NSG)

Die Entwicklung des Netzes von Naturschutzgebieten, wie es in den 1930er Jahren eher unsystematisch entstand, war der Schwerpunkt der Naturschutzarbeit nach 1945. Mit der Gründung des ILN unter Hans Stubbe und Hermann Meusel, weitergeführt von Ludwig Bauer und Hugo Weinitschke, erfolgte die systematische Ausweisung von Waldgesellschaften, Mooren, Wiesengesellschaften und speziellen Tierlebensräumen als Schutzgebiete.

Mit zunehmender Intensivierung der Landnutzung, insbesondere der Landwirtschaft, zum Teil aber auch der umgebenden forstlichen Flächen, wurden die NSG zu „Inseln" in der Kulturlandschaft mit ebenfalls erheblichem Artenschwund und der gleichzeitigen Einwanderung von Neophyten und sich invasiv ausbreitenden Arten aus der Agrarlandschaft. Hinzu kam, dass der überwiegende Teil der Naturschutzgebiete aus der heutigen Sicht zu klein ausgewiesen wurde. Wenn wir dennoch auch aktuell in den Naturschutzgebieten ein wichtiges Element des Naturschutzes sehen, so liegt das daran, dass der Schwund schützenswerter Arten im Umland der NSG noch wesentlich stärker ist, als innerhalb der Schutzgebiete (vgl. BLAB 2002). Nach dem Stand von 1984 verfügte die DDR über 761 NSG mit einer Gesamtfläche von 102.765 ha (WEINITSCHKE 1987).

Vergleichen wir die Aufgabenstellung und die Größe der NSG der DDR mit denen der BRD, so ergeben sich ähnliche Aufgaben, ein flächenmäßig ähnlicher Anteil, aber eine unterschiedliche Größenverteilung. Auf der Grundlage der Eigentumsverhältnisse war es in der DDR leichter, größere Schutzgebiete zu sichern bzw. diese zu arrondieren. Zugleich trugen dazu die systematischen Arbeiten des ILN bei (vgl. REICHHOFF 1990). Insbesondere in den Bezirken Magdeburg, Neubrandenburg und Rostock wurde seit 1975 der Trend zu größeren Schutzgebieten deutlich.

Für Naturschutzgebiete bestand die Möglichkeit ungenutzte Kernzonen auszuweisen. Diese Totalreservate (TR) dienten der Forschung unter den Bedingungen der natürlichen Dynamik (Naturwaldzellen mit Bestockungsprofilen), jedoch nicht der Schaffung von natürlicher Dynamik an sich, wie heute in den Nationalparks. Totalreservate waren zumeist Teile von Naturschutzgebieten, um auch gleichzeitig die Pufferwirkung zu nutzen. Im Jahre 1986 bestanden 182 TR mit einer Gesamtfläche von 6.989 ha = 7 % der NSG-Fläche überwiegend in den Nordbezirken der DDR (WEINITSCHKE 1987).

4.3 Landschaftsschutzgebiete (LSG)

Nach dem Landeskulturgesetz von 1970 konnten in der DDR von den Bezirkstagen „Landschaften oder Landschaftsteile, die wegen ihrer Schönheit für die Erholung der Bevölkerung besonders geeignet und wegen ihrer Eigenart erhaltenswürdig sind" zu Landschaftsschutzgebieten erklärt werden (SCHIEMENZ 1987).

Hauptaufgabe der LSG war zweifellos die Gestaltung und Pflege der Landschaft für die Erholung. Da es sich bei den LSG zumeist um großräumige Landschaftsausschnitte handelte, diese Landschaften auch eine Beispielswirkung hatten, war ein landschaftlicher Schutz, die Pflege und Gestaltung auf der Grundlage eines Landschaftspflegeplanes vorgesehen. Nicht selten war nach der Unterschutzstellung auch erst eine Entwicklung zum Erholungsgebiet erforderlich. Die Landschaftspflegepläne legten die Tendenz der territorialen Entwicklung fest, sie gingen jedoch auch auf Einzelmaßnahmen der Infrastruktur, der forstlichen Bewirtschaftung, der Seenerhaltung und Sanierung oder der landwirtschaftlichen Nutzung ein. Die Realisierung dieser Pläne war durch die Zusammenarbeit von Kommunen, Rechtsträgern und Nutzern, den im LSG befindlichen Betrieben, den Naturschutzorganen und dem Kulturbund möglich. Der Kulturbund nahm gebietsweise durch die Organisation von Landschaftstagen eine führende Rolle bei der Erarbeitung und Umsetzung der Landschaftspflegepläne ein (vgl. AUSTER 1998).

In größeren LSG wurden Funktionsbereiche unterschiedlicher Nutzung und Intensität ausgewiesen. Die Landschaftspflegepläne bildeten die Grundlage für die Abstimmung der Partner im Territorium. Sie bedurften der kontinuierlichen Weiterentwicklung (NIEMANN 1970).

In der DDR bestanden nach dem Stand von 1984 400 LSG mit einer Fläche von 19.349 km² (WEINITSCHKE 1987).

GROSSER (1967), HENTSCHEL (1971) und NIEMANN (1965) bemühten sich unter anderem um eine verbindliche Gliederung für die Landschaftspflegepläne. Enthalten waren die Analyse der Landschaft und die Landschaftsbewertung, aber auch die Einzelpositionen der Landschaftsplanung z.B.:
- Flächeneignungsplanung,
- Entwicklung von Erholungseinrichtungen,
- Infrastruktur,
- Landschaftspflegemaßnahmen,
  - Waldpflege,
  - Gewässerpflege,
  - Pflege am Rand von Agrarbereichen,
  - Luftreinhaltung,
  - kommunale Maßnahmen,
  - Planung von Naturschutzmaßnahmen.

Nach dem am Ende der 1980er Jahre erreichten Forschungsstand im ILN ging man auf der Grundlage der Klärung und Klassifizierung der verschiedensten landeskulturellen Leistungen der Landschaftselemente und ihrem Wechselverhältnis in der Landschaft sowie der Belastungen der Landschaften davon aus, dass es ein dringendes Gebot der Zeit war, die Landschaftsplanung rechtlich zu verankern. Dies konnte mit der neuen Durchführungsverordnung (Naturschutzgesetz) von 1990 zwar noch nicht erreicht werden, war aber für eine weitere Durchführungsverordnung (Landschaftspflegegesetz) konzipiert (REICHHOFF 1999). Dabei ging man von einer hierarchischen Landschaftsplanung aus, die auf der Ebene der Bezirke die Aufstellung eines Generallandschaftsplanes, auf Kreisebenen die Aufstellung eines Landschaftsplanes und örtlich die Erarbeitung der Landschaftspflegepläne für LSG und von Flurgestaltungskonzeptionen für Agrarbetriebe vorsah. Die Forstflächen waren bereits durch die Forsteinrichtung hinreichend planerisch abgesichert.

Eine gewisse Bedeutung für die landwirtschaftliche Produktion in LSG hatten die Flurgestaltungskonzeptionen der 1970er Jahre. Mit ihrer Hilfe sollte eine Optimierung zwischen ausreichend großen Flurstücken, einem Wechsel von Ackerland in Gründland und – soweit erforderlich – der Erhaltung wichtiger Flurelemente, wie Stauweiher, Bäume oder Baumreihen, Hecken, Steinwällen, Remisen u.a. ausgeführt werden (SCHNURRBUSCH u.a. 1970).

Die Überbetonung einer effizienten landwirtschaftlichen Produktion in den Landschaftsschutzgebieten wandelte sich während der 1980er Jahre durch die Einbeziehung ökologischer Gesichtspunkte in den Abwägungsprozess.

Das historische Projekt einer weitreichenden Landschaftsplanung unter dem Aspekt der Erosionsminderung und der Wiederbewaldung von Ödland wurde bereits im Jahre 1946 von Prof. Georg Bela Pniower ins Leben gerufen. Hier wurde auf einer Fläche von 100 km² im Huy-Hakel-Trockengebiet eine Beispiellandschaft eingerichtet, zumindest in den Anfängen. Erstaunlich war die umfangreiche Planung und die Einbeziehung weiterer Fachrichtungen, wie den Universitätsinstituten für Obstbau in Halle und Potsdam, dem Meteorologischen Dienst, den Instituten für Tierzucht (Beweidungsprojekt), Institut für Betriebswirtschaft sowie den Botanischen und Geographischen Instituten der Universität Halle unter Federführung des Institutes für Garten- und Landschaftsarchitektur der Humboldt-Universität Berlin (WOLSCHKE-BULMAHN & FIEBIG 2004). Teile dieses interessanten Projektes wurden bis 1960 verwirklicht und im Jahre 2004 erneut untersucht (RÜTTGART, HARTJE & KRANZ 2004). Als weitere zu gestaltende Beispiellandschaften sah Pniower den Oberspreewald, das Lausitzer Braunkohlengebiet und das Rhinluch vor.

Mit der Zielstellung der Bewahrung, Restaurierung und Rekonstruktion der historischen Dessau-Wörlitzer Kulturlandschaft, die heute als Weltkulturerbe Dessau-Wörlitzer Gartenreich anerkannt ist, erfolgten auf der Grundlage von abgestimmten Landschaftspflegeplänen (Stadt Dessau, Kreis Gräfenhainichen, Kreis Bitterfeld) eine Naturschutz, Landschaftspflege und Denkmalpflege verbindende Planungs- und Umsetzungsarbeit. Auf der Grundlage von „Nutzungs- und Gestaltungskonzeptionen" für einzelne landschaftliche Bereiche konnte die Restaurierung von Teilen dieser historischen Kulturlandschaft praktisch umgesetzt werden. So erfolgte beispielsweise bis 1986 im Rahmen der Vorbereitung der Erdmannsdorff-Ehrung die Restaurierung des Landschaftsraumes Luisium mit einem finanziellen Aufwand von ca. 1 Million Mark der DDR (vgl. REICHHOFF 1987, PUHLMANN & BRÄUER 2001).

4.4 Biosphärenreservate

Im UNESCO-Programm „Man and the Biosphere" (MAB) wird weltweit versucht, die Wechselwirkungen zwischen Menschen und ihrer Umwelt zu erforschen und zu verbessern. Die Sicherung der genetischen Vielfalt der Organismen ist dabei eine zentrale Zielstellung. Eine wesentliche Aufgabe dieses Programms ist die Auswahl, Sicherung, Erforschung und Entwicklung der Biosphärenreservate auf allen Kontinenten vorzunehmen und zu fördern (SCHLOSSER 1984, WEINITSCHKE 1987).

Die internationale Öffnung der DDR in den 1970er Jahren und die internationale Anerkennung des zweiten deutschen Staates erforderten nach Meinung des Umweltministeriums in Berlin den Einstieg der DDR in dieses Programm.

Im Naturschutzbereich, auch im ILN, wurde diese Entwicklung zunächst skeptisch gesehen, da ein funktionierendes NSG-System vorhanden war. Die großen Chancen dieses internationalen Netzes wurden erst während des Aufbaus der zwei Biosphärenreservate deutlich. Da es sich um die erste internationale Schutzkategorie der DDR handelte, waren die Bewirtschafter auch bemüht, alle Verpflichtungen des Naturschutzes und der Landschaftspflege zu erfüllen.

Diese Schutzkategorie ist insofern für Kulturlandschaften bemerkenswert, weil es hier im Gegensatz zum Nationalpark gelingt, naturnahe Elemente mit den Elementen einer stärker extensiv genutzten Landschaft zu verbinden. Die Pflege und Erhaltung von Kulturgütern ist Bestandteil der Biosphärenreservatsregelungen. In der interessierten DDR-Bevölkerung fanden die Biosphärenreservate nach anfänglichem Zögern Zustimmung, was im Jahre 1990 die Erweiterung dieser Gebiete und die Neubegründung von Reservaten begünstigte.

4.5 Weitere Schutzkategorien: Flächennaturdenkmale (FND), Naturdenkmale (ND), geschützte Parks und geschützte Gehölze

Hinsichtlich unseres Themas „Gestaltung und Pflege der Landschaft" spielen diese Schutzkategorien vom geringen Flächenansatz her eher eine untergeordnete Rolle. Aber im Hinblick auf ihren ethischen und ästhetischen Wert können Naturdenkmale eine große Bedeutung für die Vermittlung des Naturschutzgedankens gewinnen.

Flächennaturdenkmale wurden in einer Größe bis zu 3 ha, ab 1989 bis 5 ha, von den Räten der Kreise unter Schutz gestellt. Diese unkomplizierte Möglichkeit der

Unterschutzstellung nutzten besonders die Kreise mit reicher Naturausstattung. Für den botanischen Artenschutz war diese Schutzform verbunden mit einem Pflegemanagement sehr wichtig.

Als Naturdenkmale wurden überwiegend Baumgruppen, Quellen und geologische Objekte unter Schutz gestellt. Die geschützten Parks hatten zur Erfüllung landeskultureller Funktionen eine kommunale Bedeutung. Es war aber in der DDR das einzige Hilfsmittel, um devastierte Parkanlagen an alten, nicht selten aufgesiedelten oder bereits verfallenden Herrenhäusern zu erhalten. Überschneidungen und Konflikte mit den Zielen der Gartendenkmalpflege traten jedoch auf.

Der Schutz von Gehölzen in der „offenen Landschaft" war nach § 12 der 1. DVO des Landeskulturgesetzes möglich und wurde auf Flurgehölze, Baumreihen, Restwälder, Alleen usw. angewandt. Diese Gehölze haben, wenn auch kleinflächig, eine landschaftsgestaltende Wirkung und im begrenzten Maße auch klimawirksame sowie Habitatfunktionen (WEGENER 1987).

4.6 Erfolge und Defizite der Landschaftspflege

Eine zusammenfassende Einschätzung fällt nicht leicht, weil es gleichzeitig viele Schwächen aber auch einige Stärken in der Landschaftspflege der DDR gab, die eines Kommentars bedürfen. Grundsätzlich bestand das Problem, dass es keine rechtlich verankerte, hierarchische und methodisch verbindliche Landschaftsplanung gab. Wissenschaftlich waren die Grundlagen im ILN und im IGG entwickelt worden, ihre praktische Anwendung und Umsetzung beschränkte sich aber auf Einzelfälle. Ein durchgehendes Planungsinstrument war nur mit dem Landschaftspflegeplan für LSG gegeben, dessen inhaltliche Ausgestaltung aber auch bezirklich sehr unterschiedlich ausfiel.

Eine Analyse der Forschungskapazität für die Landschaftspflege, die dem ILN unterstand, wies erhebliche Defizite aus. Hingegen war sowohl die Forschung zur Rekultivierung als auch die praktische Umsetzung von Rekultivierungsleistungen im Bergbau besser ausgestattet. Eine umfangreiche Forschungskapazität diente der besseren „Nutzung" der Moore, die in der Praxis aber eher problematisch war. Sie war im Akademieinstitut in Paulinenaue angesiedelt.

Zweifellos ist ein Teil der Erfolge der Landschaftspflege auf die stark vereinfachten Eigentumsverhältnisse der DDR zurückzuführen, die eine unkomplizierte Ausweisung von LSG und NSG aber auch FND, insbesondere in den 1960er Jahren, ermöglichte. Mit dem Landeskulturgesetz von 1970 gab es darüber hinaus eine gute gesetzliche Grundlage zur Sicherung landeskultureller Leistungen. Andererseits muss eingeschätzt werden, dass etwa von 1979 an die Hauptabteilung Forstwirtschaft im Landwirtschaftsministerium, zu der der Naturschutz gehörte, die weitere Ausweisung von Schutzgebieten bremste, und an ein Netz von Großschutzgebieten war gar nicht zu denken (vgl. REICHHOFF 1999).

Auch die zentrale Steuerung der Forstwirtschaft, nach den Prinzipien der Vorratspflege und der Nachhaltigkeit zu arbeiten, war im Prinzip positiv, schloss aber eine einseitige Intensivierung der Forstwirtschaft mit der Betonung von Nadelholz-Monokulturen und Großkahlschlägen nicht aus. Da der Naturschutz auch bei den Räten der Bezirke der Forstwirtschaft unterstand, wurden nicht selten Pflegeleistungen in landwirtschaftlichen Halbkulturformationen, wie Heiden, Hutungen, Magerwiesen, übernommen. Die Realisierung von Pflegeleistungen durch die landwirtschaftlichen Genossenschaften war dagegen schwierig. Noch am ehesten gelang es, auf der Grundlage persönlicher Beziehungen die Genossenschaften für Pflegearbeiten im Naturschutz als „good-will-Leistungen", ohne finanziellen Ausgleich, zu gewinnen. Aber darauf ließ sich keine geordnete Landschaftspflege aufbauen.

Erosionsschutzmaßnahmen waren eher im Gespräch und wurden zum Teil von den Landwirtschaftsbetrieben oder von Meliorationsgenossenschaften durchgesetzt. Im Kielwasser dieser Projekte konnten nicht selten auch Artenschutzvorhaben verwirklicht werden.

Auch die Flurneugestaltung ging bei der Schaffung großer Nutzflächen zunächst wenig schonend mit den Fließgewässern oder dem Baumbestand um. Verrohrungen und Begradigungen waren an der Tagesordnung. Erst um 1980 setzte auch in der Praxis ein ingenieurbiologisches Umdenken ein, und so manches Gewässer, insbesondere in Thüringen, wurde wieder an das Tageslicht geholt.

Es gab in der DDR mehrere „Wellen" von Flurholzprogrammen, die gleichermaßen Stärken und Schwächen hatten. Unter dem Motto „Holz für unsere Kinder" wurde noch in den 1950er Jahren ein umfangreiches Pappelprogramm begonnen, welches wegen ausgebliebener Pflege kaum Nutzholz lieferte, dem aber zahlreiche Wiesen, Weiden und Magerrasen geopfert wurden. Eine weitere Flurholzpflanzung, nun bereits artenreich und überwiegend mehrreihig, folgte in den 1980er Jahren und diente der Wiederanreicherung ausgeräumter Landschaften und dem Erosionsschutz.

Als Erfolg sollte ebenfalls die beispielhafte Unterschutzstellung der Biosphärenreservate genannt werden. Auf dieser Ebene hätte weiter gearbeitet werden müssen, insbesondere nach der vorausschauenden Initiative des Bundesfachausschusses Botanik im Kulturbund der DDR, der vom 8.-11. April 1976 in Wesenberg (Mecklenburg) tagte und schon damals ein Programm für die Großschutzgebiete entwickelte. Das hier diskutierte Programm diente der Förderung der Roten Listen, es sollte die Schutzgebietskonzeption entscheidend verändern und schließlich wertvolle Kulturlandschaften in Großschutzgebieten bewahren helfen (WEBER

1998). Vom ILN wurde in der ersten Hälfte der 1980er Jahre ein umfassendes Programm für die Ausweisung von Biosphärenreservaten dem Nationalkomitee MAB übergeben. Eine Reaktion der betroffenen Ministerien blieb aus.

Zusammenfassend kann festgehalten werden, dass die DDR als energiearmes Land bis Mitte der 1960er Jahre Probleme hatte, die Bevölkerung aus eigener Kraft zu ernähren. Das führte dazu, dass Abgänge an landwirtschaftlicher und forstlicher Nutzfläche äußerst kritisch gesehen wurden. Aus kapazitativen und finanziellen Gründen waren in den folgenden zwei Jahrzehnten die Anforderungen der Landschaftspflege nicht mehr befriedigend zu erfüllen, auch wenn in einzelnen Bezirken Naturschutzstationen, Landeskulturbeauftragte und Naturschutzwarte hauptamtlich eingesetzt wurden. Immerhin blieben jedoch die Leistungen in der Landschaftspflege nicht so stark zurück, wie die allgemeinen Umweltschutzanforderungen bspw. bei der Luftreinhaltung oder beim Gewässerschutz, wo die Schere zwischen den Erfordernissen und den realen Möglichkeiten deutlich weiter auseinander ging.

Literatur

Auster, R.: Landschaftstage und Landschaftspflegepläne. In: Institut für Umweltgeschichte und Regionalentwicklung e.V. (Hg.); Behrens, H. & Auster, R. (Bearb.): Naturschutz in den neuen Bundesländern – ein Rückblick, (Forum Wissenschaft, Studien Bd. 45), BdWi-Verlag, Marburg 1998, 475-516

Blab, J.: Stellenwert und Rolle von Naturschutzgebieten in Deutschland, Natur und Landschaft 77 (2002) 8, 333-339

BRA: Betriebsreglungsanweisung; Anweisungen zur Forsteinrichtung des Waldfonds der DDR. BRA V, VEB Forstprojektierung Potsdam 1978

Dittberner, H. & Dittberner, W.: Über Verbreitung und Bestandsentwicklung der Großtrappe (*Otis tarda*) im Kreis Angermünde, Naturschutzarb. in Bln. und Brandenburg 13 (1977) 1, 2-10

Dornbursch, M.: Zielstellung und weitere Aufgaben des Trappenschutzes, Naturschutzarb. in Bln. und Brandenburg BH 6 (1983), 54-58

Einhorn, W.: Bergbau und Industrie. In: Weinitschke, H. (Hg.): Naturschutz und Landnutzung, Gustav Fischer Verlag Jena 1987, 128-140

Görner, M. & Hiekel, W.: Neu entstandene Bewässerungsspeicher in Thüringen und ihre Besiedlung durch Vögel, Der Falke 60 (1983), 335-343

Grosser, K. H.: Landschaftskundliche Gesichtspunkte zur Entwicklung von Pflegeplänen für Landschaftsschutzgebiete, Naturschutzarb. in Bln. und Brandenburg 3 (1967), 39-52

Hagedorn, H.; Hesse, G.; Kaulitzki, G. & Schöbl, R.: Zu einigen Erfordernissen, Problemen und Erfahrungen des engen Zusammenwirkens von Pflanzen- und Tierproduktion, Wirtschaftswissenschaft 31 (1983), 1643-1658

Heidecke, D.; Loew, M. & Mansik, K.-H.: Der Aufbau eines Netzes von Großtrappen-Schongebieten in der DDR und ihre Behandlung, Naturschutzarb. in Bln. und Brandenburg BH 6 (1983), 32-39

Hentschel, P.: Anleitung zur Erarbeitung von Landschaftspflegeplänen, Naturschutz u. naturkdl. Heimatforsch. Bez. Halle u. Magdeburg 8 (1971), 49-54

Hiller, O. (Hg.): Die Landschaftsdiagnose in der DDR, Zeitgeschichte und Wirkung eines Forschungsprojektes aus der Gründungphase der DDR, Dokumentation einer Tagung am Institut für Management in der Umweltplanung der Technischen Universität Berlin, Materialien zur Geschichte der Gartenkunst 6, Berlin 2002, 322 S.

Horn, F.: Naturschutz und Landschaftsgestaltung arbeiten am gleichen Werk, Naturschutz und Landschaftsgestaltung im Bezirk Magdeburg 1 (1956), 39-51

Jeschke, L.: Regenmoore als Naturschutzgebiete, Naturschutzarb. in Mecklenburg 29 (1986) 1, 2-16

Jeschke, L. & Erdmann, F.: Grasland auf Niedermoorstandorten und seine landeskulturellen Probleme, Naturschutzarb. in Mecklenburg 27 (1984) 2, 57-71

Jeschke, L. & Knapp, H.-D.: Naturschutz und Küstenschutz – Zuarbeit zum Nationalen Ostsee-Aktionsprogramm, Naturschutzarb. in Mecklenburg-Vorpommern 34 (1991) 1, 33-37

Kalbe, L.: Sanierung hocheutropher Flachseen und Möglichkeiten zur Seenschlammverwendung, Material EUTROSYM 76 V (1976), 64-77

Klapper, H.: Erhaltung und Wiederherstellung der Wassergüte in Stand- und Fließgewässern. In: Graf, D. (Hg.): Ökonomie und Ökologie der Naturnutzung, Gustav Fischer Verlag Jena 1984, 98-127

Landeskulturgesetz: Gesetz über die planmäßige Gestaltung der sozialistischen Landeskultur in der DDR, Schutz und Pflege der Natur, Staatsverlag der DDR Berlin 1971, 22-40

Lauterbach, D.: Die Entwicklung der wasserwirtschaftlichen Verhältnisse der DDR und daraus abgeleitete Schlußfolgerungen für die Wasserbewirtschaftung, Diss. B, TU Dresden 1979

Litzbarski, M.: Internationaler Workshop „Conservation and Management of the Great Bustard in Europe" Naturschutzstation Buckow 25.-28.05.1995, Naturschutz u. Landschaftspflege in Brandenburg 6 (1996) 1-2, 4-6

Litzbarski, M. & Loew, M.: Die Entwicklung der Großtrappenbestände unter den Bedingungen des Bezirkes Potsdam, Naturschutzarb. in Bln. und Brandenburg BH 6 (1983), 5-16

Müller, D.: Internationale Tendenzen bei der Braunkohlenförderung, Wirtschaft 37 (1982) 12, 15

Naturschutzgesetz: Gesetz zur Erhaltung und Pflege der heimatlichen Natur (vom 4.8.1954). In: Klinz, E. (Hg.): Gesetze für den Handgebrauch im Naturschutz, Bd. I Halle 1957

Neef, E. & Neef, V.: Brockhaus Handbuch Sozialistische Landeskultur, Brockhaus Verlag Leipzig 1977

Niemann, E.: Rahmengliederung für einen Landschaftspflegeplan, Landschaftspflege und Naturschutz Thür. 2 (1965), 32.

Puhlmann, G. & Bräuer, G.: Aufgaben und Ziele der Biosphärenreservatsverwaltung Mittlere Elbe zur Sicherung und Pflege des Dessau-Wörlitzer Gartenreichs, Schutz und Pflege historischer Kulturlandschaften als Aufgabe des Naturschutzes und der Denkmalpflege in Sachsen-Anhalt. In: Veröffentlichungen der LPR Landschaftsplanung Dr. Reichhoff GmbH, Dessau 1 (2001), 29-33

Reichhoff, L.: Landschaftspflege im Mittelelbegebiet. In: 1. Landschaftstag „Mittlere Elbe" vom 14. bis 15. Juni 1985 in Dessau, Halle und Magdeburg 1987, 15-24

Reichhoff, L.: Analyse, Diagnose und Prognose der Habitatleistung der Lößagrarlandschaft im Süden der DDR, Dissertation B zur Erlangung des Grades eines Doktors der Wissenschaften, Akademie der Landwirtschaftswissenschaften der DDR, Institut für Landschaftsforschung und Naturschutz Halle 1988, 96 S., Anlagen

Reichhoff, L.: Naturschutz und Erhaltung der genetischen Mannigfaltigkeit der heimischen Organismenarten. In: Umweltinform. Sonderinformation. Die genetische Mannigfaltigkeit der heimischen Farn- und Blütenpflanzen, Institut für Umweltschutz, Berlin 13 (1990) 4, 12-18

Reichhoff, L.: Akzente aus der Naturschutzpolitik der DDR. In: Jahrbuch für Naturschutz und Landschaftspflege, Bonn 51 (1999), 55-73

Reichhoff, L.: 25 Jahre Sanierung und Restaurierung von Altwassern an der Mittleren Elbe. In: Naturschutz im Land Sachsen-Anhalt, Halle 40 (2003) 1, 3-12

Reichhoff, L.; Rathmann, O. & Rochlitzer, R.: Gewässereutrophierung in Naturschutzgebieten. Ursachen, Folgen und Sanierungsmaßnahmen. In: Naturschutzarbeit in den Bezirken Halle und Magdeburg, Dessau 23 (1986) 2, 15-26

Reichsnaturschutzgesetz vom 26. Juni 1935. In: Taschenbuch des Naturschutzes 1941, 52-57

Ruffer, H. & Schwartz, E.: Die Forstwirtschaft der DDR, Deutscher Landwirtschaftsverlag, Berlin 1984

Rutschke, E.: Struktur und Aufgaben der Zentrale für die Wasservogelforschung in der DDR. Naturschutzarb. und naturkdl. Heimatforsch. Sachsen 14 (1972), 50-56

Rutschke, E.: Ornithologie in der DDR – ein Rückblick. In: Institut für Umweltgeschichte und Regionalentwicklung e.V. (Hg.), Behrens, H. & Auster, R. (Bearb.): Naturschutz in den neuen Bundesländern – ein Rückblick, (Forum Wissenschaft, Studien Bd. 45), BdWi-Verlag, Marburg 1998, 109-133

Rutschke, E. & Mieth, W.: Zur Verbreitung und Ökologie der Großtrappe (Otis tarda L.) in den brandenburgischen Bezirken, Beitr. Tierwelt Mark 3 (1966), 77-130

Rüttgardt, M.; Hartje, B. & Kranz, R.: Die Beispiellandschaft des Georg Béla Pniower im Huy-Hakel-Gebiet, Entstehung und Bedeutung eines herausragenden Beitrags zur Landschaftskultur des 20. Jahrhunderts, Projektarbeit Institut f. Grünplanung und Gartenarchitektur Univ. Hannover 2004, 68 S. und Karten

Ryslavy, T.: Zur Bestandessituation ausgewählter Vogelarten in Brandenburg – Jahresbericht 2002, Naturschutz und Landschaftspflege in Brandenburg 13 (2004) 4, 147-155

Schiemenz, H.: Landschaftsschutzgebiete. In: Weinitschke, H. (Hg.): Naturschutz und Landnutzung, Gustav Fischer Verlag Jena 1987, 192-201

Schlosser, S.: Das Konzept der Biosphärenreservate der Erde. In: Landschaftspflege und Naturschutz in Thüringen, Jena 21 (1984) 4, 77-85

Schnurrbusch, G.; Bauer, L.; Einhorn, W.; Hentschel, P.& Werner, K.: Taschenbuch der Melioration – Flurneugestaltung – Flurmelioration, VEB Deutscher Landwirtschaftsverlag Berlin 1970, 174 S.

Schnurrbusch, G.: Land- und Forstwirtschaft. In: Weinitschke, H. (Hg.): Naturschutz und Landnutzung, Gustav Fischer Verlag Jena 1987, 89-108

Succow, M.: Landschaftsökologische Moorkunde, Gustav Fischer Verlag Jena 1988

Succow, M. & Jeschke, L.: Moore in der Landschaft, Urania Verlag Jena, Berlin 1986

Weber, R.: Der zentrale Fachausschuß Botanik im Kulturbund – sein Werden, Wachsen und Wirken. In: Institut für Umweltgeschichte und Regionalentwicklung e.V. (Hg.), Behrens, H. & Auster, R. (Bearb.): Naturschutz in den neuen Bundesländern – ein Rückblick, (Forum Wissenschaft, Studien Bd. 45), BdWi-Verlag, Marburg 1998, 147-165

Wegener, U.: Ökologische Anforderungen an die Landwirtschaft aus wasserwirtschaftlicher Sicht. In: Graf, D. (Hg.): Ökonomie und Ökologie der Naturnutzung, Gustav Fischer Verlag Jena 1984, 128-150

Wegener, U.: Wasserwirtschaft. In: Weinitschke, H. (Hg.): Naturschutz und Landnutzung, Gustav Fischer Verlag Jena 1987, 108-128

Wegener, U.: Wasserspeicher im Thüringer Becken – ihre Verteilung und landeskulturelle Gestaltung, Hercynia N.F. 25 (1988), 377-385

Wegener, U.: Landeskundliche Aspekte in der Forstwirtschaft, Sitzungsber. d. Sächs. Akad. d. Wiss. zu Leipzig 124 (1994) 6, 69-72

Wegener, U.: Ohne sie hätte sich nichts bewegt – zur Arbeit der ehrenamtlichen Naturschutzhelfer und -helferinnen. In: Institut für Umweltgeschichte und Regionalentwicklung e.V. (Hg.), Behrens, H. & Auster, R. (Bearb.): Naturschutz in den neuen Bundesländern – ein Rückblick, (Forum Wissenschaft, Studien Bd. 45), BdWi-Verlag, Marburg 1998, 89-107, 407-424.

Weinitschke, H.: Naturschutz und Landnutzung, Gustav Fischer Verlag Jena 1987

Westhus, W.: Landwirtschaftliche Wasserspeicher als Lebensraum – eine Ökosystemstudie als Beitrag zur Lösung landeskultureller Aufgaben, Diss. ILN Halle 1985

Wilke, T. & Herbert, M.: Naturschutz und seine Fachplanung, Natur und Landschaft 81 (2006) 1, 32-38

Wolschke-Bulmahn, J. & Fiebig, P.: Vom Sonnenrund zur Beispiellandschaft. Entwicklungslinien der Landschaftsarchitektur in Deutschland, dargestellt am Werk von Georg Pniower (1896-1960), Beiträge zur räumlichen Planung 73, Inst. f. Grünplanung und Gartenarchitektur der Univ. Hannover 2004, 205 S.

Wünsche, M.; Richter, H. & Oehme, W.-D.: Bodengeologische Arbeiten bei der Erkundung von Braunkohlenlagerstätten und ihre Bedeutung für die Wiederurbarmachung, Neue Bergbautechn. 13 (1983), 548-550

Olaf Gloger

Entwicklung der Landschaftsschutz- und Erholungsgebiete im ehemaligen Bezirk Frankfurt (Oder)

Zwischen Berlin und der Oder gelegen, reichte der ehemalige Bezirk Frankfurt (Oder) im Süden etwa von der Mündung der Lausitzer Neiße in die Oder bis nach Mescherin an der Oder im Norden. Die reiche Naturaustattung mit über 400 Seen, vielen Feuchtgebieten, Pontischen Hängen und ausgedehnten Wäldern führte dazu, dass es schon recht frühzeitig Bestrebungen gab, besonders interessante Bereiche unter Schutz zu stellen. Eines der ältesten Naturschutzgebiete Deutschlands, das Plagefenn, liegt im Bereich des ehemaligen Bezirkes Frankfurt (Oder).

Es liegt nahe, dass in einem solchen Bereich auch vielseitige Potentiale für Landschaftsschutzgebiete vorhanden sind.

Nach Untersuchungen, die 1960/61 zur Vorbereitung einer Broschüre über Natur und Naturschutz im Bezirk Frankfurt (Oder) (RAT DES BEZIRKES FRANKFURT (ODER), BEZIRKSNATURSCHUTZVERWALTUNG 1961) vorgenommen wurden, standen bis 1940 bereits 14 Gebiete unterschiedlicher Größe unter Landschaftsschutz. Interessant ist, dass sich unter diesen Gebieten 4 Parkanlagen befanden. Wie überhaupt etliche dieser Landschaftsschutzgebiete den Charakter „verhinderter" Naturschutzgebiete trugen.

Die Datenlage insbesondere zur Abgrenzung der frühen Landschaftsschutzgebiete war sehr unübersichtlich. Nach späteren Recherchen gab es im Bereich des Bezirkes Frankfurt (Oder) wahrscheinlich bis 1945 sogar schon 24 Landschaftsschutzgebiete.

Mit dem Gesetz zur Erhaltung und Pflege der heimatlichen Natur (Naturschutzgesetz) vom 4. August 1954[1] wurden in der ehemaligen DDR die Voraussetzungen geschaffen, weitere Landschaftsteile unter Landschaftsschutz zu stellen.

Wesentlich war, dass nach § 2 (1) dieses Naturschutzgesetzes neben der besonderen Eigenart oder Schönheit der Landschaft, die Eignung als Erholungsgebiet und Wanderziel für die Bevölkerung ein Auswahlkriterium für Lanschaftsschutzgebiete sein konnte.

Die einzelnen Kreise des Bezirkes Frankfurt (Oder) setzten bis 1962 diese Aspekte in sehr unterschiedlicher Weise um. Während im nördlich gelegenen ehema-

---

[1] Gesetz zur Erhaltung und Pflege der heimatlichen Natur – Naturschutzgesetz – vom 4. August 1954, Gbl. DDR Nr. 71 vom 13.8.1954, S. 695 ff.

ligen Kreis Angermünde nur zwei kleinere Gebiete einstweilig gesichert, dafür aber die noch vorhandene Baumsubstanz fast aller ländlichen ehemaligen Gutsparke zu Landschaftsschutzgebieten erklärt wurden, entschloss man sich in anderen Kreisen den Aspekt Erholungslandschaft durch die Ausweisung größerer Landschaftsschutzgebiete zu berücksichtigen. Wieder andere Kreise konnten oder wollten sich nicht abschließend festlegen.

Insgesamt gab es somit im ehemaligen Bezirk Frankfurt (Oder) zu dieser Zeit 63 Landschaftsschutzgebiete mit einer Gesamtfläche ca. 50.140 ha die 23 ländliche Parke einschlossen. *(Abbildung 1a)*

Dieser Stand war im Hinblick auf eine einheitliche Bewertung der landschaftsschutzwürdigen Potentiale des Bezirkes unzureichend.

Auch lag 1960 noch keine flächendeckende Kenntnis der Erholungseignung für den Bezirk vor, um § 2 (1) des Naturschutzgesetzes in vollem Umfang berücksichtigen zu können.

Der Wald- und Gewässerreichtum des Bezirkes Frankfurt (Oder) bot grundsätzlich auch gute Voraussetzungen für eine Erholungsnutzung.

Das hatten die Berliner, zu deren näherem und weiterem Umland auch diese Region gehörte, schon Ende des 19. Jahrhunderts festgestellt. Damals kannte man dort schon etwa 40 „Sommerfrischen" (ENTWURFSBÜRO FÜR GEBIETS-, STADT- UND DORFPLANUNG FRANKFURT (ODER) 1961).

Zu Beginn des 20. Jahrhunderts hatten sich dann folgende Erholungsgebiete herauskristallisiert:
1. Erkner, Woltersdorf, Rüdersdorf, Grünheider Seenkette,
2. Strausberger Seengebiet,
3. Freienwalde, Falkenberg, Oderberg,
4. Buckow (Märkische Schweiz),
5. Lanke, Biesenthal, Sophienstädt, Prenden,
6. Werbellinsee mit Altenhof, Eichhorst, Joachimsthal.

Hinzu kamen noch einige kleinere Gebiete wie die Umgebung von Müllrose für Frankfurt (Oder) und das Schlaubetal.

Eines der beliebtesten Erholungsgebiete, der Scharmützelsee, war zu dieser Zeit allgemein noch wenig bekannt. Der größte Ausflugsverkehr setzte erst im Jahre 1930 mit dem Bau der Strandbäder ein.

In allen Erholungsgebieten spielt das Wasser und dessen Nutzbarkeit eine zentrale Rolle. Eine durch das Entwurfsbüro für Gebiets-, Stadt- und Dorfplanung Frankfurt (Oder) 1960/61 flächendeckend durchgeführte Untersuchung der Erholungseignung musste sich daher auf die stehenden Gewässer und deren unmittelbare Umgebung konzentrieren. Dabei war auch die Frage zu beantworten, was in den schon lange den Berlinern bekannten Ausflugsgebieten an nutzbaren Potentialen noch vorhanden ist und was durch Bebauung insbesondere der ufernahen Bereiche verloren ging.

Untersucht wurden 496 Seen über 1 ha Größe und deren unmittelbare Umgebung. Erfasst wurden: Name und Größe des Sees, gesamte Uferlänge, davon bebaut oder parzelliert, versumpft oder unzugänglich, Länge der vorhandenen Badestellen und Erweiterungsmöglichkeiten, vorhandene Schutzbestimmungen, wie Landschafts- bzw. Naturschutzgebiet, Fischzucht- bzw. Fischintensivgewässer, Fischereiwert, sich anschließende Bewaldung.

Das Ergebnis: Viele wichtige Gewässer waren durch ausgedehnte Uferbebauung öffentlich kaum noch zugänglich. Einige Beispiele entsprechend dem Stand von 1960/61:

- Peetzsee   80 % der Uferlänge bebaut
- Wandlitzsee   72 % der Uferlänge bebaut
- Scharmützelsee   65 % der Uferlänge bebaut
- Werlsee   61 % der Uferlänge bebaut
- Stolzenhagener See 55 % der Uferlänge bebaut
- Gr. Müllroser See 43 % der Uferlänge bebaut

Von den 496 untersuchten Gewässern ließen sich nur 201 für Erholungszwecke nutzen. Etwa 60 % schieden aus, weil sie verlandet, stark versumpft, von Bruchwäldern umgeben, durch Abwässer vollkommen verunreinigt waren oder in Sperrgebieten lagen.

Zum Baden ungeeignete Seen, die aber in bevorzugten Wandergebieten lagen und hohen Landschaftswert besaßen, wurden besonders berücksichtigt.

Ein nicht unerheblicher Teil der geeigneten Seen ließ sich nur bedingt im rein örtlichen Bereich nutzen, da sie zu klein oder von Ackerflächen umgeben waren und weitere Einschränkungen bestanden.

Als verschwindend gering erwies sich der Anteil der Ufer, die sich zum Baden eigneten. Er betrug nur etwa 3 % der insgesamt ermittelten Uferlänge und hätte sich auf etwa 7 % erweitern lassen.

Der hohe Grad der Uferbebauung vieler Gewässer war das Ergebnis einer Entwicklung, die insbesondere in den 30er Jahren des vergangenen Jahrhunderts bis zum Beginn des zweiten Weltkrieges stattgefunden hatte. Ende der 1950er Jahre nahm der Ansturm auf Bauparzellen und Wochenendgrundstücke in Gewässernähe wieder ständig zu. Es waren daher Regelungen erforderlich, die diese Entwicklung möglichst in eine für die Allgemeinheit und die Umwelt verträgliche Bahnen lenken sollten.

Um diesen Anforderungen einigermaßen gerecht zu werden, erwies sich eine Unterteilung in fünf Gruppen als notwendig.

- *Gruppe 1 – ungeeignete Gewässer*: In dieser Gruppe befanden sich alle Seen, die entweder fast verlandet oder in Folge ungünstiger Uferverhältnisse für Erholungszwecke nicht in Frage kommen, d.h. versumpft oder stark verkrautet sind. Um eine bauliche Überschleierung der Landschaft zu vermeiden, sollte jedoch an ihnen das Bauen unerwünscht sein. Da an ihnen naturgemäß ein geringes Interesse bestehen wird, genügte § 14 des Naturschutzgesetzes.
- *Gruppe 2 – Gewässer mit völligem Bauverbot*: Hier handelte es sich um Gewässer, die teilweise sehr gut nutzbar sind, aber in ihrer Ursprünglichkeit und landschaftlichen Schönheit als Wandergebiete für die Bevölkerung erhalten bleiben sollten. Genügend Beispiele im Bezirk bewiesen, dass die Naturschutzverwaltung dies allein nicht durchsetzen konnte.

An fast allen geeigneten Seen hatte auch nach Inkrafttreten des Naturschutzgesetzes[2] ohne Genehmigung der Naturschutzbehörden eine Bebauung stattgefunden, obwohl für jeden Bau in der offenen Landschaft deren Zustimmung einzuholen gewesen wäre. Aus diesem Grunde erforderte dies einen zusätzlicher Schutz dieser Gewässer .
- *Gruppe 3 – Gewässer für zentrale und zentral gelenkte Einrichtungen*: Die Seen dieser Gruppe sollten durch ihre Lage und Qualität für solche Einrichtungen reserviert werden, wie Ferienheime des Freien Deutschen Gewerkschaftsbundes (FDGB) und des Deutschen Reisebüros (DER), Urlauberdörfer und zentrale Pionierlager. Entsprechend ihrer Bedeutung lagen an ihnen die für Kur und Erholung vorgesehene Ortschaften.

Diese Gewässer erforderten einen besonderen Schutz, damit sie nicht durch Privatinteressen blockiert werden.
- *Gruppe 4 – Gewässer für öffentliche Einrichtungen*: Diese Gewässer sollten für den Naherholungs- und Ausflugsverkehr der Städte und Industriezentren freigehalten und mit öffentlichen Einrichtungen wie Hotels, Gaststätten, Jugendherbergen, Freibädern und öffentlichen Zeltplätzen versehen werden.
- *Gruppe 5 – Gewässer für private Einrichtungen*: An diesen Gewässern durfte nach Vorliegen eines Bebauungsplanes privat gebaut werden. Diese Gruppe wurde ausgeschieden, um den privaten Bauwünschen Rechnung zu tragen, ohne dass dadurch eine Schädigung der Interessen der Allgemeinheit eintritt.

Da einige Gewässer verschiedene Erholungsfunktionen aufnehmen mussten und um Unklarheiten zu vermeiden, wurden für alle Gewässer der Gruppen 3 bis 5 Nutzungsvorschläge erarbeitet.

---

[2] Gesetz zur Erhaltung und Pflege der heimatlichen Natur – Naturschutzgesetz – vom 4. August 1954, Gbl. DDR Nr. 71 vom 13.8.1954, S. 695 ff.

Die Zuordnung zu den Gruppen und die Nutzungsvorschläge waren für alle Gewässer, nach Kreisen geordnet, im Bezirkstags-Beschluss 88/62[3] dargestellt. Im Interesse der Erhaltung der Landschaft und der öffentlichen Zugänglichkeit der Gewässer entschloss sich damals der Bezirkstag zu einer weiteren, sehr wesentlichen Festlegung: „Aus der Erfahrung heraus, daß ein Bauwerks- bzw. Parzellenabstand von 15 m entlang der Ufer der öffentlichen Gewässer, gemessen von der höchsten Wasserstandsgrenze, diese fast in dem gleichen Maße entwertet wie eine völlige Bebauung, wird entsprechend § 74 Ziff. 1 der DBO für den Bezirk Frankfurt (Oder) die Uferschutzzone von 15 m auf 100 m erweitert." (Ein Aspekt, der sich auch im §14 (4) des späteren Landeskulturgesetzes wiederfindet.)

Dieser für die Erhaltung der Landschaft sehr wesentliche Beschluss konnte den Ansturm auf die interessantesten Landschaftsteile nur vorübergehend bremsen. Viele Ausnahmegenehmigungen für „verdienstvolle" Bürger stellte diese Festlegung bald in Frage. Der übrigen Bevölkerung ließ sich so nicht mehr vermitteln, dass diese einschneidende Festlegung nur für sie Gültigkeit hätte.

Die Recherchen zur Vorbereitung der Bezirksbeschreibung hatten schon auf die Unzulänglichkeiten bei der Bestimmung und Abgrenzung der Landschaftsschutzgebiete hingewiesen. Grobvorschläge des Institutes für Landschaftsforschung und Naturschutz Halle (Zweigstelle Potsdam) und die inzwischen vorliegenden Ergebnisse der Untersuchungen zu den Erholungspotentialen ließen jetzt eine einheitliche Neubearbeitung der Landschaftsschutzgebiete im Bezirk Frankfurt (Oder) durch das Büro für Gebiets-, Stadt- und Dorfplanung zu.

Schwerpunkte der Neubearbeitung waren:
1. Berücksichtigung der gebietsplanerischen Untersuchungsergebnisse zur Verteilung der Haupterholungsgebiete entsprechend § 2 (1) des Naturschutzgesetzes von 1954;
2. Überprüfung der „Klein-Landschaftsschutzgebiete", inwieweit sie sich in größere Landschftsschutzgebiete integrieren lassen;
3. Finden von Grenzen, die möglichst jederzeit im Gelände ohne Schwierigkeiten aufzufinden sind, d.h. an Straßen, Wegen, Bächen usw. liegen;
4. Schaffen eines einheitlichen Kartenmaterials, das problemlos allen Zuständigen zur Verfügung gestellt werden kann.

Als Ergebnis wurden 15 große Landschaftsschutzgebiete vorgeschlagen. Der Prozess der Abstimmung erwies sich zum Teil als recht kompliziert, da durch die Randlage des Bezirkes zu Berlin in fast allen größeren Waldgebieten Armee, Staatssicherheit und andere zentrale Interessen „versteckt" waren. Dadurch erga-

---

[3] Beschluss Nr. 88/62 des Bezirkstages Frankfurt (Oder) über die Klassifizierung und Nutzung der stehenden Gewässer über 1 ha Größe zu Zwecken der Erholung und über die Erweiterung der Uferschutzzone, Mitteilungsblatt des Bezirkstages und Rat des Bezirkes Frankfurt (Oder) Nr. 5, Juni 1962.

ben sich oftmals „Beulen" in der Grenzführung, die nicht den dort vorhandenen Potenzialen entsprachen.

Später zeigte es sich, dass die damals noch erzielten Abstimmungsergebnisse im Hinblick auf die o.g. Nachbarschaften, in späterer Zeit auch nicht mehr erreichbar gewesen wären.

Das Problem der Kartenunterlagen ließ sich nur dadurch lösen, dass für jedes Gebiet Messtischblattauszüge im Maßstab 1:25000 als lichtpausfähige Originale gezeichnet wurden. (Die Karten durften keine Höhenlinien enthalten!)

Der Beschluss des Rates des Bezirkes Frankfurt (Oder) vom 12. Januar 1965[4] stellte folgende Landschaftsteile unter Landschaftsschutz *(Abbildung 1b)*:

1.	Wolletzseengebiet	etwa 2.200 ha
2.	Flemsdorf	etwa 1.720 ha
3.	Blumberger Forst	etwa 1.960 ha
4.	Schwielochsee	etwa 4.440 ha
5.	Scharmützelsee, Storkower See, Schwenower Forst	etwa 10.600 ha
6.	Wandlitz-Biesenthal-Prendener-Seengebiet	etwa 5.600 ha
7.	Gorinsee	etwa 50 ha
8.	Werbellinsee-Grimnitzsee	etwa 3.790 ha
9.	Schlaubetal	etwa 6.490 ha
10.	Dorchetal	etwa 720 ha
11.	Bad Freienwalde (Waldkomplex)	etwa 4.340 ha
12.	Gamengrund	etwa 2.390 ha
13.	Grünau-Grünheider Wald- und Seengebiet	etwa 21.770 ha
14.	Madlitz-Falkenhagener Seengebiet	etwa 1.030 ha
15.	Strausberger- u. Blumenthaler Wald- u. Seengeb.	etwa 6.120 ha

Alle alten Landschaftsschutzgebiete, die nicht in die neuen Gebiete integriert werden konnten, blieben zunächst weiterhin bestehen.

Der Beschluss des Rates des Bezirkes, Landschaftsteile des Bezirkes unter Schutz zu stellen, sollte keineswegs der Abschluss, sondern der Beginn umfangreicher Maßnahmen sein.

Neben der Beschilderung und Popularisierung sollte das Schwergewicht auf der Ausarbeitung von Landschaftspflege- bzw. Landschaftsentwicklungsplänen liegen. Im Beschluss des Rates des Bezirkes Frankfurt (Oder) vom 12. Januar 1965 wurde daher auch die Bezirksnaturschutzverwaltung beauftragt, zusammen mit den Kreisnaturschutzverwaltungen, dem Institut für Landesforschung und Natur-

---

[4] Beschluss Nr. 7-1/65 des Rates des Bezirkes Frankfurt (Oder) vom 12. Januar 1965 zur Erklärung von Landschaftsteilen des Bezirkes Frankfurt (Oder) zu Landschaftsschutzgebieten, Anlage 7 zum Beschlussprotokoll vom 12. Januar 1965, abdruckt in: Naturschutzarbeit in Berlin und Brandenburg 1 (1965) 3, 46-48.

schutz und dem Büro für Territorialplanung, unter Beachtung vorhandener Planungen, Landschaftspflegepläne zu erarbeiten. Einige Grundlagen waren schon vorhanden. So lagen vom damaligen Entwurfsbüro für Gebiets-, Stadt- und Dorfplanung und späterem Büro für Territorialplanung bei der Bezirksplankommission für die Bereiche Müllroser See, Schwielochsee, Wandlitz-Lanke-Biesenthal und Werbellinsee Flächeneignungspläne vor, die eine wesentliche Voraussetzung für die zu erarbeitenden Landschaftspflege- bzw. Landschaftsentwicklungspläne gewesen wären.

Das Büro für Territorialplanung erarbeitete in der folgenden Zeit für alle größeren Erholungsgebiete diese Flächeneignungspläne. Zur Erarbeitung der Landschaftspflegepläne ist es allerdings nicht gekommen. Der Grund: Die Bezirksnaturschutzverwaltung verfügte über keine Planungseinrichtung. Für die Bezirksplankommission, als Auftraggeber für das Büros für Territorialplanung war dies kein Arbeitsschwerpunkt. Das Institut für Landesforschung und Naturschutz sah sich dazu auch nicht in der Lage.

Immerhin war wenigstens der Schutz der Landschaft auf einen aktuellen Stand gebracht worden.

Die im Rahmen der bisherigen Arbeiten festgestellten sehr unterschiedlichen Belastungen einzelner Landschaftsschutz- und Erholungsgebiete und die zunehmende Tendenz, durch Zersiedlung, private Ufernutzung, Betriebserholungseinrichtungen und Kinderferienlager immer mehr wichtige Bereiche einer öffentlichen Nutzung zu entziehen, führten zu Fragen:
- Mit welchen Bedarfsanforderungen für die Naherholung der Bevölkerung ist wo in welchen Erholungsgebieten zu rechnen?
- Wie ist die Belastbarkeit und Badekapazität der Gewässer und angrenzenden Waldbereiche einzuschätzen?
- Wo konzentrieren sich Überbelastungen und Fehlbedarf bzw. wo sind noch erschließbare Reserven vorhanden?

Vorbereitende Untersuchungen zu diesen Fragen machten deutlich, dass nur grobe Annahmen und Schätzungen hier weiter helfen konnten.

Flächendeckend auf den gesamten Bezirk Frankfurt (Oder) angewandt, verdeutlichten sie jedoch die Disparitäten zwischen den Quellbereichen des Naherholungs- und Ausflugsverkehrs einschließlich dessen Größenordnung und der Aufnahmefähigkeit der jeweils nächstgelegenen Zielpunkte.

Erstmalig fanden hier neben dem aktuellen Zustand und der Wasserqualität der Gewässer, deren biologische Belastbarkeit (auch Stickstoffeintrag durch Badende) und parallel die Aufnahmefähigkeit von angrenzenden Wandergebieten eine gemeinsame Berücksichtigung.

Das Ergebnis wurde zunächst in einem „Versuch einer Bilanz der Naherholung am Beispiel des Bezirkes Frankfurt (Oder)" dargestellt (GLOGER 1966, 34-35). Später erfolgte als Weiterführung und Abschluss die Zusammenfassung in der „Leitlinie Erholungswesen Bezirk Frankfurt (Oder)" (BÜRO FÜR TERRITORIALPLANUNG FRANKFURT (Oder) 1967).

Neben dem im vorangegangenem Material ermittelten Naherholungsbedarf ist hier für alle nutzbaren Gewässer entsprechend der Wasser- und der ufernahen Waldsituation eine obere Belastungsgrenze festgelegt, die sich in Gesamtkapazität, Bade- und Wanderkapazität gliedert. Der bis zur oberen Belastungsgrenze der Badekapazität erforderliche Entwicklungsaufwand ist allgemein in drei Stufen dargestellt. Das Material gibt somit Auskunft über die sich aus den natürlichen Bedingungen ergebenden Erholungsmöglichkeiten für den gesamten Bezirk. Eine bilanzierte Aussage schätzt für jeden Erholungsbereich ein, mit welcher Funktion und Kapazität der Ausbau erfolgen sollte und welche Reserven vorhanden sind.

Da diese Untersuchung letztlich die Erhaltung der Landschaft zum Ziel hatte, weist sie damit auch auf Schwerpunkte des Landschaftsschutzes hin.

Wie wichtig gerade die Berücksichtigung der Wasserqualität bzw. Badeeignung war, verdeutlicht auch ein Vergleich. Während 1960 noch rd. 200 Gewässer im Bezirk als für Erholungszwecke geeignet bezeichnet werden konnte, waren es 1967 davon nur noch rd. 180 nutzbar.

Eine 1967 durchgeführte Untersuchung der Gewässersituation von 250 der wichtigsten Seen des Bezirkes weist z.B. nach, dass damals
- 10 % der Güteklasse I (besonders saubere Gewässer),
- 55 % der Güteklasse II (normale Gewässer),
- 20 % der Güteklasse III (gefährdete Gewässer) und
- 15 % der Gewässer VI (gesperrte Gewässer)

zugerechnet werden mussten (BÜRO FÜR TERRITORIALPLANUNG FRANKFURT (ODER) 1968).

Als Ursache für die schnell fortschreitende Verschlechterung der Wasserqualität bei den stehenden Gewässern ergab sich eine Vielzahl von Kleinst- und Kleineinleitern wie Abflüsse von Einzelhäusern, funktionsuntüchtigen Kleinkläranlagen, Ställen, Mistplatten usw.

Dabei ergab sich aber auch, dass sogenannte „biologisch gereinigte" Abwässer bei Einleitung in Gewässer sich fast genauso wie ungereinigte Abwässer auswirkten, da sie die für das Algenwachstum wesentlichen Minimumnährstoffe (Phosphate, Nitrate) noch in vollem Umfang enthielten.

Im 1970 erlassenen Landeskulturgesetz[5] wird im § 13 (3) beibehalten, dass in Landschaftsschutzgebieten die Schönheit der Landschaft für die Erholung der Bevölkerung, also der besondere Erholungswert für den Urlaubsaufenthalt und die Naherholung ein wesentliches Auswahlkriterium ist. Bezogen auf den Stand von 1965 ergab sich aus dem neuen Gesetz also keine direkte Veranlassung, die Bestimmung und Abgrenzung der Landschaftsschutzgebiete zu überprüfen.

Im Gegenteil, die ständige Zunahme gesperrter Gebiete und weitere Begehrlichkeiten hätten bei einer Überarbeitung mit Sicherheit dazu geführt, dass wesentliche und interessante Landschaftsteile aus dem Landschaftsschutz hätten herausgenommen werden müssen. So ließ sich zumindest sagen: Die öffentliche Zugänglichkeit ist zwar nicht mehr gewährleistet, aber das Schützenswerte der Landschaft bleibt weitgehend erhalten.

Allerdings enthielt § 13 (3) einen neuen Aspekt, indem er von „Landschaftsschutzgebieten von zentraler Bedeutung" sprach. Dazu waren jedoch auch in der 1. Durchführungsverordnung zu Landeskulturgesetz[6] keine weiteren Ausführungen zu finden. Offen blieb auch, ob es daneben Landschaftsschutzgebiete von regionaler und örtlicher Bedeutung geben sollte.

Mit dem Landeskulturgesetz erhielten erstmalig auch die Belange des Erholungswesens in ihren unmittelbaren Beziehungen zur Landschaft einen gesetzlichen Rahmen. Im § 14 werden Erholungsgebiete als gesonderte funktionelle Einheit benannt, wird auf die Querbeziehungen zum Landschaftsschutz verwiesen, aber auch deutlich gemacht, dass außerhalb der Landschaftschutzgebiete geeignete Bereiche ebenfalls zu Erholungsgebieten entwickelt werden können. Wesentlich ist in diesem Zusammenhang, dass das Gesetz auf eine Differenzierung der Erholungsgebiete nach ihrer Bedeutung hinweist, auf Gebiete von zentraler und regionaler Bedeutung sowie auf sogenannte Naherholungsgebiete. Funktionelle Aspekte jedoch mit der Erreichbarkeit zu verknüpfen, erwies sich allerdings im Fall der Naherholungsgebiete damals schon als sehr problematisch, da insbesondere in der Nähe großer Städte regional bedeutsame Erholungsgebiete auch sehr intensiv der Naherholung dienen können. Konsequenter wäre es daher gewesen, nur von zentraler, regionaler und ö r t l i c h e r Bedeutung zu sprechen. Unter Berücksichtigung der Bedingungen, die sich aus der unmittelbaren Nähe Berlins zu den wichtigsten Erholungsgebiete im Bezirk Frankfurt (Oder) ergaben, legte man sich hier auf den Begriff „örtliche Erholungsgebiete" fest.

---

[5] Gesetz über die planmäßige Gestaltung der sozialistischen Landeskultur in der Deutschen Demokratischen Republik – Landeskulturgesetz – vom 14. Mai 1970 (Gbl. I, Nr. 12, S. 67 ff.).

[6] Erste Durchführungsverordnung zum Landeskulturgesetz, Schutz und Pflege der Pflanzen- und Tierwelt und der landschaftlichen Schönheiten – Naturschutzverordnung – vom 14. Mai 1970 (Gbl. II, Nr. 46, S. 331).

Die gemeinsam mit dem Landeskulturgesetz verabschiedete 2. Durchführungsverordnung – Erschließung, Pflege und Entwicklung der Landschaft für die Erholung[7] – enthielt zwar weitergehende Aussagen über Zuständigkeit, Erschließung, Pflege und Entwicklung der Gebiete, jedoch keine einheitlichen Kriterien für die Auswahl und die Abgrenzung.

Das hatte allgemein die Konsequenz, dass es in anderen Bezirken zunächst nur zu einer Benennung und bedeutungsgemäßen Einstufung der Erholungsgebiete kam. Wenn jedoch die Flächennutzung innerhalb der Gebiete abzustimmen war, das Zusammenwirken der Gemeinden zu entwickeln und der Schutz des Erholungswertes der Landschaft gesichert werden sollte, war eine klare flächenmäßige Abgrenzung der Erholungsgebiete unbedingt erforderlich.

Ein Auftrag der Staatlichen Plankommission (SPK) an die Bezirksplankommissionen zur „Bestimmung und Abgrenzung wichtiger Erholungsgebiete der DDR" veranlasste im DDR-Maßstab erstmals die Bearbeitung der Erholungsgebiete, die eine zentrale bzw. regionale Bedeutung haben könnten.

Da jedoch der „Vorschlag für die Grundsätze der Bestimmung und Unterschutzstellung wichtiger Erholungsgebiete der DDR ..." (SPK) sich weitgehend auf die Auswahl, jedoch nicht auf das „Wie" der Abgrenzung bezog, war es aus bezirklicher Sicht notwendig, zusätzliche Kriterien und Prinzipien auszuarbeiten. Auf ihrer Grundlage wurden alle als zentrale und regionale Erholungsgebiete in Frage kommenden Bereiche in Bezirk Frankfurt (Oder) abgegrenzt (GLOGER 1976, 36-37).

Zusammengefasst lagen der Abgrenzung folgende Kriterien zugrunde:
1. Es wurde grundsätzlich davon ausgegangen, dass das flächenmäßig abgegrenzte Erholungsgebiet den Bereich der konzentrierten Erholungsnutzung sowie das zur Sicherung ihrer Nutzung erforderliche Umland erfasst, d.h. einschließlich Ruhezonen.
2. Funktionell und landschaftlich zusammenhängende Gebietseinheiten, bioklimatische und morphologische Gegebenheiten waren zu beachten.
3. Einbezogen werden sollten alle Waldflächen, die als Erholungspark beziehungsweise als Erholungswald gestaltet werden sollten.
4. Bei unmittelbar aneinandergrenzenden Erholungsgebieten unterschiedlicher Bedeutung sollte geprüft werden, ob Gebiete geringerer Bedeutung in die Gebiete höherer Bedeutung einzubeziehen sind.
5. Die Grenzen sollten so geführt werden, dass sie in der Landschaft klar ablesbar sind. Bei Parallelverlauf zu Landschaftsschutzgebietsgrenzen in geringem Abstand sollte eine Übereinstimmung beider Grenzen angestrebt werden.

---

[7] Zweite Durchführungsverordnung zum Landeskulturgesetz der DDR – Erschließung, Pflege und Entwicklung der Landschaft für die Erholung – vom 14. Mai 1970 (Gbl. II, Nr. 46, S. 336).

Als Arbeitsgrundlage diente wieder das Messtischblatt im Maßstab 1:25.000. (Inzwischen war es allerdings möglich, das Messtischblatt unmittelbar als Kopie zu verwenden, sodass das aufwendige Zeichnen eines Auszuges wie bei den Landschaftsschutzgebieten 1965 entfallen konnte.)

Grundsätzlich hätten die Landschaftsschutzgebiete die Kernbereiche der Erholungsgebiete sein müssen. In der Praxis ließ sich dieses Prinzip durch die vielen Armee- und andere Sicherheitsinteressen nicht realisieren. Im Fall Scharmützelseegebiet konnte nach langem Ringen die westliche Grenze des Landschaftschutzgebietes auch zur Grenze des Erholungsgebietes erklärt werden. Das Grünheider Seengebiet ließ sich dagegen nicht nach Süden erweitern. Beim Werbellinseegebiet war die Schorfheide absolut „tabu", um nur einige wichtige Einschränkungen zu nennen.

Die nach diesen Kriterien abgegrenzten Erholungsgebiete von zentraler (Vorschlag) und regionaler Bedeutung konnten so mit den betroffenen Gemeinden und Kreisen beraten, abgestimmt und mit dem Beschluss Nr. 0174 des Rates des Bezirkes Frankfurt (Oder) vom 13.12.1979 festgesetzt werden. *(Abbildung 2)*

Offen blieb eine Vielzahl von örlichen Naherholungsgebieten, die für die in der Nähe wohnenden Einwohner nicht weniger bedeutsam waren.

Um künftig auch die für die örtliche Naherholung der Städte und Gemeinden wichtige Landschaftsteile bei Standortentscheidungen und anderen Maßnahmen besser berücksichtigen zu können, wurde es notwendig, sich auch mit der Verteilung und Abgrenzung der Erholungsgebiete von örtlicher Bedeutung intensiver auseinanderzusetzen.

Entsprechend der im Landeskulturgesetz verankerten Zuständigkeit hatte der Bezirkstag Frankfurt (Oder) in seinem Beschluss Nr. 56 vom 26. September 1978 über „Maßnahmen zur weiteren Entwicklung und planmäßigen Gestaltung des Erholungswesens und den Tourismus im Bezirk Frankfurt (Oder)" zu den Naherholungsgebieten von örtlicher Bedeutung festgelegt: „Diese Gebiete sind durch die betreffenden Städte und Gemeinden auszuwählen und nach Abstimmung mit dem jeweiligen Rat des Kreises sowie den Rechtsträgern der betreffenden Flächen durch die Volksvertretungen der Städte und Gemeinden zu bestätigen."

Im Gegensatz zu den Erholungsgebieten von zentraler und regionaler Bedeutung war es hier nicht möglich, ein Planungsbüro mit der Bearbeitung und Koordinierung zu beauftragen, da die zuständige Abteilung Erholungswesen über keinen Zugriff zu einer Planungseinrichtung verfügte. (Das Büro für Territorialplanung bei der Bezirksplankommission war mit anderen Aufgaben betraut.)

Für den Rat des Bezirkes, Abteilung Erholungswesen ergab sich daher die schwierige Aufgabe, sowohl die Auswahl der Gebiete durch die Städte und Gemeinden als auch die Berücksichtigung eines einheitlichen Maßstabes für den ge-

samten Bezirk zu gewährleisten. Mit wenigen Ausnahmen musste davon ausgegangen werden, dass die abzugrenzenden Erholungsgebiete von örtlicher Bedeutung auf dem Territorium mehrerer Gemeinden liegen, d.h. mehrere Gemeinden gesonderte Beschlüsse zu Abschnitten eines Erholungsgebietes zu fassen haben.
Hieraus ergab sich folgender methodischer Weg:
1. Alle Abteilungen Erholungswesen der Räte der Kreise setzen sich mit den in Frage kommenden Räten der Städte und Gemeinden in Verbindung, um aus ihrer Sicht die Vorschläge für örtliche Naherholungsgebiete zu bekommen. Dabei waren die bereits beschlossenen Erholungsgebiete von zentraler und regionaler Bedeutung zu berücksichtigen, sodass sich die Zahl der anzusprechenden Gemeinden reduzierte. Um die Vorschläge der Städte und Gemeinden zumindest als Bereich eintragen zu können, wurden Kreiskarten im Maßstab 1:50.000 (Messtischblattverkleinerung) mit den Grenzen der bereits beschlossenen Erholungsgebiete vorbereitet und übergeben.
2. Parallel dazu erfolgte über die Abteilung Erholungswesen des Rates des Bezirkes eine Untersuchung, welche Bereiche außerhalb der bereits beschlossenen Erholungsgebiete sich von den natürlichen Gegebenheiten her eignen müssten. Dazu musste ein fachlich kompetenter Bearbeiter gefunden werden, der diese Arbeit außerhalb der Dienstzeit bewältigen konnte und wollte und über gute Bezirkskenntnisse verfügte. Ältere Arbeiten zu Erholungsgebieten und zur Neufestlegung von Landschaftsschutzgebieten waren zu berücksichtigen.
3. Aus den Vorschlägen der Städte und Gemeinden und den bezirklichen Untersuchungen wurden über die Abteilung Erholungswesen des Rates des Bezirkes auf der Basis von Karten 1:25.000 die konkreten Abgrenzungsvorschläge erarbeitet und über die Räte der Kreise abgestimmt.

Auf dieser Grundlage erhielten die Städte und Gemeinden alle Materialien, die sie für eine Beschlussfassung benötigten, fertig vorbereitet zugesandt.

Dazu gehörten: Übersichtskarten mit Grenzen, Karten im Maßstab 1:25.000 mit der genauen Grenzführung des örtlichen Erholungsgebietes, Erläuterungstexte, Muster für den Beschluss der Stadtverordnetenversammlung bzw. Gemeindevertretung zur Bestätigung des Naherholungsgebietes von örtlicher Bedeutung.

Aus diesem Prozess ergab sich so eine Zahl von 58 Erholungsgebieten von örtlicher Bedeutung mit einer Gesamtfläche von ca. 558 km².

Dieser sehr komplizierte und aufwendige Prozess der Vorbereitung erforderte viel Zeit, sodass zwar 1989 alle örtlichen Erholungsgebiete vorbereitet und abgestimmt waren und die Städte und Gemeinden die Beschlussmaterialien erhalten hatten, die vollständige Beschlussfassung aber bis zur „Wende" nicht mehr erfolgte.

Mit der Festsetzung der Erholungsgebiete von örtlicher Bedeutung hätte der Prozess der Bestimmung von Landschaftsschutz- und Erholungsgebieten im ehemaligen Bezirk Frankfurt (Oder) seinen Abschluss finden können. Zu Beginn der 80er Jahre des vergangenen Jahrhunderts wurde jedoch zentral beschlossen, das größte damals in der ehemaligen DDR bekannte zusammenhängende Kohlefeld aufzuschließen und abzubauen. Dieses lag (und liegt noch) zwischen Fürstenwalde/Spree, Beeskow, dem Scharmützelsee und Müllrose. Aufgrund der geringeren Entfernung sollte es vorzugsweise der Sicherung der Energieversorgung Berlins dienen. Ein Vorhaben dieser Größenordnung hätte zwangsläufig den Verlust vieler Schutzgebiete zur Folge gehabt. Für diese wären potenziell geeignete Ersatzstandorte zu finden gewesen. Dazu sollte das Büro für Territorialplanung mit möglichst geringem Aufwand den gesamten Bezirk nach Bereichen untersuchen, deren Mannigfaltigkeit der natürlichen Ausstattung weitere detaillierte Prüfungen und Maßnahmen rechtfertigen würde.

Für diese Untersuchung (GLOGER 1984, 89) wurden mit herangezogen:
- Mittelmaßstäbige Landwirtschaftliche Standortkartierung (MMK) des Forschungsinstitutes für Bodenfruchtbarkeit Müncheberg der Akademie der Landwirtschaftswissenschaften der DDR, 1981,
- Naturraumtypenkartierung von Kopp, Jäger, Succow u.a.,
- Messtischblattkartierungen geschützter und seltener bzw. charakteristischer Tier- und Pflanzenarten.

Obwohl es in erster Linie um Ersatzstandorte für Naturschutzgebiete ging, hätte es sich angeboten, die gewonnenen Erkenntnisse auch für eine Überprüfung der Landschaftsschutz- und Erholungsgebiete zu nutzen. Denn im Rahmen dieser Untersuchung wurden die wertvollsten Landschaftsbereiche des Bezirkes ausgewiesen. Die dabei entstandene Übersichtskarte fand daher auch 1990 bei der Bestimmung der Großschutzgebiete im Bereich des ehemaligen Bezirkes Frankfurt (Oder) ihre Berücksichtigung.

Literatur

Büro für Territorialplanung bei der Bezirksplankommission Frankfurt (Oder): Analyse über die Verunreinigung von Luft und Wasser im Bezirk Frankfurt (Oder), Teil II, Verunreinigung des Wassers, unveröffentl. Manuskript, 1968

Beschluss Nr. 7-1/65 des Rates des Bezirkes Frankfurt (Oder) vom 12. Januar 1965 zur Erklärung von Landschaftsteilen des Bezirkes Frankfurt (Oder) zu Landschaftsschutzgebieten, Anlage 7 zum Beschlussprotokoll vom 12. Januar 1965, abdruckt in: Naturschutzarbeit in Berlin und Brandenburg 1 (1965) 3, 46-48

Beschluss Nr. 88/62 des Bezirkstages Frankfurt (Oder) über die Klassifizierung und Nutzung der stehenden Gewässer über 1 ha Größe zu Zwecken der Erholung und über die Erweiterung der Uferschutzzone, Mitteilungsblatt des Bezirkstages und Rat des Bezirkes Frankfurt (Oder) Nr. 5, Juni 1962

Entwurfsbüro für Gebiets-, Stadt- und Dorfplanung Frankfurt (Oder): Bezirksbeschreibung Bezirk Frankfurt (Oder), unveröffentlichtes Manuskript, 1961

Erste Durchführungsverordnung zum Landeskulturgesetz, Schutz und Pflege der Pflanzen- und Tierwelt und der landschaftlichen Schönheiten (Naturschutzverordnung) vom 14. Mai 1970 (Gbl. II, Nr. 46, S. 331)

Gesetz über die planmäßige Gestaltung der sozialistischen Landeskultur in der Deutschen Demokratischen Republik – Landeskulturgesetz – vom 14. Mai 1970 (Gbl. DDR I, Nr. 12, S. 67 ff.)

Gesetz zur Erhaltung und Pflege der heimatlichen Natur – Naturschutzgesetz – vom 4. August 1954, Gbl. DDR Nr. 71 vom 13.8.1954, S. 695 ff.

Gloger, O.: Nutzung von Naturraumkartierungen für Planungen der Landschaft, Landschaftsarchitektur 13 (1984) 3, 89

Gloger, O.: Versuch einer Bilanzierung der Naherholung am Beispiel des Bezirkes Frankfurt (Oder), Deutsche Gartenarchitektur 7 (1966) 2, 34-35

Gloger, O.: Zur Methodik der Abgrenzung von Erholungsgebieten, Landschaftsarchitektur 5 (1976) 2, 36-37

Büro für Territorialplanung bei der Bezirksplankommission Frankfurt (Oder): Grundlagen für die rationelle Nutzung der Erholungsgebiete an den Gewässern des Bezirkes Frankfurt (Oder) unter Berücksichtigung einer prognostischen Bedarfsermittlung und der vorrangigen Deckung des Naherholungsbedarfs der Bevölkerung des Bezirkes und der Berliner Bevölkerung, unveröffentlichtes Manuskript, August 1967

Rat des Bezirkes Frankfurt (Oder), Bezirksnaturschutzverwaltung (Hg.): Natur und Naturschutz im Bezirk Frankfurt (Oder), 1961

Zweite Durchführungsverordnung zum Landeskulturgesetz – Erschließung, Pflege und Entwicklung der Landschaft für die Erholung – vom 14. Mai 1970 (Gbl. DDR II, Nr. 46, S. 336)

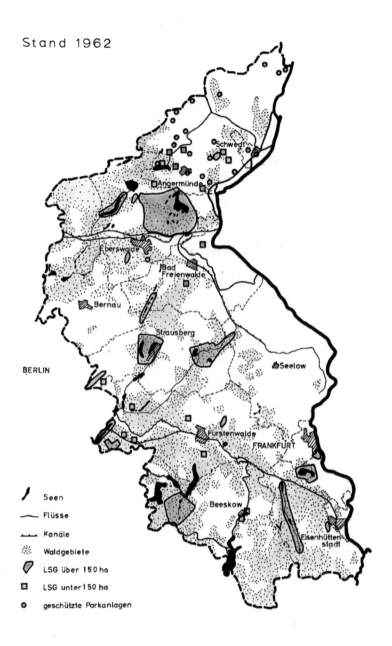

Abbildung 1a: Landschaftsschutzgebiete des Bezirkes Frankfurt (Oder), Stand 1962. Zeichnung: O. Gloger

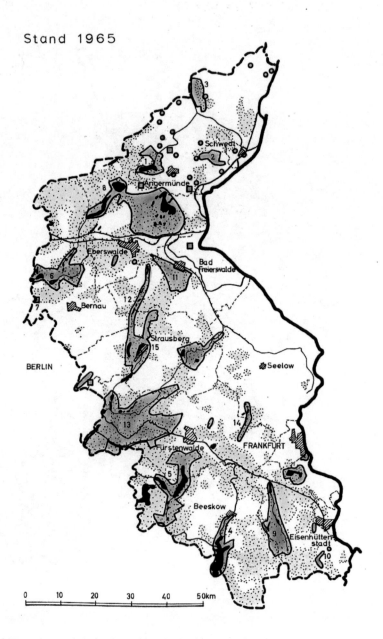

Abbildung 1b: Landschaftsschutzgebiete des Bezirkes Frankfurt (Oder), Stand 1965. Zeichnung: O. Gloger

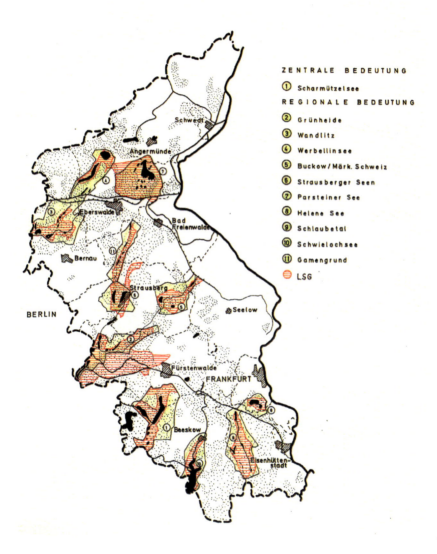

Abbildung 2: Erholungsgebiete von zentraler und regionaler Bedeutung des Bezirkes Frankfurt (Oder). Zeichnung: O. Gloger

Hermann Könker

Komplexe Standortmeliorationen

1. Begriffe und Historie

Der international bekannte und in der ehemaligen DDR allgemein verwendete Begriff „Melioration" leitet sich aus dem lateinischen „melior" (= besser) ab. Gemeint ist damit eine grundlegende und nachhaltige Verbesserung der Ertragsfähigkeit und Bewirtschaftbarkeit landwirtschaftlich und forstwirtschaftlich genutzter Standorte.

Im deutschsprachigen Raum wird quasi als Synonym dafür auch der von Dünkelberg (1883) geprägte Begriff „Kulturtechnik" verwendet. Dünkelberg hat bewusst den Begriff der (Pflanzen-)Kultur mit dem Begriff der Technik gekoppelt, um den komplexen Charakter und die biologisch-ökologische Orientierung jeglicher Meliorationstätigkeit im Naturhaushalt deutlich zu machen.

Soweit es sich um wasserbauliche Maßnahmen handelt, werden mitunter auch die Begriffe „großer Wasserbau" und „landwirtschaftlicher Wasserbau" (= kleiner Wasserbau) verwendet. Der große Wasserbau umfasst den Ausbau von Flüssen und Kanälen, während die wasserbaulichen Maßnahmen auf den landwirtschaftlich genutzten Flächen (Entwässerungsanlagen) als landwirtschaftlicher Wasserbau bezeichnet werden.

Alle kulturtechnischen Maßnahmen sind bodengebunden. In Österreich spricht man deshalb auch von der Bodenkultur.

Der Begriff „Landeskultur" taucht erstmals in der preußischen Gesetzgebung auf. Am 14.09.1811 wurde das „Edikt zur Beförderung der Land-Cultur" erlassen. Bereits wenige Jahre später wurde aus der Land-Cultur der auch heute noch geläufige Begriff Landeskultur.

Das Edikt von 1811 enthält unter anderem Vorschriften über den Grundstücksverkehr, Gemeinheitsteilungen, Grundstückszusammenlegungen, Bodennutzung, Ent- und Bewässerung und die Nutzung der Gewässer. Als landeskulturelle Aufgaben des preußischen Staates werden die Urbarmachung der Brücher und die Förderung des inneren Verkehrs durch den Bau von Kanälen, Straßen und Brücken festgelegt.

Es bestehen sehr enge Beziehungen zwischen Landeskultur und Kulturtechnik bzw. Melioration. Während mit dem Begriff Landeskultur in der Vergangenheit im Allgemeinen die großräumige Kultivierung und die Gestaltung von bis dahin nicht wirtschaftlich genutzten Gebieten bezeichnet wurde, stellen Melioration alle Maßnahmen dar, die der nachhaltig wirksamen Verbesserung der Ertragsfähigkeit und Bewirtschaftbarkeit landwirtschaftlich oder forstwirtschaftlich genutzter oder zu nutzender Standorte dienen.

Die heutige Kulturlandschaft ist das Ergebnis einer jahrhunderte- oder jahrtausendelangen Einwirkung des Menschen auf seine Umwelt. Besiedlung, Ackerbau und Tierhaltung führten in den Anfängen der Kulturlandschaftsentwicklung zur Schaffung vieler neuer Biotope und zur Erhöhung der ökologischen Vielfalt.

Das Hauptanliegen der Landnutzung bestand in der Vergangenheit in der Erzeugung von Nahrungsgütern. Es kann angenommen werden, dass die ersten Eingriffe des Menschen in den Naturhaushalt mit dem Beginn des Ackerbaus zusammenfallen. Neben der Rodung des für den Pflanzenanbau ausgewählten Standortes wird in Trockengebieten auch eine Einebnung der Flächen und eine Bewässerung mit einfachen Verfahren vorgenommen worden sein. Bekannt geworden sind insbesondere die Landnutzungssysteme der frühen Kulturepochen im Zweistromland, in Ägypten und in China und später im antiken Griechenland und im Römischen Reich. Aufstieg, Blüte und Niedergang großer Kulturepochen der Menschheit stehen in engem Zusammenhang mit landeskulturellen und kulturtechnischen Aktivitäten.

In Europa setzten landeskulturelle Aktivitäten verstärkt im 11. Jahrhundert mit Deichbauten und Neulandgewinnungsmaßnahmen in den Niederlanden und mit Entwässerungsmaßnahmen in England ein.

In Deutschland ist ein bemerkenswerter Aufschwung landeskultureller und kulturtechnischer Aktivitäten im 18. Jahrhundert unter Friedrich II. zu verzeichnen. Hervorzuheben sind die Flussregulierungen und Kultivierungsmaßnahmen im Rhin- und Havelluch sowie in Netze-, Dosse- und Oderbruch. Zeitweilig erreichten diese Arbeiten erhebliche Ausmaße. So wurden in den Jahren zwischen 1718 und 1786 in Brandenburg 142.300 ha Moor entwässert und für die Landwirtschaft nutzbar gemacht (kultiviert).

Hintergrund für diese „innere Kolonisation" war die stark gestiegene Bevölkerungszahl. Allein im 18. Jahrhundert hat sich die Bevölkerung im mitteleuropäischen Raum verdoppelt bis verdreifacht. Die bis dato landwirtschaftlich genutzten Flächen reichten für die Versorgung der Bevölkerung nicht mehr aus, und es musste Raum für Siedlungen geschaffen werden. Vorteile versprach man sich nicht nur auf den kultivierten Flächen; man hoffte auf eine Wohlfahrtsentwicklung für das gesamte Land.

2. Meliorationen in der DDR

2.1 Nachkriegssituation

In einer Gesellschaft, die über Jahrhunderte von Nahrungsmangel und ständig wiederkehrenden Hungersnöten geprägt war, war es nur verständlich, dass das Hauptanliegen der landeskulturellen Aktivitäten in der Schaffung von Möglichkeiten für die Nahrungsgüterproduktion bestand. Derartige Aktivitäten sind im 20. Jahrhundert insbesondere in den Zeiten nach den beiden Weltkriegen zu verzeichnen. Unmittelbar nach dem Zweiten Weltkrieg lag das Bestreben der Agrarpolitik beider Teile Deutschlands darin, die Agrarproduktion schnellstmöglich zu steigern, um die Nahrungsmittelversorgung der Bevölkerung zu sichern. In der DDR verlief die Ertragssteigerung vergleichsweise langsam. Um die Eigenversorgung zu sichern, war bis in die 1970er Jahre eine ständige Erhöhung der landwirtschaftlichen Erträge notwendig. In den alten Bundesländern hingegen wurden bereits in den 1960er Jahren Nahrungsmittel und Agrarrohstoffe in ausreichendem Maße erzeugt bzw. konnten importiert werden. Folgerichtig gingen in den alten Bundesländern die staatlichen Förderungsmaßnahmen zur Steigerung der landwirtschaftlichen Produktion allmählich zurück. Es wurde verstärkt auf Maßnahmen zur Verbesserung der Produktions- und Arbeitsbedingungen in der Landwirtschaft orientiert. Darüber hinaus erhielten zunehmend solche Maßnahmen Unterstützung, die der allgemeinen Landeskultur, dem Naturschutz und der Landentwicklung dienten. In der DDR dagegen wurden bis zum Ende der 1980er Jahre Subventionen für Meliorationen und für andere Maßnahmen zur Steigerung der landwirtschaftlichen Produktion bereitgestellt. Da das Land eine weniger leistungsfähige Industrie hatte, war es ein staatlich erklärtes Ziel, Agrarprodukte in erheblichem Umfang zu erzeugen und zu exportieren.

Unmittelbar nach dem Zweiten Weltkrieg waren die Produktionsgrundlagen in den Betrieben der damaligen sowjetischen Besatzungszone als Folge der unmittelbaren Kriegseinwirkungen und der überstürzt durchgeführten Bodenreform katastrophal. Großbetriebe über 100 ha wurden grundsätzlich enteignet und in so genannte Neubauernstellen überführt. Die Neubauern verfügten oftmals nicht über landwirtschaftliche Fachkenntnisse. Es fehlte an Nutztieren und landwirtschaftlichem Gerät, Saatgut und Dünger. Vorfluter und Gräben zur Binnenentwässerung waren viele Jahre lang nicht gewartet, vorhandene Dränanlagen zum Teil funktionslos und in ihrer Lage nicht bekannt. Die Folge waren starke Vernässungen auf dem Acker- und Grünland. Für die Instandsetzung und Instandhaltung der Anlagen auf der landwirtschaftlichen Nutzfläche war jeder Eigentümer selbst verantwortlich. Um die darüber hinaus vorhandenen Vorfluter innerhalb einer Gemeinde zu unterhalten, wurden Anfang der 1950er Jahre im Rahmen der Vereinigung der gegenseitigen Bauernhilfe (VdgB) Meliorationsgenossenschaften gebildet. Mit einfachen Handarbeitsgeräten versuchten die Bauern vor allem im Winter, die oft viele Jahre nicht gewarteten Vorfluter instand zu setzen. Es fehlten nicht nur geeignete Geräte, sondern auch meliorationstechnische Fachkenntnisse.

Die Situation verbesserte sich etwas als Mitte der 1950er Jahre bei den Maschinen-Traktoren-Stationen (MTS) Meliorationsabteilungen eingerichtet wurden. Diese waren mit einem bescheidenen Maschinenpark ausgerüstet, konnten aber auch nur einen Teil der notwendigen Arbeiten erledigen. Daneben bestanden Gewässer- und Meliorationsbetriebe (GuM), die die größeren Gewässer instand hielten.

Mit der im Frühjahr 1960 zwangsweise abgeschlossenen Bildung neuer Großbetriebe in Form landwirtschaftlicher Produktionsgenossenschaften (LPG) wurden neue Anforderungen an die technologische Bearbeitbarkeit und Fruchtbarkeit der Flächen gestellt. Es erfolgte eine Reorganisation des Meliorationswesens, indem in jedem Bezirk der DDR ein VEB Meliorationsbau (später zum Teil umgewandelt in VE Meliorationskombinat) gebildet wurde. Diese Betriebe befassten sich im Wesentlichen mit dem Bau größerer Meliorationsanlagen und der Instandhaltung überregionaler Vorfluter. Für die Instandhaltung der landwirtschaftlichen Meliorationsanlagen und für kleinere Baumaßnahmen bildeten die Landwirtschaftsbetriebe ab 1963 etwa 160 zwischenbetriebliche Einrichtungen Melioration (Meliorationsgenossenschaften neuen Typs), die relativ selbständig arbeiteten und zunehmend auch über gut qualifiziertes Fachpersonal verfügten. Die planerische Vorbereitung größerer Meliorationsvorhaben erfolgte in den Projektierungseinrichtungen der Bezirke. Kleine Maßnahmen wurden auch von den Meliorationsgenossenschaften projektiert.

Die Erarbeitung wissenschaftlich-technischer Grundsatzlösungen erfolgte im VEB Ingenieurbüro für Meliorationen in Bad Freienwalde.

2.2 *Die Ausbildung von Meliorationsfachleuten und das Konzept der komplexen Standortmelioration*

Die Ausbildung wissenschaftlich qualifizierter Fachkräfte wurde zunächst an der Fach-(Hoch-)Schule in Greifswald-Eldena und später in Bad Freienwalde vorgenommen. Ab 1962 bestand an der landwirtschaftlichen Fakultät der Universität Rostock der Studiengang Meliorationsingenieurwesen. Die Einrichtung dieses Studienganges ist ganz wesentlich auf die Initiative von Olbertz zurückzuführen. Olbertz hatte erkannt, dass für die sachkundige Durchführung der in großem Umfang notwendigen Meliorationen ausreichend ausgebildete Fachleute fehlten. Die

Konzeption des in Rostock als Unikat in der DDR eingerichteten Studienganges knüpfte zunächst an die von Dünkelberg in Bonn und Berlin Ende des 19. Jahrhunderts begonnene Ausbildung von Kulturtechnikern an, berücksichtigte aber auch die in der Zwischenzeit gewonnenen neuen Erkenntnisse. Dünkelberg hatte in Bonn und in Berlin die Ausbildung von Kulturtechnikern mit der geodätischen Ausbildung gekoppelt. Anfang des 20. Jahrhunderts glitt die erfolgreich betriebene kulturtechnische Ausbildung zunehmend in eine reine technische Ausbildung des landwirtschaftlichen Wasserbaus ab, sodass in der Mitte des 20. Jahrhunderts das Meliorationswesen wie ehemals von vorwiegend technisch ausgebildeten Fachleuten betrieben wurde. Zur Verbesserung dieser unbefriedigenden Situation strebte Olbertz die Bildung eines Studienganges Meliorationsingenieurwesen an.

Während Dünkelberg mit dem Begriff Kulturtechnik im Wesentlichen Maßnahmen zur Regelung des Wasserhaushaltes verband, hat Olbertz den Begriff der (Boden-)Melioration wesentlich weiter gefasst. Die Bodenmelioration ist die dauerhafte Verbesserung des ökologischen Leistungspotentials und der Nutzungsmöglichkeit leistungsschwacher landwirtschaftlich und forstwirtschaftlich nutzbarer Standorte (OLBERTZ 1960, 1965). Der landwirtschaftliche Wasserbau ist zwar eine wesentliche Komponente der Bodenmelioration, sie beschränkt sich aber nicht darauf.

Olbertz betrachtete die Bodenmelioration als eine Art Bodenheilkunde. Er zog Vergleiche zwischen der Arbeitsmethodik in der Medizin und der Arbeitsweise in der Melioration. Der Mediziner ermittelt üblicherweise zunächst den Status eines Patienten. In Analogie dazu sollte der Meliorationsingenieur als erstes den Status des zu beurteilenden und ggf. zu meliorierenden Standortes erkunden. Dazu gehören die Ermittlung und Erfassung wichtiger Standortdaten, wie physikalische, chemische und biologische Bodenparameter, aber auch Temperatur- und Niederschlagsverhältnisse, Vorflut, Topographie, Vegetation usw., um das aktuelle und potentielle Leistungsvermögen des Standortes einschätzen zu können.

Der zweite Arbeitsschritt ist die Diagnose. So wie der Mediziner die Krankheit eines Patienten ermittelt, sollte der Meliorationsingenieur aus den zuvor ermittelten Standortparametern die leistungsbegrenzenden Faktoren (Standortdefekte) ableiten. Die Meliorationsbedürftigkeit wurde als Widerspruch zwischen den Anforderungen und Wünschen der Landwirtschaft und der naturbedingten Beschaffenheit der Standorte aufgefasst.

Im dritten Arbeitsschritt wird die Therapie erarbeitet. Es werden rationelle Maßnahmen zur Behebung/Verminderung der leistungsbegrenzenden Standortgegebenheiten festgelegt. Häufig bestehen mehrere Möglichkeiten zur Behebung der Standortmängel. Die Vorzugsvariante sollte unter Berücksichtigung aller Gegebenheiten, insbesondere auch unter Berücksichtigung ökonomischer Gesichtspunkte und der erreichbaren Ziel- und auftretenden Nebenwirkungen ausgewählt werden. In dieser Stufe der Vorbereitung sollten bereits technische Folgemaßnahmen zur Sicherung und Förderung der landwirtschaftlichen Nutzung der Meliorationsflächen berücksichtigt werden (z.B. Wegebaumaßnahmen, Weideeinrichtungen usw.), aber auch auftretende Neben- und langfristige Folgewirkungen aus standortkundlicher und ökologischer Sicht.

Diese Art und Weise des Herangehens an die Lösung von Meliorationsaufgaben war damals neu. Olbertz betrachtete nicht nur **einen** Standortdefekt – wie bis zu dieser Zeit allgemein üblich – sondern es wurden **alle** auftretenden Defekte im Komplex untersucht und zu ihrer Behebung auch komplexe Maßnahmen vorgeschlagen. Man sprach deshalb auch von der komplexen Standortmelioration oder Komplexmelioration. Durch die komplexe Betrachtungsweise konnten bessere Ergebnisse erzielt werden als bei isolierter Betrachtung der Einzelfaktoren. Es konnten auch die Wechselwirkungen der einzelnen Meliorationsmaßnahmen besser abgeschätzt werden.

Nach diesem Konzept wurden bis zum Jahr 1990 etwa 1.450 Diplommeliorationsingenieure ausgebildet. Das Studienkonzept sah vor, in den ersten Semestern des Studiums vor allem naturwissenschaftliche und mathematische Grundlagen zu lehren, um darauf aufbauend ökologische, landwirtschaftliche und technische Kenntnisse zu vermitteln. Es gab zwei Vertiefungsrichtungen. Die Vertiefungsrichtung A umfasste den Schwerpunkt Standortbeurteilung und Meliorationsplanung. Die Vertiefungsrichtung B hatte den Schwerpunkt konstruktive Durchbildung und Bauausführung von Meliorationsanlagen zum Inhalt.

Die Einflussnahme staatlicher Stellen auf den Studiengang war erheblich. Da für die Realisierung des von der Parteiführung beschlossenen Meliorationsprogramms Fachleute fehlten, wurde die Universität Rostock in den Jahren 1969 und 1970 zur Immatrikulation von jeweils mehr als 200 Studienanfängern für den Studiengang Meliorationsingenieurwesen verpflichtet. In den Jahren zuvor waren nur etwa 30 bis 40 Studierende pro Jahrgang ausgebildet worden; diese große Zahl von Studierenden stellte daher von der Kapazität her eine gewaltige Überforderung dar.

Auch auf den Inhalt der Ausbildung wurde staatlicherseits Einfluss genommen. Staatliche Stellen forderten vor allem bautechnisch und ökonomisch qualifizierte Leiter in den Meliorationsbaubetrieben. Auf Grund dieser Forderungen erfolgte eine zunehmende Reduzierung der ökologischen und landwirtschaftlichen Grundlagenausbildung. Befördert wurde dieser Vorgang durch das Bestreben einiger Lehrvertreter bautechnischer Disziplinen, die ihr eigenes Lehrangebot zu Lasten von biologisch-ökologischen und geoökologischen Disziplinen ausweiten wollten. Anfang der 1970er Jahre wurde der Unterricht in Botanik und Ökologie gänzlich eingestellt und die bautechnischen und bauökonomischen Disziplinen entsprechend erweitert.

Diesem „Ökologieverlust" wurde 1976 durch die Einrichtung der Professur für Landeskultur und Umweltschutz (Prof. Dr. Krummsdorf) entgegengewirkt.

Die Rostocker Absolventen waren vorrangig in den volkseigenen Meliorationsbetrieben und den Meliorationsgenossenschaften tätig. Der durch Meliorationsingenieure unter den politischen und wirtschaftlichen Rahmenbedingungen der DDR geleistete Beitrag zur Sicherung der Ernährung der Bevölkerung und zur Erzielung von Exportleistungen verdient Anerkennung, auch wenn aus heutiger Sicht zu verschiedenen kulturtechnischen Aktivitäten der damaligen Zeit eine kritische Stellung eingenommen wird.

2.3 Meliorationen in der DDR

In den 1950er Jahren erstreckten sich die Meliorationsaktivitäten vorrangig auf die Instandsetzung von Entwässerungsanlagen. Ab den 1960er Jahren wurden auch in größerem Umfange Neubauten durchgeführt. Der größte Zuwachs an Entwässerungsanlagen ist in den 1970er Jahren zu verzeichnen *(Tabelle 1)*.

Es wurden in erheblichem Umfang Erstentwässerungen von Flächen vorgenommen. Ein Teil dieser Anlagen ist gebaut worden, um die technologische Eignung der bis dahin ständig vergrößerten Schläge zu verbessern.

Entsprechend den natürlichen Standortverhältnissen sind die Entwässerungsflächen unterschiedlich verteilt. Mecklenburg-Vorpommern und Brandenburg weisen mit 53 % bzw. 48 % einen überdurchschnittlich hohen Anteil an Entwässerungsflächen an der landwirtschaftlich genutzten Fläche auf *(Tabelle 2)*.

Tabelle 1: Fertiggestellte Meliorationsanlagen in der DDR, in ha (nach STATISTISCHEM JAHRBUCH DER DDR 1989)

Zeitraum	Graben-Entwässerung	Dränung	An- und Einstau	Beregnung
1960-1964	54.700	11.900	7.300	5.300
1965-1969	278.300	118.200	215.200	106.200
1970-1974	516.800	233.300	315.600	161.700
1975-1979	415.300	218.900	386.900	214.400
1980-1984	344.300	178.900	411.800	154.200
1985-1989	59.000	24.500	102.500	44.100

Tabelle 2: Bestand an Entwässerungsanlagen im Jahre 1989 (nach POLLACK, 1991)

Bundesland	LN	Gesamt-Entwässerungsfläche		darunter Dränung	
	Tha	Tha	% LN	Tha	% LN
Mecklenburg-Vorpommern	1.679	897	53,4	482	28,7
Brandenburg	1.325	628	47.4	92	6.9
Sachsen	1.293	235	18.2	203	15.7
Sachsen-Anhalt	815	368	45.1	152	18.7
Thüringen	1.070	210	19.6	133	12.4
neue Bundesländer	6.182	2.338	37.8	1.062	17.2

Ende der 1980er Jahre waren nahezu alle aus landwirtschaftlicher Sicht entwässerungsbedürftigen Standorte entwässert.

Die Entwässerungsanlagen sind heute größtenteils älter als 20 Jahre. In Mecklenburg-Vorpommern ist ein Drittel der Dränanlagen sogar älter als 50 Jahre. Daraus resultiert ein entsprechender Instandsetzungs- und begrenzter Erneuerungsbedarf. Viele Dränflächen weisen kleinräumige Nassstellen auf, die auf Defekte an Dränanlagen hinweisen.

Die Länge der offenen Gräben und Vorfluter in den neuen Bundesländern wird mit ca. 120.000 km beziffert. Der größte Teil der Vorfluter wurde nach dem Verständnis der 1960er bis 1980er Jahre nach hydraulischen und technischen Gesichtspunkten ausgebaut. Wenn Rekonstruktionsmaßnahmen in größerem Umfang notwendig werden, ist bei den größeren Vorflutern ein naturnaher Ausbau anzustreben. Die gegenwärtig entwickelten Vorstellungen zur Renaturierung sind teilweise stark emotional geprägt. Um eine zielgerichtete Landschaftsplanung betreiben zu können, sind großräumig naturwissenschaftlich begründete Konzepte zu erarbeiten und mit allen Interessenvertretern abzustimmen.

Für die Schaffung künstlicher Vorflut waren 1990 etwa 1.200 Schöpfwerke in unterschiedlicher Rechtsträgerschaft vorhanden. Ein Großteil davon ist nicht mehr in Betrieb oder arbeitet nur noch eingeschränkt.

Mit dem von der damaligen Partei- und Staatsführung beschlossenen Bewässerungsprogramm wurde das ehrgeizige Ziel verfolgt, Höchsterträge zu erzielen. Es wurden sowohl Anlagen zum Grabenan- und -einstau als auch Beregnungsanlagen gebaut. Das ursprünglich angestrebte Ziel, ca. 2,7 Mio. ha landwirtschaftliche Nutzfläche (LN) zu bewässern, wurde jedoch bei weitem nicht erreicht *(Tabelle 3).*

Trotzdem ist der erreichte Stand mir 19 % Bewässerungsfläche an der landwirtschaftlichen Nutzfläche für die Standort- und Nutzungsverhältnisse in Nordostdeutschland sehr hoch. In den alten Bundesländern (mit allerdings etwas stärker humid geprägten Klimaverhältnissen) sind nur etwa 320.000 ha durch Beregnungsanlagen erschlossen (BRAMM et al. 1998); das sind 2,5 % der LN. Die meisten Bewässerungsanlagen der DDR konnten nicht mit wirtschaftlichem Erfolg betrieben werden. Die logische Folgerung war, dass nach der Wende ein Großteil der Anlagen demontiert wurde. Von den etwa 547.000 ha Beregnungsfläche können gegenwärtig noch etwa 90.000 ha bewässert werden.

Der Bau von Wirtschaftswegen erfolgte in der DDR in relativ bescheidenem Umfang. Große Bewirtschaftungseinheiten erfordern nur ein weitmaschiges Wegenetz, so dass im Mittel nur 8,8 m Wirtschaftsweg pro ha LN vorhanden sind *(Tabelle 4).*

Das Wegenetz in den alten Bundesländern ist erheblich dichter. Nach Expertenschätzungen kann mit 30-40 m Wirtschaftsweg pro ha LF gerechnet werden.

Die geringe Bereitstellung von finanziellen Mitteln und das Fehlen von Material haben maßgeblich mit dazu beigetragen, dass nur etwa ein Drittel aller Wege befestigt ist.

In dem Streben nach möglichst großen Wirtschaftsflächen sind in der Vergangenheit zahlreiche Flurelemente (Hecken, Baumgruppen, Sölle etc.) beseitigt worden. Neupflanzungen erfolgten nur in unzureichendem Maße, sodass die Landschaft heute teilweise kahl und ausgeräumt erscheint. Schäden durch Wind- und Wassererosion sind die Folge.

Tabelle 3: Bestand an Bewässerungsanlagen im Jahre 1989 (nach POLLACK, 1991)

Bundesland	LN	Gesamt-Bewässerungsfläche		darunter Beregnung	
	Tha	Tha	% LN	Tha	% LN
Mecklenburg-Vorpommern	1.679	312	18.6	92	5.5
Brandenburg	1.325	436	32.9	127	9.6
Sachsen	1.293	117	9.0	109	8.4
Sachsen-Anhalt	815	208	25.5	127	15.6
Thüringen	1.070	106	9.9	92	8.6
neue Bundesländer	6.182	1.179	19.1	547	8.8

Tabelle 4: Bestand an Wirtschaftswegen (WW) im Jahre 1986 (nach POLLACK, 1991)

Bundesland	Wirtschaftswege insgesamt		davon befestigte Wege	
	km	m/ha LN	m/ha LN	% aller WW
Mecklenburg-Vorpommern	9.115	5.4	2.2	41
Brandenburg	12.172	9.2	2.8	31
Sachsen	7.222	6.7	3.6	48
Sachsen-Anhalt	17.203	13.3	4.5	34
Thüringen	8.985	11.0	3.7	33
neue Bundesländer	54.697	8.8	3.2	36

Auf die Meliorationspraxis der DDR wirkten zwei Faktoren entscheidend ein: die von der Partei- und Staatsführung gefassten Beschlüsse (Vorgaben) und die Begrenztheit der materiellen Mittel. Demzufolge waren die durchgeführten Meliorationsmaßnahmen sehr stark auf die Steigerung der landwirtschaftlichen Produktion ausgerichtet. Die von Olbertz geforderte vorausschauende Abschätzung der Neben- und Folgewirkungen erfolgte nicht immer in ausreichendem Maße, so dass durch Meliorationen auch vermeidbare ökologische Schäden entstanden sind. Die erkannten Schäden und das gestiegene Umweltbewusstsein breiter Bevölkerungskreise haben dazu geführt, dass in der zweiten Hälfte der 1980er Jahre allmählich landschaftsökologische Aspekte bei der Planung von Meliorationsmaßnahmen Berücksichtigung fanden.

Ausblick

Durch die Intensivierung der landwirtschaftlichen Produktion konnten in den letzten Jahren beachtliche Ertragssteigerungen erzielt werden. Die Erträge der wichtigsten Anbaukulturen wurden seit 1950 etwa verdoppelt. Teilweise waren die Ertragssteigerungen noch größer. Die Melioration hat durch die Schaffung guter standortkundlicher Voraussetzungen einen nicht unerheblichen Anteil daran.
Gegenwärtig deckt die Bundesrepublik Deutschland ihren Bedarf an den wichtigsten Agrarprodukten größtenteils aus eigenem Aufkommen. Trotzdem war im Mittel der Jahre 1994 bis 2003 ein Nettoimport von Agrarerzeugnissen (Saldo aus

Import und Export) in Höhe von ca. 13 Mrd. Euro pro Jahr erforderlich *(Abbildung 1).*
Durch die enorme Ertragssteigerung in der zweiten Hälfte des 20. Jahrhunderts ist erstmals eine grundsätzlich andere Situation gegeben als in den Jahrhunderten davor mit knapper Nahrungsmittelversorgung. Seit etwa 20 Jahren werden in der Europäischen Union mehr Nahrungsgüter erzeugt als hier benötigt werden. Um die Überproduktion in Grenzen zu halten, setzt die Europäische Union ein Bündel von Maßnahmen zur Begrenzung der Agrarproduktion ein. Diese Agrarreformen wirken sich in starkem Maße auf die Kulturlandschaft aus.

Nach KUNTZE (1993) ist die Entwicklung der Kulturlandschaft *(Abbildung 2)* bis in die jüngere Vergangenheit durch die Stadien „Horizontale Expansion" (Flächenvergrößerung durch Neulandgewinnung), „Verdrängungswettbewerb" und „Vertikale Expansion" (Erhöhung der Ertragsfähigkeit vor allem durch Entwässerung und Vergrößerung des Bodenvolumens durch Tiefkultur) gekennzeichnet.

Die aus marktwirtschaftlichen und ökologischen Gründen ausgelösten Maßnahmen der EU-Agrarreform (Entkopplung) zielen auf eine Begrenzung der landwirtschaftlichen Produktion und auf eine stärkere Beachtung landschaftspflegerischer Aspekte. Es werden Flächen aus der landwirtschaftlichen Produktion genommen und umgewidmet. KUNTZE (1993) nennt diesen Vorgang „horizontalen und vertikalen Rückbau" und bezeichnet dieses Stadium der Kulturlandentwicklung als „Involution".

Meliorationen auf landwirtschaftlich genutzten Flächen haben unter den Standort- und Klimabedingungen Nordostdeutschlands auch zukünftig ihre Berechtigung. Es ist aus volkswirtschaftlicher Sicht nicht zu verantworten, leistungsfähige Kulturböden, die durch Meliorationsmaßnahmen auf dieses Ertrags- und Bewirtschaftungsniveau gebracht wurden, stillzulegen oder umzuwidmen. Anders ist die Situation z.B. bei vernässten Grenzertragsstandorten, insbesondere bei vielen Mooren. Einige dieser nur mit Schwierigkeiten landwirtschaftlich nutzbaren Flächen werden bei gegebenen Voraussetzungen der Renaturierung durch Wiedervernässung zugeführt. Für die sachgerechte Auswahl derartiger Flächen und für die fachgerechte Durchführung von Wiedervernässungen sind hydrotechnische Kenntnisse erforderlich. Meliorationsfachleute, die früher Entwässerungsmaßnahmen geplant haben, können heute gemeinsam mit Naturschutzfachleuten und Landwirten unter veränderter Zielstellung ökologische Meliorationen (Renaturierungen) durchführen.

Landnutzungsplanungen sind längerfristig vorausschauend unter Beachtung der Interessen und Erfordernisse zukünftiger Generationen zu tätigen. Unter dem Aspekt abnehmender Energievorräte können z.B. heute noch nicht absehbare Formen der Energiegewinnung zukünftig Flächenansprüche auslösen.

4. Zusammenfassung

Das Ziel des Meliorationswesens der DDR bestand nahezu ausschließlich darin, Voraussetzungen für eine möglichst hohe Agrarproduktion zu schaffen. Schwerpunkte waren die Ent- und Bewässerung. Ende der 1980er Jahre waren auf ca. 38 % der LN Entwässerungsanlagen und auf ca. 19 % der LN Bewässerungsanlagen vorhanden.

Bei dieser einseitigen Orientierung des Meliorationswesens wurden aus heutiger Sicht allgemeine landeskulturelle Belange und Naturschutzaspekte zu wenig beachtet.

Gegenwärtig gilt es, die Entwässerungsanlagen auf ertragreichen und landwirtschaftlich gut nutzbaren Standorten zu erhalten, während Standorte mit Bewirtschaftungsproblemen umgewidmet werden sollten. Das betrifft auch viele Moore, die bei entsprechenden Voraussetzungen einer Wiedervernässung zugeführt werden. Für die sachgerechte Renaturierung von Nassflächen sind kulturtechnische Sachkenntnisse erforderlich.

Literatur

Bramm, A. et al.: Rahmenbedingungen für Beregnungsanlagen und -einsatz, in: Faustzahlen für Landwirtschaft und Gartenbau, Münster-Hiltrup 1988

Dünkelberg, I. W.: Encyclopädie und Methodologie der Culturtechnik, Braunschweig 1883

Könker, H.: Neue Aufgaben für das Meliorationswesen in den neuen Bundesländern, Zeitschrift für Kulturtechnik und Landentwicklung 34 (1993), 129-136

Kuntze, H.: EG-Agrarreform – Landeskulturelle Wende? Zeitschrift für Kulturtechnik und Landentwicklung 34 (1993), 129-136

Olbertz, M.: Inhalt und Form des neuzeitlichen Meliorationswesens, Zeitschrift für Landeskultur 1/2 (1960), 4-30

Pollack, P.: Stand und Entwicklung des Meliorationswesens in den fünf neuen Bundesländern, Manuskript, Falkenberg 1991

Statistisches Jahrbuch der DDR, Berlin 1989

Wohlrab, B.: Wandel der Schwerpunkte in der Landeskultur – Neue Aufgaben für Wasser- und Bodenverbände, Zeitschr. f. Kulturtechnik und Flurbereinigung 29 (1988), 65-70

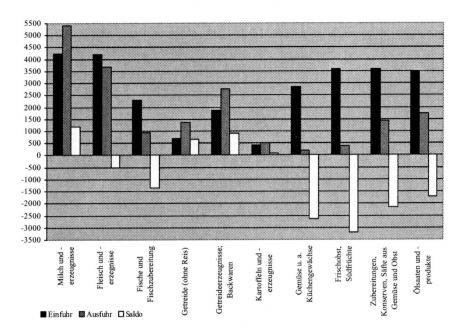

Abbildung 1: Ein- und Ausfuhr von ausgewählten Agrarprodukten, BRD 2003

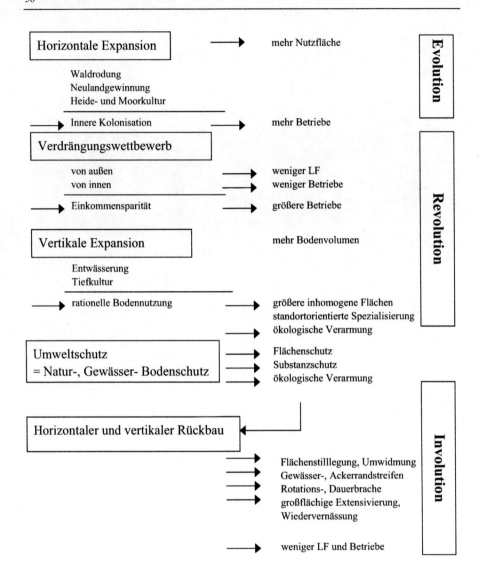

Abbildung 2: Stadien der Kulturlandschaft (nach KUNTZE 1993)

Hans-Joachim Mohr

Die Entwässerung landwirtschaftlicher Nutzflächen: Schwerpunkt der Meliorationstätigkeit 1960–1990 – ein kritischer Rückblick

Vorbemerkung

Seit der Wende wird im Kreise von Natur- und Umweltschutzvertretern über Sinn und Unsinn der von 1960 bis 1989 umfassend durchgeführten Meliorationen, z.T. öffentlich, heftig diskutiert. Die darin enthaltene Kritik ist einerseits berechtigt, andererseits absurd. Die im Gegenzug unter Meliorationsfachleuten dadurch entfachte Diskussion verläuft ebenfalls extrem entgegengesetzt. Die einen sehen ihr Lebenswerk, ihre Lebensleistung in Frage gestellt und geraten zu denen in Widerspruch, die dem Meliorationsgeschehen von damals nicht nur gute Seiten abzugewinnen vermochten. Unbestreitbar ist, dass es generell Übertreibungen, Fehlentscheidungen, Sachfehler und auf dem Gebiet der Beregnung rein politisch motivierte irreale Zielstellungen gab.

In der vorliegenden Betrachtung geht es um eine Kurzdarstellung der Geschichte der Entwässerung im oben genannten Zeitraum auf der Grundlage der Erkenntnisse und Erfahrungen im ehemaligen Bezirk Neubrandenburg. Sie ist weder darauf angelegt, das Meliorationsgeschehen vorbehaltlos zu verteidigen noch es ebenso grundlos zu diskreditieren. Es geht vielmehr darum, die Realität, wie sie sich dem/den kritisch urteilenden Beteiligten bot, rückblickend offen zu legen und das Bemühen der Kräfte sichtbar zu machen, die gegen die Radikalität der Durchsetzung offensichtlich kurzsichtiger politisch motivierter Forderungen Mittel und Wege fanden, Natur, Umwelt und Boden in Schutz zu nehmen. In welchem Umfang es letztlich gelang, kann nur von Insidern beurteilt werden. Bleibende Leistungen und entstandene Schäden gegeneinander abzuwägen, bleibt letztlich der Freiheit des Urteils jedes Einzelnen überlassen. Diese Trennung vorurteilslos auf Erfahrungen und Sachargumenten aufbauend vorzunehmen, ist das Anliegen der vorliegenden Arbeit.

1. Einführung

Unter den Meliorationsgewerken: Bewässerung/Beregnung, landwirtschaftlicher Wege- bzw. Straßenbau sowie Flur- und Agro- bzw. Bodenmelioration bildet die Entwässerung mit Vorflut und Dränung einen Schwerpunkt. Obwohl die Meliorationsarbeiten später meist komplex gesehen und konzentriert abgearbeitet wurden, begann die Meliorationstätigkeit nach dem Kriege zwangsläufig mit Entwässerungsarbeiten. Dabei handelte es sich zunächst einmal um die während der Kriegs- und Nachkriegszeit vernachlässigte Unterhaltung offener Gräben bzw. Wasserläufe, die der Räumung bedurften. Diese Arbeiten wurden von den Bewirtschaftern organisiert und zunächst ausschließlich manuell ausgeführt. Dafür gewonnene Arbeitskräfte erhielten neben ihrem Lohn Geschirr- und Wegegeld. Die Wartung und Instandsetzung von Dränanlagen gestaltete sich v.a. deshalb so schwierig, weil die Bestandsunterlagen in den Kriegswirren größtenteils abhanden gekommen waren. So waren die Kenntnisse der eingesessenen älteren Bewohner von großer Wichtigkeit, um z.B. die Dränausmündungen aufzufinden. Durchgängig mechanisiert konnten die Unterhaltungsarbeiten und erst recht Neubauten erst seit Beginn der 1960er Jahre durchgeführt werden. Für die im Zeitraum um 1960 bis 1989 in Mecklenburg-Vorpommern entwässerten landwirtschaftlichen Nutzflächen liefert BEHRENDT (1996, 21) auf der Grundlage von Ermittlungen aus der mittelmaßstäbigen Standortkartierung (MMK) folgende Größenangaben:

Tabelle 1: In Mecklenburg-Vorpommern in drei Jahrzehnten fertig gestellte Entwässerungsanlagen

Entwässerungsanlagen	insg. fertig gestellte (Tsd. ha)	jährlich durchschnittlich fertig gestellt (Tsd. ha)	Anteil % der Ackerfläche
über offene Systeme	693	24	64
gedränte Flächen	356	12	33

Die Zahlen spiegeln eine „stolze Bilanz" wider, die jedoch kritisch hinterfragt werden muss. Das betrifft neben dem hohen Investitionsaufwand, der außer Betracht bleibt, die Beeinträchtigung bzw. Schädigung von Natur und Umwelt sowie die Wirksamkeit der auf Mineral- und Moorböden errichteten Anlagen. Auf die Frage, wie dieser beklagenswerte Zustand trotz des gesellschaftspolitischen Anspruchs, die Bodenfruchtbarkeit zu verbessern und landeskulturelle Belange zu berücksichtigen (Landeskulturgesetz 1970) zu erklären ist, soll im Folgenden eine Antwort gesucht werden. Vorbemerkt sei, dass der Projektant im Spannungsfeld dieses gesellschaftspolitischen Anspruchs und dem realpolitischen sowie eigensinnig betriebsökonomischen Alltag zu agieren hatte. Seine im Rahmen des Gesetzeswerkes bis hinunter zum Werkstandard getroffenen Entscheidungen wurden häufig entweder nicht 1:1 umgesetzt oder verfehlten ihre Wirksamkeit aufgrund naturgegebener, nicht immer vorhersehbarer Umstände.

2. Mineralböden

2.1 Theoretische Grundlagen und Vorbereitung

Die theoretischen Grundlagen und wissenschaftliche Betreuung/Begleitung waren durch die Universität Rostock und die entsprechenden staatlichen Einrichtungen (u.a. Wissenschaftlich-technisches Zentrum – WTZ, zeitweise VEB Ingenieurbüro Bad Freienwalde) gegeben. Außerdem gab es ein Vorschriftenwerk. Für die Dränung war es zunächst noch die DIN 1185, die später, den veränderten Bedingungen entsprechend, durch die TGL (Technische Güte- und Leistungsbedingungen) 20286 ersetzt wurde. Hinzu kamen eine Reihe spezieller Vorschriften bzw. Arbeitsmittel, wie u.a. Werkstandards. Eine entsprechende Standortuntersuchung als solide Grundlage für die Erarbeitung der Ausführungsunterlagen (Projekt) gehörte selbstverständlich dazu. In persona war es noch eine lange Zeit nach dem Zweiten Weltkrieg Prof. Otto Möller, der bei den Landwirten in Mecklenburg-Vorpommern in Sachen Meliorationen- bzw. Kulturtechnik eine bekannte und anerkannte „Instanz" darstellte. Seine in zwei Bänden vorliegenden Lehrbriefe sind den/seinen Studenten in guter Erinnerung. Sie gehören heute zum wertvollen Archivgut. Die Erarbeitung der Ausführungsunterlagen bzw. des Projektes erfolgte nach den Maßstäben der genannten wissenschaftlichen Grundlagen. Die Vorlage eines Projektes war die Voraussetzung für die Aufnahme in die so genannte Objektliste. Ohne Projekt wurde jeder Auftraggeber abgewiesen und die Bereitstellung von Investitionsmitteln abgelehnt.

Die Bearbeitung des Projektes, d.h. der Ausführungsunterlagen, erfolgte in – mitunter mehreren – Abstimmung(en) mit dem Auftraggeber. In dieser Phase sind die Ursachen für später zutage getretene Mängel merkwürdigerweise v.a. zu suchen. Dafür sind mehrere Gründe maßgebend:
- die grundsätzliche Sicherheit über die Bereitstellung von Investmitteln,
- die politische und volkswirtschaftliche Förderung der intensiven Flächennutzung – Meliorationen galten als hervorragender Intensivierungsfaktor,
- daraus schlussfolgernd rückte die kritische Prüfung der tatsächlichen Dränbedürftigkeit/Dränwürdigkeit meist in den Hintergrund.

Die Dränwürdigkeit betreffende Probleme stellten sich allerdings oft schon während der Bauausführung heraus, spätestens nach den ersten ergiebigen Niederschlagsereignissen. In Ackersenken und auf Rohrleitungstrassen erwies sich die Dränung immer wieder als wirkungslos. Auf altgedränten Flächen entstanden durch die Unterbrechung flach liegender Altdränstränge zusätzliche Nassstellen.

Im Einzelnen ging es dabei um eine Reihe von Faktoren, die sich sämtlich als Problemfälle erwiesen:
- Missachtung von Altanlagen,
- Einbeziehung der Ackersenken in das Dränsystem,
- Verrohrung von Vorflutern,
- Verfüllung von Söllen,
- Ausdehnung der Dränung auf nicht dränbedürftige bzw. dränwürdige Teilflächen,
- Eingriffe in den Natur- und Landschaftshaushalt durch Beseitigung von Hecken, Feldrainen, Feldgehölzen, Solitären u.a.m.

2.2 Praktische Durchführung – erste Zweifel

Solange die Mechanisierung noch in den Kinderschuhen steckte, ging es mit den Meliorationsarbeiten nur schleppend voran. Als jedoch zu Anfang der 1960er Jahre der Universalbagger UB 20 von den NOBAS-Werken Nordhausen für den Erdbau und der Drängrabenbagger ETN aus Tallin (Estland) zur Verfügung standen, war der Durchbruch erzielt. Für die Steigerung der Arbeitsproduktivität bedeutete das im Bereich des Vorflutbaus und der Dränung einen Anstieg bis 1.000 Prozent. Die technisch-technologische Hemmschwelle war damit endgültig überwunden. Das klassisch abgestufte Dränbesteck konnte ein für allemal beiseite geschafft werden, und es begegnet uns nur noch in Museen. Im Vollgefühl des technisch-technologischen Fortschritts wurden nur die Möglichkeiten gesehen und genutzt, möglichst rasch viel zu schaffen. Dabei gerieten Qualität und die Beachtung möglicher negativer Begleiterscheinungen einer voll mechanisierten Baudurchführung oftmals ins Hintertreffen. Das heißt, dass z.B. die Einsatzgrenzen der Technik nicht immer streng genug beachtet und dadurch entsprechende Schäden verursacht wurden. Bei Nichtbeachtung der Feuchteverhältnisse entstanden Bodenverdichtungen und eine Dränung blieb bei verschmierten Drängrabenwänden unwirksam oder erlangte eine nur eingeschränkte Wirksamkeit. Die technisch-technologischen Möglichkeiten verleiteten ferner zu überzogenen Eingriffen in Natur und Umwelt, weil derartige, sie schützende Zielstellungen den kurzfristig auf Erfolg orientierten betriebs- und volkswirtschaftlichen Planzielen völlig untergeordnet waren. Ging es doch um die Beseitigung von Bearbeitungshindernissen, die Gewinnung zusätzlicher Nutzfläche und letztlich um große Schläge für die industrialisierte Pflanzenproduktion.

2.3 Folgeschäden

Im Erfolgsrausch der ständig steigenden Arbeitsproduktivität wurden die nachhaltig negativ wirkenden Folgeerscheinungen völlig übersehen. Die seit 1960 erfolgte Ablösung der tierischen Zugkraft durch die vollständige Mechanisierung sämtlicher landwirtschaftlicher Arbeiten führte zu Bodenverdichtungen, die auch den Unterboden erfassten. Schadverdichtete Flächen wurden in großem Umfang zum Meliorationsgegenstand. Die Belastungen durch die schweren Zugmaschinen und Geräte konnten vom Boden nicht schadlos aufgenommen bzw. abgebaut werden. Die Verarmung an organischer Substanz und die unvermeidliche Bodenbelastung auch unter Feuchteverhältnissen, die eine Verdichtung begünstigten (optimaler Wassergehalt nach PROCTOR), führten zwangsläufig zu flächenhaft auftretenden Verdichtungen. Auf Grund ihrer unterschiedlichen Kornzusammensetzung waren/ sind die lehmigen Sande besonders verdichtungsgefährdet. Wenige Jahre später musste eine Technologie entwickelt werden, um die Untergrundverdichtung zu beseitigen. Die Bemühungen blieben jedoch erfolglos. Die Folgeschäden traten mehrfach in Erscheinung: zunehmende Erosionsneigung, abnehmende Versickerungsleistung, daraus folgend erhöhter Oberflächenabfluss und Sammlung des Oberflächenwassers in Senken. Bisher bearbeitbare *Ackersenken* entwickelten sich zu Nassstellen. Das von Hang und Kuppe auferodierte Feinstmaterial bildete eine undurchlässige Sperrschicht, wodurch die Funktion der Dränung nicht nur beeinträchtigt, sondern aufgehoben wurde.

Entwässerungsgräben und offene Vorfluter galten neben Flurelementen i.d.R. als Bearbeitungshindernisse. Ihre Beseitigung führe im Nebeneffekt sogar zur Vergrößerung der Nutzfläche, so die offizielle Meinung. Doch wie sah es wirklich aus? Im Einzelfall konnten solche Beispiele durchaus als Normalfall gesehen werden. Dort aber, wo Grenzen überschritten und die *Verrohrung von Vorflutern* zur Regel wurde, waren Folgeschäden unausbleiblich.

Die dazu erforderlichen Tiefen – Übertiefen – beanspruchten hektarweise Baufreiheit und zerstörten ebenso hektarweise die natürliche Lagerungsdichte des Unterbodens. Der Mutterboden, obwohl nach geltendem Gesetz separat zu behandeln, verschwand meist in der Masse des Mischbodens, mit dem dann später verfüllt wurde. Doch im Bereich der hektarweise gestörten oder zerstörten Bodenverhältnisse war die Entwässerung, d.h. auch die Bearbeitbarkeit, auf lange Sicht nicht in den Griff zu bekommen.

Ähnliches galt für die Vielzahl der *verfüllten Sölle*. Auch eine nach den Filtergesetzen aufgebaute Schichtung konnte die Bildung von Nassstellen nicht verhindern. Die nicht bearbeitbare Fläche war im nachhinein ungleich größer als das Soll vorher an Fläche ausmachte.

Die *systematische* Dränung unter Einschluss dränunwürdiger Flächen führte v.a. auch durch das Reißen von flach liegenden Saugern alter Anlagen zu zusätzlichen Nassstellen. Ferner hatte die mit der systematischen Dränung im Zusammenhang stehende Einbeziehung der tiefer liegenden Ackersenken in die Dränsysteme zwangsläufig eine erhebliche Vertiefung der Vorflut zur Folge. Damit verstärkte sich die bestehende Tendenz der sinkenden Grundwasserstände und der „allgemeinen Austrocknung" (MAGER 1955, 555). Der Trend systematisch zu dränen verstärkte sich durch die mit Hilfe des „Meliomat" seit 1970 grabenlos verlegbaren Sauger.

Obwohl die bisher im Zusammenhang mit Meliorationsmaßnahmen dargelegten Eingriffe – im Abstand der Jahre – heute nur noch als punktuelle Übergriffe gewertet werden (dürfen), wirkten sie dem Meliorationsziel genau entgegen. Folgeschäden auf regionaler Ebene entstanden durch das Ausräumen der Landschaft (Beseitigung von Hecken, Feldgehölzen, Solitären, Feldräumen). Es handelte sich um einen „unangemessenen" Eingriff in den Natur- und Landschaftshaushalt. Die *ausgeräumte Landschaft* begegnet uns heute als teilweise hochgradig erosionsgefährdete „Agrarsteppe". Vergleiche von CIR-Luftbildern (1991) mit historischen Kartenwerken machen den Rückgang der Diversität unserer Landschaft deutlich. Es ist nicht übertrieben, von einer teilweisen „Entseelung" unserer Landschaft zu sprechen. Besonders beklagenswert ist dabei das Verschwinden eines hohen Anteils der landschaftsprägenden „Augen der Landschaft", der Sölle, als einzigartige „Zeitzeugen" der Eiszeit. BÜNGER (1991, 55) ermittelte den Rückgang von Söllen für ein Gebiet westlich der Warnow bei Rostock von 6,8/km^2 auf 1,5/km^2, d.h. auf 20 %. Im Komplexvorhaben Meliorationsobjekt Satow-Kogel, Kreis Röbel, sind zu Beginn der 1970er Jahre auf einer Fläche von 1.140 Hektar mit 90 Hohlformen nach der Melioration nur 20 übrig geblieben. Im ehemaligen Bezirk Schwerin sind nach Aussagen beteiligter Fachleute 70 % der Sölle beseitigt worden (MOHR 1991). Die Bauarbeiter und in eingeschränktem Maße sogar die Öffentlichkeit reagierten auf all diese einer Melioration offensichtlich zuwider laufenden Maßnahmen mit Kopfschütteln und Unverständnis.

2.4 Kritik – Gegenmaßnahmen

Kritik, interne Kritik, die jedoch über das Arbeitszimmer zunächst nicht hinaus drang, wurde vom Projektanten spontan geübt. Berechtigte Sachkritik wurde von

Vorgesetzten auch zur Kenntnis genommen, was aber an der Realisierung der geplanten Lösung nur in seltenen Fällen etwas änderte. Als unabänderlich ergab sich das Ausräumen der Landschaft ohnehin zwingend auf Beregnungsflächen aus technisch-technologischen Gründen. Dafür gibt es über Fachkreise hinaus bekannt gewordene Beispiele, wie bereits genannt Satow-Kogel, ferner Dedelow (Kreis Prenzlau), Hohen Wangelin (Kreis Waren), Ferdinandshof in der Friedländer Großen Wiese (FGW), Wendisch-Priborn im ehemaligen Bezirk Schwerin u.a.m. Mit der Gülleverregnung wurden die selbst erzeugten Umweltprobleme unübersehbar. Die Gülleverregnungsflächen verwandelten sich in Kleinseenlandschaften. Besonders zeigte sich dieses Bild bei mobiler Ausbringung der Gülle. Die Ursache ist in der über die Versickerungsleistung hinausgehende Ausbringungsmenge i.V.m. einer vorhandenen Verdichtung zu suchen. Unter solchen Verhältnissen entstand die Gefahr der Beeinflussung/Beeinträchtigung des Oberflächen- und Grundwassers. Ein bodengeologisches Gutachten der Geologischen Erkundung Schwerin aus dem Jahre 1986 wies derartige Beeinträchtigungen im Bereich Ferdinandshof tatsächlich nach. Die Gülleverwertung entwickelte sich aufgrund mangelnder Güllelagerungskapazitäten generell zu einem Problem. Durch Über-, Hoch- und Höchstbelastung der Flächen ging es letztlich oft nur noch um eine Güllebeseitigung. Die vielfach aufgetretenen Schäden in Natur und Umwelt (Fischsterben u.a.m.) sind nur allzu gut bekannt. Eine ausführliche Erörterung des Gülleproblems würde ganze Seiten füllen.

Bisher versteckte Kritik verwandelte sich allmählich in öffentliche Kritik, die zwar nicht bestraft wurde, aber auch noch keine Änderung herbeizuführen vermochte. Die Reaktion auf diese sich in der Öffentlichkeit Gehör verschaffende Kritik war aber, dass über die Probleme nicht mehr hinweggesehen, sondern nach Wegen gesucht wurde, die Schäden einzugrenzen. Konkret wird darüber noch zu berichten sein.

Verursacher für die im Zuge von Meliorationsvorhaben entstandenen „Flurschäden" war die Politik selbst. Die Industrialisierung der landwirtschaftlichen Produktion wurde auf allen nur möglichen Wegen vorangetrieben. Dazu zählte die Melioration, wofür Jahr für Jahr erhebliche Mittel bereitgestellt wurden. Den Vorständen der LPGen und den VEG-Direktoren kam es deshalb darauf an, davon in vollem Umfang Gebrauch zu machen. Das gab v.a. bei der Dränung Veranlassung dazu, über das zulässige vernünftige Maß hinauszugehen. So wurde meist für eine Volldränung in dem Glauben votiert, damit die so genannte technologische Eignung, d.h. die Tragfähigkeit des Bodens auch unter ungünstigen Witterungsbedingungen, zu erreichen. Tatsächlich ist aber eine zufriedenstellende Dränwirksamkeit auf einem strukturlosen, an organischer Substanz verarmten Boden nicht erreichbar. Der Hydromelioration hätte also stets eine Agromelioration vorausgehen, zumindest sich anschließen müssen. Diese Erkenntnis war keineswegs neu. Doch wie war die Versorgung mit organischer Substanz, bei konzentrierter Viehhaltung die Güllewirtschaft, in den Wirtschaftskreislauf zu integrieren? Naheliegende Fragen, die zur vollen Zufriedenheit bis heute nicht gelöst sind.

Zur Ehre vieler Vorsitzender und Betriebsleiter darf nicht unerwähnt bleiben, dass sie sich dank besseren Wissens gegen unsinnige großflächige Beregungsanlagen aussprachen, meist jedoch ohne Erfolg. Heute existiert kaum noch eine der mit großer Kraftanstrengung errichteten Anlagen. Als lernfähig erwies „man" sich dagegen auf dem Gebiet der Dränung, indem bei der systematischen Dränung angetroffene Dränabteilungen von Altanlagen auf ihre Funktionsfähigkeit geprüft und in das neue System einbezogen wurden. Ausgangspunkt dafür war, dass bei Bauarbeiten im Raum Teterow eine aus dem Jahre 1869 stammende Dränung angetroffen wurde, die sich als voll funktionsfähig erwies. Anhand dieses Beispiels wurde künftig während der Standortuntersuchung und zusätzlich bei laufenden Bauarbeiten bewusst auf Altanlagen geachtet, um sie ggf. in das neue Dränsystem einzubeziehen. Diese Vorgehensweise war nicht nur kostensparend, sondern ersparte auch Eingriffe in den Bodenkörper, die nur dann und dort zu rechtfertigen sind, wenn z.B. eine Dränung im Zusammenwirken mit natürlich intakten Bodenverhältnissen eine zusätzliche „Verbesserung" hervorbringt.

Die Rekonstruktion von Altanlagen war eines der überzeugenden Beispiele, dass es gelingen kann, die Meliorationen auf ein vernünftiges Maß zurückzuführen, d.h. unsinnige Aufwändungen zu vermeiden und gleichzeitig natur- und umweltschädliche Wirkungen zu begrenzen, ggf. ganz zu vermeiden. Die Initiative, das Meliorationsgeschehen gewissermaßen „zu rationalisieren" ging von engagierten Fachleuten aus, denen es gelang, einsichtige Kollegen der Leitungsebene von dieser Notwendigkeit zu überzeugen. Der dazu gangbare Weg bot sich über so genannte KDT-Initiativen an. Auf diese Weise entstanden im Zeitabschnitt 1979 bis 1988 auf Bezirksebene folgende verbindliche Richtlinien bzw. Festlegungen:
1. 1979: Richtlinie für die Entwässerung und Verfüllung von Hohlformen und Senken,
2. 1980: Arbeitsblatt zur Flurholzwirtschaft,
3. 1981: Festlegungen zur Melioration von Nassstellen,
4. 1983: Grundsätze zur Planung, Vorbereitung und Durchführung von Rekonstruktionen in der Dränung im Bezirk Neubrandenburg,
5. 1984: Instandhaltungsrichtlinie für Meliorationsanlagen,
6. 1986: Empfehlungen für die Bodenwasserregulierung auf Altdränstandorten,
7. 1986 Empfehlungen zur Melioration und Bewirtschaftung von Niedermoor im Bezirk Neubrandenburg,
8. 1988: Analyse zu Problemen der Melioration und Landeskultur,

9. 1988: Arbeitshinweise zu Melioration und Landeskultur,
10. 1989: Richtlinie zur Erhaltung des naturnahen Zustandes von Fließgewässern.

Sämtliche aufgeführten Dokumente sind im Archiv für Natur, Umwelt, Landwirtschaft und Meliorationen (ANULM) beim Thünen-Museum-Tellow hinterlegt. Dazu kamen im Laufe der Zeit weitere Hinweise, Arbeitsrichtlinien, so genannte Werkstandards, worin der Schutzgedanke beachtet und mehr und mehr in den Vordergrund gerückt wurde. Die allmähliche Öffnung gegenüber dem Schutzgedanken ist letztlich auch dem westlichen Einfluss zu danken. Die weltweite Reaktion auf den CLUB OF ROME (1972) und auf GRUHLS „Ein Planet wird geplündert" (1975), dessen aufrüttelndes Werk als Kopie von Hand zu Hand ging, blieben nicht ohne Wirkung. Dazu kamen die ersten sichtbar werdenden Anzeichen der nicht problemlos verlaufenden Moormelioration.

3. Niedermoore – organische Böden

3.1 Ausgangssituation

Die Einzigartigkeit des mecklenburgisch-vorpommerschen Landschaftsbildes beruht letztlich auch auf seinem Moorreichtum. Neben Niedersachsen ist Mecklenburg-Vorpommern das moorreichste Bundesland. Seine Flächenmoore (Friedländer Große Wiese, Lewitz, Gr. Rosin, Uecker-Randowbruch) und Flusstalmoore (Recknitz, Peene, Trebel, Tollense) umfassen nach den neuesten Ermittlungen der Moorstandortkartierung 293.000 Hektar (vgl. *Tabelle 6*), das sind 13,5 % der Landesfläche. Davon stellen mehr als 75 % Wirtschaftsgrünland dar, das aufgrund seiner natürlichen Gegebenheiten und der technischen Möglichkeiten der Bewirtschaftung nur extensiv genutzt werden konnte. Die angespannte Versorgungssituation nach dem Kriege und die allmählichen Fortschritte in der Mechanisierung führten zwangsläufig dazu, auch das Moorgrünland intensiv zu nutzen. Das aktuelle Nutzflächenverhältnis stellt sich nach Angaben der Ökologischen Studiengemeinschaft (1993) folgendermaßen dar:

Landwirtschaft	80,0 %
Wald	6,5 %
Gewässer und nutzungsfreie Flächen	13,0 %
Siedlung, Deiche, Verkehrsflächen	0,5 %

Unter den Bedingungen der extensiven Nutzung erleidet die ökologische Funktion des Moores (Stoffsenke) kaum eine Beeinträchtigung. Selbst bei der auch dafür notwendig werdenden Entwässerung wird zwar das Torfwachstum unterbrochen, die Torfmineralisation hält sich jedoch innerhalb kaum messbarer Grenzen. Die Bodenentwicklung ist bis zum Stadium einer mäßigen Vererdung, dem Fen, tolerierbar, weil N und CO_2 nach wie vor festgelegt werden. Das Moor funktioniert noch fast uneingeschränkt als Ökosystem. Mit den ersten Eingriffen in Richtung einer intensiven Nutzung änderte sich das jedoch sehr schnell.

3.2 Intensivierungsphasen

In der ersten Phase ging es um die *Entwässerung*. Die vorhandenen Grabensysteme erfüllten von der Anordnung und Tiefe nicht die erforderlichen Bedingungen. Dazu kam, dass die erforderliche Vorflut meist künstlich über Schöpfwerke und Deiche geschaffen werden musste. Über die Grabenentwässerung allein war der nötige Entwässerungsgrad nicht erreichbar, sodass verschiedene Varianten der Dränung erprobt wurden. Im Vergleich zur Röhrendränung hat sich die rohrlose Dränung als erfolgreich erwiesen. Innerhalb dieser war es neben Ausschnitt- und Pressdränung die Maulwurffräsdränung (MFD), die sich durch Funktionswirksamkeit und Lebensdauer den anderen Varianten als überlegen erwies.

Die Bestandserneuerung wurde meist durch *Umbruch* und Neuansaat erzwungen. Die Erträge überstiegen nach Etablierung eines artenarmen Bestandes bei einem unverhältnismäßig hohen N-Düngeraufwand in Kombination mit dem bodenbürtig freigesetzten N zunächst alle Erwartungen. Als die Erträge nach 3 bis 4 Jahren jedoch spürbar zurückgingen, gab es nur eine Lösung: *erneuter Umbruch*. Die Neuansaat gelang jedoch schon nicht mehr so gut. Die vorangeschrittene Bodenentwicklung und Wassermangel machten sich bemerkbar. Doch der Begriff für die intensive Niedermoornutzung war mit *Saatgrasbau* gefunden.

Die immer offensichtlicher zutage tretenden Schwierigkeiten der Bewirtschaftung (nicht ausreichende Wasserverfügbarkeit in der Vegetationsperiode, nicht ausreichende Tragfähigkeit zur Zeit der Pflege und Ernte) und die zurückgehenden Erträge gaben zu neuen Überlegungen Anlass und führten zur letzten Etappe der Intensivierung, zur *Grundwasserregulierung* (GWR). Das Prinzip bestand darin, das feinadrige Netz der MFD auch zur Bewässerung, d.h. zur Wassereinleitung zu nutzen. Doch dazu bedurfte es der Wasserbereitstellung aus einem Reservoir, eines Wasserlaufs zwecks Zuleitung und entsprechender Staubauwerke. Darüber hinaus blieb immer noch das Problem, die Wasserzuführung (Bewässerung) zur Zeit der Vegetation und die Wasserableitung (Entwässerung) für die Ernte technisch-technologisch sicher zu gewährleisten. Damit war auf dem Wege der Intensivierung der widernatürlichste Zustand herbeigeführt, gratis arbeitende Naturkräfte durch technische Anlagen ersetzen zu müssen. Für die FGW entstand der Peene-Süd-Kanal als Hauptzuleiter. Moore werden v.a. deshalb fast ausschließlich als Grasland genutzt, weil dem hohen Wasserbedarf für befriedigende Erträge aufgrund der Wasserleitfähigkeit-Wasserhaltekraft-Speicherfähigkeit naturgesetzlich entsprochen wird.

3.3 Folgeschäden – Gegenmaßnahmen

Die Zusammenhänge der einzelnen Intensivierungsschritte mit den ökologischen Auswirkungen bis zu der Zustandsänderung sind nach dem Prinzip Aktion gleich Reaktion tabellarisch gut darstellbar (*Tabelle 2*).

Tabelle 2: Von der Intensivierung zur Zustandsänderung

Intensivierungsschritte	ökologische Auswirkungen	Zustandsänderung
Erstentwässerung: Gräben Folgeentw.: MFD	Senkung des Grundwasserstandes	einsetzender Höhenverlust
Umbruch mit Neuansaat und Düngung	Artenarmut, oxidativer Verzehr, Bodenentwicklung →	fortschreitender Höhenverlust
erneuter Umbruch mit Neuansaat und Düngung	- dto - jedoch beschleunigte Bodenentwicklung, Beeinflussung von Oberflächen- und Grundwasser durch N	fortgeschrittener Höhenverlust Bodenentw. Fen → Mulmfen einsetzende Vernässung durch mangelnde Vorflut
Sekundärentwässerung durch Vertiefung der Vorflut	offensichtliche Bodenveränderungen, eingeschränkte Wasserspeicherkapazität, wachsendes Substanzvolumen	fortgeschrittener Höhenverlust, ausgeprägte Staunässe durch Verdichtung
Grundwasserregulierung (GWR)	zusätzlicher Eingriff in Natur und Umwelt durch Hauptzuleiter	unter Voraussetzung einer nicht bis zum Mulm fortgeschrittenen Bodenentwicklung und der entsprechenden technisch-technologischen Voraussetzung Teilerfolge im Sinne der Zielstellung möglich

ILLNER et al. ermittelten schon 1980 für das Gebiet der damaligen DDR einen Anteil des Bodentyps Mulm in Höhe von 15 %. Dieser Anteil hat sich seitdem mehr als verdoppelt (LAUN 1997).

Es ist offensichtlich, dass in der Phase der Vorbereitung und Planung der ausgedehnten Intensivierungsmaßnahmen die Lebensraum- und Senkenfunktion (Speicherung, Regulierung, Filter für Wasser und Nährstoffe) ganz außer Betracht blieb. Die Frage der Ressourcenschonung wurde auch von wissenschaftlicher Seite scheinbar (gar) nicht gestellt. Erste Hinweise kamen 1976 von TITZE, der vor einer übertrieben intensiven Nutzung der Moore mit den unausbleiblichen Folgen der Degradierung warnte. Solche Warnungen wurden von politischer Seite zunächst in den Wind geschlagen. Nachdem TITZE den Begriff der Bodendegradierung schon 1976 eingeführt hatte, folgten SCHMIDT et al. 1981.

Die wachsenden Schwierigkeiten bei der Etablierung neuer Bestände nach dem 2. und 3. Nutzungsjahr waren die ersten sicheren Anzeichen für eine gescheiterte Nutzungskonzeption. In landwirtschaftlichen Fachkreisen verbreitete sich allmählich auch eine skeptische Haltung gegenüber der auf radikale Intensität gerichteten Nutzung. Vertreter des Naturschutzes hielten den Zeitpunkt für gekommen, die ausschließlich auf intensive Nutzung des Moores gerichtete Politik offen zu kritisieren. Die wissenschaftlichen Beweise für eine längst eingetretene Degradierung waren nicht mehr zu bestreiten. Neuansaaten liefen auf degradiertem Moor (Mulm) unter günstigen Witterungsbedingungen zunächst noch auf. Später aber kam es häufig zu Lückenbildungen, verheerenden Verunkrautungen, erheblichen Winderosionen und schließlich zum Misslingen der Neuansaaten (TITZE & BAUER 1982, 35-37). Der Saatgrasbau auf Niedermoor war gescheitert. Das Nahziel, hohe Erträge zu realisieren, war zwar erreicht, die Nachhaltigkeit der Nutzung aber in hohem Maße in Frage gestellt.

Das Eingeständnis einer gescheiterten Nutzungspolitik und ein neuer Kurs waren von offizieller politischer Seite jedoch nicht zu erwarten. Der Gipfel der intensiven, zerstörerisch wirkenden Nutzung der Moore war erreicht, als das Moor als Quelle zur Schließung der Lücke in der Versorgung der Mineralböden mit organischer Substanz jahrelang genutzt wurde. Zu bemängeln ist allerdings, dass Torfe bis heute zu gärtnerischen Erden verarbeitet werden. Diese ständen, auf dem Weg der industriellen Kompostierung hergestellt, in reichlichem Umfang zur Verfügung. Damit noch nicht genug. Das Moor diente auch als Objekt für die Gülleverwertung (deutlicher für die Güllebeseitigung). Die unausbleibliche Folge der Anwendung von Gülle auf Moor ist u.a. eine schlagartig einsetzende Artenarmut. Das Moor, das sich natürlicherweise durch seine Nährstoffarmut auszeichnet, erfuhr auf den betroffenen Flächen durch die Gülle- und Mineraldüngung eine völlige Veränderung seines Nährstoffhaushaltes mit unausbleiblich negativen Folgen. Dadurch flachwurzelnde Ansaatgräser (Weidelgräser – *Lolium perenne*, Knaulgras – *Dactylis glomerata*) dominierten und verdrängten andere standortgebundene Grasarten – ein treffendes Beispiel für die Verdrängung durch die Verbreitung standortfremder Arten! Die physikalischen Eigenschaften des Moorbodens (Filter- und Pufferfähigkeit) wurden durch die Gülle auf Dauer überbeansprucht. So verwandelten sich erhebliche Teile des Moores hinsichtlich ihres Ertragspotentials von einem Ausbeutungsobjekt am Ende in eine „Deponie" mit den nachweislichen Folgen der Nitratbelastung des Grundwassers. Eine Gülle- oder Düngeverordnung gab es nicht.

Der damals aber schon bestehende gesetzliche Schutz für Moore (Landeskulturgesetz v. 1970 einschl. der 1. Durchführungsverordnung v. 14.5.1970), der die Kategorie Moor als erdgeschichtlich bedeutende Geländeform ausdrücklich einschloss, galt jedoch nicht für die landwirtschaftlich nutzbaren Flächenmoore.

Initiativen auf der unteren Ebene, die auf den unverantwortlichen Umgang mit Umwelt und Natur aufmerksam machten, wurden spätestens in den 1980er Jahren durchaus schon toleriert. Die Kammer der Technik (KDT) war eine solche Ebene, wo unter Kopplung des technischen und landwirtschaftlichen Sachverstandes Gedanken einer Schadensbegrenzung aufgegriffen und konstruktiv vorangetrieben werden konnten. Im Ergebnis dieser Initiative entstand 1986 die bereits genannte Broschüre mit Empfehlungen zur Melioration und Bewirtschaftung von Niedermoor im Bezirk Neubrandenburg, die auch aus heutiger Sicht noch beachtenswert erscheint (KDT 1986).

Zielstellung war, bei der Melioration und Nutzung des Moores ein von der Ökologie her bestimmtes Herangehen zu erreichen, ohne jedoch die Fortsetzung der intensiven Nutzung generell in Frage stellen zu dürfen. Von offizieller Seite trat das Institut für Futterproduktion Paulinenaue erst 1987 mit einem „wissenschaftlichen Standpunkt zur Moorbodennutzung und -erhaltung" hervor. Er entstand unter dem Druck unabwendbar eingetretener Tatsachen und unwiderlegbarer Beweise der Arbeiten von TITZE, SCHMIDT, BAUER und der Initiative der Basis, wie das Beispiel der KDT zeigte.

Zu diesem Zeitpunkt waren die Vorbereitungen, die Moorbesandung unter neuen technologischen Gesichtspunkten als wirksame Meliorationsmaßnahme anzuwenden, schon in vollem Gange. Als Grundlage diente der Hinweis Petersens, dass sich durch Entwässerung in Ödland verwandelte Moore nur durch Besanden wieder in Kultur bringen und ertragsfähig gemacht werden können (PETERSEN 1954). Die führende Rolle lag in Händen des Betriebes Ueckermünde und seines Betriebsleiters Willi Graf. Unter Anwendung der Technologie des hydromechanischen Transportes entstand 1987/88 in der Friedländer Großen Wiese im Bereich der Ortschaften Heinrichswalde-Wilhelmsburg eine etwa sieben Hektar große Versuchsfläche. Technisch-technologisch zeigten sich erwartungsgemäß die berühmten „Kinderkrankheiten". Ausschlaggebend dafür, dass eine Weiterentwicklung nicht zustande kam, waren aber allein ökonomische Gründe. Die ermittelten Kosten je Hektar beliefen sich auf 20.000,- Mark je Hektar.

3.4 Irreversible Veränderungen

In den 1 ½ Jahrzehnten der intensiven Nutzung der Niedermoore vollzog sich im Bodenkörper flächenmäßig und räumlich ein totaler Wandel. Die Ursachen sind der veränderte Chemismus und die völlig veränderten physikalischen Bodenkennwerte, wie sie in der folgenden *Tabelle 3* sichtbar werden.

Tabelle 3: Veränderte Bodenkennwerte

	Ried (Norm-Niedermoor)	Erdfen (Erd-Niedermoor)	Mulm (Mulm-Niedermoor)
Substanzvolumen % (entwässerter Bereich)	5 - 6	16 - 18	> 20
Horizontfolge	Torf/ Mudde	Vererdung/ Schrumpfung/ Torf/ Mudde	Vermulmung/ Bröckel/ Schrumpf/ Torf/ Mudde
Anteil Feingefüge % (Disp. für Winderosion)	-	35	60
kapillarer Wasseraufstieg	-	noch vorhanden	gehemmt
Wasserspeicherkapazität %	100	50	20
Verdichtung	-	angedeutet	ausgeprägte Staunässe
Wärmeleitfähigkeit	-	ausgeglichen	große Temperaturschwankungen
C/N - Verhältnis	20 : 1	15 : 1	10 : 1
pH - Wert	5 - 6	ca. 6	6 - 7
mikrobielle Aktivität	sehr gering	stark entwickelt	mäßig entwickelt
Einheitswasserzahl n. SCHMIDT (EWZ)	> 2,10	1,80 - 2,10	1,80 - < 1,50
Quelle: STAUN Neubrandenburg 1996			

Eine derart vom Naturzustand abgewichene Entwicklung führte zu Schäden, Veränderungen, Verlusten mannigfacher Art. In der folgenden *Tabelle 4* ist der Zusammenhang von Schäden → Folgeschäden → veränderter neuer Zustand dargestellt.

Die Bodenentwicklung, die im Zusammenhang mit dem oxidativen Verzehr (Mineralisierung) im Endstadium zur Degradierung führt, ist bis zu den Folgeböden in RATZKE & MOHR (2003, 61) schematisch dargestellt (vgl. *Tabelle 4*).

Tabelle 4: Fortgeschrittene Intensivierungsverluste

Intensivierungsschäden	Folgen / Ursache	jetzige Situation
Mineralisierung	Flächenverlust	Folgeböden
Sekundärvernässung	Höhenverlust	erneute Vertiefung d. Vorfl. erforderlich
Fen → Mulm	Bodenentwicklung	nur noch ext. nutzbar
Artenarmut	negative Veränderung des Landschaftbildes	teilweise Rückbau

Im Vergleich zum historischen Bestand der Moorflächen von 1950 stellt sich das aktuelle Flächenbild folgendermaßen dar.

Tabelle 5: Verlustbilanz

		Moorschutzkonzept / Bodenbericht (2002)	Ökologische Studiengemeinschaft (1993)
Moor	Tsd. ha	293	275
Anmoor	Tsd. ha	-	45
Totalverlust	Tsd. ha	> 20	30
histor. Bestand	Tsd. ha	≅ 320	350

Die auftretende Differenz beruht darauf, dass in Anlehnung an die Reichsbodenschätzung das Anmoor nicht unter der Bodenart Moor geführt wird. Für den Zustand nach der Entwässerung ergibt sich lt. Moorschutzkonzept folgende Flächengliederung:
- naturnah   - Ried   8 Tsd. Hektar
- mäßig entwässert - Mulmfen   101 Tsd. Hektar
- stark entwässert - Mulm   184 Tsd. Hektar

Zwei Drittel der Fläche haben mit dem Mulm das Endstadium der Bodenentwicklung erreicht und müssen als Grenzstandort eingestuft werden.

Tabelle 6: Schematische Verknüpfung der Entwässerungsflächen mit den Schutzkategorien

Schutzkategorien	1 naturnah	1a Sukzession	2 * Renaturierung	3 ** moorscho- nend/Renat.	4 BBodSchG § 17
Tha/ % zur ges. Moorfl. (Konzept)	27/9	42/14	37/13	77/26	≈ 110/38
Flächenvert. von der entwässerten zur geschützten Fläche nach dem Moorschutzkonzept Tha	8	19	37 45	42 32	≈ 110
Entwässerungsgrad	ohne	schwach bis mäßig entwässert		stark entwässert	
Tha/ % zur ges. Moorfl. (1990)	8/3	101/34		184/63	

* nach geordnetem Rückzug der Landwirtschaft
** Renaturierung von 38 Tha für den Naturschutz besonders wichtiger Moore

Das Zahlenwerk der Zeilen 2 und 5 ist dem Moorschutzkonzept – am 07.März 2000 durch die Landesregierung M-V beschlossen – und einer Pressemitteilung des Umweltministeriums M-V vom 25.08.2000 entnommen.

Alarmierende Informationen über das Ausmaß der Höhenverluste sind RATZKE & MOHR (2003, 62) zu entnehmen. In zehn ausgewählten Niedermoorstandorten sind nachweislich Höhenverluste von mindestens 1,2 bis maximal 4,17 cm pro Jahr aufgetreten. Die Schwankungen resultieren v.a. aus unterschiedlichen Moortiefen. Die im Interesse der Bewirtschaftung erforderlich gewordene Vertiefung der Vorflut verbot sich aus Gründen der Fortsetzung des Teufelskreislaufs.

Die offizielle Seite (wissenschaftlicher Standpunkt des INSTITUTS FÜR FUTTERPRODUKTION PAULINENAUE 1987) brauchte zehn Jahre, um die Einsicht zu gewinnen, dass die bisher verfolgte Intensivierung des Niedermoorgrünlandes nur kurzzeitige Erfolge brachte und am Ende als gescheitert angesehen werden musste. Bemerkenswert ist, dass ein Ausweg sogar in der Moorbesandung gesehen wurde. Ein entsprechender Auftrag erging an das Meliorationskombinat Neubrandenburg. Dort waren die Vorbereitungen im Teilbetrieb Uckermünde gedanklich weit vorangeschritten und eine ausführliche Studie 1989 fertig gestellt (heute Archivgut beim Thünen-Museum-Tellow).

4. Zusammenfassung

Jeder Rückblick fällt im Lichte der gemachten Erfahrung im Allgemeinen kritisch aus. Die Kritik kann dennoch wohlwollend oder auch bissig formuliert und ebenso aggressiv gemeint sein. Unser Rückblick unterscheidet sich von diesem Normalfall, weil es weder um Wohlwollen noch um eine grundlose Verurteilung geht. Ordnen wir unseren Betrachtungszeitraum der drei Jahrzehnte in die Zeit – speziell die Wirtschaftsgeschichte – ein, so geschah das Tun und Handeln aus objektiv gegebenen Zwängen.

Es ging darum, die Versorgung generell aus eigenem Aufkommen und zugleich auf hoher Stufe, d.h. mit Veredelungsprodukten zu sichern. Das bedeutete u.a. auch die volle Einbeziehung des Grünlandes in das Intensivierungsprogramm der landwirtschaftlichen Produktion. Mit der Melioration als bedeutsamem Intensivierungsfaktor wurden zwei Ziele verfolgt:
- Ertragssteigerungen, um die Selbstversorgung zu sichern,
- Schaffung der Bedingungen für eine industrialisierte landwirtschaftliche Produktion.

Initiator und Akteur war der Staat. Er nahm für sich in Anspruch, sein Tun und Handeln beruhe auf wissenschaftlichen Grundsätzen. Es waren nicht wenige, die grundsätzlich daran glaubten. Allerdings war die Breitenwirkung des meliorativen Geschehens nicht so, dass die „Massen" darauf aufmerksam wurden. In den Kreisen aber, wo es aufmerksam verfolgt wurde, wuchsen Zweifel und entstanden Fragen. Die gebietsweise offensichtlichen Veränderungen im Landschaftsbild, die Eingriffe in Natur und Umwelt blieben der Öffentlichkeit auf Dauer nicht verborgen. Die offenkundigen Beeinträchtigungen/Beschädigungen des Bodens, v.a. des Niedermoorbodens, wurden in Fachkreisen Tagesgespräch. Im Volksmund begann man die Melioration in Millioration umzubenennen, wobei an die Millionen gedacht war, die der Staat jährlich für diese Zwecke in guter Absicht bereit stellte. In ebenso guter Absicht waren es aber auch die wenigen Fachleute, einschließlich vieler Landwirte, die begannen wider den Stachel zu löcken. Das geschah so lange, und der Stachel saß schließlich so tief, dass auch die politisch Verantwortlichen zu der Einsicht gelangten, es müsse eine Kursänderung in Richtung von

Schutz der Natur und Umwelt geben. Das Ergebnis ist auf den vorangegangenen Seiten gewiss nicht umfassend genug beschrieben, zumindest aber angemerkt. Der Plan Wissenschaft und Technik des Meliorationskombinates Neubrandenburg sah für 1988 die Erarbeitung von Arbeitshinweisen zu Melioration und Landeskultur vor. Das acht Seiten lange Papier enthält die folgenden Punkte:
1. Vorbemerkung,
2. Wichtige rechtliche Grundlagen,
3. Betrieblich verarbeitete Richtlinien und Materialien,
4. Hinweise zur Projektierung,
5. Hinweise zur Bauausführung,
6. Hinweise zur Instandhaltung,
7. Allgemeine Leitsätze.

Die Vorbemerkung hatte folgenden Wortlaut:

„Mit jeder Meliorationsmaßnahme wird eine höhere Ausnutzung der Naturressourcen beabsichtigt und ein ökonomisches Ziel verfolgt. Damit wird aber auch gleichzeitig in das Gleichgewicht als Lebensbedingung der Natur eingegriffen. Es werden Lebensräume von Pflanze und Tier zerstört, Natur z.T. irreversibel beschädigt.

In der Vergangenheit wurden die Entscheidungen überwiegend zugunsten der Ökonomie gefällt, ohne die langfristig unausbleiblichen ökologischen Schädigungen zu bedenken.

Die folgenden Hinweise für die
- Projektierung
- Bauausführung
- Instandhaltung

sollen bei den in diesen Bereichen Tätigen Umweltbewusstsein wecken bzw. fördern und einen in der täglichen Arbeit von ökonomischer Vernunft und ökologischer Verantwortung diktierten Kompromiß finden helfen."

Dem Text müsste auch aus heutiger umweltpolitischer Sicht nichts hinzugefügt werden.

Heute, im Abstand von 1 ½ Jahrzehnten nach der Wende stellt sich die Frage: Was ist am Ende der mehr als drei Jahrzehnte langen, mit Nachdruck und Zielstrebigkeit auf dem meliorativen-kulturbautechnischen Gebiet geleisteten Arbeit geblieben?

Die einschneidendste Veränderung vollzog sich auf den Niedermoorböden. Zwei Drittel der Fläche haben ihren Moorcharakter weitgehend eingebüßt. Sie sind weder renaturierungs-, noch uneingeschränkt landwirtschaftlich nutzungsfähig. An dieser Tatsache kommt niemand vorbei.

Andere, die das weniger kritisch sehen, betonen, dass die mit der Melioration erreichten positiven Nebeneffekte nicht übersehen werden dürfen. Am Beispiel der FGW weist SCHIERITZ (2003) die wasserwirtschaftliche und verkehrsmäßige Erschließung im Zusammenspiel mit der komplexen Melioration nach. ZIMMERMANN (1997, 51-53) beschreibt am Beispiel der Lewitz einen Fall des Wandels in der Naturausstattung als Folge der intensiven Moornutzung. Auf den 800 Hektar Saatgrasland der Lewitz verschwanden zwischen 1976 und 1980 zwar die letzten Brutvögel: Brachvogel, Uferschnepfe, Bekassine. Der Rückgang der Röhrichte ließ die Brutbestände spezialisierter Arten sinken oder erlöschen. Im Gegenzug bewirkte die Eutrophierung der Wiesen- und Teichfläche aber, dass sich die Übernachtungsbedingungen für Gänse, Schwäne, Kiebitze, Goldregenpfeifer, Wacholderdrossel auf dem Grünland erheblich verbesserten. Die Konzentration der nachweislich auftretenden Arten führte 1992 sogar dazu, dass die Lewitz von der EU-Kommission als „Besonderes Schutzgebiet" – heute gemäß FFH-Richtlinie – notifiziert wurde. Die Flora betreffend wird man nach einem derartig positiv zu wertenden Artenwandel jedoch vergeblich suchen. Den veränderten Standortbedingungen angepasst, stellen sich nur wenige neue Arten ein: Quecke (*Elytrigia repens*), Gundermann (*Glechoma hedaeceum*), Sandschaumkresse (*Cardaminopsis arenosa*), während viele andere für immer verschwunden sind.

Großen Flurschaden richtete die Flurmelioration an. Das Schlagwort vom Ausräumen der Landschaft traf das Geschehen im Kern. Gleichzeitig in gewissem Umfang entstandene Windschutzstreifen glichen den Verlust an Diversität in der Landschaft nicht aus. Das galt auch für die Pappelpflanzungen an markanten Punkten, die in den 1960er Jahren entstanden.

Ganz verschwunden sind die Beregungsanlagen, in die besonders hoch investiert wurde. Eine Beregungsfläche von 92 Tsd. Hektar auf neun Prozent der Ackerfläche war ein maßgeblich politisch motiviertes Ziel. Die Ausräumung der Landschaft vollzog sich in hohem Maße auf diesen Flächen.

Von uneingeschränkt bleibendem Wert sind die Leistungen im landwirtschaftlichen Wegebau. Im Zeitraum von 1971 bis 1988 sind in den drei Nordbezirken 3.300 km landwirtschaftlicher Wege befestigt worden. Das waren fast 200 km pro Jahr. Obwohl es sich überwiegend um bindemittellose Bauweisen handelte, konnte die Befestigung später als solider Unterbau für zement- oder bitumengebundene Decken dienen. Die Eingriffe durch Neutrassierungen mögen dagegen nicht schwer wiegen, zumal ein gewisser Teil der Wege mit Gehölzen eingefasst wurde.

Von eindeutig bleibendem Wert ist v.a. die Dränung. Hohe Nutzungsdauer und die den Bodenwert erhöhenden Eigenschaften machen die Dränung zum klassischen Meliorationsverfahren. Robert Peel (engl. Staatsmann 1788-1850; 1834-35 und 1841-1846 Premierminister) bewertete die Dränge für die Hebung der Bodenkultur so hoch, wie die Dampfmaschine für den Fortschritt in der Industrie. Für die volle Funktionsfähigkeit ist jedoch der Synergieeffekt zwischen Hydro- und Agromelioration entscheidend. In der Vergangenheit traten diesbezüglich erhebliche Mängel auf. Dränanlagen auf einem Drittel der Landwirtschaftsfläche stellen ein Vermögen dar, das bei Nachschätzungen/Neubewertungen positiv zu Buche schlägt. Das Meliorationsanlagengesetz (1995) regelt die damit im Zusammenhang stehenden Rechtsverhältnisse.

Die umfassenden Meliorationsarbeiten führten zum großen Teil nur um den Preis der Beeinträchtigung und teilweise sogar der Zerstörung von Natur und Umwelt zum angestrebten Ziel. Das Niedermoor betreffend müsste sogar statt von einer Melioration vom Gegenteil, nämlich einer Deterioration gesprochen werden. Die rigorosen Eingriffe geschahen in vielen Fällen gegen die bestehende Gesetzlichkeit (Landeskulturgesetz 1970, 1. DVO Schutz und Pflege der Pflanzen- und Tierwelt ... sowie Mutterbodenschutzgesetz, Bodennutzungsverordnung 1981 und Wassergesetz 1963; DVO v. 1970 und 1982).

Dagegen Bedenken angemeldet zu haben, ist das Verdienst kleiner Gruppen von Fachleuten, die später (zu spät) im Zusammenwirken mit Vertretern der politischen Verantwortungsebene zu gewissen Teilerfolgen im Sinne der Bewahrung von Natur, Umwelt und Boden führten. Dieses Ergebnis im Sachzusammenhang kurz gefasst darzustellen, war das Ziel dieser Arbeit.

So unterschiedlich wie die Fachwelt während der betrachteten drei Jahrzehnte das Vorgehen gemäß der politisch orientierten Zielstellung beurteilte, fällt das Urteil über die Bewertung der kulturtechnischen Leistung auch heute noch aus. Können die Opponenten von damals sich heute damit abfinden, vieles gewollt, doch nur wenig erreicht zu haben?

Abschließend sei Herrn Dieter Mann für ergänzende Hinweise herzlich gedankt.

Literatur

Behrendt, H.: Quantifizierung der Nährstoffeinträge aus Flussgebieten des Landes Mecklenburg-Vorpommern, Materialien zur Umwelt, Heft 2 (1996)
Bünger, U.: Erarbeitung ökologischer Grunddaten für die künftige Landschaftsplanung in den Kommunen im Planungsraum westlich der Warnow, Diplomarbeit Humboldt-Universität Berlin, Sektion Geographie, Berlin 1991
Geologische Erkundung: Bodengeologisches Gutachten. Ferdinandshof, Schwerin, Auszug im Archiv für Natur, Umwelt, Landwirtschaft und Meliorationen (ANULM) beim Thünen-Museum-Tellow 1986
Gruhl, H.: Ein Planet wird geplündert, Frankfurt/M. 1975
Illner, K. et al.: Die Bodenformen des landwirtschaftlich genutzten Niedermoore in der DDR und ihre Standorteigenschaften, Humboldt-Universität Berlin 1980, 100 S.
Institut für Futterproduktion Paulinenaue (IFP): Wissenschaftlicher Standpunkt zur Moorbodennutzung und -erhaltung, Paulinenaue Verlag Berlin 1987

Landesamt für Umwelt und Natur Mecklenburg-Vorpommern: Landesökologische Grundlagen und Ziele zum Moorschutz in M-V, Gülzow 1997, 72 S.

Kammer der Technik (KDT), Betriebssektion Neubrandenburg: Empfehlungen zur Melioration und Bewirtschaftung von Niedermoor im Bezirk Neubrandenburg, Bearbeiter: K. Hofmann u.a., 1986, 36 S.

Mager, F.: Geschichte des Bauerntums und der Bodenkultur im Lande Mecklenburg, Akademie-Verlag Berlin 1955

Meadows, D. et al. (Hg.): Die Grenzen des Wachstums. Bericht des Club of Rome zur Lage der Menschheit, Stuttgart 1972

Meliorationskombinat Neubrandenburg, Betriebsteil Uckermünde: Studie zu Technologien zur Anlegung von Sanddeckkluturen, Archiv für Natur, Umwelt, Landwirtschaft und Meliorationen beim Thünen-Museum-Tellow 1989, 26 S. plus Anlagen

Ökologische Studiengemeinschaft: Moorflächen in Mecklenburg-Vorpommern, Auszug im Archiv für Natur, Umwelt, Landwirtschaft und Meliorationen beim Thünen-Museum-Tellow 1993

Petersen, A.: Die Gräser, Akademie-Verlag Berlin 1954

Ratzke, U. & Mohr, H.-J.: Beiträge zum Bodenschutz, Böden in Mecklenburg-Vorpommern, Landesamt für Umwelt, Naturschutz und Geologie (LUNG), 2003

Schieritz, S.: Die wasserwirtschaftliche, verkehrsmäßige und meliorationstechnische Gestaltung der Friedländer Großen Wiese (FGW), unveröffentl. im Archiv für Natur, Umwelt, Landwirtschaft und Meliorationen beim Thünen-Museum-Tellow 2003, 17 S.

Schmidt, W. et al.: Kennzeichnung und Beurteilung der Bodenentwicklung auf Niedermoor, Forschungsbericht beim Institut für Futterproduktion Paulinenaue 1981

Staatliches Amt für Umwelt und Natur Teterow (StAUN), Bearbeiter Mohr, H.-J.: Ackerhohlformen-Sölle-Kleingewässer, Archiv für Natur, Umwelt, Landwirtschaft und Meliorationen beim Thünen-Museum-Tellow 1991, 32 S.

Staatliches Amt für Umwelt und Natur Neubrandenburg (StAUN), Bearbeiter Mohr, H.-J.: Moore – Schutzgut in Natur und Landschaft, Archiv für Natur, Umwelt, Landwirtschaft und Meliorationen beim Thünen-Museum-Tellow 1996, 17 S.

Statistische Zentralverwaltung: Statistische Jahrbücher der DDR, Staatsverlag Berlin 1972 ... 1989

Titze, E.: Teiljahresbericht: Einfluß von unterschiedlichen Grundwasserständen ... auf den Ertrag ... auf tiefgründigem Niedermoor, Wilh.-Pieck-Universität Rostock 1976

Titze, E. & Bauer, U.: Zur Bewirtschaftung degradierter tiefgründiger Niedermoore, Wissenschaftl. Zeitschrift der Wilh.-Pieck-Universität Rostock, Naturw. Reihe 31 (1982) 4, 7

Zimmermann, H.: Die Lewitz – Naturschutzobjekt im Wandel, Naturschutzarbeit in Mecklenburg-Vorpommern 40 (1997) 2

Abbildung 1: „Tatkräftig half die Freie Deutsche Jugend bei vielen Entwässerungsvorhaben in unserer Republik." Quelle: Rühle, O.: Brot für sechs Milliarden. Die Menschheit an der Schwelle des dritten Jahrtausends, Probleme-Prognosen-Perspektiven. Urania-Verlag, Leipzig, Jena, Berlin 1963, 189

Hans-Friedrich Joachim

Zum Flurholzanbau und zur Flurholzwirtschaft

1. Vorbemerkung

Bald nach Ende des II. Weltkrieges wurde von HILF (1953) im stark von Winden beeinflussten Norddeutschland der Begriff „F l u r h o l z a n b a u" geprägt. Die Ziele für die in diesem Zusammenhang gepflanzten Bäume und Sträucher waren Windschutz und zusätzliche Holzproduktion. Frühzeitig wurde aber schon immer deutlicher, dass wegen des Wortteils „holz" im Flurholzanbau häufig nur produktionsbezogene wirtschaftliche Aufgaben gesehen wurden. Eine erweiterte Definition war notwendig, berücksichtigte diese Entwicklung (JOACHIM 1970) und bestimmte in diesem Sinne Inhalt und Verfahrensweise der einschlägigen Arbeiten. „Flurholzanbau beinhaltet die Durchführung und Bewirtschaftung von Baum- und Gehölzpflanzungen verschiedenster Zielstellung in der Landschaft. Darin einbezogen sind Schutz- und Flächenpflanzungen sowie Anlagen, die ausschließlich der Holzproduktion dienen." Die Arbeiten sind Teil der Landschaftspflege. Darin bestanden anfangs in der alten Bundesrepublik und in der ehemaligen DDR keine unterschiedlichen Auffassungen.

Hinzu kam, dass Flurgehölze als wichtiges Landschaftselement nicht in ihrer Gesamtheit, sondern – wenn überhaupt – meist nur isoliert für einzelne Objekte, Bewirtschaftungsflächen u.Ä. betrachtet wurden. Später wirkte sich dann auch die Tatsache negativ aus, dass die Meliorationsbetriebe der Landwirtschaft zwar zuständig waren für das für sie finanziell sehr lohnende Räumen von Gehölzen, aber für neu anzulegende Schutzpflanzungen u.Ä. nicht. Es fehlten die Verantwortlichkeiten, die Geldmittel, aber auch das Interesse für diese Aufgaben. Somit unterblieben die auf diesem Gebiet dringend notwendigen Aktivitäten auf allen Ebenen für Erhaltung und Pflege vorhandener sowie Planung und Ausführung neuer Gehölzpflanzungen. Das verstärkte die Forderung nach einer Veränderung dieser landeskulturell sehr negativen Situation und führte zur Formulierung der Aufgabe „Flurholzwirtschaft". Darunter wird verstanden: „Die Gesamtheit aller Maßnahmen der Vorbereitung und Anlage von Schutzpflanzungen/Flurgehölzen sowie zum Erreichen und zur langfristigen Sicherung aller Funktionsanforderungen für diese Gehölze" (JOACHIM 1970). In den alten Bundesländern war diese Aufgabe einbezogen in die Landschaftspflege und wird z.T. mit forstlicher Landschaftspflege, aber auch mit Landschaftsbau und ebenfalls mit Flurholzanbau umrissen.

2. Ausgangssituation

In den Ländern der ehemaligen sowjetischen Besatzungszone, der späteren DDR, begannen schon frühzeitig Arbeitsgruppen, Institute und vor allem auch Landschaftsarchitekten, sich mit flurschützendem, landschaftsgestaltendem Gehölzanbau zu beschäftigen. Es sind hier vor allem zu nennen: Institut für Landschaftsarchitektur der TU Dresden (Professor Bauch), das Institut für Landschaftsgestaltung der Berliner Humboldt-Universität (Professor Pniower, Professor Illner), der Verantwortungsbereich Landschaftsgestaltung beim Amt für Wasserwirtschaft (Dr. Wunschick), in der Deutschen Bauakademie Berlin Landschaftsarchitekt R. Lingner, in Potsdam Landschaftsarchitekt H. Göritz. Von diesen wurden flurgestaltende Maßnahmen in verschiedenen Gebieten propagiert, konzipiert und begleitet. Zu nennen sind u.a.:
- Die umfangreichen Arbeiten im Harzer Vorland Huy-Hakelgebiet (KROLL 1965) mit auch heute noch z.t. dicht geschlossenen, meist aber nicht höher als 4-5 m hohen Hecken. Wertvolle Biotope entstanden.
- Im Raum Neuholland (Kreis Oranienburg) wurden nach „schwarzen" Stürmen – Winderosion führte zu starker Verwehung des Bruchbodens – umfangreiche Baumhecken gepflanzt (GÖRITZ). Später wurden in diesem Gebiet in Verbindung mit der Einführung industriemäßiger Produktionsmethoden in der Landwirtschaft umfangreiche landschaftsgestaltende Maßnahmen durchgeführt.
- In späteren Jahren die Arbeiten in der Flur Seegeritz im Nordosten von Leipzig (KRUMMSDORF). – Im Raum Leipzig wurden auch beispielhafte „Fruchttragende Hecken" (SCHEERER 1951) geschaffen.
- Im Norden der DDR wurden zur Verhinderung der weitflächigen Bodenerosion umfangreiche Baumhecken begründet (BAUER) und zusammen mit FLEGEL an Grundlagen und dem gebietsweisen Umfang der Bodenerosion gearbeitet *(Abbildung 1)*.

Im Rahmen des Pappelanbau-Programmes wurde auch die „offene Landschaft" im größeren Umfang in diese Anpflanzungen einbezogen. Gute Beispiele entstanden, negativ machten sich aber bemerkbar:
- Durch ungeeignete Bodenvorarbeit und Wildschäden entstanden hohe Ausfälle.
- Pflanzungen erfolgten ohne Abstimmung mit der Landwirtschaft und anderen Zuständigen. Demzufolge wurden Neuanlagen häufig nicht gepflegt, z.T. aber auch wieder umgepflügt, blieben ungeschützt oder wurden anderweitig zerstört.

- Ausfälle bzw. schlechtes Wachstum bei Pflanzungen auf ungeeigneten Standorten.
- Zu enge Verbände bei der Anlage, diese Bestände wurden dann meist auch nicht gepflegt. Gründe waren zu hohe Planzahlen und finanzielle Anerkennung (0,10 M) pro gepflanzter Pappel. Deshalb wurde auch auf völlig ungeeigneten Standorten gepflanzt.

JOACHIM, KRUMMSDORF & GÖRITZ (1961) machten mit ihrem Buch „Flurholzanbau – Schutzpflanzungen" auf die inhaltliche Gesamtproblematik aufmerksam, stellten den Wissensstand von der Planung bis zur Anlage, Pflege und Nutzung von Flurgehölzen zusammen und erhofften sich damit, die notwendige Verbesserung auf dem Gebiet zu erreichen.

Abbildung 1: Ausschnitt aus einer geschlossenen 24-jährigen Windschutzanlage mit Pappeln im Oberstand, vor Beginn von Bewirtschaftungsmaßnahmen. Raum Trinwillershagen, Kreis Ribnitz-Damgarten. Foto: Joachim

Mit der vom Staat angeordneten Bildung Landwirtschaftlicher Produktionsgenossenschaften (LPG) und der damit zusammenhängenden Tatsache, dass es keine für seine Scholle verantwortlichen Einzelbauern mehr gab, änderten sich auch die Gesamtsituation und die Möglichkeiten für den Flurholzanbau. Im Laufe der Zeit wurden industriemäßige Produktionsmethoden angestrebt und durchgesetzt. Gehölzräumungen großen Stils erfolgten, um die erforderlichen gehölzfreien Wirtschaftsflächen für die Großtechnik – Bodenbearbeitung, Bestellung, Düngung, Beregnung und Ernte – zu schaffen. Meliorationsbetriebe spezialisierten sich auf die Rodung von Bäumen und Hecken und erhielten hohe finanzielle Zuwendungen für diese Gehölzbeseitigung. Dadurch wurden die von der ökonomischen Seite geforderten großen freien Flächen ohne Bearbeitungshindernisse für die mittlerweile auch vorhandenen Großmaschinen geschaffen. Die ehemals historisch und wirtschaftsbedingt vielseitig strukturierte Agrarlandschaft wurde in vielen Fällen weitgehend nivelliert. Damit wurden auch die ökologischen Vorteilwirkungen von Flurgehölzen – mit wenigen Ausnahmen – nicht mehr beachtet. Es begann sich eine Gehölzfeindlichkeit, zumindest aber ein Desinteresse an Gehölzen durchzusetzen. Hinzu kam, dass es dann auch nur wenige Möglichkeiten gab, über die Vorteile von Gehölzen in der Agrarlandschaft zu berichten. Bemerkenswert in diesem Zusammenhang war z.B. das hoch gepriesene Oderbruchprogramm zur Vorbereitung und Durchsetzung industriemäßiger Produktionsmethoden und -verfahren in der Landwirtschaft. Hierbei wurde im Zusammenhang mit den vielseitigen Maßnahmen zur Be- und Entwässerung nur die Rodung von Gehölzen aller Art an Gräben, Wasserläufen und in der Feldflur festgelegt, aber keinerlei Neupflanzung vorgesehen. Auch auf die Bedeutung von Gehölzen und auf Folgen ihrer Beseitigung wurde nicht eingegangen. Erst die in Eigeninititiave durchgeführten Arbeiten im Meliorationsgebiet Volzine (Oderbruch) gaben nachträglich Grundlagen für die Wiedereinbringung von Baum/Strauch/Schutzpflanzung in diesem so wertvollen Agrarraum (JOACHIM & GRUNERT 1974).

Mittlerweile war die Forstwirtschaft auch für die Planung und Ausführung des Pappel- und Gehölzanbaues außerhalb des Waldes insgesamt verantwortlich gemacht worden. Denn nach ihrer Organisationsform waren die Revier- und Oberförstereien flächendeckend für Wald und offene Landschaft zuständig. Dies ermöglichte und verlangte zwangsläufig eine neue Zuordnung der Aufgabe Flurholzanbau, wenn es auch eine wesentliche Erweiterung des forstlichen Aufgabenbereiches beinhaltete. Erste Beispiele waren bereits in Vorbereitung (LPG Neuholland Kreis Oranienburg). Aber ein voller Durchbruch, dass Flurgehölze in dieser Periode der industriemäßigen Produktionsmethoden überhaupt wieder – auch von Staats wegen – als landschaftsgestaltende, dabei vor allem aber als erosionsmindernde Maßnahme zu beachten waren, gelang auf der Landwirtschaftsausstellung Markkleeberg (AGRA) 1968 bei der Erläuterung der Flurgehölzkonzeption für die LPG Neuholland vor dem Politbüro der SED. Von diesem Zeitpunkt an waren Flurgehölze wieder „gesellschaftsfähig". Auch die mittlerweile oft auftretenden starken Erosionsschäden durch Wind und Wasser in fast allen Bezirken mit zu- bzw. ausgewehten Saaten und durch Wasser entstandene „Erosionsschluchten" förderten die Einsicht, dass spezielle Schutzpflanzungen nötig seien *(Abbildung 2)*.

In den Bezirken der DDR fanden sich dann bald Mitstreiter, vor allem in den landwirtschaftlichen Beispielsbetrieben. Bemerkenswert hierfür ist ein persönliches Erlebnis. Der Vorsitzende der Oderbruch Groß-LPG Golzow war ganz aktiv bei der Räumung des Gehölzbestandes und der Schaffung großflächiger technikfreundlicher Produktionsflächen im mittleren Oderbruch tätig. Diese einseitige Auffassung und Arbeitsweise änderte sich erst nach einer gemeinsamen Begehung seines Gebietes. Am Exkursionsbeispiel eines beidseitig dicht mit hohen Roterlen eingesäumten und dadurch voll beschatteten Wasserlaufes zeigte sich, dass im Wasserlauf trotz laufender Güllewassereinleitung aus einer nicht weit entfernten Rinderanlage keine Wasserpflanzen wie im unbeschatteten, baumfreien Abschnitt vorhanden waren. Von diesem Zeitpunkt an war dieser LPG-Vorsitzende ein wertvoller, überzeugender Vortragender auf Anwenderseminaren für den Flurholzanbau.

Diese und weitere im Laufe der Zeit gewonnene Erfahrungen zur Bedeutung von Flurgehölzen führte in den Bezirken zu Richtlinien für die Planung, Projektierung, Realisierung und Kontrolle des Flurholzanbaues – so z.B. Bezirk Frankfurt/Oder, August 1976. Für die in den Bezirken als landwirtschaftliche Beispielsbetriebe entwickelten und damit besonders unterstützten Groß-LPG – Grammendorf,

Abbildung 2: Sandstürme im Frühjahr, ein nicht seltenes Ereignis auf großflächigen, frisch bearbeiteten Feldern, führen zu Boden- und Saatverwehungen. Foto: Schrödl

Golzow, Friedland, Neuholland, Dedelow, Berlstedt und Vippachedelhausen – konnten Flurgehölzkonzeptionen erarbeitet und dabei der wirtschaftlich mögliche und notwendige Anteil von Flurgehölzen und ihre räumliche Verteilung festgelegt werden (SCHRÖDL 1982). Um mit den Pflanzungen optimale Vorteilswirkungen zu erreichen, war dabei stets eine Vernetzung vorhandener mit den neu zu begründenden Flurgehölzen anzustreben. Die auf dieser Grundlage erarbeiteten Unterlagen wurden dann auch in die Flurgestaltungskonzeptionen von Landwirtschaftlichen Produktionsgenossenschaften (z.B. LPG (P) Lindtorf/WTZ Falkenberg 1989) einbezogen und bei Ausführungsprojekten berücksichtigt.

Alle diese Arbeiten waren nur möglich durch die enge Zusammenarbeit von Wissenschaft und Praxis sowie die verständnisvolle Unterstützung durch zuständige Dienststellen der Land- und Forstwirtschaft *(Abbildung 3)*. Vorrangig zu nennen sind:
- StFB Oranienburg,
- Flurholzbeauftragte der Bezirke Erfurt und Rostock,
- Kreismeliorationsgenossenschaft Neukalen,
- ZBE Melioration „Börde" in Remkersleben,
- ZGE Flurholzwirtschaft Merseburg,
- MG „Oderbruch" in Seelow.

Abbildung 3: Mit verschiedenen schnellwachsenden Baumarten für den Oberstand aufgebaute Windschutzanlage. Falkenthal Kreis Oranienburg. Foto: Joachim

3. Forschung

Das Thema „Flurholzanbau – Flurholzwirtschaft" konnte nur als Querschnittaufgabe vorbereitet und gelöst werden. Es war eingeordnet in die Bearbeitung der Landschaftselemente. Die Federführung hatte das Institut für Landeskultur und

Naturschutz in Halle/Saale der AdL, vor allem mit seinen Zweigstellen Jena, Potsdam und Greifswald. Die mittlerweile umfangreich entstandenen Erosionsschäden waren so gravierend, dass eine nachträgliche Bewertung der Erosionsgefährdung der Böden und hierauf aufbauend Vorschläge zu deren Verhinderung bzw. Verminderung erforderlich wurden. Hierzu gehörten auch Schutzpflanzungen.

- Frühzeitig bestand eine enge Zusammenarbeit mit dem Bearbeiter der Winderosionsgefährdung im Beispielsgebiet Neuholland (Institut für Garten- und Landeskultur der Humboldt-Universität Berlin) und im späteren Verlauf mit dem Institut für Bodenkunde Eberswalde der AdL.
- Für Gehölze an Wasserläufen setzte sich besonders die Arbeitsgruppe Jena des Instituts für Landschaftsforschng und Naturschutz Halle der AdL (NIEMANN, HAUPT, HIEKEL) ein. Von hier gab es auch wertvolle Ergebnisse zur Biotopforschung, zum Vogelschutz und damit zum ökologisch notwendigen Arbeiten in der Agrarlandschaft (GÖRNER 1978).
- Das große Gebiet der Gehölze – Artenwahl, Aufbau- und Anbauformen, Grundsätze und Verwirklichung in Beispielsgebieten, Anbauforschung und Umsetzung aller Ergebnisse und Erfahrungen sowie federführende Bearbeitung von Standards – lag in Verantwortung des Instituts für Forstwissenschaften Eberswalde, Bereich Landeskultur und Jagd, Arbeitsgruppe Flurholzwirtschaft.
- Ergebnisse und der Stand der Arbeiten in Beispielsgebieten wurden vorgestellt im Rahmen von regionalen Tagungen der Agrarwissenschaftlichen Gesellschaft und durch Publikationen.
- Das Institut für Forstwissenschaften Eberswalde wurde mit der Federführung bei der Ausarbeitung des Fachbereichsstandards „Flurholzwirtschaft" (TGL 28 039) beauftragt, um langfristig bestätigte Erfahrungen und gesicherte neue Forschungsergebnisse kurzfristig in die Praxis überführen zu können.

Durch die mittlerweile entstandenen großen Wirtschaftsflächen der landwirtschaftlichen Betriebe konnte die Anlage von Schutzpflanzungen nur erfolgreich vorbereitet und durchgesetzt werden, wenn auch ein größerer Anteil der Wirtschaftsflächen in die Vorteilswirkungen, vor allem Erosionsminderung, einbezogen wäre. D.h. es mussten hohe, in möglichst kurzer Zeit weitreichenden Schutz bietende Gehölzanlagen aufgebaut werden *(Abbildung 4)*.

Mit Literaturangaben aus den 1930er und 1940er Jahren zum Windschutz, nach denen der Schutzbereich von Windschutzpflanzungen dem 15-30fachen ihrer Höhe entspricht, konnte man sich aber nicht begnügen. Die Möglichkeit, die Wirkung von Gehölzstreifen im Windkanal zu testen, wurde daher voll genutzt (BENNDORF, GRUNERT & KLINGBEIL 1980; KLINGBEIL, BENNDORF & GRUNERT 1982).

Diese umfangreichen Untersuchungen, die von den Spezialisten des Windkanals der TU Dresden sehr gut betreut wurden, wurden durch aufwändige Feldversuche zur Aerosoldurchdringung von Schuztpflanzungen in der LPG Neuholland voll bestätigt. Danach müssen wirkungsvolle Schutzpflanzungen dicht geschlossen sein, in der Dichte von unten nach oben gleichmäßig abnehmen und eine leicht bewegte, geschlossene Firstlinie ohne größere Unterbrechungen aufweisen. Für den Flächenschutz ist dann die Wuchshöhe der Gehölze entscheidend. Die bereits konzipierten Schutzpflanzungstypen wurden überprüft und, wo erforderlich, mit Gehölzkombinationen korrigiert, um die erforderliche Höhe und Dichte der Anlagen zu erreichen.

Abbildung 4: Ausschnitt aus einer Windschutzpflanzung mit Pappeln im Oberstand. Im Schutz dieser schnell wachsenden Bäume gut entwickelte Dauerbaumart und dicht geschlossener Strauchbereich. Foto: Joachim

Nur über einen weiten Flächenschutz waren die geforderten ökonomischen Ziele zu erreichen. In den Projekten musste nämlich der mögliche ökonomische Nutzen einer Maßnahme, wenn dies auch nur sehr schwierig möglich war, nachgewiesen werden. Von den Vorteilswirkungen konnte hierfür nur versucht werden, die bei einer späteren Holznutzung anfallenden Erträge und eventuell noch den erosionsmindernden Flächenschutz ökonomisch zu werten. Alle Vorteilswirkungen im Rahmen des Biotop- und Vogelschutzes konnten dagegen überhaupt nicht zahlenmäßig bewertet, sondern nur verbal beschrieben werden. In den 1980er Jahren wurden umfangreiche Arbeiten zur verbesserten Biotopgestaltung in Agrargebieten – Magdeburger Börde, Thüringer Becken – durchgeführt, hier vor allem mit dem Ziel, in diesen für Staatsjagden vorgesehenen Gebieten verbesserte Bedingungen für das Niederwild zu schaffen (AHRENS & SCHRÖDL 1990; SCHRÖDL 1990). Da die ökonomisch einigermaßen abschätzbaren Vorteilswirkungen nur über einen weiten Flächenschutz erreichbar waren, mussten Gehölzkombinationen angebaut werden, die sowohl in relativ kurzer Zeit große Höhen erreichen konnten – wie Pappel und Baumweide – als auch Bäume, die sich im Schutz dieser hochwachsenden Baumschicht gut entwickeln und nach Nutzung der Oberschicht dann geschlossen als Dauerbestand – vor allem Eiche, Ahorn, Linde – aufwachsen konnten. Das war eine Kombination von „Vorwald" und Dauerbaumart in Verbindung mit randseitigen Strauchbereichen. Diese Gehölze sollten aber nicht uniform eintönig, sondern auch durch ihre Anordnung, ihr Blühen, Blattaustrieb und -farbe zu landschaftsgestaltender und psychologischer Wirkung beitragen. Für die auf den weiten Feldern Arbeitenden waren auch dies wichtige Gesichtspunkte. Fruchttragende und Bienenweidegehölze sowie den Vogelschutz fördernde Baum- und Straucharten galt es einzubeziehen. Die umfangreichen Arbeiten zu Habitatstrukturtypen von Flurgehölzen (GÖRNER, REICHHOFF et al. 1983) bewiesen erneut und ergänzten alte Erfahrungen (u.a. BEZZEL 1982), dass Vögel in der Agrarlandschaft laufend schlechtere Lebensbedingungen vorfinden und dass monoton aufgebaute Baumgehölze (z.B. nur Pappel) ungünstige Bedingungen für die Avifauna aufweisen (GÖRNER 1978).

Abbildung 5: Dicht geschlossene, schnellwachsende, früh Wind- und Beschattungsfunktion sichernde Pappelreihe mit Dauerbaum- und Straucharten an einem Wasserlauf. Foto: Joachim

Um den wirksamen Zeitraum einer Schutzpflanzung innerhalb des Jahres möglichst groß zu halten bzw. noch zu verlängern, wurden bei der Gehölzwahl auch phänologische Gesichtspunkte einbezogen. Früh sich belaubende Baumarten waren wichtig, da die hohe Erosionsgefährdung der Böden in Gebieten mit Hackfruchtanbau durch Frühjahrsstürme noch verstärkt wurde und um den Wirkungszeitraum auch in den Herbst hinein zu verlängern, waren spät sich entlaubende Gehölze gefragt. Unbelaubte Schutzpflanzungen hatten nur eine 50 %ige Schutzwirkung. Daher wurden z.B. die sich früh entlaubenden Esche und Robinie im Allgemeinen nicht positiv in ihrer Eignung für derartige Schutzpflanzungen bewertet.

Ein großer Nachteil für neu anzulegende Pflanzungen entstand durch die aus Pflanzenschutzgründen – Hauptwirt von *Erwinia amylovora*/Burill, Erreger des Feuerbrandes – verbindliche Festlegung, vor allem *Crataegus, Pyrus communis, Prunus padus* und *Sorbus aucuparia* nicht oder nur mit großen Einschränkungen anzubauen. Alle unsere Bemühungen bei den zuständigen zentralen Dienststellen (vor allem Zentrales Staatliches Amt für Pflanzenschutz und Pflanzenquarantäne), diese einschneidenden Festlegungen begrenzt aufzulockern, waren erfolglos. So fehlten sehr wertvolle Arten für den Aufbau strukturreicher Feldgehölze oder von Schutzpflanzungen mit hoher Habitatwirkung. In gefährdeten Gebieten und in Baumschulen mussten diese Gehölze gerodet und verbrannt werden. Die mögliche Gefährdung der Obstproduktion hatte Vorrang.

Von der Landwirtschaft wurde die Zustimmung für Schutzpflanzungen am Rande ihrer Wirtschaftsflächen auf Dauer nur erlaubt, wenn schmale Anlagen begründet wurden, die auch im Laufe ihrer Entwicklung keinen größeren Flächenbedarf verursachten. Aus diesem Grunde wurden in der Züchtung und Gehölzforschung schmalkronige, geradwüchsige Populationen, Sorten/Klone, aber auch Einzelbäume selektiert und – wenn erforderlich – deren vegetative Vermehrung vorbereitet. Das Pappel- und Baumweidensortiment wurde auch in dieser Hinsicht überprüft. Besonders geeignete Formen von Mischbaumarten, wie z.B. Hainbuche, aber auch gerad- und gutwüchsige Bäume der Spätblühenden Traubenkirsche (*Prunus serotina*) – letztere nur wegen ihrer besonderen Eignung für den Anbau in Rauchschadensgebieten – wurden selektiert. Schon frühzeitig gelang es, durch Sprühvermehrung geeignete Klone von Aspen, Graupappeln und Hybridaspen, deren vegetative Vermehrung in der üblichen Form mit Steckhölzern größte Schwierigkeiten bereitete, in dem notwendigen Umfang für das Gehölzsortiment bereitzustellen (LATTKE 1965; LATTKE & NÄTHER 1967).

Damit sichere Anlagen heranwachsen und Bestand haben konnten, wurde das Pappelsortiment neben Leistungsfähigkeit und Form vor allem auf Resistenz hinsichtlich Krebs- und Rostanfälligkeit sowie Dürregefährdung geprüft. Da Schutzpflanzungen auch auf geringeren Standorten gepflanzt werden mussten, wurde dabei die Eignung für solche Bedingungen und hierfür speziell die mögliche Vertikalbewurzelung des Prüfsortimentes erfasst.

Um die Vielzahl der möglichen Standorte bei der Gehölzwahl zu berücksichtigen, wurden Gehölzkombinationen, die sich dauerhaft und sicher in Verbindung mit dem Ziel der Pflanzung entwickeln konnten, auf standörtlicher Basis zu Flurholzfunktionstypen zusammengestellt. Diese setzen sich vor allem aus funktionsbedingt notwendigen, im Gebiet natürlich vorkommenden und zur Verbesserung des ästhetischen und Biotopwertes besonders geeigneten Baum- und Straucharten zusammen. Da Dauerbestände von Flurgehölzen langfristiges Ziel war, waren auch „Ausschlagsgehölze" wie Roterle, aber auch Baumweide und Robinie fest in dieses Sortiment einbezogen.

Im Standard „Flurholzwirtschaft" (TGL 28 039) mit den Blättern Funktionstyp „Windschutzpflanzung" (/04), „Abwasser-Gülleschutzpflanzung" (/05) und „Gehölzpflanzungen an Wasserläufen" (/06) wurden Baumarten unterteilt nach Hauptbaumart mit kurzem und langem Wuchszeitraum, geeignet als Füllbaumart und Baumart zur Gestaltung jeweilig mit Kennzeichnung ihrer möglichen Endhöhe ausgewiesen. Auch die Straucharten wurden nach ihrer erreichbaren Höhe differenziert und als mittelhoher und Großstrauch aufgeführt. Ebenfalls waren die zur Erreichung des Funktionszieles notwendigen Aufbauformen, Reihen- und Pflanzenabstände für Projektanten und Auftraggeber ausgewiesen. Diese Standards waren gleichzeitig Grundlage für die Vorbereitung der Pflanzenbereitstellung in den Baumschulen. Hierzu diente auch eine 1976 zwischen den verantwortlichen Institutionen – VEG Saatzucht Baumschulen Dresden-Tolkewitz und Institut für Forstwissenschaften Eberswalde – abgestimmte Liste der vorrangig zu verwendenden Gehölze für landschaftsgestaltende Maßnahmen, Schutzpflanzungen und zur Verbesserung der Bienenweide.

Bei der Ausführung von Schutzpflanzungen war nicht selten zu beobachten, dass Pflanzungen wegen des fehlenden Gehölzangebotes in den Baumschulen nicht projektgetreu angelegt bzw. Projekte aus dem gleichen Grund bereits mit einem einseitigen, für die Funktionswirksamkeit nicht geeigneten Gehölzsortiment konzipiert wurden. Auch Ersatzlieferungen von Baumschulen, die zwar im zahlenmäßigen Umfang stimmten, aber nicht artgerecht zusammengestellt waren, kamen vor. So war es möglich, dass Pflanzungen auch ohne Dauerbaumart (Quercus, Tilia, Acer) und nur mit Pappeln und Sträuchern begründet wurden, aber auch, dass für den Anbau überhaupt nicht zugelassene, aber leicht zu vermehrende Baumarten, wie z.B. Eschenblättriger Ahorn (*Acer negundo*) und Säulenpappel (als Pyramiden-Pappel bekannt – *Populus nigra* var. italica), aber sogar auch ungeeignete Ziergehölze gepflanzt wurden. Diese Situation führte zu einer erneuten Überprüfung des für landschaftsgestaltende Maßnahmen, insbesondere Schutzpflanzungen, vorrangig zu verwendenden Gehölzsortimentes. Aus all diesen Gründen war dringend erforderlich, auch die Prüfung und Abnahme der Schutzpflanzungen verbindlich zu regeln. Das wurde dann auch durch die Bearbeitung und offizielle Bestätigung des Fachbereichstandards „Flurholzwirtschaft – Prüfung von Schutzpflanzungen" verwirklicht.

Die Voraussetzungen für ein Erreichen der mit den Pflanzprojekten vorgesehenen Vorteilswirkungen – Ertragssicherung, Erosionsverminderung oder -verhinderung, Erhöhung des Biotopwertes – werden neben der Wahl der Baum- und Straucharten bereits mit der Anlage selbst eingeleitet und auf dieser Grundlage dann weitgehend auf Dauer auch gesichert. Besonderer Wert wurde daher auf die rechtzeitige Bodenvorarbeit, die Qualität des Pflanzmaterials, die sachgerechte Pflanzung und Pflege der Neuanlagen in den ersten drei Jahren gelegt. Wenn diese Arbeiten insgesamt verantwortungsbewusst und gut erfolgten, waren weitere Pflegearbeiten in der Regel ab 4. Wuchsjahr nicht mehr erforderlich. Auch auf ein konstruktives Zusammenwirken mit Jagdgesellschaften zur Verhinderung oder Verminderung der Wildschäden in den Neuanlagen ist hinzuweisen. Beunruhigungen im Gebiet und der Abschuss spezieller Schadböcke verminderten die Wildschäden deutlich und ermöglichten so geschlossene Schutzpflanzungen ohne die sehr teuren Zäunungen aufwachsen zu lassen. Auf die Einhaltung der im bereits genannten Standard „Flurholzwirtschaft – Prüfung von Schutzpflanzungen" (TGL 28 039/08) festgelegten Forderungen musste bei der Abnahme der Pflanzungen besonders geachtet werden, denn es gab auch viele Beispiele schlechter, oberflächlicher Arbeit mit allen negativen Folgen. Meist konnten die Pflanzungen nach 3 Jahren als gesicherte Schutzpflanzung bestätigt werden oder es wurden Auflagen für Nachbesserungen, Pflegearbeiten, Wildschutz u.Ä. erteilt. In diesen Fällen wurde die Abnahme der Pflanzung als gesicherte Schutzpflanzung zurückgestellt.

Auch die Endfinanzierung des Gesamtvorhabens sollte erst mit Abnahme als gesicherte Anlage erfolgen. Wegen der allgemein gültigen Formen der Finanzierung von Investitionsvorhaben gelang dieser als ökonomischer Hebel vorgesehene Weg aber nicht. Ein Betrieb konnte zuständig sein für die Bodenvorarbeit, ein anderer für die Pflanzung und vielleicht auch noch für die Pflege nur im Anbaujahr oder auch noch später. Verantwortung für eine schlechte Entwicklung konnte aber bereits der für eine schlechte Bodenvorarbeit zuständige Betrieb haben, der für seine Arbeitsleistung schon vor drei Jahren bezahlt war. Überall dort, wo Bodenvorarbeit, Pflanzung und Pflege in einer Hand lagen, wurden gute Ergebnisse erzielt.

Wie Erfahrungen und die speziellen Windkanalversuche erkennen ließen, mussten Schutzpflanzungen zur optimalen Wirkungsweise nicht nur gut strukturiert, sondern auch mit weiter Längenausdehnung konzipiert und verwirklicht sein. Kurze Bereiche von Schutzpflanzungen waren genau so wie niedrige Hecken für den Schutz von Großflächen ungeeignet. Sie hatten „nur" eine Bedeutung als Kleinbiotop. Nur eine geringe Wirkung konnte auch von Einzelanlagen ausgehen. Erst sich ergänzende, sich in ihrer Gesamtwirkung als Biotopverbund verstärkende Schutzpflanzungen und Gehölze ließen optimale Vorteilswirkungen erwarten. Mit diesem Ziel wurden Flurgehölzkonzeptionen für Gebiete einer LPG oder eines Gemeindebereiches bearbeitet.

Die Forschung musste sich mit diesen Voraussetzungen für ein Gelingen der Pflanzungen vordringlich beschäftigen, denn bei einem Misslingen des Vorhabens mit ökonomischen Verlusten für die Landwirtschaftsbetriebe konnte die staatliche Zustimmung für Flurholzanbau/Schutzpflanzungen im Agrarraum wieder rückgängig gemacht werden.

4. Ausführung

Da die Vorteilswirkungen von Flurgehölzen-Schutzpflanzungen, vorrangig
- Erosionsminderung (Wind- und Wassererosion),
- Windschutz zur Ertragsicherung,
- Erhaltung bzw. Verbesserung der biologischen Diversität,
- Erträge durch Holz, Beeren, Bienentracht und
- Vielgestaltigkeit der Agrarlandschaft,

durch die Gehölzräumungen und mit Einführung industriemäßiger Produktionsmethoden weiter laufend abnahmen, nicht mehr wirksam werden konnten bzw. offiziell überhaupt nicht mehr zur Kenntnis genommen wurden, wurde großes Gewicht auf die Vorbereitung und Ausführung von Neupflanzungen gelegt. Nur wenn gute Beispiele geschaffen werden konnten, war mit einer durchgreifenden Änderung bisheriger Auffassungen zu rechnen. Auf dafür notwendige Maßnahmen oder Abstimmungen mit den Baumschulen und bei der Prüfung sowie Abnahme der Pflanzungen wurde bereits hingewiesen.

Die ersten landschaftsgestaltenden Gehölzpflanzungen nach dem Kriege wurden durch Handarbeit – Spaten, Pfanzlochbohrer – begründet und ebenfalls per Hand gepflegt. Für umfangreiche Neuanlagen war dies aber kein gangbarer Weg, denn die LPGen erklärten sich zur Pflanzung von flurschützenden Anlagen nur bereit, wenn der dafür notwendige Arbeitsaufwand gering war und die Anlagekosten für sie auch günstig finanzierbar waren. Im Laufe der Zeit wurden daher Geräte und Maschinen zur Pflanzung und Pflege im Rahmen von Neuerervorschlägen weiterentwickelt, neu konstruiert und gebaut. Diese Geräte wurden auf ihre Eignung für den Flurholzanbau geprüft und im Ergebnis zu Maschinensystemen für Anbau, Pflege und Bewirtschaftung von Flurgehölzen zusammengestellt. Dazu gehörten Flurholzpflanzpflüge – sie sicherten die notwendige Qualität der Baum- und Strauchpflanzung bei hoher Arbeitsleistung (Tagesleistung 8 lfd. Kilometer einreihig) –, Erdlochbohrer, Anbaugeräte zur mechanischen und chemischen Pflege sowie zum maschinellen Ausbringen von Dünger. Durch die neuen Pflanzpflüge wurde es auch möglich, die je nach Gehölzart erforderlichen unterschiedlichen Pflanztiefen voll zu verwirklichen (z.B. bei Pappeln und Baumweiden ~ 60 cm). So konnten Dürreschäden, aber auch durch geringe Wasserverluste in der Pflanze geförderte Rindenkrankheiten weitgehend verhindert werden. Das war eine der wichtigsten Voraussetzungen für das Aufwachsen geschlossener und damit funktionssicherer Schutzpflanzungen auch in niederschlagsarmen Gebieten.

Die Ausführung und Pflege der Pflanzungen war aber auch abhängig von der in den Betrieben jeweilig vorhandenen Technik. Das führte auch zu ganz unterschiedlichen Reihen- und Pflanzabständen. Da sich neu angelegte Schutzpflanzungen mittlerweile auch schon gut entwickelt hatten, wurden Durchforstungsgeräte, Böschungsmäher und Konturenschnittmaschinen in eine Gerätekette für die Pflege und Bewirtschaftung von Schutzpflanzungen einbezogen (GERÄTE- UND MASCHINENKATALOG 1984). Hieran waren beteiligt das Institut für Forstwissenschaften Eberswalde und das VEB Meliorationskombinat Neubrandenburg, Betriebsteil Rationalisierung Groß Plasten. Bei guter Vorbereitung und Erfahrung konnten mit diesem Maschinensystem umfangreiche, vielseitig zusammengesetzte Pflanzungen in kurzer Zeit erfolgreich in hoher Qualität angelegt und wirkungsvoll gepflegt werden. Schon nach drei Jahren brauchte in den Anlagen in der Regel keine Bodenpflege – Unkrautbeseitigung, Bodenlockerung – mehr durchgeführt werden. Die Gehölze hatten sich gut entwickelt, waren gesund und begannen, sich bereits zu schließen. Voraussetzung war aber unbedingt, dass in diesem Verfahren die Bodenvorarbeiten im Vorjahr der Pflanzung frühzeitig begannen, in der Qualität einer landwirtschaftlichen Bodenvorbereitung entsprachen und damit konkurrierende Bodenflora – vor allem Quecken – voll ausgeschaltet werden konnte. Damit wurde eine gute ungestörte Entwicklung der neu gepflanzten Gehölze vor allem im Pflanzjahr gesichert.

Alle diese Erfahrungen wurden in einem Muster-Werkstandard (1981) zusammengefasst. Durch die Leistungsfähigkeit der Pflanzpflüge konnten bei guter Vorbereitung und Arbeitsorganisation 3-4 km einer zweireihigen Schutzpflanzung – Bäume und Sträucher – in guter Qualität/pro Arbeitstag begründet werden. Ein weiterer Vorteil beim Einsatz dieser Pflanzpflüge war, dass die Pflanzzeit auch bei großen Projekten enger begrenzt werden konnte. Bei rechtzeitiger Pflanzung konnten so Anwuchsschwierigkeiten selbst bei Frühjahrsdürre wirkungsvoll vermindert bzw. sogar verhindert werden. Frühzeitig durchgeführte kombinierte mechanische und chemische Pflegegänge förderten die Gehölzentwicklung dann meist so günstig, dass Bodenbearbeitung nach dem 3. Standjahr nicht mehr erforderlich war.

Um Wildschäden zu verhindern bzw. zumindest zu verringern, mussten direkt anschließend an die Pflanzung Schutzmanschetten an gefährdeten Baumarten angebracht werden. Aber auch Abstimmungen mit den Jagdkollektiven wegen laufender Beunruhigung und gezieltem Abschuss der Schadböcke im Pflanzgebiet sowie die frühzeitige Anlage von Ablenkpflanzungen waren notwendig. Dies war wichtig, da die offiziell sehr geförderte Erhöhung der Feldrehbestände für das Aufwachsen der Neupflanzungen ein großes Hindernis war. Vollzäunungen waren sehr teuer und erfolgten daher nur in besonderen Jagdgebieten. Bei geringem Rehwildbesatz, bei guter – vor allem aber auch eingehaltener – Abstimmung mit dem Jagdkollektiv und bei Vorhandensein gut und geschlossen aufwachsender Neuanlagen konnte ohne Zäunung gearbeitet werden. Die Zäunung von einem lfd. km Schutzpflanzung kostete soviel wie die gesamte Anlage der Pflanzung. Ein geschlossener Aufwuchs war aber unbedingt notwendig, damit die Vorteilswirkungen Wind- und Erosionsschutz optimal erreicht werden konnten. Größere Fehlstellen wirkten sich düsenartig verstärkend auf den Wind aus und führten zu deutlich sichtbaren Beeinträchtigungen auf dem Feld. Wichtig war auch der Schutz vor Weidevieh in den Grünlandgebieten, denn durch Zerstörung der Strauchschicht konnte auch der Biotopwert für die Vogelwelt zunichte gemacht werden.

Mit den Schutzpflanzungen in Beregnungsgebieten sollte eine gleichmäßigere Verteilung des Beregnungswassers auf der Fläche, geringere Wasserverluste und damit ökonomisch günstigere Bedingungen für die Beregnung erreicht werden. Durch die hygienischen Forderungen für Abwasser-/Gülleverregnungsgebiete gelang es, mit den nach dem geschilderten Verfahren angelegten Abwasser-/Gülleschutzpflanzungen Gehölze überhaupt wieder in diese von Baum und Strauch entblößten Räume einzufügen. Diese Pflanzungen wurden entlang von Verkehrseinrichtungen gepflanzt, um ein Abdriften des Beregnungswassers auf Verkehrsteilnehmer zu verhindern.

Abweichend von diesen im rein landwirtschaftlichen Bereich gut umsetzbaren Verfahren zur Pflanzung und Pflege konnten Pflanzungen an Wasserläufen, Böschungen u.Ä. meist aber nicht so mechanisiert erfolgen. In vielen Fällen war nach wie vor Handarbeit erforderlich, auch Herbizide durften bei der Pflege wegen der Gefahr der Einspülung bzw. Abdrift in die Gewässer nicht eingesetzt werden. Trotz dieser Einschränkungen wurde vielseitig und erfolgreich gearbeitet *(Abbildung 5)*. Die vielen wasserlaufbegleitenden Gehölzpflanzungen – vor allem mit

Roterlen, aber auch mit Laubholzmischpflanzungen – machten durch Beschattung der Wasserflächen, bessere landschaftliche Einbindung und gute Biotopentwicklung schon frühzeitig auf einen erfolgreichen Gehölzanbau auch im Bereich dieses Landschaftselementes Wasser aufmerksam. Mit zu diesem Erfolg trug bei, dass sich Diplomforstingenieure in den Wasserwirtschaftsdirektionen für diese Aufgabe sehr verantwortungsbewusst einsetzten (REGLER 1981; REGLER, QUITT & SCHMIDT 1988).

Wurden alle Erfahrungen, die bei der Vorbereitung, Anlage und Pflege von Flurgehölzen/Schutzpflanzungen im Agrarraum gesammelt waren, auch angewendet, konnten Einzelanlagen, umfassendere Betriebsprojekte und ergänzende Maßnahmen zum Biotopverbund gesichert und mit vertretbaren Kosten erfolgen. Durch die grundsätzliche offizielle Forderung, für Schutzpflanzungen nur wenig landwirtschaftliche Nutzfläche in Anspruch zu nehmen, musste in der Regel auf die als Biotop besonders wertvollen krautreichen Randbereiche von Schutzpflanzungen verzichtet werden. Ziel war es aber immer, durch den vielseitigen Anbau von Flurgehölzen eine räumliche Verbindung noch bestehender und den sich neu entwickelnden Lebensräumen herzustellen. Dies sind dann Rastplätze und Korridore, die als Trittsteine und Wanderwege für Tierarten genutzt werden können. Bedacht sollte auch immer werden, dass Flurgehölze auf Grund ihrer Randlinienlängen Saumbiotope waren und so bestimmten Tier- und Pflanzenarten der Wälder, der Äcker, des Grünlandes und der Brachen Entwicklungsmöglichkeiten boten. Diese mögliche und notwendige Vielgestaltigkeit ließ sich unter den nicht gehölzfreundlichen Bedingungen nur durch ein zielgerichtetes, die vorhandenen und die neu entstehenden Gehölze vernetzendes Wiedereinbringen von Flurgehölzen verschiedenster Art erreichen.

Um den vorgesehenen Aufbau, die Durchlässigkeit der Anlage und eine gute frühzeitige Entwicklung der Gehölze sowie ihre langfristige Dauerwirkung zu erreichen und zu sichern, müssen Flurgehölze/Schutzpflanzungen auch bewirtschaftet werden *(Abbildung 6)*. Zu diesem Aufgabengebiet gehören:

- Seitenschnittmaßnahmen, um die Anlage in der Dichte zu verbessern, aber auch damit Anlagen nicht über die vorgesehene Breite hinauswachsen *(Abbildung 7)*;
- Freischneiden und Fördern von Bäumen des vorgesehenen Dauerbestandes;
- Astungen;
- wenn schnellwachsende Baumarten den Oberstand bilden, Entnahme dieses „Vorwaldes" nach 15 bis 25 Jahren – je nach Entwicklung des als Daueranlage vorgesehenen Unter- und Zwischenstandes – *(Abbildung 8)*;
- optimale Holzverwertung *(Abbildung 9)*;

- Rückschnitt der Randreihen. Mit Älterwerden der Anlagen weisen randseitige Strauchreihen meist Alterserscheinungen – wie fehlende Vitalität, Krankheiten u.Ä. – auf. Ein voller Rückschnitt solcher Randbereiche führte schon nach wenigen Jahren wieder zu dichtem Aufwuchs und förderte damit die notwendige geringere Durchblasbarkeit im unteren Bereich der Schutzpflanzungen und damit gleichzeitig auch eine Verbesserung der Biotopbedingungen. Wurde das zurückgeschnittene Material geschreddert, konnte dieses Material gleichmäßig verteilt in den Altanlagen ausgebracht werden.

Abbildung 6: 16-jährige Windschutzpflanzung an einem Wirtschaftsweg. Damit die Bäume und Sträucher nicht in den Fahrbereich hineinwachsen, erfolgte bereits ein maschineller Seitenschnitt. Dadurch gleichzeitig Förderung der Gehölzdichte im unteren Bereich. Raum Falkenthal-Neuholland (nordöstlich von Oranienburg). Foto: Joachim

Die großen Widerstände, das Desinteresse und das Unwissen im Bereich von Landwirtschaft und Melioration auf dem Gebiet von Flurholzanbau/Schutzpflanzungen und all ihrer Vorteilswirkungen verlangte eine stärkere publizistische Tätigkeit im Vergleich zu anderen Fachdisziplinen. Auch einschlägige wissenschaftliche Einrichtungen – vor allem der Flurmelioration und der Ökonomie – beachteten diese Vorteilswirkungen nicht. Die Möglichkeiten der Agrarwissenschaftlichen Gesellschaft wurden daher mit Vorträgen und Exkursionen vielseitig genutzt. Bearbeitet wurden meist in enger Zusammenarbeit mehrerer einschlägiger Institutionen u.a.:

- Standard Flurholzwirtschaft;
- Geräte- und Maschinenkatalog;
- Muster-Werkstandard Anlage und Pflege von Schutzpflanzungen;
- Übersichtsinformation für leitende Funktionäre der Landwirtschaft und Nahrungsgüterwirtschaft: „Die Bedeutung von Gehölzschutzpflanzungen für die landwirtschaftliche Pflanzenproduktion und die Landeskultur, insbesondere für die Minderung von Bodenerosionsschäden";
- Flurgehölze und Schutzpflanzungen, im Rahmen von Bezirksinformationen der Agarwissenschaftlichen Gesellschaft und des Kulturbundes.

Abbildung 7: Mehrreihiges, über 100-jähriges vielseitig zusamengesetztes Flurgehölz. Erforderlich werden Bewirtschaftungsmaßnahmen: Entnahme der vorherrschenden Graupappeln. Foto: Joachim

5. Rückblick und Schlussfolgerungen

Der nach dem Zweiten Weltkrieg anfangs gute Beginn für Flurholzanbau/Schutzpflanzungen konnte auf Dauer nicht fortgesetzt werden. Durch die Bildung von LPG und die Einführung industriemäßiger Produktionsmethoden in der Landwirtschaft mit umfangreichen Gehölzräumungen waren die für den Agrarraum sehr wertvollen Vorteilswirkungen von Flurgehölzen nicht mehr gefragt. Es war ein langer Weg, bis Baum und Strauch funktionsgerecht wieder in die Agrarlandschaft eingeordnet werden konnten und als wertvolles Landschaftselement betrachtet wurden. Viele gut gelungene Pflanzungen entstanden und förderten beispielhaft das Verständnis für Gehölze auch im Agrarraum. Durch zeitweilig einseitigen Gehölzanbau, durch Wildschäden, nicht durchgeführte Bewirtschaftung – Astung, Durchforstung/Auflichtung, Freischnitt – konnten sich im Anbau zwar gelungene Pflanzungen im Laufe der Zeit aber nicht funk-

Abbildung 8: 23-jährige Windschutzanlage mit Pappeln und Dauerbaumarten im Zeitraum von Bewirtschaftungsmaßnahmen. Rechts: So sah die gesamte Anlage vor Beginn der Bewirtschaftung aus. Links: Nach Entnahme des vorwüchsigen Pappelbestandes. Der Dauerbaum- und Strauchbereich konnte sich im Schutz der Pappeln gut und dicht entwickeln. Raum Altbarnim/ Oderbruch. Foto: Joachim

tionsgerecht weiterentwickeln. Durch fehlende Absatzmöglichkeiten für Pappelholz und weitere Laubholzsortimente wurden notwendige und auch bereits vorgesehene Entnahmen von vorherrschenden Bäumen genau so wie Ergänzungspflanzungen nicht durchgeführt. Damit konnten wichtige Voraussetzungen für die Entwicklung von gesicherten Daueranlagen nicht verwirklicht werden.

Auch die Zuständigkeiten für die Gehölzpflege waren offen oder wurden nicht wahrgenommen, sodass erforderliche Bewirtschaftungsmaßnahmen mit all den negativen Folgen für die weitere Entwicklung und Funktionssicherung entfielen. Die seit langem gesicherte Erkenntnis, dass auch Flurgehölze im Sinne einer Instandhaltung zur Verbesserung ihrer Stabilität und Dauerwirkung bewirtschaftet werden müssen, gilt es wieder in Erinnerung zurückzurufen und umzusetzen. Die Schäden durch Winderosion z.B. sind überall offensichtlich. Mit optimal aufgebauten und angeordneten Flurgehölzen können diese Schäden vermindert und damit auch wertvolle Habitate wieder neu geschaffen werden.

Mittlerweile hatte man diese Problematik erkannt. Zur Vorbereitung von Bewirtschaftungsmaßnahmen wurde eine Flurholzinventur flächendeckend durchgeführt (ANONYMUS 1983). Die dabei erfolgte Erfassung des Holzvorrates nach Baumart, Alter und Gesundheitszustand ermöglichte u.a. Schlüsse für notwendige Holznutzungen. Über die Egebnisse der Flurholzinventur berichtete BARTH (1988).

Abbildung 9: In die Wiesenlandschaft bei Hartmannsdorf, Kreis Lübben gut eingeordnete Allee von 22-jährigen Spreewald-Pappeln. Foto: Joachim

In Anbetracht unserer langjährigen Erfahrungen und spezieller Erlebnisse auf dem Gebiet Flurholzanbau – Flurholzwirtschaft ist unter vielen anderen auch aus neuerer Zeit bemerkenswert, dass eine von der Funktion nur begrenzt und erst spät wirksame Anlage, wie die sog. „Benjes-Hecke", über viele Jahre publizistisch besonders herausgestellt wurde. Solche Anlagen benötigen eine lange Enwicklungszeit und werden sich mehr oder weniger nur zu Vogelschutzhecken und zur Komplettierung von Biotopverbundsystemen entwickeln können. Bemerkenswert ist auch eine Arbeit aus der Gesamthochschule Kassel Universität über ökologische Funktionen von Hecken in Brandenburg (WIESING 1995). Wegen des Anbaues von Pappeln kennzeichnet der Autor die Arbeiten im Flurholzanbau der DDR (JOACHIM, KRUMMSDORF & GÖRITZ 1961) „als weltanschaulich geprägt".

Der bis Ende der 1980er Jahre erreichte Stand bei der Durchsetzung der Aufgabe Flurholzanbau war immer noch unbefriedigend. Es gab große Unterschiede von Bezirk zu Bezirk, innerhalb eines Bezirkes von Kreis zu Kreis und die Landwirtschaftsbetriebe machten dabei keine Ausnahme. Es waren immer Fachleute, die von der Notwendigkeit der Aufgabe überzeugt waren und sich dieser Aufgabe annahmen. Nach wie vor gilt es, die Vielfalt der für Flurgehölze der verschiedensten Art geeigneten Standorte und Möglichkeiten zu nutzen und dafür standörtlich geeignete Gehölzkombinationen und funktionsgerechte Aufbauformen zu verwirklichen. Maßnahmen des Flurholzanbaues und der Flurholzwirtschaft sollten nicht im Nachhinein im Sinne einer kurzfristigen Schönheitsreparatur erfolgen, sondern frühzeitig funktions- und landschaftsbezogen geplant und ausgeführt werden. Es muss immer auch daran erinnert werden, dass Landwirtschaftsbetriebe nicht nur verantwortlich für ihre Produktion, sondern auch mitverantwortlich für die Landschaftsgestaltung und -erhaltung ihres Territoriums sind.

Während in den 70er und 80er Jahren des vergangenen Jahrhunderts nach großen, z.T. auch noch länger anhaltenden Schwierigkeiten beispielhafte Flurgehölze/ Schutzpflanzungen entstanden, sind neue Anlagen dagegen oft wieder mit den alten Fehlern behaftet. Vorbereitung, Gehölzwahl, Pflanzung und Pflege dieser Anlagen ermöglichen bei hohen Kosten mehr oder weniger „nur" Biotopschutz, sind lückenhaft und fördern nur gering das dringend notwendige Erreichen und Sichern von Mehrfachfunktionen. Vorrangig sind Windberuhigung, Windschutz, Verminderung von Erosionen, Bienenweide, Biotopverbesserung im vertikal und horizontal vielseitig strukturierten vernetzten Biotopverbund nach wie vor erforderlich.

6. Literatur

Um einen Gesamtüberblick über das Thema, aber auch die Kenntnis über spezielle Arbeiten und deren Autoren zu vermitteln, werden nachfolgend neben den im Text vermerkten wenigen Autorenhinweisen weitere einschlägige Veröffentlichungen bzw. Arbeiten zusammengestellt.

Agrarwissenschaftliche Gesellschaft – Bezirksverband Dresden: Flurgehölze und Schutzpflanzungen zur Erhöhung der Bodenfruchrbarkeit, der Holzproduktion und zur Landschaftsgestaltung, Dresden 1981
Ahrens, M. & Schrödl, G.: Möglichkeiten zur Biotopverbesserung in Niederwildgebieten, Unsere Jagd 40 (1990) 5, 146-147
Anonymus: Verordnung über die Rohholzerzeugung außerhalb des Waldes vom 21.5.1965 (GBl. II, 1965, S.420)
Anonymus: Erste Durchführungsbestimmung vom 9. August 1966 zur Verordnung über die Rohholzerzeugung außerhalb des Waldes (GBl. II, S.595)
Anonymus: Gemeinsame Richtlinie zur Nutzholzproduktion an Gewässern und wasserwirtschaftlichen Anlagen vom 17.4.1967 – Ministerium für Verkehrswesen, Amt für Wasserwirtschaft, Staatliches Komitee für Forstwirtschaft
Anonymus: Weisung G/61/71 des Amtes für Wasserwirtschaft beim Ministerrat der DDR zur Anwendung ingenieurbiologischer Bauweisen vom 19.12.1971
Anonymus: Anordnung zur Förderung landschaftsgestaltender Maßnahmen, insbesondere des Flurholzanbaues und des Erosionsschutzes vom 21. März 1973 (GBl. I, Nr.16 , S.147)
Anonymus: Verordnung über die Erhaltung, die Pflege und den Schutz von Bäumen – Baumschutzverordnung – vom 28.5. 1966 (GBl. II, S.101)
Anonymus: Einrichtung und Führung des Flurholzkatasters, Institut f. Forstwissenschaften Eberswalde (IFE) 1981
Anonymus: Vorläufige Richtlinie für die Inventur und Planung der Bewirtschaftung von Flurgehölzen – Flurholzinventur – . VEB Forstprojektierung Potsdam 1982
Anonymus: Fachbereichstandard TGL 28 039/01 Termini und Definitionen, Kurzzeichen, Signaturen. – /02 Ausarbeitung von Vorbereitungs- und Ausführungsunterlagen. – /04 Funktionstyp Windschutzpflanzung. – /05 Funktionstyp Abwasser- und Gülleschutzpflanzung. – /06 Gehölzpflanzungen an Wasserläufen. – /08 Prüfung des Schutzpflanzungen
Autorenkollektiv: Flurholzanbau, Landwirtschaftsausstellung der DDR 1988
Barth, R.: Ausgewählte Ergebnisse der Flurholzinventur 1985, VEB Forstprojektierung Potsdam, Eigenverlag, 1988
Bauer, A.-F.: Einige grundlegende Aspekte über landwirtschaftliche Windschäden und ihre Bekämpfung durch Flurschutzpflanzungen, Natur u. Umwelt, Beiträge aus dem Bezirk Rostock, 1987, 81-83
Benjes, H.: Die Vernetzung von Lebensräumen mit Feldhecken, Natur u. Umwelt Verlag 1986
Benndorf, D. & Grunert, F.: Aerosolausfilterung durch Gehölzschutzstreifen, Maschinenbautechnik 32 (1983), 303-308
Benndorf, D.; Grunert, F.& Klingbeil, K.: Aerodynamische Grundlagen für Windschutzpflanzungen, Teil I. Zeitschr. f. Meteorologie 30 (1980), 369-378
Bezzel, E.: Vögel in der Kulturlandschaft, Stuttgart 1982, 350 S.
Bochnik, E.: Grundriß der Landschaftsgestaltung in der landwirtschaftlichen Melioration, Berlin, Bauern-Verlag 1962
Darmer, G.: Gedanken zur Biotopgestaltung aus tierökologischer Sicht, Landschaft + Stadt 14 (1982), 9-19
Flegel, R.: Die Verbreitung der Bodenerosion in der Deutschen Demokratischen Republik, Leipzig 1958
Flemming, G.: In welchem Fall können Waldstreifen die Rauchgaskonzentration vermindern? Luft- u. Kältetechnik (1967), 255-258
Flemming, G.: Zur Umlagerung der Schneedecke durch Wind, Arch. Naturschutz u. Landschaftsforschung 9 (1969), 175-194
Geiger, R.: Das Klima der bodennahen Luftschicht, Braunschweig 1961
Görner, M.: Flurgehölze und Vogelwelt, Der Falke 25 (1978), 156-161
Görner, M.; Reichhoff, L.; Reuter, B. & Wegener, U.: Zur Bestimmung von Habitatstrukturtypen definierter Landschaftselemente für die Agrarraumgestaltung, unveröffentl. Manuskript, ILN Halle 1983
Grunert, F.: Experimentelle Prüfung von Schutzpflanzungen auf Funktionstüchtigkeit. Abschirmung von Abwasser- und Gülleverregnung, F-/E-Bericht, Institut f. Forstwissenschaften Eberswalde, unveröffentlicht, 1974
Grunert, F. & Joachim, H.-F.: Einfluss von Schutzpflanzungen auf landwirtschaftliche Erträge, Literaturbericht, Institut f. Forstwissenschaften Eberswalde, unveröffentlicht, 1970

Haupt, R. & Hiekel, W.: Zur Gestaltung und Pflege der Ufervegetation an Fließgewässern, insbesondere von Ufergehölzen, Landschaftsarchitektur 12 (1983) 4, 116-121

Haupt, R.; Hiekel, W. & Görner, M.: Aufbau und Pflege von Zielbestockungen an Fließgewässerufern zur Erfüllung wichtiger landeskultureller Funktionen, Landschaftspflege u. Naturschutz in Thüringen 19 (1982), 29-51.

Hilf, H.H.: Holzzucht, die Technik des Flurholzanbaues, Holzzucht H. 16 (1953), 1-5

Hofmann, G.; Grüneberg, H.; Grunert, F. & Joachim, H.-F.: Die Bedeutung von Gehölzschutzpflanzungen für die landwirtschaftliche Pflanzenproduktion und die Landeskultur, insbesondere für die Minderung von Bodenerosionsschäden, Übersichtsinformation für leitende Funktionäre der Landwirtschaft und Nahrungsgüterwirtschaft Bd. 18 (1983) Nr. 12

Hübener, E.; Grunert, F. & Joachim, H.-F.: Abwasser- und Gülleschutzpflanzungen bieten hygienischen Schutz und ökonomische Vorteile, Feldwirtschaft 16 (1976), 406-408

Hunold, H.: Überlegungen zum Absorptionsverhalten von Gehölzschutzstreifen gegen Aerosole, Studie TU Dresden, Bereich Strömungstechnik, unveröffentlicht, 1978

Illner, K. & Gandert, K. D.: Windschutzhecken, Berlin 1956

Institut für Forstwissenschaften Eberswalde: Wasserosionschutzpflanzung, Standard – Entwurf, Umdruck 1975

Institut für Forstwissenschaften Eberswalde: Muster – Werkstandard: Flurholzwirtschaft – Pflanzung und Pflege von Schutzpflanzungen, Eberswalde 1984

Institut für Forstwissenschaften Eberswalde o.J.: Grundsätze für den Schutz und die Bewirtschaftung von Schutzpflanzungen, Umdruck

Institut für Forstwissenschaften Eberswalde u. VEG Saatzucht Baumschulen Dresden-Tolkewitz: Liste vorrangig zu verwendender Gehölze für landschaftsgestaltende Maßnahmen, Schutzpflanzungen und zur Verbesserung der Bienenweide, Umdruck, 1976

Joachim, H.-F.: Die Aufgaben der Forstwirtschaft im Rahmen der Flurneugestaltung – insbesondere die Bedeutung und die Möglichkeiten des Flurholzanbaues, Zeitschr. f. Landeskultur 10 (1969), 125-136

Joachim, H.-F.: Zur Definition des Begriffes „Flurholzanbau", Zeitschr. f. Landeskultur 11 (1970), 233-236

Joachim, H.-F.: Schutz vor Winderosion und Austrocknung, in: Thomasius, H.: Wald, Landeskultur und Gesellschaft, Jena 2. Aufl. 1978, 134-151

Joachim, H.-F.: Flurholzanbau als Bodenschutzmaßnahme, Natur u. Umwelt, Beiträge aus dem Bezirk Rostock (1987), 81-83

Joachim, H.-F.: Bedeutung von Flurgehölzen in der Agarlandschaft, Erfahrungen und Informationen, Bezirksverband der Agrarwissenschaftlichen Gesellschaft Frankfurt/Oder, Berlin 1988, 16 S.

Joachim, H.-F.: Vorbereitung, Anlage, Bewirtschaftung von Schutzpflanzungen, agra – Buch, 2. Aufl. Markkleeberg 1989

Joachim, H.-F.: Zur Bewirtschaftung von Flurgehölzen und Schutzpflanzungen, Beiträge f. Forstwirtsch. u. Landschaftsökologie 26 (1992), 12-16

Joachim, H.-F.: Wirkungsvolle Landschaftsgestaltung und schnelle Funktionserfüllung durch schnellwachsende Baumarten, Forst u. Holz 56 (2001), 95-96

Joachim, H.-F. & Grunert, F.: Flurholzanbau im Rahmen landwirtschaftlicher Komplexmeliorationen – dargestellt am Beispiel des Meliorationsgebietes Volzine/ Mittlere Oder, Beiträge f. Forstwirtschaft 8 (1974), 197-203

Joachim, H.-F.; Grunert,F.& Hübener, E.: Flurholzfunktionstyp Abwasserschutzpflanzung, Landschaftsarchitektur 4 (1975), 18-20

Joachim, H.-F. & Kappes, R.: Wind und Beregnung, unveröffentlichtes Manuskript 1990, 10 S.

Joachim, H.-F.; Krummsdorf, A. & Göritz, H.: Flurholzanbau – Schutzpflanzungen, Berlin 1961

Joachim, H.-F. & Schrödl, G.: Die Bedeutung von Schutzpflanzungen in der Agrarflur für die Verbesserung von Produktivität und Stabilität der Landschaft, Vortrag, unveröffentlicht, 1990

Joachim, H.-F. & Stolz, R.: Geräte- und Maschinenkatalog für Anbau, Pflege und Bewirtschaftung von Flurgehölzen, Institut für Forstwissenschaften Eberswalde 1985

Klingbeil, K.; Benndorf, D. & Grunert, F.: Aerodynamische Grundlagen für Windschutzpflanzungen. Der Einfluss der geometrischen Struktur von Gehölzschutzstreifen auf ihre Schutzwirkung, Teil II, Zeitschr. f. Meteorologie 32 (1982), 165-175

Kroll, M.: Zur Gehölzartenwahl bei Windschutzpflanzungen, Zeitschr. f. Landeskultur 6 (1965), 219-229
Kroll, M.: Pflege und Erziehungsmaßnahmen in Windschutzstreifen, Zeitschr. f. Landeskultur 9 (1968), 201-207
Kühne, K.-St.: Die Brandenburger Schichtholzhecke, Grünstift (1994), 51-53
Lattke, H.: Verwendung von Weiden (*Salix spec.*) bei landschaftspflegerischen Maßnahmen, Zeitschr. f. Landeskultur 10 (1969), 29-42
Lattke, H.: Zur vegetativen Vermehrung forstlicher Laubgehölze mit Hilfe des Sprühnebelverfahrens, Schnellinformation Wiss.- Techn. Zentrum Forstwirtschaft (Potsdam) 15 (1965), 1-38
Lattke, H. & Näther, H.: Das Sprühnebelverfahren, eine neue Methode zur vegetativen Vermehrung forstlicher Gehölze, Soz. Forstwirtschaft 17 (1967), 78 – 80
Legler, B.: Flurgestaltungskonzeption – Instrument der Landschaftsplanung im Agrarraum, Landschaftsarchitektur 17 (1988), 38-40
Lingner, R.: Landschaftsgestaltung, Aufbau-Verlag Berlin 1952
Linke, H.: Ingenieurbiologische Bauweisen, Erosionsschutz, in: Busch et al. (Hg.): Ingenieurökologie, 1983, 279-282
Mazek-Fialla, K.: 10 Jahre Bodenschutz in Niederösterreich, Wien 1967
Niemann, E.: Zieltypen und Behandlungsformen der Ufervegetation von Fließgewässern im Mittelgebirgs- und Hügellandraum der DDR, Wasserwirtschaft – Wassertechnik 21 (1971) 9, 310-316 u. 21 (1971) 11, 386-392
Niemann, E.: Artenschutz und intensivierte Wasserwirtschaft, Landschaftspflege u. Naturschutz Thüringen 15 (1978), 53-63
Pflug, W.: Landschaftspflege – Schutzpflanzungen – Flurholzanbau, Euting 1959
Pluquet, H.: Chemische Unkrautbekämpfung in Schutzpflanzungen, Landwirtschaftsausstellung der DDR 1982
Pritsch, G. & Albrecht, H.-J.: Bienenweidegehölze, VEG Saatzucht –Baumschulen Dresden 1978
Rat des Bezirkes Frankfurt(Oder): Richtlinie für die Planung, Projektierung, Realisierung und Kontrolle der Flurholzwirtschaft im Bezirk Frankfurt (Oder), Mitteilungsblatt des Bezirkstages und des Rates des Bezirkes Frankfurt (Oder), Nr. 5 (1976); August 1976
Regler, W.: Der Anbau von Uferschutzgehölzen - ein Beitrag zur Rationalisierung der Instandhaltung an Fließgewässern und zur Landeskultur, Melioration und Landwirtschaftsbau 15 (1981), 163-167
Regler, W.; Quitt, K.-H. & Schmidt, H.: Intensivierung der Instandhaltung der Wasserläufe und wasserwirtschaftliche Anlagen der Wasserwirtschaftsdirektionen, in: Wasserwirtschaft-Wassertechnik 38 (1988) 6, 141-144
Rindt, O.: Gehölzpflanzungen an fließendem Wasser unter Berücksichtigung des Uferschutzes, Berlin 1952
Scheerer, G.: Fruchttragende Hecken, Berlin-Kleinmachnow 1951
Schmidt, R. & Diemann, R.: Richtlinie für die mittelmaßstäbige landwirtschaftliche Standortskartierung, Akademie d Landwirtschaftswissenschaften der DDR, Institut f. Bodenkunde Eberswalde 1974
Schnurrbusch, G.: Flurneugestaltung und Flurmelioration, Berlin 1970
Schrödl, G.: Anteil und Verteilung von Flurgehölzen in standörtlich verschiedenen Landwirtschaftsbetrieben der DDR als Grundlage für eine produktions- und landschaftsbezogene Flurholzwirtschaft, Dissertation, Institut für Forstwissenschaften Eberswalde 1982
Schrödl, G.: Möglichkeiten der Biotopgestaltung für Niederwild, insbesondere durch flurholzwirtschaftliche Maßnahmen, Beiträge zur Jagd- und Wildforschung 17 (1990), 30-37
Steffens, R.: Die Auswirkung von Weideschäden an Flurgehölzen auf den Brutvogelbestand, Naturschutz in Sachsen 28 (1986), 43-48
Succow, M.: Standortsgerechter Gehölzwuchs auf entwässerten Talmooren im Norden der DDR, Beiträge f. Forstwirtschaft 10 (1976), 13-22
Tischler, W.: Die Hecke als Lebensraum für Pflanzen und Tiere unter besonderer Berücksichtigung ihrer Schädlinge, Erdkunde 5 (1951), 1-4
Tscharntke, T.: Probleme des Biotopschutzes für Insekten, Landschaft + Stadt 17 (1985) 1, 10-22
Ullrich, T.: Bestimmung des artspezifischen Staubfangvermögens von Laubgehölzen, Arch. f. Naturschutz u. Landschaftsforschung 20 (1980) 1, 43-49

Wegener, U. & Grosser, K.-H.: Nutzungs- und Pflegemöglichkeiten von Ufern stehender Gewässer im Modell der Landschaftspflege, Arch. Natursch. u. Landschaftsforschung 29 (1989), 71-89

Wissenschaftlich-technisches Zentrum Melioration (WZM): Flurgestaltungskonzeption – LPG (P) Lindtorf (Kreis Stendal) 1989

Zörner, H., Stubbe, Ch. & Grüneberg, H.: Zur Verbissgefährdung von Gehölzen durch Rehwild und Hasen im Wildforschungsgebiet Hakel, Beiträge zur Jagd- und Wildforschung 13 (1984), 313- 318

Zundel, R.: Vorschläge für die praktische Verwendung von Baum und Strauch außerhalb des Waldes, Freiburg i.Br. 1967

„Vor dem Schaden klug sein". Herausgeber: Institut für Kommunalwirtschaft (1984). Grafiker: Hajo Schlüter. Quelle: Plakatsammlung im Studienarchiv Umweltgeschichte des Instituts für Umweltgeschichte und Regionalentwicklung e.V. an der Hochschule Neubrandenburg

Hans-Friedrich Joachim

Zur Pappel- und Weidenforschung und zum Anbau dieser schnellwüchsigen Baumarten

Der Anbau schnellwachsender, leistungsstarker Baumarten war in der DDR nach den Übernutzungen in den Wäldern vor und während des Zweiten Weltkrieges, dann nach dem Kriege noch verstärkt durch die jahrelangen umfangreichen Reparationslieferungen wertvoller Holzmengen und von Spezialsortimenten sowie in Anbetracht der Folgen großflächiger Dürre- und Insektenkalamitäten ein wichtiges Wirtschaftsziel. Mit dem Ziel höchstmöglicher Eigenversorgung mit Holz und damit weitgehender Unabhängigkeit von Importen entwickelte sich diese Teilaufgabe der Forst- und Holzwirtschaft – vor fast 60 Jahren beginnend – im Rahmen der staatlichen Planwirtschaft mit 5-Jahresplänen, jährlichen Volkswirtschaftsplänen und Planauflagen.

Für den langen Zeitraum des Bestehens der DDR wird versucht, die spezielle Aufgabe Pappelanbau und -forschung nach inhaltlichen Schwerpunkten – Ausgangssituation, Grundlagen, Forschung, Anbau, Holzverwertung und einem abschließenden Rückblick – darzustellen.

Neben den umfangreichen Arbeiten mit der Baumart Pappel wurden auch Forschungen über Baumweiden (Salix) einbezogen. Auslesezüchtung, Klonsammlungen, Bewertungen nach Form, Leistung und Gesundheit sowie die Untersuchungen zur Holzverwertung brachten bemerkenswerte Ergebnisse und ergänzten das Anbausortiment schnellwachsender Baumarten für bestimmte Standorte wesentlich (LATTKE 1966; ORTMANN 1966; OTTO 1989).

Wegen des begrenzten Umfanges dieser Darstellung kann auf Baumweiden im Einzelnen aber nicht eingegangen werden.

1. Ausgangssituation

Auf der Forsttagung der Deutschen Landwirtschafts-Gesellschaft im September 1948 in Oberhof wurde abschließend u.a. festgestellt: „Um die in Folge der starken Vorratsminderung in der Zukunft zu erwartenden Ertragsausfälle wenigstens z.T. auszugleichen, sind beschleunigt neben einem großzügigen Aufforstungsprogramm in weit größerem Umfange als bisher schnellwachsende Holzarten anzubauen, insbesondere Douglasie und Pappel." (DEUTSCHE LANDWIRTSCHAFTS-GESELLSCHAFT 1949)

Der Ausschuss Waldbau dieser Gesellschaft tagte daraufhin im Februar 1949 in Halle, beschäftigte sich mit dieser Problematik, dabei u.a. auch mit den Folgen der kriegs- und nachkriegsbedingten unsauberen Wirtschaft in den Wäldern für Forst- und Holzwirtschaft und machte deutlich: „Größter Wert ist auf den Anbau schnellwüchsiger Holzarten, insbesondere der Pappel zu legen." Ein spezieller Unterausschuss Pappelanbau wurde gebildet und die wichtigsten Aufgaben in einem Arbeitsprogramm festgelegt.

Alle Teilnehmer standen unter dem persönlichen Eindruck der jahrelangen Übernutzungen in den Wäldern, der Folgen von Insektenkalamitäten in den Fichten- und Kiefernwäldern mit großflächigen Totalschäden nach Dürrejahren, Frostwintern, Stürmen und der meist wegen der Kriegs- und Nachkriegsbedingungen nicht möglichen rechtzeitigen Beräumung des Schadholzes in den Jahren 1937-1947. Alle diese Ereignisse waren begleitet durch die langzeitigen hohen Reparationsleistungen durch Lieferung umfangreicher Holzmengen in die Sowjetunion.

Da waren es Lichtblicke, dass schon erste konkrete Erfahrungen aus den 1920er, besonders aber aus den 1930er Jahren mit Pappeln in Baumschulen und im Anbau vorlagen. Besonders waren es Untersuchungen von Wettstein in Müncheberg, dann bis Kriegsende zusammen mit Dr. Correns u.a. in Verbindung mit dem Zellstoffwerk Schwarza und in Sacrau bei Breslau. Zu nennen sind Arbeiten der Sächsischen Forstlichen Versuchsanstalt in Graupa, aber auch erfolgreiche Kippenaufforstungen. Neben bereits allgemein bekannten hohen Zuwachsleistungen war damals u.a. eine Mitteilung bemerkenswert: Von einer im 1x1 m^2 Verband angelegten Pappelfläche konnte – auf Jahr und Hektar umgerechnet – eine Holzproduktion von rd. 21 t atro erzielt werden. Aus dieser Menge konnten mehr als 8 t Zellstoff gewonnen werden. Diese Ergebnisse waren besonders für die holzverarbeitende Industrie von Interesse.

2. Grundlagen

Für eine solche Aufgabe, wie sie auf der vorgenannten Forsttagung festgelegt wurde, waren aber nicht ausreichende Voraussetzungen vorhanden, wenn auch Einzelbeobachtungen, lokale Erfahrungen, ausländische Informationen und Literaturhinweise sehr positiv stimmten.

Die Baumschule der sächsischen Landesforstverwaltung in Graupa beschäftigte sich wie auch die Baumschule Haber (Dresden-Tolkewitz) schon vor dem 2.

Weltkrieg mit Pappeln. Von hier wurde schon frühzeitig u.a. *P.x berolinensis* in den Anbau gebracht. Die Baumschulen Schwansee (Thüringen) und O. Kloss in Bad Liebenwerda (Brandenburg) waren weiterhin bekannte Lieferanten von Pappeln, vor allem der Sorte „Robusta". In ihrem näheren Einzugsbereich – in der Elb- und Elsteraue, auf den Kippen im Braunkohlengebiet, in Niederungsgebieten z.b. im Ziegram südlich von Bad Liebenwerda – waren sehr wüchsige Bestände schon über Jahrzehnte herangewachsen, die mit den Erfahrungen im Münsterland und Holland übereinstimmten.

Um das Anbausortiment nicht auf das geringe Sortenangebot der Baumschulen zu begrenzen, erfolgte eine Bewertung von Altbäumen im Gebiet der DDR, die von den Forstverwaltungen nach Graupa gemeldet waren. Es waren vor allem Günther, Schönbach und Schröck, die diese Bäume an Ort und Stelle beurteilten und von den als Auslesebäume ausgewählten Steckhölzer gewannen. Bei dieser Beerntung 1949/50 wurden vor allem erfasst:

- Die Schwarz-Pappelhybriden „Marilandica", „Brabantica", „Robusta", „Serotina", „Regenerata" – letztere später als „Forndorf" und „Harff" identifiziert –, Graupaer Selektion – später als „Ostia" identifiziert –, und eine Neuzüchtung von Wettstein – Klon 205 –, die später „Schwarza" benannt wurde.
- Die Balsampappeln: Trichocarpa – später als Trichocarpa Senior geführt –, die Stout- und Schreinerzüchtungen „Oxford", „Geneva" und weitere Sorten aus den Wettsteinsammlungen in Schwarza und in Müncheberg. Von hier kamen auch die Klone W 1 – später als „Rochester" identifiziert –, W 3 und W 4 – später als „Androscoggin" identifiziert (W = Waldsieversdorf);
- Die Balsam-/Schwarz-Pappelhybriden „Berolinensis" und „Generosa". Von „Berolinensis" lagen vor allem aus dem Raum Dresden sehr gute Erfahrungen vor.

Für das Gebiet der DDR galt es ein geeignetes Wirtschaftssortiment zusammenzustellen und die für einen Anbau in Frage kommenden Standorte – vorerst im Bereich der Waldflächen – zu erfassen.

Eine Pappelstandortskartierung wurde 1949/50 von der Forstwirtschaft unter Anleitung der Wissenschaft flächendeckend durchgeführt. Diese Ergebnisse dienten zentralen Dienststellen zur Planung des Gesamtanbaues und damit zur Festlegung des örtlichen und regionalen Anbauumfanges. Ein zentraler Pappelmuttergarten in Graupa und regional verteilte Pflanzenanzuchtstätten wurden eingerichtet.

Inzwischen war deutlich geworden, dass das Wissen über Pappeln insgesamt doch gering war. Viele der für einen erfolgreichen Großanbau dieser Baumart notwendigen Kenntnisse fehlten auf allen Gebieten. Frühzeitig wurde daher auch ein umfangreiches Forschungsprogramm beschlossen.

Überall – in Ost- und Westdeutschland und im Ausland – zeigte sich, dass bedeutende, oft für den Anbau entscheidende Unterschiede hinsichtlich Wuchsleistung und Krankheitsresistenz zwischen den Pappelsorten bestehen. Damit war die Verbesserung, Sicherung und Erweiterung des Sortenangebotes für den Wirtschaftsanbau eine vordringliche Aufgabe.

3. Forschung

Als Rahmenthema für die langfristige Pappelforschung wurde festgelegt: „Gesamterforschung der Pappel und Aspe als schnellwüchsige Weichholzarten zwecks verbesserter Rohstoffversorgung der Papier- und Zellstoffindustrie."

Die forstlichen Versuchsanstalten in Tharandt und Eberswalde wurden mit der Bearbeitung dieser Aufgabe beauftragt. Nach Gründung der Deutschen Akademie der Landwirtschaftswissenschaften zu Berlin (DAL) waren es dann die Nachfolgeinstitutionen:
- Institut für Forstwissenschaften Tharandt mit den Abteilungen „Pappel und Forstliche Sonderkulturen", „Forstpflanzenzüchtung", „Forstschutz gegen tierische Schädlinge" und „Forstliche Pflanzenphysiologie"

und
- das Institut für Forstwissenschaften Eberswalde mit der Zweigstelle Waldsieversdorf, den Abteilungen „Forstliche Vegetationskunde", „Forstschutz gegen tierische Schädlinge" und „Phytopathologie" sowie der Arbeitsgruppe ökologische Pappelforschung. Für Holzuntersuchungen wurde das Institut für physikalische Holztechnologie der Forstwirtschaftlichen Fakultät Eberswalde der Humboldt-Universität Berlin einbezogen.

Für das bereits angelaufene Pappelanbau-Programm war der notwendige Forschungsvorlauf nicht vorhanden. Es gab viele Anfragen aus der Praxis. Bereits frühzeitig wurden erste Misserfolge bekannt. Nur Einzelerfahrungen lagen vor, relativ wenige und verstreut liegende, meist 20-30-jährige Anpflanzungen konnten ausgewertet werden.

Der umfangreiche Anbau – laut Anbauplan wurden 1951 bis 1956 36,75 Millionen Pappeln ausgepflanzt – bot die Möglichkeit, aktuelle Probleme der Vermehrung, Anzucht und Kulturphase – dabei vor allem Pflege- und Düngungsfragen – zu bearbeiten. So mussten langfristige Aufgaben anfangs noch zurückgestellt werden. Im Pappelforschungskollektiv unter Leitung von Professor Dr. Correns – Direktor des Akademieinstituts für Faserstoffforschung Teltow-Seehof – tauschten Züchter, Anbauer, Pathologen, Entomologen, Holzforscher und Wirtschafter ihre Erfahrungen aus. Arbeitsthemen konnten daraufhin aktualisiert werden. Die Ergebnisse der Forschungsarbeiten wurden in einer Publikationsreihe der Wissenschaftlichen Abhandlungen der DAL als „Beiträge zur Pappelforschung" mit den Bänden I (1956) bis VI (1961) herausgegeben.

Besondere Bedeutung für die Forschung hatte die Überprüfung des vorhandenen Anbausortimentes und die Bereitstellung weiterer gesunder und leistungsstarker Sorten bzw. bei Aspen von Populationen im Rahmen der Kombinations- und Auslesezüchtung. Aspen (*P. tremula*) waren über viele Jahrzehnte noch als forstliches Unkraut aus den Wäldern verdammt worden. Daher war es ein weiter Weg, Aspen zu einer anbauwürdigen und leistungsstarken wertvollen Baumart zu entwickeln. Die Untersuchungen SCHÖNBACHs (1957, 1960 und weitere) klärten viele Fragen und führten zu anerkannten generativ und vegetativ durch Sprühvermehrung – bevor eine Vermehrung mittels in-vitro-Kulturen möglich wurde – anzuziehenden Aspensorten. Zahlreiche Wirtschaftsversuche und Versuchspflanzungen verdeutlichen auch heute noch diese erfolgreiche Arbeit. Erst zu einem späteren Zeitpunkt konnten nach langer Prüfungszeit auch Hybridaspen (*P. tremula x P. tremuloides*) für den Anbau zugelassen werden (JOACHIM 1991). Diese Züchtungen zeichnen sich aus durch schnelles Jugendwachstum und Wuchsüberlegenheit im Vergleich zur heimischen P. *tremula* und ihren als Sorten anerkannten besten Populationen. Weiter sind für Hybridaspen bemerkenswert: gute Baumformen, Vollholzigkeit und – was für den Anbau in Kieferngebieten besonders wichtig ist – sie sind kein Zwischenwirt für den Kieferndrehrost (*Melampsora pinitorqua*).

Die Suche nach anbauwürdigen Grau-Pappeln (*P. x canescens*) vor allem im mittleren und nördlichen Teil der DDR und deren wirtschaftliche Vermehrung verlief ebenfalls günstig, sodass auch Grau-Pappelsorten in das Anbausortiment einbezogen werden konnten. (SCHRÖCK 1952)

Das Schwergewicht der Sortenforschung lag anfangs aber bei Schwarz-Pappelhybriden, dann besonders bei Balsampappeln. Sortenprüfflächen („Sortenregister") in Graupa, Waldsieversdorf, Eldena bei Greifswald und später auch im Revier Rosenburg – Saale-Aue – , und weitere Versuchsflächen auf sehr unterschiedlichen Standorten vom Mittelgebirge (GÜNTHER 1956) bis zur Ostsee ermöglichten im Laufe der Zeit gesicherte Angaben u.a. über standortsabhängiges Wuchsverhalten, Ertragsleistung, Krankheiten, Anbauverbände, Durchforstungen. So konnte z.B. die Balsam-Pappelhybride „Androscoggin" *(Abbildungen1-3)* schon frühzeitig – 1958 – zum Wirtschaftsanbau freigegeben werden (JOACHIM 2004).

Abbildung 1: 17-jährige „Androscoggin"-Pappel. Revier Kahlenberg bei Eberswalde. Standort: Ausgebaggerte Kiesgrube, So – M2 Holzvorrat: 228 m^2/ ha. Foto: Joachim

Abbildung 2: 23-jährige „Androscoggin"-Pappel. Revier Tiefensee bei Straußberg. Standort: M2; Bonität 30. Foto: Joachim

Die für eine Sortenbestimmung bzw. -erkennung in Baumschulen und Wirtschaftsflächen allen Alters notwendigen und weitere Merkmale wurden eingehend erfasst – so u.a. Phänologie, Blätter, Knospen, Rinde/Borke. Mit den Ergebnissen wurde ein Schlüssel zur Bestimmung von Pappelklonen/-sorten auf Lochkartenbasis erarbeitet (BORSDORF 1964). Der Standard „Pappel und Baumweide" Wirtschaftssorten (TGL 37 868/02) informierte Praxis und Wissenschaft.

Um frühere Fehlbeurteilungen bzw. einseitige Bewertungen zu vermeiden, wurde eine vielseitige Leistungsprüfung für Pappeln und Baumweiden eingerichtet. Sie bestand aus Vorprüfung, Hauptprüfung mit Klon-/Sortenvergleichsanbau, speziellen experimentellen Untersuchungen und Wirtschaftsprobeanbau. Dabei sollten auch Erfahrungen aus den Untersuchungen über die standorts- und sortenabhängige Wurzelausbildung sowie den Einfluss von Witterung und Klima auf Schäden und Krankheiten einbezogen werden (JOACHIM 1963).

Massen- und Ertragstafeln für Pappelsorten wurden erarbeitet und nach Ablauf weiterer Aufnahmeperioden aktualisiert (KNAPP 1958, 1982). Damit lagen anhand einheimischer Bestände gewonnene realistische Werte für die Ertragsleistung von Pappeln unter den standörtlichen Bedingungen der DDR vor.

Abbildung 3: 25-jährige „Androscoggin"-Pappel in Eschen-/Ahornnaturverjüngung auf einem Quellmoorstandort. Foto: Joachim

Die umfangreichen Baumschulanzuchten und Anbauten auf sehr unterschiedlichen Standorten führten unter den verschiedensten ökologischen Belastungen – Dürre, extreme Winter und Bodenbedingungen – im Laufe der Zeit zu Ergebnissen über Krankheiten und Schäden mit bemerkenswerten Unterschieden innerhalb des Prüf- und Anbausortimentes. Eingehende Untersuchungen vor allem zum Blattrost (*Melampsora larici populina*), zu Frostschäden – Früh-, Winter- und Spätfrost –, Hagelschäden, Rindentod (*Dothichiza populea*), Braunfleckengrind, Krebs (*Aplanobacterium populi*) und der Triebspitzenkrankheit (*Venturia macula-*

ris) klärten oder bestätigten die Ursachen ihres Entstehens und die Möglichkeiten ihrer Bekämpfung bzw. Verhinderung. Der Einfluss von Witterung und Klima auf Wachstum und Gesundheit von Pappeln war sortenunabhängig eindeutig. Die Kenntnisse über Pappelschädlinge und ihre Bekämpfung – u.a. Kleiner Pappelbock (*Saperda populnea*), Gabelschwanz (*Dicranura vinula*), Pappelprachtkäfer (*Agrilus sexguttatus*) – wurden wesentlich erweitert (TEMPLIN 1956, 1957).

Die guten Voraussetzungen für die pflanzenphysiologischen Forschungen im Graupaer Institut konnten mit Untersuchungen zum Gasstoffwechsel, zur Transpirationsintensität und zum Wasserbedarf sowie zum Verhalten von Pappeln unter Dürrebelastung genutzt werden. Hieraus konnten Aussagen zur Produktivität und Krankheitsdisposition des Versuchssortimentes gewonnen werden. So wurde „die Pappel" auch eine Beispielsbaumart für pflanzenphysiologische Untersuchungen an Gehölzen.

Entsprechend der Gesamtaufgabe waren auch der Holzforschung wichtige Teilthemen übertragen. So arbeiteten das Chemische und das Holzphysikalische Institut der Forstfakultät Eberswalde neben dem Akademieinstitut für Faserstoffforschung Teltow-Seehof an Cellulose-Untersuchungen, an der Klärung der Zugholzproblematik und der Erfassung der Rohdichte in ihrer Klon-/Sortenabhängigkeit. Untersuchungen klärten die für den Holzeinsatz wichtige Variationsbreite der Rohdichte in Abhängigkeit vom Alter und dem Ort der Probeentnahme am Stamm (PATSCHEKE & ZENKER 1969; GÖTZE 1958; GÖTZE & ZENKER 1968). Probeschälungen in Zusammenarbeit mit der Industrie ergänzten diese Holzuntersuchungen. Erst eine optimale Verwertung von Starkholz in der Furnier- und Zündholzindustrie trug zum ökonomischen Gesamterfolg bei. Hierzu dienten u.a. auch in Graupaer Versuchsplantagen zeitlich gestaffelt angelegte Astungsversuche (BORSDORF 1966). Untersucht wurden: günstigster Astungsbeginn, Überwallung der Astungswunden, Verhinderung des Eintritts holzzerstörender Pilze, Höhe des astfreien Schaftes und die ökonomische Bewertung dieser Maßnahmen. Dünnere Sortimente eigneten sich für die Platten- und Zellstoffindustrie.

Auch der Anbauforschung wurde große Bedeutung zuerkannt. Schäden und Rückschläge in Baumschulen und Anbauten wurden laufend bearbeitet. Dabei standen besonders Sortenprobleme, das Auftreten von Krankheiten und ihre Verhinderung, Maßnahmen der Bestandesbegründung, der Pflege und Durchforstung im Programm. Aber auch Wirtschaftsziele, die Wirtschaftlichkeit des Anbaues, Probleme des Umtriebsalters, die Möglichkeiten zum Einsatz von Pappeln als Vorwald, in Plantagen, zur plantagenartigen Bewirtschaftung in den ersten Anbaujahren und zum Anbau im Eng-, Mittel- und Weitverband wurden behandelt. Da die Vorteile einer plantagenartigen Bewirtschaftung mit maschineller Bodenbearbeitung und – wenn möglich – landwirtschaftlicher Zwischennutzung mit Hackfrüchten in der Kulturphase eindeutig waren, konnte von der sonst üblichen plätzeweisen Bestandesbegründung bei Flächenaufforstungen abgegangen werden. Bei dieser Anbauart traten dann keine bzw. nur geringe Ausfälle, keine Schäden durch Rindentod (*Dothichiza populea*) und den Kleinen Pappelbock (*Saperda populnea*) auf. Eine gute Pflanzenentwicklung war flächendeckend zu verzeichnen.

Die Untersuchungen zur Wirtschaftlichkeit der Rohstoffversorgung der Papier- und Zellstoffindustrie machten deutlich, dass eine rentable Wirtschaft beim alleinigen Produktionsziel Faserholz nicht möglich war. Günstige Bedingungen ergeben sich erst bei einem kombinierten Produktionziel mit etwa 55 % Faser- und 45 % Starkholz. Die Zellstoff- und Plattenindustrie benötigt Holzmengen, die kontinuierlich und nachhaltig lieferbar sind (BLOßFELD 1970) Die Zusammenarbeit mit der holzverarbeitenden Industrie – Zellstoff und Papier/Dresden-Heidenau; Furnier und Platte, Leipzig/Wiederitzsch und Zündholz, Coswig – entwickelte sich gut. Spätere Untersuchungen (BLECHSCHMIDT, BLOßFELD & FRITZSCHING 1989) hoben auch die besondere Eignung spezieller Pappelsorten für Hochausbeutefaserstoffe und für einen saugfähigeren Schliff hervor. Die Pappelsorte „Androscoggin" konnte dabei ähnlich gut wie Fichte eingestuft werden. Hierdurch konnte Fichtenfaserholz substituiert werden. Ähnlich gute Ergebnisse konnte OTTO (1989) für die Verwertbarkeit von Baumweiden in der Spanplatten-, Schnittholz- und Furnierindustrie nachweisen.

Wenn auch die Ergebnisse der Forschung sowohl für den waldmäßigen als auch für den Anbau außerhalb des Waldes Gültigkeit hatten, galten spezielle Untersuchungen vor allem dem großen Anbaubereich außerhalb der Wälder. Sorten- und Standortfragen, Einfluss von Reihenpflanzungen auf landwirtschaftliche Erträge *(Abbildung 4)*, Wurzelausbildung und die Holzmassenproduktion in Reihenpflanzungen standen im Vordergrund. Dabei galt es besonders, die Art- und Sortenproblematik zu beachten. Auch der Einsatz von Pappeln auf Sonderstandorten, so z.B. auf Kippen, aber auch bei der kulturbodenfreien Aufforstung einer Aschehalde bei Rositz (1973), wurde erfolgreich getestet.

Die Bearbeitung dieser Aufgaben und ihr erfolgreicher Abschluss waren nur möglich durch die Zusammenarbeit von Wissenschaft und Praxis. Veröffentlichungen informierten die Praxis laufend, um weitere Fehlschläge zu vermeiden, aber auch um die Erfahrungen guter Beispiele zu überprüfen und, wenn möglich, dann auch allgemein zu übernehmen. Anbau- und Bewirtschaftungsbeispiele wurden geschaffen und im Rahmen von Exkursionen und Lehrgängen der Praxis vorgestellt. Ein letztes Anwenderseminar zum Thema: „Anbau und Bewirtschaftung von Pappeln – langjährige Erfahrungen und neue Ergebnisse" wurde 1987 in Eberswalde durchgeführt (JOACHIM, HÜBENER & EBERHARD 1989).

Eine besondere Aufgabe erhielt die Akademie der Landwirtschaftswissenschaften im Rahmen der Koordinierung der agrarwissenschaftlichen Forschung in den Ländern des RGW (Rat der gegenseitigen Wirtschaftshilfe). Mit der Federführung des Forschungsthemas „Schnellwachsende Baumarten" wurde das Institut für Forstpflanzenzüchtung in Graupa betraut. Als Beispiel konstruktiver Zusammenarbeit in diesem RGW-Koordinierungsthema ist zu nennen: Bei den Sortenbezeichnungen herrschte national und international ein großes Durcheinander. Anbau- und spezielle Forschungsergebnisse waren daher meist nicht übertragbar, konnten doch zwischen Pappelformen Unterschiede wie zwischen verschiedenen Baumarten bestehen. Nur, wenn Sorten eindeutig identifiziert und gekennzeichnet werden, können Ergebnisse aus Forschungsarbeiten und praktischen Wirtschaftsversuchen sowie Informationen aus Veröffentlichungen auch mit eigenen Ergebnissen verglichen werden. Erst damit würden Forschungsergebnisse übertragbar. So gelang es in Graupa in 5-jähriger Arbeit, die Identifizierung und einheitliche Benennung des Pappelsortimentes aus Mittel-, Ost- und Südosteuropa zu sichern (JOACHIM & BORSDORF 1966). Ein weiterer Schritt in dieser internationalen Zusammenarbeit sollte eine Versuchsserie mit einheitlichem Versuchsplan sein, für die die Pflanzen mit Steckholzmaterial gleicher Qualität aus e i n e r Baumschule – Graupa, DDR – angezogen wurden. So konnten Ergebnisse über die standörtliche Eignung und die Wuchsleistung des Prüfsortimentes unter den klimatischen Bedingungen in Bulgarien, Tschechoslowakei, DDR und Polen erzielt werden. Diese Versuche sollten weiterhin zur besseren Kenntnis der ökologischen Bedingungen für die Gattung Populus beitragen. Wegen Abbruch des Koordinierungsthemas konnte die bereits angelaufene erste Auswertung für 1970/72 jedoch nicht mehr Länder übergreifend erfolgen.

Abbildung 4: 23-jährige Schwarz-Pappelhybride „Robusta" in der Feldflur Tuchen bei Eberswalde. Foto: Joachim

Vom Institut für Forstpflanzenzüchtung Graupa wurde auch das Komplexthema „Pappel- und Weidenforschung" der Akademie der Landwirtschaftswissenschaften, in das alle mit dieser Problematik beschäftigten Institutionen der DDR einbezogen waren, verantwortlich begleitet. Die Arbeiten zur Pappelforschung waren mit Ausnahme der Züchtungsarbeiten mit Leuce-Pappeln 1970 weitgehend abgeschlossen bzw. mussten abgebrochen werden. Auch langfristig konzipierte und so auch weiterhin aussagefähige Versuchsflächen konnten – wenn überhaupt – nur noch sporadisch aufgesucht werden.

Ergebnisse der Forschung wurden seit 1963 in enger Verbindung mit der Praxis in Standards zusammengefasst und nach Jahren aktualisiert. Folgende für die DDR verbindliche Standards wurden im Laufe der Zeit erarbeitet: TGL 37 868 „Pappel und Baumweide" mit den Blättern Begriffe; Wirtschaftssorten; Pflanzgut aus vegetativer Vermehrung; Pflanzung; Bewirtschaftung. Die in den Standard Wirtschaftssorten – letzte Ausgabe 1987 – aufgenommenen Sorten waren zuvor vom Sortenausschuss überprüft, bestätigt und damit offiziell anerkannt und zum Anbau zugelassen. In den Bestimmungen des Einigungsvertrages von 1989 waren leider keine Festlegungen zur Übernahme von Ergebnissen der forstlichen Pflanzenzüchtung enthalten. Außerdem konnte die zeitlich begrenzte Nachmeldung von den in der ehemaligen DDR früher Zuständigen und Informierten auch nicht genutzt werden, da sie mit anderen Aufgaben betraut waren. Damit gingen Ergebnisse der langjährigen Sortenforschung weitgehend verloren.

4. Anbau

Seit 1950 wurden Pappeln in der DDR in großem Umfang angebaut. Wegen der schon frühzeitig erkennbaren Fehlschläge wurde dem zuständigen Ministerium bereits 1957 eine kritische Denkschrift der Sektion Forstwesen der DAL zur „Situation im Pappelanbau" zugeleitet, die aber nicht mit den notwendigen und erwarteten Schlussfolgerungen ausgewertet wurde. Ende 1961 wurde erneut ein Bericht über den aktuellen Stand und die nach wie vor ungünstige Situation vorgelegt. Diese Information wurde 1962 auch in der Sektion Forstwesen der DAL vorgetragen mit der Bitte, sich für die Klärung der Problematik einzusetzen. Im Bericht (JOACHIM 1962) wurde deutlich gemacht:

„Seit 1950 wird in der DDR Pappelanbau im größeren Umfang innerhalb und außerhalb des Waldes betrieben. Während im 1. Fünfjahrplan 35 Millionen Pappeln ausgepflanzt werden sollten, wurden bis 1960 weitere 47 Millionen zum Anbau vorgesehen. Bis 1955 wurden aber nur 17 Millionen gepflanzt und hiervon waren bereits 1957 30 % völlig ausgefallen, 40 % schlechtwüchsig und nur 30 %

gutwüchsig. Eingehende Bereisungen der letzten Jahre lassen erkennen, dass die schlechtwüchsigen Pflanzungen entweder ganz eingegangen sind oder weiterhin kümmern und, dass auch in den während der vergangenen Jahre neu angelegten Kulturen Schäden und Totalausfälle im größeren Umfange eingetreten sind."

Diese negativen Ergebnisse waren auf mannigfaltige Ursachen zurückzuführen:
- ungesicherte Planunterlagen;
- fehlende oder ungenügende Anleitung;
- unreal hohe Planzahlen;
- falsche Standortswahl;
- schlechte Pflanzenanzucht und minderwertiges Pflanzenmaterial;
- fehlende oder nicht ausreichende Pflege;
- Auftreten von Krankheiten, Schädlingen und starkem Wildverbiss;
- Anbau ungeeigneter Sorten;
- fehlende Kontrolle.

Die für den Anbau vorgesehene Gesamtzahl wurde entsprechend der besonderen Möglichkeiten für diese Baumart außerhalb des Waldes so aufgeteilt, dass 70 % außerhalb und 30 % innerhalb des Waldes angebaut werden sollten. Während im forstlichen Bereich gute Voraussetzungen für ein Gelingen dieser Aufgabe fachlich und organisatorisch gegeben waren, bestand außerhalb des Waldes ein großes Defizit hinsichtlich Zuständigkeit, Planung, Durchführung von Anbau und Pflege. Trotz dieser ungünstigen Voraussetzungen entstanden im Laufe der Zeit aber viele gute Beispiele, die dann auch als Konsultationspunkte für Exkursionen und Lehrgänge genutzt wurden. So konnte gezeigt werden, dass bei einer plantagenartigen Anlage und Pflege in den ersten Standjahren Erfolge zu verzeichnen waren *(Abbildung 5)*. So waren u.a. auch beste Voraussetzungen gegeben, um Vorwald mit Pappeln zu begründen und so vor allem der Buche verloren gegangene Flächenanteile zurückzugewinnen *(Abbildung 6)*. Mit unterschiedlichem Pflanzmaterial – Langsteckhölzer, bewurzelte 1- bzw. ½-jährige Pflanzen oder Setzstangen – angelegte Wirtschaftsversuche und -pflanzungen zeigten, wenn ihre jeweilig begrenzte Standortseignung voll beachtet wurde, dass auch nach langjähriger Beurteilung und unter Beachtung aller Anlage- und Pflegekosten ein ökonomischer Gewinn zu erreichen ist.

Bei der Aufforstung von standörtlich sehr unterschiedlichen Kippenflächen ist es vor allem die Auswahl geeigneter Sorten/Arten, die den Wirtschaftserfolg bestimmen. Bei richtiger Sortenwahl bestehen gute Voraussetzungen für einen hohen Holzertrag und die Möglichkeit, dann auch andere geeignete Baumarten in der zweiten Generation erfolgreich einzubeziehen.

Die Arbeiten im Bereich der Wasserwirtschaft müssen besonders hervorgehoben werden. Die Möglichkeiten für den Anbau von Roterlen, Baumweiden und

Pappeln wurden über viele Jahre umfangreich genutzt und sind an vielen Wasserläufen auch heute noch gut erkennbar.

Vorbild für den Pappelanbau außerhalb des Waldes waren u.a. auch Erfahrungen in den Niederlanden, wo Pappelanbau mit wirtschaftlichem Erfolg für den Anbauer und die Holzindustrie verwirklicht wurde. Gerade diese enge Verbindung

Abbildung 6: 21-jähriger „Androscoggin"-Vorwald mit 4-jähriger Buche im Unterbau. Oberförsterei Grimmen, Revier Leyerhof. Standort: K2 . Vorerträge: 85 m^2/ha. Foto: Joachim

von Anbau, Bewirtschaftung, Nutzung und Verwertung wurde in der DDR vermisst. So wurden notwendige Astungen nicht durchgeführt, wirtschaftlich erforderliche Nutzungen – Durchforstung oder Endnutzung – erfolgten wegen fehlender Absatzmöglichkeiten nicht oder das eingeschlagene Holz blieb an Ort und Stelle liegen.

Die zahlreichen negativen Erfahrungen – Wuchsleistung und Krankheiten – mit Schwarz-Pappelhybriden und die hohen Ausfälle insgesamt hatten sich in weiten Kreisen bei Fachleuten von Wissenschaft und Praxis nachhaltig festgesetzt. Daran konnten auch die sehr guten Ergebnisse mit bestimmten Balsam- und Leuce-Pappeln sowie der bereits länger festgelegte, nur noch begrenzte Anbau von

Abbildung 5: 5-jährige „Robusta"-Pappel (Schwarz-Pappelhybride) nach plantagenartiger Kulturphase auf Aueboden. Revier Biederitz /Elbe. Foto: Joachim

Schwarz-Pappelhybriden auf Aueböden und außerhalb des Waldes nichts ändern. So wurden aus Wissenschaft und Praxis auch negative bzw. ganz zurückhaltende Stellungnahmen deutlich, die aber nur bei alleiniger Betrachtung der Schwarz-Pappelhybriden Problematik ihre volle Berechtigung hatten.

Überall, wo ein erfolgreicher Pappelanbau betrieben wurde, waren fachlich interessierte, gut informierte und engagierte Mitarbeiter der Forstwirtschaft, Landschaftsgestaltung, Wasserwirtschaft und Landwirtschaft tätig.

5. Rückblick

Der Versuch eines zusammenfassenden Rückblickes über das seinerzeit in der DDR großangelegte Pappelanbauprogramm macht deutlich, dass anfänglich eine große Diskrepanz zwischen dem geplanten umfangreichen Anbau und den vorhandenen Grundkenntnissen für diese Aufgabe bestanden. Zunächst war durchaus eine positive Einstellung zu dieser volkswirtschaftlich wichtigen Aufgabe vorherrschend. Gepflanzt wurde viel, aber der notwendige Forschungsvorlauf fehlte. Kulturen wurden oft ohne konkretes Wirtschaftsziel angelegt. Damit wurde über Bewirtschaftungsmaßnahmen – wenn überhaupt – erst im Verlauf der Umtriebszeit entschieden.

Pappelholz sollte einen Beitrag für die inländische Holzversorgung bringen. Es war eine Holzmenge von 1 Mill. m^3/Jahr zum Einsatz in der Holzindustrie geplant. Hohe Ausfälle und nur örtliche Erfolge wirkten sich aber negativ aus. Die Fehlschläge waren bedingt durch fehlende Kenntnisse bzw. Nichtanwendung gesicherter Erfahrungen, Pflanzung auf ungeeigneten Standorten, ungenügende Sortenkenntnis oder Fehlen geeigneter Sorten, fehlende Pflege und zu hohe Planzahlen für den Anbau. Überall dort, wo die seit Anfang der 1960er Jahre im Standard „Pappel und Baumweide" festgelegten Erfahrungen für die Vorbereitung, Anlage und Pflege angewendet wurden, konnten sehr gute Jungbestände geschaffen und erste Holznutzungen ermöglicht werden. Diese Pflanzungen bewiesen, dass es möglich ist, wirtschaftlich erfolgreichen Pappelanbau gesichert durchzuführen. Der Standard wurde in fünfjährigen Abständen von Praxis und Wissenschaft überprüft und – wenn erforderlich – aktualisiert.

Zu den wichtigen Voraussetzungen für einen erfolgreichen Pappelanbau gehörte auch, die mögliche hohe Holzqualität und Wuchsleistung der Pappel durch Pflegemaßnahmen – Astung, Durchforstung – zu sichern. Das anfallende Holz sollte optimal verwertet werden. Dabei waren die Anforderungen der Industrie stärker zu beachten. Eine räumliche Anbaukonzentration im Einzugsbereich der Werke sollte angestrebt werden, um weite Holztransporte zu vermeiden und damit eine preisgünstige Holzbereitstellung zu sichern. Das fehlende Zusammenwirken von Anbau – Bewirtschaftung – Nutzung und Verwertung machte sich beim Holzabsatz negativ bemerkbar. Die Holzindustrie versuchte die notwendigen Rohstoffmengen durch Substition mit anderen Holzarten – Fichte, Kiefer und Laubhölzer – und durch Importe zu erhalten. Pappelholz wurde oft nur mit geringen Anteilen für die Zellstoffproduktion eingesetzt, wobei solche Mischkochungen dann noch zu Faserverlusten führten.

Bemerkenswert in einer Rückschau ist, dass die in den 1950er und 1960er Jahren gesammelten Erfahrungen infolge des Generationswechsels im Kreis der Revier- und Oberförster und der Verantwortlichen für den Pappelanbau außerhalb des Waldes jedoch im Laufe der Zeit oft wieder verloren gingen.

Die Ergebnisse der Pappelforschung – Sorten, Anbau, Bewirtschaftung – und die Erfahrungen im Anbau wurden in Standards niedergelegt. Sie bedürfen auch heute noch keiner wesentlichen Veränderung. Die letzte umfangreiche Überarbeitung des Standards „Wirtschaftssorten" erfolgte 1987. Leider konnten diese Ergebnisse nach der Wende nicht weiter umgesetzt bzw. angewandt werden. Als Nachteil zeichnete sich auch ab, dass Ergebnisse der Sortenforschung wegen des Sortenschutzes und der damit im Zusammenhang stehenden Probleme in der DDR nur begrenzt publiziert werden durften.

In Anbetracht der Energiekrise, die immer deutlicher wird, setzt sich mittlerweile national und international immer mehr die Auffassung durch, Möglichkeiten alternativer Energien auch durch intensiven Holzanbau und -verwertung im eigenen Land in verschiedenster Weise besser und umfangreicher zu nutzen. Dies war auch ein Grundprinzip für den Anbau von Pappeln und Weiden in der DDR. Bemerkenswert ist, dass bei in neuerer Zeit begonnenen Arbeiten mit Pappeln für die Aufgabe „Nachwachsende Rohstoffe" kaum auf die „alten", gesicherten Erfahrungen zurückgegriffen wird. Auch bei den Maßnahmen zur Wiedereinbringung der auf der „Roten Liste" stehenden Schwarz-Pappel (*Populus nigra*) im Bereich der Oder werden geeignetes Pflanzmaterial sowie erfolgssichere Anbau- und Pflegeverfahren weitgehend vermisst. In allen Fällen wird mit großem Aufwand und mit den bekannten Fehlern wieder von vorne begonnen.

Aus allen Erfahrungen geht hervor, dass auch unter den Standorts- und Wirtschaftsbedingungen der ehemaligen DDR eine sichere Produktion von Pappelholz und deren industrielle Verwertung wirtschaftlich möglich war, allerdings nicht in dem von der DDR-Planwirtschaft vorgesehenen Umfang.

6. Zusammenfassung

Nach Darlegung der Gründe für das wenige Jahre nach Ende des Zweiten Weltkrieges begonnene Pappelanbau-Programm in der DDR wird eingegangen auf:
- Ausgangssituation;
- Grundlagen für den Anbau;
- Stand, Aufgaben und Ergebnisse der Forschung, mitarbeitende Institutionen;
- die Diskrepanz zwischen dem sehr umfangreich geplanten Anbauprogramm und den vorhandenen Kenntnissen in Wissenschaft und Praxis und damit auf den fehlenden Vorlauf für das groß und langfristig angelegte Programm;

- vorrangig auf die Ursachen von Ausfällen, Arbeiten der Züchtung und Sortenforschung;
- die Problematik und Fehlschläge mit Schwarz-Pappelhybriden und den erfolgsicheren Einsatz von langjährig geprüften Balsam-Pappeln und Aspen;
- die enge Zusammenarbeit von Wissenschaft und Praxis in der Anbauforschung;
- die überzeugenden Erfolge bei plantagenartiger Anlage und Pflege in der Kulturphase sowie den Anbau der Pappel außerhalb des Waldes;
- die Arbeiten zur Verwertung von Pappelholz und Schwierigkeiten beim Holzabsatz.

Der Rückblick macht aber auch deutlich, dass unter den standörtlichen Bedingungen der DDR Pappelanbau wirtschaftlich erfolgreich für Anbauer und Holzindustrie möglich war bzw. auch im größeren Umfang möglich gewesen wäre, aber nicht in dem damals geplanten Umfang.

Literatur

Um einen Gesamtüberblick über das Thema und darüber hinaus die Kenntnis von speziellen Einzelarbeiten zu vermitteln, werden nachfolgend neben den im Text vermerkten Autorenhinweisen auch zahlreiche weitere Veröffentlichungen bzw. Arbeiten zusammengestellt.

Anonymus: TGL 37 868 Fachbereichsstandard „Pappel und Baumweide" /01 Begriffe. – /02 Wirtschaftssorten. – /03 Pflanzgut aus vegetativer Vermehrung. – /04 Pflanzung. – /05 Bewirtschaftung

Arbeitsgemeinschaft „Ascheberg Rositz": Kulturbodenlose Aufforstung einer Aschehalde, Abh. u. Ber. Naturkundl. Mus. Maritimum Altenburg 8 (1973), 161-177

Blechschmidt, J., Blossfeld, O. & Fritzsching, H.: Eignung spezieller Pappelsorten für Hochausbeutefaserstoffe, Zellstoff u. Papier 38 (1989), 165-168

Bloßfeld, O.: Aktuelle Probleme der Rohholzbereitstellung unter besonderer Berücksichtigung der Kooperation mit der holzverarbeitenden Industrie, Wiss. Zf. TU Dresden 19 (1970) 3, 823-831

Bloßfeld, O., Blechschmidt, J., Fritzsching, H., Mette, H.-J. & Wienhaus, O.: Einsatz von Pappel/Aspe für die Holzstofferzeugung, Wiss. Zf. TU Dresden 32 (1983) 3, 163-167

Bloßfeld, O.; Wienhaus, O.; Willing, M.; Bayer, R.; Fiehn, G. & Fritzsching, H.: Aufkommen von Pappel-, Aspen-, Birken und Roteichenholz in der Forstwirtschaft und dessen Einsatz für die Zellstoff- und Holzstofferzeugung, Zellstoff und Papier, Leipzig 32 (1983) 1, 31-34

Bloßfeld, O.; Plötz, J. & Blechschmidt, J.: Eigenschaften des Holzes der Baumweide, Wiss. Zf. TU Dresden 39 (1990) 4, 155-157

Bloßfeld, O.; Blechschmidt, J. & Fritzsching, H.: Hochausbeutefaserstoffe aus Balsampappeln, Wiss. Zf. TU Dresden 39 (1990) 4, 167-172

Borsdorf, W.: Fortschritte in der Bestimmbarkeit von Pappelsorten, Züchter 34 (1964), 286-292

Borsdorf, W.: Über den Einfluss mineralischer Düngung auf Wuchsleistung und Darrdichte junger Pappelpflanzen, Arch. Forstwes. 14 (1965), 61-78

Borsdorf, W.: Beiträge zur Kenntnis der Sortengruppe Populus x berolinensis Dipp. und deren Verwandten, Züchter 35 (1965), 327-335

Borsdorf, W.: Zur Frage der jahreszeitlich günstigsten Astungstermine bei der Pappel, Arch. f. Forstwes. 15 (1966), 153-167

Borsdorf, W.: Beiträge zur Anatomie der sekundären Rinde und Borke von Wirtschaftspappelsorten, Flora 165 (1976), 325-353

Deutsche Landwirtschafts-Gesellschaft Berlin (Hg.): Wiederaufbau der Forstwirtschaft, Tagung der DLG-Forst in Oberhof, Arbeitstagung des Ausschusses Waldbau in Halle, Deutsche Landwirtschafts-Gesellschaft Berlin, Bd. 5 (1949)

Flöhr, W.: Waldbauliche Richtlinien für die Bewirtschaftung der Wälder im mecklenburgischen Grund- und Endmoränengebiet, Arch. Forstwes. 8 (1959), 85-160

Göhre, K.: Pappelwirtschaft und Pappelforschung in Ostdeutschland, Holzforschung 11 (1958), 187–189

Göhre, K.: Die Verteilung der Rohwichte im Pappelstamm, Wiss. Abh. DAL Berlin 44 (1960) (Beiträge zur Pappelforschung IV), 51-80

Götze, H.: Vergleichende Untersuchungen über die Beziehungen zwischen Baumalter und Rohwichte. Wiss. Z. Humboldt-Univers. Berlin (1958/59) 8, 737-752

Götze, H. & Zenker, R.: Spannweite der Holzeigenschaften von Pappeln, F+E-Bericht Institut f. Forstwissensch. Eberswalde, unveröffentlicht, 1968

Günther, H.: Bericht über den Stand der Pappelforschung in der Deutschen Demokratischen Republik, Arch. Forstwes. 4 (1955), 662-688

Günther, H.: Leitfaden für den Pappelanbau, Dtsch. Bauernverlag Berlin 1956, 192 S.

Günther, H.: Untersuchungen über die Verwendung von Pappelstecklingen zur Kippenrekultivierung in der Niederlausitz, Wiss. Abh. DAL Berlin 16 (1956) (Beiträge zur Pappelforschung I), 51-70

Günther, H.: Gebirgspappeln, Wiss. Abh. DAL Berlin 27 (1957) (Beiträge zur Pappelforschung II), 1-33

Günther, H. (1959) : Die Abhängigkeit des Stecklingsertrages von der Verbandsweite, der Länge der Ausgangsstecklinge und der Rutenzahl am Wurzelstock bei der Anlage von Pappelmutterquartieren, Wiss. Abh. DAL Berlin 40 (Beiträge zur Pappelforschung III) 7-80

Günther, H.: Beobachtungen über die Schattenverträglichkeit verschiedener Pappelsorten, Wiss. Abh. DAL Berlin 52 (1961) (Beiträge zur Pappelforschung VI), 37-52

Institut f. Forstpflanzenzüchtung Graupa: Prinzipien der Leistungsprüfung von Pappel- und Baumweidenklonen, Umdruck (o.J.) 12 S.

Joachim, H.-F.: Pappelanbau außerhalb des Waldes, Dtsch. Landwirtsch. 3 (1952), 213-220

Joachim, H.-F.: Untersuchungen über die Wurzelausbildung der Pappel und die Standortsansprüche von Pappelsorten, Wiss. Abh. DAL Berlin VII (1953), 208 S.

Joachim, H.-F.: Die Rinde von Pappelarten und -sorten und ihre Eignung als Erkennungsmerkmal für die Pappelbestimmung, Arch. Forstwes. 3 (1954), 620-644

Joachim, H.-F.: Probleme der Pappelforschung, Arch. Forstwes. 3 (1954), 487-502

Joachim, H.-F.: Die Pappel, ihre allgemeinen Eigenschaften und die Bedeutung ihres Anbaues, Holzindustrie 7 (1954), 10-12

Joachim, H.-F.: Untersuchungen über Populus berolinensis Dipp., Wiss. Abh. DAL Berlin, 16 (1956) (Beiträge zur Pappelforschung I), 70-101

Joachim, H.-F.: Phänologische Beobachtungen an der Gattung Populus, Wiss. Abh. DAL Berlin 27 (1957) (Beiträge zur Pappelforschung II), 75-97

Joachim, H.-F.: Über Frostschäden an der Gattung Populus, Arch. Forstwes. 6 (1957), 601-678

Joachim, H.- F.: Über Sturm- und Windschäden an Pappeln, Forst u. Jagd 7 (1957), 468-470

Joachim, H.-F.: Über den Einfluss des Sandrohrs (Calamagrostis epigeios) auf das Wachstum der Pappel, Forst u. Jagd, Sonderheft „ Die Pappel" (1957), 7-12

Joachim, H.-F.: Über die Spreewald-Pappel, Silv. Genetica 7 (1958), 25-30

Joachim, H.-F.: Über Hagelschäden an Pappeln, Arch. Forstwes. 9 (1960), 259-265

Joachim, H.-F.: Unterschungen von Pappelsorten mit besonderer Berücksichtigung des Standortes, F-/E-Bericht Institut f. Forstwissensch.Eberswalde, unveröffentlicht, 1961

Joachim, H.-F.: Über Rindenkrankheiten der Pappel, Intern. Symposium Hozzerstörung durch Pilze, Eberswalde 1962, 17-23

Joachim, H.-F.: Der Pappelanbau in der DDR sowie Stand und Probleme der Pappelforschung, Bericht Sektion Forstwesen DAL Berlin 1962

Joachim, H.-F.: Über den Pappelanbau in der Deutschen Demokratischen Republik, Soz. Forstwirtsch. 14 (1964), 225-230

Joachim, H.-F.: Richtlinien für den Anbau und die Bewirtschaftung der Pappel, in: Waldbau und Holzartenrichtlinien, VEB Dtsch. Landwirtsch.-Verlag Berlin 1964, 170-176

Joachim, H.-F.: Untersuchungen über den Einfluss von Witterung und Klima auf Schäden und Krankheiten der Pappel, Habilitationsschrift Fakultät f. Forstwirtsch. Tharandt Techn. Universität Dresden 1964, 236 S.

Joachim, H.-F.: Über die waldbauliche Behandlung der Schwarzpappelhybriden, Wiss. Zeitschr. Techn. Universität Dresden 14 (1965), 1033-1041

Joachim, H.-F.: Erweiterung des Pappelsortenangebotes, F-/E-Bericht Institut Forstpflanzenzüchtung Graupa, unveröffentlicht, 1966

Joachim, H.-F.: Perspektiven des Pappelholz-Aufkommens in der DDR, Vortrag Sektion Forstwesen AdL Berlin, unveröffentlicht, 1967

Joachim, H.-F.: Über die Höhenwuchsleistung von Pappelsorten im Graupaer Hydrofeld, Soz. Forstwirtsch. 22 (1972), 76-78

Joachim, H.-F.: Über die Wurzelausbildung und das Spross-Wurzelverhältnis bei Pappeln, II. Internat. Symposium Ökologie und Physiologie des Wurzelwachstums, 1974, 133-138

Joachim, H.-F.: Hybridaspen – schnellwüchsige, leistungsfähige und vielseitig einsetzbare Baumsorten, IFE-Berichte aus Forschung und Entwicklung 22 (1991)

Joachim, H.-F.: 50-jährige Erfahrungen mit der Balsampappel-Hybride „Androscoggin" (*Populus maximowiczii x Populus trichocarpa*), Beitr. Forstwirtsch. u. Landsch. Ökol. 38 (2004), 30-38

Joachim, H.-F. & Borsdorf, W.: 5-jährige Identifizierungsarbeiten an Pappelsorten aus Mittel-, Ost- und Südwesteuropa, Arch. f. Forstwes.15 (1966), 605-609

Joachim, H.-F.; Hübener, E.; & Eberhardt, E.: Anbau und Bewirtschaftung von Pappeln – langjährige Erfahrungen und neue Ergebnisse, IFE-Berichte aus Forschung und Entwicklung 15 (1989), 84 S.

Joachim, H.-F. & Templin, E.: Beobachtungen über ein Pappelsterben in der Elsteraue, Nachrichtenbl. Dtsch. Pflanzenschutzdienst 16 (1962), 81-88

Joachim, H.-F. & Wachter, H.: Über Begründung und Bewirtschaftung der Pappel in Plantagen, Arch. Forstwes. 11 (1962), 1059-1084

Kessler, W.: Untersuchungen über den Bakteriellen Pappelkrebs (Erreger: *Aplanobacterium populi* Ride) und die Resistenz der Pappel als Grundlage für die Erarbeitung von Abwehrmaßnahmen, Dissertation, DAL Berlin Sektion Forstwes. 1967, 138 S.

Knapp, E.: Derbholzmassentafeln für *Populus marilandica*, *-robusta*, *-regenerata*, *-trichocarpa und -berolinensis* für den Gebrauch in der Forsteinrichtung und Praxis, Institut f. Forstwissensch. Eberswalde Umdruck, 1958

Knapp, E.: Ertragstafel für Pappel. in: Ertragstafelauszüge 1982, Zentr. Betriebsakademie Forstwirtschaft, 1982

Lattke, H.: Stand und Perspektiven der Baumweidenzüchtung, Arch. Forstwes. 15 (1966), 27-47

Lattke, H.: Zur Anwendung des Sprühnebelverfahrens bei der vegetativen Vermehrung forstlicher Gehölze, Arch. Forstwes. 16 (1967), 695-700

Lattke,H. & Joachim, H.-F.: Auswertung von Sortenversuchen mit Pappel und Baumweiden. F-/E-Bericht Institut f. Forstwissensch, Eberswalde, unveröffentlicht, 1971

Ortmann, Ch.: Pappel- und Baumweidenanbau im Norden der DDR, F-/E-Bericht Institut f. Forstpflanzenzüchtung Graupa; unveröffentlicht, 1966

Otto, H.: Ergebnisse orientierender Untersuchungen zur Verwertbarkeit von Baumweide in der Industrie, Holztechnologie 30 (1989), 85-89

Patscheke, G. & Zenker, R.: Über die Beziehungen von Cellulose- und Zugholzgehalt des Pappelholzes, Manuskript unveröffentlicht, 1969

Polster, H. & Weisse, L.: Transpiration rostkranker Pappeln, F-/E-Bericht Institut f. Forstwissensch.Tharandt/Graupa der DAL, unveröffentlicht, 1959

Regler, W.: Der Kieferndrehrost (*Melampsora pinitorqua*), eine wirtschaftlich wichtige Infektionskrankheit der Gattung Pinus, Wiss. Abh. DAL Berlin 27 (1957) (Beiträge zur Pappelforschung II), 205-234

Schmiedel, H.: Erfolgsaussichten des Anbaues der durch Züchtungsmaßnahmen in Wuchsleistung, Stammform und Widerstandsfähigkeit gegen abiotische Schadeinflüsse verbesserten Aspen im Mittelgebirge, Soz. Forstwirtsch. 35 (1985), 203-205

Schönbach, H.: Untersuchungen über Cellulosegehalt und Raumgewicht von Pappelhölzern im Rahmen der Züchtung, Wiss. Abh. DAL Berlin 16 (1956) (Beiträge zur Pappelforschung I), 9-38

Schönbach, H.: Ergebnisse weiterer Untersuchungen über Cellulosegehalt und Rohwichte Graupaer Pappelklone, Wiss. Abh. DAL Berlin 44 (1960) (Beiträge zur Pappelforschung IV), 81-98

Schönbach, H.: Einige Ergebnisse achtjähriger Züchtungsversuche mit Pappelarten der Sektion Leuce, Wiss. Abh. ADL Berlin 44 (1960) (Beiträge zur Pappelforshung IV), 7-21

Schönbach, H.: Ergibt die Kreuzung *Populus tremula x Populus alba* (und reziprok) luxurierende Bastarde? Silvae Genetica 11 (1962), 3-11

Schönbach, H. & Dathe, B.: Ergebnisse 12-jähriger Züchtungsarbeiten mit bodenständigen Herkünften der Aspe und Vorschläge zur Übertragung der Resultate in die Praxis, Soz. Forstwirtsch. 12 (1962), 309-315

Schröck, O.: Die Graupappel, eine wertvolle Mischholzart, Der Wald, Sonderheft „Die Pappel" (1952), 14-18

Schröck, O.: Das physiologische Alter und seine Bedeutung für die Wuchsleistung und Abgrenzung von Pappelklonen, Wiss. Abh. DAL Berlin 16 (1956) (Beiträge zur Pappelforschung Nr. 1), 39-50

Templin, E.: Auftreten, Bionomie und Bekämpfung des Großen Gabelschwanzes (*Dicranura vinula* L.), Wiss. Abh. DAL Berlin 16 (1956) (Beiträge zur Pappelforschung Nr. 1), 102-130

Templin, E. (1957) : Tierische Blattschädlinge an Pappeln. Forst u.Jagd ‚Sonderheft „Die Pappel", 17-36

Templin, E. (1957) : Schutz der Pappelaufforstungen gegen Wildschaden und Mäuseverbiss, Forst u. Jagd, Sonderheft „Die Pappel", 37-39

Thümmler, K. (1957): Die Vermehrung der Aspe, *Populus tremula*, Forst u. Jagd, Sonderheft „Die Pappel", 2-7

Wachter, H.: Beitrag zur Durchforstungs- und Verbandsfrage bei der Pappel in der Elbaue (1. Mitteilung), Arch. Forstwes. 10 (1961),1279-1294

ZSAG: Zu Fragen der Pappelplantagen und des Pappelanbaues in der offenen Landschaft, Soz. Forstwirtsch. 13 (1963), 234-237

ZSAG: Wissenschaftlich-technische Grundkonzeption für die Entwicklung des Pappelanbaues in der Deutschen Demokratischen Republik, Schnellinformation Forstwirtsch. Institut Potsdam 5 (1965), 128 S.

Karl Heinz Großer

Der Wald in der Umweltpolitik

Der Neubeginn

Mit dem Befehl der Obersten Chefs der Sowjetischen Militäradministration und des Oberkommandierenden der sowjetischen Armeen in Deutschland Nr. 97 vom 13. Oktober 1945 „Über die Reorganisation der Forstwirtschaft im sowjetisch besetzten Gebiet Deutschlands ..." (BRANDENBURGISCHES MINISTERIUM FÜR ERNÄHRUNG, LANDWIRTSCHAFT UND FORSTEN 1998, 67) und dem Erlass der deutschen Verwaltung für Land- und Forstwirtschaft über die „Ordnung der Forstwirtschaft in der SBZ" vom 29.10.1945 waren nach dem Ende des Zweiten Weltkrieges zunächst die administrativen Voraussetzungen zur Bildung einer handlungsfähigen Forstverwaltung und damit erste gesetzliche Handhaben für den Schutz und die Nutzung der Wälder in Ostdeutschland geschaffen worden.

Das Ende des Zweiten Weltkrieges und die ersten Nachkriegsjahre sahen die hiesige Forstwirtschaft in einer kritischen Situation. Kriegsvorbereitung und Kriegswirtschaft hatten auch hier bereits vor Kriegsende zu erheblichen Verlusten am stehenden Holzvorrat geführt. Durch Kampfhandlungen waren, namentlich in den Wäldern um Berlin und in den einstigen Kampfgebieten an Oder und Neiße, zahlreiche Bestände ruiniert und durch Granatsplitter im Holz entwertet worden. Die Versorgung der Bevölkerung mit Brenn- und Bauholz, Reparationsforderungen und die nicht geringen Lieferverpflichtungen an die Besatzungsmacht nötigten – quantitativ und qualitativ – zu weiteren Rückgriffen auf den verbliebenen Vorrat und waren weitgehend nur durch Kahlhieb der nutzbaren Bestände zu erbringen. Zusätzlich sorgten Katastrophen wie ausgedehnte Waldbrände in den Kiefernrevieren des Tieflandes, Sturmschäden oder Borkenkäferbefall in den Fichtenrevieren der Mittelgebirge für eine zusätzliche Ausweitung der Kahlflächen. Versuche, die hohen Umlagen an Starkholz im Rahmen einer *vorratspfleglichen Waldwirtschaft* durch Einzelstammentnahme in den Beständen zu erbringen, hatten überall dort, wo eine erhoffte Naturverjüngung ausgeblieben war, zu einer untragbaren Verlichtung und Vergrasung der Bestände geführt.

So war die nächstliegende forstliche Schwerpunktaufgabe die Restitution des Waldfonds durch rasche Aufforstung der Kahlflächen und, wo möglich, durch

Unter- und Voranbau hierzu geeigneter Baumarten in den verlichteten Beständen. Schwierigkeiten bestanden hinsichtlich der Bereitstellung eines hinreichend artenreichen Saat- und Pflanzgutes und in der mangelnden technischen Ausrüstung an Arbeitsgerät und Zugkraft. Die Folge war eine weitere Ausbreitung von Reinbeständen aus Kiefer und Fichte (WAGENKNECHT 1998, 198 ff.). Eine Rücksichtnahme auf lebensnotwendige außerproduktive Waldfunktionen wie etwa auf den Schutz der Gewässer oder den Schutz vor Bodenerosion, war regional, z.B. in den Ausführungsbestimmungen zur Bodenreform, geregelt – diese Wälder durften nicht aufgeteilt werden.

Standortgerechtigkeit und Nachhaltigkeit

Alles in allem bedurfte eine stabile Entwicklung der ostdeutschen Forstwirtschaft, namentlich unter den mit der Bodenreform 1945 neu entstandenen Eigentumsverhältnissen, einer umfassenden, wissenschaftlich begleiteten Neuorientierung. Ein wichtiger Schritt in Richtung auf eine wissenschaftliche Weiterentwicklung des Waldbaues, ja im Grunde genommen aller Bereiche des Forstbetriebes, war die auf Beschluss des Ministerrates der DDR vom 30. Mai 1952 begonnene *forstliche Standorterkundung*. Mit ihr wurden nach DDR-landesweit einheitlichen Grundsätzen für den weitaus größten Teil der Waldfläche die Standorte untersucht, systematisch gegliedert und kartiert. Das Verfahren, das nach wie vor Bestand hat, unterscheidet zwischen den *Stammeigenschaften* eines Standortes, d.h. den Eigenschaften, die ihm auf Grund seiner geologischen Entstehung originär zu eigen sind und ihren Ausdruck in *Lokalbodenformen* finden, und dem an der Humusform und der Bodenvegetation erkennbaren *Standortzustand*. Kriterien dieser Gliederung sind Höhenlage bzw. Großklimagebiet, Lokalklimaeinfluss/Bodenfeuchte, Bodensubstrat, Einfluss von Grundwasser oder Staunässe bzw. in Auen die Überflutungsdisposition, Horizontfolge des Bodenprofils, Nährkraft, Bodenvegetation und Humuszustand. Bestandesgeschichte, Beobachtungen zur Ertragsleistung der Baumarten und örtliche Besonderheiten finden bei der Standortansprache Berücksichtigung. Im Ergebnis informiert die *Standortskarte* über die Verteilung der Lokalbodenformen und – als Zustandsweiser – der Humusformen. Für den praktischen Gebrauch erfolgt eine Zusammenfassung der Lokalbodenformen zu *Standortsformengruppen*, die nach Bodenwassereinfluss (terrestrisch [grundwasser- und staunässefrei [T], nass [N], wechselfrisch/-feucht [W], überflutet [Ü], organisch [O]) und Nährkraftstufen (reich [R], kräftig [K], mäßig nährstoffversorgt [M], ziemlich arm [Z], arm [A]) gegliedert sind. Auf dieser Grundlage werden Empfehlungen zur Baumartenwahl in Form von *Bestandeszieltypen* (BZT) vermittelt, von denen in der Regel mehrere zwischen einem „leistungsstärksten und zugleich ökologisch geeigneten (BZT-1)" und einem „dem natürlichen Bestandesaufbau nahekommenden (BZT-N)" Bestandeszieltyp zur Auswahl stehen. Mit diesem, aufbauend auf den Anfängen in den 20er und 30er Jahren des 20. Jahrhunderts fortentwickelten und in knapp einem Jahrzehnt schrittweise ausgebauten, wissenschaftlich fundierten und praktisch handhabbaren Konzept war die forstliche Standorterkundung der DDR zur Grundlage einer *standortgerechten Forstwirtschaft* herangereift (WAGENKNECHT et al. 1954), mit der auch den zeitnahen Herausforderungen wie der Klassifizierung von Halden- und Kippstandorten oder der Behandlung immsissions- und depositionsgeschädigter Standorte entsprochen werden konnte. Darüber hinaus bot sie die Grundlage für die Weiterentwicklung zu einer landesweiten geoökologischen und damit für Umweltgestaltung, Landschaftspflege und Naturschutz relevanten *Naturraumgliederung* (Näheres ausführlich bei KOPP und SCHWANECKE 1994).

Mit der forstlichen Standorterkundung waren auch Maßstäbe für die Einhaltung des Prinzips der *Nachhaltigkeit* gesetzt. Nachhaltigkeit im Forstbetrieb als gesellschaftliches Anliegen ist nach RICHTER (1963, 43 ff.) zu verstehen als *„das Streben nach Dauer, Stetigkeit und Höchstmaß allseitiger Aufgabenerfüllung des Waldes für die menschliche Gesellschaft".* Erste Nachhaltigkeitsbedingung war das Streben nach Dauer, Stetigkeit und Höchstmaß des Holzertragsvermögens, des Weiteren das Streben nach einem optimalen Verhältnis zwischen Kosten und Ertrag, und schließlich das Streben nach optimaler Erfüllung der Aufgaben des Waldes für die Volks- und Landeskultur (RICHTER 1963, 47). Um also nachhaltig allen Anforderungen der Gesellschaft an den Wald – genauer: an die Waldbewirtschaftung – gerecht werden zu können, war primär, auch zur Erfüllung der außerproduktiven Leistungen des Waldes, ein optimal ausgewogenes Verhältnis zwischen der Produktivität des Standortes und einer Bestockung herzustellen, die dieses Potenzial bestmöglich nutzt.

Waldfunktionen

Ganz in diesem Sinne erklärte das Landeskulturgesetz der DDR vom 14. Mai 1970 als richtungsweisendes Rahmengesetz für Umweltschutz, Landschaftspflege und Naturschutz die planmäßige Gestaltung, Nutzung und Pflege der Wälder als bedeutender Rohstoffquelle und wichtigem landeskulturellem Faktor für die Gesunderhaltung und Erholung der Bürger sowie für den Landschaftshaushalt zur ständigen Aufgabe von Staat und Wirtschaft. Es war zu gewährleisten, dass die produktiven und landeskulturellen Funktionen der Wälder durch waldbauliche

Maßnahmen und rationelle Bewirtschaftung nach den neuesten wissenschaftlichen Erkenntnissen planmäßig erhalten und gesteigert werden, der Rohstoff Holz effektiv genutzt wird, durch den Einsatz standortgerechter und leistungsfähiger Baumarten und modernster Forstschutzmaßnahmen ein größtmöglicher Zuwachs der Holzvorräte erreicht und die landeskulturellen Funktionen der Wälder verbessert werden. Außerdem werden alle Beteiligten und die Gesellschaft schlechthin verpflichtet, die Wälder vor Bränden, vor Einschränkung ihrer vielfältigen Funktionen, vor Verschmutzung und vor Verarmung an Pflanzen- und Tierarten zu schützen (vgl. ASR/MUW 1978, 32-33, §§ 22-23, u.a.).

Da offensichtlich nicht alle diese gesellschaftlichen Waldfunktionen bei gleicher Form und Intensität der Bestandesbehandlung optimal realisierbar und auch nicht überall und zeitgleich zu berücksichtigen sind, führte man bereits auf Beschluss der Zweiten Zentralen Forstkonferenz unter Hinweis auf die *inzwischen erreichte Stabilisierung und Qualitätsverbesserung der stockenden Holzvorräte* (!) per Anweisung vom 6. März 1956 eine Gliederung des Waldfonds in drei große *Bewirtschaftungsgruppen* ein: I Schutzwälder, II Sonderforsten, III: Wirtschaftswälder (MÜLLER 1962, 71 ff.).

In ähnlicher Weise war man bereits 1943 in der Sowjetunion (BUCHHOLZ 1961) und später auch in mehreren anderen sozialistischen Ländern verfahren (vgl. GROßER 1976, 201). Die Anweisung von 1956 wurde zweimal in überarbeiteter Fassung erneuert; zuerst durch die „Verfügung zur Neueinstufung der Wälder in Bewirtschaftungsgruppen vom 5. August 1959" (s. MÜLLER 1962, 71 ff.), zuletzt durch die „Dienstanweisung Nr. 12/66 zur Einstufung der Wälder in Bewirtschaftungsgruppen vom 8. Juli 1966" (vgl. SKF 1971, 234 ff.; ASR/MUW 1978, 203 ff. und 1984, 192 ff.).

In den genannten Verfügungen und Anweisungen werden die Bewirtschaftungsgruppen (BW) differenzierter untergliedert, in der letztgültigen Fassung (1966; 1976 präzisiert in den BW II.6 und II.8) wie folgt:

Bewirtschaftungsgruppe I (Schutzwälder)

I.1 Erosionsgefährdete Steil- und Geröllhänge; bestockte Felspartien, bei denen eine Aufarbeitung und Bringung des Holzes nicht oder nur unter erschwerten Bedingungen möglich sind

I.2 Küstenschutzgebiete für den unmittelbaren Schutz der Küste und des Hinterlandes

I.3 Parkanlagen und Naturschutzgebiete (Naturwaldzellen), in denen keine forstliche Bewirtschaftung durchgeführt wird

Bewirtschaftungsgruppe II (Schon- und Sonderforsten mit besonderen Zweckbestimmungen oder Schutzfunktionen)

II.1 Wissenschaftliche Versuchsflächen, Weiserbestockungen, Lehr- und Versuchsreviere, forstwirtschaftliche Beispielsreviere sowie wasserwirtschaftliche Versuchsgebiete

II.2 Forstsaatgutbestände oder Baumgruppen der Anerkennungsklasse I und II aller Baumarten. Von der Anerkennungsklasse III nur Tanne, Eiche, alle Buntlaubhölzer und ausländische Baumarten sowie Kiefer in den Vegetationsgebieten 13, 14, 15 und 16 und Fichte in den Vegetationsgebieten 6, 10 und 15 gemäß TGL 80-212:07, Bl. 2

II.3 Bestockte Waldbrandriegel

II.4 Bruchgefährdete Bestockungen in Kammlagen und erosionsgefährdeten Hanglagen sowie auf exponierten Standorten des Mittelgebirges und exponierten Dünenstandorten im Diluvium

II.5 Anerkannte Schutzgebiete für natürliche Heilmittel sowie bioklimatische Schutzgebiete für Kurorte und Sanatorien

II.6 Schutzgebiete für Trinkwassergewinnungsanlagen aus dem Grund- und Quellwasser sowie Trinkwassertalsperren (Trinkwasserschutzgebiete), Waldschutzgebiete um Betriebswassertalsperren, Hauptentstehungsgebiete von Hochwässern, Hochwasserabfluss- und Überschwemmungsgebiete (Hochwassergebiete) sowie Waldschutzgebiete um in den Perspektivplänen festgelegte Talsperren und Rückhaltebecken (Talsperrengebiete)

II.6.1 Wälder der Schutzzonen I und II für die Gewinnung von Trinkwasser aus dem Grund- und Oberflächenwasser

II.6.2 Wälder der Schutzzone III für die Gewinnung von Trinkwasser aus dem Grund- und Oberflächenwasser sowie Wälder der Hochwasserentstehungs- und -abflussgebiete

II.7 Waldbestockte Naturschutzgebiete und Flächennaturdenkmale, die nicht der Bewirtschaftungsgruppe I.3 angehören

II.8 Grünzonen und Naherholungsgebiete der größeren Städte und Industriezentren

II.8.1 Erholungsparkwald

II.8.2 übriger Erholungswald

II.8.3 Erholungswirtschaftswald

II.9 Kleinere Waldgebiete (unter 100 ha) in waldarmen Landschaftsteilen

Bewirtschaftungsgruppe III (Wirtschaftswälder)

III.1 Anerkannte Forstsaatgutbestände oder Baumgruppen der unter II.2 nicht aufgeführten Anerkennungsklassen und Baumgruppen
III.2 Landschaftsschutzgebiete
III.3 Wirtschaftswald ohne Einschränkungen
III.4 Produktionslose Holzbodenflächen, die in den nächsten zehn Jahren noch nicht aufforstungsfähig sind oder umfangreicher Meliorationen bedürfen sowie zur Zeit nicht zu bewirtschaftende bestockte Nassstandorte (vorwiegend die Standortformengruppen O1 und N1 [d. h. *nasse Sümpfe und dauernasse Mineralbodenstandorte* – K.H.G.])

Zusätzlich wird die *Durchführung der Einstufung* und die *Bewirtschaftung* der Wälder in den einzelnen Bewirtschaftungsgruppen geregelt.

Zur *Einstufung* von naturschutzrelevanten Waldflächen in die BW I.3 hatte für Parkanlagen deren Schutzerklärung durch den Rat des Kreises als zuständiger Behörde vorzuliegen; Naturwaldzellen bedurften der Ausweisung durch das Institut für Landschaftsforschung und Naturschutz (ILN) und waren im Einvernehmen mit dem VEB Forstprojektierung als der für die Forsteinrichtung und damit für die Nutzungsregelung zuständigen Instanz abzugrenzen. Die waldbestockten Naturschutzgebiete nach BW II.7 galten als gesetzlich bestätigt, wenn die im Gesetz vorgesehene Schutzerklärung vorlag oder eine einstweilige Sicherung verfügt worden war; deren letztgültige Bestätigung bedurfte aber der Zustimmung durch die regional zuständige Forstbehörde (VVB Forstwirtschaft; später Abteilung Forstwirtschaft des Rates des Bezirkes). Entsprechend erfolgte die Einstufung der Landschaftsschutzgebiete in die BW III.2. Grundsätzlich war man aber bestrebt, die produktionseinschränkenden Bewirtschaftungsgruppen der Fläche nach keinesfalls größer auszustatten, als es der Schutzzweck verlangte. Entsprechend war für die Ausweisung der BW III.3 angeordnet: „Der absolute Wirtschaftswald hat den größten Anteil des Gesamtwaldes und dient hauptsächlich der Produktion von Holz und der Nebenprodukte des Waldes."

Die Vorschriften zur *Bewirtschaftung* der den einzelnen Bewirtschaftungsgruppen zugewiesenen Waldflächen enthalten zielorientiert begründete Anweisungen zur Standortpflege, zu Baumarten und Bestockungsstrukturen, zur Eingriffsregelung sowie zu Forstschutzmaßnahmen; sie sind im Grunde allgemeingültig, können aber hier nur auszugsweise und bevorzugt für die Bewirtschaftungsgruppen mit unmittelbarem Umweltbezug wiedergegeben werden.

An erosionsgefährdeten Steilhängen (BW I.1) gilt die Schonung der Bodendecke; flächenweise Nutzungen sind untersagt.

Küstenschutzwälder (BW I.2) erfordern einen ausreichenden Kronenschluss und eine reiche Vertikalgliederung in Form eines stufigen Laubmischwaldes mit Strauchbeimischung; ein Nadelholzanteil war mit ca. 30-50 % festgesetzt; die Harzgewinnung war untersagt. Zur Vermeidung einer Überalterung der Bestände war eine Walderneuerung unter Schirm vorgesehen. Eingriffe in das Waldgefüge der Schutzstreifen erfolgten in Verantwortung und Regie der Wasserwirtschaftsdirektion Küste-Warnow-Peene.

Für Naturwaldzellen in NSG (BW I.3) galt strengster Schutz. Die wissenschaftlichen Aufgabenstellungen waren durch das ILN zu erarbeiten, gegebenenfalls fällige waldhygienische Maßnahmen bedurften der Abstimmung zwischen den Forstdienststellen, dem ILN und der zentralen Naturschutzverwaltung. In den meisten Fällen war es nach 1990 sinnvoll, die in den 1950er Jahren von den forstwissenschaftlichen Instituten in Eberswalde und Tharandt und dem ILN im Einvernehmen mit den zuständigen Forstdienststellen ausgewählten Wald-Naturschutzgebiete (Waldschutzgebiete) und Naturwaldzellen in das bundesweite Programm der Naturwaldreservate zu überführen, zumal für alle diese Gebiete die Standorterkundung vorlag und in einigen bereits dem Programm für die Naturwaldforschung entsprechende Inventuren seitens des ILN begonnen worden waren (Beispiele: GROßER 1966 a, 1966 b, 1976 b; ERTELD 1967; SCHAUER u. Mitarb. 1971; MANSIK 1971 u.a.).

Eine Bewirtschaftung wissenschaftlicher Versuchsflächen (BW II.1) hatte nach den Behandlungsanweisungen der an den Versuchen beteiligten Institutionen zu erfolgen. Lagen anerkannte Forstsaatgutbestände (BW II.2) in Naturschutzgebieten, war die Saatguternte mit der Bezirksnaturschutzverwaltung abzustimmen.

Der Schutz bestockter Waldbrandriegel (BW II.3) ist primär eine Forstschutzaufgabe zur Walderhaltung schlechthin. Bei der Waldpflege in Kammlagen (BW II.4) steht die Betriebssicherheit in den Bestockungen im Vordergrund. Auf exponierten Dünenstandorten haben Vollumbruch und Stockrodung zu unterbleiben.

In anerkannten Schutzgebieten für natürliche Heilmittel und bioklimatischen Schutzzonen für Kurorte und Sanatorien (BW II.5) war auf die Erhaltung und Verbesserung der bioklimatischen Schutzwirkung hinzuarbeiten.

Ausnehmend detailliert fallen die Behandlungsrichtlinien für Trinkwasserschutzgebiete, Waldgebiete um Talsperren, in Hochwasserentstehungsgebieten und Überschwemmungsbereichen (BW II.6) aus. Das liegt an dem von Natur aus angespannten Wasserhaushalt der ostdeutschen Länder. Hier hatte sich die forstliche Bewirtschaftung den Erfordernissen der Wassergewinnung und des Hochwasserschutzes unterzuordnen! Bodenpflege zur Förderung der Wasserspeicherung und eines kontinuierlichen Wasserabflusses, sparsamer Wasserverbrauch der Bestockungen, Nadelholz-Schutzstreifen um Talsperren zur Vermeidung von Verunreinigungen durch Laubfall, Optimierung der Wald-Feld-Verteilung in Gewässereinzugs- und Hochwasserentstehungsgebieten, Vermeidung von Kahlschlägen, Verbot von Stockrodung, Streunutzung und Waldweide sowie das Genehmigungsverfahren bei erforderlichem Chemieeinsatz seien als Stichpunkte aus den Regelungen der forstlichen Bewirtschaftung dieser Schutzgutkategorie genannt. Basierend auf den Bestimmungen des Landeskulturgesetzes vom 14. Mai 1970 (§ 28) waren Wasserschutzgebiete eingerichtet worden: Eine Schutzzone I (Fassungszone) im engeren, eine Schutzzone II im weiteren Bereich von Trinkwassergewinnungsanlagen und deren Zuflüssen sowie eine Schutzzone III für das Einzugsgebiet der für die Wasserentnahme zur Trinkwassergewinnung dienenden Grund- und Oberflächengewässer. In ihnen galten abgestuft strenge Restriktionen hinsichtlich jeglicher Tätigkeit, die in irgendeiner Weise zur Verunreinigung der Trinkwasservorräte führen konnte (Einzelheiten vgl. THOMASIUS et al. 1978, 121-126). Dementsprechend hatte man nachträglich die BW II.6 gegliedert in BW II.6.1 für Wälder der Schutzzonen I und II und BW II.6.2 für Wälder in der Schutzzone III. Zur Vertretung der forstlichen Belange der Wasserwirtschaft hatten das Ministerium für Umweltschutz und Wasserwirtschaft und die Wasserwirtschaftsdirektionen eigens Forstfachkräfte (Diplom-Forstwirte, Forstingenieure) in Dienst gestellt.

Für Naturschutzgebiete, die nicht Naturwaldzellen waren (BW II.7), hatte das ILN Behandlungsrichtlinien zu erarbeiten. Die hierbei gewonnenen Erfahrungen waren Gegenstand eines Fachbereichsstandards „Schutz, Gestaltung und Pflege der Landschaft/Behandlungsrichtlinien für flächige Naturschutzobjekte" (TGL 42313, verbindlich ab 1.8.1984; vgl. auch GROßER 1988, 6 ff.). Dieser Standard gibt eine Rahmengliederung der Behandlungsrichtlinie und den Verfahrensweg ihrer Bearbeitung vor. Die Rahmengliederung enthält als erstes eine Auflistung der administrativen Daten: Lage, Eigentumsverhältnisse, Flächenverzeichnis und der gesetzlichen Grundlagen für Schutz und Behandlungsrichtlinie. Den örtlich ins Einzelne gehenden Ausführungen zur Pflege des Gebietes waren als Grundlagen Zustandsbeschreibung und Schutzziel voranzustellen. Zu berücksichtigen waren spezielle Forschungsaufgaben und die Aktivitäten der Öffentlichkeitsarbeit, wo nötig auch des Erholungswesens. Die Geltungsdauer einer Behandlungsrichtlinie betrug im Normalfall zehn bis zwölf Jahre, danach war eine Neubearbeitung fällig, sofern nicht außergewöhnliche Ereignisse (Waldbrand u.a.) eine Zwischenrevision erforderten. Im Verfahrensweg waren im Wesentlichen die Modalitäten der Zusammenarbeit zwischen Forstbetrieb und Naturschutzdienststellen bei der Erarbeitung der Behandlungsrichtlinie geregelt. Alle Behandlungsrichtlinien waren von der zuständigen oberen Forstbehörde (Rat des Bezirkes, Abt. Forstwirtschaft) zu bestätigen und hatten zu Beginn der Forsteinrichtungsarbeiten beim zuständigen Staatlichen Forstwirtschaftsbetrieb vorzuliegen, um im Betriebswerk berücksichtigt zu werden. Das Grundlagenmaterial des ILN über die Naturschutzgebiete, die „NSG-Akten", befindet sich heute im Fundus der Abteilungen Naturschutz der Landesumweltämter in den mittel- und ostdeutschen Bundesländern.

Der sozialen Bedeutung bestätigter Grünzonen und Naherholungsgebiete größerer Städte und Industriezentren (BW II.8) hatte der Landwirtschaftsrat der DDR als erste Maßnahme bereits mit dem Erlass der „Anordnung über die Bewirtschaftung von Wäldern, die für die Erholung der Werktätigen von großer Bedeutung sind" vom 8. Oktober 1965 Rechnung getragen. Diese Wälder gewannen um so mehr an Bedeutung, als mit der alsbald folgenden „Verordnung über die ‚5-Tage-Arbeitswoche für jede zweite Woche' und die Verkürzung der Arbeitszeit" vom 2. Dezember 1965, später mit der Einführung der durchgängigen 5-Tage-Arbeitswoche ein höheres Freizeitbudget zur Verfügung stand und die zunehmend sitzend ausgeführte Arbeit verstärkt nach Ausgleich durch Bewegung an frischer Luft verlangte. Wälder oder Waldteile innerhalb größerer Städte und Industriezentren waren auf Antrag der örtlichen Räte als *Schonforsten* zu behandeln, d.h. Landschaftsbild und Erholungscharakter durften nicht beeinträchtigt werden, die Verjüngung hatte vorwiegend kahlschlagfrei zu erfolgen. Für die übrigen stadtnahen Wälder oder Waldteile bestand, gleichfalls auf Antrag, die Möglichkeit einer Einstufung als *Sonderforsten*, in denen Landschaftsbild und Erholungscharakter „nicht oder nur unbeträchtlich" beeinflusst werden durften und die Holznutzung *nicht über dem Zuwachs* zu erfolgen hatte. Zusätzlich waren mit dieser Anordnung die Zuständigkeiten von Forstwirtschaft und Kommune bei der Ausstattung und Bewirtschaftung dieser Wälder geregelt. Eine Untergliederung in drei forstlich unterschiedlich intensiv zu bewirtschaftende Untergruppen – Erholungsparkwald (BW II.8.1), Erholungswald (BW II.8.2) und Erholungswirtschaftswald (BW II.8.3) – ergab sich aus der von der Lage zur Stadt oder zum Kurort abhängigen Frequentierung der Gebiete durch Erholung suchende Wanderer und Besucher.

Wälder oder Waldgebiete unter 100 ha Größe in waldarmen Landschaftsteilen (BW II.9) waren so zu bewirtschaften, dass deren landeskulturelle Wirkungen – vornehmlich als Schutz gegen Wind- und Wassererosion – erhalten und gesteigert wurden.

Die Bewirtschaftungsgruppe III – Wirtschaftswälder – war mit den Regelungen für die Bewirtschaftung bzw. Behandlung der nicht der BW II.2 zugehörigen *Forstsaatgutbestände* (BW III.1), der Bewirtschaftung der Wälder in *Landschaftsschutzgebieten* (BW III.2), des *Wirtschaftswaldes ohne Einschränkungen* (BW III.3) und der *zeitweilig nicht zu bewirtschaftenden Holzbodenflächen* (BW III.4) vorrangig forstlich produktionsorientiert. Der Wirtschaftswald der BW III.3 – das wurde pauschal mit Blick auf die gesamte BW III oft auch mit Nachdruck hervorgehoben – diente *"vorrangig der maximalen und bedarfsgerechten kontinuierlichen Versorgung der Volkswirtschaft mit Rohholz, Harz und Rinde"*; Höhe und Struktur von Holzvorrat und Zuwachs waren nachhaltig zu verbessern. So war es gerade in den der BW III.2 zugordneten Landschaftsschutzgebieten häufig schwierig, die in dieser Dienstanweisung festgelegten, recht allgemein gehaltenen Regelungen zugunsten des Schutzes dieser Gebiete auch einzuhalten – *keine wesentliche Beeinträchtigung des Landschaftscharakters durch flächenweise Nutzungen, Anpassung der Baumartenwahl an den Charakter der Landschaft bei Wiederaufforstungsmaßnahmen* oder *keine Verkleinerung der Waldfläche*. All diese Forderungen bedurften, gerade bei den nicht seltenen Entscheidungen über prinzipiell zulässige Ausnahmefälle, oft erst einmal manch grundsätzlicher Verständigung, so beispielsweise über Begriff und Inhalt des „Landschaftscharakters". Nicht selten fehlte es auch noch lange an hinreichend detaillierten Landschaftspflegeplänen; ein Mangel, der in der Größe der Landschaftsschutzgebiete und häufig noch unzureichender Planungskapazität begründet war.

Eine leider häufig zu beobachtende Begleiterscheinung in siedlungsnahen, auch der Erholung dienenden Wäldern war deren Verschmutzung durch wild abgelagerte Siedlungsabfälle und heimlich abgekippten Müll. Obwohl die „Anordnung über den Schutz und die Reinhaltung der Wälder" vom 11. März 1969 (Textauszug vgl. ASR/MUW 1984, 199 ff.) – ergänzt durch eine AO Nr. 2 vom 15. August 1984 – derartige Verschmutzungen verbot und mit Ordnungsstrafe bedrohte, gelang es nur unter hohem Aufwand, dieser verantwortungslosen Disziplinlosigkeit Herr zu werden.

Bildung und Forschung

Bei zahlreichen anstehenden Entscheidungen über die Walderhaltung und Waldpflege im Dienst von Natur und Umwelt wurde deutlich, dass angesichts der ständig zunehmenden Anforderungen an eine ertragsorientiert intensive Landnutzung – Landwirtschaft, Forstwirtschaft, Wasserwirtschaft, Erholungswesen, Nutzung von Bodenschätzen, Siedlung und Verkehr – ein umfangreicher Wissensvorlauf nötig war, um durch Landschaftspflege und Naturschutz unbedacht schädliche Auswirkungen auf die Mannigfaltigkeit der heimischen Organismenwelt und die sie tragenden Ökosysteme zu vermeiden, oder um – im Idealfall – zu Synergieeffekten zwischen Nutzung und Schutz der Naturressourcen, darunter auch der ökologischen Vielfalt im Wald zu gelangen. Während dank einer oft lang tradierten floristischen und faunistischen Heimatforschung ein reiches Wissen über das Vorkommen und die örtliche Verbreitung zahlreicher Arten und Formen der

Pflanzen- und Tierwelt vorhanden war und bis heute periodisch aktualisiert wird, war das Wissen um eine zielgerichtet funktionsorientierte Waldbehandlung und Waldpflege entweder weit verstreut und vielen potenziellen Anwendern nicht zugänglich, war regional nicht oder nur eingeschränkt anwendbar, oder fehlte gänzlich.

Hier schloss das von H. THOMASIUS in zwei Auflagen (1973 und 1978) herausgegebene Sammelwerk „Wald, Landeskultur und Gesellschaft" eine in diesem Umfang lange bestehende Lücke. Das inhaltlich wie in seinem politischen Akzent ganz auf die geographischen Probleme und die gesellschaftlichen Verhältnisse der DDR ausgerichtete Buch stellt die landeskulturellen Anforderungen an die Forstwirtschaft in einen gesamtgesellschaftlichen Rahmen: Durch die Entwicklung der Produktivkräfte werden die Naturressourcen, auch unsere Wälder, immer stärker in Anspruch genommen, und wir müssen in der Lage sein, eine *Noosphäre*, d.h. eine Sphäre unseres Erdballes zu schaffen, in der die Wechselwirkungen zwischen Natur und Gesellschaft nach den Gesetzen der Vernunft (griech.: νόος) gelenkt werden. Die These, dass hierfür der auf der marxistischen Gesellschafts- und Werttheorie begründete Sozialismus die einzig zielführende Gesellschaftsordnung sei, durchzieht alle gesellschaftlich oder ökonomisch tangierten Passagen des Textes. Einem ersten, allgemeinen Kapitel über die Aufgaben der Forstwirtschaft in der entwickelten sozialistischen Gesellschaft der DDR, in dem u.a. auch die oben erläuterten Bewirtschaftungsgruppen behandelt werden, folgen Begriffe und Definitionen. Darin erscheint für den bislang gebräuchlichen, inhaltlich jedoch ausschließlich positiv belegten Begriff der „Wohlfahrtswirkungen" des Waldes der neue Begriff „Komitativwirkungen" (abgeleitet von lat. comitatus: Begleitung, Gefolge, begleitende Erscheinung), der sowohl die positiven als auch die negativen Wirkungen des Waldes auf die Umwelt des Menschen umfasst und damit inhaltlich etwa dem englischen „forest-influences" entspricht. *Tabelle 1* zeigt die inhaltliche Gliederung dieses Leitbegriffes.

Diesen ersten zwei Kapiteln grundsätzlichen Inhalts folgt der inhaltlich umfangreiche spezielle Teil: „Landeskulturelle Wirkungen des Waldes" (Kap. 3), „Einflüsse des Waldes auf Gesundheit, Erholung und Bewußtseinsbildung des Gesellschaft" (Kap. 4) sowie „Leitungs- und Planungsaufgaben zur Erhaltung, Pflege und Nutzung landeskultureller und sozialer Wirkungen des Waldes" (Kap. 5).

Die Ausführungen über die landeskulturellen Wirkungen des Waldes (Kap. 3) gehen von der *Landschaft* im geographischen Sinne aus und behandeln als erstes die Rolle des Waldes im Landschaftshaushalt: seine Wirkung auf Atmosphäre und Klima, Wasserkreislauf und Wasserhaushalt, den Schutz vor Deflation und Erosion, Küstenschutz und seine Rolle bei der Rekultivierung von Kippen und Halden.

Tabelle 1: Systematische Darstellung der Komitativwirkungen des Waldes. Aus THOMASIUS et al. 1978 (Tabelle 6, 44)

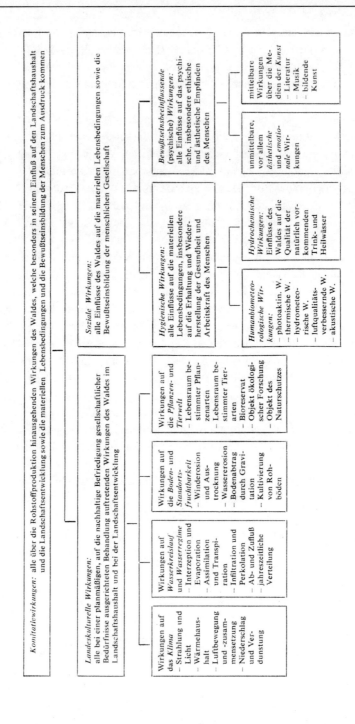

Es folgen ein Abriss der wald- und landschaftsgeschichtlichen Entwicklung Mitteleuropas unter dem Einfluss des Menschen und ein Überblick über die Aufgaben und Maßnahmen der Forstwirtschaft zum Schutz der Natur. Weit über die Rolle des Waldes hinaus weist ein eigener Abschnitt über *die sozialistische Flurneugestaltung als Beitrag zum Aufbau einer gesunden Kulturlandschaft*; er lässt neben dem gewaltigen Ausmaß der dem einher gehenden Landschaftsveränderungen auch die damit verbundenen Risiken geometrisch begrenzter Großflächen erkennen, die es mit landschaftspflegerischen Maßnahmen zu steuern galt.

Kapitel 4 („Einflüsse des Waldes auf Gesundheit, Erholung und Bewußtseinsbildung der Gesellschaft") informiert in vielfältiger Weise über die Bedeutung des Waldes für die Gesundheit des Menschen. Behandelt werden alle wichtigen hygienischen Wirkungen des Waldes auf den menschlichen Organismus, darunter auch bis dahin wenig bearbeitete Wissensgebiete wie die Wirkung organischer Bestandteile der Waldluft, akustische Wirkungen des Waldes oder Schutzwirkungen gegenüber radioaktiven Strahlen. Besonders beachtenswert, weil in dieser Form sicher neu, ist der vom Herausgeber selbst verfasste inhaltsreiche Abschnitt über die ästhetischen Wirkungen des Waldes. An den Kategorienpaaren Wald und Mensch als Objekt und Subjekt, Form und Inhalt als dialektischer Einheit, der Übereinstimmung von Realität und Idealbild als ästhetischem Bewertungsmaßstab und Monotonie und Vielgestaltigkeit als ästhetisch relevanten Erscheinungen orientiert der Autor seine Gedanken zur Gestaltung eines als schön empfundenem und damit der Erholung zuträglichem Waldes. Betrachtungen zum Wald in der bildenden Kunst, der deutschsprachigen Literatur und der Musik sowie seine Bedeutung in Erziehung und Öffentlichkeitsarbeit runden das Kapitel ab.

Kapitel 5 („Leitungs- und Planungsaufgaben zur Erhaltung, Pflege und Nutzung landeskultureller und sozialer Wirkungen des Waldes") widmet sich den Grundsätzen für die Planung und Projektierung in Wäldern mit überwiegend landeskulturellen und sozialen Aufgaben und deren Bewertung. Die Grundsätze umfassen die Ausarbeitung territorialer Entwicklungskonzeptionen der Landeskultur unter Beteiligung der staatlichen Forstwirtschaftsbetriebe und haben als Beispiel die Planung und Projektierung von Erholungswäldern in entsprechenden Schwerpunktgebieten im Blick. Dafür werden die nötigen Arbeitsschritte erläutert: als Grundlagen die Ermittlung des Erholungsbedarfs und Kennziffern für die Bedarfsdeckung, als Projektierungsetappen die Analyse des Erholungsgebietes – Erschließungsvarianten – spezielle Funktionsbereiche – Waldparkplätze – Erholungseinrichtungen – Waldbau- und Schutzmaßnahmen. Abschließend werden die vielschichtigen Aufgaben der staatlichen Forstwirtschaftsbetriebe im Rahmen des Plans Landeskultur erläutert, für die bei Häufung dieser Aufgaben eigens Referenten für Landeskultur eingesetzt wurden.

Die Bewertung landeskultureller und sozialer Wirkungen des Waldes bedient sich zweier Größen: des *Gebrauchswertes des Waldes*, z. B. seiner Nützlichkeit für die Erholung, und des *Wertes*, d. h. der gesellschaftlich notwendigen Aufwendungen zur Gestaltung des Waldes im Dienste der Erfüllung seiner landeskulturellen und sozialen Funktionen, soweit diese über den mit dem Holzpreis abgegoltenen Betrag hinausgehen. Zur Quantifizierung des Gebrauchswertes werden *Bedürfniseinheiten* vorgeschlagen, im Beispiel des Erholungswaldes: ein Waldbesuch. Grundsätzlich galt: (1.) der Holzpreis darf nicht mit Kosten belastet werden, die eindeutig für landeskulturelle und soziale Aufgaben des Waldes entstehen, und (2.) der Wirtschafter darf nicht in den Interessenkonflikt geraten, durch Berücksichtigung der landeskulturellen und sozialen Wirkungen des Waldes ein schlechteres Betriebsergebnis zu erzielen oder ein gutes Betriebsergebnis anzustreben, ohne die sozialen Forderungen der Gesellschaft zu respektieren. Im Ganzen galt das Bewertungsverfahren als noch ausbaufähig.

Eine gegenüber den ökonomischen Darlegungen mehr pragmatische Lösung zur Bestimmung des Gebrauchswertes von Erholungswaldgebieten boten 1969 SCAMONI & HOFMANN an. Aus der Beurteilung von Natureigenschaften, lufthygienischer Situation, Ästhetik und Ausbauzustand eines Gebietes mit Erholungseinrichtungen wird ein „absoluter Wert" errechnet und mit einer aus Erreichbarkeit des Erholungswaldgebietes resultierenden Wertziffer, dem „relativen Wert", gewichtet. Das Ergebnis ist der *aktuelle Erholungswert eines Waldgebietes*. Dieser kann einem nach den örtlich bestehenden Steigerungsmöglichkeiten eines konkret zu bewertenden Erholunsgwaldgebietes errechneten Höchstwert, dem *potenziellen Erholungswert eines Waldgebietes*, gegenübergestellt werden. Ein solcher Vergleich ermöglicht z.B. die reale Einschätzung von Chancen geplanter oder der Erfolge getätigter Gestaltungsmaßnahmen. An zwei Beispielen aus Ost-Brandenburg wurde das Verfahren praktisch erprobt. Zu Einzelheiten des Verfahrens sei auf die Arbeiten von SCAMONI & HOFMANN (1969 a und 1969 b) verwiesen.

Ein Überblick über die gesetzlichen Grundlagen zum Schutze, zur Erhaltung und Pflege von Wäldern mit überwiegend landeskulturellen und sozialen Aufgaben in der DDR beschließt das letzte Kapitel des Sammelwerkes von THOMASIUS. Es führt allein 65 Titel gesetzlicher Regelungen (Gesetze, Verordnungen, Anordnungen, Beschlüsse etc.) mit entsprechendem Bezug an; ein Forstgesetz der DDR hat es aber nicht gegeben.

Die Gestaltung von Wald und Gehölz als Landschaftselement im Dienste der Landeskultur war schließlich Gegenstand eines umfangreichen Forschungsprojektes des ILN, methodisch ausführlich dargestellt von NIEMANN (1977), speziell für Wald und Gehölz bei GROßER (1976), für Waldränder bei SCHRETZENMAYR (1979). Ziel der Arbeiten war die Objektivierung von Entscheidungen zur Behandlung der Landschaftselemente (Wald, Waldrand und Gehölz, Fließgewässer, Stillgewässer, Moore, landwirtschaftliche Nutzflächen u.a.) angesichts der Forderungen von Landschaftspflege und Naturschutz. Für typologisch definierte Einheiten des jeweiligen Landschaftselementes (*Landschaftselement-Strukturtypen* – für Wald und Gehölz im Ganzen sechs) waren die von den Schwerpunkten der territorialen Entwicklung her geforderten landeskulturellen Leistungen – *gesellschaftliche Funktionen* – herauszuarbeiten, deren Effizienz durch die zwar unabhängig von gesellschaftlichem Interesse wirksamen, in ihrer Entwicklung jedoch steuerbaren *ökologischen Funktionen* (Holzproduktion, Blühen und Fruchten, Wasserverbrauch, Windbremsung, Schalldämpfung u.a.m.) bestimmt wird. Dieses *Funktionsleistungsvermögen* ist anhand der Ausprägung funktionsrelevanter, am Objekt erkennbarer *Merkmale* bestimmbar. Zu Einzelheiten des an Beispielen erprobten Verfahrens muss auf das oben angeführte Schrifttum und auf die einschlägigen Forschungsberichte des ILN (1972, 1973, 1975) verwiesen werden. Zugleich waren mit diesem Verfahren quantifizierbare *Gebrauchswertparameter* geschaffen worden, mit denen das Material einer weiteren ökonomischen Bewertung zugänglich wurde.

Literatur

[ASR/MUW] Akademie für Staats- und Rechtswissenschaften der DDR & Ministerium für Umweltschutz und Wasserwirtschaft (Hg.): Sozialistische Landeskultur, Umweltschutz. Textausgabe ausgewählter Rechtsvorschriften mit Anmerkungen und Sachregister. Herausgegeben von der Akademie für Staats- und Rechtswissenschaft der DDR und vom Ministerium für Umweltschutz und Wasserwirtschaft, Berlin, Staatsverlag der Deutschen Demokratischen Republik 1978, 428 S.

[ASR/MUW] Akademie für Staats- und Rechtswissenschaften der DDR & Ministerium für Umweltschutz und Wasserwirtschaft (Hg.): Sozialistische Landeskultur, Umweltschutz. Textausgabe. Herausgegeben von der Akademie für Staats- und Rechtswissenschaft der DDR und vom Ministerium für Umweltschutz und Wasserwirtschaft, Berlin, Staatsverlag der Deutschen Demokratischen Republik 1984, 279 S.

Brandenburgisches Ministerium für Ernährung, Landwirtschaft und Forsten (Hg.): In Verantwortung für den Wald. Die Geschichte der Forstwirtschaft in der Sowjetischen Besatzungszone und der DDR, Potsdam 1998, 516 S.

Buchholz, E.: Die Waldwirtschaft und Holzindustrie der Sowjetunion, BLV, München, Bonn, Wien, 1961

Erteld, W.: Wachstums- und Ertragsuntersuchungen an Kiefern im Naturschutzgebiet Altteicher Moor, Brandenburgische Naturschutzgebiete 4 (1967), 1-30

Großer, K. H.: Altteicher Moor und Große Jeseritzen, Brandenburgische Naturschutzgebiete 1 (1966 a), 1-31

Großer, K. H.: Urwald Weißwasser, Brandenburgische Naturschutzgebiete 2 (1966 b), 1-40

Großer, K. H. : Vorschlag zur Gliederung gesellschaftlicher und biologischer Funktionen von Wald und Gehölz im Rahmen der Landschaftspflege, Arch. Naturschutz u. Landschaftsforsch, Berlin 16 (1976 a) 3-4, 189-214

Großer, K. H.: Vegetation, Standortsbedingungen, und Bestockungsentwicklung des Naturschutzgebietes Eichberg Weißwasser, Naturschutzarbeit in Berlin und Brandenburg 12 (1976 b) 1, 10-26

Großer, K. H.: Zur Ausarbeitung und Realisierung der Behandlungsrichtlinien für waldbestockte Naturschutzgebiete (Waldreservate), Naturschutzarbeit in Berlin und Brandenburg 24 (1988) 1, 6-18

ILN (Institut für Landschaftsforschung und Naturschutz Halle [Saale] der AdL): Grundlagen der Landschaftspflege in ausgewählten Typen von Landschaftsschutzgebieten. Teilabschlussbericht 1 (1972), Teilabschlussbericht 2 (1973), Gesamt-Abschlussbericht (1975) – alle Berichte Mskr. n. p.

Kopp, D. & Schwanecke, W.: Standörtlich-naturräumliche Grundlagen ökologiegerechter Forstwirtschaft, Deutscher Landwirtschaftsverlag Berlin GmbH, 1994

Mansik, K.-H.: Struktur und jahreszeitliche Entwicklung in Waldgesellschaften des nordbrandenburgischen und südmecklenburgischen Buchengebietes, Diss. AdL Berlin 1971 Mskr. n. p.

Müller, W.: Naturschutz. Textausgabe mit Anmerkungen und Sachregister, VEB Deutscher Zentralverlag, Berlin 1962

Niemann, E.: Eine Methode zur Erarbeitung der Funktionsleistungsgrade von Landschaftselementen, Arch. Naturschutz u. Landschaftsforsch, Berlin 17 (1977) 2, 119-157

Richter, A.: Einführung in die Forsteinrichtung, Neumann-Verlag, Radebeul und Berlin, 1963

Scamoni, A. & Hofmann, G.: Verfahren zur Darstellung des Erholungswertes von Waldgebieten, Archiv für Forstwesen 18 (1969) 3, 283-300

Scamoni, A. & Hofmann, G.: Zur objektiven Erfassung des Erholungswertes von Waldgebieten, Sozialistische Forstwirtschaft 19 (1969) 5, 142-143

Schauer, W. & Mitarb.: Erarbeitung von Vorschlägen für Behandlungsrichtlinien für NSG mit TrEi-Bu-Waldbestockung im Pleistozängebiet der DDR, Forschungs-Abschlussbericht; Akademie der Landwirtschaftswissenschaften der DDR, ILN Halle (n. p.)

Schretzenmayr, M.: Landschaftspflege-Element Waldrand. Typisierung und Gestaltung, Arch. Naturschutz u. Landschaftsforschung 19 (1979) 1, 33-42

[SKF] Staatliches Komitee für Forstwirtschaft beim Rat für landwirtschaftliche Produktion und Nahrungsgüterwirtschaft der Deutschen Demokratischen Republik (Hg.): Schutz und Pflege der Natur in der Deutschen Demokratischen Republik. Eine Sammlung von Rechtsvorschriften mit Anmerkungen und Sachregister, Staatsverlag der DDR, Berlin 1971, 523 S.

Thomasius, H. (Hg.): Wald, Landeskultur und Gesellschaft, 2. Aufl. Jena, VEB Gustav Fischer Verlag 1978 (466 S.), 1. Auflage: Verlag Theodor Steinkopff, Dresden 1973

Wagenknecht, E.: Wandel der waldbaulichen Grundsätze. In: Brandenburgisches Ministerium für Ernährung, Landwirtschaft und Forsten (Hg.): In Verantwortung für den Wald. Die Geschichte der Forstwirtschaft in der Sowjetischen Besatzungszone und der DDR, Potsdam 1998, 198 ff.

Wagenknecht, E.; Scamoni, A.; Richter, A. & Lehmann, J.: Eberswalde 1953. Wege zu standortgerechter Forstwirtschaft, Neumann Verlag, Radebeul und Berlin 1956

Rechtsvorschriften

Gesetz über die planmäßige Gestaltung der sozialistischen Landeskultur in der Deutschen Demokratischen Republik – Landeskulturgesetz – vom 14. Mai 1970 (GBl. I, Nr. 12, S. 67 ff.) – vgl. auch ASR/MUW 1978 und 1984

Verfügung zur Neueinstufung der Wälder in Bewirtschaftungsgruppen vom 5. August 1959, in: Verfügungen und Mitteilungen des Ministeriums für Land- und Forstwirtschaft Nr. 19, 241 (vgl. MÜLLER 1962)

Dienstanweisung Nr. 12/66 zur Einstufung der Wälder in Bewirtschaftungsgruppen vom 8. Juli 1966. Erlassen vom Vorsitzenden des Staatlichen Komitees für Forstwirtschaft beim Landwirtschaftsrat der Deutschen Demokratischen Republik (berichtigt durch Dienstanweisung Nr. 1/68 vom 23. Dezember 1967 zur Bereinigung von Dienstanweisungen), in: SKF 1971, 234 ff.

Ulrich Mittag

Dorfplanung und Umwelt

1. Dorfplanung in der DDR in ihrer Wechselwirkung zur Umweltproblematik

Aus heutiger Sicht ist es selbstverständlich, die Planung im ländlichen Raum in Verbindung mit Landschaft und Umwelt zu sehen. Welche Prioritäten wurden aber in der Sowjetischen Besatzungszone und in der DDR in der Dorfplanung gesetzt? Konnte zum Beispiel in den schweren Anfangsjahren nach dem Zweiten Weltkrieg besondere Rücksicht auf Natur und Landschaft genommen werden und besaß nicht die „Sicherung der Ernährung" Vorrang vor allen anderen Problemen?

Mit der durch die Siegermächte beschlossenen Bodenreform, die die Enteignung aller Landwirtschaftsbetriebe ab 100 ha vorsah, wurde ein Umstrukturierungsprozess in den ostelbischen Gebieten in Gang gesetzt, der z.B. in Mecklenburg-Vorpommern die Enteignung von über 2.000 Gutsbesitzern und die Parzellierung der zugehörigen Ländereien in 5 bis 7 ha große Neubauernhöfe zur Folge hatte. Damit war jedoch das Problem der Ansiedlung von Zehntausenden von Flüchtungsfamilien keinesfalls gelöst. Es fehlte nicht nur an Vieh und landwirtschaftlichem Gerät, sondern vor allem an Wohn- und Wirtschaftsgebäuden. Abgesehen von diesen materiellen Voraussetzungen galt es auch, die planerischen Grundlagen für eine der umfangreichsten Siedlungsaufgaben der Nachkriegsgeschichte zu schaffen.

Zunächst begann man, ohne vorausschauende Planungskonzepte für die einzelnen Dörfer zu haben, mit der Errichtung von Neubauernhöfen z.B. entlang vorhandener Straßen, später auch in Form geschlossener Neubauernsiedlungen. Im Laufe der Jahrzehnte sind diese Siedlungserweiterungen eingegrünt und Bestandteil der historisch gewachsenen Siedlungskörper geworden. Nach NIEMKE (1985) erhielten innerhalb von 5 Jahren 544.000 Siedler 2.168.000 ha Land und es wurden mehr als 100.000 Neubauernhöfe errichtet. Unter Regie der Länder entstanden Typenentwürfe für Neubauernhöfe, die sich gestalterisch an die landschaftsgebundenen Vorbilder anlehnten. In seinem „Handbuch des Landbaumeisters" erläuterte Cords-Parchim die Anforderungen an Funktion und Gestaltung und hob hervor, dass die Gehöfte komplett zu errichten sind, um spätere hässliche Anbauten zu vermeiden. Er forderte die gestalterische Einbindung in die Dorflage und zitierte Beispiele aus westdeutschen Veröffentlichungen (CORDS-PARCHIM 1953). Bereits 1953 gab Cords-Parchim Hinweise auf die Weiternutzung der Neubauerngehöfte als individuelle Hauswirtschaften, wenn sich die Kleinbauern zu einer Genossenschaft zusammenschließen sollten. Diese Entwicklung ließ in der DDR nicht lange auf sich warten.

Im Juli 1952 beschloss die II. Parteikonferenz der SED den planmäßigen Aufbau des Sozialismus in der DDR. Der Druck auf die selbständig wirtschaftenden Bauern, sich zu Genossenschaften zusammenzuschließen, wuchs ständig. In den größeren Dörfern waren bereits MAS (Maschinen-Ausleihstationen) entstanden, die nun zu MTS (Maschinen-Traktoren-Stationen) nach sowjetischem Vorbild ausgebaut wurden. Sie dienten nicht nur den Genossenschaften als technische Basis, sondern waren als „Stützpunkte der Arbeiterklasse auf dem Lande" für die politische Umerziehung der Bauern verantwortlich. Da die MTS auch Mittelpunkt des kulturellen Lebens sein sollten, entstanden in den MTS-Dörfern auch kulturelle, soziale und andere gesellschaftliche Einrichtungen.

Ab 1952 schlossen sich zunächst die aus der Bodenreform hervorgegangenen kleineren Landwirtschaftsbetriebe zu Genossenschaften des Typs I mit gemeinsamer Nutzung des Ackerlandes zusammen, aus ihnen gingen dann die LPG vom Typ III hervor, die auch die Tierproduktion genossenschaftlich betrieben. Spätestens jetzt entstand ein großer Baubedarf, da ja für die gemeinsame Unterbringung des Viehs alle Voraussetzungen fehlten. Die damit verbundenen Planungsaufgaben übertrug man den Entwurfsabteilungen Dorfplanung, die bei den Entwurfsbüros für Hochbauprojektierung gebildet worden waren. Es fehlte zu diesem Zeitpunkt jeder planerische Vorlauf und die Methoden der Dorfplanung mussten aus der täglichen Arbeit entwickelt werden. Es fehlte auch nicht an Kritik seitens der Staatsführung hinsichtlich des Wirksamwerdens der Dorfplanung bei der „umfassenden Rekonstruktion des Dorfes auf der Grundlage der entwickelten sozialistischen Produktionsformen", wie es ein Staatssekretär in der Deutschen Architektur ausdrückte (HAFRANG 1955). Es reifte die Erkenntnis, dass nur „auf Grund eines vorhandenen Dorfbebauungs- oder Teilbebauungsplanes die erforderliche Koordinierung der Bauvorhaben aller Planträger sowie die Aufstellung von Jahresplänen für die landwirtschaftlichen Bauvorhaben im Dorf erfolgen kann", wie es in der gleichen Quelle heißt.

Mit der Gebiets- und Verwaltungsreform in der DDR, der Bildung der Bezirke und der Schaffung der Bezirksbauämter erhielten die neu gegründeten „Entwurfsbüros für Gebiets-, Stadt- und Dorfplanung" die Verantwortung für die technisch-gestalterische Seite der Territorialplanung und der Dorfplanung. Sie verfügten auch über Fachleute für die Grünplanung, die meistens Landschaftsarchitekten waren, über Hochbauarchitekten und Städteplaner sowie über Fachingenieure, sodass komplexe Planungsaufgaben in Angriff genommen werden konnten. Eine erste Orientierung für Planungsarbeiten im ländlichen Raum stellten die „Vorläufigen Richtlinien für die Dorfplanung" vom 30.10.1952 dar (MINISTERIUM FÜR LAND- UND FORSTWIRTSCHAFT DER DDR 1952). Sie sahen die Bestimmung von Zentraldörfern als Siedlungsschwerpunkte vor, die am besten am Standort „größerer Neubauerndörfer" entstehen sollten. Dieser Vorschlag deckte sich mit den Aufgaben, die man den MTS-Dörfern als politischen und gesellschaftlichen Zentren auf dem Lande zumaß. Mit dem vollständigen Übergang zur genossenschaftlichen Produktionsweise, der bis 1960 erreicht war, galten solche Prioritäten nicht mehr. Es waren allerdings bis zu diesem Zeitpunkt in allen Bezirken „Musterdörfer" entstanden, die z.B. in Mecklenburg aus ehemaligen Gutsdörfern hervorgegangen waren oder die durch die rasche Entwicklung der Produktionsverhältnisse umfangreich mit Neubauten zunächst von Produktionsbauten ausgestattet worden waren. An Standorten wie Dorf Mecklenburg, Semlow oder Trinwillershagen wuchsen aber auch gesellschaftliche Zentren von überregionaler Bedeutung heran, die als beispielgebend für das künftige sozialistische Dorf galten. Diese Beispiele ließen sich jedoch nicht ohne weiteres auf andere Dörfer übertragen. Es fehlte an einer Systematik der dorfplanerischen Arbeit, aus der man ein entsprechendes methodisches Instrumentarium hätte ableiten können.

2. Die Methoden der Dorfplanung in der DDR

Das Forschungsinstitut für die Architektur ländlicher Bauten der Deutschen Bauakademie erhielt den Auftrag, eine Beispielsplanung für die sozialistische Umgestaltung eines Dorfes zu erarbeiten, die für die Dorfplanung der kommenden Jahre richtungweisend sein sollte. Als Planungsobjekt wurde das Dorf Marxwalde, Kreis Seelow, Bezirk Frankfurt/Oder ausgewählt. Niemke, als Leiter der Forschungsgruppe, berichtet darüber in der Deutschen Architektur (NIEMKE 1955). Die folgenden Informationen beziehen sich auf diese Veröffentlichung.

Da man zum Zeitpunkt der Planung von etwa 60-70 % genossenschaftlich bewirtschafteten Flächen ausgehen konnte und über konkrete Zahlen für den Viehbesatz verfügte, war es nahe liegend, zunächst das Raumprogramm für die einzelnen Wirtschaftsbereiche aufzustellen. Ausgehend von sowjetischen Quellen wurden die einzelnen Standorte lageplanmäßig bearbeitet: ein Standort für den Maschinenhof einschließlich Unterbringung für Traktoren, Wagen und Pferde, ein Lagerstandort für Feldfrüchte und Kraftfutter, Viehhöfe für Milchvieh, Jungvieh, Zucht- und Mastschweine. Die Gebäude waren meistens am Rande der Ortslage relativ kompakt zugeordnet und durch Grünstreifen zwischen den Anlagen und zur Dorflage voneinander getrennt. Durch die konzentrierte Bebauung sollte erreicht werden, dass der Erschließungsaufwand minimiert wurde. Als wesentlich komplizierter erwies sich die Gestaltung und lageplanmäßige Einordnung des künftigen Dorfzentrums. Marxwalde ist ein typisches Angerdorf mit einem alles dominierenden klassizistischen Kirchenbau von Karl Friedrich Schinkel. Auch das Gutsensemble, das Schlossgebäude und die Parkanlage gehen auf Entwürfe von Schinkel zurück. Das Konzept des künftigen Dorfzentrums sah einen Kultursaal gegenüber der Kirche vor, das Schlossgebäude sollte als Kulturhaus fungieren und weitere zentrale Einrichtungen wie eine Zentralschule, Landambulatorium, Kindergarten, Dorfwirtschaftshaus und Verkaufsstelle sollten sich ringsum in die vorhandene Bebauung einordnen. Diese sehr weit reichende Planung wurde nur zum Teil realisiert. Als besonders positiv muss der sorgfältige Umgang mit der vorhandenen Bausubstanz hervorgehoben werden. Von dem Bearbeiterkollektiv wurden einige allgemeine Schlussfolgerungen gezogen, die für die Dorfplanung von Interesse waren (vgl. NIEMKE 1955):

- Ausgangspunkt jeder Dorfplanung muss eine gründliche Analyse sein. Ausgehend von der historischen Entwicklung, der Gehöft- und Flurform, ist das Charakteristische, die Siedlungsstruktur, herauszuarbeiten.
- Auf dieser Grundlage sind die Planungsziele festzulegen. Zentrum des politischen und kulturellen Lebens auf dem Lande ist die MTS. Standort der MTS ist das danach benannte Dorf. Das MTS-Dorf wird mit allen seinen zentralen Einrichtungen wie Kulturhaus, Zentralschule, evtl. Landambulatorium versehen.
- Der zum Dorf gehörende Boden und seine Erträge sowie die Entwicklung der genossenschaftlichen Produktion bilden die Grundlage für den so genannten Planungsrahmen. Er enthält u.a. Angaben über den Viehbestand, die Anzahl der Arbeitskräfte und bestimmt die Art, Größe und Anzahl der landwirtschaftlichen Betriebsgebäude.
- Hiervon ist auch die Entwicklung der Bevölkerungsstruktur abhängig, die Ausgangspunkt für die Bemessung der gesellschaftlichen Einrichtungen, der Wohnbauten und der Bauten und Anlagen für die soziale und technische Versorgung ist. Es gilt der Grundsatz, die Landbevölkerung mit ähnlichen kulturellen und sozialen Einrichtungen wie die städtische Bevölkerung auszustatten.
- Zur methodischen Seite bemerkte Niemke, dass unter Federführung des Dorfplaners und in enger Zusammenarbeit mit den Parteien und Massenorganisationen gemeinsam mit Agronomen, Zootechnikern, Wasser- und Energiewirtschaftlern sowie den Organen des Rates des Kreises bzw. des Rates des Bezirkes die Planungsarbeiten durchzuführen sind.

- Als wesentliche Grundlage für die Ableitung von Baumaßnahmen gilt die Erfassung und die weitere Nutzung der vorhandenen Bausubstanz, die genauso wie die geplanten Neubauten in den Planungsdokumenten der Dorfplanung und der Perspektivplanung der Gemeinde und der LPG ihren Niederschlag finden sollen.

Die *Abbildung 1* zeigt den nach mehreren Überarbeitungen entstandenen Lageplan von Marxwalde von dem Bearbeiterkollektiv der Deutschen Bauakademie. Das klassizistische Dorfzentrum, das von dem Schlossensemble und der Kirche dominiert wird, ist wie aus dem Lageplan ersichtlich auch bestimmend für die Lage des neuen Dorfzentrums. Die beidseitig des Dorfangers aufgereihten Gehöfte gehen ebenfalls auf die Planungen Schinkels zurück, der als junger, zwanzigjähriger Architekt im Auftrag des Landesherrn sowie des späteren Schlossherrn Graf Karl-August von Hardenberg das 1801 bei einem Großbrand vernichtete Dorf Quilitz wieder aufbauen sollte. Für die Gestaltung der Parkanlage wurde neben Peter-Josef Lenné auch Fürst Pückler-Muskau gewonnen. Das Dorf trug von da an den Namen Neu-Hardenberg, bis es 1949 in Marxwalde umbenannt wurde. Es galt als sozialistisches Musterdorf. Nach den Planungen der Deutschen Bauakademie wurde vor allem der Wirtschaftsbereich mit seinen Stallanlagen aufgebaut, wie aus der *Abbildung 2* hervorgeht. 1991 erfolgte die Umbenennung des Dorfes wiederum in Neuhardenberg. Heute werden Schloss und Park von der Stiftung Schloss Neuhardenberg GmbH nach umfangreicher Sanierung als international bekanntes Schlosshotel genutzt.

Die Gestaltungsziele von Marxwalde ließen sich nicht uneingeschränkt auf andere Planungen übertragen. Das historische Dorfzentrum beeinflusste die Planungsarbeiten und wurde somit zu einem entscheidenden Gestaltungsfaktor. Trotzdem gewann das Bearbeiterkollektiv wertvolle Erkenntnisse für die weitere methodische Arbeit, die sich in Empfehlungen und Richtlinien der Bauakademie niederschlugen (NIEMKE & BIERWISCH 1972). Um die spezifischen Standortbedingungen und unterschiedlichen morphologischen, klimatischen und siedlungsgeschichtlichen Zusammenhänge zielgerichteter in die Planungsarbeit einfließen zu lassen, bedurfte es einer breiter angelegten Forschungsarbeit, der so genannten Experimentalplanungen, die in den Bezirken der DDR von mehreren Entwurfsbüros für Gebiets-, Stadt- und Dorfplanung und verschiedenen Hochschuleinrichtungen, u.a. dem Institut für ländliches Bauwesen der TU Dresden, dem Lehrstuhl für ländliches Bauwesen der HAB Weimar und dem Institut für Landschaftsgestaltung der KMU Leipzig in Angriff genommen wurden. Die Anleitung und Koordinierung oblag der Abteilung Dorfplanung beim Institut für Städtebau und Architektur der Deutschen Bauakademie unter Leitung von Niemke, der auch für die entsprechenden Veröffentlichungen verantwortlich zeichnete (NIEMKE 1963; INSTITUT

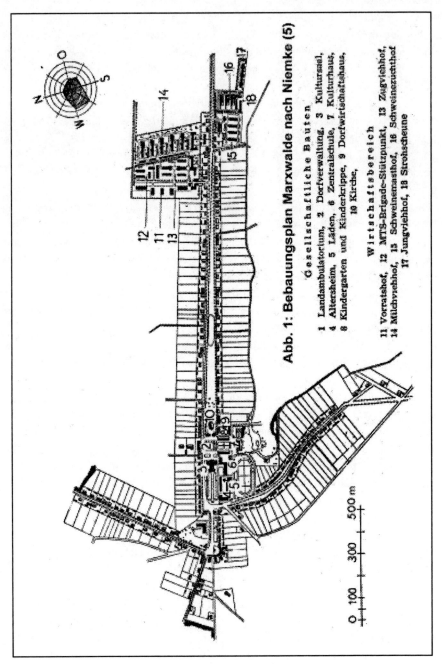

Abbildung 1: Bebauungsplan Marxwalde. Quelle: Niemke 1955

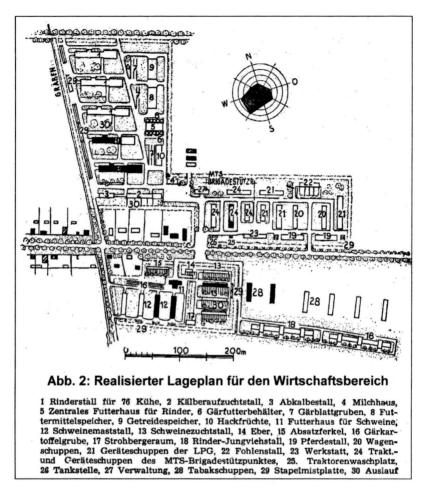

Abb. 2: Realisierter Lageplan für den Wirtschaftsbereich

1 Rinderstall für 76 Kühe, 2 Kälberaufzuchtstall, 3 Abkalbestall, 4 Milchhaus, 5 Zentrales Futterhaus für Rinder, 6 Gärfutterbehälter, 7 Gärblattgruben, 8 Futtermittelspeicher, 9 Getreidespeicher, 10 Hackfrüchte, 11 Futterhaus für Schweine, 12 Schweinemaststall, 13 Schweinezuchtstall, 14 Eber, 15 Absatzferkel, 16 Gärkartoffelgrube, 17 Strohbergeraum, 18 Rinder-Jungviehstall, 19 Pferdestall, 20 Wagenschuppen, 21 Geräteschuppen der LPG, 22 Fohlenstall, 23 Werkstatt, 24 Trakt.- und Geräteschuppen des MTS-Brigadestützpunktes, 25. Traktorenwaschplatz, 26 Tankstelle, 27 Verwaltung, 28 Tabakschuppen, 29 Stapelmistplatte, 30 Auslauf

Abbildung 2: Realisierter Lageplan für den Wirtschaftsbereich Marxwalde. Quelle: Niemke 1955

FÜR STÄDTEBAU UND ARCHITEKTUR 1964a). Die landeskulturellen Aspekte wurden an der KMU von Krummsdorf bearbeitet (KRUMMSDORF 1963).

Im Ergebnis der Experimentalplanungen wurde festgestellt, dass der universelle Ausbau der Siedlungen mit Neubauten nur in einem sehr weit gesteckten Zeitraum erfolgen konnte. Folglich sollte verstärktes Augenmerk auf Werterhaltung, Modernisierung und Instandsetzung der vorhandenen Bausubstanz gerichtet werden und deren Analyse deshalb am Anfang jeder dorfplanerischen Arbeit stehen. Die für die Rekonstruktion der Siedlungen bereitzustellenden Investitionen hätten nach Aussagen der Experimentalplanungen das Zwei- bis Dreifache des bisher in Ansatz Gebrachten betragen müssen. In den Siedlungen mit agrarökonomisch dominierten Standortfaktoren bildete der Besatz mit Arbeitskräften, der bei etwa 10-12 AK/100 ha lag, die Bemessungsgrundlage für die Bevölkerungsentwicklung. Daraus sollte sich die Ausstattung der Siedlung mit Wohnbauten, Schulen und sonstigen sozialen und kulturellen Einrichtungen ableiten. Ehe Entscheidungen für Neubauten zu treffen waren, sollte die Nutzung der vorhandenen Bauten auch für gesellschaftliche Zwecke untersucht werden. Die Ausweisung von Standorten für Neubauten sollte dem Prinzip der Entflechtung von Wohn- und Wirtschaftsbereichen folgen. Standortentscheidungen sind in der Dorfplanung prinzipiell in hohem Maße von der vorhandenen Siedlungsstruktur abhängig und z.B. in einem Waldhufendorf im Mittelgebirge anders zu treffen, als in einem Haufendorf in Thüringen oder einem ehemaligen Gutsdorf in Mecklenburg. Weiterhin sind unterschiedliche naturräumliche Gliederungen sowie klimatische und morphologische Bedingungen bei der Standortwahl zu beachten.

Aus Gründen, die hier nicht weiter erörtert werden sollen, kamen die Experimentalplanungen nicht zum Abschluss und wurden in dieser breit angelegten Form auch nie wieder aufgenommen. Mit Sicherheit sind einige Erkenntnisse in die „Vorläufige Richtlinie für die bauliche Weiterentwicklung der Dörfer in der DDR für die Jahre 1964-1970" eingeflossen, die unter Federführung des Instituts für Städtebau der DBA ausgearbeitet worden war und für die Dorfplanung der kommenden Jahre verbindlich wurde (INSTITUT FÜR STÄDTEBAU UND ARCHITEKTUR 1964b).

3. Die sozialistische Rekonstruktion von Dörfern in der DDR

Die Ziele für den Ausbau der Dörfer, nach denen die Arbeit der Büros für Gebiets-, Stadt- und Dorfplanung ausgerichtet wurden, lagen in der vorbereitenden Planung der Investitionen für die Landwirtschaft. Sie konnten sich dabei auf einen Ministerratsbeschluss vom 14.06.1963 stützen, der die Büros darüber hinaus mit der perspektivischen Planung des Siedlungsnetzes beauftragte. Dies beinhaltete auch die Folgeinvestitionen für das Verkehrsnetz sowie für wasserwirtschaftliche und landeskulturelle Maßnahmen, unter denen in der Folgezeit vorrangig Meliorationsmaßnahmen zu verstehen waren. Die Altbaunutzung und die Planung erforderlicher Umbau- und Sanierungsmaßnahmen lagen in der Verantwortung der Kreisbaubetriebe und ihrer Entwurfsabteilungen. Daneben existierten in den LPG Baubrigaden zur Erledigung von Instandsetzungsarbeiten- und kleineren Umbaumaßnahmen. Diese wurden später aus den Betrieben herausgelöst und zu zwischenbetrieblichen Bauorganisationen zusammengefasst. Für die Ausführung der

Investitionen sowohl für die Landwirtschaft als auch das ländliche Wohnungsbauprogramm waren die Landbaukombinate verantwortlich. Dies wurde im Einzelnen in der Landbauordnung vom 12.05.1967[1] festgelegt. Die jeweiligen Dorfplanungen sollten neben der technisch-gestalterischen Aufgabe auch sicherstellen, dass die territoriale Entwicklung wie auch die Perspektivplanungen der Betriebe in den Planungsarbeiten berücksichtigt wurden. An der Erfüllung dieser Aufgaben, die als politischer Auftrag zu verstehen waren, wurden künftig Leistungen der Büros für Gebiets-, Stadt- und Dorfplanung und der Büros für Städtebau bei den Räten der Bezirke gemessen.

Die methodischen Grundlagen der Dorfplanung erarbeiteten unter Leitung von Niemke die Mitarbeiter der Abteilung Dorfplanung am Institut für Landwirtschaftliche Bauten der DBA, im Zusammenwirken mit den bezirklichen Büros und Hochschuleinrichtungen. In der Schriftenreihe Bauforschung – Reihe Landwirtschaftsbau berichtete man regelmäßig über Forschungsergebnisse und es gab auch direkte Anleitungen und Empfehlungen für die Praxis der Dorfplanung und der städtebaulichen Projektierung (INSTITUT FÜR LANDWIRTSCHAFTLICHE BAUTEN 1972, 1973; GREBIN, LIEBICH & PICHT 1966; NIEMKE, PICHT & REGEN 1972; NIEMKE 1962). Aus diesen Unterlagen sollen auszugsweise einige Richtlinien zitiert werden, die bindend für die Arbeit der Dorfplanung waren (INSTITUT FÜR LANDWIRTSCHAFTLICHE BAUTEN 1973):

- „Konsequente Fortführung der Trennung von Wohnen und Produzieren, wobei neben dem Wohnbereich möglichst wenige, dafür günstig gelegene Standorte für Produktionsbereiche zu planen sind.
- Das Straßen- und Wegenetz einer Siedlung ist wichtige Basis für die räumliche Ordnung und Komposition. Der Wirtschaftsverkehr soll möglichst nicht durch den Wohnbereich führen. Die Verkehrswege sind je nach Belastung differenziert zu gestalten. Der Fernverkehr soll nach und nach aus dem Ort herausgenommen werden.
- Die ländliche Siedlung ist ein organischer Bestandteil der Landschaft. Sie ist reichlich mit Grün durchsetzt, woran die Gärten der individuellen Grundstücke den Hauptanteil haben. Landschaft und Bebauung sind eng miteinander verflochten. Eine klare Abgrenzung des Siedlungskörpers und abgesonderter Gebäudekomplexe durch Schutzpflanzungen ist erforderlich. Das Grün gliedert eine ländliche Siedlung und ist ein wichtiges Element der städtebaulichen Komposition.
- Die ländliche Siedlung bietet als Ganzes einen Kontrast zur Landschaft; das verlangt eine einprägsame, die Landschaft steigernde Gestalt.

---

[1] Anordnung über die Vorbereitung und Durchführung des Landwirtschaftsbaues – Landbauordnung – vom 12.05.1967, Gesetzblatt der DDR, Teil II, Nr. 55, Berlin.

- Das Einzelgebäude kommt in der ländlichen Siedlung stark zur Geltung. Seine architektonische Gestaltung soll die städtebauliche Wirkung unterstreichen. Konstruktion, Funktion und Form sollen übereinstimmen. Das gilt gleichermaßen für Wohngebäude, Wirtschaftsgebäude und gesellschaftliche Bauten.
- Die Beachtung dieser Anforderungen wird in den Dörfern solche Umweltbedingungen entstehen lassen, die der sozialistischen Lebensweise, der Arbeitsfreude und dem Schönheitsempfinden der Menschen förderlich sind."

In einer Veröffentlichung „Baugestaltung in Gemeinden" lenkt Niemke die besondere Aufmerksamkeit auf die Förderung des Wohnungsbaus auf dem Lande (NIEMKE 1985). Er hebt die natürlichen Standortbedingungen als besonderes Merkmal der ländlichen Siedlung hervor und fordert die Berücksichtigung der typischen Kennzeichen wie Waldränder, Gewässer, Kuppen, Grate, freie Felder und Wiesen. Die Gebäudekomplexe sollen sich der Landschaft anpassen und nicht umgekehrt. Die Wohnumwelt ist schrittweise so zu entwickeln, dass sich die Lebensbedingungen der Landbevölkerung denen der Stadt annähern, aber gleichzeitig die Vorzüge des ländlichen Wohnens, die sich aus der engen Beziehung mit der natürlichen Umwelt ergeben, voll genutzt werden. Die Umwelt ist zu schützen und die Einbindung des Dorfes in die Landschaft sowie die Durchgrünung seiner Bebauung ist zu gewährleisten. Um diese Forderungen durchzusetzen, rät Niemke den Planungs- und Projektierungseinrichtungen die enge Zusammenarbeit mit den Vorständen der LPG und den Räten der Gemeinde unter Einbeziehung interessierter Einwohner. Als ein wichtiges Planungsinstrument hebt er die Ortsgestaltungskonzeption hervor, auf die etwas näher eingegangen werden soll.

4. Die Ortsgestaltungskonzeption – ein Instrument der Dorfplanung

„Das Wichtigste der Arbeit an und mit Ortsgestaltungskonzeptionen ist das tiefe Eindringen der verantwortlichen Kräfte eines Ortes in das Wesen seiner wirtschaftlichen, sozialen, kulturellen, baukünstlerischen und historischen Merkmale und der Möglichkeiten ihrer Entwicklung. Ausgehend von diesem fundierten Wissen sind die baulichen Konsequenzen abzuleiten und es ist herauszuarbeiten, was erhaltenswert und für Gegenwart und Zukunft noch tragfähig und effektiv ist und was überwunden, verändert und erneuert werden muß".

Diese eigentlich selbstverständliche Aussage, die Niemke in der o.a. Veröffentlichung trifft, soll die bisherige Arbeit der Dorfplanung auf eine reale Basis stellen. Es ging nämlich nicht darum, utopische Pläne für einen langen Perspektivzeitraum aufzustellen, sondern den Gemeinden sollte ein Instrument in die Hand gegeben werden, wie unter Beachtung der historisch gewachsenen Struktur die täglichen Entscheidungen der baulichen Gestaltung mit dem Ziel der Schaffung hoher Gebrauchswerte von den Räten der Gemeinden zu treffen waren. Dabei konnten sich die örtlichen Volksvertretungen auf einen Ministerratsbeschluss der DDR von 1977 stützen, der vorsah, dass für alle Gemeinden Ortsgestaltungskonzeptionen zu erarbeiten sind. Das Gesetz über die örtlichen Volksvertretungen[2] übertrug den Gemeinden die volle Befugnis und alleinige Verantwortung für deren Ausarbeitung. Unter Leitung des Rates der Gemeinde sollte ein Kollektiv gebildet werden, dem die Vorstände der LPG und anderer ortsansässiger Betriebe, Vertreter der gesellschaftlichen Organisationen und fachlich kompetente Bürger angehörten. Fachkräfte der Büros für Gebiets-, Stadt- und Dorfplanung sollten die technisch-gestalterischen Aufgaben übernehmen. Der Kreisarchitekt oder die Büros für Städtebau konnten zu Konsultationen herangezogen werden. Zur Unterstützung der LPG als Planträger, der Räte der Gemeinden und der Projektierungseinrichtungen bei der Ausarbeitung der Ortsgestaltungskonzeptionen wurden vom Institut für Landwirtschaftliche Bauten der Deutschen Bauakademie, von den Büros für Städtebau einzelner Bezirke und vom Bund der Architekten der DDR beispielhafte Ortsgestaltungskonzeptionen erarbeitet und daraus Empfehlungen abgeleitet (NIEMKE, PICHT & REGEN 1984; AUTORENKOLLEKTIV 1986; METELKA et al. 1977; RAT DES BEZIRKES DRESDEN 1986; HORMANN 1970; BÄHR et al. 1987).

Aus dem „Ratgeber für Ortsgestaltungskonzeptionen" des Büros für Stadt- und Dorfplanung Neubrandenburg (METELKA et al. 1977) sollen einige inhaltliche Schwerpunkte zitiert werden, die als Ergebnis der Arbeit erwartet wurden:
- Festlegungen zu den Standorten der Baugrundstücke und zum Charakter der Typen für den Eigenheimbau und Geschosswohnungsbau im Zusammenhang mit der komplexen baulichen Gestaltung des Dorfes, einschließlich der Festlegungen für Ausbau, Umbau und Werterhaltung der Wohngebäude,
- Gestaltung der Zentren der Dörfer durch Einordnung des Wohnungsbaus und Festlegung der Standorte für gesellschaftliche Einrichtungen, der Werterhaltung und der Aufwertung der öffentlichen Freiflächen (Landschaftsgestaltung),
- Schaffung von Freiflächensystemen, Gestaltung von vorhandenen Parks, Friedhöfen und Kleingartenanlagen, Sport- und Spielflächen sowie vielfältigen Maßnahmen, die im Rahmen des „Mach-mit"-Wettbewerbes zur Ortsverschönerung und zur Naherholung realisiert werden sollten,
- Festlegungen zur baulichen Veränderung von Wirtschaftsgebäuden, Stallanlagen und sonstigen betrieblichen Gebäuden und Anlagen,

---

[2] Gesetz über die örtlichen Volksvertretungen in der DDR, vom 04.07.1985, Gesetzblatt der DDR, Teil I, Berlin.

- Festlegungen von Abrissen und Abfuhr von Großmüll und Schrott einschließlich der Pflege und Nutzung der dadurch beräumten Flächen,
- Festlegungen für Ortssatzungen, d.h. von Baufluchten bzw. Ordnungsprinzipien bei Neubauten, Höhenbegrenzungen, Dachformen, Farbgestaltung, Vorgärten- und Straßenraumgestaltung, von Zäunen, Hecken und Anpflanzungen von Bäumen und Sträuchern, um jede bauliche Aktivität im Sinne der Verbesserung des gesamten Ortsbildes wirksam zu machen,
- Festlegungen für ein einfaches Erschließungssystem und für versorgungstechnische Maßnahmen entsprechend den territorialen Bedingungen,
- Weitere Festlegungen zur Pflege und Verschönerung von öffentlichen Gebäuden und Anlagen, zur Gestaltung der dörflichen Kleinarchitektur, der Abstellflächen von landwirtschaftlichen Maschinen und Geräten usw.

Der Inhalt und die Methode der Ortsgestaltungskonzeptionen lehnten sich an die bisherige Methode der Dorfplanung an. Das Neue bestand darin, dass jetzt die Bürgermeister, die örtlich ansässigen Betriebe, allen voran die LPG- und KAP-Vorsitzenden, die Vertreter der Nationalen Front und der anderen Massenorganisationen verantwortlich für die Durchführung der Arbeiten waren, d.h. dass das zu bildende Bearbeiterkollektiv aus ehrenamtlichen Kräften bestand. Die Leitung des Kollektivs hatte der Bürgermeister, die fachliche Mitarbeit von Architekten und Ingenieuren war durch den Kreisarchitekten in Zusammenarbeit mit dem Bund der Architekten sowie der Kammer der Technik zu sichern. Für fachliche Konsultationen standen die Büros für Stadt- und Dorfplanung bzw. die Büros für Städtebau zur Verfügung.

Natürlich ergibt sich aus heutiger Sicht die Frage, wie die planerischen und technisch-gestalterischen Aufgaben ohne professionelle Hilfe erledigt werden sollten, in einer Zeit, wo freie Projektierungskapazität praktisch nicht vorhanden war. Allein die Erarbeitung einer so genannten „Gesellschaftspolitischen Zielstellung", die Aussagen über die Entwicklung des Wohnungsbaus, der gesellschaftlichen Einrichtungen und der Wirtschaftsgebäude und Anlagen bis 1990 enthalten sollte, kann man sich ohne Mitwirkung von kompetenten Dorfplanern, Architekten und Ingenieuren nicht vorstellen. Begrüßenswert an der Initiative der Ortsgestaltungskonzeptionen war die unmittelbare gesellschaftliche Verantwortung der Gemeinden, die Einbeziehung der Bürger und die Beseitigung der Unverbindlichkeit von Dorfplanungen, die in der Vergangenheit oft nicht realisiert wurden. Hier wurde in den entsprechenden Anleitungen die Ortsgestaltungskonzeption zur Grundlage von Investitionsentscheidungen gemacht, nachdem sie in Einwohnerversammlungen verteidigt und vom Gemeinderat zum Beschluss erhoben wurde.

Der Inhalt der gesellschaftspolitischen Zielstellung war mit der Kreisplankommission beim zuständigen Rat des Kreises abzustimmen. Im Ratgeber zur Erarbeitung von Ortsgestaltungskonzeptionen (OGK) des Bezirkes Rostock wurden den Gemeinden die Kartengrundlagen durch den Liegenschaftsdienst oder das Büro für Städtebau zugesichert. In diese Karten sollten dann sowohl die Bestandsanalysen als auch die Planungsabsichten durch „Schüler" freihändig eingetragen werden (RAT DES BEZIRKES DRESDEN 1986). Wesentlich professionellere Arbeit konnte man dort erwarten, wo Hochschuleinrichtungen mit ihren Studenten Hilfe leisteten (HORMANN 1970). Nun sollen diese Bemerkungen keinesfalls die damaligen Bemühungen in den Gemeinden in Frage stellen, sich um die Ortsgestaltung, um die Verschönerung ihrer Dörfer und die Verbesserung der Wohnbedingungen zu kümmern. Auch die Erkenntnis, dass dies nur unter Einbeziehung möglichst vieler Bürger gelingt, mag sich in vielen Gemeinden motivierend ausgewirkt haben. Wirklich vorangekommen sind letztlich aber nur Dörfer, in denen investiert wurde, und dies waren Orte von überregionaler Bedeutung, mit einer starken LPG und mit Persönlichkeiten, die sich in der Gemeinde durchsetzen konnten. Auch mit Hilfe von Ortssatzungen, die als ein Ergebnis der Ausarbeitung von Ortsgestaltungskonzeptionen entstanden sind, konnten gestalterische Anforderungen sowohl bei Neubauten, bei der Modernisierung der vorhandenen Bausubstanz und der Gestaltung von Grünanlagen, Sport- und Erholungsflächen und deren Pflege durchgesetzt werden. So konnten in den Ortssatzungen auch Pflichten der Eigentümer bei der Pflege des Straßenraumes, bei der Müllbeseitigung oder bei der Haltung von Kleinvieh auf ihren Grundstücken fixiert werden. Als Ausdruck der Landschaftsverbundenheit sollte in den Ortssatzungen die Erhaltung und Pflege des öffentlichen Grüns sowie der individuellen Vorgärten zum Anliegen aller Einwohner des Dorfes gemacht werden (NIEMKE, PICHT & REGEN 1984).

5. Dorfplanung und Denkmalpflege

Die sozialistische Umgestaltung der Landwirtschaft bedeutete eine große Gefahr für die historisch gewachsene Bausubstanz und Siedlungsstruktur in der DDR. In einem Aufruf des Deutschen Kulturbundes, der sich an die Kreis- und Bezirksaktivs „Bauten im Dorf", aber auch an alle Mitbürger in den Dörfern richtete, wurde darum gebeten, bei der Erfassung der wertvollen Bausubstanz, der historischen Dorf- und Flurformen mitzuhelfen. Es heißt darin: „Die Dorfplaner benötigen diese Erhebungen, um die denkmalswürdigen Bauten in ihren Planungen berücksichtigen zu können". Da die beste Pflege eines Gebäudes in seiner Nutzung besteht, galt es möglichst viele Einwohner der Dörfer in die Pflegemaßnahmen einzubeziehen. Dazu sollte auch der Wettbewerb „Schöner unsere Dörfer – Mach mit" beitragen. In der Broschüre „Alte Bauten im neuen Dorf" (DEUTSCHER

KULTURBUND 1963) äußern sich Autoren dazu folgendermaßen: „Erst ein eigenes Verhältnis zur Vergangenheit und Gegenwart befähigt zu einer verantwortungsbewußten und mitbestimmenden Gestaltung der Umwelt. Altes und neues Bauen sollen auch auf dem Lande dicht beieinander wohnen und entwicklungsgeschichtliche Tatbestände eindringlich, bildhaft und überzeugend zum Ausdruck bringen". Im Ergebnis der Dorfplanung sollte sich jeder Bewohner mit seinem Dorf identifizieren können: „Die geschichtliche Tiefe des schönen sozialistischen Dorfes soll den Menschen den Erlebnisreichtum der Heimat bewahren und zur schöpferischen Entfaltung ihrer Fähigkeiten führen." (POLENZ 1964) Die Umsetzung dieser Ziele stellte an Dorfplaner, Architekten und Denkmalpfleger hohe Anforderungen. Neben hoher Fachkompetenz mussten sie auch Leidenschaft, Ausdauer und innere Überzeugung mitbringen. Solche Persönlichkeiten wie Karl Baumgarten, der sich um die Bewahrung des Niederdeutschen Hallenhauses und der Urtümlichkeit des mecklenburgischen Dorfes bleibende Verdienste erworben hat (BAUMGARTEN 1980), oder Rudi Köppe, der jahrzehntelang als Dorfplaner im ostsächsischen Raum und im Nationalpark „Sächsische Schweiz" einen zähen Kampf gegen Bausünden gefochten hat (KOEPPE 1964), sind in diesem Zusammenhang zu nennen. Im Norden der DDR hat sich Metelka als Chefarchitekt im Büro für Stadt- und Dorfplanung Neubrandenburg für Gestaltungsfragen und die Bewahrung der Altbausubstanz eingesetzt (METELKA et al. 1977). Von den Mitarbeitern der Deutschen Bauakademie, Institut für Städtebau und Architektur sind Martin Grebin, Wolfgang Liebich und Klaus Picht zu nennen, die wissenschaftliche Grundlagen und praktische Anleitungen zur Dorfplanung vornehmlich auch zur Pflege und Nutzung der vorhandenen Bausubstanz geschaffen haben (GREBIN et al. 1967; INSTITUT FÜR LANDWIRTSCHAFTLICHE BAUTEN 1974). Und natürlich muss in diesem Zusammenhang der Nestor der Dorfplanung in der DDR, Walter Niemke, genannt werden, der sich wissenschaftlich mit dem Angerdorf befasst hat und dem die Dorfplanung über Jahrzehnte wesentliche Anregungen, Empfehlungen und Anleitungen zur Baugestaltung und zur planerischen Arbeit verdankt (NIEMKE 1985; NIEMKE, PICHT & REGEN 1984). Aber auch an den Hochschulen mit Architektenausbildung waren Dorfplaner tätig. An der Hochschule für Architektur und Bauwesen Weimar wirkte Konrad Püschel und bearbeitete mit seinen Studenten Planungen für die Dörfer in Thüringen. An der Technischen Universität Dresden, Sektion Architektur, hat Kurt Hormann zahlreiche Studentenentwürfe zur Dorfplanung im Erzgebirgsvorland und in der Umgebung von Dresden betreut (PÜSCHEL 1961, 1964; HORMANN 1988).

All diesen Arbeiten ist gemeinsam, dass aus der Bewahrung des historischen Ortsbildes und seiner wertvollen Bausubstanz in der Dorfplanung heraus Ergebnisse erreicht wurden, die der Erhaltung von Kulturlandschaften dienten, die die

Harmonie zwischen Ortslagen und Landschaft wiederherstellen und unterstreichen und gewaltsame Eingriffe in die Landschaft verhindert haben. Dies ist ein Erbe, von dem wir auch heute noch zehren können, wenngleich die Dorfplanung in der DDR auch nicht alle Bausünden verhindern konnte.

Die Vielfalt der überlieferten Gehöft- und Dorfformen bietet Einblicke in historische Zusammenhänge, die verloren gehen würden, wenn wir uns nicht mit Sorgfalt der Erhaltung des wertvollen Baubestandes annehmen. Dies gilt heute ebenso wie damals. In einem Artikel von Werner Radig, dem bekannten Wissenschaftler und Hausforscher, mit dem Titel „Die überlieferte ländliche Volksbauweise in der DDR" wird in eindringlicher Weise auf die noch vorhandenen Zeugnisse der Volksarchitektur in Dörfern verwiesen und ein verantwortungsvoller Umgang mit ihnen angemahnt (RADIG 1964). Viele der deutschen Hallenhäuser, die Karl Baumgarten aufgemessen und dokumentiert hat, existieren heute nur noch auf dem Papier (BAUMGARTEN 1970). Deshalb gilt auch heute die Regel, dass nur was genutzt wird, auf Dauer erhalten werden kann. Das, was seinerzeit vor allem der Kulturbund geleistet hat, um die Einwohner der Dörfer zur praktischen Denkmalpflege zu ermutigen, leistet heute in anerkennenswerter Weise die „Interessengemeinschaft Bauernhaus", die sich auch in den neuen Bundesländern etabliert hat (MASCHMEYER 2001).

Als eine weitere Möglichkeit zur Erhaltung wertvoller Denkmale im ländlichen Raum sind auch die Bauernhausmuseen und Denkmalshöfe anzusehen. Wenn sie wie im Falle des Denkmalshofes Klockenhagen bei Ribnitz-Damgarten für viele historische Hallenhäuser und Gutskaten nach ihrer Umsetzung zu einem Refugium wurden und, liebevoll gepflegt, den Menschen ein Bewusstwerden ihrer Heimat vermitteln, ist das nur zu begrüßen. Dies darf jedoch nicht zur Alibifunktion für unterlassene Hilfeleistung vor Ort werden. Was kann doch ein lebendiges Dorf wie etwa das Spreewalddorf Lehde an kulturellen Werten vermitteln, ohne ein Museum im herkömmlichen Sinne zu sein. Denkmalpflege an lebendigen Objekten wie Bauernhäusern und Dörfern, die einem natürlichen Wandel unterliegen, bei denen aber das gute Alte neben dem Neuen einen Anspruch auf Bewahrung und Erhaltung haben muss, wird deshalb auch in Zukunft ein Anliegen von Architekten, Denkmalpflegern und den aufmerksamen Bürgern in ihren Gemeinden sein müssen!

6. Dorfplanung und landwirtschaftliches Bauen im Kontext mit Landeskultur und Umweltschutz

Die Zielstellung für die Gebiets-, Stadt-, und Dorfplanung ergab sich in der DDR zunächst aus der Notwendigkeit der baulichen Umgestaltung der Dörfer als Folge der gesellschaftlichen Veränderungen und der damit verbundenen Umstrukturierung der Landwirtschaft. Die Agrarwissenschaften und die Agrartechnik schufen die wissenschaftlichen Grundlagen für eine industriemäßige Pflanzen- und Tierproduktion auf genossenschaftlicher Grundlage. Die aus der einzelbäuerlichen Wirtschaftsweise hervorgegangenen Gehöft- und Dorfformen mussten in ihrer sozialen, räumlichen und technisch-gestalterischen Struktur den neuen Bedingungen angepasst werden.

Die unterschiedliche historische Entwicklung von Dorf und Kulturlandschaft und die verschiedenartige naturräumliche Gliederung bildeten sehr differenzierte Ausgangsbedingungen für die Umgestaltung und Rekonstruktion der ländlichen Siedlungen. Darauf machten schon sehr frühzeitig erfahrene Landbaumeister und Architekten wie Cords-Parchim oder Bergmann aufmerksam (CORDS-PARCHIM 1953; BERGMANN 1955).

Die zu großen Teilen neu ins Leben gerufenen Planungseinrichtungen erhielten den Auftrag, für die Investitionen in der Landwirtschaft die erforderlichen Planungsunterlagen zu erarbeiten (HAFRANG 1955). Anforderungen, die sich mit Rücksicht auf die Umwelt ergaben, betrafen im Wesentlichen die Grüngestaltung (MINISTERIUM FÜR LAND- UND FORSTWIRTSCHAFT DER DDR 1952). In wissenschaftlichen Arbeiten an der Deutschen Bauakademie, die sich mit dem perspektivischen Ausbau der Siedlungen befassten, wird relativ spät der Einfluss der Landeskultur und des Umweltschutzes auf die Arbeits- und Lebensbedingungen auf dem Lande untersucht (PICHT & REGEN 1982). Inzwischen waren die negativen Auswirkungen der forcierten Spezialisierung und Konzentration der Produktion in den Dörfern sichtbar geworden. Negative Umweltbeeinflussungen durch Lärm, Geruchsbelästigungen, hohe Schadstoffgehalte der Abluft aus Stallanlagen und Verunreinigungen des Grundwassers und der Oberflächengewässer ließen sich nicht mehr verheimlichen. Selbst die Qualität landwirtschaftlicher Produkte litt unter der Kontamination mit Schadstoffen (MITTAG 1979; HORMANN 1986).

In einem Aufruf des Nationalrates der Nationalen Front und des Ministeriums für Umweltschutz und Wasserwirtschaft der DDR wurden die Menschen in den Dörfern aufgefordert, sich verstärkt dem Umweltschutz zuzuwenden. In die „Mach-Mit"-Wettbewerbsprogramme der Dörfer sollten Ziele aufgenommen werden, die der Luft- und Gewässerreinhaltung, der schadlosen Beseitigung von Siedlungsabfällen und der Verbesserung der Wohnumwelt dienen sollten. Dadurch erhöhte sich der Druck auf die landwirtschaftlichen Betriebe, mehr für den Umweltschutz zu tun, und selbst die Auslagerung von umweltgefährdeten Betrieben wurde im Einzelfall erwogen.

Professor Brenner, Leiter des Gebietes Städtebau an der Sektion Architektur der TU Dresden, untersuchte 1969 aus erkenntnistheoretischer Sicht die Beziehungen zwischen gebauter und natürlicher Umwelt am Beispiel der Objekte Siedlung, Siedlungsnetz und Territorium (BRENNER 1969). Er registrierte einen „Desintegralzustand der umweltrelevanten Wissenschaften" sowie nicht entwicklungsgerechte Erscheinungen der technischen Siedlungssysteme. Aufgrund des geringen wissenschaftlichen Vorlaufs der Disziplinen der Umweltgestaltung seien sie seinerzeit nicht ausreichend in städtebaulichen Strukturmodellen berücksichtigt worden. Brenner stellte fest, „für die Entwicklung der gebauten Umwelt ist es von ausschlaggebender Bedeutung, ob die Entwicklung der gesellschaftlichen Verhältnisse richtig, ja vorausschauend in den wissenschaftlichen Abbildungen reflektiert wird oder nicht". Überträgt man dies auf die Problemstellung in der Dorfplanung, so sind es die Besonderheiten der Landwirtschaft und der Lebensweise der ländlichen Bevölkerung, die bei der Planung besondere Beachtung finden müssen, wie Hormann in seiner Dissertation B an der TU Dresden feststellt (HORMANN 1986). Die Vorstellungen der Dorfplaner mussten durch die enorme Entfaltung der Produktivkräfte und die Fortschritte der Agrarwissenschaften innerhalb weniger Jahre korrigiert werden. Während in den 1960er Jahren Milchviehställe für 60 und 90 Kühe als Typenprojekte in den Milchviehanlagen standortmäßig einzuordnen waren, mussten in den 1970er Jahren Standorte für Milchviehanlagen für 1.240 und 1.930 Kühe geplant werden. Dass dies nicht ohne Probleme für die vorhandene Bausubstanz abging, konnte man allenthalben in der Praxis beobachten. Hormann stellte folgende Mängel bei der Standortplanung und der architektonischen Gestaltung der Dörfer fest (HORMANN 1986):

- „ungenügende Berücksichtigung des dörflichen Charakters bei der Einordnung von Neubauten und der Entwicklung von Typenbauten des Wohn- und Gesellschaftsbaus,
- unzureichende Koordinierung aller baulichen Maßnahmen und fehlende Gesamtkonzeption zur Entwicklung der ländlichen Siedlung,
- Verlust der Geschlossenheit des Siedlungskörpers und zunehmende Zersiedelung durch Erschließung von Bauland außerhalb der Ortslage,
- Zerfall von funktionslos gewordenen einzelbäuerlichen Wirtschaftsgebäuden,
- unvollkommene Nutzung und Gestaltung der Kommunikationsräume (Dorfzentrum),
- maßstabsstörende Einordnung von Objekten der technischen Infrastruktur,

- unharmonische Gestaltung von rekonstruierten Objekten (Zerstörung ehemals guter Baukörper),
- gestalterische Mängel an Wohn- und Gesellschaftsbauten im Detail durch unzureichendes Geschmacksniveau der Dorfbewohner".

Diese sicherlich zutreffende Schilderung der Situation in vielen Dörfern soll keineswegs die zahlreichen Beispiele guter Dorfgestaltung in Misskredit bringen, die es natürlich auch gab. Mit Hilfe der bereits erläuterten Ortsgestaltungskonzeptionen konnten aktive Bürgermeister und Gemeinderäte beispielsweise Ortssatzungen durchsetzen und somit gestalterischer Willkür einen Riegel vorschieben.

Die Einflussnahme der Hochschulen und Universitäten auf die Dorf- und Gebietsplanung hing sehr stark von der Zusammenarbeit mit den zuständigen Planungseinrichtungen, den Räten der Kreise und Bezirke und den Gemeinden ab. Die im Kreis Pirna begonnenen Experimentalplanungen wurden vom Institut für ländliches Bauwesen an der TU Dresden mit einem Forschungsauftrag „Umgestaltung von Bauerndörfern" fortgesetzt (SCHIFFEL & HORMANN 1967). Zunächst stand die Problematik des Übergangs von der LPG Typ I zum Typ III zur Lösung an. Es mussten Möglichkeiten zur Unterbringung größerer Tierkonzentrationen in den bäuerlichen Dreiseithöfen untersucht werden und Standorte für Neubauten gefunden werden. Nach der Bildung von Kooperationsgemeinschaften, zu denen sich Betriebe mehrerer Dörfer zusammen schlossen, galt es, eines davon als Siedlungszentrum vorzuschlagen und Bebauungspläne zu erarbeiten. Während die zugeordneten Dörfer vornehmlich Produktionsstandorte zugewiesen erhielten, wurden im zentralen Ort gesellschaftliche Einrichtungen, die Zentralschule und weitere Bildungs-, Kultur- und Sozialeinrichtungen konzentriert (ebd.). Zur Bestandserfassung im Planungsgebiet wurde ein sechswöchiges Praktikum mit Architektur- und Bauingenieurstudenten durchgeführt. Außer der Bausubstanz, deren Zustand und Funktion konnte auch die Wasserversorgung, die Abwassersituation und der allgemeine Hygienezustand in den Dörfern erfasst werden. Die Planungsarbeiten in Form von Diplomarbeiten und Hauptentwürfen wurden öffentlich verteidigt, wobei Bürgermeister, LPG-Vorsitzende und Vertreter des Kreislandwirtschaftsrates zugegen waren (ebd.). Wenn man heute durch das Planungsgebiet fährt, bieten die Dörfer und Gehöfte ein nahezu unverändertes Bild. Doch der äußere Schein trügt. Die Mehrzahl der Wirtschaftsgebäude steht leer. Die Jungrinderherden, die früher die Landschaft belebten, existieren nicht mehr. Die Landwirtschaft, die früher das Dorf dominierte, ist auf dem Rückzug. Alternative Beschäftigungsmöglichkeiten sind kaum vorhanden.

In einer Richtlinie des Sächsischen Staatsministeriums für Landwirtschaft, Ernährung und Forsten vom August 1995 werden Maßnahmen zur Förderung der Dorfentwicklung und Strukturverbesserung im ländlichen Raum vorgeschlagen.

Art und Umfang der Förderung setzen die Eigeninitiative der Gemeinden und investitionswilligen Landwirte voraus. Eine infrastrukturelle Förderung erhalten nur Gemeinden, die in das „Sächsische Dorfentwicklungsprogramm" aufgenommen sind. Nach Einreichung der entsprechenden Unterlagen, und hier können vorliegende Ortsgestaltungskonzeptionen sehr hilfreich sein, entscheidet das zuständige Staatliche Amt für ländliche Neuordnung über die Bewilligung der Fördermittel.[3]

Die Situation in den Dörfern Mecklenburg-Vorpommerns stellt sich insgesamt etwas anders dar. Die historische Entwicklung hatte sehr unterschiedliche Dorftypen entstehen lassen. Im Gebiet des so genannten Domanium, hier war der Landesherr Grundherr, einschließlich des ehemaligen klösterlichen Grundbesitzes, konnten sich Bauerndörfer bis in die Neuzeit behaupten. Typische Beispiele sind die so genannten Hagendörfer im Landkreis Bad Doberan, die in ihrer Struktur noch auf die Zeit der Kolonisation durch deutsche Siedler im 13. Jahrhundert zurückgehen. Niederdeutsche Hallenhäuser mit steilen Reetdächern und mächtige Dreiseithöfe prägen teilweise noch heute das Ortsbild. Diese meist als Fachwerkbauten errichteten ursprünglichen Dielenhäuser, die Mensch und Vieh unter einem Dach vereinten, waren für die genossenschaftliche Viehhaltung nicht geeignet.

Ein zweiter Dorftyp, der für den ritterschaftlichen Herrschaftsbereich typisch war, wird durch den Begriff des Gutsdorfes charakterisiert. Es bestand in der Regel aus der Gutsanlage mit dem oft als Schloss bezeichneten Gutshaus und den zugehörigen, üblicherweise in massiver Bauweise errichteten Wirtschaftsgebäuden. Die leibeigenen Bauern, die durch die jahrhundertelange Gutswirtschaft und das so genannte Bauernlegen ihre Höfe verloren hatten, bewohnten die Katen, die sich meistens beidseitig der Straße zum Gut aufreihten. Es gab eine Vereinbarung mit dem Landesherren, der sich erfolglos gegen die Ritterstände durchzusetzen suchte, dass mindestens drei selbständige Bauerngüter in jedem Dorf bestehen bleiben sollten (MAYBAUM 1993). In der DDR boten nur die Wirtschaftsgebäude des Gutes Ansatzpunkte für eine Nutzung durch die LPG, während das Gutshaus nach der Enteignung der Gutsbesitzer meistens von Flüchtlingsfamilien, vom Konsum oder für Gemeindezwecke genutzt wurde.

Schließlich ist als dritter Dorftyp das durch die Aufsiedelung des Großgrundbesitzes entstandene Siedlungsdorf zu nennen. Siedlungsgesellschaften kauften vakante Ländereien auf und siedelten auf den Flächen auf genossenschaftlicher Grundlage Bauern an. Die Hofstellen waren nach einheitlichem Entwurf gestaltet und reihten sich an einer Erschließungsstraße auf. Die Betriebsgröße richtete sich nach dem zur Verfügung stehenden Land. Sie sollte den Siedlern ein Auskommen aus der landwirtschaftlichen Nutzung bieten. Die durch die Bodenreform entstan-

---

[3] Richtlinie des Sächsischen Staatsministeriums für Landwirtschaft, Ernährung und Forsten zur Förderung der Dorfentwicklung und Strukturverbesserung im ländlichen Raum vom 07.08.1995.

denen Neubauerndörfer waren demgegenüber in ihrer Ausstattung mit Land und Gebäuden wesentlich bescheidener.

Aus dieser Ausgangslage heraus mussten nach Gründung der LPG ab 1952 in großem Umfang Stallgebäude und sonstige Wirtschaftsgebäude errichtet werden. Nachdem die Etappe des Offenstall-Bauprogramms die Ansprüche der Genossenschaftsbauern nur vorübergehend erfüllen konnte, wurden massive Stallgebäude als Warmbauten in der so genannten Mastenbauweise in industrieller Bauweise errichtet. Wohn- und Gesellschaftsbauten sollten zunächst durch Ausbau und Modernisierung der vorhandenen Bausubstanz geschaffen werden. Es gab aber bereits in den ersten Katalogen mit Typenbauten Angebote für Einfamilien- und Doppelhäuser sowie LPG-Hauswirtschaften (MINISTERIUM FÜR LAND- UND FORSTWIRTSCHAFT 1954).

Für den Bereich der Stallbauten und sonstiger Produktionsbauten der Landwirtschaft standen Typenprojekte und Angebotsprojekte für komplette Anlagen zur Verfügung. Sie wurden unter der Verantwortung des VEB Landbauprojekt Potsdam, der zentralen wissenschaftlich-technischen Einrichtung für den Landwirtschaftsbau, die dem Ministerium für Land-, Forst- und Nahrungsgüterwirtschaft unterstand, ausgearbeitet. Daneben gab es für spezielle Anforderungen so genannte Wiederverwendungsprojekte, die von Projektierungseinrichtungen der Bezirke erarbeitet worden waren. Die Anwendung der Typenprojekte war verbindlich. Sie waren in der Regel nicht standortgebunden und wurden durch örtliche Projektanten an die jeweiligen Standortbedingungen angeglichen. Daraus ergibt sich, dass auch spezielle Anforderungen des Umweltschutzes erst bei der Standortangleichung Berücksichtigung fanden. Die Verordnung über die Vorbereitung und Durchführung von Investitionen in ihrer letzten Fassung von 1988[4] legte die Rechte und Pflichten der Investitionsträger, also z.B. der volkseigenen Betriebe, Kombinate und Genossenschaften, im Detail fest. Die Investitionsgüterindustrie, und dazu gehörten auch die Einrichtungen des Umweltschutzes, waren zur entsprechenden Unterstützung verpflichtet.

Eine Investitionsmaßnahme musste über die Arbeitsschritte Aufgabenstellung (AST) und Grundsatzentscheidung (GE) vorbereitet werden. Je nach Umfang und Bedeutung der Investition musste diese durch die zuständigen Ministerien bzw. Räte der Bezirke oder Kreise bestätigt werden. Für die Errichtung industriemäßiger Tierproduktionsanlagen waren laut Landbauordnung[5] die Landbaukombinate zuständig, die in fast allen Bezirken existierten. Für die sehr umfangreichen Aus-

---

[4] Verordnung über die Vorbereitung und Durchführung von Investitionen, Gesetzblatt der DDR, Teil I, Nr. 26 vom 16.12.1988, Berlin.

[5] Anordnung über die Vorbereitung und Durchführung des Landwirtschaftsbaues – Landbauordnung – vom 12.05.1967, Gesetzblatt der DDR, Teil II, Nr. 55, Berlin.

rüstungen, die nach standardisierten Maschinensystemen ausgerichtet wurden, zeichneten Kombinate wie der Landtechnische Industrieanlagenbau Nauen verantwortlich. Die Bau- und Ausrüstungsindustrie fungierte bei den größeren Objekten als Generalauftragnehmer oder als Hauptauftragnehmer. Als solche hatten sie auch die Verantwortung von der Projektierung bis zur schlüsselfertigen Übergabe und den Probebetrieb der Anlagen.

In vielen Fällen gestalteten sich die Finanzierung und bilanzmäßige Absicherung von Folgeinvestitionen, die vor allem die soziale und technische Infrastruktur betrafen, als besonders schwierig. Dies betraf in Einzelfällen auch Maßnahmen des Umweltschutzes oder Abrissmaßnahmen, um die nötige Baufreiheit zu schaffen. Auch die in der AST geforderten Angaben „zur Entwicklung der Arbeits- und Lebensbedingungen, zur Gewährleistung des Gesundheits- und Arbeitsschutzes sowie Brandschutzes, zum Umweltschutz und zur sozialistischen Landeskultur, zur sparsamen Inanspruchnahme landwirtschaftlicher Nutzfläche u.a." mussten in der Investitionsmaßnahme ihre Widerspiegelung finden[6].

Für die landwirtschaftlich-technologischen Entwicklungsarbeiten und die Entwicklung der Maschinensysteme waren die Ingenieurbüros für die einzelnen Hauptproduktionszweige der Landwirtschaft zuständig. Die Institute der Akademie der Landwirtschaftswissenschaften und die landwirtschaftlichen und landtechnischen Institute der Hochschulen und Universitäten erarbeiteten in der Grundlagen- und angewandten Forschung neue Wirkprinzipien und erprobten sie unter Praxisbedingungen.

Ehe Angebotsprojekte der industriemäßigen Tier- und Pflanzenproduktion zur Anwendung freigegeben wurden, erfolgte ihre Erprobung in Pilotanlagen. Dabei gehörten zu den Prüfkriterien auch umweltrelevante Aspekte, die u.a. von der Zentralen Prüfstelle für Landtechnik in Potsdam-Bornim in Anwendung gebracht wurden (THUM et al. 1989). Über die Institutsmitteilungen der Akademieinstitute, die wissenschaftlichen Zeitschriften der Universitäten und Hochschulen, über Schriftenreihen der Bauforschung der Deutschen Bauakademie und über Fachzeitschriften tauschten sich die Wissenschaftler aus und informierten die Praxis über die neuesten Forschungsergebnisse. In den regelmäßig stattfindenden wissenschaftlich-technischen Tagungen der KdT (Kammer der Technik) und der Agrarwissenschaftlichen Gesellschaft wurde der Erfahrungsaustausch mit der Praxis gepflegt (MITTAG & TACK 1987; INSTITUT FÜR LANDWIRTSCHAFTLICHE BAUTEN 1981).

Als eine wesentliche Aufgabe des VEB Landbauprojekt Potsdam ist die Arbeit an den Projektierungskatalogen für den Landwirtschaftsbau zu nennen. Von 1976-

---

[6] Verordnung über die Vorbereitung und Durchführung von Investitionen, Gesetzblatt der DDR, Teil I, Nr. 26 vom 16.12.1988, Berlin.

1982 erschienen jährlich Kataloge für die Rationalisierung und Rekonstruktion der Rinder- und Schweineproduktion. Verfasser waren Akademieinstitute, das Institut für Landwirtschaftliche Bauten der Bauakademie, das Institut für Angewandte Tierhygiene Eberswalde und das Forschungszentrum für die Mechanisierung der Landwirtschaft Schlieben/Bornim.

Unter Rekonstruktion verstand man seinerzeit den Übergang zur industriemäßig organisierten Produktion auf biologischem, technologischem und technischem Gebiet unter Nutzung der vorhandenen Bausubstanz. Das Ziel war die Einführung neuer Technologien in vorhandenen Produktionsanlagen, d.h. beispielsweise die Umwandlung von Milchviehanbindeställen in moderne Laufstallanlagen mit durchgängiger Mechanisierung, dem Melken im Melkstand und Methoden der Prozesskontrolle und Steuerung (AUTORENKOLLEKTIV 1981). Der Ausbau der Standorte sollte für eine weitere Nutzungsdauer von 40 bis 50 Jahren erfolgen.

Ein weiteres Ziel der Rekonstruktion bestand in der Beseitigung von tier- und seuchenhygienischen Mängeln und der Minderung von Umweltbelastungen. Deshalb forderte die Veterinärmedizin die Ausschaltung von Gefahrenquellen für die Tiergesundheit durch organisatorische und bautechnische Absicherung der Anlagen, wie die Durchsetzung des Schwarz-Weiß-Prinzips. Damit sollte der ungehinderte Personen-, Fahrzeug- und Tierverkehr zwischen dem Anlagenbereich (Weiß) und dem Außenbereich (Schwarz) unterbunden werden. Bei der Anlagengestaltung sollten sich die „Allgemeinen veterinärmedizinischen Erfordernisse und Normen der industriemäßigen Tierproduktion" durchsetzen (ebd.). Das Anlagenregime beinhaltete regelmäßige Reinigungs- und Desinfektionsmaßnahmen, das ordnungsgemäße Auffangen und Lagern von Gülle, Jauche und Dung mit Mindestlagerzeiten. Für den Stallbau gab es Vorschriften hinsichtlich des Einsatzes toxikologisch unbedenklicher Baustoffe (ebd.; KURZWEG et al. 1977).

Ein weiterer umweltrelevanter Aspekt ergab sich aus der Forderung nach einer optimalen Stallklimagestaltung. Zwar waren diese Anforderungen sehr detailliert in einer Richtlinie niedergelegt (AUTORENKOLLEKTIV 1970), aber Untersuchungen u.a. in Schweineproduktionsanlagen großer Tierkonzentration hatten wiederholt Mängel bei der Einhaltung von Stallklimaparametern und hinsichtlich der Funktion von Lüftungs- und Klimaeinrichtungen offen gelegt (MITTAG & WEISS 1976). Sicher ist es aus heutiger Sicht nicht mehr relevant, Ursachen der oft unbefriedigenden Verhältnisse in den Tierproduktionsanlagen und deren Auswirkungen auf die Umwelt nachzuforschen. Es ist jedoch unbestritten, dass die geringe Akzeptanz, die landwirtschaftliche Produktionsstätten heute in den Dörfern finden, auch darin eine Ursache haben. In den 1980er Jahren waren die Ausrüstungsindustrie und insbesondere der landtechnische Anlagenbau nicht mehr in der Lage, die Anforderungen der Landwirtschaft an den Ersatz verschlissener Ausrüstungen und die Modernisierung der Anlagen zu befriedigen. Die Folge war eine Verschlechterung der Arbeits- und Lebensbedingungen in den Anlagen, aber auch eine weitere Zunahme der Umweltbelastungen. So konnten vielfach Auflagen an den Umweltschutz nicht erfüllt werden und die Betriebe mussten für entsprechende Sanktionen aufkommen. Positiv wirkte sich aus, dass auch das Umweltbewusstsein der Bevölkerung in den Dörfern gewachsen war. Ansprüche an den Umweltschutz, wie sie im Landeskulturgesetz an den Schutz des Bodens, den Gewässerschutz oder die Reinhaltung der Luft gestellt wurden, waren nicht mehr tabu und wurden öffentlich zur Diskussion gestellt (KREMP & ECKHOF 1984).

In einem Artikel „Anforderungen an den Umweltschutz bei der Rekonstruktion von Tierproduktionsanlagen" machte der Verfasser auf die Wechselbeziehungen zwischen veterinärhygienischen und kommunalhygienischen Belangen aufmerksam: „Alle Fragen des Anfalls und der Verwertung von Gülle, Abwasser und sonstigen Abprodukten, die Bereitstellung von Trinkwasser und die Sicherung von Trinkwassereinzugsgebieten, die Festlegung von Gülleeinsatzflächen und der hygienisch zulässigen Grenzwerte für Luftverunreinigungen, die Einhaltung der notwendigen Abstände von Tierproduktionsanlagen zu Wohnstätten, Erholungsgebieten und anderen Bereichen gesellschaftlicher Nutzung bedürfen einer engen Zusammenarbeit aller für die Begutachtung (der Investitionsmaßnahme) zuständigen Institutionen. Je mehr sich die Investitionsauftraggeber mit den hierzu erlassenen gesetzlichen Regelungen auseinandersetzen, desto aktiver können sie an den zu treffenden Entscheidungen mitwirken, die letztlich zur Übereinstimmung der Forderungen mit den volkswirtschaftlichen Möglichkeiten führen wird." (MITTAG 1979) Mit den Anforderungen stiegen aber auch die Aufwendungen, die z.B. bei einer Milchviehanlage mit 1.930 Tierplätzen ca. 10.000 M pro Kuhplatz oder bei einer Läuferproduktionsanlage ca. 6.000 M pro Sauenplatz betrugen. Gerade in den industriemäßigen Anlagen lag der Verbrauch an volkswirtschaftlichen Ressourcen wie Energie, Trinkwasser und Wärmeenergie besonders hoch und lag über dem Verbrauch in den durch die Rekonstruktion sanierten Anlagen (ebd).

Insofern war es noch zu begrüßen, dass der überwiegende Teil des Tierbestandes, wie aus der letzten Bausubstanzerhebung 1986 hervorging, noch in mittleren und kleineren Anlagen stand. So standen in der Läuferproduktion nur 26,2 % und in der Schweinemast nur 28,7 % der Tiere in industriemäßigen Anlagen (FRANZ & TACK 1989). Andererseits war nach der Wende das Überleben dieser Anlagen nicht gegeben, denn sie verfügten nur über eine geringe Mechanisierung, die Bausubstanz war in schlechtem Zustand und insbesondere die Klimagestaltung und Fütterung entsprachen nicht dem internationalen Standard. Schremmer und Mitarbeiter machten deshalb ein Fortbestehen der Schweineproduktion in den neuen Bundesländern neben der betriebswirtschaftlichen und arbeitsökonomischen Rekonstruktion vor allem von der Einhaltung der Anforderungen an den Umweltschutz abhängig (SCHREMMER et al. 1990), u.a. durch: „Einhaltung der Anforderungen an Lagerung und Ausbringung von Gülle, Stallmist und Jauche (Nährstoffanteil entsprechend Pflanzenproduktion), Reduzierung der zu hohen Stallluftemissionen unter Beachtung der Umweltanforderungen nach VDI 3471, sowie die territoriale Belastung der Umwelt reduzieren, und Durchführung von wissenschaftlichen Analysen der Abproduktverwertung in den spezialisierten Schweineproduktionsanlagen".

Da die Mehrzahl der Schweineproduktionsanlagen nach den Festlegungen des Bundesimmissionsschutzgesetzes zu den genehmigungsbedürftigen Anlagen gehörte, musste sie ein Genehmigungsverfahren nach der 4. BImSchV durchlaufen. Aus den Erfahrungen, die Schremmer u.a. dabei sammelten, leiteten sie folgende Empfehlungen an die Betreiber solcher Anlagen ab (AUTORENKOLLEKTIV 1991):
- zweckmäßige Aufstallungsformen zur Reduzierung der NH_3-Emissionen,
- nährstoffreiche und leistungsgerechte Fütterung zur Senkung der NH_3-Einträge in Stallluft und Gülle,
- Abdeckung der Güllebehälter und umweltverträgliche Gülleausbringung,
- Ordnung und Sauberkeit in den Ställen und im Bereich der Außenanlagen,
- leistungsstarke und energieeffiziente Lüftungs- und Klimaanlagen, ggf. mit Abluftreinigung,
- Auffangen der Niederschläge aus verschmutzten Flächen und Einleitung in die Abwasserkanalisation,
- Reduzierung des Wasserbedarfs und des Anfalls an Reinigungswasser in den Anlagen.

Mit diesen Maßnahmen konnten viele Betreiber ostdeutscher Schweineproduktionsanlagen die Anforderungen an den Umweltschutz in ihren vorhandenen Produktionsstätten erfüllen.

In der Rinderproduktion bestanden nach der Wende keine so strengen Auflagen wie in der Schweineproduktion. Die nach 1990 erfolgte Dezentralisierung der Standorte und die Haltung der Kühe und Jungrinder in so genannten „Außenklimaställen" stellten eine artgerechte Tierhaltung dar, die in Verbindung mit Einstreuhaltung und Oberflurentmistung auch die Gülleproblematik entschärften. Viele vorhandene Stallanlagen ließen sich nach entsprechenden Umbaumaßnahmen für dieses Haltungsverfahren nutzen. Aber auch die nach Angebotsprojekten errichteten industriemäßigen Milchviehanlagen mit bis zu 2.000 Tierplätzen konnten nach Erfüllung bestimmter Umweltauflagen weiter betrieben werden (AUTORENKOLLEKTIV 1991). In einem Beitrag auf einer Rationalisierungskonferenz in Neubrandenburg stellte Richard Thurm bereits 1984 fest, dass die modernen Verfahren der Milchproduktion, wie die einstreulose Haltung in der Laufstallhaltung, nicht zwangsläufig zu Umweltbelastungen führen muss, wie vielfach aus der Sicht der Gülleproblematik behauptet wurde. Problematisch ist vielmehr der geringe Trockensubstanzgehalt der Gülle. Durch getrennte Ableitung von Reinigungs- und Oberflächenwasser und andere wassersparende Maßnahmen bei der Bewirtschaftung der Ställe, durch ausreichende Speicherkapazität der Güllelagerbecken und die Ausbringung der Gülle zum optimalen agrotechnischen Termin ließen sich im Bezirk Dresden nachweisbare Einspareffekte an Dieselkraftstoff, Arbeitszeit und Verfahrenskosten erreichen. Zusätzlich wurde damit auch ein Beitrag zur Verringerung der Umweltbelastungen geleistet (THURM 1984).

Für den Rückgang der Tierproduktion in den neuen Bundesländern die erhöhten Anforderungen an den Umweltschutz verantwortlich zu machen, ist deshalb eine zu einseitige Betrachtungsweise. Es sind vor allem die veränderten gesellschaftlichen Verhältnisse und der verschärfte Wettbewerb in der Landwirtschaft, der viele Genossenschaften zur Aufgabe gezwungen hat. So sind die Bestände in der Rinder- und Schweineproduktion teilweise bis auf 30 bis 40 % gegenüber 1990 zurückgegangen. Mit Recht wird vor einem weiteren Rückgang der Landwirtschaft in Deutschland gewarnt, bleiben doch dadurch wesentliche Leistungen für Umweltschutz und Landschaftspflege unerledigt, die bisher von der Landwirtschaft gratis erbracht wurden.

7. Das Dorf von morgen – Vision und Wirklichkeit

In einem Artikel „Visionen, Leitbilder, Strategien, Handlungsrahmen" nimmt Elmar Zepf, Inhaber des Lehrstuhls für Städtebau und Raumordnung an der Universität BW München, zu den Problemen im ländlichen Raum und der Zukunft der Landwirtschaft in Bayern Stellung (ZEPF 1995). Im Disput „Naturlandschaft versus Kulturlandschaft" werde der Bauer zum Landschaftspfleger degradiert und die Umwelt zur permanenten „Internationalen Gartenbauausstellung" gemacht. Diese Vision sei irreal, sie übersehe, dass Land- und Forstwirtschaft auf Nachhaltigkeit setzen müssten und daraus im Interesse der Erhaltung der Kulturlandschaft ihre Existenzberechtigung bezögen. Es gelte, das Wissen um Naturkreisläufe, Vernetzung und Autonomie, territoriale Lebenssicherung durch die heimische Agrarproduktion, die Umweltleistung der Landwirtschaft für die Kulturlandschaft und das Prinzip der Nachhaltigkeit zur Bewahrung der Lebensgrundlagen unserer urbanen Gesellschaft einzusetzen.

Die aus dieser Erkenntnis abgeleiteten Leitbilder für die Dorferneuerung müssen von der Tatsache ausgehen, dass die Zahl der landwirtschaftlichen Betriebe weiter abnimmt und die Urbanisierung zunimmt. Um die Überlebensfähigkeit des ländlichen Raumes zu gewährleisten und seiner weiteren Entleerung entgegenzuwirken, müssen sein Selbstbewusstsein gestärkt und die regionalen Eigenkräfte entwickelt werden. Im Gegensatz zur Großstadtkultur lebt das Dorf mit der Natur und muss sich gegen den drohenden Umweltzerfall zur Wehr setzen (ebd.). Raumordnungspläne werden nicht wirksam, wenn sich die betroffenen Menschen nicht mit ihrer Mitwelt und Umwelt identifizieren. Die Chancen dafür waren auf dem Dorf immer vorhanden. Entscheidend ist jedoch, dass vor allem die jungen Menschen, um dableiben zu können, auch einen erreichbaren Arbeitsplatz finden. Die Landwirtschaft kann heute diese Lücke nicht mehr ausfüllen, da sie hochtechnisiert ist und nur noch wenige Arbeitskräfte braucht. Elmar Zepf nennt drei Prinzipien, um das Dorf als Siedlungsform zu stabilisieren: Rückkehr zur Solidargemeinschaft, Heimatverbundenheit und Kultur des ländlichen Raumes auf der Grundlage natürlicher Kreisläufe.

Die speziellen Probleme Ostdeutschlands wurden von C. Läpple und E. Lenk vom Bundesministerium für Ernährung, Landwirtschaft und Forsten unter dem Aspekt der Agrarstrukturverbesserung untersucht (LÄPPLE & LENK 1995). Während die Zahl der landwirtschaftlichen Betriebe in Westdeutschland von 1950 bis 1993 etwa auf ein Drittel gesunken ist, sind in den neuen Bundesländern neue Betriebe durch Privatisierung entstanden, sodass der Bestand 1993 22.500 Einzelunternehmen und 5.300 Personen- und Kapitalgesellschaften sowie eingetragene Genossenschaften umfasste. Zum Vergleich: 1995 existierten in Deutschland insgesamt 580.000 landwirtschaftliche Betriebe. Die Zahl der in der Landwirtschaft in den neuen Bundesländern Beschäftigten sank nach der Wende auf ein Fünftel (1995). Heute sind es noch weit weniger. Trotz der verschärften Wettbewerbsbedingungen stellt sich die Bundesrepublik das Ziel, den landwirtschaftlichen Betrieben eine flächendeckende und umweltverträgliche Landnutzung zu sichern, was jedoch nicht ohne Strukturverbesserungen möglich sein wird. Auch wenn die Landwirtschaft in einigen Regionen nicht mehr der entscheidende Wirtschaftsfaktor ist, muss sie doch im Interesse der Funktions- und Lebensfähigkeit der ländlichen Räume und der Dörfer in ihrer strukturellen, ökonomischen und ökologischen Leistungsfähigkeit gefördert werden. Neben der Nahrungsmittel- und Rohstoffproduktion wird heute auch die Erschließung alternativer Energiequellen durch die Landwirtschaft mit öffentlichen Mitteln, auch mit EU-Mitteln, gefördert.

Eine spezielle Förderung der ökonomischen, ökologischen, sozialen und kulturellen Belange der Gemeinden stellen die Programme zur Dorferneuerung dar. Damit sollen folgende Ziele erreicht werden:
- Herbeiführung öffentlicher Entscheidungen unter breiter Bürgerbeteiligung über die zukünftige Entwicklung der jeweiligen Gemeinde,
- Stärkung der Bereitschaft der Gemeindemitglieder zur aktiven Mitwirkung,

- Anreiz, mit öffentlichen Mitteln initiierte Maßnahmen durch nicht geförderte Maßnahmen und private Anstrengungen zu ergänzen,
- Auslösung zusätzlicher Investitionsvorhaben, die dem Dorf und dem Umland zugute kommen,
- Initiativen der Länder, neben den herkömmlichen Formen der Dorferneuerung auch überörtliche Aufgaben einer ländlichen Regionalentwicklung zu lösen.

Mit der Dorferneuerung muss es aber auch gelingen, zusätzliche Berufsfelder und Erwerbsquellen zu erschließen, nicht mehr benötigte Bausubstanz umzunutzen, auszubauen oder abzureißen und das Interesse der landwirtschaftlichen Betriebe stärker auf andere Berufsfelder, z.b. der Verarbeitung und Vermarktung oder im Dienstleistungs- und im Tourismusbereich zu lenken, meinte E. Frahm vom Institut für Fernstudium der Universität Tübingen in einem Artikel „Agrarstruktur und Dorfentwicklung" (FRAHM 1995).

Das Gesetz zur „Verbesserung der Agrarstruktur und des Küstenschutzes" ermöglicht gezielte Förderung von Einzelmaßnahmen der Agrarstrukturverbesserung auch mit EU-Mitteln (DENKSCHRIFT DES LANDESVEREINS SÄCHSISCHER HEIMATSCHUTZ E.V. 1997).

Dorferneuerung bedeutet Dorfplanung von unten nach oben. Die Bürgermeister und Gemeinderäte sollen die Initiative zur Erstellung eines Dorferneuerungsplanes ergreifen. Eine Dorfplanung von oben wird es nicht geben. Architekten und Dorfplaner arbeiten im Auftrag der Gemeinden und erschließen durch ihre Tätigkeit eine Reihe von Fördermöglichkeiten. Es ist auch denkbar, sich in regionale Förderprogramme z.B. für Tourismus, zur Ökologie, zu Freizeitprogrammen und anderen infrastrukturellen Maßnahmen einzuklinken. Erfolge stellen sich vor allem dort ein, wo es gelingt, möglichst viele Bürger in die Pläne zur Dorferneuerung einzubeziehen. Auch die Landgesellschaften können mit ihren Erfahrungen wertvolle Partner bei der Dorferneuerungsplanung sein (FRAHM 1995).

Mit einer Broschüre „Dorfgestaltung – Handreichung für Bürgermeister und Gemeinderäte" unterstützte der Landesverein Sächsischer Heimatschutz e.V. die Dorfplanungsarbeiten im Freistaat Sachsen (LANDESVEREIN SÄCHSISCHER HEIMATSCHUTZ E.V. 1997). Innerhalb des Landesvereins hat sich eine Arbeitsgruppe „Dorfstrukturen/Dorfgestaltung" konstituiert, die sich die ganzheitliche und harmonische Entwicklung der Orte im ländlichen Raum zum Ziel gesetzt hat. Die „Bewahrung und angemessene Fortführung regionaltypischer Siedlungsstrukturen, eine landschaftsverbundene Bauweise, die Beachtung ökologischer Gesetzmäßigkeiten und Zusammenhänge und die Erhaltung eines naturverträglichen Verhältnisses der Flächen von freier Landschaft und bebautem Raum" sind die Maßnahmen, die die Arbeitsgruppe den Gemeinderäten, den Bürgermeistern und allen Dorfbewohnern für die Dorfentwicklung empfehlen möchte (BEYRICH 1997).

In seinem Beitrag zur „Baugestaltung in Dörfern" bezog Rudi Koeppe, der sich jahrzehntelang als Dorfplaner für die Erhaltung und Bewahrung der dörflichen Architektur im Bezirk Dresden eingesetzt hat, Stellung zu den heutigen Aufgaben der Dorfgestaltung. Aus seiner jahrelangen Tätigkeit als Architekt und Dorfplaner zog er folgende Schlussfolgerungen zur Erhaltung von Dorfform und Dorfflur (KOEPPE 1997a, 1997b): „Die landschaftliche Einbindung von Ortslagen und die Einheit von Siedlung und Flur sind zu bewahren. Ortseingänge und Dorfsilhouetten dürfen nicht beeinträchtigt werden. Gestalterisch bedeutsam sind die Übergänge von bebauten Flächen zur Landschaft. Deshalb sollen die Grünbereiche (Gärten, Streuobstwiesen, Baumbestände) nicht aufgelöst werden". Zum Problem Bauen in der Landschaft stellte Koeppe einige richtungweisende Thesen auf, aus denen auszugsweise zitiert werden soll (ebd.):

- Bauwerke sind nicht auf Kuppen und Höhenrücken einzuordnen, um weiträumige Beeinträchtigungen in der Landschaft zu vermeiden.
- Täler, wenn es sich nicht um ausgesprochen breite Mulden handelt, sollten nicht mit quergestellten Gebäuden verbaut werden.
- Eine Bebauung von offen in die Landschaft wirkenden Hängen ist nicht zuzulassen.
- Gebäude oder andere bauliche Anlagen, wie z.B. Schornsteine und Windkraftanlagen, die aufgrund ihrer Bauweise Dorfsilhouetten stören, müssen auf geeigneten Standorten eingeordnet werden.
- Gewässerauen sollen bebauungsfrei bleiben. Durch die Errichtung von baulichen Anlagen werden weithin offene, von Gewässern oder Ufern betonte Sichtbeziehungen zerschnitten.
- Bäume und Sträucher bilden das natürliche, vereinigende Element in der Landschaft. Eine landschaftliche Einbindung ist im Zusammenhang mit Wald oder anderen Gehölzbeständen wesentlich wirkungsvoller, als die so genannte Begrünung von baulichen Anlagen in der offenen Landschaft.
- Die Einordnung von Einzelbebauung oder von Baugebieten zwischen zwei Ortslagen führt zur Verschmelzung von Siedlungen, zur Zerstörung des historischen Siedelgedankens und zur Aufgabe der ohnehin geringen zusammenhängenden Freiflächen. Derartige Planungsansätze sind aus raumplanerischer Sicht nicht genehmigungsfähig.
- Ortserweiterungen längs der Fern- oder Ortsverbindungsstraßen, die keine Wohnstraßen darstellen, sind zu unterlassen. Die bei solchen Erweiterungen erforderlichen Lärmschutzwälle oder -wände in Kauf zu nehmen, wäre verfehlt.
- Zur Schadensbegrenzung im Landschaftsraum ist es immer günstiger, einen vorhandenen Standort, soweit die Ausmaße nicht unerträglich werden, zu erweitern, statt unberührte Landschaftsteile zu belasten.

Diese im Grunde sehr begrüßenswerten Leitsätze sollten zum Credo jedes Dorfplaners und Landschaftsarchitekten gehören, vor allem sind sie aber den Architekten und Bauplanern ins Stammbuch zu schreiben, die im ländlichen Raum tätig sind. Leider sind ja Verstöße gegen solche goldenen Regeln an der Tagesordnung. So wurde in der Denkschrift des Landesvereins Sächsischer Heimatschutz e.V. zur Gestaltung und Bewahrung der ländlichen Siedlungen und zur Förderung landschaftsgerechten Bauens festgestellt (LANDESVEREIN SÄCHSISCHER HEIMATSCHUTZ E.V. 1997): „Aber auch bei optimalen behördlichen und kommunalen Rahmenbedingungen sind uneinsichtige Bauherren wie Investoren aufgrund einer weitgehend liberalen Baugesetzgebung mit sich teilweise aufhebenden Regelungen kaum zu beeinflussen. Sogar örtliche Satzungen zur Baugestaltung werden ignoriert bzw. in ihrer Rechtswirksamkeit angefochten. Ungeeignete Baustoff- und Fertighausangebote, fremdartige Gestaltung, ortsuntypische Bebauungsdichten und Siedlungsformen wie ausschließlich dem Markt dienende geschmacksverbildende Reklame tragen zur Störung von Ortsstrukturen und Ortsbildern bei." Deshalb forderte der Landesverein in seiner Denkschrift die Landesregierung des Freistaates Sachsen auf, folgende Maßnahmen einzuleiten: „In den Dorfregionen sind Zusammenhänge von Landschaften und typischen Ortsbildern und Bauformen zu bewahren. Es sind regionsspezifische Leitbilder der Dorferhaltung, Dorfentwicklung, Dorfgestaltung und Dorferneuerung zu erarbeiten, zu fördern und umzusetzen".

In Mecklenburg-Vorpommern, wo sich der Verfasser aus jahrzehntelanger Tätigkeit im ländlichen Raum ein Urteil erlauben kann, sind ähnliche Initiativen dringend geboten. Die dörflichen Strukturen, die in der ehemaligen DDR sehr stark durch die Landwirtschaft geprägt waren, sind in Auflösung begriffen. Die früher in der Landwirtschaft tätige, ortsansässige Bevölkerung bildet zunehmend eine Minderheit, insbesondere in den wachsenden Siedlungen im Speckgürtel der Städte. Damit gehen Traditionen verloren und das Festhalten an der Dorfarchitektur und der überlieferten Baukultur liegt nicht im allgemeinen Interesse. Die Ansiedlung von Gewerbe und Industrie auf überdimensionierten Gewerbeflächen ohne jede vorausschauende städtebauliche Planung überfordert die vorhandene Siedlungsstruktur. An den Ortsrändern wuchern städtisch anmutende Siedlungskörper mit vorwiegend aus den anonymen Angebotskatalogen stammenden Wohnhäusern in die Landschaft. Die Beschäftigung mit der historischen Dorfarchitektur wird zum Hobby weniger Enthusiasten. Ökonomische Interessen und der wachsende Druck der Bauherren und Investoren dominieren die Entscheidungen der Gemeinderäte. Die Baugesetzgebung und so genannte Städtebaurichtlinien sind zu wenig auf die Bedingungen im ländlichen Raum zugeschnitten. An die Stelle der zu DDR-Zeiten üblichen Reglementierung ist eine Freizügigkeit getreten, die ohne

Rücksicht auf die Interessen der Allgemeinheit von einigen wenigen – unter Berufung auf die freie Marktwirtschaft – eingefordert wird. Dabei wird übersehen, dass Ressourcen verbraucht werden, die künftigen Generationen fehlen werden.

In der o.a. Broschüre zur Dorfgestaltung äußerte sich Wilfried Wehner zum Thema „Dorfökologie und Dorfgestaltung" folgendermaßen (WEHNER 1997): „Unter Dorfökologie versteht man die Wechselwirkung zwischen menschlicher Wirtschafts- und Siedlungstätigkeit und den Elementen Boden, Wasser, Luft und Klima sowie Tier- und Pflanzenwelt. Dorfökologie ist eng verknüpft mit der Umweltästhetik des Dorfes und beide Aspekte sind ein nicht zu unterschätzender Wirtschaftsfaktor des ländlichen Raumes. Die Attraktivität des Dorfes als Standort der Landwirtschaft, als Wohn-, Gewerbe- und Erholungsort besteht nicht in der städtischen Verformung sondern in der Natur- und Landschaftsnähe". Wenn dies als richtig erkannt wird, dann ergibt sich auch die dringende Forderung nach dorfökologischen Konzepten, die nicht am Ortsrand aufhören dürfen. Es sind die gleichen Maßnahmen, die auch eine gesunde Dorfentwicklungsplanung auszeichnen (ebd.):

- standortgerechtes, regionaltypisches und dorfgemäß flächenschonendes Bauen,
- landschaftsökologisch bestimmte Landschafts- und Freiraumgestaltung sowie Landschaftsnutzung und -pflege,
- Einsatz ressourcenschonender Versorgungs- und Entsorgungstechniken,
- ökologische Verträglichkeit der Raumnutzung, orientiert am Vorsorgeprinzip.

Als Fazit dieser Analyse der gegenwärtigen Situation ergibt sich die Schlussfolgerung, dass sich das Gute und Bewährte, aus der historischen Überlieferung seit Generationen an uns weitergereichte, kulturell Wertvolle zu erhalten lohnt. Wenn landwirtschaftlich geprägte Regionen ihre Zukunftschancen wahren wollen, dürfen sie nicht leichtfertig aus der Hand geben, was den Reiz einer Region ausmacht und Menschen anzieht, die das Natur- und Heimatgefühl suchen, das ihnen im Alltag verloren gegangen ist. Architektur, Stadt- und Dorfplanung und Landschaftsgestaltung verfügen über das Instrumentarium, unsere Dörfer zu erhalten und ihnen eine gesunde Umwelt zu bewahren. Die Politik muss dazu die entsprechenden Rahmenbedingungen schaffen und gesetzliche Regelungen müssen sie so umsetzen, dass den einseitig auf Gewinn ausgerichteten Unternehmungen ein Riegel vorgeschoben wird. Die Vergangenheit lehrt, dass unvernünftige Eingriffe in die Bausubstanz, in Natur und Landschaft zu Verlusten führen, die sich nur schwer wieder ausgleichen lassen und in der Regel hohe Investitionen erfordern, die die kurzfristigen ökonomischen Vorteile, die einige wenige für sich in Anspruch genommen haben, weit übertreffen dürften.

Es ist deshalb gut, dass nicht nur Institutionen, die sich von Amts wegen mit Planungsaufgaben im ländlichen Raum zu befassen haben, die Anliegen der Dorfplanung im Sinne einer ganzheitlichen Betrachtung verstehen, sondern dass auch viele Menschen in den Dörfern dies als eine Zukunftsaufgabe begreifen, die ihre Existenz unmittelbar angeht. Dorfplanung, Landeskultur und Umweltschutz stellen heute eine Einheit dar, die eine isolierte Bearbeitung von Teilaspekten nicht mehr zulassen. Dies gilt sowohl für die Praxis wie auch für die Lehre und Forschung. Es muss deshalb auch ein Anliegen der Bildungseinrichtungen sein, solche Zusammenhänge zu vermitteln, denn nur wenn schon Kindern und Jugendlichen Wertvorstellungen vermittelt werden, werden sie sich später als Erwachsene für die Erhaltung ihrer gebauten und natürlichen Umwelt einsetzen.

Deshalb sei noch einmal aus der Denkschrift des Landesvereins Sächsischer Heimatschutz zitiert (LANDESVEREIN SÄCHSISCHER HEIMATSCHUTZ E.V. 1997): „Architektur, Städtebau und Landschaftsgestaltung als kulturelles Anliegen des Freistaates erfordern, bereits in den Schulen den Fragen der Siedlungsentwicklung und Landschaftsgestaltung größte Aufmerksamkeit zu schenken. Bürgermeister, Verwaltungsangestellte, Mitglieder von Baukommissionen sind durch Aus- und Weiterbildung mit den Zielen und Aufgaben der Dorfgestaltung stärker vertraut zu machen. Durch fachlich fundierte Schriften ... sollten die Bürger an die dargestellten Ziele und Aufgaben herangeführt werden".

Mit den „Richtlinien für die Förderung der Dorferneuerung als Gemeinschaftsaufgabe – Verbesserung der Agrarstruktur und des Küstenschutzes"[7] wurde auch in Mecklenburg-Vorpommern die Bewahrung der ländlichen Siedlungsstruktur zum Gegenstand von öffentlichen Fördermaßnahmen gemacht. Im Einzelnen gilt es:

- „die typischen Dorf- und Landschaftsstrukturen zu erhalten,
- überkommene Siedlungsstrukturen zu bewahren und entsprechend den modernen Anforderungen an das Wohnen und Wirtschaften im ländlichen Raum zu erneuern bzw. fortzuentwickeln,
- die Lebensverhältnisse der Familien und vor allem die Produktions- und Arbeitsbedingungen in der Land- und Forstwirtschaft zu verbessern,
- vielfältige öffentliche und private Maßnahmen zur Dorfentwicklung unter besonderer Berücksichtigung der örtlichen Initiativen und der Auswirkungen auf die Gestalt der Dörfer abzustimmen."

Deshalb war es auch dem Verfasser ein Anliegen, das Thema „Dorfplanung und Umwelt" nicht nur als eine Rückschau darzustellen, sondern zu den Problemen von heute überzuleiten. Dies kann im Rahmen dieser Ausarbeitung natürlich auch

---

[7] Richtlinien für die Förderung der Dorferneuerung als Gemeinschaftsaufgabe „Verbesserung der Agrarstruktur und des Küstenschutzes", Bekanntmachung des Landwirtschaftsministers des Landes Mecklenburg – Vorpommern vom 14.03.1991, Schwerin.

nur als Anregung verstanden werden, sich vertiefend mit dieser umfangreichen Problematik zu befassen.

Literatur

Anordnung über die Vorbereitung und Durchführung des Landwirtschaftsbaues – Landbauordnung – vom 12.05.1967, Gesetzblatt der DDR, Teil II, Nr. 55, Berlin

Autorenkollektiv: Stallklima – Umweltanforderungen; Wärme-, Wasserdampf- und Gasabgabe der Tiere, Bauinformation DDR (Hg.), Schriftenreihe der Bauforschung, Reihe Landwirtschaftsbau, Heft 9, Berlin 1970

Autorenkollektiv: Grundlagen und Lösungen für die Rationalisierung und Rekonstruktion der Rinder- und Schweineproduktion, Katalog 1981, VEB Landbauprojekt Potsdam (Hg.), Potsdam 1981

Autorenkollektiv: Ortsgestaltungskonzeption – Hinweise zur planmäßigen Ortsentwicklung, baulichen Gestaltung und Verschönerung von Dörfern, Manuskriptdruck – Rat des Bezirkes Dresden, 1986

Autorenkollektiv: Zukunftschancen großer Milchviehanlagen in der ehemaligen DDR, in: Landtechnik 46 (1991) 4, 181-183

Bähr, H. et al.: Dorfgestaltung – Ortsgestaltungskonzeption, Folge 2, Informationsblätter des Zentralvorstandes der VdgB und des Bundes der Architekten, Berlin 1987

Baumgarten, K.: Hallenhäuser in Mecklenburg – Eine historische Dokumentation, Akademie Verlag Berlin 1970

Baumgarten, K.: Das deutsche Bauernhaus – Eine Einführung in seine Geschichte vom 9.-19. Jahrhundert, Akademie Verlag Berlin 1980

Bergmann, F.: Wege zu einer realistischen dörflichen Architektur, in: Deutsche Architektur (1955) 6, 250-259

Beyrich, H.: Wort aus Steinbach – Gestaltung der Dörfer in Sachsen, in: Landesverein Sächsischer Heimatschutz e.V., AG Dorfentwicklung, Dorfgestaltung (Hg.): Dorfgestaltung – Handreichung für Bürgermeister und Gemeinderäte, Dresden 1997

Brenner, J.: Über einige wissenschaftstheoretische Probleme in den Planungsdisziplinen der Umwelt, in: Wissenschaftliche Zeitschrift der TU Dresden 18 (1969) 5, 993-1007

Cords-Parchim, W.: Das Handbuch des Landbaumeisters, Band II: Das Dorf, Neumann Verlag, Radebeul, Berlin 1953

Denkschrift des Landesvereins Sächsischer Heimatschutz e.V. zur Gestaltung und Bewahrung der ländlichen Siedlungen und zur Förderung landschaftsgerechten Bauens im Freistaat Sachsen, in: Landesverein Sächsischer Heimatschutz e.V., AG Dorfentwicklung, Dorfgestaltung (Hg.): Dorfgestaltung – Handreichung für Bürgermeister und Gemeinderäte, Dresden 1997, 63-64

Deutscher Kulturbund, Zentrales Aktiv „Bauten im Dorf" (Hg.): Alte Bauten im neuen Dorf, Teil 1, Berlin 1963

Frahm, E.: Agrarstruktur und Dorfentwicklung – Wege einer sinnvollen Dorferneuerung, in: Landentwicklung aktuell (1995) 1, 27-30

Franz, W. & Tack, D.: Ergebnisse der Bausubstanzerhebung für die Schweineproduktion, Forschungsbericht am Forschungszentrum für Tierproduktion der AdL Dummerstorf-Rostock, Dummerstorf 1989

Gesetz über die örtlichen Volksvertretungen in der DDR, vom 04.07.1985, Gesetzblatt der DDR, Teil I, Berlin

Grebin M., Liebich, W. & Picht, K.: Neue Wohnungen in alten Gebäuden – Hinweise und Beispiele für Um- und Ausbauten im Dorf, VEB Verlag für Bauwesen Berlin 1966

Grebin, M. et al.: Dorfplanung in der DDR, Deutsche Bauinformation, Schriftenreihe Städtebau und Architektur der Deutschen Bauakademie, Heft 9, Berlin 1967

Hafrang, J.: Die Hauptaufgaben des Landwirtschaftlichen Bauwesens, in: Deutsche Architektur (1955) 6, 241-249

Hormann, K.: Zu Fragen der Rekonstruktion der bestehenden Siedlungsstruktur, in: Wissenschaftliche Zeitschrift der TU Dresden 19 (1970) 3, 685-688

Hormann, K.: Die Entwicklung des Siedlungsnetzes und der Siedlung in der DDR – Probleme der Nutzung und Gestaltung, Dissertation B an der TU Dresden, Fakultät Bau-, Wasser- und Forstwesen, Dresden 1986

Hormann, K.: Ortsgestaltungskonzeptionen – ein Beitrag zur Verbesserung der Arbeits- und Lebensbedingungen auf dem Lande, in: Wissenschaftliche Zeitschrift der TU Dresden 37 (1988) 5, 205-211

Institut für Landwirtschaftliche Bauten der Bauakademie der DDR: Ländliche Siedlungen, Planung und Gestaltung in der UdSSR und in der DDR, Ministerium für Bauwesen (Hg.): Bauinformation DDR, Schriftenreihe der Bauforschung, Reihe Landwirtschaftsbau, Heft 21, Berlin 1972

Institut für Landwirtschaftliche Bauten der Bauakademie der DDR: Sozialistische Rekonstruktion von Dörfern in der DDR – Beitrag zur Verbesserung der Lebensverhältnisse der Landbevölkerung, Ministerium für Bauwesen (Hg.): Bauinformation DDR, Schriftenreihe der Bauforschung, Reihe Landwirtschaftsbau, Heft 25, Berlin 1973

Institut für Landwirtschaftliche Bauten der Bauakademie der DDR: Schönere Dörfer, Anregungen zur Pflege und Gestaltung ländlicher Siedlungen in der DDR, VEB Deutscher Landwirtschaftsverlag Berlin 1974

Institut für Landwirtschaftliche Bauten der Bauakademie der DDR et al.: Entscheidungsgrundlagen – Rationalisierung und Rekonstruktion in der Schweineproduktion, Katalog 1981, VEB Landbauprojekt Potsdam (Hg.), Potsdam 1981

Institut für Städtebau und Architektur der Deutschen Bauakademie: Aktuelle Fragen der Dorfplanung, Arbeitsmaterial der 13. Plenartagung der DBA, Deutsche Bauinformation, Berlin 1964a

Institut für Städtebau und Architektur der Deutschen Bauakademie: Vorläufige Richtlinie für die bauliche Weiterentwicklung der Dörfer in der DDR für die Jahre 1964-1970, Deutsche Bauenzyklopädie, VEB Verlag für Bauwesen Berlin 1964b

Koeppe, R.: Nutzung denkmalwürdiger Bauten auf dem Lande, in: Deutscher Kulturbund, Zentrales Aktiv „Bauten im Dorf" (Hg.): Alte Bauten im neuen Dorf, Teil 2, Berlin 1964, 12-46

Koeppe, R.: Baugestaltung in Dörfern, in: Landesverein Sächsischer Heimatschutz e.V., AG Dorfentwicklung, Dorfgestaltung (Hg.): Dorfgestaltung – Handreichung für Bürgermeister und Gemeinderäte, Dresden 1997a, 15-27,

Koeppe, R.: Bauen in der Landschaft, in: Landesverein Sächsischer Heimatschutz e.V., AG Dorfentwicklung, Dorfgestaltung (Hg.): Dorfgestaltung – Handreichung für Bürgermeister und Gemeinderäte, Dresden 1997b, 28-31

Kremp, H.-J.; Eckhof, W.: Grundrichtung der weiteren Entwicklung und Rekonstruktion von Tierproduktionsanlagen bei optimalem Einsatz von Energie, Material und Arbeitskräften, in: agrartechnik 34 (1984) 2, 49-52

Krummsdorf, A.: Landwirtschaftlich–landeskulturelle Grundlagen für die Experimentalplanungsarbeiten, in: Wissenschaftliche Zeitschrift der KMU Leipzig, Mathematisch-Naturwissenschaftliche Reihe 12 (1963) 1, 139-146

Kurzweg, W. et al.: Empfehlungen zur Tierhygiene in der Rinderproduktion, Landwirtschaftsausstellung der DDR (Hg.), Leipzig/Markkleeberg 1977

Läpple, C. & Lenk, E.: Aktuelle Anforderungen und Instrumente der Landentwicklung, in: Landentwicklung aktuell (1995) 1, 11-15

Landesverein Sächsischer Heimatschutz e.V., AG Dorfentwicklung, Dorfgestaltung (Hg.): Dorfgestaltung – Handreichung für Bürgermeister und Gemeinderäte, Dresden 1997

Maschmeyer, D.: Das Bauernhaus, das bedrohteste aller Denkmale, in: Der Holznagel – Mitteilungsblatt der Interessengemeinschaft Bauernhaus e.V. 27 (2001) 4, 3-9

Maybaum, H.: Die Entstehung der Gutsherrschaft im nordwestlichen Mecklenburg, in: Landesheimatverband Mecklenburg-Vorpommern e.V.: Dokumente erzählen vom Werden Mecklenburg-Vorpommerns, Schwerin 1993

Metelka, A. et al.: Ratgeber für Ortsgestaltungskonzeptionen, Leitfaden zur Ortsplanung und Ortsverschönerung mit gesellschaftlichen Kräften, Ministerium für Bauwesen der DDR (Hg.): Bauinformation DDR, Berlin 1977

Ministerium für Land- und Forstwirtschaft der DDR (Hg.): Vorläufige Richtlinien für die Dorfplanung, Berlin 1952

Ministerium für Land- und Forstwirtschaft der DDR, HV Landwirtschaftliche Produktionsgenossenschaften (Hrsg.): Produktionsbauten und Hauswirtschaften in den Landwirtschaftlichen Produktionsgenossenschaften, Berlin 1954

Mittag, U.: Anforderungen an den Umweltschutz bei der Rekonstruktion von Tierproduktionsanlagen, in: Melioration und Landwirtschaftsbau (1979) 12, 563-565

Mittag, U. & Tack, F.: Rationalisierung von Anlagen und Ausrüstungen der Rinder- und Schweineproduktion – Tagungsbericht, in: agrartechnik 37 (1987) 5, 202-204

Mittag, U. & Weiss, A.: Theoretische und experimentelle Untersuchungen zur Analyse des Stallklimazustandes in industriemäßigen Tierproduktionsanlagen, in: Wissenschaftliche Zeitschrift der WPU Rostock 25 (1976) 4, 475-484

Niemke, W.: Dorfplanung am Beispiel Marxwalde, Deutsche Bauakademie, Schriften des Forschungsinstitutes für die Architektur ländlicher Bauten, Deutscher Bauernverlag, Berlin; desgl. in: Deutsche Architektur (1955) 6

Niemke, W.: Zur Entwicklungstendenz ländlicher Siedlungsbereiche, in: Deutsche Bauakademie, Institut für Gebiets-, Stadt- und Dorfplanung (Hg.): Probleme der Gebiets-, Stadt- und Dorfplanung, Berlin 1962

Niemke, W.: Ziele der Experimentalplanungsarbeiten zur Rekonstruktion ländlicher Siedlungen in der DDR, in: Wissenschaftliche Zeitschrift der KMU Leipzig, Mathematisch-Naturwissenschaftliche Reihe 12 (1963) 1, 130-139

Niemke, W.: Baugestaltung in Gemeinden, VEB Verlag für Bauwesen Berlin 1985

Niemke, W. & Bierwisch, D.: Rationelle Nutzung der Dorfsubstanz, Deutsche Bauinformation (Hg.), Schriftenreihe der Bauforschung, Reihe Landwirtschaftsbau, Heft 19, Berlin 1972

Niemke, W., Picht, K. & Regen, K.: Wohnungsbau in ländlichen Siedlungen, Hinweise und Projekte, Ministerium für Bauwesen (Hg.): Deutsche Bauinformation, Schriftenreihe der Bauforschung, Reihe Landwirtschaftsbau, Heft 22, Berlin 1972

Niemke, W., Picht, K. & Regen, K.: Ortsgestaltungskonzeptionen für Dörfer, Ergebnis einer Forschungsaufgabe, Manuskriptdruck – Institut für Landwirtschaftliche Bauten der Bauakademie der DDR, Berlin 1984

Picht, K. & Regen, K.: Zur Reproduktion der Wohnfonds sowie der Anlage und Netze des Verkehrs und der ingenieurtechnischen Erschließung, Dissertation A an der Bauakademie der DDR, Fakultät Städtebau und Architektur, Berlin 1982

Polenz, S.: Bauten im Dorf – Gegenstand und Inhalt unseres Bemühens, in: Deutscher Kulturbund, Zentrales Aktiv „Bauten im Dorf" (Hg.): Alte Bauten im neuen Dorf, Teil 2, Berlin 1964, 5-7

Püschel, K.: Aus alten Dörfern erwachsen neue sozialistische Siedlungsanlagen, in: Wissenschaftliche Zeitschrift der HAB Weimar 8 (1961) 4, 355-370

Püschel, K.: Dorfplanung und Denkmalpflege, in: Deutscher Kulturbund, Zentrales Aktiv „Bauten im Dorf" (Hg.): Alte Bauten im neuen Dorf, Teil 2, Berlin 1964, 47-52

Radig, W.: Die überlieferte ländliche Volksbauweise in der DDR, in: Deutscher Kulturbund, Zentrales Aktiv „Bauten im Dorf" (Hg.): Alte Bauten im neuen Dorf, Teil 2, Berlin 1964, 53-70

Rat des Bezirkes Dresden, Büro des Bezirksarchitekten: Ortsgestaltungskonzeption, Hinweise für die Bearbeitung von Konzeptionen zur planmäßigen Ortsentwicklung von Dörfern im Bezirk Dresden, Dresden 1986

Richtlinie des Sächsischen Staatsministeriums für Landwirtschaft, Ernährung und Forsten zur Förderung der Dorfentwicklung und Strukturverbesserung im ländlichen Raum vom 07.08.1995

Richtlinien für die Förderung der Dorferneuerung als Gemeinschaftsaufgabe „Verbesserung der Agrarstruktur und des Küstenschutzes", Bekanntmachung des Landwirtschaftsministers des Landes Mecklenburg-Vorpommern vom 14.03.1991, Schwerin

Schiffel, E. & Hormann, K.: Beispielsuntersuchungen zur schrittweisen baulichen Umgestaltung von Bauerndörfern im Kreis Pirna unter besonderer Berücksichtigung des Übergangs der LPG Typ I zum Typ III, Forschungsabschlussbericht am Institut für Ländliches Bauwesen der TU Dresden, 1967 (unveröffentlicht)

Schremmer, H. et al.: Wissenschaftlicher Jahresbericht 1990, Abschnitt Schweinehaltung, Forschungszentrum für Tierproduktion der AdL Dummerstorf-Rostock, Dummerstorf 1990

Thum, E. et al.: Maschinen und Anlagen für die Tierproduktion, 3. Auflage, VEB Landwirtschaftsverlag Berlin 1989

Thurm, R.: Die energiewirtschaftliche Rationalisierung der Güllewirtschaft am Beispiel der Rinderproduktionsanlagen des Bezirkes Dresden, in: agrartechnik 34 (1984) 2, 58-59

Verordnung über die Vorbereitung und Durchführung von Investitionen, Gesetzblatt der DDR, Teil I, Nr. 26 vom 16.12.1988, Berlin

Wehner, W.: Dorfökologie und Dorfgestaltung, in: Landesverein Sächsischer Heimatschutz e.V., AG Dorfentwicklung, Dorfgestaltung (Hg.): Dorfgestaltung – Handreichung für Bürgermeister und Gemeinderäte, Dresden 1997, 34-46

Zepf, E.: Visionen, Leitbilder, Strategien, Handlungsrahmen, in: Landentwicklung aktuell (1995) 1, 5-8

„Deine Umwelt – Deine Gesundheit. Woche der sozialistischen Landeskultur in der DDR vom 29.8.-4.9.1971. Gestalter, Ort, Jahr unbekannt. Quelle: Plakatsammlung im Studienarchiv Umweltgeschichte des Instituts für Umweltgeschichte und Regionalentwicklung e.V. an der Hochschule Neubrandenburg

Joachim Bencard

Der Küstenschutz

Vorbemerkung des Rezensenten

Von 1956 bis 1990 war Joachim Bencard im Küstenschutz der DDR verantwortlich tätig, hat neue Methoden und Technologien mitentwickelt, zahllose Statistiken und Berichte angefertigt und themenbezogene Literaturstudien betrieben. Das gesamte archivierte Schrifttum stellte er 1998 im Auftrag des Ministeriums für Bau, Landesentwicklung und Umwelt Mecklenburg-Vorpommern unter obigem Titel kritisch ausgewertet zusammen. Hierfür konnte auch der Nachlass des bekannten Rostocker Küstenexperten Prof. C. v. Bülow ebenso wie Ergebnisse und Publikationen der Forschungsabteilung des Küstenschutzamtes (insbesondere von Dr. Weiss) berücksichtigt werden. Schließlich ist eine umfangreiche Fotodokumentation entstanden, wovon Bencard etwa 800 Farbaufnahmen in 2 gesonderten Bänden nachwies. Er machte sie offensichtlich zur Grundlage seiner über 2.000 Dia-Vorträge, womit er den Küstenschutz mit großer Resonanz öffentlichkeitswirksam gestalten konnte.

86-jährig und bereits schwer erkrankt, übergab er mir am 25. Juni 2004 eine Kopie seines Berichts mit der Bitte, eine Auswertung für das „Studienarchiv Umweltgeschichte" vorzunehmen. Daher entstand diese erweiterte Rezension über das Lebenswerk meines Freundes und Fachkollegen, der sich auch als versierter Forstmann und Dendrologe bei den Natur- und Heimatfreunden und später in der Gesellschaft für Natur und Umwelt im Kulturbund durch Bestandsaufnahmen zur Erhaltung und Pflege ländlicher Parkanlagen sehr verdient gemacht hat.

Persönliches Anliegen war ihm auch immer der Küstenschutzwald, der jetzt durch Aufnahme des „Internationalen Rad-Fernwegs Ostseeküste" noch eine zusätzliche Funktion erfüllt. Er verstarb am 14. September 2004, und wir hoffen, dass die Arbeit von Joachim Bencard von der nachwachsenden Generation erfolgreich weitergeführt wird. Sein Bericht legt umfassend Rechenschaft über bisherige Leistungen ab.

Albrecht Krummsdorf

Historische Entwicklung und Organisation des Küstenschutzes 1945 bis 1990

Die Aufgaben des Küstenschutzes an der südlichen Ostsee haben nach der schweren Sturmflut vom 13.11.1872 eigentlich erst Bedeutung gewonnen. Territoriale Domanialämter und größere Kommunen mit interessierten Bauämtern waren zunächst hierfür zuständig. Nur im damaligen Vorpommern wurde unter preußischer Leitung einheitlich gearbeitet. Dünenbau und Strandsicherung durch Buhnen standen im Vordergrund, aber insgesamt waren doch wenig positive Entwicklungen zu verzeichnen. Bis zum Ende des Zweiten Weltkrieges waren die Küstenschutzanlagen in einem desolaten Zustand. Tatkräftige Gemeinden begannen zwar mit Reparaturarbeiten, aber erst 1948 wurde unter Leitung des Wasserwirtschaftsamtes Stralsund ein spezielles Küstenschutzamt mit Sitz in Zingst (seit jeher Schwerpunkt im Küstenschutz Vorpommerns) gegründet und die wirklich organisierte Arbeit begann. Besondere Schwerpunkte mit eigenen Düneninspektionen bildeten die Inseln Hiddensee und Usedom sowie die Halbinsel Fischland-Darß-Zingst. Schon 1950 wurde der Küstenschutz von der Trave bis zur Swine in Bezirke untergliedert: West (Pötenitz bis Graal-Müritz), Mitte (Graal-Müritz bis Glowe/Rügen), Ost (Glowe bis Ahlbeck) und mit 183 Arbeitskräften betrieben.

Dem Küstenschutzamt oblagen für rund 440 km Küstenlänge, davon 125 km Steilküste, folgende Aufgaben:
1. Unterhaltung, Wiederherstellung, Ergänzung und Erweiterung der Küstenschutzanlagen;
2. Verwaltung und Nutzung der Liegenschaften;
3. Strand- und dünenpolizeiliche Überwachung der Küste;
4. Wissenschaftliche Bearbeitung der Fragen des Küstenschutzes.

Zunächst den im November 1952 gebildeten volkseigenen Wasserwirtschaftsbetrieben zugehörig, wurde das Küstenschutzamt 1958 dem Rat des Bezirkes Rostock direkt angegliedert und ab 1960 dem Amt für Wasserwirtschaft in Berlin unterstellt. Nunmehr ergaben sich nachstehende Aufgaben:

Küstenaufsicht und Verwaltung, Forschung, Vorplanung, Projektierung, Bauleitung, Instandhaltung von Buhnen, Dünen, Längswerken, Seedeichen u.a., Bewirtschaftung des Küstenschutzwaldes, Verantwortung und Leitung der Hochwasserabwehr.

Diese Aufgaben bezogen sich gleichermaßen auf die Außenküste, die Bodden- und die Haffküste und schlossen den Wasserstands- und Eisdienst mit ein. Ab 1961 war das Küstenschutzamt mit der Forschungsgruppe in Warnemünde stationiert und umfasst nunmehr 7 Dünenmeistereien (West, Mitte, Wustrow, Zingst,

Hiddensee, Rügen, Koserow). Wiederum umstrukturiert wurde zwischen 1961 und 1969, bis dann der gesamte Küstenschutz in die 5 Flussbereiche Grevesmühlen, Heiligendamm, Zingst, Garz auf Rügen und Greifswald zugeordnet und der Oberflussmeisterei Rostock unterstellt wurde. Nach der Sturmflut 1983 kamen erweiterte Finanzmittel und auch die Aufgabe, vorrangig Steilküsten zu sichern. Mit zunehmendem Urlauberverkehr wurde auch die Öffentlichkeitsarbeit verstärkt und Einfluss auf die Bautätigkeit im unmittelbaren Küstenraum genommen. Das führte dazu, dass ab 1976 bzw. mit dem Wassergesetz vom 21.7.1982 Baumaßnahmen durch die Gewässeraufsicht genehmigungspflichtig waren und Küstenschutzgebiete mit totalem Bauverbot ausgewiesen wurden (wenngleich in politisch brisanten Fällen auch Sondergenehmigungen erteilt werden mussten!).

Von besonderer Brisanz waren Küstenschutzbelange, die hinsichtlich notwendiger technischer Maßnahmen nicht mit Forderungen des Naturschutzes harmonierten sowie die für die gesamte Küstenlänge fehlende Kilometrierung. Das erschwerte oft die Schadensmeldungen und Zustandsbeschreibungen und führte 1964/65 zur Vermessung von West nach Ost. Dabei ergaben sich nur 340 km Außenküste, also 100 km weniger als 1950, weil eine andere Abgrenzung zur Boddenküste erfolgte. Nach neuer Kilometrierung wurden alle 250 m Markierungspflöcke gesetzt und die Buhnen durchnummeriert. Sämtliche Küstenbauwerke und die vorhandenen Baupläne wurden in eine „Zustandserfassung der Ostseeküste" 1985 eingearbeitet.

Küstenschutzmethoden und Baupraxis entwickelten sich auch aus gezielter Forschungstätigkeit, nicht zuletzt im Zusammenhang mit dem Sturmflutgeschehen. Die seit 1872 vorliegende Statistik über Häufigkeit und Stärke ist für die Messpunkte Wismar und Warnemünde als vollständig zu betrachten, aber für Sassnitz, Stralsund und Greifswald bestehen Lücken. Für Koserow liegen erst seit 1975 Messungen vor. Um die Schwere der Sturmfluten einheitlich und vergleichbar zu bemessen, fehlten aber koordinierte Einstufungskriterien. Literaturangaben und Messergebnisse differierten. Zumindest hatte man aber die Notwendigkeit einer gut organisierten Hochwasserabwehr erkannt und eine sog. Gefährdungsanalyse für die einzelnen Küstenbereiche vorbereitet.

Hiernach galten zur Klassifizierung

0,70 bis 0,99 m + NN = erhöhter Wasserstand,
1,00 bis 1,24 m + NN = leichte Sturmflut,
1,25 bis 1,49 m + NN = mittlere Sturmflut,
1,50 bis 2,00 m + NN = schwere Sturmflut,
über 2,00 m + NN = sehr schwere Sturmflut.

Die Hochwasserabwehr wurde nach 1970 vollkommen militärisch-stabsmäßig organisiert. Die wiederholt aktualisierte Gefährdungsanalyse wurde bis 1976 auch auf die Binnengewässer ausgeweitet. Allerdings löste man den Begriff „Sturmflut" schon 1960 durch „Sturmhochwasser" ab, weil es ja in der Ostsee weder Ebbe noch Flut gibt, sondern nur Sturmeinflüsse das Hochwassergeschehen bestimmen. Dennoch blieben Sturmfluten weiterhin im Sprachgebrauch.

Küstenrückgang und Küstenzuwachs standen in Auswertung von Peilungen am Beginn der Küstenforschung. Anfangs noch sehr unkoordiniert in verschiedenen Institutionen wirkend, konnten am 10. Juni 1953 über die Kammer der Technik interessierte Fachvertreter zusammengeführt werden. Dieser Fachausschuss Küstenschutz arbeitete bis 1965 und veröffentlichte nach einer Tagung die erbrachten Leistungen. Seitdem waren die Wasserwirtschaftsdirektionen die Koordinatoren der Forschungsarbeit. Es kam mit erweiterter finanzieller Ausstattung zu Modelluntersuchungen über Strömungsverhältnisse und zur Erkundung küstendynamischer Vorgänge über Naturstudien. Bestimmte Institute erhielten Forschungsaufträge (Universitäten Rostock und Greifswald, Institut für Meereskunde Warnemünde der Deutschen Akademie der Wissenschaften Berlin, Forschungsanstalt für Schifffahrt, Wasser- und Grundbau Potsdam). Durch Einsatz luminescenter Farbstoffe wurden Strömungsmessungen in Buhnenfeldern intensiviert und Buhnensysteme auf ihre Wirkung untersucht. Grundlagen für deren optimale Gestaltung lieferten auch Luftbildinterpretationen. Sehr praxisorientiert waren Versuche mit Tetrapoden (z.B. vor Dranske) und der Bitumeneinsatz im Deckwerksbau. Fünf küstenhydrologische Beobachtungsstationen lieferten Messwerte zur Erfassung der Wechselwirkungen zwischen Luft, Wasser und Boden sowie Seegang, Strömung, Salzgehalt, Temperatur und Wind.

Die Ergebnisse 45-jähriger Forschungstätigkeit im Küstenschutzamt erbrachten nicht nur umfangreiche Veröffentlichungen, sondern auch positive Konsequenzen für die Küstenschutzmethodik und Vorteile für Buhnenbau, Meeresgeologie und Strandaufspülungen, den Bau von Wellenbrechern, Deckwerken und Seedeichen. Leider blieb der Erfahrungsaustausch zwischen West- und Ostdeutschland weitgehend unterbunden, obwohl die Probleme der Küstendynamik und gleichartige Bauwerke für beide Seiten immer interessant waren. Auch die Kostenentwicklung in Eigenleistung oder durch Fremdbetriebe wäre trotz unterschiedlicher Währungen zumindest im prozentualen Vergleich wertvoll gewesen.

Baumaßnahmen im Küstenschutz

1950 waren 1.041 Buhnen an der Ostseeküste der DDR vorhanden, großenteils aber schadhaft. Bis 1990 wurden 757 Buhnen ausgebessert bzw. neu gebaut. Dennoch gab es umstrittene Beurteilungen der Wirksamkeit von Buhnen, weshalb unterschiedliche Materialien und Bauvarianten jahrelang getestet wurden, nicht allein durch das Auftreten von Bohrmuscheln (*Teredo navalis*) veranlasst. Ergebnisse von Modellversuchen und Untersuchungen in der Natur führten dann nach 1980 zu einem Bauprogramm vor der Rostocker Heide mit neuen Parametern für die Buhnenform und zusätzlichem Ausgleich von Sandverlusten durch Aufspülungen von See her in die Buhnensysteme. Die gewonnenen positiven Erfahrungen brachten eine zunehmende Korrektur der ablehnenden Haltung und führten zum Bau von 200 neuen Buhnen (Boltenhagen, Kühlungsborn, Heiligendamm, Warnemünde, Prerow und Sundische Wiese) und außerdem zur Reparatur von 300 Buhnen bis 1990.

Da in Küstenabschnitten mit starkem Energieeintrag die traditionellen Buhnenbauten nicht effektiv genug wirkten, wurden nach ausländischem Vorbild küstenparallele Wellenbrecher errichtet. Vor Dranske experimentierte man mit T-Buhnen und Wellenbrechern aus Molensteinen. Bis 1990 wurden dann insgesamt 19 Wellenbrecher gebaut und die erheblichen Kosten über einen Ministerratsbeschluss zur Sicherung der Steilküsten aufgebracht. Dennoch blieben Küstenrückgänge durch Leewirkungen nicht verhinderbar, da die Kräfte bei der Wellenreflektion kaum exakt zu berechnen sind. Eine Strandvorspülung galt deshalb für den Erhalt der Küste als günstiger und wirtschaftlicher, zumal hierfür technische Möglichkeiten immer besser entwickelt wurden. Zunächst mussten allerdings in der DDR Land-Entnahmestellen für die Aufschüttungen genutzt werden, da seetüchtige Bagger erst ab 1968 verfügbar waren. Übergangsweise wurden auch Saugspülbagger vom Bodden her eingesetzt. Aber diese Sande waren feinkörniger und die See konnte sie bald wieder abräumen. Bis 1990 wurden 5,5 Mio. cbm auf 29,7 km Küste ein- und mehrmals von See her aufgespült. Diese Aufspülungen erschienen aber nur dort wirklich sinnvoll, wo die Küste zusätzlich durch Buhnen oder Wellenbrecher gesichert war. Die notwendigen Strandaufspülungen sind deshalb sogar von 1991 bis 2010 bereits im Voraus geplant worden.

Rund 12 km Längswerke waren 1950 an der Ostseeküste der DDR registriert, im Einzelnen massive Deckwerke, Faschinen-Pfahlwerke, Steindämme, Uferschutzmauern und Stahlspundwände. Wegen teilweise großer Schäden mussten sie zunächst wieder funktionstüchtig gemacht werden. Feldsteine, Beton, Granit- und Molensteine, Faschinen und Holzspundwände wurden verbaut, bis dann auch Bitumen und Asphalt erfolgreich zum Einsatz kamen. Insgesamt wurden bis 1990 7,6 km Deckwerke gebaut bzw. instandgesetzt (Kostenaufwand 22 Mio. M), zusätzlich 4,8 km Steinwälle (12,4 Mio. M) und 3 km Ufermauern (4,4 Mio. M).

Außerdem waren im April 1950 136 km Dünen und Dünendeiche aufgelistet, im September 1951 wegen ungenauer Angaben der Unterhaltungspflichtigen sogar 40 km mehr. Nach einer Zustandsaufnahme 1985 wurden dann 160,165 km angeführt. Da auch über Funktion, Aufbau, Pflege und Vegetation von Dünen unterschiedliche Auffassungen bestanden, wurde die „klassische Kunst des Dünenbaues und der Dünenpflege" nach neuen Erfahrungen und Erkenntnissen 1967 und 1970 in einer Studie und weiterhin als Empfehlungen zur „Anwendung ingenieurbiologischer Bauweisen im Küstenschutz" über den bereits erwähnten Fachausschuss in der Kammer der Technik zusammengefasst. Planierraupeneinsatz zur Beseitigung von Dünenschäden auf rund 40 km erfolgte zwischen 1951 und 1985 mit einem Kostenaufwand von 8 Mio. M.

Seedeiche sind 1950 mit 29 km und 1951 mit fast 37 km Länge registriert. Viele waren zu schwach gebaut, die Deichhöhen reichten für Sturmflutwasserstände nicht aus und die Böschungen waren zu steil. Nach entsprechendem Ausbau waren 1990 knapp 40 km Ostseeküsten durch Seedeiche gesichert. 150 bis 200 m Vorland wurden zur Dämpfung der Wellen erhöht, Innen- und Aussenböschungen erhielten Neigungen von 1:4 und waren dadurch besser zu pflegen. Aber die Beweidung durch Schafe wurde zur optimalen Methode, weil ihr Tritt auch gegen tierische Schädiger, besonders Maulwürfe, Ratten und Mäuse wirksam war. Teppichartige Grasnarben konnten vorteilhaft durch maschinelle Ansaat im sog. Merseburger Anspritzverfahren hergestellt werden. Die Deichkronen wurden für Wanderer und Radfahrer überwiegend mit Schwarzdecke befestigt. Boddendeiche sind nur für Hiddensee erwähnt. Die bei Neuendorf vorhandenen 1,5 km wurden 1962 um 2,2 km im Abschnitt Kloster-Vitte und 1985 um 1,8 km ab Vitte mit insgesamt 19,5 Mio. M Kosten verlängert und sichern gegen Hochwasser vom Bodden her.

Laut Inventur des Küstenschutzamtes waren 1950 500 ha Küstenwald erfasst. Bis 1985 auf 710 ha angewachsen und offiziell als Küstenschutzwald geführt, waren 1991 gemäß „Generalplan Küsten- und Hochwasserschutz Mecklenburg-Vorpommern" schon insgesamt 1.072 ha vorhanden. Unabhängig von der Zuständigkeit durch Wasser- oder Forstwirtschaft waren diese zum „Wald als biologische Küstenschutzmaßnahme" eingestuft und auch großenteils entweder Landschafts- oder Naturschutzgebiet. Wenn anfangs noch Kiefernbestände vorherrschten, so wurden sie ab 1950 in Laubmischwald umgewandelt und verjüngt.

Das betraf den Küstenschutzwald zwischen Seedeichen und Düne, die Aufforstungen hinter der Düne und bis zu 100 m breite Schutzwaldstreifen an den Kliffrändern der Steilufer sowie ingenieurbiologische Bauweisen zur Sicherung noch aktiver Rutschhänge.

Joachim Bencard fühlte sich mit Aufnahme seiner Tätigkeit im Küstenschutzamt 1956 diesen Methoden eines „naturgemäßen Küstenschutzes" besonders verbunden. Sehr positiv entwickelten sich seine biologische Hangbefestigung an der Stoltera (westlich Wilhelmshöhe) und die pflanzlichen Dünensandfestlegungen mit Kartoffelrose, Sanddorn und Ölweide. Autochthone Herkünfte aus dem Küstenbereich wurden in Berlin (vormals Späth'sche Baumschule) durch Gartenbauingenieur Albrecht züchterisch bearbeitet und dann in verschiedenen Baumschulen vermehrt. Auch Containerpflanzen kamen zum Einsatz. Für die Pflanzung und Pflege wurden zwischen 1960 und 1990 14,3 Mio. M verausgabt.

Mit insgesamt 5,7 Mio. M wurden schließlich einige spezielle Hochwasserschutzbauwerke seitens des Küstenschutzamtes betreut bzw. neu errichtet. Die Bedienung von Schleusen und das Betreiben der Schöpfwerke, die Unterhaltung der Reparaturstützpunkte und der Betrieb der Schiffsflotte gehörten mit dazu.

Noch im Jahre 1989 wurden die voraussichtlich notwendigen Küstenschutzmaßnahmen für die nächsten 10 und 20 Jahre vorsorglich benannt. Damit war die Hoffnung verbunden, dass die Außenküste von Mecklenburg-Vorpommern mit der nun verfügbaren besseren Technik und auch mit Hilfe wissenschaftlich begründeter neuer Methoden noch wirksamer gegen Hochwasserschäden und unnatürlich große Küstenrückgänge gesichert werden kann.

Zusammenfassung

In seiner 34-jährigen Praxis hat Joachim Bencard den Küstenschutz in der DDR von 1956 bis 1990 verantwortlich gestaltet. 1998 bearbeitete er im Auftrag des zuständigen Ministeriums diesen umfassenden Bericht aus Archivunterlagen des Küstenschutzamtes und gewährt damit Einblicke in das Sturmflut-/Hochwassergeschehen (seit 1872) und die allgemeine Küstenschutzmethodik an der Ostsee (insbesondere für Mecklenburg-Vorpommern). Detaillierte Ausführungen zur Forschungstätigkeit und Leistungsangaben über Küstenschutzbauwerke werden gemacht, und zwar im Einzelnen: Buhnenbau, Wellenbrecher, künstliche Strandernährung durch Aufschüttung und Aufspülung, Bau von Deckwerken, Steilwällen und Uferschutzmauern, Dünenbau und Dünenpflege, See- und Boddendeiche sowie Bewirtschaftung des Küstenschutzwaldes und sonstiger Bauwerke. Außerdem sind im Bericht aufgelistet: 35 Tabellen (zumeist über Schadereignisse, Baumaßnahmen und Bauwerke), 5 Anlagen (Aufgaben des Küstenschutzamtes und Planunterlagen) sowie 8 kleinmaßstäbige historische Kartenübersichten (Nr.1 = Küstenschutz-Behörden in Mecklenburg 1890, Nr. 2 bis 8 = Dünenmeistereien West, Mitte, Wustrow, Zingst, Hiddensee, Rügen, Koserow).

SCHÜTZT KÜSTEN- UND STRANDFLORA

„Schützt Küsten- und Strandflora". Herausgeber: agra Markkleeberg (1982). Gestaltung: DEWAG Leipzig, Graichen. Quelle: Plakatsammlung im Studienarchiv Umweltgeschichte des Instituts für Umweltgeschichte und Regionalentwicklung e.V. an der Hochschule Neubrandenburg

Manfred Simon

Zur institutionellen Entwicklung der Wasserwirtschaft bis 1990 – Schwerpunkt: Aufgaben der Wasserbewirtschaftung

1950–1960

Nach der Bildung der DDR am 07.10.1949 wurde im Ministerium für Land- und Forstwirtschaft der DDR ab Februar 1950 eine Hauptabteilung Wasserwirtschaft geschaffen. Im Jahre 1952 wurde die erste bedeutende Umstrukturierung der Wasserwirtschaft der DDR vorgenommen. Die wichtigsten Entwicklungen sind nachstehend aufgeführt: Am 01.07.1952 wurde das Amt für Wasserwirtschaft (AfW) gebildet, das unmittelbar dem Ministerpräsidenten unterstellt wurde. Dem folgte die Bildung des Instituts für Wasserwirtschaft (IfW) ab August 1952 als dem Amt für Wasserwirtschaft unmittelbar nachgeordnete Dienststelle. Das Institut für Wasserwirtschaft wurde durch Überführung der „Forschungsgruppe Wasserwirtschaftliche Rahmenplanung" (Januar 1951 gebildet) der Staatlichen Plankommission mit 5 Forschungsstellen in den 5 Ländern, des „Zentrallaboratoriums für Wassertechnologie und Wasserreinigung" (Dezember 1951 gebildet) und des „Moorwissenschaftlichen Institutes" (Juni 1951 gebildet) gegründet.

Die zuvor bestehenden Abteilungen Wasserwirtschaft bei den Ministerien für Land- und Forstwirtschaft der Landesregierungen wurden aufgelöst und in der Folge selbständige Abteilungen Wasserwirtschaft bei den Räten der Bezirke gebildet.

Im Laufe des Jahres 1952 wurden ferner 15 zentral geleitete volkseigene Wasserwirtschaftsbetriebe (Z-Betriebe) nach Flusseinzugsgebieten (Verordnung vom 28.08.1952) gegründet, davon 11 Z-Betriebe in Teileinzugsgebieten im Einzugsgebiet der Elbe auf dem Gebiet der DDR und 4 Z-Betriebe in Teileinzugsgebieten außerhalb des Einzugsgebietes der Elbe (die letzten vier der im Folgenden aufgezählten VEB):
- VEB Wasserwirtschaft Obere Elbe (Einzugsgebiet der Elbe bis Dessau),
- VEB Wasserwirtschaft Mulde (gesamtes Einzugsgebiet der Mulde bis zur Mündung in die Elbe bei Dessau),

- VEB Wasserwirtschaft Saale (Gebiet der Saale bis zur Mündung in die Elbe mit Ilm, Schwarza und Fuhne – ohne die Teilflussgebiete Weiße Elster, Unstrut und Bode),
- VEB Wasserwirtschaft Weiße Elster (gesamtes Einzugsgebiet der Weißen Elster mit der Pleiße),
- VEB Wasserwirtschaft Gera-Unstrut (gesamtes Einzugsgebiet der Unstrut mit Gera und Helme),
- VEB Wasserwirtschaft Bode (Einzugsgebiete der Bode, Ilse und Wipper),
- VEB Wasserwirtschaft Havel (obere und untere Havelgebiete – außer Spree, Plane und Nuthe),
- VEB Wasserwirtschaft Spree (gesamtes Einzugsgebiet der Spree),
- VEB Wasserwirtschaft Plane-Nuthe (Einzugsgebiete der Nuthe und Plane sowie der Einzugsgebiete der Havel südlich der Unteren Havel),
- VEB Wasserwirtschaft Mittlere Elbe (Einzugsgebiete der Elbe unterhalb von Dessau mit Löcknitz, Stepenitz, Aland, Jeetze, Ohre und Aller – außer Sude und Elde),
- VEB Wasserwirtschaft Sude-Elde (Einzugsgebiete der Sude und Elde mit Müritz-See),
- VEB Wasserwirtschaft Werra (Gebiete der Werra und Leine),
- VEB Wasserwirtschaft Oder-Neiße (Gebiete der Oder und Neiße auf DDR-Gebiet),
- VEB Wasserwirtschaft Warnow (Küstengebiete, Stepenitz und Warnowgebiet) und
- VEB Wasserwirtschaft Peene (Küstengebiete, Recknitz- und Peenegebiet, Inseln Rügen und Usedom).

Durch diese zentral geleiteten volkseigenen Betriebe wurden alle zentralen (überörtlichen) Aufgaben auf den Gebieten der Vorflutregelung (Unterhaltung und Ausbau) der Gewässer I. und II. Ordnung des Preußischen Wassergesetzes, der Talsperren, der Hochwasserschutzbecken, der Wasserversorgung (Fern- und Gruppenwasserversorgung) und der Abwasserbehandlung (Kläranlagen und Kanalisation von besonderer Wichtigkeit) in einem Betrieb im festgelegten Flusseinzugsgebiet ohne Beachtung der Grenzen von Kreisen oder Bezirken einheitlich geregelt. So begann auf dem Gebiet der DDR im Jahre 1952 eine flussgebietsbezogene Arbeit. Das bedeutete, dass alle Aufgaben der bis dahin bestehenden Wasserwirtschaftsämter, Flussbauämter, des Küstenschutzamtes Stralsund, des Flussuntersuchungsamtes Magdeburg sowie des Laboratoriums für Wasserchemie in Erfurt übernommen wurden. Die Deich-, Wasser- und Bodenverbände wurden im Zeitraum 1952-1954 schrittweise aufgelöst. In den zentral geleiteten Wasserwirtschaftsbetrieben waren auch Projektierungsbüros vorhanden.

Mit Verordnung vom 28.08.1952 wurden schließlich kommunale volkseigene Wasserwirtschaftsbetriebe (K-Betriebe) der örtlichen Wasserwirtschaft gebildet. In diesen Betrieben erfolgte die Zusammenfassung der örtlichen Aufgaben auf den Gebieten der Wasserversorgung, der Kanalisation, der Abwasserbehandlung und der örtlichen Vorflutregelung.

Nach vorübergehender Eingliederung des Amtes für Wasserwirtschaft als Hauptverwaltung in das Ministerium für Land- und Forstwirtschaft im Jahre 1954 erfolgte im Jahre 1958, nachdem die Fragen der Wasserbewirtschaftung des begrenzt verfügbaren Wasserdargebotes nach Menge (der durchschnittliche Jahresabfluss aus dem eigenen Gebiet in den alten Bundesländern ist mit 318 mm doppelt so hoch wie in den neuen Bundesländern mit 163 mm) und Beschaffenheit immer mehr in den Vordergrund getreten waren, eine weitere weit reichende Veränderung in der Aufgabenverteilung in der Wasserwirtschaft: Das Amt für Wasserwirtschaft, geleitet von einem Staatssekretär, wurde ein selbständiges, zentrales Organ der staatlichen Verwaltung und dem Ministerrat der DDR direkt unterstellt. Als nachgeordnete Organe des Amtes für Wasserwirtschaft wurden am 01.07.1958 sieben Wasserwirtschaftsdirektionen (WWD) nach Großeinzugsgebieten (*Anhang, Abbildung 2*) in Form von Haushaltsorganisationen gebildet, und zwar die
- Wasserwirtschaftsdirektion Küste-Warnow-Peene (mit Sitz in Stralsund),
- Wasserwirtschaftsdirektion Havel (Potsdam),
- Wasserwirtschaftsdirektion Spree-Oder-Neiße (Cottbus),
- Wasserwirtschaftsdirektion Obere Elbe-Mulde (Dresden),
- Wasserwirtschaftsdirektion Saale-Weiße Elster (Halle),
- Wasserwirtschaftsdirektion Werra-Gera-Unstrut (Erfurt) und die
- Wasserwirtschaftsdirektion Mittlere Elbe-Sude-Elde (Magdeburg).

Die Hauptaufgaben der Wasserwirtschaftsdirektionen in den zugeordneten Flussgebieten waren:
- Leitung und Planung der Wasserbewirtschaftung zur Sicherung der Wasserbereitstellung für die Wasserversorgung der Bevölkerung, Industrie und Landwirtschaft;
- Ermittlung des Wasserdargebotes nach Menge (Hydrologie) und Beschaffenheit (gütemäßige Untersuchungen der Gewässer) und des Wasserbedarfs der Nutzer sowie Durchführung der Bilanzierung des Wasserdargebotes nach Flusseinzugsgebieten;
- Wahrnehmung der wasserwirtschaftlichen Planung auf der Grundlage der sich aus den Wasserbilanzen ergebenden wasserwirtschaftlichen Maßnahmen (Jahres- und Perspektivplanung);
- Bewirtschaftung des Wasserdargebotes der Flussgebiete nach volkswirtschaftlichen Gesichtspunkten;

- Wahrnehmung der Aufgaben der Gewässeraufsicht als eine staatliche Aufgabe der Wasserwirtschaft zur Regelung der Gewässernutzungen und Aufbau von leistungsfähigen Laboratorien;
- Durchführung der Aufgaben der staatlichen Bauaufsicht für die Wasserwirtschaft und die wasserwirtschaftlichen Maßnahmen aller Wirtschaftszweige;
- Durchführung der Unterhaltung und des Ausbaues der zentralen Wasserläufe (überörtliche Bedeutung) und der dazugehörigen wasserwirtschaftlichen Anlagen (Wehre, Schöpfwerke, Pumpstationen);
- Bau und Betrieb von Talsperren;
- Wahrnehmung der Investitionsträgerschaft für zentrale wasserwirtschaftliche Maßnahmen;
- Wahrnehmung der technischen Leitung des Hochwasserschutzes und der Hochwasserabwehr;
- Durchführung der Projektierung für wasserwirtschaftliche Vorhaben, auch für kommunale Anlagen und die Industrie;
- Durchführung von Forschungs- und Entwicklungsarbeiten. Zu diesem Zweck wurden auch die Außenstellen des Institutes für Wasserwirtschaft den Wasserwirtschaftsdirektionen als Abteilungen „Grundlagen- und Zweckforschung" angegliedert.

Damit war die Bewirtschaftung der Wasserressourcen in Flussgebieten nach Menge und Beschaffenheit als eine staatliche Tätigkeit zur Planung und Bilanzierung des Wasserdargebotes und zur Regelung der Gewässernutzungen zu einer wichtigen Aufgabe der Wasserwirtschaftsdirektionen geworden. Mit der Ausarbeitung der „Analysen der wasserwirtschaftlichen Verhältnisse" nach Menge und Beschaffenheit für alle Flussgebiete in den Jahren 1959 bis 1964 sowie den nachfolgenden wasserwirtschaftlichen Entwicklungskonzeptionen wurde den Erfordernissen der Bewirtschaftung der Wasserressourcen Rechnung getragen. Der Wasserwirtschaftsdirektion Mittlere Elbe-Sude-Elde mit Sitz in Magdeburg waren mit einer Fläche von 18.400 km^2 23,2 % des Einzugsgebietes der Elbe auf DDR-Gebiet und 51,4 % der Elbelänge (291,6 km) wesentliche Anteile des Elbeeinzugsgebietes zugeordnet (*Anhang, Abbildung 1*). Zur Gewährleistung der eigenständigen Wahrnehmung der hydrologischen Aufgaben (auch für die Wasserstraßen) wurden den Wasserwirtschaftsdirektionen ab 01.11.1959 die Bereiche der Hydrologie vom Meteorologischen und Hydrologischen Dienst der DDR (MHD) zugeordnet. Den Wasserwirtschaftsdirektionen nachgeordnet waren Oberflussmeistereien (OFM) mit Zuständigkeiten für festgelegte Flusseinzugsgebiete und diesen wiederum Flussmeistereien nach Teilflussgebieten.

Mit der Bildung der 7 Wasserwirtschaftsdirektionen nach Großeinzugsgebieten ab 01.07.1958 wurden die 15 zentral geleiteten volkseigenen Betriebe aufgelöst.

Die territoriale Zuordnung der Flusseinzugsgebiete der zentral geleiteten volkseigenen Betriebe wurde aber weitestgehend in die Wasserwirtschaftsdirektionen durch Zusammenlegung überführt.

Aus den Baukapazitäten für Gewässerunterhaltung und Meliorationsbau der zentralgeleiteten volkseigenen Betriebe erfolgte 1958 die Bildung von Volkseigenen Betrieben der Gewässerunterhaltung und des Meliorationsbaues (VEB GuM) innerhalb der Bezirksgrenzen. Diese wurden allerdings 1963 bereits wieder aufgelöst und aus den landwirtschaftlichen Baukapazitäten die Volkseigenen Betriebe für Melioration der Bezirke bzw. Bezirksbaubetriebe (Zusammenfassung von Kapazitäten des Flussbaues mit Spezialbaukapazitäten für Wasserversorgung und Abwasserbehandlung) gebildet.

Den Abteilungen Wasserwirtschaft (ggf. Wasserwirtschaft und Verkehr) bei den Räten der Bezirke wurde im Laufe des Jahres 1958 für bestimmte Aufgaben eine höhere Verantwortung übertragen. Analoge Regelungen erfolgten auch bei den Abteilungen Wasserwirtschaft bei den Räten der Kreise.

1960–1970

Mitte und Ende der 1960er Jahre wurden weitere Veränderungen in der Arbeitsweise der Wasserwirtschaft vorgenommen. Im Laufe des Jahres 1964 erfolgte schrittweise die Bildung von 15 Volkseigenen Betrieben der Wasserversorgung und Abwasserbehandlung (VEB WAB) nach Bezirksgrenzen. In diese Betriebe erfolgte auch die Eingliederung der öffentlichen Anlagen der Wasserversorgung und Abwasserbehandlung der Städte und Gemeinden. Es handelte sich also im Wesentlichen darum, dass die bis dahin bestehenden kommunalen Wasserwirtschaftsbetriebe zu einem bezirksgeleiteten „VEB Wasserversorgung und Abwasserbehandlung" zusammengeschlossen wurden. Die wichtigsten Aufgaben der VEB Wasserversorgung und Abwasserbehandlung waren:
- Versorgung der Bevölkerung, der gesellschaftlichen Einrichtungen und Betriebe mit Trinkwasser aus dem öffentlichen Trinkwassernetz;
- Lieferung von Trinkwasser für die Industrie und Landwirtschaft mit einschränkenden Bedingungen;
- Ableitung und Behandlung von häuslichem und gewerblichem Abwasser und Niederschlagswasser bei Anschluss an das öffentliche Kanalisationsnetz;
- Ableitung von industriellem Abwasser mit Einleitungen in das öffentliche Kanalisationsnetz entsprechend den erteilten Einleitungsbedingungen;
- Entwicklung und Erweiterung der Anlagen zur Wasserversorgung und Abwasserbehandlung entsprechend der perspektivischen Planungen in den Gebieten.

Parallel zu den 15 VEB Wasserversorgung und Abwasserbehandlung wurde im Januar 1966 der VEB Fernwasserversorgung Elbaue-Ostharz (VEB FWV) mit Sitz in Torgau gebildet. Er entstand aus dem Zusammenschluss des VEB Fernwasserversorgung Elbaue (vorher Wasserbeschaffungsverband Elbaue – seit 1946) und dem Investor Ostharz (vorher Wasserbeschaffungsverband Ostharz – seit 1948). Zum 01.04.1964 erfolgte eine weitere Zentralisierung mit der Bildung der Vereinigung Volkseigener Betriebe (VVB) Wasserversorgung und Abwasserbehandlung mit Sitz in Potsdam. Der VVB Wasserversorgung und Abwasserbehandlung wurden alle 15 VEB Wasserversorgung und Abwasserbehandlung und der VEB Fernwasserversorgung unterstellt. 1968 erfolgte innerhalb der VVB Wasserversorgung und Abwasserbehandlung die Bildung eines Wissenschaftlich-Technischen Zentrums (WTZ) und eines Ingenieurbüros für Rationalisierung. Die VVB Wasserversorgung und Abwasserbehandlung wurde im Zusammenhang mit generellen Umstrukturierungen in der gesamten Volkswirtschaft der DDR 1975 wieder aufgelöst. Die VEB Wasserversorgung und Abwasserbehandlung und der VEB Fernwasserversorgung wurden dann dem 1972 gebildeten Ministerium für Umweltschutz und Wasserwirtschaft direkt unterstellt.

Mitte des Jahres 1964 erfolgte die Herauslösung der Projektierungskapazitäten für den landwirtschaftlichen Wasserbau aus den Wasserwirtschaftsdirektionen und die Zuführung zum VEB Meliorationsprojektierung. Zum 01.01.1965 wurde aus Mitarbeitern der Projektierung der Wasserwirtschaftsdirektionen der Volkseigene Betrieb der Projektierung Wasserwirtschaft (VEB Prowa) gegründet.

Die Oberflussmeistereien (OFM) der Wasserwirtschaftsdirektionen wurden rationell gestaltet, indem im Jahre 1965 mehrere kleinere Oberflussmeistereien zu größeren Struktureinheiten zusammengeschlossen wurden. Die flussgebietsbezogene Zuständigkeit wurde aber generell beibehalten. 1967 wurden Flussbereiche (FB) für bestimmte Teilflussgebiete der Oberflussmeistereien durch Zusammenschluss von Flussmeistereien geschaffen.

Die Rechte und Aufgaben der örtlichen Räte auf dem Gebiet der Wasserwirtschaft wurden 1965 neu geregelt.

Mit der Bildung der Wasserwirtschaftsdirektionen waren diesen auch die Aufgaben der Staatlichen Bauaufsicht (SBA) übertragen und der Aufbau als staatliches Kontrollorgan eingeleitet worden. Ab 1965 arbeitete die Staatliche Bauaufsicht als selbständige Abteilung in den Wasserwirtschaftsdirektionen.

Ab 01.04.1969 wurde die Ingenieurschule für Wasserwirtschaft (ISW) dem Amt für Wasserwirtschaft und später dem Ministerium für Umweltschutz und Wasserwirtschaft zugeordnet. Mit der Unterstellung unter das Amt für Wasserwirtschaft wurde der 1960 vollzogene Zusammenschluss der Ingenieurschule für Wasserwirtschaft und der Ingenieurschule für Bauwesen aufgehoben. Die Ingenieurschule für Wasserwirtschaft war im September 1956 durch Umsiedlung der Fachschule für Wasserwirtschaft und Kulturbautechnik von Schleusingen nach Magdeburg entstanden. Sie war die bedeutendste Aus- und Weiterbildungsstätte des Ministeriums für Umweltschutz und Wasserwirtschaft für mittlere technische und ökonomische Fachleute. In einer dreijährigen Studienzeit erfolgte die Ingenieurausbildung in den Fachrichtungen Wasserbewirtschaftung, Wasserbau, Wasserversorgung/Abwasserbehandlung und Sozialistische Betriebswirtschaft/Ingenieurökonomie der Wasserwirtschaft. Die Ingenieurschule für Wasserwirtschaft hatte gleichzeitig die Aufgabe als Weiterbildungszentrum (WBZ) des Ministeriums für Umweltschutz und Wasserwirtschaft, nachdem bereits ab 1968 die Weiterbildung durch postgraduale Studien ein bedeutender Bestandteil der Bildungsarbeit an der Ingenieurschule für Wasserwirtschaft war.

1970–1980

Ein wichtiger Meilenstein bei der Entwicklung der Wasserwirtschaft in der DDR war die Bildung des Ministeriums für Umweltschutz und Wasserwirtschaft (MUW) zum 01.01.1972. Es übernahm die Aufgaben des damit aufgelösten Amtes für Wasserwirtschaft und neue Aufgaben auf dem Gebiet des Umweltschutzes.

Infolge der Bildung des Ministeriums für Umweltschutz und Wasserwirtschaft (*vgl. Strukturschema Anhang, Abbildung 4*) wurde in den 1970er Jahren eine Reihe von Veränderungen vorgenommen, von denen einige nachstehend erwähnt werden sollen. Auf der Grundlage des Wassergesetzes vom 17.04.1963 erfolgte Ende der 1960er Jahre, aber insbesondere Anfang der 1970er Jahre die zielstrebige Entwicklung der Gewässeraufsicht. Diese hatte vorrangig die Aufgabe der Regelung der Gewässernutzungen durch wasserrechtliche Verfahren und der Kontrolle der Einhaltung der Rechtsvorschriften über die Nutzung und den Schutz des Wassers und der Gewässer, der Instandhaltung der Gewässer und wasserwirtschaftlichen Anlagen sowie des Hochwasserschutzes.

Im Rahmen der verstärkten Tätigkeit der Gewässeraufsicht erfolgte schrittweise der Aufbau von leistungsfähigen Laboratorien. Mit der Verordnung über die Staatliche Gewässeraufsicht vom 15.12.1977 ist offiziell von der Staatlichen Gewässeraufsicht die Rede. Sie sollte in ihrer Wirkung nach außen der Staatlichen Bauaufsicht gleichgestellt werden. Seit diesem Zeitpunkt hatte die Staatliche Gewässeraufsicht auch die wichtige Aufgabe der Durchsetzung der rationellen Wasserverwendung (RWV) in allen Zweigen der Volkswirtschaft. Damit entwickelte sich die Staatliche Gewässeraufsicht von einer reinen Genehmigungs- und Aufsichtsbehörde zu einem Organ, das unter Berücksichtigung begrenzter Kapazitäten in der Volkswirtschaft der DDR Prioritäten zu setzen hatte und über Bilanzentscheidungen differenzierten Einfluss auf volkswirtschaftliche Entwicklungen nehmen sollte. Deshalb war die Zuordnung der Aufgabe der Durchsetzung der rationellen Wasserverwendung eine neue, qualitativ höhere Aufgabe der Staatlichen Gewässeraufsicht. Neu war auch die Durchsetzung der erforderlichen Maßnahmen zur Reinhaltung der Gewässer nicht nur gegenüber einzelnen Gewässernutzern, sondern auch gegenüber wirtschaftsleitenden Organen, Kombinaten u.a. Dabei war auch die Frage der Standortoptimierung der Abwasserbehandlung durch Schaffung von Gemeinschaftskläranlagen zu beachten. Weitere zu beachtende neue Aufgaben der Staatlichen Gewässeraufsicht waren die Einflussnahme auf die Durchsetzung des wissenschaftlich-technischen Fortschritts und die Erarbeitung von Standards zum Schutz und zur Nutzung der Gewässer sowie die Durchsetzung der Wasserschadstoffverordnung vom 15.12.1977.

Im Jahre 1972 erfolgte die Ausgliederung des Weiterbildungszentrums aus der Ingenieurschule für Wasserwirtschaft und seine Neugründung in Klink/Müritz. Dieses Weiterbildungszentrum war direkt dem Ministerium für Umweltschutz und Wasserwirtschaft unterstellt. In Klink erfolgte fortan die fachliche und politische Weiterbildung von mittleren Führungskadern der Wasserwirtschaft sowie von Mitarbeitern der Abteilungen Umweltschutz und Wasserwirtschaft der Räte der Bezirke und Kreise sowie von Wasserbeauftragten der übrigen Ministerien und der Industriekombinate. Schwerpunkte der Weiterbildung waren die Technologien der Wasserversorgung und Abwasserbehandlung, der Umweltschutz und die gesellschaftspolitische Qualifizierung. Im Juni 1988 wurde wegen der ungünstigen Rahmenbedingungen die Auflösung des Weiterbildungszentrums in Klink und seine Rückverlagerung nach Magdeburg beschlossen. Die Neueröffnung erfolgte am 01.09.1989. Der Sitz war an der inzwischen erweiterten Ingenieurschule für Wasserwirtschaft. Damit war eine enge Zusammenarbeit mit der Weiterbildungsarbeit an der Ingenieurschule gewährleistet. Dem Weiterbildungszentrum wurden auch der Konsultationsstützpunkt in Wienrode/Harz (ab 01.05.1976 eingerichtet) und das Konsultations- und Ausbildungszentrum Neidhardtsthal/Erzgebirge (ab 1978 eingerichtet) zugeordnet. Diese wurden zum 01.01.1990 aufgelöst. Am 01.06.1990 wurde das Weiterbildungszentrum zum Institut für Weiterbildung, Wasser und Umwelt (IWWU) weiterentwickelt.

Ab 01.01.1974 wurden Außenstellen des Institutes für Wasserwirtschaft aus den Mitarbeitern der Abteilungen „Neue Technik" der Wasserwirtschaftsdirektionen bzw. aus den inzwischen gebildeten Büros für Forschung und Entwicklung gegründet. Dem Institut für Wasserwirtschaft wurden im Januar 1974 auch das Ingenieurbüro für Rationalisierung und das Wissenschaftlich-Technische Zentrum der VVB Wasserversorgung und Abwasserbehandlung als Bereich Planung und Ökonomie zugeordnet. In Potsdam wurde im November 1975 aus dem Bereich Planung und Ökonomie des Institutes für Wasserwirtschaft ein Wissenschaftlich-Technisches Zentrum Wasserwirtschaft (WTZ) gebildet. 1979 erfolgte die Rückführung dieses Wissenschaftlich-Technischen Zentrums zum Institut für Wasserwirtschaft als Forschungsbereich Ökonomie des Institutes.

Die Staatlichen Bauaufsicht und die Gutachterstelle des Ministeriums für Umweltschutz und Wasserwirtschaft wurden ab 01.05.1974 vereinigt. Die Arbeitsbereiche der Staatlichen Bauaufsicht wurden verwaltungsmäßig den Wasserwirtschaftsdirektionen zugeordnet. Die Aufgabenbereiche der Staatlichen Bauaufsicht erstreckten sich auf die Durchsetzung der bauwirtschaftlichen, bautechnologischen und sicherheitstechnischen Anforderungen bei der Vorbereitung, Errichtung, Veränderung und Nutzung von wasserwirtschaftlichen und wasserbaulichen Anlagen sowie industriellen Absetzanlagen. 1986 wurden beide Bereiche wieder getrennt. Die Staatliche Gutachterstelle für Investitionen wurde in das Ministerium für Umweltschutz und Wasserwirtschaft eingegliedert und die Staatliche Bauaufsicht war weiterhin dem Institut für Wasserwirtschaft zugeordnet.

Selbständige Abteilungen Umweltschutz und Wasserwirtschaft bei den Räten der Bezirke wurden ab 1975 und bei den Räten der Kreise ab 1979 aus den vorherigen Abteilungen Wasserwirtschaft und Verkehr bzw. Energie, Verkehr und Wasserwirtschaft gegründet.

Ab 01.10.1975 wurden auch Stellung, Aufgaben und Arbeitsweisen der Wasserwirtschaftsdirektionen neu geregelt. Die Aufgaben aus der Bildung der Wasserwirtschaftsdirektionen im Jahre 1958 wurden weitestgehend beibehalten (siehe Absatz 1950-1960) bzw. erweitert, wobei die rationelle Wasserverwendung in den Vordergrund rückte. Aus den 1958 gebildeten 7 Wasserwirtschaftsdirektionen wurden 5 Wasserwirtschaftsdirektionen geschaffen (*Anhang, Abbildung 3*) und zwar die:
- Wasserwirtschaftsdirektion Küste (mit Sitz in Stralsund),
- Wasserwirtschaftsdirektion Oder-Havel (Potsdam),
- Wasserwirtschaftsdirektion Untere Elbe (Magdeburg),
- Wasserwirtschaftsdirektion Saale-Werra (Halle) und die
- Wasserwirtschaftsdirektion Obere Elbe-Neiße (Dresden).

Die Wasserwirtschaftsdirektionen hatten mit dieser Strukturveränderung nach wie vor die Wasserbewirtschaftung und Wasserbilanzierung nach Menge und Beschaffenheit in den zugeordneten Flusseinzugsgebieten wahrzunehmen, während die den Wasserwirtschaftsdirektionen nachgeordneten Oberflussmeistereien ihre Aufgaben nicht mehr nach Flusseinzugsgebieten, sondern nach den Gebieten der 15 Bezirke ausgeübt hatten. Damit fand eine teilweise Abkehr von der flussgebietsbezogenen Organisation statt. Der Sitz der Oberflussmeistereien wurde auch generell an die Standorte der Bezirkshauptstädte verlegt, sofern er dort nicht bereits angesiedelt war. Damit sollten ein besserer Einfluss und eine höhere Verantwortung der Bezirkstage und Bezirksräte auf die Entwicklung der Wasserwirtschaft erreicht werden. Schwerpunkte der Aufgaben der Oberflussmeistereien waren die territoriale wasserwirtschaftliche Planung, die Ermittlung des Wasserdargebotes nach Menge und Beschaffenheit, die Gewässeraufsicht und die Instandhaltung und der Ausbau der zugeordneten Gewässer und wasserwirtschaftlichen Anlagen. Zur einheitlichen Leitung und Bewirtschaftung der Talsperren wurden in den Jahren 1975 und 1976 in den Oberflussmeistereien Talsperrenmeistereien (TSM) geschaffen. Für das Gebiet der Hauptstadt der DDR Berlin (Ost) wurden die Aufgaben durch die Oberflussmeisterei Berlin wahrgenommen, die im Prinzip den Rang einer Wasserwirtschaftsdirektion hatte. Die Wasserwirtschaftsdirektionen hatten im Auftrage des Ministeriums für Umweltschutz und Wasserwirtschaft auf folgenden Gebieten koordinierende und kontrollierende Aufgaben im DDR-Maßstab wahrzunehmen:

- Wasserwirtschaftsdirektion Oder/Havel: Koordinierung der internationalen Zusammenarbeit mit Polen auf dem Gebiet der Wasserwirtschaft an den Grenzgewässern;
- Wasserwirtschaftsdirektion Untere Elbe: Wasserbilanz der Elbe nach Menge und Beschaffenheit von Schöna bis Boizenburg; Koordinierung der hydrogeologischen Vorlauferkundung (bereits ab 1973 zugeordnet) aller Wasserwirtschaftsdirektionen und der VEB Wasserversorgung und Abwasserbehandlung; Wasserschadstoffbekämpfung. Zur Wahrnehmung der letztgenannten Koordinierungsaufgabe wurde die am 01.08.1969 gebildete Leitstelle zur Verhütung und Bekämpfung von Ölhavarien in weiterentwickelter Form ab 15.10.1975 der Wasserwirtschaftsdirektion Untere Elbe als Abteilung Wasserschadstoffbekämpfung zugeordnet. Sie hatte die Aufgabe der Koordinierung aller Maßnahmen zur Verhütung von Wasserschadstoffhavarien sowie deren Bekämpfung in allen Wasserwirtschaftsdirektionen und VEB Wasserversorgung und Abwasserbehandlung sowie Unterstützung der Betriebe und Einrichtungen der gesamten Volkswirtschaft bei der Lösung dieser Aufgaben.

Da das Einzugsgebiet der Elbe auf dem Gebiet der DDR mit 79.177 km^2 73,1 % des DDR-Gebietes (108.333 km^2) ausmachte, wurden somit durch die Wasserwirtschaftsdirektion Untere Elbe bereits ab 1975 wesentliche Koordinierungsaufgaben im Einzugsgebiet der Elbe wahrgenommen.

- Wasserwirtschaftsdirektion Obere Elbe/Neiße: Talsperreninspektion der DDR; Koordinierung der internationalen Zusammenarbeit mit der Tschechoslowakei auf dem Gebiet der Wasserwirtschaft an den Grenzgewässern;

- Oberflussmeisterei Berlin: Zivilverteidigung; Material für Extremsituationen und Havarien, Störreserve; Dienstkleidung; Verkehrsfunk; Dienstboote.

Diese koordinierenden Aufgaben wurden im Laufe der Jahre, insbesondere bei der Wasserwirtschaftsdirektion Untere Elbe hinsichtlich der Koordinierungsfunktion für die Bewirtschaftung des Einzugsgebietes der Elbe auf DDR-Gebiet, wesentlich erweitert.

Als einziges Kombinat im Bereich des Ministeriums für Umweltschutz und Wasserwirtschaft wurde im Jahre 1978 der VEB Kombinat Wassertechnik und Projektierung Wasserwirtschaft (KWP) mit Sitz in Halle gegründet. Diesem wurden der 1965 gebildete VEB Projektierung Wasserwirtschaft, eine Vielzahl von Maschinen- und Ausrüstungsbetrieben, die Anlagen und Geräte der Wasserversorgung und Abwasserbehandlung herstellten, und die Leitstelle für Materialwirtschaft zugeordnet. Zur Wahrnehmung der Forschungsaufgaben wurde innerhalb des Kombinates im Januar 1979 ein Forschungszentrum für Wassertechnik (FZWT) mit Sitz in Dresden gebildet. Das Forschungszentrum entstand aus dem Forschungsbereich II „Wasserversorgung und Abwasserbehandlung" des Institutes für Wasserwirtschaft Berlin, dem Wissenschaftlich-Technischen Zentrum Leipzig der ehemaligen VVB Wasserversorgung und Abwasserbehandlung, dem Ingenieurbüro für Rationalisierung Dresden und dem Büro für Forschung und Entwicklung Obere Elbe.

Eine Leitstelle für Rationelle Wasserverwendung entstand im Jahre 1978 bei der Wasserwirtschaftsdirektion Obere Elbe-Neiße. Die Leitstelle wurde mit der Wahrnehmung der Leitfunktion auf dem Gebiet der wirtschaftlichen Wassernutzung für alle Betriebe und Einrichtungen der Wasserwirtschaft und als Konsultationspunkt der Wassernutzer aller Bereiche der Volkswirtschaft beauftragt. Sie hat u.a. auch methodische Grundlagen für die Einführung eines Planes der rationellen Wasserverwendung in der Volkswirtschaft erarbeitet.

Aus der Effektenkammer und dem Störreservelager Kolpin wurde ein Weiterbildungszentrum für mittlere Führungskräfte, ab 1979 vorwiegend auf dem Gebiet der Zivilverteidigung (Hochwasser- und Havarieschutz) als Schule für Zivilverteidigung gebildet. Gleichzeitig wurde auf dem Gebiet der DDR ein leistungsfähiges Netz von Störreservelagern für den Hochwasser- und Havarieschutz aufgebaut.

1980–1990

In den 1980er Jahren erfolgten noch weitere wichtige Entscheidungen zur Entwicklung der Wasserwirtschaft. Bedeutend für die Arbeit innerhalb des Ministeriums für Umweltschutz und Wasserwirtschaft war die Zuordnung des Meteorologischen Dienstes der DDR zum Ministerium ab 01.01.1981 (Übernahme vom Ministerium des Inneren). Damit war insbesondere in Hochwassersituationen eine unkomplizierte Zusammenarbeit zwischen den Ämtern für Meteorologie und den Oberflussmeistereien gegeben.

Auf der Grundlage des neuen Wassergesetzes vom 02.07.1982 wurde die Staatliche Gewässeraufsicht als staatliches Organ zur Regelung der Gewässernutzungen und Kontrolle der Einhaltung der Rechtsvorschriften über die Nutzung und den Schutz der Gewässer weiter entwickelt und gestärkt. Ein wesentlicher Schwerpunkt ihrer Arbeit war nun auch die Durchsetzung der rationellen Wasserverwendung (RWV). Die rationelle Wasserverwendung, verbunden mit dem Schutz der Gewässer, wurde als Hauptweg der umfassenden Intensivierung der wasserwirtschaftlichen Prozesse betrachtet. Staatlicherseits wurde diese wichtige Aufgabe durch „Direktiven zur rationellen Wasserverwendung" des Ministerrates der DDR für den jeweiligen Fünfjahrplan untersetzt (die erste Direktive für den Fünfjahrplan 1981-1985 wurde am 16.07.1981 beschlossen). Eine Aufwertung der Arbeit der Staatlichen Gewässeraufsicht erfolgte auch dadurch, dass ab 01.09.1983 die Direktoren der Wasserwirtschaftsdirektionen auch gleichzeitig Leiter der Staatlichen Gewässeraufsicht der jeweiligen Wasserwirtschaftsdirektion waren. Die Arbeitsweise der Staatlichen Gewässeraufsicht wurde durch den Einsatz von spezialisierten Inspektoren in Schwerpunktbetrieben der Industrie und für spezielle Fachgebiete sowie von Kreisinspektoren für alle anderen gewässeraufsichtlichen Aufgaben der Kreisgebiete weiter verbessert.

Durch diese veränderte Aufgabenregelung innerhalb der Staatlichen Gewässeraufsicht wurde eine bessere Beziehung zu den jeweiligen Gewässernutzern hergestellt. Zur Einbeziehung von Bürgern in die Arbeit der Staatlichen Gewässeraufsicht erfolgte ab 1981 der Einsatz von ehrenamtlichen Helfern der Wasserwirtschaft. Zur Förderung einer rationellen Wasserverwendung wurden bei Einhaltung genauer Kriterien Industriebetriebe, landwirtschaftliche Produktionsgenossenschaften und Einrichtungen als „Wasserwirtschaftlich vorbildlich arbeitender Betrieb" mit Urkunden und Geldprämien ausgezeichnet.

Das Wassergesetz vom 02.07.1982 sah in Verbindung mit dem Gesetz über die örtlichen Volksvertretungen eine hohe Verantwortung der örtlichen Volksvertretungen für die Koordinierung und Kontrolle der wasserwirtschaftlichen Maßnahmen, besonders der Trinkwasserversorgung, der sparsamen Wasserverwendung, der Abwasserbehandlung und für den Hochwasserschutz vor. Die örtlichen Volksvertretungen beschlossen wasserwirtschaftliche Schutz- und Vorbehaltsgebiete und bildeten Schutzkommissionen für Trinkwasserschutz- und Hochwassergebiete sowie Schaukommissionen und Staubeiräte. Die Gemeindevertretungen bildeten

Gemeindeschaukommissionen für alle Gewässer und wasserwirtschaftlichen Anlagen auf ihrem Gebiet.

Im Jahre 1982 wurde durch Ausgliederung des im Januar 1975 gebildeten Forschungsbereiches Umweltschutz aus dem Institut für Wasserwirtschaft das Zentrum für Umweltgestaltung (ZUG) mit mehreren Außenstellen gegründet (*vgl. Beitrag Zuppke*). Eine der Außenstellen war das Zentrallabor in Lutherstadt Wittenberg, das spezialanalytische Gewässer- und Sedimentuntersuchungen für die Elbe und ihre Nebenflüsse sowie von Abwassereinleitern durchführte.

Das Strukturschema des Geschäftsbereiches des Ministeriums für Umweltschutz und Wasserwirtschaft ist im *Anhang* aus *Abbildung 4* ersichtlich.

Entsprechend einer Festlegung des Ministeriums für Umweltschutz und Wasserwirtschaft wurden die Koordinierungsaufgaben für die Wasserbewirtschaftung im Einzugsgebiet der Elbe bei der Wasserwirtschaftsdirektion Untere Elbe gegenüber den Aufgaben seit 1975 ab 01.03.1984 wesentlich erweitert. Die Koordinierung betraf nun folgende Aufgaben:

1. Wasserbilanzierung für das Einzugsgebiet der Elbe nach Menge und Beschaffenheit von Schöna bis Boizenburg mit Vorbereitung von Leitungsentscheidungen.

Auf der Grundlage der jährlichen Planungsbilanz für das Flussgebiet der Elbe, der Planungsbilanzen für den Fünfjahrplan und für die wasserwirtschaftlichen Entwicklungskonzeptionen, der Abschlussbilanzen für die Elbe und von Elbelängsschnittbilanzen mit Bilanzquerschnitten an wichtigen Nutzungen sowie Mündungsquerschnitten der Nebenflussgebiete Schwarze Elster, Mulde, Saale und Havel waren für die Elbe die Entwicklung der Wasserbilanz nach Menge und Beschaffenheit der Elbe von Schöna bis Boizenburg zu analysieren, Bilanzaussagen im Elbelängsschnitt zu erarbeiten, Bilanzstellungnahmen zu Wasserentnahmen aus der Elbe und Abwassereinleitungen in die Elbe (bei wesentlichen Gewässernutzungen mit Auswirkungen auf die Wasserbilanz) für die Vorbereitung von Wasserbilanzentscheidungen der Staatlichen Gewässeraufsicht auf Antrag einer anderen Wasserwirtschaftsdirektion zu erstellen und Leitungsentscheidungen für die erforderlichen Bewirtschaftungsaufgaben vorzubereiten. Als wissenschaftliche Arbeitsgrundlage diente dazu das „Bilanzmodell Elbe", das ab 1986 mit der vorhandenen Computertechnik eingesetzt wurde. Mit diesem Modell war eine einheitliche Bilanzierung nach Menge und Beschaffenheit an 19 Bilanzprofilen der Elbe und deren Hauptnebenflüsse auf DDR-Gebiet als aktuelle und vorausschauende Wasserbilanz möglich. Erstmalig konnten mit dem Bilanzmodell Elbe die Auswirkungen von Maßnahmen zur Abwasserlastsenkung auf die Wasserbeschaffenheit in den maßgebenden Beschaffenheitsbilanzprofilen berechnet werden. Daraus war die Ableitung von strategischen Maßnahmen der rationellen Wasserverwendung möglich.

2. *Laufende Wasserstands- und Durchflussvorhersage sowie Hochwasservorhersage für die gesamte Elbe auf dem Gebiet der DDR.*

In diesen Aufgabenkomplex waren eingeordnet die Herausgabe einer täglichen Wasserstands- und Durchflussvorhersage für die gesamte Elbe auf dem Gebiet der DDR bis Boizenburg und die Pegel in den Unterläufen wichtiger Nebenflussgebiete, die Erarbeitung und Herausgabe von Hochwasserwarnungen und Hochwasserinformationen, die Erarbeitung und Herausgabe der Hochwasservorhersage im Hochwasserfalle für die gesamte Elbe von Ústí nad Labem bis Boizenburg und die Pegel an den Unterläufen der Nebenflüsse Schwarze Elster, Mulde, Saale und Havel, die Ausarbeitung, Laufendhaltung und Koordinierung der Hochwassermeldeordnung für die Elbe und das Zusammenwirken mit dem Institut für Wasserwirtschaft zur Lösung von Forschungs- und Entwicklungsaufgaben des Hochwasserschutzes.

Als wissenschaftliche Arbeitsgrundlage diente das 1981 entwickelte Hochwasservorhersagemodell „Zentralmodell Elbe" (ZME). Es ermöglichte die Hochwasservorhersage einer vollständigen Ganglinie an 14 Pegeln der Elbe und 5 Pegeln der Hauptnebenflüsse. Der Vorhersagezeitraum betrug für den Pegel Dresden 42 Stunden und für den Pegel Boizenburg 150 Stunden (6 Tage). Das Zentralmodell Elbe bildete die Grundlage für eine seit 1995 benutzte PC-Variante mit der Bezeichnung „ELBA".

3. *Erarbeitung von Sanierungskonzeptionen für das gesamte Flusseinzugsgebiet der Elbe einschließlich der Abrechnung und Kontrolle der Maßnahmen sowie Ausweis ihrer Wirksamkeit.*

Dazu gehörte die Koordinierung der Untersuchungen der Elbe und ihrer Nebenflüsse und der Abwassereinleitungen mit allen an der Überwachung beteiligten Untersuchungseinrichtungen für den jeweils jährlichen Probenahmeplan zur Gewinnung vergleichbarer Daten. Dabei lag die Gewinnung und Aufbereitung der einheitlichen Beschaffenheitsdaten eigenverantwortlich bei den zuständigen Wasserwirtschaftsdirektion im Einzugsgebiet der Elbe. Weitere Aufgaben waren die Herstellung von Kooperationsbeziehungen zu anderen Laboratorien zur Absicherung von Intensivuntersuchungen und Untersuchungen von Schwermetallen und organischen Spurenstoffen, die Speicherung der Wasserbeschaffenheitsdaten der Elbe in einem einheitlichen Datenspeicher Wasserbeschaffenheit und die Auswertung von Analysen wasserwirtschaftlicher Verhältnisse (insbesondere der Wasserbeschaffenheitsentwicklung), Prognosen, Trendbetrachtungen, Wasserbeschaffenheitsbilanzen (Konzentrationen und Frachten) als Grundlage für Sanierungskonzeptionen für den gesamten Flusslängsschnitt der Elbe.

Darüber hinaus waren folgende Aufgaben wahrzunehmen: die Erarbeitung von Sanierungskonzeptionen für die Elbe und die Fließgewässer des Einzugsgebietes der Elbe mit Darstellung der Schwerpunkte der Beeinträchtigung auf der Grundlage der Analyse der Wasserbeschaffenheit, die Zusammenstellung der Sanierungsprogramme für Jahrespläne und Fünfjahrpläne, die Abrechnung, Kontrolle und Wertung der Sanierungsmaßnahmen sowie Ausweis ihrer Wirksamkeit auf die Entwicklung der Wasserbeschaffenheit sowie die Organisation des Zusammenwirkens mit dem Institut für Wasserwirtschaft zur Lösung von Forschungs- und Entwicklungsaufgaben zur Bewirtschaftung und Sanierung der Elbe

4. *Maßnahmen des gesellschaftlichen Hochwasserschutzes auf dem Gebiet der DDR.*

Dazu gehörten die Zusammenfassung und volkswirtschaftliche Wertung nach Rang- und Reihenfolge der in den Wasserwirtschaftsdirektionen geplanten Maßnahmen zur Verbesserung des Hochwasserschutzes und die Erarbeitung von Hochwasserschutzprognosen für Fünfjahrplanzeiträume, die Vorbereitung von Vorrangentscheidungen für Maßnahmen des Hochwasserschutzprogramms.

5. *Die übrigen Koordinierungsaufgaben, die der Wasserwirtschaftsdirektion bereits 1975 übertragen wurden, wie Wasserschadstoffbekämpfung oder hydrogeologische Vorlauferkundung blieben weiterhin bestehen.*

Zur Durchsetzung dieser Koordinierungsfunktion im Einzugsgebiet der Elbe war der Direktor der Wasserwirtschaftsdirektion Untere Elbe berechtigt, die laufende und fallweise Übergabe notwendiger Daten, Auswertungen, Erfüllungsberichte und andere Zuarbeiten mit den Direktoren der anderen Wasserwirtschaftsdirektionen und dem Institut für Wasserwirtschaft zu vereinbaren bzw. kurzfristig abzufordern. Die vom Direktor der Wasserwirtschaftsdirektion Untere Elbe beauftragten Mitarbeiter waren berechtigt, in den anderen Wasserwirtschaftsdirektionen Einsicht in Unterlagen und Dokumente zu nehmen und Auskünfte zu verlangen. Zur Durchsetzung der Koordinierungsfunktion wurden Jahresarbeitspläne erstellt.

Im Rahmen der Arbeit zur Koordinierung der Wasserbewirtschaftung im Einzugsgebiet der Elbe entstanden zahlreiche Dokumente, u.a.:

- jährliche Probenahmepläne bzw. Untersuchungsprogramme für die Beschaffenheitsüberwachung des Elbewassers und der Nebenflüsse (Oberflächenwasser und Sedimente) und für wichtige Abwassereinleitungen;
- Sondermessprogramme für ausgewählte Stoffe;
- Informationen bzw. Analysen über die Entwicklung der Wasserbeschaffenheit der Elbe;
- Informationen zur Durchführung von Maßnahmen der Abwasserlastsenkung;
- Berichte über Elbebereisungen;

- Sanierungsprogramme zu Lastsenkungsmaßnahmen im Einzugsgebiet der Elbe;
- Jahresberichte Elbe mit den Bestandteilen Wasserbilanzierung im Einzugsgebiet der Elbe; Analysen der Wasserbeschaffenheit; Realisierung des Sanierungsprogramms und Ergebnisse der Elbeforschung;
- Jahresberichte zur Wasserschadstoffbekämpfung.

Mit der Zuordnung des Forschungsbereiches Gewässerschutz (Außenstelle des Institutes für Wasserwirtschaft am Standort Magdeburg) ab 01.01.1987 mit 56 Mitarbeitern zur Wasserwirtschaftsdirektion Untere Elbe wurden auch die wissenschaftlichen Mitarbeiter, die sich vorwiegend mit Forschungsaufgaben an der Elbe befassten, der Dienststelle zugeordnet, die für die Koordinierung vielfältiger Aufgaben im Einzugsgebiet der Elbe zuständig war. Aus diesem Forschungsbereich Gewässerschutz wurde ab 01.01.1992 mit 30 Mitarbeitern das Institut für Gewässerschutz in Magdeburg als Außenstelle des GKSS-Forschungszentrums gebildet.

Zur wirksameren Wahrnehmung der seit 1984 der Wasserwirtschaftsdirektion Untere Elbe übertragenen Koordinierungs- und Kontrollaufgaben für die Wasserbewirtschaftung im Einzugsgebiet der Elbe auf dem Gebiet der DDR sowie zur Vorbereitung von Unterlagen für die internationale Zusammenarbeit zum Schutz und zur Verringerung der Belastung der Elbe wurde gemäß Verfügung des Ministers für Umweltschutz und Wasserwirtschaft ab 01.02.1989 ein „Arbeitsstab Elbe" (ASE) als Arbeitsorgan des Direktors der Wasserwirtschaftsdirektion Untere Elbe gebildet. In dem Arbeitsstab Elbe, der durch den Direktor der Wasserwirtschaftsdirektion Untere Elbe geleitet wurde, sowie in den drei gebildeten Arbeitsgruppen haben stellvertretende Direktoren, Abteilungsleiter von bedeutenden Abteilungen sowie führende wissenschaftliche Mitarbeiter auf verschiedenen Fachgebieten des Ministeriums für Umweltschutz und Wasserwirtschaft, des Instituts für Wasserwirtschaft sowie aller Wasserwirtschaftsdirektionen auf dem Gebiet der DDR mitgewirkt (*Anhang, Abbildung 5*). Nachstehende Veränderungen waren gegenüber der Arbeit bis 1988 eingetreten: Der Leiter des Arbeitsstabes Elbe war gegenüber den Mitgliedern des Arbeitsstabes im Rahmen der Aufgaben des Arbeitsstabes weisungsberechtigt. Die von den einzelnen Dienststellen beauftragten Mitarbeiter wurden in drei fachspezifischen Arbeitsgruppen zusammengefasst, die nach einem Jahresarbeitsplan arbeiteten. Leiter der Arbeitsgruppen waren grundsätzlich Abteilungsleiter der Wasserwirtschaftsdirektion Untere Elbe. Die Koordinierungsfunktion wurde nun um die Kontrolle des Aufbaues und des Betriebes des automatischen Messnetzes der Elbe und der Erarbeitung von Empfehlungen zur messgerätetechnischen Ausstattung des Messnetzes Elbe erweitert. Der Arbeitsstab Elbe hatte mit der neu gebildeten Forschungskoordinierungsgemeinschaft „Komplexes Gewässerbewirtschaftungssystem Elbe" zusammenzuarbeiten.

Neben den Aufgaben der Wasserbewirtschaftung nach Menge und Beschaffenheit im Einzugsgebiet der Elbe, der Kontrolle der Wasserbeschaffenheit und der Sanierungsmaßnahmen bei den Abwassereinleitern im Einzugsgebiet standen der weitere Aufbau des automatischen Messnetzes, die Vorbereitung von Verhandlungsmaterialien für internationale Aktivitäten sowie die Erarbeitung einer Studie zur Systemanalyse und einer Aufgabenstellung für einen Verbundforschungsauftrag „Komplexes Gewässerbewirtschaftungssystem Elbe" im Mittelpunkt der Tätigkeit des Arbeitsstabes Elbe. Der Verbundforschungsauftrag sollte ab 1991 als Staatsplanaufgabe bearbeitet werden. Der Arbeitsstab Elbe hat in den Jahren 1989 und 1990 insgesamt fünf Beratungen durchgeführt und am 03.10.1990 seine Tätigkeit beendet.

Ab September 1985 gab es weitere organisatorische Neuerungen oder Veränderungen durch Bildung von staatlichen Umweltinspektionen für die Aufgabengebiete Immissionsschutz, Abfall, Altlasten und Deponien bei den Abteilungen Umweltschutz und Wasserwirtschaft der Räte der Bezirke und den Zusammenschluss des Institutes für Wasserwirtschaft mit der Oberflussmeisterei Berlin zur Wasserwirtschaftsdirektion Berlin ab 01.01.1987. Zeitgleich erfolgte ab Januar 1987 die Eingliederung der Außenstellen Magdeburg, Erfurt und Dresden und der Forschungsstellen für experimentelle Felduntersuchungen in Lauchhammer, Trebbin und Falkenberg des Institutes für Wasserwirtschaft in die jeweilige Wasserwirtschaftsdirektion. Damit wurden der Forschungsbereich „Gewässerschutz" des Institutes für Wasserwirtschaft, der sich vorwiegend mit Forschungsaufgaben an der Elbe befasste, am Standort Magdeburg und die Forschungsstelle in Falkenberg bei Seehausen/Altmark mit insgesamt 56 Mitarbeitern (26 Hochschulabsolventen, 11 Fachschulabsolventen, 12 Laborantinnen und 7 sonstige Mitarbeiter) der Wasserwirtschaftsdirektion Untere Elbe zugeordnet. Dadurch waren alle wasserwirtschaftlichen Struktureinheiten der DDR, die sich vorwiegend mit den Aufgaben der Wasserbewirtschaftung nach Menge und Beschaffenheit im Einzugsgebiet der Elbe befassten, in einer Dienststelle vereint.

Nach Öffnung der Grenzen zwischen der Deutschen Demokratischen Republik und der Bundesrepublik Deutschland am 09.11.1989 entwickelte sich für die gemeinsame Arbeit an der Elbe sehr schnell eine enge Zusammenarbeit zwischen verschiedenen Dienststellen der Bundesländer, der ARGE ELBE sowie dem GKSS-Forschungszentrum in Geesthacht mit der für die Elbekoordinierung auf dem DDR-Gebiet zuständigen Wasserwirtschaftsdirektion Untere Elbe in Magdeburg. Einige wichtige Etappen dieser Zusammenarbeit sind nachfolgend dargestellt:

- Erste Kontaktaufnahme von Vertretern der Wasserwirtschaftsdirektion Untere Elbe, der Wassergütestelle Elbe und des Forschungszentrums GKSS Geesthacht

(Institut für chemische Analytik) anlässlich des internationalen Umweltkongresses „Der Hafen – eine ökologische Herausforderung" in der Zeit vom 12.09.-14.09.1989 in Hamburg;
- Auswertung der Herstellung der Kontakte anlässlich des Hamburger Kongresses mit Möglichkeiten der Zusammenarbeit in der Beratung des Arbeitsstabes Elbe bei der Wasserwirtschaftsdirektion Untere Elbe am 27.09.1989;
- Erörterung konkreter Möglichkeiten der Zusammenarbeit zwischen dem Arbeitsstab Elbe bei der Wasserwirtschaftsdirektion Untere Elbe und der Wassergütestelle Elbe bzw. dem Forschungszentrum GKSS Geesthacht in der Beratung der Arbeitsgruppe II des Arbeitsstabes Elbe (Beschaffenheitsüberwachung und automatische Messnetze) am 17.10.1989;
- Behandlung weiterer möglicher Arbeitsschritte der Zusammenarbeit bei der Gewässeruntersuchung und der Elbeforschung mit der Wassergütestelle und dem GKSS-Forschungszentrum in Geesthacht in der Beratung des Arbeitsstabes Elbe am 12.12.1989;
- Beratung von Vertretern der Wassergütestelle Elbe am 05.02.1990 in der Wasserwirtschaftsdirektion Untere Elbe in Magdeburg über die Möglichkeiten der Zusammenarbeit. Im Ergebnis entstand ein „Vorschlag zur Gestaltung der Zusammenarbeit zwischen der Wassergütestelle Elbe mit dem Arbeitsstab Elbe bei der Wasserwirtschaftsdirektion Magdeburg" vom 16.02.1990.
- Beratung mit Vertretern des Instituts für Chemie des GKSS-Forschungszentrums Geesthacht am 09.02.1990 in der Wasserwirtschaftsdirektion Untere Elbe in Magdeburg zur möglichen Zusammenarbeit und zu einem gemeinsamen Forschungsthema „Schadstoffbelastung der Elbe und ihrer Nebenflüsse – Zustandsbeschreibung und Sanierungsbegleitung". Hauptpartner wäre hierbei der Forschungsbereich Gewässerschutz der Wasserwirtschaftsdirektion Untere Elbe gewesen, der sich speziell mit der Elbeforschung im DDR-Maßstab befasste.
- Erster deutsch-deutscher Ringversuch zur Qualitätssicherung der Gewässeranalysen am 19.02.1990 zwischen den Laboren der Wasserwirtschaftsdirektion Untere Elbe und des Landesamtes in Hildesheim;
- Beratung von Vertretern der Wasserwirtschaftsdirektion Untere Elbe mit der Geschäftsleitung des GKSS-Forschungszentrums über die Möglichkeiten der beiderseitigen Zusammenarbeit am 29.03.1990 in Geesthacht;
- Darstellung der bisherigen Arbeit im Einzugsgebiet der Elbe der DDR und der Situation der Elbebelastung durch Vertreter der Wasserwirtschaftsdirektion Untere Elbe auf einem Kolloquium am 30.03.1990 in Geesthacht;
- Einsatz eines wissenschaftlichen Mitarbeiters der Wasserwirtschaftsdirektion Untere Elbe auf dem Forschungsschiff „LUDWIG PRANDTL" in der Zeit vom

02.04. bis 08.04.1990 beim Bilanzierungsexperiment „Bilex" des GKSS-Forschungszentrums auf der Unteren Elbe;
- Weitere Beratung von Vertretern der Wassergütestelle Elbe in der Wasserwirtschaftsdirektion Untere Elbe am 05. und 06.04.1990 in Magdeburg zur Vorbereitung der ersten deutsch-deutschen Messfahrt auf der Mittleren Elbe;
- Durchführung einer Tagung mit allen Laborleitern der Labore der DDR, die an der Elbeuntersuchung beteiligt waren, im GKSS-Forschungszentrum vom 02.05. bis 04.05.1990;
- Durchführung der ersten deutsch-deutschen Messfahrt auf der Mittleren Elbe von Roßlau (Elbe-km 258) bis Schnackenburg (Elbe-km 474) - 216 km mit dem Messschiff „Tümmler" des StAWA Stade vom 16.05. bis 17.05.1990. Die Koordinierung oblag der Wasserwirtschaftsdirektion Magdeburg und der Wassergütestelle Elbe unter maßgeblicher Beteiligung des StAWA Stade.
- Vorstellung der möglichen wissenschaftlichen Zusammenarbeit mit der Wassergütestelle Elbe (Hamburg), mit dem GKSS-Forschungszentrum Geesthacht und mit der Universität Kiel durch Vertreter der Wasserwirtschaftsdirektion Untere Elbe am 22.06.1990 im Umweltbundesamt in Berlin anlässlich eines „Fachgespräches zur Vorbereitung von Forschungsprojekten zur Schadstoffbelastung und ökologischen Beschaffenheit der Elbe";
- Besuch von DDR-Laborleitern am 15.06.1990 im Labor des StAWA Stade zur Harmonisierung des Elbeuntersuchungsprogramms;
- Einsatz von 2 Mitarbeiterinnen aus dem Labor der Wasserwirtschaftsdirektion Untere Elbe vom 18.06. bis 22.06.1990 im Labor des StAWA Stade;
- Gemeinsame Gestaltung des 3. Magdeburger Gewässerschutzseminars vom 28.11. bis 30.11.1990 in Magdeburg durch die Wasserwirtschaftsdirektion Untere Elbe und das GKSS-Forschungszentrum zum Thema „Zur Belastung der Elbe";
- Bildung des Instituts für Gewässerschutz des GKSS-Forschungszentrums in Magdeburg ab 01.01.1992. Dabei bildete der Forschungsbereich Gewässerschutz der ehemaligen Wasserwirtschaftsdirektion Untere Elbe das Stammpersonal.

Veränderungen in der DDR ab 1990

Am 01.01.1990 wurde das Ministerium für Naturschutz, Umweltschutz und Wasserwirtschaft der DDR gebildet, das ab 12.04.1990 unter dem Namen Ministerium für Umwelt, Naturschutz und Reaktorsicherheit arbeitete.

Alle wasserwirtschaftlichen Einrichtungen der DDR lösten sich in den Jahren 1990 (ab 03.10.1990 – Tag der Wiedervereinigung Deutschlands) und 1991 auf oder wurden – wie ab Januar 1990 das Institut für Wasserwirtschaft – in die Selbständigkeit „entlassen".

Neue Behörden des Umweltschutzes, der Wasserwirtschaft und des Naturschutzes entstanden in den fünf neu geschaffenen Bundesländern und Berlin. Damit wurde die seit 1952 bestehende flussgebietsbezogene Arbeit endgültig aufgegeben. Wasserwirtschaftliche Betrachtungen werden von da an nur noch im Rahmen der neu gebildeten Bundesländer angestellt. Die Länderarbeitsgemeinschaft Wasser (LAWA) versuchte noch in einem gewissen Rahmen die wasserwirtschaftliche Arbeit in Deutschland zu koordinieren.

Anhang: Abbildungen 1-5

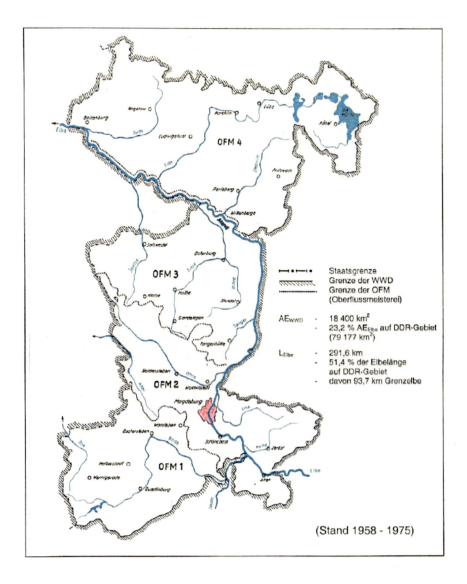

Abbildung 1: Großeinzugsgebiet der Wasserwirtschaftsdirektion Mittlere Elbe-Sude-Elde in Magdeburg

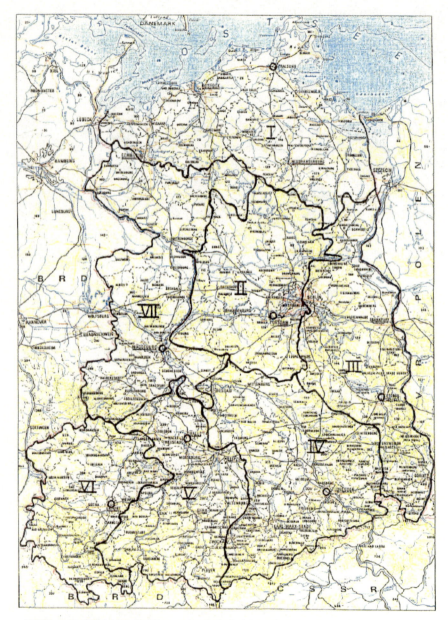

Abbildung 2: Die Gebiete der Wasserwirtschaftsdirektionen im Zeitraum 1958-1975
(I = WWD Küste-Warnow-Peene; II = WWD Havel; III = WWD Spree-Oder-Neiße; IV = Obere Elbe-Mulde; V = WWD Saale-Weiße Elster; VI = WWD Werra-Gera-Unstrut; VII = WWD Mittlere Elbe-Sude-Elde; **o** = Sitz der WWD)

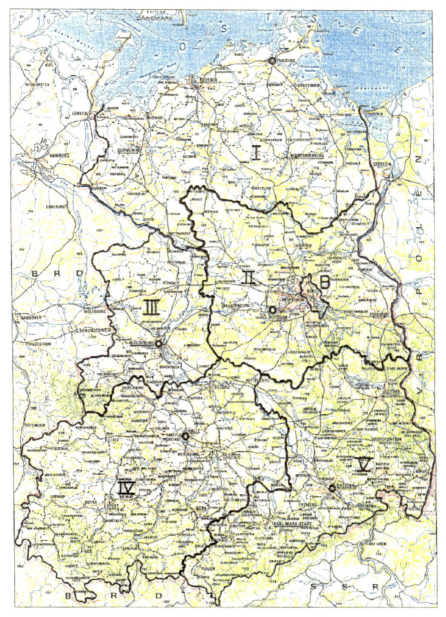

Abbildung 3: Die Gebiete der Wasserwirtschaftsdirektionen im Zeitraum 1975-1990
(I = WWD Küste; II = WWD Oder-Havel; III = WWD Untere Elbe; IV = WWD Saale-Werra;
V = WWD Obere Elbe-Neiße; B = Oberflussmeisterei Berlin; o = Sitz der WWD)

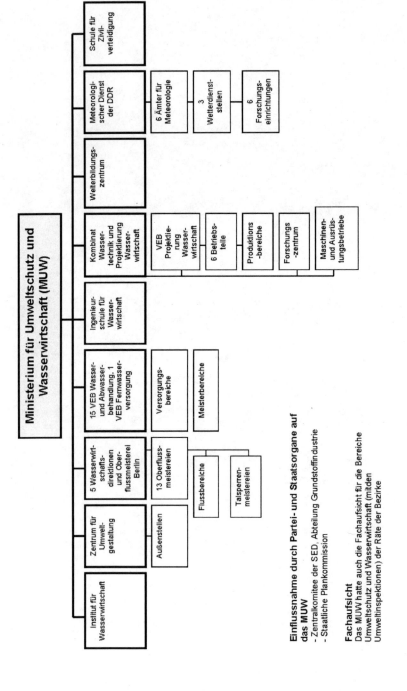

Abbildung 4: Geschäftsbereich des MUW der DDR, Stand Mitte der 1980er Jahre

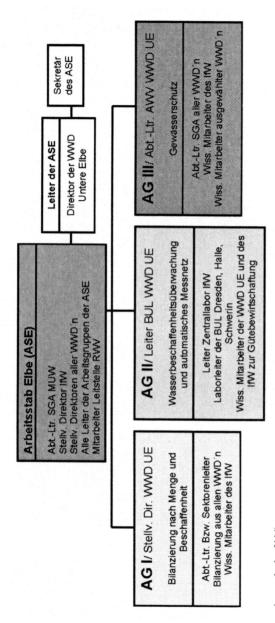

Abbildung 5: Arbeitsstab Elbe bei der WWD Untere Elbe Magdeburg zur Umsetzung der Koordinierungsfunktion im Einzugsgebiet der Elbe (Stand 1989)

Tabelle 1: Institutionelle und rechtliche Entwicklung der Wasserwirtschaft der DDR nach VAN DER WALL und KRAEMER 1991

Jahr	Datum	Maßnahme
1947		Einführung einer neuen Mustersatzung für die Wasser- und Bodenverbände
1948		Hauptabteilung Wasserwirtschaft in der Hauptverwaltung Land- und Forstwirtschaft der DDR
1949		Hauptabteilung Wasserwirtschaft im Ministerium für Land- und Forstwirtschaft der DDR
1951		Ausgliederung der Hauptabteilung aus dem Ministerium für Land- und Forstwirtschaft und Bildung eines Plangebietes Wasserwirtschaft in der Staatlichen Plankommission
1952	1. Juli	Bildung des Amtes für Wasserwirtschaft, unterstellt dem Ministerpräsidenten
	28. August	Verordnung über die Organisation der Wasserwirtschaft
		Bildung von K-Betrieben, volkseigener Wasserwirtschaftsbetriebe der örtlichen Wirtschaft
		Bildung von 15 Z-Betrieben, zentralgeleiteten volkseigenen Wasserwirtschaftsbetrieben nach Einzugsgebieten
		Auflösung der Wasser- und Bodenverbände (vorgesehen war der 31. Dezember 1953 als spätester Termin)
		Bildung des Instituts für Wasserwirtschaft
		Auflösung der Abteilungen Wasserwirtschaft bei den Ministerien für Land- und Forstwirtschaft der Landesregierungen
		Bildung von selbständigen Abteilungen Wasserwirtschaft bei den Räten der Bezirke
1954		Eingliederung des Amtes für Wasserwirtschaft in das Ministerium für Land- und Forstwirtschaft
	7. Januar	Verordnung über das Schauen von Vorflutern und über die Binnenentwässerung und -bewässerung
	7. April	3. Durchführungsbestimmung zur Verordnung über die Organisaion der Wasserwirtschaft vom 28. August 1952
		Bildung technischer Leitbetriebe zur Betreuung der örtlichen Wasserwirtschaftsbetriebe
1958	13. Februar	Verordnung über die Vervollkommnung und Vereinfachung der staatlichen Organisation auf dem Gebiet der Wasserwirtschaft
		Das Amt für Wasserwirtschaft wurde ein selbständiges zentrales Organ der Verwaltung und dem Ministerrat unterstellt.
	1. Juli	Bildung von 7 Wasserwirtschaftsdirektionen (WWD), Auflösung der 15 Z-Betriebe
		Bildung des VEB Gewässerunterhaltung und Meliorationsausbau (VEB GuM)
		Bildung der Abteilung Wasserwirtschaft (ggf. und Verkehr) bei den Räten der Bezirke
		Bildung der Abteilung Wasserwirtschaft (ggf. und Verkehr) bei den Räten der Kreise
1962	21. Juni	Verordnung über das Meliorationswesen: Festlegung der Verantwortlichkeit über das Meliorationswesen
	21. August	Beschluss des Ministerrates über die Grundsätze zur Organisierung des Meliorationswesens – Überleitung der VEB GuM in die VEB Meliorationsbau der

		Bezirke beziehungsweise Bezirksbaubetriebe
	19. Dezember	Beschluss des Ministerrates zur Bildung und Weiterentwicklung von Kreiswasserwirtschaftsbetrieben, Eingliederung der K-Betriebe
1963	12. Dezember	Beschluss des Ministerrates über die Leitung und Organisation der Wasserwirtschaft
1964	ab 1. Januar	Schrittweise Bildung der 15 VEB WAB nach Bezirksgrenzen innerhalb des Jahres 1964
	1. Januar	Gründung des VEB Projektierung Wasserwirtschaft (Prowa) Halle/S.
	1. April	Bildung der VVB Wasserversorgung und Abwasserbehandlung in Potsdam
		Unterstellung des Küstenschutzamtes in Rostock dem Amt für Wasserwirtschaft
1965	24. Februar	Beschluss des Ministerrates zur Ergänzung des Beschlusses vom 12.12.1963 über die Leitung und Organisation der Wasserwirtschaft
		Rechte und Aufgaben der örtlichen Räte auf dem Gebiet der Wasserwirtschaft
		Aufgaben der Organe und Betriebe der Wasserwirtschaft bei der Zusammenarbeit mit den örtlichen Räten
1967		Bildung von Flussbereichen in den WWD
1972	1. Januar	Bildung des Ministeriums für Umweltschutz und Wasserwirtschaft (MUW)
1974		Abteilungen für Umweltschutz und Wasserwirtschaft bei den Räten der Bezirke und Stadtkreise
1975		Auflösung der VVB WAB, die Betriebe werden dem MUW direkt unterstellt
		Bildung von 5 Wasserwirtschaftsdirektionen (WWD) und Einteilung der Oberflussmeistereien nach den Grenzen der 15 Bezirke
		Gründung des Wissenschaftlich-Technischen Zentrums Potsdam
1977	15. Dezember	Verordnung über die Staatliche Gewässeraufsicht
1979		Gründung des Kombinats Wasserbau und Projektierung (KWP)
		Gründung des Forschungszentrums für Wassertechnik (FZWT)
1980		Einführung des Hauptingenieurprinzips

Quelle: VAN DER WALL & KRAEMER 1991, V-VI

Literatur

van der Wall, H. & Kraemer, R.A.: Die Wasserwirtschaft der DDR, Studie im Auftrag der Hans-Böckler-Stiftung, Forschungsstelle für Umweltpolitik, Freie Universität Berlin, 1991

„So nicht! Haltet das Wasser rein". Herausgeber: Amt für Wasserwirtschaft beim Ministerrat der DDR (1966). Gestaltung: Mainusch, DEWAG Werbung Berlin. Quelle: Plakatsammlung im Studienarchiv Umweltgeschichte des Instituts für Umweltgeschichte und Regionalentwicklung e.V. an der Hochschule Neubrandenburg

Helmut Klapper

Gewässerschutz aus persönlicher Sicht eines Hydrobiologen

Zur Hydrobiologie-Ausbildung in der DDR

Mit dem Sturz der pseudowissenschaftlichen Vererbungslehre von Lyssenko[1] in der damaligen Sowjetunion waren auch ihre Anhänger und Parteigänger der DDR nicht mehr in leitenden Positionen tragbar. Der dadurch vakante Posten des Ordinarius am Zoologischen Institut der Universität Leipzig war neu zu besetzen. Die Berufung erging 1952 an Professor Arno Wetzel, der sich bereits 1928 in Leipzig mit einer Arbeit über den Faulschlamm und seine ziliaten Leitformen habilitiert hatte, und aus dessen Schülern dieser Zeit so profilierte Hydrobiologen wie Liebmann, Elster, Caspers und Illies hervorgegangen waren. Wetzel kam aus dem Bodensee-Institut in Langenargen und richtete für seine erneute wissenschaftliche Arbeit in Leipzig die Abteilung für Trink-, Brauch- und Abwasserbiologie ein. Wie schon der Name sagt, war die Arbeitsrichtung die angewandte oder technische Hydrobiologie mit solchen Tätigkeitsfeldern wie Biomonitoring, Ökotoxikologie, Bioverfahrenstechnik, dabei vorzugsweise Ökotechnologien sowie die ökologisch ausgerichtete Bewirtschaftung technischer und natürlicher Systeme der Trinkwassertalsperren, Oxydationsteiche, Flüsse und Grundwasserräume. Durch Spezialvorlesungen, in wissenschaftlichen Studentenzirkeln und Berufspraktika, einschlägigen Diplom- und Doktorarbeiten wurden die Studierenden auf ihren Einsatz als Hydrobiologen in der Wasserwirtschaft, Hygiene und in Großbetrieben vorbereitet. Durch hydrobiologische Fortbildungskurse wurde der Zusammenhalt der Leipziger Schule auch nach dem Studium gepflegt. Der Umzug 1968 in einen Bereich Hydrobiologie an der TU Dresden im Zuge der 3. Hochschulreform war zwar vorübergehend mit personellen Einbußen verbunden, hatte aber den Gewinn, dass in der Sektion Wasserwesen die Vorlesungen der Nachbardisziplinen Hydrologie, Hydraulik, Wasserchemie, Wasserbau, Siedlungswasserwirtschaft usw. fa-

---

[1] Trofim Denissowitsch Lyssenko, geb. 1898, gest.1976, ukrainischer Biologe. Lyssenko war zur Regierungszeit von Stalin der führende Biologe der UdSSR. Er vertrat frei nach Lamarck die Ansicht, dass erworbene Eigenschaften vererbt würden und negierte die Existenz von Genen als unsozialistisch und deshalb falsch. Seine Theorien wurden seit Anfang der 1950er Jahre kritisiert, seine wissenschaftlichen Fehler und Fälschungen jedoch erst 1962 durch prominente Naturwissenschaftler offen gelegt. – http://de.wikipedia.org/wiki/Trofim_Denissowitsch_Lyssenko.

kultativ auch für die Studierenden der Hydrobiologie zugänglich waren, wie umgekehrt die Vorlesungen der Professoren Uhlmann und Benndorf sowie das limnologische Praktikum im Labor Neunzehnhain ein fester Bestandteil in der Ausbildung der stärker technisch ausgerichteten Studiengänge wurden.

Am 5. September 1956 wurde die Ingenieurschule für Wasserwirtschaft in Magdeburg eröffnet und ihr Vorgänger, die Ingenieurschule für Wasserwirtschaft und Kulturtechnik in Schleusingen, geschlossen. Vor allem für die Ingenieure der Staatlichen Gewässeraufsicht konnten in Postgradualkursen auch hydrobiologische Kenntnisse vermittelt werden. Seit der deutschen Vereinigung residiert in den Räumen der Ingenieurschule der Landtag von Sachsen-Anhalt und an der neu gegründeten Fachhochschule Magdeburg-Stendal wurde ein eigener Fachbereich Wasserwirtschaft eingerichtet. Das Forschungspotential der FH wird von den Lehrenden und im Rahmen von Abschlussarbeiten vorrangig im Anwendungsbereich der Ver- und Entsorgung eingesetzt.

Wasser ist knapp in der DDR

Die DDR hatte unter den vergleichbaren europäischen Industriestaaten den angespanntesten Wasserhaushalt. Verglichen mit der Bundesrepublik macht sich die kontinentalere Lage im Regenschatten der Mittelgebirge bemerkbar. Hinzu kommt der hohe Nutzungsgrad durch Kommunen, Industrie und Landwirtschaft, der in Jahren mit mittlerem Dargebot bei 50 %, in Niedrigwasserjahren sogar bei 90 % lag. Der auf die Ackerfläche bezogene Bedarf an Bewässerungswasser lag fünf mal so hoch wie in den alten Bundesländern und auch der Verbrauch an Trinkwasser war in der DDR höher. Die staatliche Stützung der Wasserpreise hatte indirekt zur Wasserverschwendung beigetragen. Heute gibt es die größten technologischen Probleme durch die erheblichen Überkapazitäten der Trinkwasserwerke und Kläranlagen. Betriebsschließungen, Abwanderung der Bevölkerung und der heute sparsamere Umgang mit dem kostendeckend zu bezahlenden Nass haben anteilig zu den stark gesunkenen Verbräuchen geführt. Die dadurch verringerten Fließgeschwindigkeiten und langen Verweilzeiten in den Rohrleitungen führen zur Partikelsedimentation in den Behältern und Rohren, zur Verkeimung und gelegentlich zur Vermehrung von Makrozoen, wie den Wasserasseln. Da heute eine Bekämpfung durch Pyrethrumpräparate nicht mehr genehmigungsfähig ist, muss versucht werden, durch mehrfaches Durchpumpen großer Wassermengen die unerwünschten Besiedler aus dem Reinwassernetz mechanisch herauszuspülen. (KAATZ, pers. Mitt.)

Eigentlich wäre allein der hohe Nutzungsgrad in vielen Einzugsgebieten Anlass genug gewesen, in der DDR eine vorbildliche Klärtechnik zu entwickeln und einzusetzen, um die Wiederverwendung durch die Unterlieger ohne Gefahr für die Gesundheit bei ökologisch intakten Gewässern zu gewährleisten. Leider haben aber Defizite in der Abwasserreinigung zu weiterer qualitativer Verknappung beigetragen. Die Sünden der Väter und ihrer Kriegswirtschaft waren schon lange kein taugliches Argument zur Entschuldigung mehr. Die Sauerstoffdefizite in den großen Flüssen waren eindeutig der volkseigenen Großindustrie geschuldet.

Zu den Strukturen der Wasserwirtschaft

Der Autor hatte zusammen mit Kollegen E. Beuschold an der Saidenbachtalsperre im Erzgebirge diplomiert und ist im September 1956 als Hydrobiologe im damaligen VEB Wasserwirtschaft Mittlere Elbe Magdeburg eingestellt worden. Die Gewässeraufsicht nutzte die Räume des traditionsreichen Flusswasseruntersuchungsamtes Magdeburg. Im Wasserlabor gab es auch Arbeitsmöglichkeiten für Hydrobiologen.

Der VEB Wasserwirtschaft Mittlere Elbe vereinigte Planung, Projektierung, Bauaufsicht, Betriebskontrollen und Gewässeraufsicht, Meliorationsbau und Landschaftsgestaltung unter einem Dach. Die Hydrologie war durch Übernahme von Mitarbeitern des Meteorologischen Dienstes personell verstärkt worden. Unter den großen Projekten der Schöpfwerke, Wehre, Deiche usw. waren es insbesondere die sieben Talsperren des Bodewerkes und die Anlagen zur Grundwasseranreicherung in der Letzlinger Heide, bei denen der Hydrobiologe sich nützlich einbringen konnte. Seine „Grundauslastung" war durch die biologische Kartierung aller Gewässer des Großeinzugsgebietes überreichlich gegeben. Mit diesem Biomonitoring wurde eine wichtige Grundlage für die später erschienenen Gütekarten der Gewässer auf der Grundlage des Saprobiensystems gelegt.

1959 wurde der Meliorationsbau selbständig und bald darauf auch die Projektierung Wasserwirtschaft. Die Hoheitsaufgaben der Hydrologie, Betriebs- und Gewässerkontrolle, Staatliche Gewässeraufsicht und Wasserrecht, Staatliche Bauaufsicht, Hochwasserschutz, Forschung und Technik sowie Perspektivplanung wurden den neu formierten sieben Wasserwirtschaftsdirektionen in der DDR übertragen. Die WWD Mittlere Elbe-Sude-Elde mit Sitz in Magdeburg reichte vom Bodewerk im Harz bis zum Schaalsee und zur Müritz. Wegen dieser Größe wurde eine hierarchische Untergliederung in Oberflussmeistereien und Flussbereiche eingeführt, in denen vor allem die Unterhaltungsbrigaden ansässig waren. Eine große Bedeutung hatte der Katastrophenschutz. Hochwässer und Schadstoffhavarien verlangten nach ständiger Einsatzbereitschaft und entsprechend effizienter Untersuchungs- und Abwehrkapazität. Das hierfür erforderliche Informationssystem nutzte zunächst gesonderte Telefon- und Fernschreibverbindungen, und mit der Informatik auf EDV-Basis entwickelten sich die modernen Modellierungsverfahren für Prozesse und deren Vorhersage.

Die ganzheitliche Wasserbewirtschaftung in den naturgegebenen hydrologischen Einzugsgebietsgrenzen begann mit einer langjährig angelegten „Analyse wasserwirtschaftlicher Verhältnisse". Im Prinzip war dies eine Vorwegnahme dessen, was gegenwärtig mit der Wasserrahmenrichtlinie der Europäischen Union beabsichtigt wird.

Die Organisation der zentralgeleiteten Wasserwirtschaft in der DDR ist international mehrfach kopiert worden, wie z.B. in Großbritannien.

Als eine sehr teure Weiterentwicklung muss im Nachhinein die Umwandlung der Wasserwirtschaft in eine paramilitärische Organisation eher kritisch betrachtet werden. Die Einführung steingrauer Uniformen mit Rangabzeichen, Arbeitsschutzbekleidungen usw. sollten im Einsatzfall verdeutlichen, wer mit welchen Kompetenzen vor Ort Anordnungen treffen darf und Tätigkeiten auszuüben hat. Die Direktoren trugen maßgeschneiderte Generalsuniformen mit blauen Biesen auf der Hosennaht. Sicher wären hierfür auch kostengünstigere Lösungen denkbar gewesen. Zeitweilig hatten alle irgendwie öffentlich tätigen Mitarbeiter der Wasserwirtschaft (WWDen, Prowa, VEB WAB) je einen Spind voller Sommer- und Winteruniformen, Arbeits- und Ausgehkleidung, Schuhe, Stiefel, Mützen, Schals usw. vorzuhalten. Alle, auch neue Dienstfahrzeuge, wurden steingrau überspritzt und mit dem Wasserwirtschaftslogo kenntlich gemacht. Das betraf nicht nur die Straßenfahrzeuge, sondern auch die Dienstboote, selbst wenn diese zuvor einen Mahagoni-Bootskörper besaßen! Im Fuhrpark wurden verstärkt Geländewagen der Armee eingestellt. Wegen ihrem hohen Spritverbrauch haben diese sich geradezu lähmend auf den Außendienst ausgewirkt, als während der Ölkrise die Kraftstoffe streng rationiert werden mussten. Erst als der aus der Armee stammende Staatssekretär Rochlitzer in den Ruhestand versetzt wurde, konnten die besonders teuren „Spielregeln" etwas gelockert werden. Als während der Exkursion zum internationalen Symposium EUTROSYM '76 die Erklärer in Uniform auftraten, hörte man erstaunlicherweise überwiegend positive Meinungen zu dieser Aufwertung der Wasserwirtschaftler durch die Uniformen.

Einige Direktoren übten Macht gegenüber ihrem Medium Wasser aus. Der begrenzte Wasservorrat sollte durch Einstau von Seen vergrößert werden. Seenspeicher wurden angelegt und gegebenenfalls die natürlichen Einzugsgebiete durch Überleitung verändert. Immer wieder mussten Hydrobiologen auf die gravierenden ökologischen Folgen der Wasserstandsschwankungen für die Gelegegürtel hinweisen.

Eine besondere Leidenschaft entfaltete das Amt für Wasserwirtschaft und spätere Ministerium für Umweltschutz und Wasserwirtschaft bei der häufigen Umstrukturierung der verfügbaren „Truppen". Für die eigene Person bedeutete dies vor allem einen häufigen Wechsel des Türschildes. Ende der 1960er Jahre überwogen die Untersuchungen zu den Eutrophierungsmechanismen Mecklenburger Seen. Die Arbeit galt nun als Forschung. Gerade wurde aus drei Forschungsabteilungen in Erfurt, Halle und Magdeburg ein Büro für Forschung und Entwicklung Mitte gebildet. Damit war der „Herrensitz" der Sektion Magdeburg ab 1970 für einige Jahre Halle. Ab 1974 bis 1986 lief die Sektion Magdeburg dann als Außenstelle des Institutes für Wasserwirtschaft Berlin. 1987 bis 1990 gab es wieder eine Forschungsabteilung in der nun als WWD Untere Elbe firmierenden Wasserwirtschaftsdirektion Magdeburg (in der heutigen Bundesrepublik versteht man unter der Unterelbe den tidebeeinflussten Abschnitt unterhalb von Geesthacht!).

Zur Zeit der politischen Wende in Deutschland sollten die Verwaltungsstrukturen denen der alten Bundesländer angepasst werden. Für das Staatliche Amt für Umweltschutz, die Folgeeinrichtung der Wasserwirtschaftsdirektion, waren Forschungsaufgaben nicht vorgesehen. Entsprechend den damaligen Gepflogenheiten wurde eine Evaluierung beantragt, deren wichtigste Aussage darin bestand, die Gruppe nicht nur zu erhalten, sondern zum Kern für ein neu zu gründendes Institut für Gewässerforschung zu machen. Dieses wurde zunächst beim GKSS Forschungszentrum Geesthacht, drei Jahre später beim UFZ Umweltforschungszentrum Leipzig-Halle GmbH angegliedert.

Die auf die Einzugsgebiete bezogenen Zuständigkeitsbereiche der sieben Wasserwirtschaftsdirektionen hatten sich für wissenschaftliche Analysen bewährt, wurden aber dennoch aus rein pragmatischen Gründen wieder aufgegeben. Die neuen sechs Bereiche orientierten sich weitgehend an den Bezirksgrenzen, da ja das volkswirtschaftliche Planungsgeschehen über die Räte der Bezirke abgewickelt und durch die Bezirksleitungen der SED kontrolliert wurde.

Auch der Parteilose unterwarf sich, ohne dass er dies immer wahrnahm, der Parteikontrolle. Die URANIA – Gesellschaft zur Verbreitung wissenschaftlicher Kenntnisse – gehörte ebenso der SED wie der größte Übersetzerdienst INTERTEXT. Wenn die Biologische Gesellschaft der DDR ihren Vorstand neu wählte, zogen sich die Genossen vorher zur Parteiversammlung zurück und berieten, wie die führende Rolle der Partei durchgesetzt werden kann. Die Gründung der Gesellschaft für Natur und Umwelt – GNU – verzögerte sich um Jahre, ehe sich genügend zuverlässige Genossen für die Besetzung der Leitungsfunktionen gefunden hatten.

Zur Abwasserbehandlung in der Zuckerindustrie

Neben dem Biomonitoring der Fließgewässer gehörte zum Aufgabenbereich des Hydrobiologen die Betriebskontrolle von anfangs 23 Zucker- und 12 Stärkefabriken mit den entsprechenden Gewässerkartierungen jeweils vor und während der Kampagne. Die Zuckerindustrie wurde in der DDR weitgehend auf Verschleiß gefahren, sieht man vom einzigen Neubau einer Zuckerfabrik in Güstrow ab. Die meisten alten Fabriken hatten einen derart geringen Gewinnrücklauf, dass es ihnen schwer fiel, die einfache Reproduktion sicherzustellen. Dennoch konnten bei der Betriebswasser- und Abwasserbehandlung wesentliche Fortschritte erzielt werden. Die verschiedenen Wasserarten wurden getrennt behandelt, desinfiziert und wiederverwendet. Die Schwemm- und Waschwässer wurden durch Kalkung auf einen pH-Wert von > 10 keimarm gemacht, mechanisch geklärt und im Kreislauf geführt. Die Fallwässer wurden gekühlt, gechlort und zurückgenommen. Diffusionsablaufwässer entfielen, da die Betriebe die alten Diffusionsbatterien durch kontinuierlich betriebene Turm- oder Trog-Extraktionsanlagen ersetzten. Die dabei anfallenden Schnitzel-Presswässer wurden in die Extraktion zurückgenommen. Zusätzlich zur Hitzesterilisation wurde einmal je Schicht eine Stoßdesinfektion der Extrakteure mit Formaldehyd vorgenommen. Da mit der Rübe stets auch Wasser in die Fabrik eingeführt wird, entsteht selbst bei strenger Rücknahme ein Überschuss an Wasser, der jedoch beim Kreislaufbetrieb in der Menge beherrschbar ist. Die Überschussabwässer konnten vollständig in Teichen gestapelt und durch künstliche Belüftung nach der Kampagne biologisch gereinigt und in der Folgekampagne wiederverwendet werden. Damit konnte der technologische Wasserbedarf von etwa 1.500 %, bezogen auf die verarbeitete Rübenmenge, auf unter 50 % a.R. gesenkt und als Norm für alle Zuckerfabriken eingeführt werden (TGL 9194, 1968; KLAPPER 1990).

Havarieartige Situationen

Für die Vorbereitung auf katastrophenartige Ereignisse hat die Wasserwirtschaft eine Leitstelle zur Bekämpfung von Schadstoffhavarien mit Sitz in Schönebeck eingerichtet. Im Institut für Wasserwirtschaft wurde langjährig an einem exzellenten Wasserschadstoffkatalog gearbeitet. Die wichtigsten in größeren Mengen verwendeten Chemikalien werden hinsichtlich ihrer physikalischen und chemischen Eigenschaften, ihrer ökotoxikologischen Bedeutung, Abbaubarkeit, ihres Verhaltens in den verschiedenen Stufen der Trinkwasser- und Abwasserbehandlung und bezüglich zu erwartender Metaboliten beurteilt (Hg. WOTZKA 1975 u. lfd.). Weitere Informationen zu toxikologischen Untersuchungen enthalten die „Ausgewählten Methoden der Wasseruntersuchung" (BREITIG & v. TÜMPLING 1982). Im konkreten Havariefall wurden dennoch in der Regel Arbeitsgruppen aus erfahrenen Fachleuten gebildet, die nach gründlicher Analyse Vorschläge für die Schadensbegrenzung bzw. -beseitigung zu unterbreiten hatten. Deren Umsetzung in die Praxis verlief danach überraschend unbürokratisch und außerhalb aller sonst üblichen Planungsschritte. Eine Auswertung solcher Havarien in der Fachpresse war nicht erwünscht, obwohl meist interne Stabsübungen mit den sogenannten Leitkadern der Wasserwirtschaft durchgeführt wurden. An dieser Stelle sollen lediglich an wenigen Beispielen die typischen Abläufe und wenig Bekanntes mitgeteilt werden. Die nötigen Informationen sind überwiegend in Berichtsform noch vorhanden, tragen oft den Stempel „Vertrauliche Dienstsache", so genannte graue Literatur also. Der Autor ist seit 1997 im Ruhestand und fühlt sich als Zeitzeuge zur vorliegenden Dokumentation verpflichtet.

Fischsterben

Häufig wurden biologische Wasseranalysen und Biotestverfahren benötigt, um die Ursachen von Fischsterben aufzuklären. Die durch das Institut für Binnenfischerei geführte Statistik über die Fischsterben spiegelt die generelle landesweite Entwicklung der Wassergüte-Probleme wider. In den Weichwassergebieten der Mittelgebirge gingen die Fischbestände durch den sauren Regen zurück, sobald der pH von 5 unterschritten wurde. Tagebauseen mit geogener Versauerung und pH-Werten < 3 blieben a priori fischleer. Die Anwendung von Herbiziden, Insektiziden und anderen Giften in der Umwelt hatte anfangs zahlreiche Fischsterben zur Folge, obwohl doch der negativ belegte Sammelbegriff Pestizide im DDR-Sprachgebrauch nicht vorkommen durfte. Mit der Konzentrierung der Aufgaben in Agrochemischen Zentren (ACZ) konnten viele Applikationsfehler vermieden werden. Wenn freilich auf großen Schlägen Toxaphen gegen den Rapsglanzkäfer aviotechnisch ausgebracht wurde, waren Fischsterben in den mitbesprühten Binnengewässern „vorprogrammiert". (Übrigens war auch der Begriff Waldsterben aus dem Sprachgebrauch verbannt, obwohl er doch längst als Fremdwort z.B. im Französischen benutzt wurde. Professor Egon Seidel schlug deshalb allen Ernstes als Alternative die Bezeichnung Waldverjüngung vor!)

Die Sauerstoffmangel-Fischsterben häuften sich jeweils im Herbst während der Verarbeitungs-Kampagne für Zuckerrüben, Kartoffeln, der Futtersilierung u.Ä., die zeitlich mit dem Absterben vieler Makrophyten in den Fließgewässern bei sich verschlechterndem Lichtklima zusammenfielen. In den Standgewässern überwogen die Eutrophierungsfolgen. Im Sommer reichern sich die Endprodukte des Algenabbaues im Hypolimnion an, die im Verlauf der Herbstzirkulation zum Sauerstoffmangel des Gesamtsees führen können. Sauerstoffschwund durch Schlammaufstieg vor Gewittern wurde meist in der Spalte „natürliche Ursachen" aufgeführt, obwohl die schlammbildenden Prozesse oft in der Zeit der Kampagne stattgefunden hatten und das Abwasserpilztreiben vor dem nächsten Wehr oder im nächsten Standgewässer zur Sedimentation leicht abbaubarer Biomasse geführt hatte. Die Abbauprozesse setzen bei höheren Temperaturen im Frühling ein und plötzlicher Luftdruckabfall vor einem Gewitter führt zur Ausgasung von Methan und Schwefelwasserstoff, wobei das Sediment auftreibt und der chemische Sauerstoffbedarf zur Anaerobie führt.

In den Teichanlagen aufgetretene Fischverluste wurden oft auf erhöhte Ammoniumgehalte und dadurch bedingte Kiemennekrosen zurückgeführt. Vergiftungen durch Säuren und Salze blieben in der Regel auf die wenig gepufferten Weichwässer beschränkt. In stärker belasteten und gepufferten Gewässern wie der Elbe waren auch größere Schadstoffstöße oft kaum nachweisbar. Dass die Fischsterben in den stark belasteten Industriegebieten rückläufig waren, lag aber auch daran, dass diese Gewässer bereits fischleer waren. Trotzdem wurde in der jüngeren Zeit die Fischsterbenstatistik nicht mehr öffentlich gemacht.

Eine Verordnung zum Umgang mit den Daten aus der natürlichen Umwelt untersagte die Publikation von Beschaffenheitsdaten aus Grenzgewässern und grenzkreuzenden Gewässern, von Schadstoffhavarien und vor allem von längerfristigen Trends der Wasserbeschaffenheit. Selbst Vortragsfolien, die der Autor aus bereits publizierten Daten des Statistischen Jahrbuches der DDR hergestellt hatte, fand er bei der Einsicht in seine Stasi-Akte genau beschrieben und kritisch angemerkt. Der betreffende IM leitete daraus ein wenig gefestigtes „Klassenbewusstsein" ab. Auch das Fotografieren von Kläranlagen wurde dem Klapper angelastet, seine Kenntnisse von Missständen im Gewässerschutz werden als Sicherheitsrisiko bezeichnet. Reisen in die Bundesrepublik wurden ihm mit dieser Begründung noch unmittelbar vor der Maueröffnung abgelehnt.

Tiere im Trinkwasser

So lange Magdeburg sein Rohwasser aus der Elbe bezog, gab es gelegentliche Einwanderungen von Wasserasseln über alle Stufen der Wasseraufbereitung. *Asellus aquaticus* ist lebend gebärend. Die 1-2 Millimeter großen Jungtiere durchwandern die Schnellfilter, ihnen schadet die Alusulfatfällung ebensowenig wie die normale Chlordesinfektion. Auch die A-Kohlefilter, gefüllt mit Kornkohle, sind kein Ausbreitungshindernis. Auf der Reinwasserseite bewegen sich die Asseln durch Laufen fort und da sie dorsoventral abgeplattet sind, können sie dabei beträchtlicher Strömung widerstehen. Ihre Nahrung finden sie überwiegend im Biofilm der Leitungen. Die erwachsenen, etwa 10 mm großen Tiere sind ein beträchtliches Ärgernis, wenn sie im Wasserglas oder in der Badewanne gesichtet werden. Die meisten Exemplare werden aber schon in den Sieben der Wasserzähler, Thermen und Wasserhähne zurückgehalten. Wenn diese verstopfen, kommt es zum Druckabfall.

Eine Kalamität wurde die Asselinfektion in Magdeburg erst, nachdem 1963 die Trennung in ein aus der Elbe gespeistes Industriewassernetz und ein grundwassergespeistes Trinkwassernetz erfolgt ist. Das Wasser aus dem Grundwasserwerk Colbitz hatte eine so geringe Sauerstoffzehrung, dass die Asseln bei dieser guten Beschaffenheit ihres Wohnmilieus sogar zur Fortpflanzung schreiten konnten. Die ersten Beschwerden kamen aus den Kasernen der Roten Armee, die ihr Trinkwasser ohne jeglichen Wasserzähler erhielten. Ein deshalb in das 100er Zuleitungsrohr eingebautes Messingsieb musste im Abstand von jeweils 14 Tagen von einer zentimeterdicken Schicht toter Asseln befreit werden. Vermehrung im Netz bedeutet während der sommerlichen Fortpflanzungsperiode eine Zunahme der Stückzahl in geometrischer Reihe!

Eine aus Mitarbeitern des Versorgungsbetriebes, der Wasserwirtschaftsdirektion und des Hygiene-Institutes gebildete Arbeitsgruppe erhielt die Aufgabe, den Weg zur Beseitigung der Asseln bei laufendem Versorgungsbetrieb zu ermitteln. Die inzwischen im gesamten Netz verbreiteten Asseln wurden mit Siebkästen an den Testhydranten abfiltriert und für die erforderlichen Laborversuche in Aquarien bevorratet. Da die besten Erfahrungen mit der Chlorung vorlagen, wurden die auf dieser Grundlage basierenden Möglichkeiten mit Chloramin DAB 6 Fahlberg, Natriumhypochloritlauge und Chlorwasser geprüft. In allen Fällen müsste die Konzentration von etwa 2 mg/l freiem Chlor im ganzen Leitungsnetz gehalten werden. Bei dieser Konzentration ist aber das Trinkwasser kaum noch genießbar! In Coventry konnte fünf Jahre hintereinander mit subtoxischen Chlormengen die Fortpflanzung der Asseln unterbunden werden. In den Niederlanden hatten sich Pyrethrum-Präparate zur Asselbekämpfung bewährt. Dieses aus Chrysanthemum-Blüten gewonnene älteste Insektizid wird in Milligramm-Mengen z.B. in Wurmkuren angewendet, der Mensch ist relativ unempfindlich gegen Py. Asseln sind dagegen außerordentlich sensibel, wobei die Toxizität durch den Wirkmittelverstärker Piperonylbutoxyd etwa verzehnfacht wird. Für die Abtötung der Asseln im Trinkwasser wurde durch Versuche die Dosis von 0,0025 mg/l Py ermittelt und als Behandlungskonzentration festgelegt. Da das Präparat nicht wasserlöslich ist und durch Chlor oxidiert wird, wurde die Technologie der Wasseraufbereitung umgestellt. Das mechanisch und mit Alusulfat chemisch behandelte Rohwasser wurde mit Chlor entkeimt, durch A-Kohle-Filtration wieder entchlort und dann das Py als alkoholische Lösung eingespeist.

Der Befall war 1964 wesentlich höher als vermutet und wurde deutlich, als die Tiere abgetötet vom Wasserstrom mitgenommen wurden. Als Maximalwert wurden aus einem Testhydranten 2.490 Asseln je m^3 ausgespült! Die Bevölkerung wurde durch die Presse informiert und um Mitwirkung gebeten. Während der fünftägigen Py-Einspeisung wurden 126 Bevölkerungseingaben registriert. 89 bezogen sich auf Asselfunde, 17 auf Wassertrübungen und 20 auf Druckmangel. In einigen Haushalten wurden 20 bis 30 Asseln pro Glas Wasser aus dem Wasserhahn ausgeschwemmt. Das Stecksieb einer Gastherme war mit etwa 300 Asseln verstopft. Bei Druckmangel wurden in manchen Häusern bis zu 400 Asseln im Sieb des Wasserzählers gefunden. Der starke Befall führte trotz intensiver Spülung der Endstränge zu dem erwarteten Keimanstieg. Drei Wochen lang musste mit Hochchlorung gefahren werden, danach war das gesamte Netz saniert und frei von den unerwünschten Bewohnern.

Nach zwei Jahren gab es zwei Einzelfunde, die Anlass für eine Wiederholung der Bekämpfung waren. Diesmal wurden als Maximalwert mit 1 m^3 Wasser 67 Asseln ausgespült bzw. im Mittel der Testhydranten maximal 3,4 Asseln, also etwa 1/60 des im Jahre 1964 erreichten Höchstwertes (KLAPPER 1966; SCHWARZ; KLAPPER & SCHUSTER 1968; KLAPPER & SCHUSTER 1972).

Die Versorgungsbetriebe sind am offenen Umgang mit dem Problem der rufschädigenden Besiedlung ihres Rohrnetzes nicht interessiert. Als man erfuhr, dass es Wege zur Bekämpfung gibt, hatten plötzlich auch andere Städte Tiere im Trinkwasser. Dessau, Merseburg und Berlin hatten Asseln. In Harzgerode musste erst ein Volkskammerabgeordneter sich beschweren, der in der Badewanne neben Asseln einen Schlammegel lebend vorfand. Das Problem bestand hier in erster Linie in ungenügender Aufbereitung. Der Einsatz von Desinfektionsmitteln und Bekämpfungschemikalien bleibt wirkungslos, wenn die Tiere und Bakterien sich unter Eisenhydroxydflocken verbergen können. Mit besserer Enteisenung, danach Py- und $CuSO_4$-Einspeisung gelang hier die Lösung des Problems. Von Karl-Marx-Stadt kam per Fernschreiben der Hilferuf, man hätte „Würmeln" im Rohrnetz. Es handelte sich um den 1-2 cm langen Oligochäten *Nais elinguis*, dem die neuen Lebensbedingungen sehr zusagten. Die Ingenieure waren stolz auf die Kapazitätssteigerung des Wasserwerkes Einsiedel durch immer höhere Filtergeschwindigkeiten. Man nannte dies „Intensivierung", denn das gab Pluspunkte im sozialistischen Wettbewerb. Dass die Filter längst überfahren waren und die Algen nicht hinreichend zurückgehalten wurden und nun an ruhenden Stellen des Netzes, vor allem in den Behältern sedimentieren und als Nahrungsgrundlage für die unerwünschten Wenigborster dienen, hatten die Kollegen übersehen. Ein weiterer Grund für die immer reichere Besiedlung war die Tatsache, dass der Stollen zwischen den Talsperren Neunzehnhain und Einsiedel seit Jahren nicht mehr gereinigt werden konnte und gespinstbildende Insektenlarven, Naididen und andere Tiere regelrechte Wandbehänge ausbildeten. Die Schnellfilter waren in allen Tiefen mit „Würmeln" durchsetzt. Mit Kupfersulfat wurden diese Brutstätten entwurmt und mit der Inbetriebnahme der neuen Talsperre in Eibenstock konnten auch die Anlagen in Einsiedel wieder auf den planmäßigen Durchsatz einschließlich der erforderlichen jährlichen Pflegearbeiten an den Stollen zurückgefahren werden.

Selbst Grundwasserwerke waren nicht selten mit Makrozoen besiedelt. In Havelberg wurden immer wieder Nematoden im Reinwasser entdeckt. Immigrationsort war ein Erdbehälter mit gerissenen Betonwänden. Die Nematoden wanderten aus dem umgebenden Boden ein. Nach der Abdichtung der Behälter verschwanden die Würmer aus dem Trinkwasser. Gern dringen Frösche und Kröten in undichte Brunnenköpfe ein. Sie fallen ins Wasser und verenden wegen der Senkrechtwände. Dass die so entstandenen „Knöchelbrunnen" besonders gutes Wasser führen ist beruhigender Aberglaube!

Cyanidhavarie an der Zschopau

Im VEB Motorradwerk Zschopau war beim Umfüllen eines Galvanikbades in einen anderen Behälter übersehen worden, dass dessen Grundablass nicht geschlossen war. Die stark cyanidhaltige Beize floss zur Zschopau ab, wo sofort ein umfangreiches Fischsterben einsetzte. Am 17.9.1976, 10 Uhr erreichte die Schadstoffwelle die Stauwurzel der Talsperre Kriebstein, die Ufer bedeckten sich mit toten Fischen. Die theoretische Verweilzeit des Wassers der zu diesem Zeitpunkt nur schwach geschichteten Talsperre mit einer Temperaturdifferenz zwischen Oberfläche und Grund von 2°C betrug 35 Tage. Tatsächlich floß die Zschopau als ziemlich geschlossener Wasserkörper durch die ganze Talsperre und erreichte die Staumauer bereits nach 4 Tagen, nämlich am 21.9.1976, 8 Uhr. Da die Zschopau unterhalb der Talsperre als Rohwasser für die Trinkwasserversorgung von zwei Kleinstädten verwendet wird, mussten Sofortmaßnahmen ergriffen werden. Die Städte wurden vorübergehend mit Trinkwasser aus Karl-Marx-Stadt versorgt. Der Ablauf aus der Talsperre wurde so weit gedrosselt, dass unterhalb die Fische am Leben blieben. Im Tosbecken wurde ein Container mit Bachforellen stationiert und beobachtet. Unterhalb der Talsperre durfte der Grenzwert von 0,1 mg/l CN nicht überschritten werden. Durch ein Raster von Tiefenserien von der Mauer sperraufwärts wurde die Konzentrationsverteilung der Cyanide ermittelt und die

Größe des kontaminierten Wasserkörpers abgeschätzt. Daraus wurde abgeleitet, dass die Grenzkonzentration allein dadurch unterschritten werden kann, dass die konzentrierteren Wässer in die weniger kontaminierten Schichten eingemischt und dadurch verdünnt werden. Am Abend wurde die Einrichtung einer Destratifikationsanlage beschlossen. Am folgenden Tag um 10 Uhr liefen die ersten Kompressoren für die Druckluft, drei Dieselgeneratoren lieferten dazu den Strom. Verzinkte Stahlrohre waren mit 0,5 mm Bohrungen versehen und mittels gefällter Fichten und mit Seilen von der Mauerkrone aus in der größten Tiefe der Talsperre inseriert. Jeweils stirnseitig wurde den gelochten Rohren die Druckluft zugeführt. Der Blasenschleier des aufsteigenden Luft-Wasser-Gemisches erzeugt einen kräftigen Mischeffekt und das geförderte Wasser wird sperrenaufwärts transportiert. Während der Einfahrphase lässt sich an der fortschreitenden Blasenfront genau feststellen, wo das aerohydraulisch geförderte Wasser wieder abtaucht und zur Destratifikationsanlage zurückkehrt. Das Fließgleichgewicht stellt sich bei etwa dem Fünffachen der Steighöhe ein. Aber auch weiter sperrenaufwärts wird in abgeschwächter Form noch Wasser nach unten mitgenommen und durch eine Sekundärwalze durchmischt.

Drei Laborwagen waren mit der Cyanidanalytik des täglich beprobten Rasters in der Talsperre sowie in Zschopau und Mulde unterhalb beschäftigt. Bis 28.9.1976 waren alle höheren Konzentrationen in der Talsperre bereits beseitigt. Sie unterschritten sogar im Mittel den verschärften Grenzwert von 0,05 mg/l CN, sodass die Destratifikation mit Erreichen des Zielwertes von 0,02 mg/l beendet werden konnte. Umfangreiche Maßnahmen, wie der Bau von Auffangwannen bei allen mit Wasserschadstoffen arbeitenden Betrieben, gehörten zur Auswertung der Cyanidhavarie.

Deutschlands größte Talsperre stinkt nach Schwefelwasserstoff !

Die zur Energiegewinnung und zur Niedrigwasseraufhöhung im Interesse der Salzlaststeuerung für Leuna und Buna betriebene Talsperrenkaskade an der oberen Saale beginnt mit der Bleilochtalsperre, Deutschlands größter Talsperre. An ihrer Stauwurzel werden die Abwässer der Zellstoff- und Papierfabrik Blankenstein eingeleitet. Das Wasser der Saaletalsperren war daher schon immer durch seine dunkelbraune Wasserfarbe und häufige Sauerstoffmangel-Fischsterben bekannt. Wenngleich die sehr schwer abbaubaren Abwässer einen geringen BSB_5 aufweisen, in einem Standgewässer wird ein BSB entsprechend der Verweilzeit wirksam, d.h. in der oberen Saaletalsperre der BSB_{150}! 1976 stellte sich bei einem für Reparaturzwecke abgesenkten Wasserstand eine Katastrophensituation ein. Bei völligem Sauerstoffschwund erstickten die letzten Fische und schließlich kam es zur Ausgasung des hochtoxischen Schwefelwasserstoffs. Die Arbeit in den Kraftwerken wurde lebensgefährlich und selbst die Atemluft im Saaletal war so kontaminiert, dass eine Aussiedlung der nahe am Wasser lebenden Bürger erwogen wurde.

Zur Lösung des Problems war die Schließung des Zellstoffwerkes ausgeschlossen. Es ist der größte Arbeitgeber im damaligen Grenzgebiet. Die Forderung nach künstlicher Sauerstoffzufuhr begann mit der Bedarfsermittlung. Allein der H_2S-Gehalt ergab, auf Sauerstoffdefizit umgerechnet, einen Fehlbedarf von 1.400 t O_2 und, um das Nahziel 3 mg/l O_2 im gesamten Wasserkörper zu erreichen, müsste die Sperre mindestens 600 t O_2 aufweisen. Die Zielgröße eines weitgehend gesunden Sauerstoffhaushaltes von 6 mg/l im Durchschnitt der gesamten Wassersäule bedeutet sogar den erforderlichen Inhalt von 1.200 t O_2.

Als Sofortmaßnahme wurde die chemische Sauerstoffzufuhr in Form von Natriumnitrat realisiert. Das Salz wurde größtenteils entsprechend dem Sauerstoffbedarf zusammen mit dem ungenügend gereinigten Abwasser eingeleitet. Eine zweite Nitratzugabe erfolgte unterhalb der Bleilochtalsperre zum Schutz der weiteren Stauhaltungen und Pumpspeicherbecken. Die Nitratzufuhr hatte keine erhöhten Ammoniumwerte zur Folge. Die Denitrifikation führt über Nitrit direkt zum molekularen Stickstoff. Größter Nachteil der chemischen Sauerstoffversorgung ist der mindestens doppelt so hohe Preis, verglichen mit mechanischer Belüftung. Vorteilhaft ist die flexible Anpassungsmöglichkeit an den Bedarf.

Ebenfalls als Sofortmaßnahme wurde eine Destratifikation im Stauwurzelbereich installiert. Die über dem Grund fließenden Wässer mit dem höchsten Sauerstoffbedarf sollten an die Oberfläche gebracht und die physikalische O_2-Aufnahme maximiert werden.

Die Hauptlast im Hypolimnion sollte mit Tiefenwasserbelüftungsanlagen gedeckt werden. Das Volumen des Hypolimnions ist bei weitem kleiner, die dort herrschenden Temperaturen sind niedriger, damit die Sauerstofflöslichkeit höher. Der größte in der DDR gebaute Tiefenwasserbelüfter vom Typ Schönbrunn hatte im Kopfteil einen Durchmesser von 6,4 m und war damit nicht mehr auf Straßen zu transportieren. Zumindest die Endmontage musste am Ufer der Talsperre auf einer dafür angelegten Slipanlage in einer Traglufthalle durchgeführt werden.

Alle Rohre wurden vom Plastwerk Staaken angeliefert. Einsatzkräfte der Wasserwirtschaft wurden mehrwöchig in Staaken angelernt und fertigten die Böden, Krümmer, Belüfterdüsen und andere Formteile in der Halle in den dafür gefertigten Holzformen per Hand aus Polyesterharz, Entwickler und Glasfasergewebe. Die Teile werden auf Rollböcken überwiegend zusammengeklebt, so dass keine blanken Stahlteile mit dem aggressiven Talsperrenwasser in Kontakt kommen. Die Belüfter sind am Kopfteil mit 8 Schwimmern, vier Pumpen UPL 250, vier Ansaugrohren und vier Blasenführungsrohren ausgerüstet. Das untere Ende ist mit aufblasbaren Schwimmern ausgerüstet, so dass die einzelnen Geräte in horizontaler Position eingeschwommen werden können und durch Ablassen der Luft sich senkrecht stellen. Das sauerstoffarme Wasser wird über ein tiefenvariables Teleskoprohr dicht über dem Gewässergrund entnommen, etwa 2,5 m über die Wasseroberfläche gehoben, in einer Hohlstrahldüse mit Luft angereichert, im Blasenführungsrohr bis in 10 m Tiefe geleitet, dort um 180° ins zentrale Steigrohr umgelenkt. Das Wasser-Luftgemisch steigt bis zur Oberfläche und entlüftet im Kopfteil. Die Rückleitung erfolgt über ein das Steigrohr umfassendes Mantelrohr bis zu einem waagerechten Verteilerschirm unterhalb der Temperatursprungschicht. Die günsti-

Abbildung 1: Tiefenwasserbelüfter Typ Schönbrunn auf der Slipanlage vor der Montagehalle am Ufer der Bleilochsperre. Foto: Klapper

ge Energieausnutzung erfolgt bei dieser Tiefenwasserbelüftungsanlage (TWBA) vor allem durch die gegenüber der Primärförderung dreifach höhere Sekundärförderung durch den Mischluftheber im zentralen Steigrohr *(s. Abbildungen 1 und 2)*.

An der Bleilochtalsperre arbeiteten insgesamt 14 dieser Großbelüfter jeweils mit einem Durchsatz von maximal 9.200 m^3/h 16 Jahre lang (1976-1992) und verhinderten das weitere Auftreten von H_2S. Die Betriebskosten wurden dem Zellstoffwerk in Rechnung gestellt. Allein 1977 wurden für die 2.300 t Sauerstoff auf Nitratbasis rund 3 Mio Mark aufgewendet, für die 1.200 t O_2 mit den bis dahin fertiggestellten TWBA 610.000 Mark. Heute merken wir kritisch an, dass unser Einsatz mit dazu beigetragen hat, dass die Talsperre als naturnahe Kläranlage missbraucht werden konnte. Das inzwischen völlig neu gebaute Folgewerk besitzt ausreichende Klärkapazitäten, sodass die TWBA abgebaut werden konnten (KLAPPER 1992).

Nitratgrenzwert im Trinkwasser überschritten

Nur unweit der Saalekaskade wird im Bereich der Trinkwassertalsperren Zeulenroda/Weida der in der DDR bei 40 mg/l NO_3 festgelegte Grenzwert überschritten.

Die Problemlage ist konträr entgegengesetzt zu der in der Bleilochtalsperre. Nachweislicher Verursacher war (und ist) die Landwirtschaft: hoher Anteil gedränter Böden, Schweinehaltung mit Kartoffelanbau, hohes Düngungsniveau, ungenügende Stapelkapazität für Gülle usw. Die autotrophe Nitratassimilation durch das Phytoplankton in der Talsperre ist wegen strenger Phosphor-Limitierung gering. Die NO_3-Eliminierung im Wasserwerk mittels Ionenaustausch scheitert wegen der Salzmengen für die Regenerierung der Harze. Die Maßnahmen in der Landwirtschaft zur Verminderung der N-Verluste scheitern oft witterungsbedingt. Nach schlechten Ernten wird

Abbildung 2: Mit zwei Belüfterketten zu je sieben dieser Großbelüfter wurde die obere Saaletalsperre künstlich mit Sauerstoff versorgt. Foto: Klapper

in der kalten Jahreszeit der nicht verbrauchte Dünger ausgetragen, im untersuchten System im Mittel 50 % des applizierten N-Düngers. Maßnahmen in den Gewässern umfassen angepasste Speicherpläne, Überleitung aus anderen Speichern, Heberleitungen zur Abgabe nitratreicher Oberflächenwässer ins Wildbett, Abschöpfung über Makrophyten-Bioplateaus (Nitrophytenmethode), selbst eine Phosphorzugabe wurde geprüft und wie die anderen Maßnahmen als nicht ausreichend eingestuft. Der Autor war themenverantwortlich für den Einsatz der mikrobiellen Denitrifikation im Hypolimnion der Talsperre Zeulenroda. Dafür musste der Tiefenwasserbereich sauerstofffrei gemacht werden. Ein Strohsinkstück 60 x 20 x 1,5 m wurde aus Stahlrohren gebaut, mit 13.000 Würfeln Rapsstroh gefüllt, wobei auf der untersten Lage ein Fischgräten-Verteilsystem aus Welldränrohren eingebaut

Abbildung 3: Heterotrophe Nitratelimination im Hypolimnion einer Trinkwassertalsperre. Das Strohsinkstück liegt kurz vor dem Einschwimmen noch am Ufer. Über das Rohr (links) und ein Verteilsystem wird das nitratreiche und mit einer C-Quelle angereicherte Wasser durch den Aufwuchsreaktor gedrückt. Foto: Klapper

wurde *(s. Abbildung 3)*. Mit fünf starken Traktoren wurde das Sinkstück eingeschwommen und vor dem Abschlussbauwerk positioniert, wo es nach 10 Tagen auf den Grund sank. Das Verteilersystem wurde mit nitratreichem Oberflächenwasser beschickt, dem als organische Kohlenstoffquelle ein Abprodukt, das sogenannte Kühlerwasser aus der Paraffinoxydation, beigefügt wurde. Es enthält die kurzkettigen Fettsäuren (C_1-C_6), die mit großer Geschwindigkeit als Substrat verwertet werden. Im Freiwasser konnten sie in keiner Probe nachgewiesen werden. Der hypolimnische Gelöstsauerstoff und der Nitratgehalt begannen, sofort zu sinken, wobei zwischenzeitlich die Nitritwerte bis 14 mg/l anstiegen. Nach 8 Wochen war an der Entnahmestelle unmittelbar über dem Strohsinkstück sowohl der Gelöstsauerstoff als auch der Nitratgehalt auf 0 mg/l gesunken, Nitrit war nur in Spuren von 0,018 mg/l nachweisbar. Das Hypolimnion kann somit an die Weidatalsperre übergeleitet werden, aus der das Rohwasser für das Wasserwerk Dörtendorf entnommen wird. Der Sauerstoff wird durch die Wiederbelüftung auf der 5 km langen Wildbachstrecke wieder aufgesättigt (FICHTNER 1983; KLAPPER 1992).

Schlussbetrachtung

Rückblickend ist festzustellen, dass sich der Hydrobiologe in der DDR dank einer praxisnahen Ausbildung für den Gewässerschutz nützlich machen konnte. Er wurde in wichtige Entscheidungen z.b. bei komplizierten Havariesituationen einbezogen. Die in der Forschung vorbereiteten Technologien zur Steuerung der Wassergüte durch Gewässerbelüftung, Destratifikation, Entschlammung, Phosphorfällung, Nitrateliminierung, Algenbekämpfung, Sedimentabdeckung, Tiefenwasserableitung, Rohrnetzreinigung usw. ließen sich relativ leicht in der Praxis durchsetzen, da sie, anders als z.b. Kläranlagen, die limitierte Betonbaukapazität nur unwesentlich beanspruchten. Als in den letzten Jahren des Bestehens der DDR auch die Finanzen knapp wurden, verlangte das Ministerium für Umweltschutz und Wasserwirtschaft eine Konzentrierung der Forschungsarbeiten auf die Objekte des eigenen Wirtschaftszweiges, hauptsächlich, um die mit dem Wohnungsbau verknüpften Aufgaben der Trinkwasserversorgung zu unterstützen. Bei dem gesondert auszuweisenden Planteil Seensanierung wurde ein Teil der Kosten durch die Landwirtschaft getragen: Der Seeschlamm wurde in der Landwirtschaft verwertet, um damit das Kohlenstoffdefizit der Böden zu korrigieren. Tiefenwasserableitungen wurden durch die Meliorationskombinate installiert, weil für Bewässerungszwecke nur die Entnahme von nährstoffreichem Tiefenwasser genehmigt wurde.

Der Schutz der Trinkwasserversorgung von Halle an der Saale war das Argument, den Plan zur Einrichtung eines Salzwasserspeichers im Geiseltal zu verhindern. Die gegenwärtige Lösung, den Geiseltalsee mit aufbereitetem Saalewasser zu fluten, verspricht eine schnelle Füllung des vorerst größten Bergbausees von Deutschland in einer für die touristische Nachnutzung hervorragend geeigneten

Qualität. Der Gewässerschutz schließt heute die Gestaltung ganzer Erholungslandschaften in einem bislang durch Tagebaue verwüsteten Gebiet mit ein.

Literatur

Breitig, G. & Tümpling, W.v. (Hg..): Ausgewählte Methoden der Wasseruntersuchung BII. Biologische, mikrobiologische und toxikologische Methoden, 2. Aufl., G. Fischer Verlag Jena 1982, 579 S.

Fichtner, N.: Verfahren zur Nitrateliminierung im Gewässer, Acta hydrochim. hydrobiol. 11 (1983), 339-345

Klapper, H.: Die Wasserassel (*Asellus aquaticus Rakovitza*) im Trinkwasserversorgungsnetz einer Großstadt und Möglichkeiten zu ihrer Bekämpfung, Verh. Intern. Verein. Limnol. 16 (1966), 996-1002

Klapper, H. (verantw. Bearbeiter): Fachbereichsstandard TGL 9194. Abwässer aus Zuckerfabriken – Grundsätze zur Betriebswasserwirtschaft und Behandlung der Abwässer, Vertrieb Buchhaus Leipzig 1968

Klapper, H.: Zur Schlußreinigung konzentrierter Zuckerfabriksabwässer, Acta hydrochim. hydrobiol. 18 (1990), 81-92

Klapper, H.: Eutrophierung und Gewässerschutz, G. Fischer Jena, Stuttgart 1992, 280 S.

Klapper, H. & Schuster, W.: Organismen in zentralen Wasserversorgungsanlagen und ihre Bedeutung für das Trinkwasser als Lebensmittel, Angew. Parasitologie 13 (1972), 83-90

Schwarz, H.; Klapper, H. & Schuster, W.: Pyrethrum – ein geeignetes Mittel zur Bekämpfung von Wasserasseln in Wasserversorgungsanlagen, Pyrethrum-Post (Kenya) 2 (1968), 30-38

Wotzka, J. (Hg.) & Mitarb.: Wasserschadstoff-Katalog, Inst. f. Wasserwirtschaft Berlin, Ringbuch, 2 Bde. Eigenverl. 1975 und folgende

Helmut Klapper

Gewässerschutz und Gewässernutzung im Spannungsfeld zwischen Ökologie und Ökonomie[1]

Bis in die jüngste Vergangenheit war die Gewässerbewirtschaftung von Ingenieuren dominiert, die dem Fluss mit der Bezeichnung Vorfluter seine vorrangige Ver- und Entsorgungsfunktion zuwiesen. In der Zeit des Wiederaufbaues nach dem Kriege war es verständlich, für die Entsorgung auf das Notwendigste zu orientieren. Im Taschenbuch der Stadtentwässerung von IMHOFF (2. Auflage 1954) wird zu den Abwasserlastplänen von Rhein, Weser, Elbe und Donau festgestellt, dass bei allen vier Strömen 30 E/l Niedrigwasserführung unterschritten werden. „Nur an einem Punkt, an der Elbe bei Dresden, wurde diese Grenze überschritten".

Nur dort wäre nach dieser Rechnung die biologische Abwasserreinigung erforderlich. In allen anderen Fällen sollte mit einfachen Absetzbecken gearbeitet werden, und für einzelne Häuser und kleine Ortschaften wurde gar auf die Ableitung unbehandelter Abwässer orientiert.

Mit dem industriellen Wiederaufbau in beiden deutschen Staaten stieg die Gewässerbelastung rasch an. In den 1960er Jahren hatte der Rhein den Ruf einer „Cloaca maxima" von Europa. Die Pleiße war auf dem Höhepunkt der Karbochemie unterhalb von Böhlen und Espenhain zum „Rio phenole" degradiert und konnte auf der AGRA in Markkleeberg besichtigt werden.

Im Stadtgebiet von Leipzig wurde die Pleiße unterirdisch verlegt, d.h. mit Millionenaufwand versteckt. Selbst kleine Bäche auf dem Lande waren zu Abwasserkanälen geworden, denn auch im Dorf hatte die Wasserspülung Einzug gehalten und dies in den 1970er Jahren in Form der Güllewirtschaft auch für Rinder und Schweine.

KRAMER und Mitarbeiter (1981) stellten fest, dass die 77 Mio. m^3 Gülle einer potentiellen Belastung von 40 Mio. Einwohnergleichwerten entsprechen. Im Umweltbericht der DDR 1990 wurde die Beschaffenheit der Hauptwasserläufe vereinfachend aus der Nutzungsperspektive charakterisiert.

Von den klassifizierten Flussabschnitten waren

- nur 20 % für Trinkwassergewinnung mit normalen Aufbereitungstechnologien nutzbar,

---

[1] Der Autor überarbeitete und aktualisierte für den vorliegenden Band einen früheren Beitrag, der unter dem gleichen Titel in Acta Academiae scientiarum, Abhandlungen der Akademie gemeinnütziger Wissenschaften zu Erfurt, 1 (1992), Ann. Univ. Sarav. Med., Supplement 11/1992 erschien.

- 35 % mit komplizierten Technologien aufbereitbar,
- 45 % für eine Trinkwassergewinnung derzeit nicht nutzbar.

Vor allem auf Drängen der Niederlande und der deutschen Rheinwasserwerke war es zu internationalen Anstrengungen zur Rettung des Rheins gekommen. Der Rückschlag durch die Havarie von Sandoz hat letztlich die Bemühungen um den Fluss noch verstärkt, und der Rhein hatte Ende der 1980er Jahre längst seine Spitzenstellung bezüglich der Belastung an die Elbe abgegeben *(Tabelle l)*.

Die Elbe spiegelt die etwas glücklose Umweltpolitik in der DDR wider. Seit 1983 bestand ein Vermarktungsverbot für Aale aus der Unterelbe wegen zu hoher Gehalte an Quecksilber und Chlorkohlenwasserstoffen. Aus der mittleren Elbe war dies ebenfalls bekannt, wurde aber als Staatsgeheimnis gehütet. Das nicht Öffentlichmachen kann aus heutiger Sicht als Behördenkriminalität eingestuft werden. Andererseits wurde kaum jemand gesundheitlich bedroht, denn seit mehreren Jahrzehnten wurden Elbefische wegen ihres „Chemiegeschmacks" nicht mehr verzehrt (BAUCH 1958).

Der Vergleich des Verhältnisses von Ökologie und Ökonomie in den alten und neuen Bundesländern ergibt, dass zweifellos vorhandene Potenzen einer zentralistisch geleiteten Wasserwirtschaft in der DDR nicht genutzt wurden. Die sogenannten gesellschaftlichen Vorzüge des Sozialismus mit der Möglichkeit zu langfristig planmäßiger Wirtschaftsentwicklung bei vergleichsweise einfachsten Eigentumsstrukturen scheiterten in einer krisenhaften Mangelwirtschaft. Die oft zitierte Einheit von Ökologie und Ökonomie hat es unter den Produktionsverhältnissen in der DDR nie gegeben.

Im Gegenteil, es wuchsen die Disproportionen, da die Umweltinvestitionen langjährig hinter den Erfordernissen zurückblieben. Während in der DDR 1988 etwa 0,4 % vom Bruttosozialprodukt aufgewendet wurden, waren es in der BRD 1,1 %. Veraltete Produktionsprozesse wurden beibehalten, der Braunkohleneinsatz auf rund 300 Mio. t/a gesteigert.

Die als sozial etikettierte Subventionspolitik hatte auf vielen Gebieten Mehrverbrauch und Verschwendung zur Folge und somit letztendlich umweltbelastende Auswirkungen.

Die mit etwa 50 Mio. M/a gestützte Trinkwasserlieferung bei einem für die meisten Bürger nicht spürbaren Wasserpreis führte zu einem höheren pro-Kopf-Verbrauch als in den alten Bundesländern.

Tabelle 1: Vergleich der Konzentration von Schadstoffen in Elbe und Rhein (1988); Angaben in µg/l (oberer Teil) bzw. in mg/l (unterer Teil der Tabelle nach MALLE in WILKEN 1990)

	Elbe Mittel	Bereich	Rhein Mittel	Bereich
Cd	0,37	0,24-0,62	<0,3	<0,3-0,3
Cu	34,3	9,8-99,5	11	5,0-20,0
Cr	18,6	9,5-41,1	8	5,0-20,0
Hg	0,36	0,38-1,15	<0,20	<0,20-0,20
Ni	9,1	5,8-19,3	6,8	<5,0-13,0
Pb	7,1	2,7-17,0	6,9	<0,5-16,0
Zn	163	89-610	43	30-80
Cl	242	94-425	142	62-216
o-PO_4-P	0,14	0,05-0,24	0,12	0,07-0,19
Ges.-P	0,56	0,31-1,07	0,25	0,16-0,38
NO_3-N	4,9	3,0-7,1	3,7	3,0-4,7
NH_4-N	1,8	0,95-3,2	0,24	0,12-0,48

In einer OECD-Studie zum Pricing of Water Services (1987) wurde nachgewiesen, dass selbst ärmere Länder wie Italien oder die UdSSR gut beraten wären, sich die tatsächlichen Kosten für die Wasserlieferung und möglichst auch für die Abwasserbehandlung als Wasserpreis vom Verbraucher erstatten zu lassen (User-Pays Principle, HERRINGTON 1987).

Der relativ hohe Anschlussgrad an die zentrale Trinkwasserversorgung der DDR von 93,1 % im Jahre 1988 war u.a. der Tatsache zu danken, dass die Versorgung mit Trinkwasser als Bestandteil des zur politischen Doktrin erhobenen Wohnungsbauprogrammes galt. Weniger befriedigend war der Anschlussgrad an die zentrale Kanalisation von 72,5 % und aus der Sicht des Gewässerschutzes geradezu katastrophal der Anschluss an zentrale Kläranlagen von nur 57,7 % mit häufig nur mechanischer Reinigungsstufe. Bei begrenzter Baukapazität wurde in der Regel zugunsten der produktiven Bereiche und gegen die vermeintlich unproduktiven Maßnahmen des Gewässerschutzes entschieden. Die Einheit von Ökonomie und Ökologie wurde dabei so interpretiert, dass zunächst in der produktiven Sphäre jene Mittel zu erwirtschaften waren, die später im konsumtiven Bereich des Umweltschutzes ausgegeben werden konnten. Die Umweltschutzmaßnahmen wurden der konsumtiven Sphäre zugeordnet und nicht als immanenter Bestandteil der Produktion verstanden.

Tabelle 2: Nitratbelastungsgruppen 1988 in der DDR (aus Umweltbericht der DDR).

Nitratgruppe mg/l	Anzahl der Messstellen	Zugehörigkeit zur Belastungsgruppe
0-20	1.658	83
		Richtwert = 30 mg/l
20-30	65	3,3
30-40	107	5,4
		Grenzwert = 40 mg/l
40-80	114	5,7
80-150	31	1,6
>150	5	0,3
Gesamt	1.980	100

Für einige Nutzungen, die früher unter Gemeingebrauch sich der Kontrolle durch die Aufsichtsorgane entzogen, konnte zumindest die Genehmigungspflicht durchgesetzt werden: für die Freiwassermast von Wassergeflügel und die Netzkäfighaltung von Forellen und Karpfen. Beide sind aus der Sicht des Gewässerschutzes unvollendete Produktionen, deren günstige Ökonomie aus der Unterlassung notwendiger Umweltschutzmaßnahmen herrührt (KLAPPER 1992). Über das wasserrechtliche Genehmigungsverfahren konnten neben Kapazitätsbegrenzungen und Standortempfehlungen vor allem auch ausgleichende Sanierungsmaßnahmen wie Belüftung oder Entschlammung veranlasst werden. Ein weiteres Beispiel, wie mit Hilfe staatlicher Subvention gravierende Umweltbelastungen ausgelöst wurden, betrifft die Nitratkontamination von Grund- und Oberflächengewässern. Vor der 2. Agrarpreisreform von 1986 waren Stickstoffdüngemittel zu über 50 % staatlich gestützt. Wenn die N-Grunddüngung im zeitigen Frühjahr mit dem Flugzeug ausgebracht wurde, war der Staat nochmals zu 50 % an den Flugkosten beteiligt. Abgesehen davon, dass zu ungünstigen Terminen und über den Pflanzenbedarf hinaus gedüngt wurde, war es vergleichsweise unwirtschaftlich, mit den Güllefahrzeugen größere Strecken zurückzulegen. Der knapp zugeteilte Kraftstoff wirkte in gleicher Weise gegen die richtige Verwertung. Stallnahe Flächen waren daher nicht selten hoffnungslos überdüngt. Die von den Pflanzen nicht verbrauchten Stickstoffmengen gelangten in die Gewässer, die vor allem am Ende der Vegetationsruhe hohe Konzentrationen an NO_3 erreichten. Die Funktionsüberlagerung von landwirtschaftlicher und wasserwirtschaftlicher Produktion brachte es mit sich, dass 1988 bei 7,6 % aller Grundwassermessstellen der damalige Grenzwert von 40 mg/l NO_3 überschritten wurde. Davon betroffen waren 1,1 Mio. zentral- und 0,5

Mio. eigenversorgte Bürger *(Tabelle 2)*. Im Einzugsgebiet der Talsperre Zeulenroda wurden 50 % des ausgebrachten Stickstoff-Kunstdüngers als Nitratbelastung der Gewässer nachgewiesen! Diese verfehlte Ökonomie mit ihren ökologischen Folgen zog weitere wirtschaftliche Aufwendungen für die Denitrifikation nach sich:

Dem Hypolimnion wurden über ein großes Strohsinkstück kurzkettige Fettsäuren als Kohlenstoffquelle zugeführt. Nach Aufbrauch des Gelöstsauerstoffes wurde auch der Nitratsauerstoff durch heterotrophe Dissimilation eliminiert. N_2 kann in molekularer Form aus dem System ausscheiden (KLAPPER u.a. 1980). Auch eine zweite Ökotechnologie kam in Zeulenroda zum Einsatz, die autotrophe Nitratdissimilation. Die Reduktion des Nitrates wurde dabei über Thiosulfatdosierung erreicht, als anorganische C-Quelle fungiert das hypolimnische CO_2. Ökonomisch ist der gesamte Problemkomplex fragwürdig.

Durch staatliche Stützung wird einer Überdüngung grundsätzlich Vorschub geleistet. Die Düngerverluste werden zur Gewässerbelastung. Weitere Aufwendungen wurden über die Wasserwirtschaft (aus der Staatskasse) betrieben, um den Stickstoff zu eliminieren. Als die Perversion der Sachlage offenkundig wurde, gab es auch ernste Bemühungen zur Senkung der Nitratbelastung über verringerten Stickstoffeinsatz in der Landwirtschaft. Nun erweist es sich aber, dass der große Stickstoffpool des Bodens die Belastungssituation in der Größenordnung von Jahren und Jahrzehnten stabil hält. Damit musste über diese Zeiträume weiterhin ökotechnologischer Aufwand zur Denitrifikation betrieben werden. Das umweltschädigende Niveau der Stickstoffdüngung war in der DDR auch eine Folge der sog. Höchstertragskonzeption. Mit keinem anderen Dünger lässt sich so unmittelbar ein Biomassezuwachs erreichen wie mit dem Stickstoff. Trotzdem muss aus umweltpolitischer Sicht die Ökonomie der Stickstoffdüngung auf dem Niveau über 100 kg/ha · a in Frage gestellt werden (das trifft übrigens auch für die Niederlande und die alten Bundesländer zu).

Der Biomassezuwachs ist zum großen Teil dem höheren Wassergehalt des Erntegutes zuzuschreiben. Kartoffeln sind schlechter lagerfähig, der Melasseanteil bei der Rübenzuckerproduktion erhöht sich, das Gemüse schmeckt nicht usw. In die Gesamtökonomie sind die Schäden der Gewässereutrophierung ebenso einzubeziehen wie die des erhöhten Gesundheitsrisikos durch zu hohe Nitratgehalte im Trinkwasser und in der Nahrung. Die Methämoglobinämie tritt häufiger bei säugenden Jungtieren als bei Säuglingen auf. Beim Menschen sind das erhöhte Krebsrisiko durch Nitrosaminbildung und verstärktes Auftreten von Struma zu nennen.

Ein letztes Beispiel umweltschädigender Subvention lieferten die Länder Osteuropas mit der weitgehend kostenlosen Bereitstellung von Bewässerungswasser an ihre staatlichen und genossenschaftlichen Landwirtschaftsbetriebe. Über zu hohe

Wassergaben wurden gewässerbelastende Austräge von Düngemitteln und Pestiziden ausgelöst.

Die etwa 1,55 Mrd. m^3 Bewässerungswasser wurden in der DDR vorwiegend in Niedrigwasserperioden entnommen und über die Pflanzen verdunstet. In vielen Gewässern wurde dadurch der landschaftsnotwendige Mindestabfluss mit Billigung der Staatsorgane unterschritten. Der ökonomische Schaden an der Biozönose völlig trocken fallender Bäche wird erst nach Jahren der Wiederbesiedlung behoben.

Dort, wo der Markt den Bewässerungsumfang bestimmt, wird vorwiegend auf hochproduktiven Gemüseflächen Zusatzwasser gegeben. Im Vergleich zur DDR betrug der Anteil der Bewässerungsfläche in den alten Bundesländern ein Fünftel, in Polen ein Fünfzehntel.

Wie reagierte die limnologische Forschung auf die offensichtlichen ökologischen Missstände in der DDR?

Wesentliche Forschungsergebnisse z.B. über den Stoffhaushalt von Elbe und Saale wurden als geheim eingestuft und konnten erst nach 1990 der Öffentlichkeit zugänglich gemacht werden. Zur Standgewässerbewirtschaftung haben limnologisch arbeitende Einrichtungen der Akademie der Wissenschaften und an Universitäten bedeutende Grundlagenarbeiten geleistet, die u.a. durch den Forschungsbereich Gewässerschutz in Magdeburg zur ökotechnologischen Breitenanwendung geführt wurden. Gerade wegen des Defizites an Kläranlagen wurde ein relativ hohes Anwendungsniveau bei therapeutischen und restaurativen Sanierungsmaßnahmen erreicht (s. Poster KLAPPER, BAHR & RÖNICKE 1992).

Ein Objekt in Thüringen stellte eine besondere Herausforderung dar: die obere Saaletalsperre. Durch Zellstoffabwässer war sie mit schwer abbaubaren Braunstoffen organisch hoch belastet. Auch langsam abbauende Stoffe zehrten den Sauerstoffvorrat auf, denn bei 150 Tagen Verweilzeit wird schließlich der BSB150 wirksam. In der Talsperre kamen der linienförmige Drucklufteintrag im Stauwurzelbereich, die Tiefenwasserbelüftung unterhalb von Saalburg und die H_2S-Bekämpfung mittels Nitrat zum Einsatz.

Auf dem Höhepunkt der H_2S-Havarie von 1976 war die größte Talsperre der DDR anaerob. Die im Wasser gelösten Sulfide entsprachen einem Sauerstoffbedarf von 1.400 t O_2. Zur Wiederherstellung einer positiven Sauerstoffbilanz wurden 1977 zur chemischen Sauerstoffversorgung 2.300 t $NaNO_3$ für 3 Mio. M zugegeben. Etwa die gleiche Sauerstoffmenge, nämlich 1200 t O_2, wurde mit 12 Tiefenwasserbelüftern eingetragen, wofür 0,6 Mio. M an Energie und Abschreibung aufgewandt wurden. Abgesehen davon, dass das „Polluter-Pays Principle" durchgesetzt werden konnte, kann diese Symptombehandlung nicht befriedigen. Die größte Talsperre der DDR wurde als biologische Nachkläranlage für Zellstoffabwässer missbraucht. Die Ideologie vom ‚Reaktor Gewässer' war allerdings vom Ministerium für Umweltschutz und Wasserwirtschaft als Auftraggeber vorgeschrieben. Zumindest in den 1970er Jahren sollte auch die Fließgewässerforschung über die Erhöhung der Selbstreinigungskraft Klärkapazitäten einsparen helfen. Durch ökonomische Arbeiten zur Bewertung von Naturpotentialen wurde diese Ideologie bekämpft (KÄDING, KLAPPER & SCHAAKE 1972; GRAF 1984). Dabei wurde klargestellt, dass die Selbstreinigungskraft der Gewässer nur für die nach biologischer Abwasserreinigung verbleibende Restbelastung in Ansatz gebracht werden darf und dies auch nur dann, wenn die aus ökonomischer und ökologischer Sicht günstigste Beschaffenheitsklasse 2 eingehalten werden kann.

Auf der Grundlage des Wassergesetzes von 1963 und 1982 verfügte die Staatliche Gewässeraufsicht der DDR über ein System von Rechtsnormen und ökonomischen Stimuli zur Durchsetzung der ökologischen Anforderungen an die Reinheit der Gewässer. Im Nachhinein muss gefragt werden, warum die Ergebnisse insgesamt nicht befriedigen konnten. Das Wassernutzungsentgelt wurde für genehmigte Wasserentnahmen erhoben. Es betrug je nach Flussgebiet und Nutzungsart 0,03 bis 0,30 M/m^3. Von ihm ging vor allem ein Anreiz zu sparsamer Wasserentnahme für Produktionszwecke aus. In der Tat war der Brauchwasserbedarf der Industrie in den 1980er Jahren leicht rückläufig. Das Nutzungsentgelt betrug 1988 für die Entnahme von ca. 6,1 Mrd. m^3 Grund- und Oberflächenwasser etwa 490 Mio. M der DDR. Bewässerungswasser war vom Nutzungsentgelt befreit. Das Abwassereinleitungsentgelt war für Abwassereinleitungen bei Einhaltung der befristet festgelegten Grenzwerte zu entrichten. Der Sinn bestand darin, Bau und Betrieb von Abwasserbehandlungsanlagen ökonomisch zu stimulieren. Es sollte für Betriebe vorteilhafter sein, Reinigungsanlagen zu betreiben als ohne Abwasserbehandlung zu produzieren und Abwassereinleitungsentgelt zu entrichten. Die Einnahmen aus dem Einleitungsentgelt betrugen 1988 1,2 Mrd. M, darunter 700 Mio. M aus dem Bereich der chemischen Industrie. Die angestrebte Wirkung wurde nur teilweise erreicht, weil materielle Investitionsfonds vorwiegend für die Erweiterung von Produktionsanlagen bereitgestellt wurden. Das an den Staat abgeführte Entgelt konnte nicht für einen Planteil Umweltschutz eingesetzt werden. Zudem war es aus heutiger Sicht zu niedrig, um einen ökonomischen Zwang zur Abwasserreinigung auszulösen. Das Abwasserentgelt wurde als Sanktion für Überschreitung genehmigter Grenzwerte erhoben. Es betrug im Jahre 1988 126 Mio. M, darunter 87 Mio. aus dem Bereich der chemischen Industrie. Die Verwendung der Einnahmen aus den Sanktionen für den Gewässerschutz scheiterte in der Regel an den fehlenden Baubilanzen. Eine Strafverfolgung von Umweltdelikten der volkseigenen oder richtiger staatseigenen Industrie war mit einer dem Staat und der herrschenden Partei verpflichteten Justiz nur in Ausnahmefällen durchsetzbar.

Der für jeden sichtbare Erfolg des Gewässerschutzes in den alten Bundesländern beruht ganz entscheidend auf ökonomischer Gleichbehandlung aller Einleiter nach dem Emissionsprinzip und den allgemein anerkannten Regeln der Technik. Bei höheren Anforderungen wird das Immissionsprinzip angewendet und weitergehende Reinigung nach dem Stand der Technik bzw. das Einleitungsverbot für gefährliche Stoffe durchgesetzt. Die Unterlassung der Abwasserreinigung wird von Jahr zu Jahr teurer. Betrug der Abgabesatz 1981 noch 12 DM je Schadeinheit, waren 1991 bereits 50 DM und 1999 sogar 90 DM zu entrichten *(Tabelle 3)*.

Die Einnahmen sind zweckgebunden für Maßnahmen zu verwenden, die der Erhaltung oder Verbesserung der Wassergüte dienen.

Bei einem derartigen ökonomischen Rahmen liegt der Bau von Kläranlagen im eigenen Interesse des Einleiters. Im Gegensatz zur DDR wird hier mit so wenig Staat wie möglich nach marktwirtschaftlichen Prinzipien jedem die Entscheidung überlassen, wann und wie er die Schadeinheiten senken wird. Restriktionen auf Grund mangelnder Baukapazität sind unbekannt. Im Gegenteil, durch Ausschreibungen kann unter mehreren Anbietern derjenige mit den günstigsten Preis-Leistungs-Konditionen ausgewählt werden. Die unabhängige Justiz ahndet Ordnungswidrigkeiten mit Geldbußen bis zu 100.000 DM (ca. 51.000 €).

Der Gerechtigkeit halber muss aber festgestellt werden, dass nicht nur politische und wirtschaftliche Bedingungen in der DDR den Gewässerschutz erschwerten. Auch das natürliche Wasserdargebot war (und ist) in Ostdeutschland wesentlich ungünstiger als in Westdeutschland. In mittleren Jahren lag der Nutzungsgrad in der DDR bei 44 %, in Niedrigwasserjahren bei über 90 %! Für Schwerpunktflussgebiete wie Saale/Weiße Elster und Mulde bedeutete dies einen bis zu siebenfachen Wasserumschlag *(Tabelle 4)*. Gerade wegen des im Vergleich zu anderen Industrienationen besonders angespannten Wasserhaushaltes hätte der DDR eine führende Rolle in der Wassergütebewirtschaftung zukommen können. Durch Speicher und Überleitungen ließ sich die Mehrfachnutzung jedoch nicht beherrschen, sondern nur durch die Regeneration genutzten Wassers zu erneutem Gebrauch.

Tabelle 3:
Abwasserabgaben entsprechend Wasserhaushaltsgesetz 9/1990 nach Schadstoffeinheiten.

Der Abgabesatz beträgt für jede Schadeinheit

ab:	DM	ab:	DM	ab:	DM
1.1.1981	12	1.1.1985	36	1.1.1995	70
1.1.1982	18	1.1.1986	40	1.1.1997	80
1.1.1983	30	1.1.1991	50	1.1.1999	90
1.1.1984	30	1.1.1993	60		

Bewertete Schadstoffgruppe	Eine Schadeinheit
1. CSV	50 kg O_2
2. P	3 kg P
3. N	25 kg N
4. AOX	2 kg Halogen (als orang. geb. Cl)
5. Metalle und Verbindungen	20 Hg, 100 g CD, 500 g Cr, 500 g Ni, 500 g Pb, 1.000 g Cu
6. Giftigkeit gegenüber Fischen	

Tabelle 4: Wasserbilanz der DDR (nach VOIGT 1984).

Natürliches Dargebot in Normaljahren	17,7 Mrd. m^3 Nutzungsgrad 44 %
Natürliches Dargebot in Trockenjahren	9 Mrd. m^3 Nutzungsgrad 90 %
Spezif. Dargebot bei Inanspruchnahme von 5 Mrd. m^3 Grundw.-Rücklage	880 m^3/ Einwohner • Jahr
Wasserbedarf : Trinkwasser	1,45 Mrd. m^3/a
Wasserbedarf : Brauchwasser Industrie	5,1 Mrd. m^3/a
Wasserbedarf : Bewässerung von 18 % LN	1,55 Mrd. m^3/a

Beim Anfang der 1990er Jahre festzustellenden rasanten Lastrückgang der Elbe auf etwa die Hälfte innerhalb nur eines Jahres *(Tabelle 5)* spielten neue Klärkapazitäten kaum eine Rolle.

Tabelle 5: Wasserbeschaffenheit Elbe links Magdeburg als Ergebnis des Produktionsrückganges der Industrie 1989-1990 (geändert nach SIMON 1991)

		Juli-August 1989	Juli-August 1990
MQ	m^3/s	230	195
O_2	mg/l	1,1-2,4	3,3-6,3
CSV_{Cr}	mg/l O_2	69	53
CSV_{Cr}	t/d	1.601	951
NH_4	mg/l	5,0	2,6
NH_4	t/d	119	47
$G-PO_4$	mg/l	3,2	1,9
$G-PO_4$	t/d	74	36
Hg	mg/l	0,4	0,4
Hg	t/d	11,3	8,1

Seit Beginn des Jahres 1990 kam es im Osten Deutschlands zu zeitweiligen oder endgültigen Produktionsstillegungen in der Industrie. Das betraf u.a. die Zellstoffproduktion in Heidenau, Coswig, Gröditz und Merseburg, die chemischen Werke in Bitterfeld, Wolfen, Böhlen, Espenhain, Buna sowie Fahlberg-List Magdeburg. Die Ökologie profitierte in diesem Fall wie nach dem Zweiten Weltkrieg vom Zusammenbruch der Ökonomie. Abgesehen von den katastrophalen Folgen für den Arbeitsmarkt war doch die Geschwindigkeit erstaunlich, mit der sich ein Fluss regenerierte. Im Gegensatz dazu können Altlasten in Standgewässern oder im Grundwasser entsprechend der Verweilzeit erst nach Jahrzehnten natürlich abklingen. Bei ökonomischen Wertungen von ökologischen Schäden und deren Sanierungen ist deshalb stets auch der Zeitfaktor zu berücksichtigen.

Zusammenfassung

Der Vergleich des Verhältnisses von Ökologie und Ökonomie in den alten und neuen Bundesländern ergibt, dass nützliche Potenzen der zentralistisch geleiteten Wasserwirtschaft in der DDR nicht genutzt wurden. Der Staat war für die Mehrzahl der Umweltschutzmaßnahmen selbst zuständig. In der BRD wurde über das Verursacherprinzip die Verantwortung vom Bund auf die Einleiter verlagert und bei diesen ein hoher Reinigungsstandard durchgesetzt.

Die Finanzausstattung für Maßnahmen des Umweltschutzes betrug 1988 in der DDR 0,4 %, in der BRD 1,07 % vom Bruttosozialprodukt. Einnahmen aus Sanktionen wurden in der DDR nur ausnahmsweise, in der BRD generell für den Umweltschutz eingesetzt. Für die Ahndung von Umweltdelikten fehlte in der DDR eine unabhängige Justiz.

Subventionen führten z.b. bei Trinkwasser und Kunstdünger zu unnötigem Mehrverbrauch und zur Umweltbelastung.

Die rasante Entlastung der Elbe nach der politischen Wende ist auf den Zusammenbruch ganzer Industriezweige zurückzuführen.

Literatur

Bauch, G.: Untersuchungen über den Ertragsrückgang der Elbfischerei zwischen Eibsandsteingebirge und Boizenburg, Zf. f. Fischerei 7 (1958), 161-437

Institut für Umweltschutz (Hg.): Umweltbericht der DDR, Berlin 1990, 86 S.

Graf, D.: Ökonomie und Ökologie der Naturnutzung – Ausgewählte Probleme, Gustav-Fischer Verlag Jena 1984, 216 S.

Griefahn, M.: Wege zu umweltfreundlichen Produkten und Produktionsverfahren, Wasser und Boden 43 (1991) 3, BWK-Intern, S. 14-15

Imhoff, K.: Taschenbuch der Stadtentwässerung, 2. Auflage, Verl. Technik Berlin 1954, 327 S.

Käding, J.; Klapper, H. & Schaake, U.: Zu den stoffverändernden Funktionen der Gewässer und ihrer ökonomischen Bewertung, Wasserwirtschaft-Wassertechnik 22 (1972), 260-264

Klapper, H.: Eutrophierung und Gewässerschutz, Gustav Fischer-Verlag Jena 1992, 280 S.

Klapper, H.; Bahr, K. & Rönicke, H.: Ökotechnologien zur Standgewässer-Sanierung. Acta Academiae Scientarum B 1 (1992), 64-65

Klapper, H.; Fichtner, N. & Kanowski. H.: Entwicklung eines Verfahrens zur Stickstoffelimination in Gewässern am Beispiel der Weidatalsperren, F+E-Bericht, Institut für Wasserwirtschaft Berlin, Berlin 1980, 77 S. (unveröffentlicht)

Herrington, P.: Pricing of Water Services, OECD-Report 1987, 145 ff.

Kramer, D.; Schmaland, G.; Schulz, F.; Krüger, W. & Flach, R.: Schutz der Trinkwasservorräte im Einflussbereich der landwirtschaftlichen Produktion, Hg.: Institut für Wasserwirtschaft Berlin, Berlin 1981, 46 S.

Simon, M.: Die Belastung der Elbe und ihrer Hauptnebenflüsse auf dem Gebiet der ehemaligen DDR, 3. Magdeburger Gewässerschutzseminar – Zur Belastung der Elbe, Magdeburg 11/90, GKSS 90/E/43, 17-29

Wilken, R.-D.: Die Belastung der Elbe im Vergleich zum Rhein, Weser und Ems, 3. Magdeburger Gewässerschutzseminar – Zur Belastung der Elbe, Magdeburg 11/90, CKSS 90/E/43, 30-42

„So nicht! Benutzt Müllabladeplätze". Herausgegeben vom Landwirtschaftsrat beim Ministerrat der Deutschen Demokratischen Republik – Zentrale Naturschutzverwaltung –. Keine weiteren Angaben. Quelle: Plakatsammlung im Studienarchiv Umweltgeschichte des Instituts für Umweltgeschichte und Regionalentwicklung e.V. an der Hochschule Neubrandenburg

Walter Haase

Modernisierung und Automatisierung kommunaler Abwasserreinigungsanlagen

1. Übersicht zur Situation der Abwasserentsorgung in den 1970er in den 1970er und 1980er Jahren

Der Blick auf die Landkarte der DDR mit ihren ungezählten blauen Seen, Flüssen, Kanälen und Bachläufen könnte dem unbefangenen Beobachter den Eindruck eines Eldorados des Wasserreichtums vermitteln. Doch vor dem Hintergrund der ungleichen Verteilung des Grundwassers, der Fließ- und Standgewässer und des tatsächlich nutzbaren und klimatisch bestimmten natürlichen Wasserdargebotes in den industriellen Ballungs- und Wohngebieten, aber auch in Bereichen der extensiv betriebenen DDR-Landwirtschaft, täuscht dieser Eindruck. Im Vergleich zu anderen mitteleuropäischen Industrieländern war die Lage deutlich ungünstiger. Das gesamte Wasserdargebot in trockenen Jahren erreichte im Mittel nur etwa 8,7 Mrd. m^3; ca. 880 m^3 standen je Einwohner statistisch zur Verfügung. Durch Seen und Talsperren konnte das Angebot bei Wassermangel auf 10 Mrd. m^3 erhöht werden (ABC UMWELTSCHUTZ 1984). Der Wasserverbrauch durch Landwirtschaft, Industrie und Bevölkerung hatte bis 1980 bereits Ausmaße angenommen, die zu einem Nutzungsgrad in fast gleicher Höhe zur verfügbaren Kapazität führten. Die DDR gehörte damit zu den mitteleuropäischen Ländern mit dem am intensivsten genutzten Wasserhaushalt. Die Reserven für eine weitere Erhöhung der Grundwasserentnahme waren schon erheblich aufgebraucht. Für die Wasserversorgung musste zunehmend Oberflächenwasser verwendet werden. Das Wasser einiger regionaler Flussgebiete wurde schon 1980 fünf- bis siebenmal für den stetig anwachsenden Verbrauch genutzt. Es war daher nicht verwunderlich, dass die Besorgnis über einen absehbaren Mangel in der Trinkwasserversorgung bis in die höchsten Kreise der SED-Führung vorgedrungen war.

Ursachen der Mangelerscheinungen

Die Ursachen für diese Entwicklung waren in den Fachkreisen natürlich bekannt. Neben der Begrenzung an natürlichem Wasserdargebot waren sie maßgeblich Folge der unzureichenden Abwasserentsorgung. Auch in den späteren DDR-Jahren, als die Probleme der Wasserversorgung längst erkannt waren, konnte dieses ökologisch schwerwiegend ins Gewicht fallende Defizit nicht überwunden werden. Der Gewässerschutz hatte gegenüber den wirtschaftlichen Belangen immer das Nachsehen.

Ein drittes Problem mit weitreichenden Folgen war die Verschwendung der Wasserressourcen sowohl in Industrie und Landwirtschaft als auch im privaten Bereich. Mangelndes Umweltbewusstsein und die politisch gewollten künstlich gering gehaltenen Wasserpreise (so bezahlte ein Berliner Verbraucher im Westteil der Stadt 1986 1,53 DM für die Entsorgung eines m^3 Abwasser, der im Osten 0,14 DM Ost) trugen wesentlich dazu bei. Fehlende Wasserzähler begünstigten den hohen Verbrauch. 1988 lag der Trinkwasserverbrauch in der DDR bei 1,1 Mrd. m^3. RANDOLF & GRUHLER (1989) notierten den Wasserverbrauch in den DDR-Haushalten je Person für 1987 mit 270 l/EW und Tag. Er lag im Vergleich zu heute üblichen Verbrauchswerten bereits im normalen Alltag annähernd um das Dreifache höher. An tropischen Sommertagen verdoppelte sich diese Menge. Lediglich in lokalen Trinkwasseranlagen temporär auftretende Kapazitätsengpässe konnten Verbrauchsgrenzen setzen. DDR-Bewohner werden sich gut erinnern, dass bei anhaltend extremer sommerlicher Witterung regelmäßig Versorgungsstörungen auftraten.

Die von der mangelnden Umweltvorsorge ausgehenden Gründe waren das wohl schwerwiegendere Problem. Die erforderlichen Reinigungsleistungen des Abwassers konnten mit der Entwicklung des angestiegenen Verbrauchs nicht annähernd Schritt halten. Die Tagesleistung der 1985 vorhandenen ca. 990 Abwasserreinigungsanlagen lag bei etwa 4,8 Mio. m^3 – im Vergleich zur o.g. verbrauchten Trinkwassermenge von 1,1 Mrd. m^3 ein viel zu geringer Wert. Nach einer Faustregel müssten 80-90 % des bezogenen Wassers als Abwasser wieder abgeleitet werden. Unter den Anlagen mit Reinigungsleistungen in Bereichen zwischen 10.000 bis 50.000 EGW (Einwohnergleichwerte) verfügten nur 40 % über mechanisch-biologische Reinigungsstufen. Bereits 1979 wurde berichtet, dass sich im Bereich der DDR ca. 40 % der Gewässer in der Güteklasse IV befanden. Diese Gewässer sind auf Grund ihrer qualitativen und quantitativen Beschaffenheit für die Nutzung als Trink- und Badewasser oder zur Fischerei unbrauchbar, zur Verwendung als Brauch- und Kühlwasser nur bedingt verwendbar.

Als Notlösung wurde nach grober mechanischer Entschlammung häufig breitflächig Schwarzwasser in großen Mengen besonders auf die Berlin umgebenden Rieselfelder aufgeleitet. Folgen dieser ökologisch inakzeptablen Entsorgungspraxis waren die Anreicherung von Schadstoffen im Boden und im Grundwasser. Nitrat- und Phosphatanteile im Rohwasser selbst und in den oberen Grundwasserleitern verursachten einen immer höheren technischen und finanziellen Aufwand für die Trinkwasseraufbereitung. Erst nach der Wiedervereinigung 1990 kam es angesichts der nun absehbaren und wahrhaft überwältigenden Entsorgungsaufgaben für die neuen Bundesländer zu statistischen Erhebungen und zur Zusammenstellung von Übersichten über die ökologische Hinterlassenschaft in den Gewässergebieten der einzelnen Kreise und Bezirke. Das gesamte besorgniserregende Ausmaß der in die Vorfluter gelangten Belastungen bestätigen u.a. in Ergänzung zu den o.g. Aussagen die 1994 und 1995 im Brandenburgischen Umweltministerium als Abwasserzielplanung vorgelegten Ergebnisse. Letztere zeigten für das Territorium des Landes Brandenburg einen durchschnittlichen Anschlussgrad an die öffentliche Abwasserentsorgung von nur 53 %. In den ländlichen Gebieten lagen die Anschlusswerte mit 25 bis 35 % noch weit darunter. LANGE & OTTERPOHL (1997) nennen für die DDR einen Wert von nur 37 %. Das Selbstreinigungsvermögen vieler Gewässer war erheblich eingeschränkt. Weitgehend gestörte Verhältnisse wurden bei den Untersuchungen sowohl in Fließgewässern als auch in stehenden Gewässern vorgefunden. So befanden sich etwa zwei Drittel der Gewässer in den Güteklassen II bis III und III bis VI. Bei 30 % davon waren höherwertige Nutzungen nicht mehr möglich. Die Erholungs- und Freizeitnutzung war unter diesen Belastungen erheblich eingeschränkt bzw. unmöglich geworden.

Die wasserwirtschaftlichen Ziele

Angesichts dieser angespannten Situation führte schließlich kein Weg mehr daran vorbei, die Kapazitäten der Ver- und Entsorgung auszuweiten. Bereits 1970 wird über die perspektivische Errichtung neuer und in den Ballungsräumen großer Klärwerke und die Steigerung des Anschlussgrades an die Kanalisation von etwa 43 % (1970) bis auf 53 % (1985) berichtet. Von der politischen Führung ausgehend wurden breit angelegte Kampagnen mit dem Bemühen einer Gegensteuerung auf den Weg gebracht. Vor allem zwei Gründe duldeten keinen weiteren Aufschub:

Zum einen der akute Wohnungsmangel in der Bevölkerung. Er sollte nach Beschluss des VIII. SED-Parteitags bis 1990 als eine der Hauptaufgaben mit einem groß angelegten Wohnungsbauprogramm durch Neubau und Modernisierung von 2,8 bis 3 Mio Wohnungen behoben werden (THIEMANN 1976). Der dabei in der Prognose zu erwartende höhere sanitär-technische Ausstattungsgrad erforderte im Vergleich zur Basis 1975 die Kapazitätserweiterung bei Trinkwasser um 170 % und bei der Abwasserbehandlung um das Doppelte.

Der zweite Grund war in der Belastung der Berliner Gewässer durch die mit Spree und Havel auch nach Westberlin zufließenden Schadstofffrachten zu sehen. Sowohl ihrer politischen Brisanz wegen, aber auch aus Gründen der wachsenden ökologischen Schadensfolgen für die DDR selbst, konnte es so nicht länger weitergehen. Als wichtigstes Zentrum der neuen Wohneinheiten war die DDR-Hauptstadt Berlin mit ihren süd-östlichen Randgebieten vorgesehen. Die Abwasserentsorgung war somit allein schon für die Sicherung der Grundwasserentnahme aus Uferfiltrat zur Trinkwasserversorgung dringend notwendig, was auch eine Notiz in HEGEWALD (1980) zeigt, dass das Wasser einiger Flussgebiete schon 1980 fünf- bis siebenmal genutzt werden musste. Schon an dieser Stelle lässt sich ableiten, dass die für das Umdenken maßgeblichen Gründe die Versorgungssicherheit und die sozialpolitischen Ziele waren.

Im bereits erwähnten Aufsatz zu den „Aufgaben der Wasserwirtschaft zur Verbesserung der Effektivität der Abwasserbehandlung" (THIEMANN 1976) ist der Geist dieser Zeit und der Duktus der immer gleichen Direktiven der SED-Politbürokratie trefflich erfasst. Mit innerer Überzeugung zeichnet er nach, was die „grundlegenden Orientierungen des ZK der SED von der Wasserwirtschaft erwarten". Drei Hauptaussagen sollen verkürzt dargestellt werden:

Schutz der Gewässer als Versorgungsaufgabe

„Mit einer vorwiegenden Extensivierung der Wasserwirtschaft sind die gestellten Aufgaben nicht zu lösen. (…) Für die Deckung des steigenden Trink- und Brauchwasserbedarfes der Bevölkerung, Industrie und Landwirtschaft ist eine Mehrfachnutzung des Wassers erforderlich. (…) Voraussetzung hierfür ist eine umfassende Abwasserbehandlung, besonders in den Konzentrationsgebieten der Arbeiterklasse (Als gäbe es anderswo keine Probleme!, W.H.), (…) Dadurch verbessern sich schrittweise die Möglichkeiten der Nutzung von Oberflächenwasser zur Wasserversorgung der Bevölkerung durch Uferfiltrat. (…) Die Schwerpunkte der Abwasserreinigung sind die Hauptstadt der DDR einschließlich der Randgebiete, die Ostseeküste und die übrigen Ballungsgebiete." Ganz deutlich, wohin die Reise gehen soll, wird die Zielstellung dann: „Die Aufgabe Reinhaltung der Gewässer ist in erster Linie unter dem Aspekt der ökonomischen Sicherung der Versorgung zu sehen" und: „Man darf die Reinhaltung der Gewässer nicht verselbständigen und sie der volkswirtschaftlichen Aufgabenstellung (…) aufpfropfen."! Und wer dennoch Verständnismängel haben sollte: „Es dürfen auch keine Illusionen über den Effekt und den Umfang der Maßnahmen entstehen", denn „bestimmendes Element ist ihr Beitrag zur Versorgungsaufgabe. Reinhaltung der Gewässer ist eine volkswirtschaftliche Optimierungsrechnung." (THIEMANN 1976)

Rekonstruktion, Modernisierung, Grundfondsreproduktion, große Kläranlagen

In den von der zentral gelenkten DDR-Wirtschaft ausgehenden Direktiven war es übliche Praxis, nicht nur die politischen Entwicklungsziele, sondern gleich auch die Verfahrensweisen und Mittel zu ihrer Umsetzung vorzugeben. Obwohl Grundlagenwissen jedes Ingenieurs, kam es zu seitenlangen oft selbstverständlichen Vorgaben wie, die Aufgaben sind nur durch:

- Intensivierung der Grundfondsreproduktion,
- Mechanisierung, Automatisierung,
- Erhöhung des Instandhaltungsaufwandes,
- Rekonstruktion bestehender und physisch verschlissener Anlagen,
- Verlängerung der normativen Nutzungsdauer,
- Wissenschaftliche Arbeitsorganisation,
- Anwendung wissenschaftlicher Erkenntnisse in der Praxis,
- Erfahrungsaustausch,
- Errichtung von Gemeinschaftsanlagen für industrielles und kommunales Abwasser,
- Einsparung von Arbeitskräften,
- Errichtung neuer und großer Kläranlagen zur Kostenreduzierung bei den spezifischen Investitionsaufwendungen zu lösen (hier zitiert der Autor den Trend in der Sowjetunion und den anderen sozialistischen Staaten, Anlagen in Größenordnungen von 500.000 bis 2 Mio. Einwohnergleichwerten zu errichten).

Auf die hier verlangten Größenordnungen wird an späterer Stelle noch zurückzukommen sein. Im Grunde lassen diese Aufzählungen mit ständig wiederholten Appellen und Direktiven von oben das Eingeständnis der Schwierigkeiten und des Unvermögens, Voraussetzungen für die Umsetzung wirtschaftlicher Ziele zu schaffen, aber auch des Misstrauens gegenüber den Leistungen an der Basis erkennen. Dies zeigt auch der folgende Beitrag aus der Praxis.

Sozialistische Rationalisierung, sozialistische Intensivierung

Die in der DDR spätestens in den 1970er Jahren immer deutlicher werdenden wirtschaftlichen Probleme haben die Wasserwirtschaft, wie schon gezeigt, besonders betroffen. Als Teil des Dienstleistungssektors der Volkswirtschaft stand sie bei der Zuteilung von Bilanzen über Jahrzehnte nur am Rande und die Handlungsfähigkeit war stets eingeschränkt. So konnte auch nicht damit gerechnet werden, dass sich an diesem Zustand, mit Ausnahme der weiter unten noch zu zeigenden Beispiele, so bald etwas ändern würde. Wasserwirtschaftler der DDR werden sich noch gut an die 1970er und 1980er Jahre erinnern, in denen Monat um Monat, besonders in den Leitartikelverlautbarungen der vom DDR-Umweltministerium herausgegebenen Zeitschrift „Wasserwirtschaft-Wassertechnik", die Forderungen nach Anstrengungen zur Verbesserung der Lage wie ein Trommelfeuer auf sie niederprasselten. Im Mittelpunkt der Instrumente, mit deren Hilfe die Quadratur des Kreises gelingen sollte, standen die in der Planwirtschaft nahezu universell gültigen Begriffe „Sozialistische Rationalisierung" und „Sozialistische Intensivierung".

In ihrem Kern ging es dabei um die Aufforderung, trotz der zurückgebliebenen Ausstattung der Anlagen und ihres oft desolaten Zustandes, dem chronischen Mangel an Einrichtungen, Material, Geräten und Ausrüstungen und an Baukapazitätszuweisungen die Forderungen umzusetzen, sich quasi am eigenen Schopf aus dem Sumpf zu ziehen.

Umso mehr Anerkennung gebührt im Rückblick den vielen an der Basis und in den Projektierungsbüros der Wasserwirtschaft bemühten Mitarbeitern, aus eigener Kraft Lösungen zu finden. So war es z.B. übliche Praxis, nicht beschaffbare Geräte oder Messeinrichtungen besonders im Bereich der Automatisierung für die geforderte Modernisierung selbst zu entwickeln, zu improvisieren und zu produzieren, eine Methode, deren Effizienz selbstredend alles andere als wirtschaftlich war. So findet sich denn in THIEMANN (1976) auch die Erkenntnis, dass es „noch nicht vollständig gelungen sei, Parallelentwicklungen in den verschiedenen Forschungs- und Entwicklungseinrichtungen auf dem Gebiet der Abwasserbehandlung zu vermeiden". Eine wahrhaft untertreibende Feststellung.

Verallgemeinernd lässt sich die Situation der Wasserwirtschaft in den folgenden Thesen zusammenfassen:
- Die Wasserpolitik der DDR hat bis zu ihrem Ende 1990 dazu geführt, dass die Oberflächengewässer einen Besorgnis erregenden Zustand angenommen hatten.
- Die Naturressource Wasser ist trotz Kenntnis der Probleme und Gefahren und trotz der ausgegebenen dringlichen Appelle nach Mäßigung durch übermäßigen Verbrauch in hohem Maß überstrapaziert worden.
- Das Ziel der Wasserpolitik war stets den Wirtschaftsinteressen untergeordnet.
- Umweltpolitische Ziele als Ausdruck der Sorge um den ökologischen Zustand der Gewässer kamen in den „Direktiven" des Politbüros nicht vor. Sie wurden explizit der Versorgungsaufgabe untergeordnet und allenfalls als Zugabe, z.B. für den Fall einer nicht länger aufschiebbaren „Reduzierung der Verschmutzung" in den Erholungsschwerpunkten (THIEMANN 1976) als erforderlich angesehen.

- Die Reinigungsleistungen der vorhandenen Klärwerke standen in einem eklatanten Missverhältnis (sowohl in Bezug auf Menge als auch auf Qualität des erforderlichen Umfangs) zum entstandenen Abwasser.
- Die in viel zu geringer Zahl vorhandenen Klärwerke, vorwiegend in größeren Städten, befanden sich mit einigen Ausnahmen, wie z.b. die Anlagen in Cottbus oder Neubrandenburg, überwiegend in veraltetem physisch verschlissenem Zustand (Dresden musste z.b. bis in den Anfang der 1990er Jahre mit einer Anlage ohne funktionsbereite Biologie zurechtkommen). Der unzureichende Ausstattungsgrad an Technologie als auch Automatisierung entsprach dem der 1950er Jahre. Über Anlagenausstattungen mit erweiterten Reinigungsstufen zur Eliminierung von Phosphat oder Nitrat liegen keine Aussagen vor. Die Erhebungen von 1990 machten deutlich, dass keine der größeren Anlagen den nunmehr geltenden gesetzlichen Anforderungen entsprach.
- Die Vorhaben zur Rekonstruktion, Ertüchtigung, Erweiterung („Intensivierung") der Anlagen scheiterten immer wieder an der wirtschaftliche Lage und der fehlenden Zuweisung von „Bilanzen" (chronischer Mangel an finanziellen Mitteln, Material, technologischen Ausrüstungen, Baukapazitäten) (BERGER & SCHULZE 1986).
- Der Versuch, die prekäre Situation durch eine Sisyphusarbeit nach dem Muster der „Sozialistischen Rationalisierung" zu beheben, musste deshalb, von wenigen Ausnahmen abgesehen, ein aussichtsloses Unterfangen bleiben.
- Demgegenüber waren die Forderungen nach Mechanisierung und Automatisierung und dem Neubau von Abwasserreinigungsanlagen großer Leistung ein richtiges Konzept, wie zu zeigen sein wird.

Vergleichbarkeit mit dem internationalen Stand am Beispiel der alten Bundesrepublik

Mit Beginn der 1970er Jahre setzte auf internationaler Ebene ein grundlegender, durch die steigenden Umweltschutzanforderungen ausgelöster Situationswandel ein, der sich zunächst in einer stetigen Zunahme der Abwasserreinigungskapazität zeigte. In der alten Bundesrepublik wuchs die Zahl der Kläranlagen zwischen 1969 und 1975 bei einem jährlichen Investitionsaufwand von 1,4 Mrd. DM um 1.732 Anlagen an. 1984 wurde der Investitionsaufwand allein für die kommunale Wasserver- und -entsorgung mit 12,23 Mrd. DM angegeben. Ähnliche Tendenzen zeigten sich in allen anderen hoch entwickelten Industrieländern (HAASE 1988).

In der BRD war bereits Mitte der 1990er Jahre ein bemerkenswert hoher Stand der Abwasserreinigung erreicht. 1983 betrug der Anschlussgrad öffentlicher und privater Haushalte bereits 98 %, in Städten über 200.000 EW annähernd 100 %.

75 % der Anlagen verfügten über mechanisch-biologische Reinigungsstufen, allein die der kommunalen Kläranlagen lag bei 8.800. Etwa 200 Anlagen verfügten über erweiterte Reinigungsstufen zur Eliminierung von Phosphat und Nitrat. 68 % des Abwassers wurde in Großklärwerken mit Zulaufwerten größer 500.000 EW gereinigt. Die Ausweitung führte in Ballungszentren zu spezifischen Anlagenvergrößerungen und Intensivierungseffekten. Sie glich quasi einem Paradigmenwechsel im Kläranlagenbau.

Anlagen dieser Größenordnung sind grundsätzlich sowohl von ihrer Dimension, der wesentlich erweiterten Aufgabenstellung oder dem Ausrüstungsumfang her Vertreter eines Anlagentyps mit völlig neuen Systemeigenschaften. Die in der Abwasserreinigung bisher üblichen Verfahrensstufen Vorreinigung, Biologie und Nachreinigung werden jetzt mit Verfahrensstufen zur chemischen und biologischen Nachbehandlung, einer aufwändigen Schlammbehandlung und zahlreichen technologischen Hilfseinrichtungen zur Versorgung mit Hilfsmedien und Biogasverwertung ergänzt. Man kann sie durchaus mit ihren Verfahrenszielen nach mechanischen Wirkprinzipien und Prozessen der biologischen und chemischen Stoffumwandlung mit verfahrenstechnischen Anlagen der Industrie vergleichen. Das Verfahrensfließbild derartiger moderner Anlagen weist etwa 10 Hauptstoffströme mit mehr als 40 in der Mehrzahl komplexen technologischen Grundoperationen aus. Prozessverlauf und Reinigungsergebnisse müssen überwacht werden. Anlagen dieser Größe stellen im Vergleich zu kleinen ungleich höhere Anforderungen an Planung, Projektierung, Errichtung und Betrieb. Sie lassen sich vor allem ohne umfangreiche Automatisierung nicht mehr betreiben. Die Automatisierung erhält durch die Einführung der großen Anlagen einen überragenden Stellenwert. Im Vergleich zu früher kann sie nicht mehr dem Verfahren aufgesetzt, sondern muss in das Verfahren integriert werden.

Wechsel zu neuen Lösungen

In der Mitte der 1970er Jahre kam es auch in der DDR zu einem Wandel in den Lösungsvorstellungen, wie die Abwasserreinigung ausgeweitet und qualitativ verbessert werden sollte. Aus den bereits dargestellten Gründen wurden für insgesamt sieben Standorte Planungen aufgenommen, Anlagen mit zum Teil großer Kapazität bis 350.000 m^3 je Tag zu rekonstruieren, zu erweitern und zu modernisieren oder neu zu bauen. Die Anlagen Münchehofe, Wassmannsdorf, Stahnsdorf, Dresden und Rostock sollten in das Programm aufgenommen werden. Für den Berliner Raum war vorgesehen, zwei der dort vorhandenen, zum Bereich des Berliner VEB Wasserversorgung und Abwasserbehandlung gehörenden, Kläranlagen (Falkenberg und Waßmannsdorf) zu erneuern und auszuweiten, sowie in Schönerlinde eine neue Anlage zu errichten. Bei allen drei Projekten handelte es sich um Anlagen mit Größenordnungen, technologischen Neuerungen und Herausforderungen, wie sie bis dahin in der DDR noch nicht existierten und damit an den internationalen Maßstab anschließen sollten. Im Vergleich zu den bis dahin in der DDR existierenden Anlagen bestanden die Besonderheiten am Beispiel der Anlage Schönerlinde ganz wesentlich in den technologischen Komplexen (DAUTERMANN & HAUSDORF 1987):

- biologisch-chemische Reinigung mit Phosphateliminierung als dritte Reinigungsstufe,
- Schlammbehandlung mit anaerober Schlammstabilisierung und maschineller Entwässerung durch Zentrifugen,
- umfangreicher Komplex Wärme-Gasanlagen und Gasverdichterstation zur Verwertung des anfallenden Faulgases,
- monolithischer Kompaktbeckenblock mit den heute vorhandenen Abmessungen von 250 x 250 m,
- Großgebläse für den Sauerstoffeintrag in die biologische Stufe,
- Zentrifugen für die Schlammentwässerung und
- eine bis dahin nicht bekannte Ausweitung der Überwachung und Steuerung durch eine komplexe Anlagenautomatisierung mit einem Prozessleitsystem.

Man darf sich fragen, wie es angesichts der oben dargestellten Lage zu einem solchen Wechsel gekommen und wie es möglich war, dass die DDR in den letzten zehn Jahren ihres Bestehens auf diesem Sektor den Anschluss an das internationale Niveau finden konnte. Die Erklärung lässt sich an einigen relevanten Auslösern festmachen:

- Sowohl aus der dargestellten Situation im internationalen Vergleich als auch aus der Notwendigkeit heraus, die Kapazität erklärtermaßen besonders in den Ballungsgebieten erheblich auszuweiten, war es zwingend erforderlich, wie die oben genannten Beispiele zeigen, große Anlagen zu errichten.
- Im nördlichen Berliner Raum blieb keine Wahl mehr, zur Entlastung der eingetretenen Bodenverunreinigungen die Rieselfelder stillzulegen.
- Das von der Regierung auf den Weg gebrachte Programm „Hauptstadt Berlin" öffnete zu Lasten ähnlicher Investitionen in der übrigen DDR den Weg, alle verfügbaren Kapazitäten, Ressourcen und „Bilanzen" auf diese und ähnliche Vorhaben zu konzentrieren.
- Die Übernahme von Dienstleistungen für Westberlin auf dem Gebiet der Abwasserreinigung sollte zur Devisenbeschaffung beitragen.
- Da es im Bereich der monolithisch kompakten Beckenblöcke, der technologischen Anlagenausrüstungen, der verfahrenstechnischen Ausführungen erweiterter Reinigungsstufen, aber auch an der Beherrschbarkeit des Betreibens sol-

cher Anlagen durch Steuerung und Überwachung an hinreichenden Erfahrungen fehlte, ging der Planung (besonders die Anlagentechnologie betreffend) zunächst eine zwischen der DDR und der UDSSR über ein Regierungsabkommen vereinbarte Zusammenarbeit voraus, in der auch Lieferungen technologiser Einrichtungen vereinbart wurden. Erst auf dieser Basis, die von einer bis dahin nicht bekannten Freisetzung ingenieurtechnischer Motivation – gleich einem „Loslassen von der Leine" – aus der Enge der „Sozialistischen Rationalisierung" herausführte, war diese Leistung denkbar. Zu dieser Befreiung aus den benannten Zwängen gehörte auch, den mit der Automatisierung großer verfahrenstechnischer Anlagen erfahrenen VEB Geräte- und Regler-Werke Teltow von Beginn an in die Planung und Projektierung einzubeziehen und mit der Automatisierung zu beauftragen.

2. Die Kläranlage Berlin-Falkenberg

Als einen Vorläufer auf dem Weg zum Anschluss an das internationale Niveau lässt sich die Entwicklung an der Errichtung der Berliner Kläranlage Falkenberg nachvollziehen.technologisch in einem desolaten Zustand, bestand die Aufgabe darin, die dringend benötigte Kapazität der Abwasserreinigung Berlins möglichst schnell auszuweiten. Die Investitionsentscheidung fiel deshalb auf eine Neu- und Erweiterungsbaumaßnahme mit mehrstufigem Ausbau.

Technologische Vorgaben

Die Anlage nahm Anfang 1984 mit einer Kapazität von 250.000 m^3/d (Trockenwetterzulauf) den Betrieb auf und war erstmals in der DDR für die vollbiologische Reinigung mittels Phosphatelimination von mittelbelastetem kommunalem Abwasser mit überwiegend häuslichem Anteil konzipiert. Neuheiten aus verfahrenstechnischer Sicht waren vor allem die in der DDR erstmalige Anwendung einer chemischen Reinigungsstufe, die Voreindickung des Rohschlammes und die Verwendung neu entwickelter bedingt stufenlos regelbarer Großgebläse zur Drucklufterzeugung. Entwurf und Realisierung der Anlage wurden maßgeblich dadurch bestimmt, dass die vorhandene Anlage bei laufendem Betrieb der Altanlage auf die für die Endausbaustufe vorgesehene Kapazität zu erweitern und die Altanlage anschließend zu rekonstruieren war.

Einige Lösungsbeispiele der Anlagenautomatisierung

Die Automatisierungszielstellungen waren überwiegend auf die Lösung von Teilfunktionen, z.B. die Steuerung technologischer Einrichtungen, Prozessüberwachung in der Wärmezentrale im Sinne einer Basisautomatisierung gerichtet. Ein anderer wichtiger Aspekt war das Durchsetzen eines einheitlichen Anlagenaufbaukonzepts im Sinne der „Lösung aus einer Hand". Unter der Bedingung des Realisierungsablaufs in mehreren Ausbaustufen musste die Prozessüberwachung und -führung zunächst von lokalen, den einzelnen Prozessabschnitten zugeordneten Messwarten ausgehen. Erst in der letzten Ausbauphase wurden dann die dezentralen Messwarten in einer neu zu errichtenden Zentralwarte zusammengeführt.

- Automatisierung des Rechenbetriebs
  Manuelle Bedienhandlungen an den Rechenanlagen einer Kläranlage sind sehr unhygienische und monotone Tätigkeiten. Die fünf Gabelrechen wurden deshalb nun vollautomatisch betrieben.
- Steuerung und Überwachung der Großgebläse
  Die Großgebläse repräsentieren bedeutende Anlagenwerte. Der Schutz dieser technologischen Einrichtungen und die Forderung nach zuverlässiger Sauerstoffversorgung gehört zu den wichtigsten Aufgaben der Automatisierung in einem Klärwerk. Die Gebläseüberwachung und -steuerung läuft vollautomatisch ab. Die 12 Nebenantriebe und Stelleinrichtungen (Anlasser, Ölversorgung, Kühlwasserpumpen, Saug- und Druckschieber) wurden in Abhängigkeit von technologisch vorgegebenen Fortschaltbedingungen und der Einhaltung vorgeschriebener Prozessparameter, wie Druck und Temperatur in Öl- und Kühlwasserkreisläufen, Achsschub, Lagertemperatur, Pumpgrenzparameter, automatisch durch einen Ein- oder Ausschaltbefehl an- oder abgefahren.
- Prozesssicherungsaufgaben in der Wärmezentrale und in den Gasanlagen
  Die mit der Anlagengröße gestiegenen Leistungen der Versorgungseinrichtungen Wärmezentrale und Gasanlagen verlangten die Einhaltung von Sicherheitsanordnungen staatlicher Kontrollbehörden. Der Betrieb aller faulgaserzeugenden und -verarbeitenden Einrichtungen wurde deshalb durch vollautomatische Überwachung vor Ort und in der lokalen Abschnittswarte realisiert. Wichtige Informationen und Bilanzwerte wurden in die Zentralwarte übertragen.
- Zentralwarte
  Die letzte Automatisierungsstufe der Kläranlage Berlin-Falkenberg war die Errichtung der Zentralwarte (vgl. *Abbildung 1*). Die Warte besteht aus 72 Messwartenfeldern mit aufgesetzten Fließbildtafeln. Mit ihrer Fertigstellung war es möglich, das Bedienpersonal aus lokalen Warten abzuziehen und Personal ein-

zusparen. Die lokalen Warten stehen als redundante Einrichtungen weiterhin zur Verfügung.

Abbildung 1: Ausschnitt aus der Zentralwarte Berlin-Falkenberg. Foto: Archiv Haase

Rückschau

Die Automatisierungslösung für die bis dahin größte Kläranlage der DDR brachte wichtige Erkenntnisse über die durch Anlagengröße, Komplexität, Umfang der Mess- und Stellgrößen, Verknüpfungsgrad und Parallelität der Operationen und Sicherheitsanforderungen manuell nicht mehr beherrschbaren Prozessabläufe in einer großen Anlage der kommunalen Abwassertechnik. Bei der Einsatzvorbereitung, Realisierung und den danach gewonnenen Betriebserfahrungen konnten sowohl beim Anwender als auch im Automatisierungsanlagenbau der DDR bedeutende Erfahrungen gewonnen und ein höheres Niveau bei der Anlagenautomatisierung von Abwasserreinigungsanlagen erreicht werden.

Wie bei einem Vorhaben dieser Größe ohne Vorbilder im eigenen Land und ohne die Möglichkeit, moderne Anlagen anderswo sehen zu können, nicht anders zu erwarten, konnten sich nicht alle Hoffnungen erfüllen. Die Anlage war mit ihrer Fertigstellung 1984, gemessen an international vergleichbaren Anlagenvertretern, nicht mehr auf der Höhe der Entwicklung. Die Nachteile waren vor allem:
- ungenügende Flexibilität gegenüber den neuen quantitativen und qualitativen Automatisierungsanforderungen;
- hohe Verkabelungskosten im weiträumigen Anlagenfeld bis zu 35 ha (mehr als 20 % der Gesamtkosten);
- große Messwarten und unzureichende Prozesstransparenz, die eine optimale Prozessoptimierung erschweren.

3. Die Automatisierung der Kläranlage Schönerlinde

Auf die Erfahrungen der Anlage Falkenberg zurückgreifend, wurden deshalb schon Anfang 1980 die Projektvorbereitungen für die Automatisierung einer Kläranlage mit Prozessleittechnik aufgenommen. Verwendet werden sollte dafür das in drei vorausgegangenen Einsatzfällen der industriellen Verfahrenstechnik erprobte und im Geräte- und Regler-Werke Teltow entwickelte Prozessleitsystem audatec, das sich seit 1983 auf dem Markt befand.

Das technologische Verfahren der Anlage wurde auf Seite 597 dargestellt. In ihrer Endausbaustufe sollte sie eine Reinigungsleistung von 250.000 m^3/Tag erreichen. Systemtypische Eigenschaften aus Sicht der Automatisierung sind bei Anlagen dieser Größenordnung und technologischer Ausstattung: Multivalenz der Verfahrensstufen aus Bereichen der Bio-, Energie-, Gas- Chemie-, Verfahrenstechnik und Abwasserbehandlung, große räumliche Ausdehnung, technologische Redundanz, Dominanz binärer Steuerungsaufgaben, ausgeprägter Führungsstrom durch die nicht manipulierbare Abwasserganglinie, hoher Energieverbrauch, Insellage und mehrjähriger Investitionsdurchlauf. Die Anlagenausweitung um diese Prozessstufen bedingt einen hohen technologischen und gleichermaßen auch Automatisierungsaufwand. Das Mengengerüst der Automatisierungsstellen übersteigt 2.000 mit ca. 4.500 Ein-/Ausgangssignalen und ca. 600 Antriebssteuerungen für Pumpen und Stelleinrichtungen unterschiedlicher Ausführungen.

Das Prozessleitsystem

Das Prozessleitsystem, ein dezentrales Mikrorechner-Automatisierungssystem auf Basis der 8- und 16-bit-Technik, hat folgende Merkmale und Eigenschaften:

- Die Informationsverarbeitung der Automatisierungsfunktionen mit den Aufgaben Prozessein-/-ausgaben, Primärverarbeitung, Messen, Steuern, Regeln, Rechnen werden im prozessnahen Bereich in Prozessstationen (Basiseinheiten) durchgeführt. Die Basiseinheiten verarbeiten weitgehend autonome Teilfunktionen und sind funktionell und lokal an die Objektstruktur anpassbar. Sie können im Rahmen des programmierbaren Funktionsvorrates ohne Programmierkenntnisse zu komplexen Mess-, Steuer- und Regelfunktionen verknüpft werden.
- Die Informationsübertragung erfolgt über ein BUS-System.
- Die Automatisierungsfunktionen Prozessbeobachtung, -überwachung, -bedienung, -koordinierung, -führung, -protokollierung) werden in zentralen und/oder dezentralen Leitstationen (Prozessleitstände) realisiert. Die Leitstände sind mit Farbsichtgeräten, Bedientastaturen ausgestattet.

Anwendervorteile des Automatisierungssystems

- Verarbeitung großer Informationsmengen am Ort ihres Entstehens,
- Kabelsparende Übertragung in die Prozessleitzentrale,
- Projektierbare Zuverlässigkeit,
- Zeitlich stufenweiser Systemausbau ohne Beeinträchtigung des laufenden Betriebes,
- Flexibilität der implementierten Anwenderprogramme gegenüber Änderungen,
- Zusammenführung der Überwachungs- und Steuerungsfunktionen in Zentralen mit geringem Raumbedarf.
- Die Kommunikationsstruktur der Bildschirmdarstellung ermöglicht eine überschaubare Präsentation des großen Datenumfangs und eine hinreichende Prozesstransparenz.

Automatisierungsziele

- Zuverlässige Gewährleistung der Anlagenfunktionen der Ablaufqualität sowie besserer Bedienkomfort,
- Wirtschaftliche Prozessführung,
- Verringerung der Investitionskosten.

Einige Lösungsbeispiele mit der Mikrorechnerautomatisierung

- Dezentrale Basisautomatisierung:
  Mit Prozessleitsystemen lassen sich prinzipiell alle Funktionsanforderungen einer Abwasserreinigungsanlage beherrschen. Wie die Praxis zeigt, geht es dabei

vordergründig nicht darum, den gesamten Prozess "total" zu automatisieren, sondern möglichst alle Teilsysteme, beginnend mit der Rechenanlage bis zur Wärme-Strom-Kopplung, in die Gesamtsteuerung zu integrieren, so wie alle Informationen und die Prozessfühlung in einem Prozessleitstand zusammenzufassen. Die Koordinierung des Gesamtsystems obliegt dem Schichtpersonal im Leitstand.

- Automatischer Rechenbetrieb:
  Ein Beispiel der Basisautomatisierung ist der Rechenbetrieb. Große Anlagen haben häufig sechs oder mehr Gabelrechen. Die Automatik realisiert folgende Abläufe:
  – füllstandsabhängiges Ein- und Ausschalten aller Rechen,
  – Zwangskopplung mit der Transportbandsteuerung,
  – füllstandsabhängige Schaltung der Einlaufschütze in den Rechenkanälen.
  – Der Überblick über den Gesamtzustand der Rechengruppe lässt sich an einem Verfahrensfließbild auf dem Monitor verfolgen.
- Topologie:
  Die freizügige Funktionsverteilung auf die Basiseinheiten und ihre optimale Positionierung in den um ca. 40 ha großen Anlagenfeldern führte im Vergleich zur konventionellen Lösung allein bei der Verkabelung zu einer Kostenersparnis von ca. 1 Mio. Mark.
- Optimierende Steuerung des Sauerstoffeintrags:
  Das qualitative und wirtschaftliche Ergebnis der Abwasserreinigung wird ganz wesentlich durch die optimale Steuerung des Sauerstoffeintrags bestimmt. Sie kann bis zu 80 % des Energieverbrauchs der Anlage ausmachen. Sie hat in allen Anlagen die größte Priorität.
  Die sechs auf eine gemeinsame Sammelschiene einspeisenden Großgebläse steuern über die Mikrorechneranlage den Förderstrom in die Belebungsanlage durch Aussetzbetrieb und verstellen eine Nachleiteinrichtung. Die unterlagerten Regelkreise stabilisieren den Sauerstoff in den Einzelbecken.

4. Resümee

Mit dem erstmals in einer DDR-Anlage eingesetzten Mikrorechner-Automatisierungssystem in einer großen Kläranlage war es gelungen, effiziente volkswirtschaftliche Lösungen zu erreichen. Damit konnte ein Anschluss an das Niveau der Zeit gefunden werden. Es gelang allerdings nicht, mit den in der DDR verfügbaren Einrichtungen der Mess- und Stelltechnik auf diesem Niveau Schritt zu halten. Die dadurch bedingten Abstriche schmälern das Gesamtziel nur bedingt.

Dennoch konnten neben den gewonnenen Erfahrungen einige bemerkenswerte ökonomische Ergebnisse erzielt werden. Durch Strukturoptimierung der Anlagentopologie, Optimierung des Sauerstoffeintrags und der Phosphateliminierung konnten Investitionsmittel eingespart und eine relativ kurze Rückflussdauer der einmaligen Investitionsaufwendungen erreicht werden

Für die Aufhellung der schon weiter oben gestellten Frage, wie es dazu gekommen war, quasi aus dem Stand zu international bemerkenswerten Lösungen zu kommen, ist es interessant, noch einen Blick auf die zeitnahen Hintergründe zu werfen. Das Mikrorechnersystem audatec war in Anlehnung an ein bekanntes westdeutsches System entwickelt worden. Seine Einsatzziele waren technologische Prozesse der Verfahrenstechnik. Diese Anlagen hatten in der DDR stets höchste Priorität und demzufolge auch immer „Bilanzzuteilungen", die selbstredend auch für Anlagen der Automatisierung galten. Kläranlagen waren demgegenüber notwendige Übel, die außerhalb der Wasserwirtschaft nicht so ernst genommen wurden. Sie konnten daher in den Prioritätenlisten keinen Platz finden. Der Verfasser erinnert sich noch gut, dass sich in der Projektierung nur schwer ein Team zur Annahme dieser wenig Aussicht auf Anerkennung versprechenden Aufgabe finden wollte. Dies sollte sich jedoch mit dem Wachsen der Lösung ändern. Schon im Verlauf der Realisierung der Anlage Falkenberg entstanden im Projektteam des Verfassers erste Überlegungen, die sich abzeichnende modernere neue Anlage Schönerlinde mit dem System audatec auszurüsten. Die bis dahin gewonnen Einblicke in die Abwassertechnik hatten überzeugend gezeigt, dass es sich bei diesen bis dahin verkannten Systemen um durchaus mit anderen verfahrenstechnischen Anlagenvertretern vergleichbare Systeme handelt, die mit dem Einsatz von verteilten Mikrorechnern optimale Ergebnisse erwarten lassen. Kurioserweise gab es dennoch sowohl im eigenen Lager, aber auch bei nahezu allen Vertretern der Wasserwirtschaft durchaus verbreitet große Bedenken und Widerstände, sich der neuen Technik auszuliefern! Es bedurfte deshalb erst intensiver Aufklärungs- und Überzeugungsarbeit von unten, bis die erste mit diesem System automatisierte Kläranlage Berlin Nord in Schönerlinde auf den Weg gebracht werden konnte. Aus dem Prototyp dieser Anlage sollte sich in der Folge dann eine eigenständige technologische Linie Abwassertechnik entwickeln.

Die Kläranlage Schönerlinde ist mit ihrem Endausbau 1987 in Betrieb genommen worden und hat sich mit ihrer Automatisierung bewährt. Der Paradigmenwechsel zur Anwendung moderner Automatisierungslösungen in der Abwassertechnik hatte sich mit der parallelen Vorbereitung weiterer der oben genannten Anlagen durchgesetzt. Durch den Eigentümerwechsel der Anlagen nach 1990 konnten sie nicht weitergeführt werden. Das audatec-System der Anlage Schönerlinde wurde nach umfangreichen Veränderungen im technologischen Verfahren erst 1998 durch weiterentwickelte Systeme ersetzt.

Als sehr interessant sei abschließend noch ein Blick auf die geplanten Größenordnungen der im Beitrag betrachten Anlagen geworfen. In der Situationsanalyse weiter oben wurde bereits erwähnt, dass der das Wasserdargebot der DDR weit übersteigende Wasserbedarf einer der Gründe für die zu errichtenden großen Klärwerke war. Wie sich jedoch zeigte, sind alle Anlagen in den Konzeptionen z.T. erheblich überdimensioniert worden. So wird man davon ausgehen dürfen, dass die Anlagen auch für die Übernahme von Reinigungsleistungen aus dem Westteil Berlins dimensioniert waren. In der Tat fand sich dann auch die Bestätigung, dass der Berliner Senat bis 1988 jährlich 50 Mio DM für die Reinigung der 160 Mio m^3/a Abwässer bezahlt hat, die damals in den Osten der Stadt übergeleitet wurden.

Literatur

ABC Umweltschutz, VEB Deutscher Verlag Grundstoffindustrie Leipzig, 3. Auflage, Leipzig 1984
Randolf, R. & Gruhler, J.:Kanalisation und Abwasserbehandlung. VEB Deutscher Verlag für Bauwesen, 5. Auflage, Berlin 1989
Lange, J. & Otterpohl, R.: Handbuch zu einer zukunftsfähigen Wasserwirtschaft, Moll-Beton-Verlag 1997
Thiemann, R.: Aufgaben der Wasserwirtschaft zur Verbesserung Effektivität der Abwasserbehandlung, in: Abwasserreinigungsverfahren der stoffwandelnden Industrie, VEB Deutscher Verlag Grundstoffindustrie, Leipzig 1976
Hegewald, H.:Droht uns eine ökologische Katastrophe? Die Union, Dresden, 31.5.1980
Großes Fremdwörterbuch, VEB Bibliographisches Institut, Leipzig 1979
Dauterrmann, J. & Hausdorf, R.: Erfahrungen beim Betrieb der Kläranlage Nord. Wasserwirtschaft-Wassertechnik 5, 1987
Berger, D. & Schulze, R.: Investitionsprozess, VEB Deutscher Verlag Grundstoffindustrie, Leipzig 1986
Haase, W.: Projektierung der Automatisierung mit verteilten Mikrorechnern am Beispiel der Abwassertechnik, Dissertation, Technische Hochschule Leipzig 1988
Haase, W.: Automatisierungslösungen für die rationale Prozessführung in kommunalen Abwasserreinigungsanlagen. Technische Informationen, Kombinat Automatisierungs- und Elektroanlagen, Heft 3, 1987
Haase, W.: Entwicklungsstand der Prozessautomatisierung großer kommunaler Kläranlagen in der DDR, Wasserwirtschaft-Wassertechnik 5, 1987
Haase,W.: Erfahrungen beim Lösungsentwurf von audatec-Großverbundsystemen am Beispiel einer kommunalen Abwasserbehandlungsanlage, Manuskript, Berlin 1987
Haase, W.: Kommunale Abwasserbehandlungsanlagen und Möglichkeiten ihrer effizienten Automatisierung. internationale agrarindustrie zeitschrift, 6/1990

"Helft uns! Haltet die Gewässer rein!" Herausgeber: Amt für Wasserwirtschaft beim Ministerrat der DDR (1965). Gestaltung: Lauemroth, DEWAG Berlin (1967). Quelle: Plakatsammlung im Studienarchiv Umweltgeschichte des Instituts für Umweltgeschichte und Regionalentwicklung e.V. an der Hochschule Neubrandenburg

Kurt Kutzschbauch

Abprodukteanfall und -nutzung, speziell Berlin-Ost sowie ausgewählte Ergebnisse der Forschungsgruppe „Umwelt" des Zentralinstituts für Wirtschaftswissenschaften an der Akademie der Wissenschaften der DDR – ein Zeitzeugenbericht

1. Vorbemerkung

Bevor ich zusagte dieses Thema zu erarbeiten, suchte ich im Archiv der Nachfolgeeinrichtung der Akademie der Wissenschaften nach Forschungsarbeiten der Forschungsgrupe „Umwelt" an dem Zentralinstitut für Wirtschaftswissenschaften (ZIW) der Akademie der Wissenschaften (AdW). Meine Recherche brachte folgendes Ergebnis:

Kein Forschungsbericht unserer Forschungsgruppe „Umwelt" ist dort vorhanden. Ihren Verbleib konnte ich nicht klären. Daher entschloss ich mich zu einem Zeitzeugenbericht, der allerdings auch einige andere **umweltrelevanten** Tätigkeiten vor meiner Arbeit im ZIW einschließt und somit auch meine Tätigkeiten
- als wissenschaftlicher Mitarbeiter im Staatlichen Büro für die Begutachtung von Investitionsvorhaben (SBBI, 1958 bis 1964),
- als Abteilungsleiter „Müllverwertung" in der Großberliner Straßenreinigung und Müllabfuhr (StraMüll, 1964-1969),
- als wissenschaftlicher Mitarbeiter der Arbeitsgruppe Landeskultur im Büro des Ministerrates der DDR (1969-1971),
- als wissenschaftlicher Mitarbeiter im Ministerium für Umwelt der DDR (1971-1972) und
- als stellv. Forschungsgruppenleiter „Umwelt" im ZIW (ab 1972)

umfasst.

Ziel meiner nachstehenden Ausführungen ist es, die umweltrelevanten Aktivitäten und Forschungsarbeiten zu bezeugen. Ich will nicht deuteln und vor allem nichts schönfärben, sondern so objektiv wie möglich darstellen, was ich während dieser Zeit erlebte bzw. was ich real beobachtete und daher auch beurteilen kann.

Zeugnis ablegen möchte ich auch über die Arbeitsweise in den verschiedenen Einrichtungen, in denen ich tätig war.

Für das, was ich nachfolgend niederschreibe, gilt mein altbewährter Grundsatz: meine Hand und mein Gewissen für mein Produkt. Den Menschen, die in der DDR aus- und durchhielten, fühlte und fühle ich mich tief verbunden und verpflichtet. Nach dem Bau der Mauer sah ich in meinen umweltrelevanten Tätigkeiten sinnvolles Wirken für das Wohl der Menschen in Ost und West.

Soweit ich Veröffentlichungen nachweisen kann, werde ich sie in einem Literaturverzeichnis aufführen. Die Leser und Interessenten an den Arbeiten auf wissenschaftlicher und praktischer Ebene zum Schutz der natürlichen Lebensgrundlagen in der DDR können sich dann selbst informieren. Manche Übersichten, graphischen Darstellungen oder Dokumentationen entstammen meiner privaten Sammlung = „Archiv – Kutzschbauch". Sie wurden im Laufe der Jahre berechnet oder aus unterschiedlichen Quellen bzw. Literaturangaben für Vorträge erarbeitet. Da es mein Zeitzeugenbericht ist, stehen naturgemäß meine Aktivitäten im Vordergrund. Andere Kolleginnen und Kollegen waren auch fleißig und viele davon „mit dem Herzen dabei", wie das Buch erkennen lässt.

2. Landeskulturelle, darunter abfallwirtschaftliche Aspekte bei der Vorbereitung und Begutachtung von Investitionsvorhaben

Im Unterschied zum Bundesgebiet wurde in der DDR anfangs nicht von Umweltschutz sondern Landeskultur – exakt: sozialistischer Landeskultur – gesprochen. Dieser Begriff ist aus den Land- und Forstwissenschaften entlehnt und wurde m. W. von Dr. Werner Schneider in die DDR-Gesetzgebung und für den offiziellen Sprachgebrauch eingeführt. Erst mit der Bildung des Ministeriums für Umweltschutz und Wasserwirtschaft Anfang der 1970er Jahre wurde der Begriff Umweltschutz auch in der DDR in amtlichen Verlautbarungen gebräuchlich.

Das SBBI war zuständig für die Prüfung der Investitionsvorbereitungsunterlagen in der Phase der technisch-ökonomischen Zielstellung (TÖZ) bzw. – in der folgenden Vorbereitungsphase – der Aufgabenstellung (AST) für volkswirtschaftliche Vorhaben (etwa über 5 Mio. Mark). Folgende umweltrelevanten Aspekte mussten die Investitionsträger bei der Vorbereitung beachten bzw. die Gutachter bei ihrer Tätigkeit überprüfen. Grundlage dafür war die „Anleitung zur Ausarbeitung und Begutachtung von Technisch-ökonomischen Zielstellungen und Aufgabenstellungen", herausgegeben 1966:

- Erzeugniseigenschaften (Haupt- und Kuppelprodukte),
- Lebensdauer der Erzeugnisse,

- Technologie (z.B. wird eine veraltete Technologie konserviert und hat sich die vorgesehene Technologie in In- oder Ausland bewährt),
- Einhaltung von Arbeitssicherheits- und Hygienebestimmungen,
- Wasserversorgung und Abwasserrückleitung und -reinigung,
- entstehende Abfälle (auch Rauchgase und Abwässer und vorhandene oder fehlende Vorstellung zu ihrer Verwertung bzw. Vernichtung),
- Anfall von Materialresten bzw. Kuppelprodukten,
- industrielle Verwertung der Abfälle, Abwässer, Abgase und daraus sich ergebende Folgeinvestitionen,
- Beachtung von Industriezweig- und Gebietsentwicklungsprogrammen,
- Begründung des gewählten Mikrostandortes,
- Beanspruchung von Bauland und landwirtschaftlicher Nutzfläche,
- Gewährleistung eines Minimums an Transportentfernungen,
- Höhe der Transportkosten und Größe des Transportvolumens für die Materialversorgung und für den Absatz der Erzeugnisse und für Beförderung der Arbeitskräfte,
- Anbindung des Vorhabens an das Verkehrsnetz (Straße, Eisenbahn, Wasserweg),
- Versorgung mit Elektroenergie, Gas, Dampf, Wasser und Abwasserbeseitigung,
- Forderungen hinsichtlich Bergbau, Wasser- und Landwirtschaft, Natur-, Landschafts- und Denkmalschutz,
- technisch-physikalische Erfordernisse an den Standort (z.B. bei Krankenhäusern eine gegen Lärm und Luftverunreinigung besonders geschützte Lage),
- Verwendung von Ersatz- und Austauschstoffen zur Deckung des Materialbedarfs,
- erforderliche Maßnahmen für die Schaffung der notwendigen Baufreiheit (z.B. Straßenverlegung, Leitungsverlagerung, Abriss und Ersatzbauten),
- Anschluss des Vorhabens an die örtlichen und überörtlichen Versorgungsnetze (z.B. Gleis- und Straßenzuführungen, Fernsprech-, Wasser, Abwasser-, Energie- und Gasanschlüsse),
- Sicherung der notwendigen Maßnahmen zur Befriedigung weiterer gesellschaftlicher Bedürfnisse (z.B. Schaffung von Industrieklärwerken, Schutzanpflanzungen zur Lärmbekämpfung, Rekultivierungsmaßnahmen bei Tagebauaufschlüssen),
- Weiterverwendung vorhandener Anlagen, Ausrüstungen, Gebäude,
- Abweichungen der Investitionsaufwendungen zwischen TÖZ und AST,
- Größe des Unsicherheitsfaktors der Kosten und Einschätzung der oberen Grenzen möglicher Abweichungen von geplanten Kosten (d.h. mögliche Kostenüberschreitung einschätzen).

Nach dieser methodischen Anleitung habe ich selbst Vorhaben begutachtet. Veröffentlicht wurden derartige Gutachten nicht. Aufgrund kritischer Begutachtung großer Gewächshausanlagen – Gemüsekombinate – wurde mir (und anderen Kollegen, z.B. Dr. Joachim Spiegler und Dr. Klaus Reichardt) unterstellt, diese vertrauliche Ergebnisse der Begutachtung weitergegeben zu haben, was sogar eine Überprüfung durch die Sicherheitsorgane zur Folge hatte. Der Leiter des SBBI, Dr. Friedrich Lange, stand jedoch fest zu uns und wehrte die unbegründeten Verdächtigungen ab.[1]

Die Probleme bei der Ermittlung der Investitionen zum Aufbau der Gemüsekombinate und der Investitionen in der Schweinehaltung habe ich später u.a. in meiner Habilitationsschrift mit verwandt (KUTZSCHBAUCH 1968). Meines Wissens wurden diese Vorhaben in der geplanten Größenordnung nicht realisiert.

Die methodischen Anleitungen zur Begutachtung von volkswirtschaftlich wichtigen Investitionsvorhaben sind im Verlaufe der Jahre wiederholt überarbeitet und präzisiert worden. In der Ausgabe von 1980 wurde u.a. von „Gewährleistung des Umweltschutzes" (Industrieklärwerke, Schutzanpflanzungen gegen Lärm, Rekultivierungsmaßnahmen bei Tagebauaufschlüssen usw.) gesprochen.

Nach meiner Versetzung in die Grundsatzabteilung des SBBI war es vor allem eine meiner Aufgaben ein Kennzahlensystem und Orientierungskennziffern für die Begutachtung der Vorhaben zu erarbeiten (KUTZSCHBAUCH 1961). Dabei wurden selbstverständlich auch die umweltrelevanten Kenndaten bestimmt. Häufig war es mir auch möglich Vorträge und Vorlesungen über den Nutzeffekt der Investitionen zu halten. Dabei wurde auf die Bedeutung der landeskulturellen Aspekte aufmerksam gemacht (KUTZSCHBAUCH 1966).

3. Vorbereitung von Investitionen zur Schaffung von Verwertungskapazitäten zur Müllkompostierung und Müllverbrennung in Berlin-Ost

Die Überprüfung der Gutachtertätigkeit im SBBI durch die Sicherheitsorgane war für mich eines von mehreren Motiven zur Groß-Berliner Straßenreinigung und Müllabfuhr zu wechseln, um dort als Leiter der Abt. Müllverwertung die Investitionen für die Schaffung von Müllverwertungskapazitäten – Müllkompostierung und Müllverbrennung – vorzubereiten. Das bedeutete, auf der Grundlage der Investitionsverordnung (GBl. der DDR, Teil II, Nr. 95 vom 15. Okt. 1964) die erfor-

---

[1] Danke, Friedrich Lange, von dem wir viel lernen konnten, insbesondere volkswirtschaftliches Denken, der aber die Mitarbeiter stark drängte, die landeskulturellen Aspekte sorgfältig zu prüfen!

derlichen Investitionsvorbereitungsunterlagen, insbes. die TÖZ zu erarbeiten. Grundlage dafür war ein Beschluss des Präsidiums des Ministerrates der DDR vom 23. Juli 1964 über „Maßnahmen zur Verwertung von Siedlungsabfällen in den Städten und Gemeinden der DDR". Darin war festgelegt, bei der Ausarbeitung des Perspektivplanes in der Hauptstadt Berlin die erste kombinierte Anlage für die Kompostierung und die Verbrennung von Siedlungsabfällen vorzusehen.[2] Der Baubeginn wurde für 1968 vorgegeben. Das bedeutete für den Magistrat von Groß-Berlin – so lautete die offizielle Bezeichnung für den Ostteil der Stadt – die sich aus diesem Beschluss ergebenden Investitionen vorzubereiten und in die Pläne einzuordnen. Diese Aufgabe stellte für mich – und auch meine Kollegen[3] – eine Herausforderung dar, der ich mich stellen wollte, denn nach dem Bau der Mauer suchte ich eine sinnvolle Tätigkeit zum Wohl und Nutzen der Bürger. Es handelte sich um ein Erstvorhaben für die DDR und darüber hinaus für die anderen osteuropäischen Länder, da dort – mit Ausnahme der CSSR – auch erst in diesen Jahren die Arbeiten an der Lösung der Probleme zur Verwertung der Siedlungsabfälle verstärkt aufgenommen wurden.

Die Ermittlung des gesellschaftlichen Nutzeffekts dieser Investitionen war meine Aufgabe als Leiter der Abteilung. Ausführlich sind diese Ergebnisse auch in meiner Habilitationsschrift dargestellt. Hier möchte ich lediglich kurz zusammengefasst
A) die Ergebnisse der Müllanalyse sowie
B) die Berechnung des ermittelten gesellschaftlichen Nutzens des Vorhabens für die Müllklärschlammkompostierung
wiedergeben.

zu A) Ergebnisse der Müllanalyse

Die Entwicklung der Zusammensetzung und die strukturelle Entwicklung des Hausmülls von Groß-Berlin im Vergleich 1957/59 zu 1965/66 zeigt *Tabelle 1*:

---

[2] Im Beschluss des Präsidiums des Ministerrates hieß es im § 6: „Der Vorsitzende der Staatlichen Plankommission, der Vorsitzende des Volkswirtschaftsplanes und der Oberbürgermeister der Hauptstadt Berlin werden beauftragt, bei der Ausarbeitung des Perspektivplanes die Errichtung der ersten kombinierten Anlage für teilweise Abfallverwertung und teilweise Verbrennung in Berlin vorzusehen ..."
[3] Beteiligt waren Dipl. Landwirt Hans-Georg Schirott, Dipl. Ing. Ernst Ramin, Ing. Hartmut Bunde sowie Bauing. Lindner. Wichtige Grundlagen über die Kompostierung hatten das Institut für Kommunalwirtschaft in Dresden sowie Dr. G. Rohde von der Landwirtschaftlichen Fakultät der Humboldt Universität zu Berlin erarbeitet (z.B. in den Schriften des Instituts für Kommunalwirtschaft, Dresden Heft 18 und in der Wissenschaftlichen Zeitschrift der Humboldt-Universität, Mathematisch-Naturwissenschaftliche Reihe 4 (1954) 5. Das IfK betrieb zu Forschungszwecken auch die Kompostierungsanlage Dresden-Kaditz.

Von drei Einsammelstellen (HO-Warenhaus und Sparkasse, d.h. Geschäftsmüll, aus fern- sowie aus ofenbeheizten Wohngebieten) wurden außerdem Proben für Laborversuche zur Bestimmung
- des Wassergehaltes,
- des Anteils an brennbarer Substanz sowie
- des Heizwertes

entnommen. Die Ergebnisse der Laboruntersuchungen ließen Folgendes erkennen (KUTZSCHBAUCH 1966 und 1972):
Der Wassergehalt des Berliner Mülls lag in den Grenzen von 10 bis 45 Gewichtsprozenten und die der brennbaren Substanz zwischen 20 % und 60 %. Der hohe Heizwert des Mülls lag am hohen Anteil von Papier und Verpackungsmaterial. Obwohl der Repräsentationsgrad nicht gesichert war und daher Toleranzen berücksichtigt werden mussten, zeigte die Auswertung, dass die Ergebnisse über Wassergehalt, Aschenanteil und Heizwerte des (Ost-)Berliner Hausmülls in den Bereichen der aus der Literatur[4] und aus Gesprächen bekannten Daten für andere Städte lagen.

zu B) Der gesellschaftliche Nutzen der Müllklärschlammkompostierung

Aufgrund der anfallenden Mengen von Siedlungsabfällen war es begründet, dass Verwertungskapazitäten für insgesamt 1,5 Mio. m^3 Hausmüll, 60.000 m^3 Sperrmüll sowie 135.000 m^3 Klärschlamm geschaffen werden mussten, um zu volkswirtschaftlich vertretbaren Bedingungen eine hygienisch einwandfreie Verwertung der (Ost-)Berliner Siedlungsabfälle zu sichern. Die Ermittlung der Investitionsaufwendungen und der Selbstkosten ergaben u.a. folgende spezifischen Werte:
- spezifische Investitionskosten = 35,80 MDN/m^3 Müll bzw. 152,15 MDN/m^3 Kompost;
- spezifische Selbstkosten = 3,20 MDN /m^3 Müll bzw. 13,55 MDN/m^3 Kompost.

---

[4] Der ehemalige wissenschaftliche Mitarbeiter im Institut für Kommunalwirtschaft in Dresden und Leiter der Forschungsstelle im VE Kombinat Sekundärrohstoffe, Manfred Tosch, wies auf folgende Literatur aus dem IfK hin: ifk Siedlungsabfallbeseitigung – Geordnete Deponie unzerkleinerter fester Siedlungsabfälle, Bearbeiter: Ing. Tosch und Dipl. oec. Hermann, Dresden, Dezember 1970; ifk Stadtreinigung – RGW-Dokumentation Geordnete Deponie, Dresden 1975. – Tosch hat einen beträchtlichen Teil der vom IfK herausgegebenen Literatur der Bibliothek des Lehrstuhles zur Verfügung gestellt.

Tabelle 1: Zusammensetzung und strukturelle Entwicklung des Hausmülls von Groß-Berlin 1957/59 zur 1965/66 (In Masseprozenten) (Einzelheiten siehe KUTZSCHBAUCH 1966, 838-845 und KUTZSCHBAUCH 1972, 66-71)

Bestandteile	insgesamt		Sommermüll		Wintermüll	
	1957/59	1965/66	1957/59	1965/66	1957/59	1965/66
Asche	45,41	30,4	24,57	7,8	54,39	41,7
Küchenabfälle	29,28	25,5	38,86	33,7	25,19	21,6
Brot	0,96	1,3	1,20	1,6	0,86	1,1
Textilien	1,24	2,0	1,96	2,6	0,93	1,6
Kehricht	0,63	3,2	1,08	4,1	0,43	2,8
Blumen	1,37	1,6	2,43	2,7	0,88	1,1
Papier	7,63	16,7	13,40	23,0	5,17	13,5
Leder	0,16	0,2	0,41	0,2	0,05	0,1
Knochen	1,56	1,0	1,11	0,9	1,75	1,0
Holz	0,04	0,5	0,11	0,8	0,01	0,3
Industrieabfälle	-	1,0	-	1,2	-	0,9
Folie	-	1,3	-	1,6	-	1,1
Metall	2,16	2,6	2,75	3,2	1,91	2,3
Steine	1,85	2,6	2,23	2,8	1,69	1,9
Glas	6,11	9,7	7,73	11,9	5,42	8,6
Porzellan	1,61	0,4	2,17	0,8	1,37	0,3
Insgesamt	100	100	100	100	100	100

Die Müllanalyse erfolgte jeweils über 2 Jahre: 1957/59 vom 01.09.1957 bis 30.08.1959 und 1965/66 vom 01.01.1965 bis 31.12.1966. Die Ergebnisse von 1957/59 wurden von Dr. G. Rohde, Landwirtschaftliche Fakultät der Humboldt-Universität zu Berlin, zusammengestellt. Die praktische Durchführung erfolgte auf einem Fuhrhof von Mitarbeitern der Groß-Berliner Straßenreinigung und Müllabfuhr, die aus gesundheitlichen Gründen auf den Müllfahrzeugen nicht eingesetzt werden konnten, d.h. ärztlich einen Schonplatz verordnet bekommen hatten. Der Müll wurde gem. der repräsentativen Methode aus den verschiedenen Sammelbezirken gesondert erfasst. Entsprechend der Materie Müll sind die Stellen hinter dem Komma als Rechengrößen zu betrachten.

Der Nutzeffekt von Investitionen besteht einmal in einer erhöhten Befriedigung realer Bedürfnisse der Gesellschaft und zum anderen in der Erzielung besserer ökonomischer Ergebnisse. Der gesellschaftliche Nutzen für die geplanten Müllverwertungsanlagen bestand insbesondere in folgender Hinsicht:
- in der ökologisch angemessenen Beseitigung des Mülls,

- in der Vermeidung der vor allem hygienischen Nachteile, die mit einer Müllverkippung bzw. mit einer Beseitigung von Klärschlamm, der mit pathogenen Keimen durchsetzt ist, verbunden sind,
- in der Erzeugung von Kompost und damit Deckung des Bedarfs der Landwirtschaft, des Gartenbaus u.a. Betriebe an diesem Bodenverbesserungsmittel,
- in der Gewinnung von Schrott,
- in einem Zuwachs an Reineinkommen (z.B. durch Kosteneinsparungen im Vergleich zur Verkippung, durch Erlöse für den Kompost und den Schrott sowie durch eine Verbesserung seuchenhygienischer Bedingungen u.a.).

Nachfolgend möchte ich mich auf die Darstellung des ökonomischen Nutzens für das Vorhaben in Form des volkswirtschaftlichen Zuwachses an Reineinkommen und der Berechnung der Kennzahl „Rückflussdauer" beschränken:

Der ökonomische Nutzen in Form des volkswirtschaftlichen Zuwachses an Reineinkommen umfasste – im Vergleich zum Stand v o r der Investitionsdurchführung – sämtliche Einsparungen an Kosten sowie die zusätzlichen Gewinne und Gewinnabführungen, soweit sie durch die Investition bewirkt wurden. Die Quantifizierung dieses Zuwachses erforderte eine komplexe Betrachtungsweise, da erfahrungsgemäß ein Vorhaben in den Betrieben der vor- und/oder nachgelagerten Produktionsstufen Reineinkommensveränderungen und evtl. auch Investitionen bedingt, die natürlich zu berücksichtigen waren. Das komplizierte die Nutzensermittlung.

Um das Ausmaß des Reineinkommenszuwachses, der durch Investitionen für die Kompostierungsanlagen bewirkt wurde, zahlenmäßig zu bestimmen, war es erforderlich,

| die Kosten für die Müllbeseitigung durch Verkippung | gegenüber zu stellen | den Kosten für die Müllbeseitigung durch Kompostierung unter Berücksichtigung der Erlöse und sonstigen Auswirkungen auf die Kosten und Gewinne in den vor- und/oder nachgelagerten Produktionsstufen. |

Der Reineinkommenszuwachs stellte sich dar als Differenz zwischen dem Ergebnis der Verkippung (d.h. Verkippungskosten) zu den Kompostierungskosten ./. (Erlösen + sonstigen Reineinkommensveränderungen) = Ergebnis der Investition für Kompostierungsanlagen.

Aus der Gegenüberstellung des Ergebnisses der Verkippung (Verkippungskosten) und dem Ergebnis der Investition für die Kompostierungskapazitäten ergaben sich für die verschiedenen Varianten folgende Größen an Reineinkommenszuwachs und – ins Verhältnis zu den Investitionsaufwendungen gesetzt – die Rückflussfristen (*Tabelle 2*):

Tabelle 2: Reineinkommenszuwachs und Rückflussfristen bei verschiedenen Verkippungsvarianten

Verkippungsvarianten [1]	Variante I		Variante I a		Variante II	
Bei einem Kompostpreis	A	B	A	B	A	B
Ergebnis der Verkippung (MDN/m³ Müll)	./. 1,61	./. 1,61	./. 2,90	./. 2,90	./. 5,50	./. 5,50
Ergebnis d. Inv. Für Kompostanlage (in MDN/m³ Müll)	./. 0,78	./. 0,45	./. 0,78	./. 0,45	./. 0,78	./. 0,45
Reineinkommensveränderung						
a) in MDN/m³	+ 0,83	+ 1,16	+ 2,12	+ 2,45	+ 4,72	+ 5,05
b) in TMDN/ Vorhaben x 850 Tm³ Müll	+ 705,5	+ 986,0	+ 1.802,0	+ 2.082,5	+ 4.012,0	+ 4.292,5
Rückflussdauer d. Invest. Für die Kompostanlage (in Jahren)	43,1	30,9	16,9	14,6	7,6	7,1

[1] Verkippungsvarianten:
Variante I = Verkippung insgesamt 1,61, MDN/m³
Variante I a = Verkippung auf Eisenbahnabladeplätzen 2,90 MDN/m³
Variante II = Müllablagerung in Tröbitz 5,50 MDN/m³

Kompostpreis
A = damals in Berlin genehmigter Kompostpreis betrug 10 MDN/m³
B = Selbstkosten deckender Preis einschl. 3 % Gewinnzuschlag 13,95 MDN/ m³

Obwohl die Erlöse für Kompost und Schrott sowie sonstige Einsparungen in anderen Betrieben die Selbstkosten für die Kompostierungsanlagen nicht deckten, lag doch der Restbetrag (0,78 bzw. 0,45 MDN/m³ Müll), der aus dem Haushalt der Stadt zu finanzieren war, beträchtlich unter den bisherigen Verkippungskosten (1,61 bzw. 2,90 MDN/m³ Müll). Im ungünstigsten Fall lag er noch unter 50 % bzw. 30 % des bisher haushaltwirksam werdenden Betrages je m³ Müll.[5]

Neben der Technisch-Ökonomischen Zielstellung (TÖZ) für Kompostierungsanlagen wurde auch eine entsprechende Dokumentation für den Bau der Müllverbrennungsanlage Berlin-Lichtenberg von der Abt. Müllverwertung erarbeitet. Bei der Müllverbrennung legten wir Wert darauf, dass die Dampferzeuger und Roste leicht auszubauen waren, sobald der technische Fortschritt dafür sich ergeben würde.

Beide Dokumente wurden von dem Magistrat Berlin-Ost bestätigt und die notwendigen Plankennziffern für den Bau in die Jahrespläne für Berlin-Ost aufgenommen. Die Müllverbrennungsanlage wurde Ende der 1960er Anfang der 1970er Jahre in Berlin-Lichtenberg kombiniert mit dem dortigen Heizkraftwerk errichtet. Leider konnten die Investitionspläne für Kompostierungsanlagen nicht realisiert

---

[5] Interessenten finden das ausführlich in meiner Habilitationsschrift, siehe Fn 1.

werden, da die Leitungsorgane für die Landwirtschaft in Berlin und Umgebung ihre Bedarfsmeldungen zurückzogen. Daher sperrten die Finanzorgane – und das m.E. zu Recht – die bereits bestätigten Investitionsfinanzierung. Ohne Bedarf war auch unter den damaligen Bedingungen kein Vorhaben zu realisieren. Es trat der wohl sehr seltene Fall in der DDR ein, dass zwar die immer knappen Baukennziffern im Plan enthalten waren, sie jedoch nicht in Anspruch genommen werden konnten. Schade! Eine Chance zur Realisierung hätte sich vielleicht noch geboten, wenn wir der Nationalen Volksarmee den Kompost angeboten hätten zur Abdeckung militärischer Anlagen (Raketenstellungen). Später – und auch heute – fragte und frage ich mich manchmal, ob damit den gesellschaftlichen Bedürfnissen der Bürger mehr gedient gewesen wäre; denn nach der Deckung dieses speziellen Bedarfs hätte doch Kompost für die Landwirtschaft, den Gartenbau und auch für Kleingärtner zur Verfügung gestanden?

Dipl. Landwirt Ernst Ramin entwickelte in seiner Dissertation eine Variante zum Vorhaben Müllklärschlammkompostierung: Auflandung der Gosener Wiesen durch aufbereiteten Müll.[6]

Die Arbeiten an der Investitionskonzeption für eine Müllkompostierungs- und eine Müllverbrennungsanlage wurden vom Institut für Kommunalwirtschaft (IfK) in Dresden unterstützt. Leider verlief diese Zusammenarbeit mit einigen leitenden Mitarbeitern des IfK nicht immer reibungslos, denn wir „Praktiker" waren ihnen manchmal einen Schritt voraus, weil wir wirklich großzügig vom damaligen Stadtrat für Örtliche Versorgungswirtschaft, Walter Sack (er war in der Nazizeit nach Schweden emigriert), und ich persönlich auf diskrete Weise vom Oberbürgermeister Friedrich Ebert bei unserer Arbeit unterstützt wurden. Noch bevor ich die Arbeit in der Groß-Berliner Straßenreinigung und Müllabfuhr aufnahm, wurde z.B. 1964 eine Reise nach Stuttgart zum abfallwirtschaftlichen Kolloquium eingeleitet, an der ich dann teilnehmen durfte (sie stand unter der Leitung von Dipl. Ing. Klaus vom IfK).

Wir besichtigten die Stuttgarter Müllverbrennungsanlage und Herr Dipl. Ing. Michael Ferber, einer der Assistenten von Prof. Pöpel, Direktor des Instituts für Siedlungsabfallwirtschaft, zeigte uns auch das Stuttgarter Kompostwerk. Er vermittelte uns an einem Abend ganz privat seine Erfahrungen und Kenntnisse auf dem Gebiet der Müllverwertung. Das war ein Teil meines „Startkapitals" für meine Tätigkeit als Leiter der Abt. Müllverwertung.[7]

---

[6] siehe Beitrag Ramin.

[7] Michael Ferber, der später Technischer Direktor der (West-)Berliner Stadtreinigung und dann auch noch Chefredakteur der Fachzeitschrift „Müll und Abfall" wurde, blieb mir trotz Mauer und Stacheldraht immer verbunden. Seine privaten Besuche in Berlin-Ost, die er m.E. ohne Zustimmung seiner vorgesetzten Behörde machte, waren eine starke moralische Unterstützung. Diese privaten Gespräche blieben immer auf fachspezifische Themen beschränkt. Danke Michael Ferber!

Ein weiterer Vorteil für uns „Müllverwerter" der Berliner Stadtreinigung (Ost) bestand darin, dass die Berliner Stadtbibliothek einen Literaturumlauf organisiert hatte. Auf diese Weise bekamen wir vor der öffentlichen Auslage auch die einschlägige „Westliteratur" frisch auf den Tisch. Die ersten Exemplare der neu erschienen Fachzeitschrift „Müll und Abfall" bekamen wir sogar zur Begutachtung und Prüfung kostenlos.

Gemeinsam mit Hartmut Bunde und Ernst Ramin konnte ich später auch Müllverwertungsanlagen im Bundesgebiet und in den Niederlanden[8] besichtigen.

Da es sich bei der Vorbereitung der Müllverwertungskapazitäten um Erstvorhaben handelte und die Städte und Gemeinden natürlich an diesen Fragen Interesse hatten, wurde ich häufiger zu Vorträgen z.b. der Urania, der Kammer der Technik (KDT) u.a. eingeladen als ich wahrnehmen konnte. Ich erinnere mich an besonders lebhaftes Interesse bei den Veranstaltungen des Klubs der Intelligenz in Jena und Weimar. Die Diskussionen führten manchmal an die Grenze des politisch Ratsamen. Mein Ziel waren keine spektakulären Aktionen, sondern stetiges und langfristiges Wirken für die Erhaltung der natürlichen Lebensgrundlagen. Vorrangig war es für mich, den Gedanken des Ressourcenschutzes sowie den Zusammenhang zwischen Gesundheit und Umweltschutz in das Bewusstsein der Bürger zu rücken. Damit wurden die Menschen doch zugleich für den Unsinn der Rüstung, vor allem für die Gefahren der atomaren Aufrüstung in Ost und West sensibilisiert.

In die Zeit der Investitionsvorbereitung der Müllverwertungskapazitäten fällt auch eine Berufung zu einer Klausurarbeit[9], in der die erste „Landeskulturprognose der DDR", überprüft wurde. Die berufenen Wissenschaftler und ich als sog. Praktiker hatten die Aufgabe – Auftraggeber war das Büro des Ministerrates – unter Leitung von Prof. Hans Schönherr (Professor für Technologie an der Hochschule für Ökonomie und vielfacher Doktorvater leitender Mitarbeiter des Staatsapparates) diese Landeskulturprognose „vom Kopf auf die Füße" zu stellen. Dazu wurden wir für eine Woche in einem der Gästehäuser einquartiert, um konzentriert und unbeeinflusst arbeiten zu können. Für die Prüfung und Wertung des Teils „Abfallanfall und -verwertung" der Landeskulturprognose war ich verantwortlich. Es gab keine Tabus und Prof. Hans Schönherr (ein Cousin des Evangelischen Bischofs Albrecht Schönherr) hat unser Gutachten an das Büro des Ministerrates so

---

[8] Anlagen der Kohlescheidungsgesellschaft (KSG) in Stuttgart, der Vereinigten Kesselwerke (VKW) Düsseldorf und der VKW Düsseldorf Fa. DANO in Amsterdam (So lernte ich auch die alten niederländischen Maler kennen.).

[9] An die Namen der Mitglieder kann ich mich nicht mehr erinnern, leider. M.E. war Prof. Schuschke aus Magdeburg dabei. Ich wurde als „Praktiker", d.h. Mitarbeiter aus einem Betrieb, berufen, die anderen kamen m.W. aus wissenschaftlichen Einrichtungen. Es war eine Tendenz damals, dass unbedingt überall ein sog. „Praktiker" dabei sein sollte.

weitergeleitet, wie es die Mitglieder der Arbeitsgruppe erarbeitet hatten. Die persönlichen Notizen, die ich (entgegen den Vorschriften) behalten hatte, vernichtete ich Ende der 1980er Jahre vorsichtshalber, da einiges darauf hindeutete, dass gegen mich ermittelt wurde.[10]

Haften geblieben ist aber, dass ich in meinem Gutachten u.a. angeregt habe, den Müll aus Berlin-West zu übernehmen und in einem Kompostwerk in der Umgebung von Werder zu verarbeiten. Begründet habe ich den Vorschlag damit, dass die Sandböden im Bezirk Potsdam den Kompost dringend gebrauchen und so auch chemische Düngemittel, deren Produktion hohen Energieaufwand erforderten, eingespart werden könnten. Zur Finanzierung schlug ich vor, dass der Senat von Berlin-West das Werk zunächst finanziert, es aber nach Lieferung und Verarbeitung einer bestimmten Menge von Siedlungsabfällen in DDR-Eigentum übergeht. Insgeheim zielte mein Vorschlag auch darauf hin, die Bürger in Berlin-West vom Müllproblem zu entlasten. Dieser Vorschlag ist Jahre später auch von den Außenhandelorganen – allerdings in völlig veränderter Form – aufgegriffen worden: statt ein Kompostwerk zu errichten, wurde leider lediglich eine Deponiefläche im Bezirk Potsdam (südlich von Berlin-West) für die Ablagerung von Müll aus Berlin-West zur Verfügung gestellt, um schnell West-Devisen zu bekommen. Damit wurde m.E. die Idee zur Errichtung eines Kompostwerkes missbraucht.[11]

Die Mitarbeit an der Überarbeitung der „Landeskulturprognose der DDR" war vermutlich der Grund, dass ich nach einer gewissen Zeit einen Anruf von Dr. Werner Schneider von der Arbeitsgruppe Landeskultur im Büro des Ministerrates erhielt, der in der Frage gipfelte, ob ich etwas dagegen einzuwenden hätte (so etwa war halt die Formulierung), eine Tätigkeit in dieser Arbeitsgruppe aufzunehmen. Nach einem Gespräch mit dem Leiter, Dr. Werner Titel, stellv. Vorsitzender des

---

[10] Nach 1990 bestätigte sich meine Wahrnehmung, denn aus Unterlagen konnte ich entnehmen, dass Ende 1986 Ermittlungen gegen mich beantragt und diese im Januar 1987 auch aufgenommen wurden. Über die Gründe waren bisher keine Unterlagen auffindbar. Ich vermute Neid, denn in der AdW galt als strenge Regel, dass Gutachter von Dissertationen und Mitglieder von Promotions-Prüfungskommissionen habilitiert haben mussten. Etliche der Professoren im ZIW waren nicht habilitiert und daher wurde ich häufig berufen. Die Beantragung der Ermittlungen kann aber auch andere Gründe haben. Was es auch war, ich habe es überlebt, die Jahre 1988/89 als Kleindarsteller bei der DEFA.

[11] Eine Recherche im Auftrag der Fachzeitschrift „Müll und Abfall" beim Bundesbeauftragten für die Unterlagen des Staatssicherheitsdienstes der DDR 1997/98 zum Thema „Einfluß des MfS auf die Abfallentsorgung aus Berlin (West) in die Mark Brandenburg" (registriert unter AU 1.7-019836/97 Z) erbrachte lediglich einige Erkenntnisse über Machenschaften bei der Vorbereitung der Deponieflächen seitens des Brandenburger Beauftragten. Darüber, wer für die Entscheidung verantwortlich war, statt eines Kompostwerkes nur Deponieflächen für den Westberliner Müll bereitzustellen, fand ich keinerlei Unterlagen. Das ist vermutlich auf politischer Leitungsebene entschieden worden, denen lediglich daran lag, „schnell" und ohne großen Aufwand „Westmark zu machen". Ich stellte daher die Recherchen in Übereinstimmung mit dem Chefredakteur von „Müll und Abfall" ein.

Ministerrates der DDR, gab ich mein Einverständnis für die übliche vorgeschriebene persönliche Überprüfung durch die zuständigen Sicherheitsorgane.[12]

4. Tätigkeit in der Arbeitsgruppe Landeskultur im Büro des Ministerrates und im Ministerium für Umweltschutz und Wasserwirtschaft

Die Sicherheitsüberprüfung überstand ich und wurde im Büro des Ministerrates wissenschaftlicher Mitarbeiter der Arbeitsgruppe Landeskultur, die später den Grundstock für den Bereich Umweltschutz des Ministeriums für Umweltschutz und Wasserwirtschaft bildete. Zuständig war ich für die wissenschaftlichen und planungspraktischen Fragen der Abfall- und Sekundärrohstoffwirtschaft sowie für Maßnahmen zur umweltrelevanten Bildung.

Meine Tätigkeit konzentrierte sich vor allem auf die Ausarbeitung von gesetzlichen Regelungen unter Berücksichtigung der Belange der Nutzung industrieller und kommunaler Abfälle in den jeweiligen Volkswirtschaftplänen. Weiterhin gehörten zu meinen Aufgaben die Bearbeitung von Eingaben der Bevölkerung und die Ausarbeitung eines Lehrprogramms für die Schulen.

Bei den Beratungen der Entwürfe der jeweiligen Volkswirtschaftspläne hatten die Vertreter der Ministerien für Bauwesen und für Chemische Industrie für umweltrelevante Forderungen viel Verständnis. Die Räte der Bezirke, z.B. Cottbus, Halle und Gera waren an der Einplanung abfallwirtschaftlicher Projekte sehr interessiert. Es gab bei den Planberatungen vielfach Zustimmung, aber oft fehlten dann die „Baukennziffern", um das eine oder andere Vorhaben zu realisieren. Aufgrund meiner Erfahrungen kann ich sagen, dass es kein böser Wille vieler Verantwortlicher war, die Maßnahmen nicht zu realisieren. Es war volkswirtschaftliches Unvermögen gepaart mit Unterschätzung des Ressourcenschutzes durch das Politbüromitglied G. Mittag, dem Verantwortlichen für Wirtschaft.

Es gab auch positive Ergebnisse: Zum einen die Ausarbeitung der Durchführungsverordnungen (DVO) zum Landeskulturgesetz. Hier sei nur z.B. die 3. DVO vom 14.05.1970 über „Sauberhaltung der Städte und Gemeinden und die Verwertung von Siedlungsabfällen", GBl. II, S. 339 erwähnt.

---

[12] Um zu illustrieren, wie auf dieser Ebene eine Einstellung verlief, folgende Anmerkung: Ich bekam u.a. von Dr. Titel dabei auch den Hinweis, dass eine Einstellung erst möglich ist, wenn ich durch „sieben Siebe hindurch gefallen" sei. Das machte mich hellhörig und siehe da, ich rutschte tatsächlich durch die sieben Siebe durch. Bei meiner Entscheidung spielte auch ein gewisser Schuss an Neugierde mit: Ich wollte einfach wissen, ob gegen mich irgendetwas vorliegt. Danach schlief ich wieder ruhiger.

Zum anderen die Bildung des Instituts für Sekundärrohstoffe. Die Beschlussgrundlagen wurden mit Kollegen Ritter vom Ministerium für Materialwirtschaft erarbeitet, dem das Institut dann auch unterstellt wurde. Dadurch wurden sehr wichtige Grundlagen für die Nutzung von Abfällen als Sekundärrohstoffe geschaffen. Eine Rechts- und Planbestimmung zu industriellen Abfällen wurde erst in Kraft gesetzt, nachdem ihre Auswirkungen in den Betrieben im Bezirk Cottbus erprobt wurden. Diese Erprobung war sehr sinnvoll; denn sie ersparte Fehler und spätere Korrekturen.

Lösungen zur Nutzung von Abfällen als Sekundärrohstoffe konnten häufig nicht realisiert werden, weil es an entsprechenden Transportkapazitäten fehlte. Beispiel: das Baustoffkombinat Nobitz bei Altenburg (der Direktor war umweltbewusst und engagiert) hatte die Voraussetzungen zur Verwertung von Schlacke zu Hohlblockbausteinen geschaffen. Der Reichsbahn fehlten spezielle Waggons, um Schlacke aus Kraftwerken zum Baustoffkombinat zu transportieren.

Ein Erlebnis bei meiner Tätigkeit hat sich bei mir tief eingeprägt: Für die Schulen wurde ein Lehrplan für Umweltbildung ausgearbeitet und zur Abstimmung des Inhalts den verschiednen Ministerien übergeben. Ein paar konstruktiv-kritische Hinweise lösten einen so heftigen Einspruch durch die Volksbildungsministerin persönlich aus, dass ich ermahnt wurde. Das war damals für einen Mitarbeiter eine ernste Angelegenheit. Da sie bewirkt wurde durch die Frau Volksbildungsministerin, lernte ich nach einer gewissen Zeit, die Ermahnung als Auszeichnung zu begreifen.

Die Ergebnisse in der Zeit meines Wirkens in den zentralen Staatlichen Organen möchte ich etwa so zusammenfassen: Ideale oder auch nur volkwirtschaftlich und ökologisch optimale Lösungen von Umweltproblemen waren praktisch kaum möglich. Es konnten aber Grundlagen und Voraussetzungen für realisierbare Lösungen und Fortschritte auf dem Gebiet des Umweltschutzes geschaffen werden nach dem bekannten Sprichwort: Der Spatz in der Hand ist besser als eine Taube auf dem Dach.

Die Tätigkeit im Ministerium befriedigte mich nach dem Tode von Dr. Werner Titel trotzdem nicht mehr und sein Nachfolger H. Reichelt führte eine Arbeitsweise ein, die ich für unproduktiv hielt.[13]

---

[13] Zur Illustration der Arbeitsweise von Dr. W. Titel: Wir Mitarbeiter bekamen einen Auftrag schriftlich mit der Bitte zu prüfen und 2-3 Vorschläge zur weiteren Bearbeitung zu machen. Kurz wurde das Ergebnis der Prüfung ihm schriftlich mit etwa 3 weiteren Bearbeitungsvarianten vorgeschlagen. Innerhalb von 2-3 Tagen kam der Vorschlag an die Mitarbeiter zurück mit Kennzeichnung welche Bearbeitungsvariante zur Lösung des Problems zu verfolgen ist; oder es gab ein kurzes Gespräch und dann konnten wir Mitarbeiter weitermachen. Die Arbeitsweise war sachlich, verantwortungsbewusst und basierte auf gegenseitigem Vertrauen.

Anfang der 1970er Jahre trat generell ein Wandel in der Stellung des Umweltschutzes in der DDR ein, den m.E. vor allem das Politbüromitglied für Wirtschaft, G. Mittag, zu verantworten hatte. Wenn doch nur die Hälfte des Aufwandes z.b. für den politisch motivierten Spitzensport für den Umweltschutz aufgewendet worden wäre, dann hätten viele der theoretischen Erkenntnisse des Umweltschutzes in der Praxis umgesetzt werden können. Wenn die Aufwendungen z.B. für das Kernkraftwerk Nord stattdessen zur stoff- und energiewirtschaftlichen Rationalisierung der Technologien in der Industrie, des Verkehrswesens, der Kohlegewinnung und -nutzung eingesetzt worden wären, dann wäre durch diese Energieeinsparung sein Bau überflüssig gewesen.

Während Anfang der 1970er Jahre Fragen des Umweltschutzes, speziell der Abfallverwertung und Nutzung von Sekundärrohstoffen, ein angemessener Stellenwert eingeräumt und realisierbare Lösungen versucht wurde(n), wurden etwa ab 1972 die umweltrelevanten Aspekte mehr und mehr bei der Planung als Nebensache und eine Art wirtschaftlicher Luxus deklariert. Die externen volkswirtschaftlichen Kosten durch die Umweltbelastungen und die Ressourcenbeanspruchung[14] wurden von der zentralen politischen Leitung des Staates nicht gesehen bzw. nicht als gesellschaftlicher Verlust anerkannt. Deshalb wechselte ich 1972 zum Zentralinstitut für Wirtschaftswissenschaften (ZIW) der Akademie der Wissenschaften (AdW), wo Prof. Dr. Harry Mayer und Dr. Hans Roos eine Forschungsgruppe für Umweltökonomie gegründet hatten. Ich hoffte, die ökonomisch-ökologisch relevanten Belastungen der Natur und damit der Volkswirtschaft und deren negativen Wirkungen (externen Kosten und volkswirtschaftlichen Verluste an Naturreichtümern) auf die Höherentwicklung der Gesellschaft erforschen und deutlich machen zu können.

5. Forschungsgruppe „Umweltökonomie" des Zentralinstituts für Wirtschaftswissenschaften (ZIW) der Akademie der Wissenschaften (AdW)

Wie eingangs erwähnt konnte ich die Berichte und Studien der Forschungsgruppe „Umweltökonomie" im Archiv der Nachfolgeeinrichtung der AdW nicht finden. Die wichtigsten Forschungsergebnisse der einzelnen wissenschaftlichen Mitarbeiter der 1970er Jahre fanden ihren Niederschlag in dem Buch „Umweltgestaltung

---

[14] Im Ressourcenverbrauch war allerdings pro Kopf die Bundesrepublik nach den USA „Vizeweltmeister"; allerdings wurden die Luft- und Wasserverschmutzungen eingedämmt. Mangel an Konsumgütern ist schlecht, Verschwendung aber auch. Die Müllzusammensetzung im Bundesgebiet zeugte m.E. davon, dass Teile der Bevölkerung verschwenderisch lebten. Oder ???

und Ökonomie der Naturressourcen" (AUTORENKOLLEKTIV 1979). Es enthält nachstehende Kapitel:
1. Die Mensch-Umwelt-Beziehungen und die Wechselwirkung von Produktivkräften und Produktionsverhältnisse, von Dr. Hans Roos.
2. Zur Reproduktion der natürlichen Umweltbedingungen und zu den Grundlagen einer gesellschaftlichen Ressourcenwirtschaft, von Dr. habil. Werner Gringmuth.
3. Die Intensivierung der Stoff- und Energienutzung als zentrales Problem der gesellschaftlichen Naturstoffwirtschaft, von Dr. habil. Kurt Kutzschbauch und Dipl. oec. Birgit Harnisch.
4. Ökonomische Bewertung von Naturressourcen und Naturstoffen sowie die ökonomische Stimulierung ihrer Nutzung, von Dr. Dieter Graf.[15]

Hier sollen nur einige Schwerpunkte des Kapitels 3 kurz dargestellt werden:
- stoffwirtschaftliche Probleme der produktiven und nichtproduktiven Bindung von vergegenständlichter Arbeit;
- die Entwicklung des Stoffumsatzvermögens;
- das Stoffausnutzungsvermögen der gesellschaftlichen Arbeit;
- der Stoffausnutzungsgrad in der Nahrungskette;
- der energetische Nettowirkungsgrad der Elektroenergieerzeugung aus Braunkohle (CZOGALLA 1979; HARNISCH 1978);
- die Substitutionsprozesse;
- Tendenzen der Stoff- und Energieveredelung;
- zur Nutzung der Abfälle von Produktion und Konsumtion als Sekundärrohstoffe;
- zu Grundlagen der gesellschaftlichen Naturstoffwirtschaft.

Nach dem Erscheinen des Buches (1979) wurde sein Verkauf aufgrund einiger politisch gefärbter Kritiken eingestellt, zumindest nicht gefördert. Trotzdem erschien 1982 eine vollständige Übersetzung in russischer Sprache im Moskauer Progress Verlag. Die Forschungsgruppe wurde aufgelöst bzw. umgebildet. Arbeitsschwerpunkt wurden energiewirtschaftliche Forschungsthemen. So wurde es u.a. meine Aufgabe, den Energieverbrauch und Nahrungsenergiegewinn sowie den Stoff- und Energieausnutzungsgrad in der Nahrungskette zu untersuchen.

1979 erschien im Akademie Verlag Berlin jedoch auch noch der Sitzungsbericht 18 N, in dem zwei Vorträge vor der Klasse „Umwelt" der AdW zum Thema Abprodukte/Sekundärrohstoffe veröffentlicht wurden:
- „Ausgewählte Probleme der Entgiftung und Deponie von toxischen Produkten und Abprodukten im System der Abfallwirtschaft", von Prof. Karlheinz Lohs

---

[15] Mitgewirkt haben ferner Dipl. oec. Thomas Reuter, Dipl. Journalistin Vera Wegener sowie Prof. Dr. sc. Günter Streibel, der auch als einer der Herausgeber fungierte.

und Dr. Dieter Martinez von der Forschungsstelle für chemische Toxikologie Leipzig sowie
- von mir „Ökonomische Aspekte abproduktearmer Technologien und der verstärkten Nutzung von Sekundärrohstoffen".

Ausgehend von Veröffentlichungen aus der UdSSR über die stoffwirtschaftlichen Wechselwirkungen zwischen Natur-Gesellschaft-Natur sowie dem Stoffkreislauf im bioökonomischen System der Sowjetunion habe ich die entsprechenden Verhältnisse in der DDR erforscht. Weitere Erkenntnisse und Daten aus den Dissertationen von Birgit Harnisch (HARNISCH 1978) und Christian Czogalla (CZOGALLA 1979) sowie Thomas Reuter (REUTER, o.J.) konnte ich in meinen Vortrag mit einfügen.

Zur Illustration füge ich in *Anlage 2* einige zusammenfassende Daten aus den Studien, Dissertationen und Veröffentlichungen (KUTZSCHBAUCH 1973, 22-26; 1979, 46-83; 1972, 66-71) zur Thematik Abprodukte und Sekundärrohstoffnutzung bzw. Stoffkreisläufe an. Diese Statistiken wurden nur begrenzt oder gar nicht veröffentlicht.

Am Institut waren zeitweise auch junge Wissenschaftler aus Vietnam tätig, die eine Dissertation erarbeiteten. Umweltrelevant war das Thema von Nguen-danh-Son „Zum Rohstoffproblem und seinen Zusammenhängen zur Produktionsstruktur und zum Akkumulationsprozess im Auf- und Ausbau der materiell-technischen Basis des Sozialismus" (NGUEN-DANH-SON 1980).[16] Darin wurden auch Daten über den Anfall und die Nutzung von Sekundärrohstoffen ausgewiesen.

Viele Begriffe wurden in Wissenschaft und Praxis gebraucht, die sehr unterschiedlich definiert wurden. Das galt besonders für solche wie Abprodukte, Sekundärrohstoffe, Stoffwechsel, Umwelt und Umweltschutz usw. Prof. Harry Maier oblag es, die 3. Auflage des ÖKONOMISCHEN LEXIKONS (1978, 1979) vorzubereiten. Aus dem Bereich der Umweltökonomie habe ich dabei folgende Begriffe für das Ökon. Lexikon definiert: Abfall, Abprodukte, Naturkräfte, Naturstoffe, Naturressourcen, Sekundärrohstoffe, Stoffwechsel zwischen Natur und Gesellschaft, Umwelt.

Es galt, den ökonomischen Inhalt dieser Begriffe zu umreißen. Es war eine Sisyphusarbeit, die erarbeiteten Definitionen mit anderen Ökonomen abzustimmen.

Bei dem Buch „Umweltgestaltung und Ökonomie der Naturressourcen", bei Beiträgen in Zeitschriften u.a. Veröffentlichungen legten wir Autoren der Forschungsgruppe viel Wert auf Formulierungen, die unsere Kollegen im Bundesgebiet auch verstehen können. Das gilt auch für die von mir formulierten Begriffsde-

---

[16] Auch an der Technischen Hochschule in Merseburg hat ein vietnamesischer Gastwissenschaftler eine Dissertation zum Thema Sekundärrohstoffe geschrieben. Obwohl ich diese Arbeit begutachtet habe, ist sie nicht in meinem Archiv.

finitionen. Brechts „Fünf Schwierigkeiten beim Schreiben der Wahrheit"[17] habe ich versucht zu überwinden. Es war eine der (großen) Enttäuschungen 1990 und danach, dass unsere Veröffentlichungen von westdeutschen Kollegen überhaupt nicht gelesen worden sind. Sie hatten doch die Möglichkeit, Literatur aus der ganzen Welt zu lesen. Wir haben die einschlägige „Fachliteratur aus dem Westen" studiert. Sie lag z.b. in der Berliner Stadtbibliothek öffentlich aus und jeder, der lesen wollte, konnte sie lesen. Gesperrt waren nur Zeitungen und Zeitschriften politischen Charakters, z.b. „Der Spiegel". Über viele Jahre habe ich für den Informationsdienst der Akademie der Landwirtschaftwissenschaften (DAL) etliche Zeitschriften, z.b. „Wirtschaft und Statistik", „Städtetag" usw. ausgewertet. Die Kurzreferate wurden den nachgeordneten Instituten der DAL zur Verfügung gestellt. Die Bibliothek des Instituts für Literatur der AdW war im gleichen Gebäude wie das ZIW. Sie war außerordentlich gut auch mit schöngeistiger Literatur aus allen deutschen Landen bestückt. Die Mitarbeiter der verschiedenen Institute konnten diese Literatur „genießen", so sie dafür Interesse hatten.

Meine Tätigkeit im ZIW endete am 31. Juli 1988[18]. Der Grund mich vorzeitig zum Rentner zu machen, blieb mir verborgen. Der Direktor Prof. Dr. Wolfgang Heinrichs sicherte vielleicht damit, dass das Institut unbeschadet weiterforschen konnte. Er betraute mich im Laufe der Jahre mit einer Reihe spezieller Aufgaben, z.B. delegierte er mich zu vielen Sitzungen des Rohstoffrates des DDR, er ließ mich mitarbeiten an dem Projekt „Langzeitauto" und zuletzt setzte er mich ein bei der Schaffung der Vorraussetzungen zum Aufbau von Kapazitäten für die Produktion von Zitronensäure. Gern hätte ich ihm mein Verständnis dafür bekundet, dass die Arbeit des Instituts wichtiger gewesen ist als meine Entlassung. Ich kam aber 1991 zu spät. Nebenbei angemerkt: Als Kleindarsteller bei der DEFA habe ich dann Schönes erlebt. Das hat mich nach der Überwindung des anfänglichen Schockes über mein Ausscheiden ein wenig versöhnt. Kein Verständnis habe ich bis

---

[17] Brecht, B. (1934): „Wer heute die Lüge und Unwissenheit bekämpfen und die Wahrheit schreiben will, hat zumindest fünf Schwierigkeit zu überwinden ..." „1. Der Mut, die Wahrheit zu schreiben. 2. Die Klugheit, die Wahrheit zu erkennen. 3. Die Kunst, die Wahrheit handhabbar zum machen als eine Waffe. 4. Das Urteil, jene auszuwählen, in deren Händen die Wahrheit wirksam wird. 5. Die List, die Wahrheit unter vielen zu verbreiten." Brecht 1957, 87 f.

[18] Die letzten beiden Jahre der DDR verbrachte ich als Kleindarsteller der DEFA. Es war unterhaltsam und bildend. Nur bedauere ich, dass ich an keinem Film mit einem Umweltthema mitwirken konnte. Solch einen Film gab es einfach Ende der DDR nicht. Außerdem lässt eine Müllmann keinen anderen Müllmann untergehen: Michael Ferber fing mich auf und schickte mich zur Berichterstattung zu Tagungen über Abfallwirtschaftsprobleme. Diese journalistische Arbeit war neu für mich, vor allem seine äußeren Umstände waren völlig neu. Als ich 1989 von der Umweltmesse in Düsseldorf heimkehrte, wurde ich wiederholt gefragt, wie es denn im „Westen" sei. Analog der Pointe eines Honecker-Witzes war meine Antwort in etwa: Ich weiß jetzt, was Kommunismus ist, denn im Pressezentrum konnte ich essen und trinken und brauchte nichts zu bezahlen.

heute, dass einer meiner „Vorgesetzten", den ich wiederholt gegen Kritiken schützte, über mich eine Beurteilung schrieb, die ich ganz einfach als hundsgemein werte. Ob er jener Institution behilflich sein wollte, die gegen mich seit 1987 ermittelte?

Für mich galt und gilt Rosa Luxemburgs Spruch, dass Freiheit die Freiheit Andersdenkender ist, denn ich gehörte zu den Andersdenkenden. Das heißt aber nicht, dass die Freiheit auch die Freiheit zu Verleumdungen und Verdächtigungen ist, im Gegenteil: Freiheit verpflichtet zu Frieden und Demokratie, zur Wahrhaftigkeit und Ehrlichkeit, zu sozialer Gerechtigkeit sowie nicht zuletzt zu ökologischer Verantwortung. Mein Ziel war und ist die geistig-kulturell höher entwickelte demokratische Gesellschaft auf der Grundlage sozialer Gerechtigkeit und einer ökologisch orientierten Produktions- und Lebensweise. Wie weit sind wir davon auch heute noch entfernt?

6. Schlussbetrachtungen – wir können nur von den Zinsen des Naturkapitals leben

Die Erfahrungen und Erkenntnisse meines etwa drei Jahrzehnte währenden Wirkens in der DDR für die Erhaltung und die rationellere Nutzung der natürlichen Lebensgrundlagen in Praxis und Wissenschaft fasste ich vor Jahren zu folgenden Thesen kurz zusammen:
1. Die Umweltbelastungen und die widersprüchlichen Beziehungen des Menschen zur Natur sind kein neuartiges Merkmal und keine charakteristische Eigentümlichkeit unserer Epoche. Sie gab es von jeher, denn menschliche Aktivitäten sind immer mit Eingriffen in den Naturhaushalt und mit einer Entropie der Leistungsfähigkeit der natürlichen Potentiale verbunden. Allerdings haben die Beziehungen je nach technisch-technologischem Entwicklungsstand, nach der Anzahl der Bevölkerung, nach ihrer Lebensweise, nach ökonomischer und sozialer Struktur und regionalen Schwerpunkten anders bestanden. Mit der Industrialisierung sowie mit dem Wettrüsten im vorigen Jahrhundert ist eine neue Qualität dieser widersprüchlichen Beziehungen entstanden. Sie haben einen existenzbedrohenden Intensitätsgrad erreicht. Die neue Qualität wird insbesondere durch die Chemisierung bewirkt, denn immer mehr naturgemäße Stoffverbindungen werden zu naturfremden umgewandelt und in den produktiven und konsumtiven Prozessen eingesetzt sowie im Zuge der ökologischen Rezirkulation in die Umwelt zurückgegeben. Auch die Nutzung der Kernenergie zeugte von der neuen Qualität. Die neuen Dimensionen wurden durch die Entwicklung der Produktivität bei der Gewinnung und Verarbeitung von Rohstoffen und dem

Energieeinsatz deutlich. Neue Merkmale sind auch die Konzentration der Bevölkerung in Großstädten, die Konzentration der Produktion und die neuen Dimensionen der Warenströme, die wachsenden Transporte über immer größere Entfernungen bedingen. Ein neues Merkmal der Mensch-Umwelt-Beziehungen sehe ich auch darin, dass immer mehr künstliche Bedürfnisse entfacht werden. Werden nicht schon unsere Kinder und Enkel „süchtig" auf Konsum und viele Dinge gemacht, die sie gar nicht zum Leben brauchen. (Das soll schon Sokrates festgestellt haben.)

2. Die Natur braucht uns Menschen nicht; sie besteht auch ohne uns. Wir brauchen die Natur und ihre Leistungspotentiale. Dank der Funktionstüchtigkeit der natürlichen Stoffkreisläufe – Wasser-, Kohlenstoff-, Sauerstoffkreisläufe – sind unsere Lebensgrundlagen gegeben. Günstige Naturbedingungen, z.B. Bodenfruchtbarkeit und reiche Erzvorkommen, erhöhen die Effektivität der wirtschaftlichen Prozesse. Dank der „Riesenarbeit der Unsichtbaren", d.h. der Mikroorganismen, werden Abwässer regeneriert, Abfälle ab- und um- und wieder aufgebaut, z.B. zu Kompost. Das bedeutet, dass der Mensch nur in der Vernetzung mit anderen Lebewesen existiert, deren Lebensbedingungen daher nicht zerstört werden dürfen. Naturschutz ist Schutz unserer menschlichen Existenz.

3. Alle Stoffe und Energieträger, die der Mensch der Natur entzieht und in wirtschaftliche Prozesse einbezieht, bleiben nicht ewig dort akkumuliert. Unser Leben und Wirtschaften ist untrennbar verbunden mit einem ständigen Stoff- und Energieaustausch zwischen der Natur, den produktiven und konsumtiven Prozessen und den ökologischen Rückführungsprozessen der Abfälle, Altstoffe, Abwässer, Abgase und Abwärme in die Natur.

4. Von den Massen an Stoffen, die der Natur entzogen wurden und werden, geht nur ein geringer Teil letztlich in Fertigprodukte ein. Der weitaus größte Teil fällt bereits auf den verschiedenen Stufen der Umformung der Naturstoffe und -kräfte zu Stufen-, Halb- und schließlich Fertigprodukten als feste, flüssige, gasförmige oder energetische Abfälle/Abwärme an. Das bedeutet aber andererseits, dass eine immer kleiner werdende Stoffmasse Träger des Gebrauchswertes und auch des Wertes wird. Auch die Fertigprodukte – Arbeitsinstrumente und Konsumgüter – werden nach ihrem Ge- oder Verbrauch, nach ihrem Verschleiß zu Abfällen, wobei allerdings im Wesentlichen nur ihre Funktionstüchtigkeit, ihre Form und Gestalt bzw. Schönheit verschlissen sind. Ihre stoffliche Substanz ist weitgehend noch erhalten, unterlag aber chemischen oder physikalischen Umwandlungs- und Alterungsprozessen. Alle Stoffe und Energieträger, die der Natur entzogen und in wirtschaftliche Prozesse einbezogen wurden, wurden und werden nach allerdings unterschiedlich langer Bindung in Produktions-, Zirkulations- und/oder Konsumtionsprozessen zu Abprodukten und entweder nach

dem biblischen Prinzip: Erde werde zu Erde! wieder in die natürlich Umwelt ausgeschieden oder einem sekundären Kreislauf zugeführt. Der Übergang von der Durchlauf- zur Kreislaufwirtschaft ist eine Herausforderung der Gegenwart. Recycling gibt es aber auch nicht zum Nulltarif.

5. Eine Analyse der historischen Entwicklung der Produktivkraft des Menschen zeigte, dass seine Fähigkeit, Stoffe und Energieträger zu gewinnen und zu verarbeiten, d.h. umzusetzen, viel schneller gestiegen ist als seine Fähigkeit, diese Stoffe und Energieträger besser auszunutzen. Aus der Diskrepanz der Produktivkraftentwicklung zwischen Stoff- und Energiegewinnung und -umsetzung einerseits und der Stoff- und Energieausnutzung andererseits resultierte vorrangig der wachsende Anfall von Abprodukten. Diese Tendenz ist also nicht subjektiv bedingt und ihre Umkehrung liegt nicht in subjektivem Ermessen, sondern hat ihre Ursache in der widersprüchlichen Produktivkraftentwicklung.

6. Der Schutz unserer natürlichen Umwelt erfordert Aufwendungen. Sie erscheinen aber zum großen Teil nur deshalb extra notwendig und z.T. hoch, weil vorher nicht sämtliche Kosten ermittelt und den Verursachern, speziell den jeweiligen Produkten zugeordnet wurden. Der Umweltschutz kostet Geld, aber kein Umweltschutz wird langfristig viel teurer. Häufig wird argumentiert, dass Umweltschutzmaßnahmen die Rentabilität von Unternehmen bedrohen. Im Gegenteil: Kein Umweltschutz gefährdet langfristig die Existenz der Unternehmen. Was nutzt alles Wirtschaftswachstum, wenn die Region oder das Land nicht mehr bewohnbar ist?

7. Die Lösung der Umweltprobleme erfordert ein Umdenken, insbesondere eine stoff- und energiewirtschaftliche sowie technologische Um- und Neuorientierung. Die vier Grundregeln – auch als Nachhaltigkeits-Managementregeln bezeichnet – der entsprechenden Enquete-Kommission gilt es einzuhalten und durchzusetzen.

- Die Abbaurate erneuerbarer Ressourcen soll deren Regenerationsraten nicht überschreiten.
- Nicht erneuerbare Ressourcen sollen nur in dem Umfang genutzt werden, in dem ein physisch und funktionell gleichwertiger Ersatz in Form erneuerbarer Ressourcen oder höherer Produktivität erneuerbarer sowie nicht erneuerbarer Ressourcen geschaffen wird.
- Stoffeinträge in die Umwelt sollen sich an der Belastbarkeit der Umweltmedien orientieren, wobei alle Funktionen zu berücksichtigen sind, nicht zuletzt auch die „stille" und empfindliche Regelungsfunktion.
- Das Zeitmaß anthropogener Einträge bzw. Eingriffe in die Umwelt muss im ausgewogenen Verhältnis zum Zeitmaß der für das Reaktionsvermögen der Umwelt relevanten natürlichen Prozesse stehen.

8. Der Aufbau einer nachhaltigen ökologisch orientierten Zukunft für alle Völker, nicht zuletzt die hoch entwickelten Industriegesellschaften, erfordert eine Umgestaltung der Weltwirtschaft, verändertes menschliches Fortpflanzungsverhalten sowie für viele Verschwender eine teils schmerzvolle Veränderung liebgewordener Gewohnheiten und Lebensstile. Vor allem müssen Rüstung und Krieg ausgeschlossen werden. Zwischen den Industrieländern und den Staaten der Dritten Welt muss ein wirtschaftlicher und sozialer Ausgleich bewirkt werden. Den Hunger in der Welt gilt es zu überwinden, denn noch ist für alle Menschen in der Welt ausreichend Mittel zum Leben vorhanden. Den „Wasserkriegen" müssen die Ursachen entzogen werden.

9. Durch unser aller künftiges Handeln wird sich entscheiden, ob der Mensch sich als k a p i t a l e r   I r r l ä u f e r (Arthur Koestler) der Evolution erweisen wird. Das gilt es auf jeden Fall zu verhindern. Der Ressourcenschutz ist ein Teil der Überlebensstrategie der Gattung Mensch. Die Chancen zum Überleben sind gegeben.

Literatur

Autorenkollektiv: Umweltgestaltung und Ökonomie der Naturressourcen, Verlag Die Wirtschaft Berlin 1979, 270 S.

Brecht, B.: Versuche 20/21 in „Mutter Courage und ihre Kinder", Aufbau Verlag Berlin 1957

Czogalla, C.: „Zur Rolle der Energie bei der Entwicklung der materiell-technischen Basis in der entwickelten sozialistischen Gesellschaft, Dissertation, ZIW der AdW, Berlin 1979

Harnisch, B.: Die Intensivierung der Naturnutzung und ihr Einfluss auf die gesellschaftliche Arbeitsproduktivität – dargestellt am Beispiel der Nutzung der Braunkohle, ZIW, Berlin 1978

ifk Siedlungsabfallbeseitigung (Hg.): Geordnete Deponie unzerkleinerter fester Siedlungsabfälle, Bearbeiter: Ing. Tosch und Dipl. oec. Hermann, Dresden, Dezember 1970

ifk Stadtreinigung – RGW-Dokumentation Geordnete Deponie, Dresden 1975

Kutzschbauch, K.: Die Bedeutung der Orientierungskenziffern für die Investitionen der Wasserwirtschaft und einige Hinweise zu ihrer Erarbeitung, in: Wasserwirtschaft-Wassertechnik, Berlin 11 (1961) 7

Kutzschbauch, K.: Die Nutzung von Abprodukten als Sekundärrohstoffe ist die beste Form ihrer schadlosen Beseitigung, in: Naturschutzarbeit in Berlin und Brandenburg, 9 (1973) 1, 22-26

Kutzschbauch, K.: Die Siedlungsabfälle – eine noch unerschlossene Reserve der Volkswirtschaft, in: Naturschutzarbeit in Berlin und Brandenburg 8 (1972) 3, 66-71

Kutzschbauch, K.: Ökonomische Aspekte abproduktearmer Technologien und der verstärkten Nutzung von Sekundärrohstoffen, in: Sitzungsberichte der AdW 18 N/n 1979, 46-83

Kutzschbauch, K.: Über die Ermittlung des Nutzens landwirtschaftlicher Investitionen, in: Zeitschrift für Agrarökonomik, Berlin 9 (1966) 1

Kutzschbauch, K.: Untersuchungen zur Verbesserung der Methodik der Ermittlung des Nutzens landwirtschaftlicher Investitionen, Jena 1968; ausleihbar in der Bibliothek der Universität Jena unter der Registriernummer: 74 J 237 und 74 J 238

Kutzschbauch, K.: Zusammensetzung und strukturelle Entwicklung des Hausmülls von Groß-Berlin, in: Zeitschrift für die gesamte Hygiene und ihre Grenzgebiete 12 (1966) 10, 838-845

Nguen-danh-Son: Zum Rohstoffproblem und seinen Zusammenhängen zur Produktionsstruktur und zum Akkumulationsprozeß im Auf- und Ausbau der materiell-technischen Basis des Sozialismus, Dissertation, ZIW der AdW, Berlin 1980

Ökonomisches Lexikon, 3. neu bearbeitete Auflage, Verlag Die Wirtschaft Berlin, 3 Bände, 1978, 1979

Reuter,T.: Ökonomische Zusammenhänge zwischen der Entwicklung und Befriedigung konsumtiver Bedürfnisse und den natürlichen Umweltbedingungen, o.O. (Berlin), o.J.

Anlage 1:

Ausgewählte Abbildungen und Datenübersichten aus Studien, Dissertationen und Veröffentlichungen von Mitgliedern der Forschungsgruppe Umwelt des ZIW der AdW zur Illustration der Umweltverhältnisse in den 1970er Jahren.

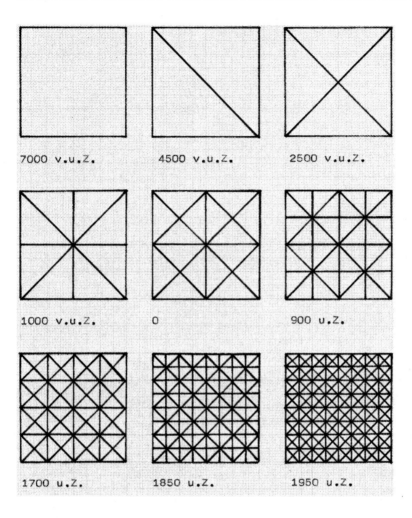

Abbildung 2.1: Stofflich-energetische und flächenmäßige Nutzung des Festlandes

Diese groben Näherungswerte sollen verdeutlichen, wie im Verlauf der Jahrhunderte die Verdoppelungszeiten für die Nutzung des Festlandes sich in immer kürzeren Abständen vollzog; während es anfangs der Menschheitsentwicklung 2.500 > Jahre dauerte, bis eine Verdoppelung eintrat, dauerte es von 1850 bis 1950 nur noch 100 Jahre. Inzwischen sind die Verdoppelungszeiten wohl immer kürzer geworden, d.h. die Beanspruchung an die natürlichen Lebensgrundlagen nimmt progressiv zu und daher ist der Umweltschutz zugleich eine Überlebensstrategie. Quelle: Archiv-Kutzschbauch

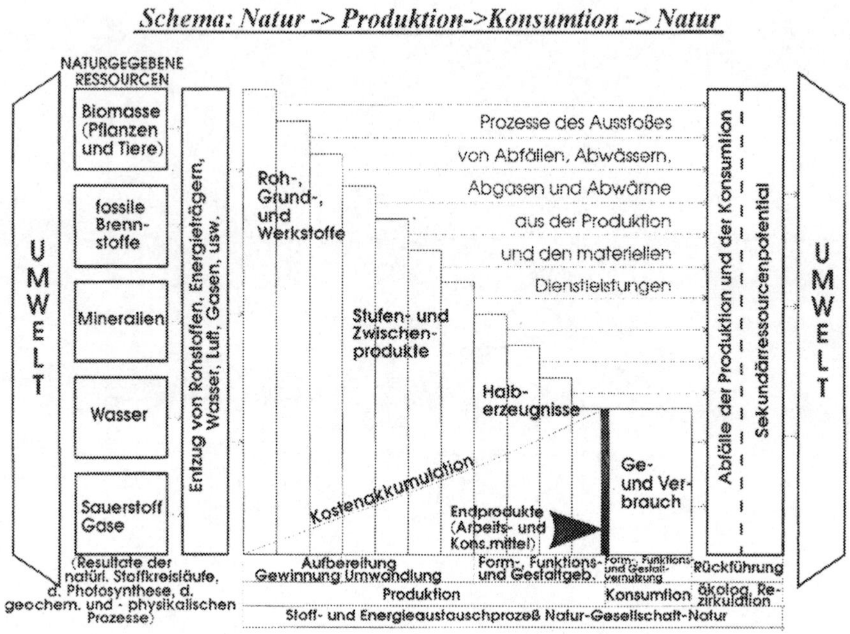

Abbildung 2.2: Schema: Natur – Produktion – Konsumtion – Natur

Aus der Umwelt werden die naturgegebenen Ressourcen, die Resultate der natürlichen Stoffkreisläufe, der Photosynthese, der geochemischen und -physikalischen Prozesse sind, entzogen. Sie werden als Rohstoffe gewonnen, in den produktiven Prozesse zu Grund- und Werkstoffen, zu Stufenprodukten und Halberzeugnissen umgewandelt bzw. geformt. Dabei erhalten sie ihre Funktionsfähigkeit, Form und Gestalt, d.h. sie sind gebrauchsfähiges Endprodukt in Form von Arbeitmitteln oder Konsumgütern. Auf jeder der Gewinnungs-, Aufbereitungs- und Umwandlungsstufe sowie Form-, Funktions- und Gestaltgebung entstehen Abfälle = Produktionsabfälle, die entweder als Sekundärrohstoffe genutzt oder in die Natur zurückgeführt werden müssen. Zugleich wird eine immer geringer werdende Stoffmasse Träger des Arbeitsaufwandes und auch der in ihnen vergegenständlichten Energie.

Bei der Nutzung der Endprodukte werden die Arbeitsmittel und Konsumgüter, ihre Funktion und Gestalt vernutzt und sie werden im Prozess der produktiven oder individuellen Konsumtion zu Altstoffen, die entweder das Sekundärpotenzial bilden oder als Abfälle in die Umwelt zurückgeführt werden, entweder direkt auf Beseitigungsanlagen (z.B. Müllverbrennung bzw. Deponie) oder nach zweckdienlicher Aufbereitung als schadlose Abfälle in die Natur = ökologische Rezirkulation. Damit ist der Stoffwechsel vollzogen. Für die als Sekundärrohstoffe genutzten Produktions- oder Konsumtionsabfälle beginnt ein neuer Kreislauf.

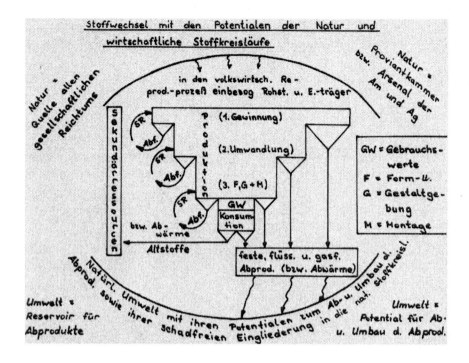

Abbildung 2.3: Stoffwechsel mit den Potentialen der Natur und wirtschaftlichen Stoffkreisläufen

Illustriert werden sollen die beiden Hauptfunktionen der natürlichen Umwelt. Die Natur ist einerseits die Quelle aller Stoffe und Energieträger. Andererseits ist sie das Reservoir für die Aufnahme der festen, flüssigen oder gasförmigen Abprodukte und bildet das Potential für ihren Ab- und Umbau und damit ihre schadfreie (ökologische) Eingliederung in die natürlichen Stoffkreisläufe. Verdeutlicht soll auch wieder werden, dass auf allen Stufen zugleich Abfälle bzw. Abwärme entsteht, welche die Sekundärrohstoff- oder Sekundärenergiebasis darstellt.

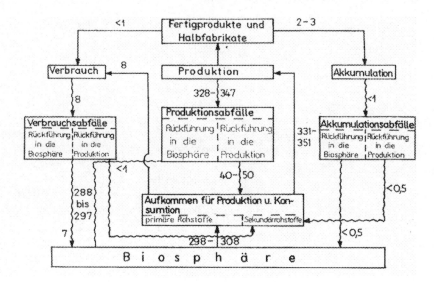

Abbildung 2.4: Stoffkreislauf im bioökonomischen System der Sowjetunion

Hochinteressant war es zu wissen, wie viele der Stoffe, die der Natur entzogen wurden, tatsächlich in den Endprodukten – Arbeitsmitteln, Arbeitsgegenständen und Konsumgütern – noch enthalten waren. Darüber gab für die Sowjetunion ein Beitrag Aufschluss, den wir in einer Zeitschrift aus der UdSSR fanden. Danach wurden etwa in der Zeit um 1970 in der Sowjetunion jährlich 298-308 Mrd. t Stoffe entzogen. Sie bildeten mit 40-50 Mrd. t. Produktionsabfällen und 1 Mrd. t Verbrauchsabfällen das Aufkommen an primären und sekundären Rohstoffen. Insgesamt gingen demnach 331-351 Mrd. t in die Produktion ein und 8 Mrd. t in den unmittelbaren Verbrauch ein. In den übrigen Fertigprodukten und Halbfabrikaten waren nach deren Herstellung noch 2-3 Mrd. t für die Akkumulation und etwa 1 Mrd. t für den individuellen Verbrauch enthalten. Summa summarum waren also 12 Mrd. t schließlich insgesamt in Produkten für Produktion und Konsumtion enthalten. Gemessen an den rund 300 Mrd. t waren schließlich nur etwa 4 % in den konsumfähigen Endprodukten (Arbeitsmitteln und Konsumgütern) gebunden. Es war mir bewusst, dass es sich bei den Mengenangaben um (grobe) Näherungswerte handelt. Die Größenordnungen sind aber zutreffend und damit auch das Verhältnis, dass nur 4 % der entzogenen Stoffe in konsumfähigen Endprodukten enthalten sind. Bei der Wertung dieses Verhältnisses ist zu beachten, dass die SU erhebliche Rohstoffexporte tätigte.

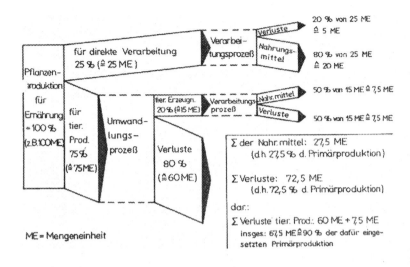

Abbildung 2.5: Schema der Umwandlung pflanzlicher Erzeugnisse zu Nahrungsmitteln

Selbstverständlich hatten mich die Daten für das bioökonomische System neugierig gemacht, wie das entsprechende Verhältnis entzogener zu in Endprodukten gebundenen Stoffmassen für die DDR ist. Das versuchte ich, an Daten für die Umwandlung pflanzlicher Erzeugnisse zu Nahrungsmitteln zu ermitteln. Das Ergebnis zeigt, dass, die Pflanzenproduktion = 100 gesetzt, in den konsumfähigen Nahrungsmitteln nur etwa 27,7 % der Primärproduktion enthalten waren. Die Verluste der Umwandlung und Verarbeitung betrugen für die ausgewählten Produktionsstufen 72,5 %.

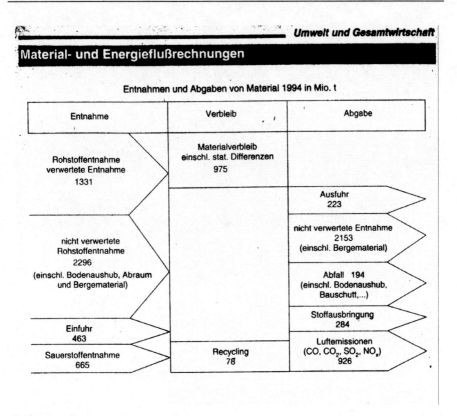

Abbildung 2.6:
Material und Energieflussrechnungen – Entnahme und Abgaben von Material 1994 (in Mio. t)

Als das Statistische Bundesamt die ersten Ergebnisse der Umweltökonomischen Berechnungen veröffentlichte, suchte ich natürlich für die entsprechenden Berechnungen zu erfahren, wie das Verhältnis entzogener zu den in Endprodukten gebundenen Stoffmassen ist. Für 1994 fand ich die nachstehende Material- und Energieflussrechnung. Sie lässt erkennen, dass dieses Verhältnis etwa 25 % beträgt. Interessenten empfehle ich das Studium der Umweltökonomischen Gesamtrechnungen des Statistischen Bundesamtes. Abbildung dient dem Vergleich. Quelle: Statistisches Bundesamt: Umweltökonomische Gesamtrechnung

Gegenstand der Nachweisung	Früheres Bundesgebiet			Neue Länder	Deutschland
	1970	1980	1990	1992	
Rohstoffentnahme (Inland) ...	78,3	83,2	65,6		103,2 [2]
Einfuhr	146,7	140,4	113,2	117,5	86,6	204,1
Primärenergieverbrauch	112,4	91,4	73,6	71,4	162,2	233,6
Gütertransportleistung	115,2	104,6	98,0	81,6	123,6	205,2
Luft - Emissionen	88,5	71,7	51,5	49,5 [1]	161,6 [1]	211,1 [1]
darunter: Stickstoffdioxid (NO2)	105,3	96,0	64,5	56,3 [1]	134,5 [1]	190,8 [1]
Schwefeldioxid (SO2)	76,6	49,6	12,0	9,8 [1]	412,2 [1]	422,0 [1]
Kohlendioxid (CO2)	88,4	72,1	52,0	49,5 [1]	158,2 [1]	207,7 [1]
Abfallaufkommen	64,7	81,5	57,6	47,8 [2]	186,9 [2]	234,7 [2]
	1975	1979				
Wasseraufkommen	99,3	110,8	91,4	86,2 [3]	143,3 [3]	229,4 [3]
Abwasseranfall	111,7	126,2	98,9	92,9 [3]	173,4 [3]	266,2 [3]

1) Vorläufige Werte. - 2) Werte von 1993. -
3) Werte von 1991. -

Statistisches Bundesamt 1996
Umweltökonomische Gesamtrechnungen

Abbildung 2.7: Langfristige Entwicklung (1960-1990) sowie aktuelle Daten der Material- und Energieflüsse im Verhältnis zum Bruttoinlandsprodukt (1960 = 100)

Zum weiteren Vergleich und zur Illustration vgl. die Daten der langfristigen Entwicklung der bundesdeutschen Material- und Energieflüsse. In „Müll und Abfall", Heft 5, 1999 , habe ich über die Umweltökonomische Gesamtrechnung 1998 berichtet: „Für den Abfallbereich ist es erstmals gelungen, die verfügbaren Basisdaten durch entsprechende gesamtrechnerische Verfahren aufzubereiten und für Gesamtbetrachtungen nutzbar zu machen."

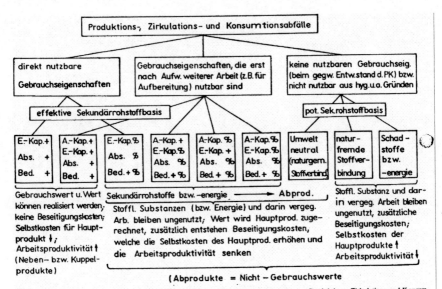

Abbildung 2.8: Produktions-Zirkulations- und Konsumtionsexkremente (Abfälle)

Diese Übersicht soll die materiell-technischen Voraussetzungen kennzeichnen, die erforderlich sind, damit Abfälle zu Sekundärrohstoffen und diese zu Neben- bzw. Kuppelprodukten bzw. zu Abprodukten werden. Quelle: Archiv-Kutzschbauch

VERTEILUNG DER ABPRODUKTE DER INDUSTRIE AUF DIE EINZELNEN BEDÜRFNISKOMPLEXE (GESAMTANFALL = 100 %)

BEDÜRFNIS-KOMPLEXE	GESAMTERZEUGUNG	STAUB	SO_2	ABWASSER	ÜBRIGE SCHADSTOFFE	VERBRAUCH AN ERZEUGNISSEN D. GRUNDSTOFFIND.
ERNÄHRUNG	32,5	16,6	16,9	18,3	19,2	17,5
BEKLEIDUNG	5,9	5,1	5,2	8,4	6,4	7,3
WOHNEN	12,6	30,6	32,5	21,0	15,5	18,2
PERSONEN-TRANSPORT	5,4	7,9	7,8	5,4	9,3	10,5
KOMMUNIKATION	2,2	1,4	1,5	1,0	1,8	1,0
GESUNDHEITSWESEN	3,2	9,2	7,5	3,4	13,5	5,2
BILDUNG/KULTUR/SPORT	1,9	2,4	2,6	4,3	2,7	2,1
SONSTIGE KONSUMTION	3,2	6,3	6,1	6,5	4,8	5,9
KONSUMTION INSGESAMT	67,0	79,5	80,2	68,3	73,6	67,8
INVESTITION	33,0	20,5	19,8	31,7	26,4	32,2

Abbildung 2.9: Übersicht Verteilung der Abprodukte der Industrie auf die einzelnen Bedürfniskomplexe (Gesamtanfall 100 %)

Die Industriezweige dienen der Befriedigung gesellschaftlicher Bedürfnisse = Bedürfniskomplexe. Die entstandenen festen, flüssigen oder gasförmigen Abprodukte wurden den jeweiligen Bedürfniskomplexen zugeordnet. Aus der Übersicht ist zu erkennen, dass z.B. der Anteil der Erzeugung von Nahrungsmitteln 32,5 % der Gesamterzeugung der Volkswirtschaft ausmachte. Ihre Produktion verursachte an festen, gasförmigen oder flüssigen Abprodukten jedoch nur 16,6 % des Staubes, 16,9 % des SO_2, 18,3 % des Abwassers und 19,2 % der übrigen Schadstoffe. 33 % der Produktion dienten den Investitionen; sie verursachten 20,5 % des Staubes, 19,8 % des SO_2, 31,7 % des Abwassers und 26,4 % der übrigen Schadstoffe. Obwohl nur 2,2 % der Produktion dem Gesundheitswesen diente, verursachten deren Prozesse aber erheblich über ihrem Anteil liegende Emissionen. Diesen Daten gegenübergestellt sind die Anteile des Verbrauchs an Erzeugnissen der Grundstoffindustrie, die im Allgemeinen überdurchschnittliche Mengen an Abprodukten verursacht. Diese hier aufgeführten Daten konnten aus der Verflechtungsbilanz errechnet werden. Quelle: Dissertation von Thomas Reuter.

Abprodukte-Intensität der Industrieproduktion nach Bedürfniskomplexen je Einheit; Produktion insgesamt = 1,00

Bedürfniskomplexe	Staub	SO$_2$	Abwasser	Übrige Schadstoffe
Industrieproduktion (insgesamt)	1,00	1,00	1,00	1,00
Ernährung	0,51	0,52	0,56	0,59
Bekleidung	0,86	0,88	1,42	1,08
Wohnen	2,43	2,58	1,67	1,23
Personentransport	1,46	1,44	1,00	1,72
Kommunikation	0,64	0,68	0,45	0,82
Gesundheitswesen	2,88	2,34	1,06	4,22
Bildung/Kultur/Sport	1,26	1,37	2,26	1,42
Sonstige Konsumtion	1,97	1,91	2,03	1,50
Konsumtion insgesamt	1,19	1,20	1,02	1,10
Investitionen	0,62	0,60	0,96	0,80

Abbildung 2.10: Übersicht Abprodukteintensität der Industrieproduktion nach Bedürfniskomplexen je Einheit Produktion insgesamt = 1,00

Die verschiedenen Emissionen wurden den einzelnen Prozessen der Bedürfnisbefriedigung gegenübergestellt. Die Daten zeigen z.B., dass die Erzeugung einer Ernährungseinheit nur 0,51 gegenüber dem Durchschnitt der Industrie insgesamt beträgt. Die höchste Abprodukteintensität wiesen die Prozesse des Bedürfniskomplexes Gesundheitswesen auf, zu dem z.B. die Pharmazie gehört. Quelle: Dissertation von Thomas Reuter

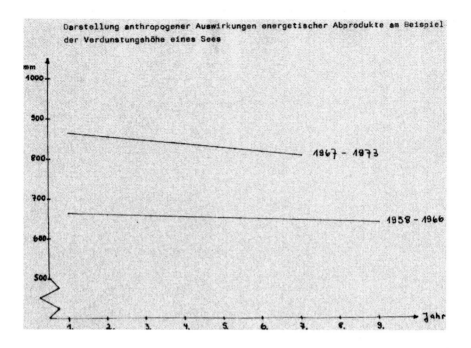

Abbildung 2.11: Darstellung anthropogener Auswirkungen energetischer Abprodukte am Beispiel der Verdunstungshöhe eines Sees (Stechlinsee)

Zu den energetischen Abprodukten zählt die Abwärme. Durch die Einleitung des Kühlwassers in den Stechlinsee nahm nach der Inbetriebnahme des Kernkraftwerkes Rheinsberg dessen Verdunstung zu. Die Verdunstung stellt einen volkswirtschaftlichen Verlust dar. Jenaer Wissenschaftler haben die unterschiedlichen Verdunstungsmengen vor und nach Inbetriebnahme des Kernkraftwerkes Reinsberg gemessen. Die Graphik zeigt den Durchschnitt für die Jahre 1958-1966 und für 1967-1973. Quelle: Archiv Kutzschbauch

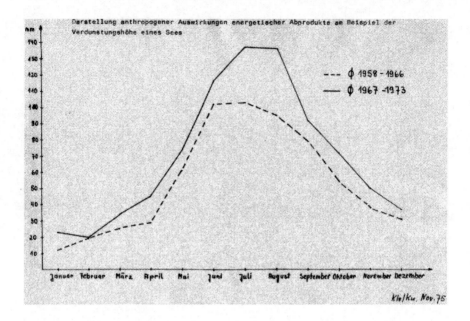

Abbildung 2.12: Darstellung anthropogener Auswirkungen energetischer Abprodukte am Beispiel der Verdunstungshöhe eines Sees (Stechlinsee)

Die graphische Darstellung illustriert die durchschnittliche Verdunstungshöhe der beiden Berichtszeiträume nach Monaten. Quelle: Archiv-Kutzschbauch

Einsatz von Sekundärrohstoffen im Wert von 1 Mark der DDR ersetzte *n* Mark an Primärrohstoffen bzw. erbrachte *n* Nutzen für die Volkswirtschaft

1,00 M	an Schrott	ersetzte	=	1,30 M		an vergleichbaren
1,00 M	an Altpapier	ersetzte	=	2,40 M		Primärrohstoffen
1,00 M	an Holzresten und Rinden	ersetzte	=	2,00 M		an Import Schnittholz
1,00 M	an Natriumsulfat aus Spinnbädern Viskosenproduktion	ersetzte	=	2,50 M		an Natriumsulfat der Primärproduktion
1,00 M an Rücklaufbehälterglas		ersetzte	=	1,35 M		an Behälterglas
1,00 M Sulfitablauge aus der Zellstoffproduktion			=	2,80 M		Nutzen für die Volkswirtschaft

Abbildung 2.13: Übersicht Daten zur Energiestrategie in der DDR

Diese Daten entstammen drei Arbeiten im ZIW zu Energieproblemen; sie kennzeichnen verschiedene Verhältnisse der Energieproduktion und der Energiesubstitution durch sekundäre Ressourcen. Quelle: Archiv-Kutzschbauch

Sekundärrohstoffe a)		Nutzung b)	
Landw. Rückstände	70	Altpapier	6-7
Rückstände d. Chemieindustrie	20-30	Schlacke	4
Melasse	3-3,7	Großtierhaut	30-35
Bagasse	23	Schweinehaut	2-3
Kleie	5-7		
Spelze	20		
Stroh	50		
Kohleschlacke	4 c)		
Holzspäne	30-35		

Bemerkung: a) im Vergleich zu den Rohstoffquellen
                 b) im Vergleich zu den Sekundärrohstoffquellen
                 c) nur von Wärmekraftwerken

Abbildung 2.14: Potentielle Sekundärrohstoffbasis und ihre Nutzung in Vietnam

Die Daten vermitteln die Größenordnung des Anfalls und der Nutzung von Sekundärrohstoffen in Vietnam. Quelle: Dissertation von Nguen-danh-Son, Berlin 1980, ZIW der AdW, 203

Rolf Donner

Abproduktenmessen

Um die besonders in der Industrie der ehemaligen DDR anfallenden Abfälle, welche sinnvoll als Abprodukte bezeichnet wurden, weitgehend einer Verwertung zuzuführen, wurden Abproduktmessen in fünf Bezirken der DDR (Karl-Marx-Stadt, Berlin, Halle, Dresden und Magdeburg) durchgeführt. Neben Produktionsabfällen wurden in der DDR auch physisch oder moralisch verschlissene Güter als Abprodukte bezeichnet.

Als Grundlage für die ersten Messen diente die Direktive des IX. Parteitages der SED zum Fünfjahresplanes 1976-1980, in der folgende Aussage getroffen wurde:
- Die Erfassung und Verwertung der in der Volkswirtschaft der DDR anfallenden Sekundärrohstoffe (hier speziell Haushaltsabfälle, wie Altpapier, Schrott, Biomüll und Glas) und Abprodukte ist zu beschleunigen. Dazu ist mit Unterstützung der örtlichen Staatsorgane das Netz der Annahmemöglichkeiten zur Erfassung von Sekundärrohstoffen aus der Bevölkerung planmäßig weiter auszubauen. Der Verwertungsgrad von Sekundärrohstoffen und Abprodukten ist von 24 % im Jahre 1975 auf 30 % im Jahre 1980 zu erhöhen; damit sind 1980 gegenüber 1975 zusätzlich Sekundärrohstoffe und Abprodukte in Höhe von 300-400 Mio. M zu nutzen.

Im Vordergrund stand die Zunahme der Erfassung und Verwertung von Schwarzmetallschrott um rund 15 %, Buntmetallschrott um rund 15 %, Altpapier um 18-20 %, Plastabfälle (Kunststoffe) um 90-100 % und die industrielle Verwertung von Holzresten um 175 % sowie eine spürbare verbesserte Nutzung industrieller Abprodukte.
- Die Forschungsarbeiten zur Erschließung und Verwertung von Sekundärrohstoffreserven sind mit dem Ziel zu verstärken, dass technisch-ökonomische Lösungen zur Nutzung weiterer Reserven, wie Braunkohlenaschen, Altreifen, Alttextilien, Magnesiumchloridlauge, Rotschlamm und Plastabfälle, geschaffen werden.

Ein Weg zur Lösung dieser Aufgabe wurde auch in der Vorstellung der Industrieabfälle in Abproduktmessen gesehen. Die erste Abproduktenmesse wurde im Sommer 1977 im damaligen Bezirk Karl-Marx-Stadt durchgeführt. Dazu erarbeitete der Rat des Bezirkes mit dem Bezirksneuererzentrum und wichtigen Industriebetrieben eine Broschüre, die folgende Hauptkriterien berücksichtigte:
- Sicherung einer ökonomischen Materialverwendung,

- Sicherung einer ökonomischen Materialbevorratung,
- Sicherung einer ökonomischen Durchführung des Materialversorgungsprozesses,
- Sicherung einer erneuten, umfassenden Sekundärrohstoffnutzung,
- Sicherung und Einhaltung gesetzlicher Bestimmungen auf dem Gebiet des Umweltschutzes.

Hervorgehoben wurden 3 Hauptwege zur Lösung des Abproduktenproblems:
1. Entwicklung abproduktfreier Technologien. Abproduktfreie Technologien sollten zwar angestrebt werden, weil sie in der Perspektive als allein gangbare Dauerlösung gesehen wurden, sie wurden aber als technisch nicht generell realisierbar erachtet.
2. Wiederverwendung von Abprodukten als Sekundärrohstoffe – evtl. nach Zwischenlagerung. Die Wiederverwendung wurde als Weg zur Realisierung der Beschlüsse des IX. Parteitages der SED beschritten, um einerseits die Rohstoffbasis der DDR zu stärken und andererseits die Umwelt zu entlasten.
3. Schadlose Beseitigung durch Verbrennung oder sachgemäße umweltfreundliche Deponie. Deponierung wurde damals (1977!) für viele Abprodukte noch als unumgänglich gesehen, sollte aber in Zukunft mehr und mehr dem zweiten Weg weichen.

Der Anteil der Sekundärrohstoffe am Rohstoffbedarf (LOHS & DÖHRING 1975)[1] betrug in den Industriezweigen der:
- Papierindustrie   50 %;
- Textilindustrie   15 %;
- Nahrungsgüterwirtschaft   45 % (Behälterglas);
- Stahlindustrie   75 % (Schrott).

Im September 1978 fand in der Hauptstadt der DDR Berlin eine erste Abproduktenmesse statt. Sie wurde organisiert vom Magistrat von Berlin in Zusammenarbeit mit dem Ministerium für Materialwirtschaft.

Die Vorbereitung und Koordinierung der ersten Messe lief über das Sekretariat einer Kooperationsgemeinschaft für industrielle Abprodukte, die vom Berliner Magistrat, Abteilung Landeskultur, gebildet wurde und mit Sitz im VEB Berlinchemie von 20 Berliner Groß- und Mittelbetrieben Unterstützung fand. Dort arbeiteten die Umweltschutzbeauftragten dieser Betriebe intensiv mit. Große Unterstützung gab auch die Ingenieurorganisation „Kammer der Technik", speziell die zentrale Arbeitsgruppe „Bodenschutz und Abproduktennutzung" und die Berliner Fachsektion „Stadttechnische Versorgung", und das Berliner Institut für Sekundärrohstoffwirtschaft.

---

[1] Lohs, K.-H. & Döhring, S. (Hg.): Im Mittelpunkt der Mensch, Akademie-Verlag, Berlin 1975.

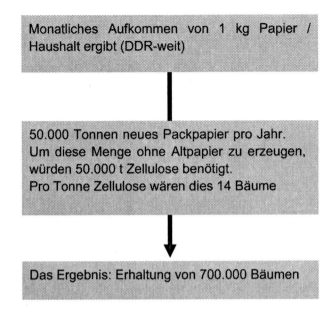

Abbildung 1: Abproduktnutzung am Beispiel Papier. Quelle: Broschüre zur 1. Abproduktenmesse des Bezirkes Karl-Marx-Stadt

Als Besonderheit des Ostberliner Territriums war zu vermerken, dass es als industrielles Ballungsgebiet nur wenige Großbetriebe (z.b. VEB Bergmann-Borsig, Kabelwerk Oberspree) mit relativ geringem Abproduktenanfall beherbergte, aber viele mittlere und kleinere Betriebe mit zum Teil beträchtlichen Abfallmengen. Auf der Messe wurden
- der erreichte Stand der Verwertung von Sekundärrohstoffen und Abprodukten im Territorium dargestellt,
- die Schwerpunkte für die weitere Arbeit auf dem Gebiet der volkswirtschaftlichen Verwertung und Nutzung sowie Beseitigung von Abprodukten aufgezeigt und
- Anregungen für die zielgerichtete Forschung und Entwicklung zur erhöhten Verwertung und schadlosen Beseitigung von Abprodukten erbracht.
- Dazu wurden, wie in Karl-Marx-Stadt (Chemnitz), die Abprodukte in einer Ausstellung vorgestellt *(Abbildungen 2-4).*

Darüber hinaus wurden Vorträge zur politischen Aufgabe, zu Lösungswegen und über erste Forschungsergebnisse gehalten.

Für die Nutzung von Sekundärrohstoffen im Wert von 1 Mark wurden Primärrohstoffe im Wert von

- 1,30 M bei Schrott
- 2,40 M bei Altpapier
- 2,00 M bei Holzresten und
- 1,35 M bei Rücklaufglasbehältern

substituiert.[2] Die Verwertung von Sekundärrohstoffen war ein aktiver Beitrag zur Lösung der Aufgaben des Umweltschutzes:
- Vermeidung von Umweltbelastungen durch Wasserverschmutzung und Abgase,
- geringere Bindung landwirtschaftlicher Nutzfläche durch Deponien,
- Vermeidung von Beseitigungskosten.

Insgesamt galt die Zielstellung: maximale Befriedigung der menschlichen Bedürfnisse bei rationellster Nutzung der natürlichen Ressourcen, einschließlich der Energie. Schutz der Umwelt durch Minimierung des spezifischen Verbrauchs an natürlichen Ressourcen und verringerte Rückführung von Abprodukten an die Biosphäre.[3]

Diesen Zielen sollten folgende Maßnahmen dienen:
1. Abproduktfreie Verfahrensgestaltung, insbesondere durch
   - zweckmäßige Wahl der Rohstoffe und komplexe Verarbeitung aller Rohstoffkomponenten,
   - Vermeidung abproduktintensiver Verfahrensstufen,
   - Optimierung technologischer Parameter und technischer Ausrüstungen (u.a. Katalysatoren),
   - Einsatz energiesparender Trennprozesse,
   - Vermeidung des Mischprinzips/Anwendung des Gegenstromprinzips mit kleinen Temperatur- bzw. Konzentrationsdifferenzen,
   - Anwendung der Kreislauffahrweise in Verbindung mit selektiven Trennprozessen.
2. Produktion von Erzeugnissen, die nach ihrer Nutzung infolge eines verringerten Materialeinsatzes in geringerer Abproduktenmenge anfallen und als Sekundärrohstoff wieder verwertbar sind, insbesondere durch
   - Erhöhung der Qualität und/oder Verlängerung der Nutzungsdauer,
   - Verringerung der spezifischen Masse bei gleichem oder höheren Gebrauchswert,
   - Einsatz von Stoffgruppen, die in den Produktionskreislauf wieder einfließen,

---

[2] Broschüre vom Magistrat von Berlin zur Abproduktenmesse 1978 (Zuarbeit vom Fachdirektor Dr. Zech im Institut für Sekundärrohstoffwirtschaft Berlin).

[3] Vortrag auf der Tagung der AG (Z) Bodenschutz und Abproduktennutzung der KdT im Herbst 1981 in Rostock „Erfahrungen und Ergebnisse der Abproduktmessen" von W. Barthel aus Karl-Marx-Stadt, R. Donner aus Berlin (Vortragender), F. Reinhardt aus Halle, H. Siegmund aus Magdeburg und H.-G. Wolter aus Dresden.

- gute Aufbereitbarkeit nach der Nutzung, vollständige Verwertung als Sekundärrohstoff,
- Senkung des Verpackungsaufwandes/Mehrwegverpackungsmittel.

Eine weitere Abproduktenmesse fand 1978 in Halle statt. In einem Abproduktenkatalog wurden von der Abteilung Umweltschutz und Wasserwirtschaft vom Rat des Bezirkes Halle und der Kammer der Technik in Zusammenarbeit von Betrieben und Kombinaten folgende Aussagen getroffen:

„Der Bezirk Halle hat mit seiner hochentwickelten Volkswirtschaft und seinen großen Chemiekombinaten gute Voraussetzungen für die Erfüllung der vom IX. Parteitag gestellten Aufgaben auf dem Gebiet der Materialwirtschaft.

Es wurden jene vorwiegend chemischen Abprodukte vorgestellt, die am schnellsten einer volkswirtschaftlichen Wiederverwendung zugeführt werden können. Dabei hat die stoffwirtschaftliche Nutzung im Vordergrund zu stehen. Darüber hinaus ist es notwendig, im Rahmen des Planes Wissenschaft und Technik in den Betrieben und Hochschulen weitere Lösungswege zur Nutzung der Abprodukte zu erarbeiten, damit die Ziele des IX. Parteitages in der Sekundärrohstoffwirtschaft überboten werden können."

Die Popularisierung der Abproduktmessen erfolgte mit Ausnahme des Bezirkes Dresden, wo die Messe reichlich zwei Monate öffnete, in den Bezirkszeitungen allerdings nur ungenügend. Es gab jedoch das Bestreben alle Vertreter zu erreichen, die die auf den Messen gezeigten Erfahrungen hätten umsetzen oder sogar Hinweise zur Nutzung der Exponate hätte bringen können. Das gelang nicht immer, weil zwar alle einschlägigen Betriebe angeschrieben wurden, aber durch eine fehlende ausführliche Erläuterung des Anliegens oftmals nicht die richtigen Partner erreicht wurden.

Als günstig erwies sich die sachbezogene Auswahl der Vortragsthemen. So zeigten z.B. in Dresden mehrere Betriebe hintereinander ihre Lösungswege zur Spaltung von Mineralölemulsionen. Dabei wurden die Vor- und Nachteile der einzelnen Verfahren in der Diskussion besonders sichtbar.

Wertvoll war auch die Einbeziehung von Hoch- und Fachschulen in der Vorbereitung, wie z.B. das Forschungsinstitut für Textiltechnologie in Karl-Marx-Stadt (Chemnitz), der Berliner Ingenieurschule für Chemie bzw. der Humboldt-Universität in Berlin oder der Bergakademie Freiberg für die Messen in Karl-Marx-Stadt (Chemnitz) und Halle.

In den folgenden Messen (in Dresden und Magdeburg sowie zweite Abproduktenmesse in Karl-Marx-Stadt [Chemnitz] und Berlin) spielten auch Fragen der Entgiftung, der Analytik, der Grenzwertbestimmung für abzulagernde Schadstoffe sowie die effektivsten Beseitigungsmethoden eine Rolle.

Nicht nur die Anforderungen an den Umweltschutz, sondern auch die weltweite Verteuerung der Rohstoffe sowie die immer aufwändigeren Erschließungsverfahren zur Gewinnung von Primärrohstoffen erforderten neben der weitgehenden Erfassung von Sekundärrohstoffen, wie Glas, Papier und Schrott, eine immer stärkere Nutzung von Industrieabprodukten.

Bereits bei der Vorbereitung der Messen konnte ein Nutzen ausgewiesen werden, indem z.B. Holz- und Thermoplast-(Kunststoff)-abfälle einiger Betriebe von anderen übernommen, aufbereitet und genutzt werden konnten.

Insgesamt gab es vielfältige Lösungen. Unmittelbar nach dem Besuch der ersten Berliner Abproduktenmesse übermittelte eine Kollegin einen Neuerervorschlag zur Nutzung der ausgestellten Ammonsulfatlösung der Berliner Lederfabrik „Solidarität" an die Messeleitung.

Im VEB Kabelwerk Oberspree wurde eine Verwertungslinie für PVC-Abfälle erarbeitet, die allerdings nur für diesen Industriezweig Bedeutung hat. Im VEB Messelektronik Berlin wurden Plastabfälle granuliert und anteilmäßig den Primärplasten zugegeben. Im Rahmen einer Ingenieurarbeit wurden die exakten Parameter ermittelt, um die geforderten Qualitätsparameter der Endprodukte zu

Abbildung 2: Foto aus der Abproduktenmesse in Berlin 1978, vorn links Dr. Donner. Foto: Archiv Donner

garantieren. Gleiche Anforderungen wurden im Bezirk Halle geprüft, wo der VEB Orbitaplast Dessau oder die Chemischen Werke Buna auch für Dritte Sekundärplaste nutzten.

Im Bezirk Halle wurden u.a. Flotations- und Löserückstände der Kaliindustrie vorgestellt, die nur zum Teil zur Solegewinnung genutzt werden können. Eine Herstellung von Magnesiumverbindungen für verschiedene Einsatzzwecke wurde als Schwerpunkt aufgezeigt.

Für Vortriebsberge und Haldenberge der Buntmetallurgie fanden sich Verwertungsmöglichkeiten im Wege- und Straßenbau, zur Melioration sowie als Gleisbauschotter im Braunkohlentagebau.

Lösungen gab es z.b. bei der Nutzung von Blei-, Zink- und Haldenschlacken, die als hochwertige Strahlsande vom VEB Bergbau- und Hüttenkombinat „Albert Funk" in Freiberg aufbereitet wurden. Brikettabrieb wurde in Ziegelwerken energetisch genutzt und ölhaltige Bleicherde in der Grobkeramik (Ziegelindustrie). PVC-Abfälle wurden in der Filmfabrik Wolfen wiederverwendet.

Hervorzuheben war der Vorschlag, von bilanzierenden Organen Negativgutachten zu verlangen. So wurde das Institut für Nichteisenmetalle in Freiberg beauftragt, für Galvanikschlämme Negativgutachten auszustellen, wenn wirklich momentan keine Lösung für eine Aufbereitung gefunden wurde. Für silberhaltige Abfälle, insbesondere aus Fotolaboratorien, wurde die Aufbereitung im VEB Fürstenwalde, Bezirk Frankfurt/Oder auch für noch fehlende Nutzer durchgesetzt. Gute Erfahrungen, wie die optimale Verwertung von Bierhefe oder zur Erhöhung der Standzeiten von Mineralölemulsionen in Berlin, die Entgiftung cyanidischer Härtereialtsalze in wässriger Phase in Magdeburg oder deren Schmelzentgiftung in Meißen, wurden vorgestellt.

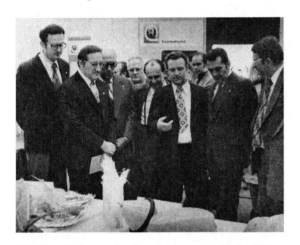

Abbildung 3: Foto aus der Abproduktenmesse in Berlin 1978.
Foto: Archiv Donner

Vorgetragen wurden die Ergebnisse der Rückgewinnung von Metallen aus galvanischen Abprodukten mit Hilfe von Ionenaustauschern im VEB Reinwasser Dresden. In Karl-Marx-Stadt (Chemnitz) wurde besonders die Verwertung von Textilien und in Halle von chemischen Produkten durchgesetzt. Die Nutzung von Scherleimleder, das beim Entfleischen von Häuten bei der Lederherstellung anfällt, wurde zuerst in Suhl gelöst. Ein effektives Recycling von Lösungsmitteln wurde in Jena erarbeitet.

Berücksichtigung fanden auch Ergebnisse einer sinnvollen effektiven energetischen Nutzung durch eine Verbrennung von kalorienreichen organischen Abprodukten, die gleichzeitig für viele organische Schadstoffe eine Entgiftung darstellte, in Drehrohröfen, die im Mineralölwerk Lützkendorf (VEB Hydrierwerk Zeitz) errichtet wurden.

Neuerervorschläge wurden auch für Sekundärnutzungen gebracht. So wurden Kupferdrahtreste vom VEB Kabelwerk Adlershof nicht mehr eingeschmolzen, sondern der Spielzeugindustrie für Zimmertelefone oder Bastelkästen zur Verfügung gestellt. Mit Gummiresten verunreinigte Thermoplastfolien wurden vom VEB Berliner Reifenwerk zu Kabelabstandshaltern für das Post- und Fernmeldewesen umgeschmolzen, wobei ein Gesamtnutzen von 180.000 M erzielt wurde. Es wurden aber auch Probleme hervorgehoben. So wurde bereits auf der Messe in Karl-Marx-Stadt (Chemnitz) aufgezeigt, welcher volkswirtschaftlicher Schaden entsteht, wenn Altöle durch chlorierte Kohlenwasserstoffe oder andere Abprodukte verunreinigt werden. Positiv zu vermerken war, dass neben Neuerern auch vorbildliche Betriebe ausgezeichnet wurden. So z.B. der VEB Elektrokohle in

Abbildung 4: Foto aus der Abproduktenmesse in Berlin 1978. Foto: Archiv Donner

Berlin, der durch eine vorbildliche Erfassung und Trennung aller anfallenden Abprodukte und Sekundärrohstoffe einen Verwertungsgrad vom 67 % erreichte.

Zu den Ergebnissen der Abproduktmessen ist in erster Linie der Erfahrungsaustausch der Betriebe untereinander hervorzuheben. Vertreter wissenschaftlicher Einrichtungen wurden extra mit dem Ziel geführt, Forschungsthemen für eine Nutzbarmachung von Abprodukten zu ermitteln, z.B. für eine Verwertung von anfallenden Säuren, Laugen, Salzen und Lösungsmittel. Wesentlich war es, die Besucher mit der Problematik der Abprodukte zu konfrontieren und sie zum Mitdenken hinsichtlich eines Recyclings oder einer Aufbereitung und Verwendung anzuregen und somit einen Beitrag für die problematische Volkswirtschaft der DDR zu leisten.

Susanne Hartard und Michael Huhn

Das SERO-System

Mit der Entwicklung divergierender Gesellschaftssysteme wurden in den beiden deutschen Staaten auch unterschiedliche Wege zur Sekundärrohstoff-Erfassung und -Verwertung aus Industrie und Haushaltungen beschritten. Bereits in den 1950er Jahren wurde in der DDR damit begonnen, ein flächendeckendes System der Sekundärrohstoff-Erfassung und -Aufbereitung zu errichten. Durch die Zusammenfassung von Einzelbetrieben wurde 1972 die Vereinigung Volkseigener Betriebe (VVB) Altrohstoffe gebildet, aus der zu Beginn der 1980er Jahre das Kombinat SERO[1] hervorging, das sich auf die flächendeckende Erfassung nichtmetallischer Sekundärrohstoffe aus Haushalten konzentrierte. Die gleichzeitige Bildung des Kombinates MAB zielte auf die Erfassung metallischer Wertstoffe aus der Industrie und – in Zusammenarbeit mit SERO – aus den Haushalten.

Das intensive Streben nach einem Wertstoffrecycling hatte mehrere Ursachen: die begrenzten Möglichkeiten des Erwerbs von Primärrohstoffen auf dem Weltmarkt durch die Einbindung der DDR in das politische System des Ostblocks, die unzureichende Rohstoffbasis des Landes sowie der Devisenmangel als limitierender Faktor zum Erwerb von Rohstoffen auf dem Weltmarkt. Deshalb hatten Sekundärrohstoffe eine so große Bedeutung für die Volkswirtschaft der DDR – im Unterschied zur Bundesrepublik, für die sich nur selten grundsätzliche Probleme bei der Beschaffung von Rohstoffen auf dem Weltmarkt ergaben.

Neben der Erfassung und dem Handel mit traditionellen Sekundärrohstoffen wie Papier und Glas wurden in der Bundesrepublik haushaltsnahe Systeme der getrennten Erfassung von Wertstoffen (z.B. Container) erst in den 1980er Jahren als Folge der Umweltschutzdebatte sowie der sich abzeichnenden Verknappung der Deponieressourcen systematisch entwickelt. Mit dem Aufbau eines flächendeckenden Erfassungssystems für alle Wertstoffe vorwiegend aus Verpackungen

---

[1] Zwei wesentliche Forschungsarbeiten sind Basis der Ausführungen über das SERO-System: Einerseits das F+E-Vorhaben 1480687 der Universität Kassel, Titel: Strukturanalyse des SERO-Systems der DDR im Hinblick auf Effizienz und Eignung unter marktwirtschaftlichen Bedingungen; im Auftrag des Bundesministeriums für Forschung und Technologie. Projektträger: Umweltbundesamt; Projektleiter: Prof. Dr. Klaus Wiemer, Autoren: Hartard, S.; Huhn, M. (1992). – Andererseits die Dissertation von Dr.-Ing. Susanne Hartard an der Bauhaus-Universität Weimar (2000) zu Fragen der Prüfung der Nachhaltigkeit und Effizienz von Getrenntsammlungssystemen am Beispiel von SERO und DSD, die u.a. auf der Grundlage umfangreicher Auswertungen im Bundesarchiv zum SERO-System nach 1993 entstand.

wurde erst Anfang der 1990er Jahre als Folge der in der Verpackungsverordnung festgelegten Auflagen begonnen (Duales System Deutschland). In der DDR existierten die folgenden Erfassungssysteme für Wertstoffe aus dem Haushaltsbereich:
- die Erfassung von nichtmetallischen Wertstoffen aus den Haushaltungen über das SERO-System;
- die Erfassung von metallischen Wertstoffen über das Kombinat Metallaufbereitung (MAB), auch in Zusammenarbeit mit den SERO-Annahmestellen;
- die landesweite Sammlung von Speiseabfällen für Futterzwecke in sogenannten „Specki-Tonnen" und deren Abfuhr durch Stadtwirtschaftsbetriebe bzw. LPG´s im Auftrag der Stadtverwaltungen, Fachorgan Örtliche Versorgungswirtschaft[2],
- die Rücknahme von Pfandflaschen und -gläsern über den Lebensmittel-Einzelhandel (z.B. Saft- und Milchflaschen in den Kaufhallen), die außerhalb des SERO-Rücklaufbehälterglas-Sortimentes standen.

Nach der Wende stellte sich die Frage, welche Elemente des SERO-Systems der DDR[3] evtl. auf marktwirtschaftliche Verhältnisse übertragbar sind und war Anlass für das zweijährige BMBF-gestützte Forschungsvorhaben zum SERO-System (HARTARD & HUHN 1992). Durch die nach der Wende, insbesondere durch die Wirtschafts- und Währungsunion eingetretene Entwicklung wurde diese Themenstellung nach Beginn des Forschungsvorhabens insgesamt modifiziert und auf aktuelle Entwicklungen flexibel reagiert, indem diese aufgegriffen und in der Untersuchung entsprechend berücksichtigt wurden. Die Frage, ob das SERO-System bzw. Teile davon auf marktwirtschaftliche Bedingungen übertragbar sind, wurde zugunsten der Fragestellung ersetzt, welche Erfahrungen mit dem SERO-System Eingang in marktwirtschaftliche Verhältnisse finden können.

Mit der Übernahme des SERO-Kombinats durch die Treuhandanstalt und die anschließende Privatisierung der einzelnen SERO-Betriebsteile ging eine Auflösung der alten SERO-Strukturen einher. Dies betraf auch Einrichtungen wie das Forschungs- und Beratungszentrum Verpackung sowie das Institut für Sekundärrohstoffwirtschaft (IfS). Da zudem keine entsprechende Literatur existierte, mit der sich ein umfassendes Bild des SERO-Systems der DDR hätte nachzeichnen lassen, wurden umfangreiche Recherchen vor Ort durchgeführt, um eine möglichst

---

[2] Die Speiseabfallsammlung erlangte zuletzt eine Größenordnung von ca. 33 kg/E*a (Abfuhrmenge aus der Statistik der Stadtwirtschaftsbetriebe) bzw. etwa 55 kg/E*a gesamt, wenn man die über die landwirtschaftlichen Produktionsgenossenschaften und privaten Bürger eingesammelte Menge (Eigenbedarf für private Tierhaltung) berücksichtigt. Die Differenz von 11 kg/E*a ging direkt in die LPG-Verwertung bzw. private Tierhaltung ein. Der Umfang der Verwertung über die private Tierhaltung war nicht ermittelbar.

[3] Damit gemeint ist die landesweite Erfassung und Aufbereitung von Sekundärrohstoffen durch das Kombinat SERO.

vollständige Datenbasis zu erhalten. Das heißt es wurden vor allem Archivbestände der Kombinatsleitung in Berlin ausgewertet und kompetente Vertragspartner aus den neuen und alten Bundesländern in das BMBF-Forschungsprojekt eingebunden.[4] Im Ergebnis dessen entstand mit dem Forschungsbericht 1992 erstmals eine umfassende Dokumentation des SERO-Systems der DDR, die die folgenden Untersuchungsschwerpunkte enthält:

1. die historische Dokumentation des SERO-Systems einschließlich des Referenzjahres 1988, in dem das Kombinat SERO zuletzt in seiner Geschlossenheit funktionierte;
2. die Ausarbeitung einzelner Effektiviätsparameter für wesentliche charakteristische Merkmale des SERO-Systems, wie z.b. Stoffströme einzelner Warenarten oder Kostenberechnungen, die Äquivalenzwerten aus den alten Bundesländern gegenübergestellt wurden, soweit eine Vergleichbarkeit zweckmäßig war;
3. eine Untersuchung der Entwicklung des SERO-Systems nach der Wende auf der Basis von Meinungsumfragen in der Bevölkerung, eine Befragung der neuen Eigentümer der ehemaligen SERO-Betriebe und eine Recherche zur Umstrukturierung der ehemaligen Absatzbetriebe (Verwerterbetriebe) von SERO nach der Wende anhand einer Umfrage.

Die dem BMBF-Forschungsbericht zu Grunde liegenden Daten entstammen verschiedenen Ebenen, die zur Überprüfung miteinander verglichen wurden. Dies betrifft

- Daten aus dem Archiv der ehemaligen SERO-Kombinatsleitung in Berlin,
- Daten aus dem SERO-Bezirksbetrieb Erfurt und
- Daten aus dem SERO-Kreisbetrieb Heiligenstadt (Bezirk Erfurt).

Die Daten beziehen sich sowohl auf den Zeitraum von 1980 bis 1989 als auch auf das „Referenzjahr" 1988. Sie wurden teilweise umfangreichen Nachberechnungen unterzogen und dabei entsprechend korrigiert. Durch intensive Konsultationen mit Vertragspartnern, die aufgrund langjähriger Tätigkeit in verschiedenen Fachbereichen des SERO-Kombinats über eine „interne" Sicht verfügten, konnten Widersprüche und Unstimmigkeiten im SERO-Betriebsablauf aufgeklärt und entsprechend bewertet werden.

Die Ergebnisse des BMBF-Forschungsprojektes von 1993 waren Ausgangspunkt eines Dissertationsvorhabens zur Effizienz von SERO im Vergleich zur Effizienz des Dualen System Deutschland (DSD) (HARTARD, 2000). Die Arbeiten bestanden im Wesentlichen in der Entwicklung eines Indikatormodells zur Effi-

---

[4] SERO-Recycling Holding GmbH (Berlin), Forschungsabteilung; Forschungs- und Beratungszentrum Verpackung (Dresden); Deutsches Institut für Wirtschaftsforschung (Berlin); Prof. Dr. Seyfarth (PH Erfurt/Mühlhausen); Herr Hantke (SERO-Kreisbetrieb Heiligenstadt); Ing.-Büro Dr. Otto und Dipl.-Ing. Bernhard (Berlin).

zienzprüfung der Nachhaltigkeit eines Getrenntsammlungssystems und einer Datensammlung und -auswertung im Bundesarchiv zur Effizienz des SERO-Systems. Direkt nach der Wende waren diese Daten aufgrund der Umstrukturierung der Verwaltung in den neuen Bundesländern und Übernahme von Archiven aus der DDR im Rahmen des BMBF-Forschungsprojektes noch nicht berücksichtigt worden.[5]

Die volkswirtschaftliche Bedeutung der Erfassung von Sekundärrohstoffen in der DDR[6]

Im System der DDR-Sekundärrohstoff-Wirtschaft nahm das Kombinat SERO als Erfassungsorgan für traditionelle Sekundärrohstoffe aus Haushalten und der Industrie (z.B. Altpapier, Altglas, Alttextilien, Altmetalle, gemischte Kunststoffabfälle, genannt Thermoplaste) einen bedeutenden Platz ein und entwickelte sich gewissermaßen zu einem eigenen Industriezweig, der zuletzt dem Ministerium für Glas- und Keramikindustrie (MGK) unterstand.

Die metallische Sekundärrohstoff-Wirtschaft unterstand dem Ministerium für Erzbergbau, Metallurgie und Kali, die Erfassungsorganisation oblag dem Kombinat Metallaufbereitung (MAB). Die Sekundärrohstoff-Wirtschaft begründete sich auf der Basis eines umfangreichen Gesetzes- und Verordnungswerkes und war in einen entsprechend aufwendigen Verwaltungsapparat eingebunden (vgl. *Abbildung 1*).

Das ausführende Organ des MGK war die zentrale Kommission für sekundäre Rohstoffreserven. Dieser arbeiteten in den Bezirken und Kreisen die Sekundärrohstoff-Kommissionen und Fachorgane für Sekundärrohstoff-Wirtschaft zu. Zu den Aufgaben dieser Fachorgane gehörten u.a.:
- die Planung des Aufkommens von metallischen und nichtmetallischen Sekundärrohstoffen aus Industrie und Haushalten in ihrem Verantwortungsbereich;
- die Analyse der Entwicklung des Anfalls von Sekundärrohstoffen sowie der Bedingungen für ihre Erfassung, Aufbereitung und Nutzung;

---

[5] Es handelt sich um die folgenden Aktenbestände im Bundesarchiv: Ministerium für Glas- und Keramikindustrie, Ministerium für Materialwirtschaft, Amt für Preise, Staatliche Plankommission, Ministerrat der DDR: hier Sitzungs- und Beschlussreihe zur Sekundärrohstoffwirtschaft, Arbeiter- und Bauerninspektion, Ministerium für Umweltschutz und Wasserwirtschaft, Zentrales Parteiarchiv der SED, Zentralkomitee der SED, Wirtschaftskommission beim Politbüro, Nationalrat der Nationalen Front der DDR (vgl. Hartard, 2000).

[6] Kurz nach der Wende entstand an der Universität Kassel am Fachgebiet Abfallwirtschaft und Recycling eine Diplomarbeit, die einen ersten Vergleich der Abfall- und Rohstoffwirtschaft beider deutscher Staaten beinhaltet (Hartard 1990).

- die Kontrolle der Erfüllung staatlicher Auflagen bei der Sammlung von Sekundärrohstoffen;
- die Mitwirkung bei der Gewinnung von gewerblichen Sammlern und privaten Sammlern mit Sammelschein für das SERO-System;
- das „Einschreiten gegen Vergeudung und Vernichtung" sowie unkontrollierte Ablagern von Sekundärrohstoffen und
- die Erteilung von Freigaben zur Deponie nicht verwertbarer Sekundärrohstoffe (die Deponiegenehmigung erteilte das Fachorgan für Umweltschutz).

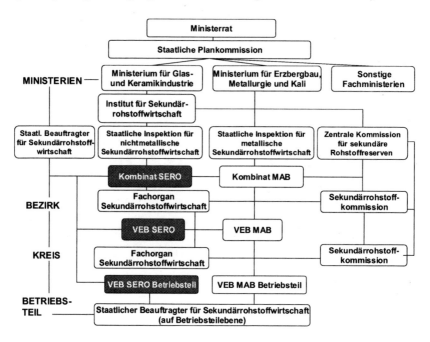

Abbildung 1: Das Kombinat SERO als Teil einer umfangreichen Verwaltungsstruktur der Sekundärrohstoff-Wirtschaft der DDR (Hartard 1990, verändert)

Zum letzten Punkt ist festzustellen, dass ein Industriebetrieb die Deponieerlaubnis für seine Abfälle nur gegen Vorlage eines „Negativattestes" erhielt, in dem ihm eine Gutachterstelle[7] die grundsätzliche Nichtverwertbarkeit der Abfallstoffe bescheinigte. Diese aufwändige Prüfungsmaßnahme erwies sich jedoch in

---

[7] Gutachter waren bei toxischen Abprodukten (= Abfällen) per Gesetz festgelegt (GBl. I Nr. 23 v. 8.8.1980), bei nichttoxischen Abprodukten die Bilanzorgane der Hersteller vergleichbarer Primärrohstoffe als übergeordnetes Organ des Antragstellers eines Negativattestes (GBl. I Nr. 27 v. 4.10.1983).

der Praxis als reine Formsache auf dem Papier ohne praktische Relevanz. Sie leistete keinen nennenswerten Beitrag zur Steigerung der Abfallverwertungsmenge in der DDR.

Die volkswirtschaftliche Bedeutung von Sekundärrohstoffen

Die DDR-Wirtschaft war auf den Import von 60 % der benötigten Rohstoffe angewiesen. Aufgrund von Devisenknappheit und einem gewissen Autarkiestreben griff man immer stärker auf die einheimischen Primärrohstoff-, aber vor allem auch zunehmend auf die Sekundärrohstoff-Ressourcen zurück und scheute in diesem Zusammenhang keine Mühe, hierfür einen entsprechend großen Aufwand zu treiben. Durch den Sekundärrohstoffeinsatz wurden in der DDR etwa 12 bis 14 % des Rohstoffinputs abgedeckt, davon 4,6 % durch traditionelle Sekundärrohstoffe. Diese Entwicklung wurde auch durch die infolge der Ölkrise Anfang der 1970er Jahre steigenden Weltmarktpreise beschleunigt. Die knappe Rohstoffbasis und alle daraus resultierenden Maßnahmen der Materialeinsparung, -substitution, Altproduktverwendung und Sekundärrohstoffverwertung lassen sich unter dem Begriff Materialökonomie zusammenfassen, ein in der DDR häufig verwendeter Ausdruck.

Die volkswirtschaftliche Bedeutung der Sekundärrohstoffe wurde durch die staatlich festgelegten Sekundärrohstoffpreise untersetzt, d.h. in Relation zu den Primärrohstoffen wurde Sekundärrohstoffen oft ein Preisvorteil zugeschrieben (vgl. *Abbildung 2*). Dies führte zu deren verstärkten Einsatz als sekundärer Rohstoff in der gesamten Wirtschaft.

Der DDR-Bürger wurde „von Kind-auf-an" zu einem Rohstoffbewusstsein erzogen, um letztendlich einen persönlichen Beitrag zum „Gesamtwohl" der Volks-

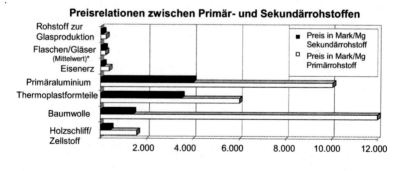

Abbildung 2: Preisrelationen von Primär- und Sekundärrohstoffen in der DDR (1987). Erstellt aus Angaben in: SAPMO-Barch DY 30 vorl. SED 36036/2 in Hartard (2000)

wirtschaft zu leisten. Die VVB Altrohstoffe und später dann SERO arbeiteten bereits seit Mitte 1970 mit dem Instrument „Steigerung der Aufkaufpreise" für Altpapier und vor allem in den 1980er Jahren mit hohen Aufkaufpreisen für Alttextilien und Rücklaufbehälterglas. Dies war nicht zuletzt durch die hohen Importpreise für Rohbaumwolle bedingt. Die Aufkaufpreise des Kombinates SERO waren nicht immer kostendeckend orientiert, sondern zum Teil auch zur Unterstützung des Sammelgedankens gedacht (SCHLECHTRIEM 1987). Sie gerieten deshalb auch zunehmend in die Kritik, da z.b. Absatzmöglichkeiten für die über SERO gesammelten Alttextilien fehlten und zuletzt bis zu einem Drittel der Erfassungsmenge deponiert werden musste bzw. es durch SERO zur notgedrungenen Anordnung der Räumung und anschliessenden Deponierung der Alttextillager kam.

Historische Wurzeln des SERO-Systems

Mit dem systematischen Aufbau eines Erfassungssystems von Sekundärrohstoffen aus dem häuslichen Bereich wurde in der DDR zu Beginn der 1950er Jahre begonnen. Sowohl in den Kriegsjahren als auch der Nachkriegszeit bis in die späten 1960er Jahre beteiligten sich an der Sekundärrohstoff-Erfassung und -Verwertung sowohl private als auch staatliche Betriebe z.B. aus der textilverarbeitenden Industrie. Der Begriff SERO wurde erstmals 1981 eingeführt. Die bis dahin bestehende Vereinigung Volkseigener Betriebe (VVB) Altrohstoffe wurde damals in das Kombinat SERO überführt. Bei der Umstrukturierung zum Kombinat klammerte man zu Beginn der 1980er Jahre mit Ausnahme der Lausitzer Wollwerke Peitz etliche Verarbeitungsbetriebe (z.B. VEB Reißfaserwerke Crimmitschau, Textil- und Plasteverarbeitung Forst, Ebro Berlin [Rosshaarfabrik]) aus dem SERO-Verband aus. Diese Ausgliederung erwies sich nachträglich als Fehler und wurde als eine der Hauptursachen für den späteren Rückgang bei der Abnahme wiederverwertbarer Alttextilien genannt (HARTARD & HUHN 1992).

Die Erfassung von Sekundärrohstoffen durch das Kombinat SERO

Das Kombinat Sekundärrohstofferfassung (oder kurz SERO genannt) steht stellvertretend für einen Bruchteil der gesamten Sekundärrohstoff-Wirtschaft der DDR. Das SERO-Handelsvolumen umfasste 1988 eine Menge von 1,6 Mio. t, also nur etwa 4,6 % der laut Zentralverwaltung für Statistik ausgewiesenen Gesamtmenge von 36,4 Mio. t der in der DDR verwerteten Sekundärrohstoffe.[8]

---

[8] Die tatsächliche Gesamtmenge der in der DDR verwerteten Sekundärrohstoffe lässt sich aufgrund unterschiedlicher Berechnungen bzw. Zahlenangaben nicht mehr exakt ermitteln bzw. war zu keinem

Mit dem Kombinat SERO wurde ein landesweites Erfassungssystem für Sekundärrohstoffe aus Haushalten und der Industrie aufgebaut, das vor allem auch grundlegende Aufbereitungsprozesse wie Zerkleinerungs-, Press- und Sortierarbeiten beinhaltete. Die Wertstofferfassung wurde als Bringsystem mit stationären Erfassungsstellen, den sogenannten Annahmestellen und -Stützpunkten (AST/ASP) organisiert. Ab Mitte der 1980er Jahre wurde die Erfassung über Annahmestellen durch eine Reihe von Containern ergänzt, die jedoch bis zuletzt in Bezug auf die Gesamterfassungsmenge eine flankierende Bedeutung im Erfassungsprozess hatten[9]. Die Aufwendungen für das Aufstellen von Containern wurden wegen des enormen „Ausrüstungsinvestitionsaufwandes und der selektiven Erfassung am Anfallort" für zu hoch gehalten.[10] Besonderer Wert wurde auf die Integration des Bürgers in die Erfassungstätigkeit gelegt, der sich in Form von Sammlungen und dem Betreiben von Annahmestützpunkten an der Erfassung beteiligte. Die Haushalte steuerten etwa zwei Drittel (64,5 Gew. %) zu den nichtmetallischen Hauptwarenarten bei, der Rest (35,5 Gew. %) stammte aus der Industrie bzw. kleinen Gewerbebetrieben, die traditionelle Sekundärrohstoffe, wie z.B. Altpapier, Glasbruch, Alttextilien und Knochen an SERO lieferten (vgl. Gesamtmengenbilanz in *Abbildung 5*). Diese teilweise Lagerhaltung bzw. reine Vermittlungstätigkeit von SERO für gewerbliche Wertstoffe wurde Streckengeschäft genannt.

Die SERO-Kombinatsleitung hatte ihren Sitz in Berlin und verwaltete von dort aus die 15 Bezirksbetriebe. Diesen war je Kreis mindestens ein Betriebsteil zugeordnet[11]. Hinzu kamen die insgesamt 39 SERO-Aufbereitungszentren (ABZ) oder Betriebsteile mit Sonderfunktionen wie z.B. die Produktion Kunststoffverpackungsmittel SERO Karl-Marx-Stadt und der Rationalisierungsmittelbau Reichenbach. Das Institut für Sekundärrohstoff-Wirtschaft (IfS), dessen Aufgabenbereiche sich traditionell hauptsächlich auf die industriellen Sekundärrohstoffe bezogen, die nicht zum SERO-Sortiment gehörten, wurde erst 1987 dem Kombinat SERO angegliedert.

Am Erfassungsprozess beteiligte Personen

Bis 1988 erfasste SERO in 17.107 Annahmestellen und -Stützpunkten Sekundärrohstoffe, erreichte also im Durchschnitt eine flächendeckende Dichte von etwa einer Abgabemöglichkeit je rund 1.000 Einwohner. Diese Zahl soll nicht

---

Zeitpunkt exakt ermittelbar. Die von der Zentralverwaltung für Statistik veröffentlichten Zahlen sind aufgrund ihrer propagandistischen „Außenwirkung" mit Vorbehalten zu betrachten.
[9] In über 55.000 Containern wurde lediglich 1 % der gesamten Wertstoffmenge erfasst.
[10] Barch DG 6 2279 in Hartard (2000).
[11] Die Kreisbetriebe hatten i.d.R. Erfassungs-, Aufbereitungs-, Transport- und Lagerungsfunktionen.

darüber hinwegtäuschen, dass in einzelnen Regionen das Erfassungsnetz etwas weitmaschiger ausfiel und in dieser Zahl auch die nur zeitweilig geöffneten Annahmestützpunkte berücksichtigt wurden.

Von den 17.107 Annahmestellen und -Stützpunkten (AST/ASP) befanden sich 1988 lediglich rund 1.900 (11 %) in „volkseigenem", d.h. staatlichem Besitz und waren durch SERO-Personal besetzt. Beachtlich ist, dass die restlichen 15.300 Erfassungsstützpunkte durch private Träger (z.B. Vereine, Privatpersonen, Gewerbetreibende) unterhalten wurden. Knapp die Hälfte der privaten AST/ASP war unter Regie von sogenannten nebenberuflichen Sammlern (Privatpersonen) (7.540 = 44 %). Außerdem waren Gewerbetreibende (Bürger mit Gewerbeerlaubnis) (5.474 = 32 %) und gesellschaftliche Organisationen (2.254 = 13 %) am Erfassungsprozess beteiligt.

1988 arbeiteten bei SERO 11.109 Personen, davon 299 in der Kombinatsleitung. Drei Viertel des Personals waren in der Erfassung (23 %), Aufbereitung (17 %), Transport, Umschlag, Lagerung (31 %) und sonstigen Bereichen (29 %) tätig. Bildet man eine Summe aus dem Kombinatspersonal und den an der SERO-Erfassung beteiligten privaten Vertragspartnern, so waren 1988 insgesamt ca. 26.377 „Personen"[12] mit der Erfassung von 1,6 Mio. t Wertstoffen jährlich beschäftigt.

Das SERO-Erfassungssortiment

Über das SERO-System wurde in der DDR eine breite Palette an Sekundärrohstoffen erfasst, die über die in der Bundesrepublik übliche Containersammlung hinausging. Neben **Altpapier, Sammelschrott** aus Haushalten und **Alttextilien** konnte der Bürger bei SERO bis zu 23 verschiedene **Flaschen-** und **Gläser**sortengruppen, sogenanntes Rücklaufbehälterglas (RBG), abgeben, das zur erneuten Befüllung als Mehrwegverpackung in die abfüllende Industrie zurückging. Hierbei handelte es sich vornehmlich um Spirituosenflaschen bzw. eine Reihe von Gläsersortimenten für die Obst- und Gemüseabfüllung. Der Bürger hatte das RBG in gereinigtem Zustand in die SERO-Annahmestelle zu bringen, erst dann erhielt er eine Vergütung zwischen 0,05 bis 0,30 Mark/Stück Glas oder Flasche. Parallel dazu existierte ein Pfandsystem für Massengetränke (z.B. Bier, Limonaden, Säfte, Mineralwässer), das nichts mit dem SERO-System zu tun hatte, sondern dem Einzelhandel zugeordnet war. Ab 1984 baute SERO ein landesweites Netz an Abgabemöglichkeiten für **Thermoplastabfälle** aus Haushalten (TPAH) aus. Hierbei kamen zusätzlich Netz- und Rollcontainer zum Einsatz. Für die **sons-**

---

[12] Inkl. des Leitungspersonals der Sammlungen durch gesellschaftliche Organisationen.

tigen **Warenarten** des SERO-Sortiments wie **Knochen, Federn, Fixierbäder, Altfilme, Altbatterien, Elektronikschrott, Friseurhaare und Korken** wurden gesonderte Aufkaufpreise gezahlt. Ihr Anteil an der Erfassungsmenge spielte aber nur eine untergeordnete Rolle.

Charakteristik der SERO-Annahmestellen

Die Annahmestellen waren je nach Aufkauffläche bzw. jährlichem Umschlag an Wertstoffen und ihrer Personalstärke in die Kategorien I bis III eingeteilt und richtete sich nach der Größe (Ladenfläche von >100 m^2 bis <60 m^2; Lagerhauptfläche von 100-300 m^2), Personalbesetzung (1-3 Vollzeitmitarbeiter) und Umschlag (100.000-800.000 Mengeneinheiten[13]). Im Programm des „komplexen Wohnungsbaus"[14] war die Integration einer Annahmestelle systematisch vorgesehen,[15] konnte aber in der Praxis bis zur Wende nicht überall realisiert werden.

Die Annahmestellen Typ I wurden von verschiedenen Herstellern angeboten (Typ Bitterfeld, Weißensee, Boitzenburg) und unterschieden sich hinsichtlich ihrer Größe und der anteiligen Investitionen für Bau und Ausrüstung. Für den Neubau einer SERO-Annahmestelle war ein Investitionsaufwand von 250.000-350.000 Mark aufzubringen. Die SERO-Leitung orientierte sich deshalb auch auf die Nutzung und Renovierung vorhandener Bausubstanz (75.000 Mark Umbaukosten pro Annahmestelle) bzw. ergänzend mobile Aufkaufwagen (30.000 Mark Investitionskosten pro Objekt) und Container. *Abbildung 3* zeigt das typische standardisierte Eingangsportal einer SERO-Annahmestelle.

Die Richtwegstrecke zur SERO-Annahmestelle betrug laut Ministerium für Bauwesen rund 900 m.[16] In ländlichen Regionen wurde der Aufkauf auch mit Hilfe von sogenannten mobilen Aufkaufwagen vorgenommen, die ergänzend zu den vorhandenen Annahmestellen eingesetzt wurden und preisgünstig in der Beschaffung waren.[17] Außerdem waren 1988 auch insgesamt 55.910 Container zur Erfassung von Papier, Thermoplasten, Glasbruch, Batterien und Rücklaufbehälterglas im Einsatz.

---

[13] 1 ME = 1 kg Altpapier, 1 Stück Altglas, 1 kg Alttextilien.
[14] Für alle seit Anfang der sechziger Jahre errichteten Wohngebiete galt die gesetzlich vorgeschriebene Konzeption des »komplexen Wohnungsbaus«, wonach parallel zum Bau der Wohngebäude auch die notwendigen Gemeinschaftseinrichtungen wie Schulen, Kinderkrippen und -gärten, Ambulatorien, Handels-, Dienstleistungs- und Gastronomieeinrichtungen sowie Sport- und Spielplätze zu schaffen waren.
[15] Barch DE 3 855, Barch DG 6 Ho 2285 in Hartard (2000), Hartard & Huhn (1992).
[16] Barch DE 3 855 in Hartard (2000).
[17] Ein mobiler Aufkaufwagen vom Typ Sangerhausen kostete durchschnittlich 30.000 Mark im Vergleich zum Neubau einer SERO-Annahmestelle in der Größenordnung von 250.000 Mark (Typ Bitterfeld) bis 350.000 Mark (Barch DE 3 235/2 in Hartard [2000]).

Abbildung 3: SERO-Annahmestelle – Eingangsportal

Ergänzend zu den Annahmestellen betrieb SERO auch Containersysteme für die Wertstofferfassung. Erste Überlegungen zur Kunststoffsammlung wurden in der DDR schon 1971 in Leuna (Werk Buna) angestellt und 1981 erfolgte in Halle der erste Sammelversuch. Dort testete man die Getrenntsammlung von vier Gruppen Kunststoffabfällen. Als Problem erwies sich die durch das Annahmestellenpersonal oder den Bürger nicht leistbare optische Trennung von PVC- und PE-Verpackungen. Dies führte zur Empfehlung einer Sammlung gemischter Kunststoffabfälle aus Haushalten. SERO baute infolge dessen ab 1983 ein Erfassungsnetz für gemischte Kunststoffabfälle (genannt: Thermoplaste) aus Haushalten auf. Ca. 30 % der Thermoplaste sammelte SERO über Netz- oder Rollcontainer, deren Standorte sich vor Einzelhandelsläden und sonstigen öffentlichen Einrichtungen befanden (vgl. *Abbildung 4*).

Rund drei Viertel der Container dienten der Thermoplast- und Altpapiererfassung. SERO versprach sich durch die Aufstellung der Papiercontainer vor allem die Erhöhung der Erfassungsanteile an gemischtem Altpapier (Knüllpapier) in Ergänzung der Annahmestellensammlung von Zeitungen, Zeitschriften und Pappen. Im Versuchsbetrieb waren 1982/83 in Dresden auch Mehrkammercontainer (6 m^3) für Altpapier, Thermoplastabfälle, Rücklaufbehälterglas und Altbatterien[18].

---

[18] Dieser Container war ein durch Pendelklappen umgerüsteter Bauschuttcontainer. Materialprobleme haben letztendlich verhindert, dass dieser Containertyp flächendeckend zum Einsatz kam (vgl. auch Übersicht zu Arten und Kosten von Wertstoffcontainertypen bei SERO in Hartard [2000]).

Die gesamte Containererfassung entsprach lediglich 1 % der über das SERO aus Haushalten erfassten nichtmetallischen Abfälle, hatte also insgesamt keine große Bedeutung. Bedeutend für die Akzeptanz von SERO waren die Sammlungen und Sammelstützpunkte der Vereine und Verbände, die zu beachtlichen 7 % der SERO-Erfassung beitrugen[19]. Mehr als die Hälfte des SERO-Aufkommens (55 %) stammte von privaten Trägern. In den durch SERO-Personal betriebenen Annahmestellen erfasste man gut ein Drittel des Gesamtaufkommens (38 %) (vgl. *Abbildung 5*).

Abbildung 4: Thermoplaste- und Altbatteriesammlung bei SERO (Netzcontainer)

Bedeutung verschiedener Erfassungsträger im SERO-System

Ein besonderes Merkmal des SERO-Systems ist, dass die Erfassungsleistung zu mehr als der Hälfte durch Privatbürger und gesellschaftliche Organisationen getragen wurde: Die Erfassungsmenge aus Haushalten über das Annahmestellen/-stützpunktenetz (1988) (= 11 % der Gesamtannahmestellen) trug zu 38,3 % des nichtmetallischen Haushaltsaufkommens bei. Private Erfassungsträger (Gewerbetreibende, private Sammler, gesellschaftliche Organisationen[20]), die 89 % der Aufkaufläden betreuten, trugen insgesamt zu rund 62 % der Erfassungsleistung aus Haushalten bei. Als kleine Entschädigung für ihre quasi ehrenamtliche

---

[19] Es sind allein 16 gesellschaftliche Organisationen und Gruppierungen aus der DDR bekannt, die SERO-Sammlungen vornahmen. Beispielhaft seien an dieser Stelle genannt: Nationale Front, Freie Deutsche Jugend, Pionierorganisationen in den Schulen, Demokratischer Frauenbund Deutschlands, Volkssolidarität, Vereinigung der gegenseitigen Bauernhilfe.

[20] Private Sammler arbeiteten hauptberuflich als Gewerbetreibende und mussten ihre Einnahmen versteuern. Nebenberufliche Sammler erhielten durch SERO einen Sammelschein und arbeiteten bis zu einer definierten Grenze steuerfrei. Der Abtransport der Wertstoffe erfolgte hier durch SERO-Transportfahrzeuge (Hartard & Huhn 1993).

Tätigkeit erhielten die privaten Sammler mit Sammelschein einen um 20 % höheren Vergütungspreis für ihre an SERO weiterverkauften Wertstoffe (HARTARD & HUHN 1992).

Die SERO-Leitung strebte das Ziel an, langfristig 50 % der Gesamtmenge über die SERO-eigenen Annahmestellen zu erfassen, blieb jedoch in der Realität weit von diesem Ziel entfernt.[21] Es wurde intern eingestanden, dass die „nachgewiesene Uneffektivität" im eigenen Hause zugunsten des Ausbaus der AST auf privater Basis aufgegeben werden musste.[22]

Die Gesamteffizienz der pro Annahmestelle erfassten Wertstoffe ging in den 1980er Jahren zurück. Es ging also mit dem massiven Ausbau des Annahmestellennetzes keine äquivalente Steigerung der gesamt erfassten Menge pro Annahmestelle einher. Betrug sie 1981 im Durchschnitt aller AST/ASP 195 t pro Annahmestelle, so waren dies 1988 nur noch 103t.[23] Eine Erklärung liegt hier nahe: Die Erweiterung des Annahmestellennetzes auf der Basis vieler ehrenamtlicher privater nebenberuflicher Sammler konnte nur mit eingeschränkten Öffnungszeiten funktionieren.

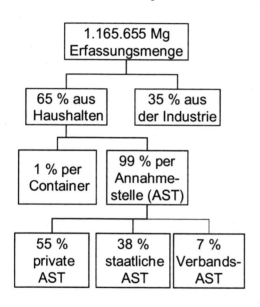

Abbildung 5: Menge und Herkunft der SERO-Wertstoffe (1988)

Die Kombinatsleitung SERO selbst entwickelte die sogenannte ökonomische Aufkaufnorm, d.h. ein Annahmestellenbetrieb galt als effektiv, wenn mindestens 200 Mengeneinheiten Wertstoffe je Stunde Arbeitszeit und Vollzeitarbeitskraft aufgekauft wurden.[24] Prüfberichte über die tatsächlich erreichte Effektivität von SERO in diesem Bereich standen im SERO-Archiv nicht zur Verfügung (HARTARD 2000).

---

[21] Barch DE 3 855 in Hartard (2000).
[22] SERO/Arbeitsgruppe 8, 1989 in Hartard (2000).
[23] vgl. Hartard (2000).
[24] Barch DG 6, Ho 2285 in Hartard (2000).

Die betriebliche Leistungskontrolle von SERO über den sogenannten Leistungsvergleich wurde bewusst öffentlich geführt und diente auch Propagandazwecken. Sie bestand im Wesentlichen aus der Gegenüberstellung von Erfassungsmengen und der Anzahl der Annahmestellen in einer Region bezogen auf vier Leistungsgruppen (Stadt, Industriegebiet, landwirtschaftlich geprägter Kreis, gemischter Kreis).[25] Kennziffern des Leistungsvergleiches waren das Pro-Kopf-Aufkommen, die Annahmestellendichte, die Aufkaufzeit pro 1.000 Einwohner (h), die erfasste Menge pro Stunde Aufkaufzeit und die Gesamtöffnungszeit (HARTARD & HUHN 1992).

Sammelleistungen an einzelnen Wertstoffen im SERO-System

Betrachtet man das Gesamtaufkommen an Sekundärrohstoffen aus Haushalten und der Industrie nach einzelnen Wertstofffraktionen, so machten hiervon allein drei Viertel (72 %) der Gesamterfassungsleistung Altpapier und Glas aus (1988). Der hohe Anteil von Sammelschrott mit 14,9 % am Gesamtaufkommen stellt lediglich das Haushaltsaufkommen dar, welches anschließend an das Kombinat MAB transferiert wurde. Thermoplastabfälle spielten mit einem Gesamtaufkommen von 8.700 t im Kombinat SERO insgesamt nur eine untergeordnete Rolle (*vgl. Abbildung 6, S. 324*). Betrachtet man das reine Haushaltsaufkommen, waren hierin höhere Glasanteile (Rücklaufbehälterglas) enthalten, die nahezu die Hälfte des Sekundärrohstoff-Aufkommens aus Haushalten ausmachten (42,3 %).

Zuletzt erfasste das SERO-System eine Pro-Kopf-Menge von 47,5 kg/E*a an nichtmetallischen Sekundärrohstoffen (1988). Hinzu kamen allerdings noch ca. 25,6 kg Sammelschrott aus Haushalten, der je zur Hälfte aus den Sammelstellen des Kombinates Metallaufbereitung (MAB) bzw. von SERO stammte. Die über das SERO-System gesammelten Wertstoffe (inkl. MAB-Haushaltsschrott) in Höhe von rund 73 kg/E*a entlasteten den Hausmüll um etwa ein Drittel. Die Hausmüllstatistik der DDR (Statistik des Instituts für Kommunalwirtschaft, Dresden) wies (ungeachtet der zahlreichen nicht quantifizierbaren wilden Hausmüllablagerungen) 1988 ein Hausmüllaufkommen von durchschnittlich 174 kg/E*a aus.[26] An der Pro-Kopf-Erfassungsmenge aus den Haushalten waren die einzelnen Warenarten mit den folgenden Anteilen beteiligt:

---

[25] SAPMO-Barch DY 30/36948 vorl. SED) in Hartard (2000).

[26] Der in der Statistik immer wieder angeführte Anteil von 26 kg/E*a an Sammelschrott ist angesichts des relativ niedrigen Pro-Kopf-Aufkommens an Hausmüll von durchschnittlich 174 kg/E*a nicht allein dem Hausmüllbereich zuzuordnen. Ein Teil davon dürfte aus dem Gewerbebereich stammen und wegen der Vergütung über die Haushalte abgeliefert worden sein.

Papier: 17,4 kg/E*a
Gläser: 8,0 kg/E*a
Flaschen: 18,3 kg/E*a
Haushaltsschrott: 25,6 kg/E*a
Textilien: 3,3 kg/E*a
Thermoplaste: 0,5 kg/E*a

Ein Vergleich mit Pro-Kopf-Erfassungsleistungen aus der BRD ist nur bedingt möglich, z.b. beim Altpapier. Grundsätzlich muss hierbei berücksichtigt werden, dass aufgrund des quantitativ wie qualitativ niedrigeren Konsumtionsniveaus in der DDR folglich der Verbrauch der hier genannten Wertstoffe dort wesentlich niedriger lag als in der BRD.

Ein Vergleich der Pro-Kopf-Erfassung an Gläsern und Flaschen über das SERO-System mit der Glasbruchcontainersammlung in der BRD ist nicht zulässig, da in der DDR aus Haushalten mit Ausnahme von beschädigtem und unkurantem Glas nur ganze Flaschen und Gläser (Rücklaufbehälterglas) erfasst wurden. Glasbruch erfasste SERO lediglich aus der Industrie.

Die errechnete Erfassungsquote für Thermoplaste bei SERO liegt zwischen 20 und 30 %.[27] In der BRD gab es in den 1980er Jahren kein vergleichbares System der Kunststofferfassung aus Haushalten.

In die Sammelschrotterfassung integriert war auch die Annahme und Vergütung von Elektronikschrott wie Waschmaschinen, Schleudern, Kühlschränken, Elektroherden, Fernsehgeräten, Staubsaugern und Bügeleisen.

SERO betrieb außerdem eine Altbatteriesammlung in Kaufhallen und Reparatur- und Servicebetrieben. Die Erfassungsquote für Altbatterien war relativ gering (5-6 %).[28] Mangelnde Recyclingkapazitäten führten Ende der 1980er Jahre zu einem Zwischenlagerbestand von 1.205 t, der wegen mangelhafter Sicherung eine Gefahr für die Umwelt darstellte.[29]

Öffentlichkeitsarbeit zur Einbeziehung der Bevölkerung

Die Beteiligung des Bürgers am Erfassungsprozess wurde in der Öffentlichkeitsarbeit intensiv propagiert. Der DDR-Bürger wurde von Kindheit an zum sparsamen Umgang mit Rohstoffen und einem ausgeprägten Getrenntsammlungs-Verhalten angehalten, um Sekundärrohstoffe für die Volkswirtschaft der DDR zur Verfügung zu stellen. Bei der Öffentlichkeitsarbeit führte man die zwei Hauptar-

---

[27] Kunststoffverbrauch von 26.000-29.000 t bzw. 40.000 t pro Jahr im Vergleich zu 8.000-10.000 t über SERO erfassten Thermoplasten Barch DG 6 2529 in Hartard (2000).
[28] Barch DG 6 2529 in Hartard (2000).
[29] Barch DG 6 2529 in Hartard (2000).

gumente Materialökonomie und Umweltschutz für die Sekundärrohstoff-Sammlung an, wobei das Umweltschutzargument erst später in die Öffentlichkeitsarbeit von SERO integriert wurde und als nachgeschobenes Argument betrachtet werden muss. Die SERO-Sammlung kann also nicht in den direkten Zusammenhang zum Hauptaspekt der Getrenntsammlung in der BRD (als Mittel zur Abfallvermeidung und -verwertung) gestellt werden.

Außer dem Betrieb von Annahmestellen und Straßen- bzw. Schulsammlungen wurden die gesellschaftlichen Organisationen an Kontroll- und Planungsgremien zur Sekundärrohstoff-Wirtschaft beteiligt, wie etwa den Sekundärrohstoff-

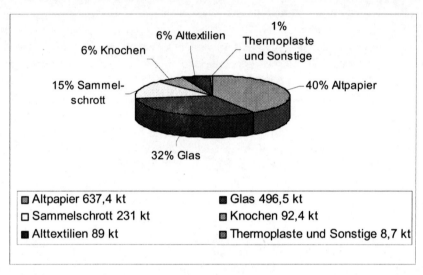

Abbildung 6: SERO-Erfassungssortiment nach Stoffgruppen (1988)
Sammelschrott (nur SERO-Aufkommen), Glas = Gläser, Flaschen und Glasbruch: Umrechnungsfaktor Flaschen 0,375 kg/Stück, Umrechnungsfaktor Gläser 0,262 kg/Stück (HARTARD & HUHN 1992)

Kommissionen (Bezirksverwaltung) und Erfassungsgruppen in den Kreisen (Beteiligung von SERO-Personal, Firmenvertreter, Verwaltung, Bürger). SERO arbeitete in diesem Zusammenhang eng mit den Kreisverwaltungen (Fachorgan Sekundärrohstoff-Wirtschaft) zusammen, die unter anderem für die Zuweisung der Erfassungsbezirke von SERO verantwortlich waren.

Durch das Erziehungswesen und eine umfangreiche Öffentlichkeitsarbeit, zum Beispiel mit dem Maskottchen Emmy (Elefant) wurden bereits die Kinder in den Schulen zur Sekundärrohstoff-Sammlung und zum sparsamen Umgang mit Rohstoffen angehalten.

Vergütung der Sekundärrohstoffe

Der DDR-Bürger erhielt für die Abgabe der Wertstoffe in den Annahmestellen mit Ausnahme der Batterien und nicht zum SERO-Sortiment gehörenden „unkuranten"[30] Gläsern eine Vergütung, die in der Größenordnung von 3 bis 50 Pfennig je Stück bzw. kg oder bei Edelmetallen erheblich darüber lag. Die Höhe der Vergütung richtete sich nach der Wertstoffart und -sorte bzw. nach dem Wertstoffgehalt.[31] SERO erfasste Altpapier und Rücklaufbehälterglas bzw. Haushaltsschrott bereits sortenrein, entsprechende Aufkaufpreise der Altstoffsorten waren in Preislisten festgelegt. Das Altpapier-Erfassungssortiment umfasste fünf Papiersorten: gemischtes Altpapier, Wellpappe, Schulhefte, Zeitungen und Zeitschriften und Broschüren, Papiersäcke.

Die höchsten Vergütungen zahlte SERO an gesellschaftliche Organisationen, die im Durchschnitt einen um 20 % höheren Preis für die von ihnen gesammelten Wertstoffe erzielten, sozusagen als kleine Entschädigung ihrer Sammeltätigkeit. Geringere Vergütungen erhielten dagegen Gewerbe- und Industriebetriebe, die größere Wertstoffmengen an SERO lieferten.

Der Bürger erhielt rechnerisch durchschnittlich von SERO durch den Aufkauf der Sekundärrohstoffe jährlich eine Summe von 31 Mark ausbezahlt (1988), also 2,60 Mark monatlich, was auch in Relation zum Durchschnittsverdienst eher als ein Taschengeld betrachtet werden muss und damit nicht der alleinige Anreiz für die Sammeltätigkeit der Bürger gewesen sein wird (HARTARD & HUHN 1992).

Umfrage über die Akzeptanz von SERO

Die im Rahmen des BMBF-Forschungsvorhabens 1991 in Thüringen vorgenommene Umfrage bei über 1.300 Haushalten zum SERO-Erfassungssystem bestätigte die Tatsache, dass nahezu jeder Bürger der DDR (97 %) sich in unterschiedlicher Form (Schüler, Verein, Privatperson) an der SERO-Sammlung beteiligte. Auf die Frage nach den Gründen für die Beteiligung am SERO-System nannten die Befragten den Sparsamkeitsgedanken (63,7 %), das flächendeckende Annahmestellennetz (49,3 %), aber auch die Vergütung der Sekundärrohstoffe (39,2 %), die also nicht das Hauptmotiv für die Wertstoffsammlung darstellte. Dennoch wurde auf die Frage nach den Mängeln des SERO-Systems mit 38,2 % am häufigsten

---

[30] Diese Gläser ließen sich nicht in das bestehende Rücklaufbehälterglas-Sortiment einordnen und wurden deshalb zu Glasbruch verarbeitet (z.B. alle nicht zum SERO-Sortiment gehörenden Gläser und Flaschen, darunter solche, die Lebensmittel aus Delikat-Läden enthielten, Gläser und Flaschen, die keine Lebensmittel enthielten sowie importierte Gläser und Flaschen).

[31] Z.B. bei silberhaltigen Fixierbädern aus Photolabors.

bemerkt, dass noch zu viele Wertstoffe auf dem Müll landeten. Ihre grundsätzliche Bereitschaft, Wertstoffe auch vergütungsfrei abzuliefern, versicherten damals 89,6 % der Befragten.

Aufbereitung von Sekundärrohstoffen

Die über das SERO-System im Lagergeschäft[32] erfassten Wertstoffe kamen in die Aufbereitungszentren, wo im Wesentlichen eine maschinelle Zerkleinerung und Verpressung (durch Granulatoren und Pressen) sowie eine überwiegend manuelle Verpackung (Palettierung) erfolgte. Davon betroffen waren die Hauptwarenarten Altpapier, Gläser und Flaschen, Alttextilien und Thermoplaste (Schwimm-Sink-Trennung, Hydrozyklon, Granulierung). Die Sortier- und Verpackungsarbeiten wurden überwiegend manuell ausgeführt und betrafen vor allem die Alttextilsortierung. Sie stellte für die beschäftigten Personen, überwiegend Frauen, eine schwere körperliche Belastung dar. Alttextilien aus der Industrie übernahm SERO bereits zu 85 % sortenrein. Einige Betriebsteile, wie z.B. die Lausitzer Wollwerke Peitz, übernahmen spezielle Aufbereitungsfunktionen, etwa die Wollfarbsortierung.

Lediglich 10 % der Flaschen und Gläser verpackte man mit Hilfe von Palettierautomaten. Die Verpressung von Altpapier erfolgte mit Hilfe von Hochleistungs- und elektromechanischen Pressen, die Textilverpressung durch Horizontal- und Vertikalpressen. Die vorhandene Aufbereitungstechnik, d.h. insbesondere die Palettierautomaten, stellte letztendlich keine große Arbeitsentlastung dar. Es kam außerdem zu hohen Ausfallzeiten der Anlagen, die überwiegend technisch unausgereift waren, sodass der tatsächliche Rationalisierungseffekt grundsätzlich in Frage zu stellen war.

Die Aufbereitung von Thermoplasten beschränkte sich bei SERO auf die Schwimm-Sink-Trennung (Hydrozyklon) und anschließende Granulierung der Schwimmfraktion. Großvolumige Thermoplastteile wurden mit mehr oder weniger provisorischer Zerkleinerungsaggregaten, z.B. Feldhäckslern, Trennscheiben, und Kreissägen zerkleinert. Die eigentliche Thermoplastverarbeitung fand in fünf hierauf spezialisierten Betrieben statt, die nicht zum SERO-Kombinat gehörten (Steudnitz, Staaken, Ottendorf-Okrilla, Schwerin und Westeregeln [Schwerpunkt Folienverarbeitung]).

---

[32] Das Lagergeschäft entsprach der körperlichen Annahme und Zwischenlagerung der Wertstoffe in der Annahmestellen. Der Gegensatz hierzu war das Streckengeschäft für Wertstoffe aus dem Gewerbe, wo SERO teilweise eine reine Vermittlungsfunktion übernahm.

Überalterung der Transport- und Aufbereitungstechnik

Die Transport- und Aufbereitungstechnik von SERO zeichnete sich aufgrund der Überalterung von Anlagen und Fahrzeugen durch eine hohe Verschleißrate aus. Sie erforderte einen hohen Arbeitsaufwand für die ständigen Reparaturen. Nahezu Zweidrittel der SERO-LKW (63 %) waren älter als zehn Jahre. Die kombinatsinternen Forschungen richteten sich verstärkt auf die Entwicklung und Verbesserung von Rationalisierungsmitteln, wie die Optimierung der Palettieranlagen für Rücklaufbehälterglas, die Entwicklung einer automatischen optoelektronischen Sortierung von Alttextilien und die automatisierte Erfassung der Wertstoffe in den Annahmestellen. Der Stand der Technik, fehlende Rohstoffe und Finanzmittel ließen jedoch in den meisten Fällen die Umsetzung der Forschungsergebnisse, auch wenn sie positiv ausfielen, nicht zu.

Transportprobleme

Der Transport der Sekundärrohstoffe zwischen den Betriebsteilen bzw. der verarbeitenden Industrie auf der Basis einer veralteten Transporttechnik gestaltete sich durch die folgenden äußeren Umstände als äußerst schwierig:

1. Verpackungsmittel wie Kisten und Gitterboxpaletten standen nicht in ausreichender Anzahl zur Verfügung – ein in der DDR generell auftretendes Problem.
2. Im Umlauf befindliche Leihverpackungsmittel (z.B. Gitterboxpaletten etc.) lieferte die Industrie nicht immer wie vertraglich vereinbart rechtzeitig zurück.
3. Bei der Nutzung der öffentlichen Verkehrsmittel für den Transport der Wertstoffe, z.B. der Reichsbahn, traten desöfteren erhebliche Transportverzögerungen auf.
4. Der SERO nur kontingentiert zugewiesene Kraftstoff entsprach nicht dem tatsächlichen Bedarf und beschränkte die Leistungsfähigkeit des Kombinates.
5. Die schlechte Qualität im Gebrauch befindlicher Verpackungsmittel, z.B. zu dünner Palettenzwischenlagen aus Pappe, war allein für den Bruch von 5 % des verpackten Rücklaufbehälterglases verantwortlich.

Probleme bei der Verwertung von Sekundärrohstoffen

Zieht man eine Bilanz der Erfassungs- zu den Absatzleistungen, so muss die grundsätzliche Feststellung getroffen werden, dass die tatsächliche Verwertung des SERO-Erfassungssortimentes nicht vollständig gesichert war, d.h. ein Teil der über das SERO-System erfassten Wertstoffe landete auf der Deponie bzw. wurde wie das Rücklaufbehälterglas in Form von Glasbruch anderweitig stofflich genutzt.[33]

Der Absatz von Papier war bis zuletzt weitgehend gesichert, wenn man von geringen Überschüssen bei gemischtem Altpapier, Wellpappe und nassfesten Spezialpapieren (Verarbeitungsprobleme beim Verwerter) einmal absieht. Die tatsächliche Verwertbarkeit des SERO-Erfassungssortimentes konnte nicht im vollen Maße garantiert werden. Bei Glas konnten zuletzt nur etwa 60 % des Rücklaufbehälterglases als ganze Flaschen und Gläser (Mehrweggläser) genutzt werden. Dies lag zum Teil an fehlenden Gläserwaschmaschinen[34], einer störanfälligen Spültechnik, der Bevorzugung von Neuglas durch die Industrie und Sortimentsumstellungen[35]. Obwohl das SERO-Glas zu 65 % preisgünstiger erworben werden konnte, gab es offensichtlich organisatorische Probleme, den Einsatz der SERO-Rücklaufbehältergläser zu steigern (SCHLECHTRIEM 1987). Das restliche Drittel zerkleinerte man in den SERO-Aufbereitungszentren zu Glasbruch, im SERO-Sprachgebrauch auch „Glasumwandlung" genannt, und verkaufte die weitgehend farbenreinen Scherben zu erheblich geringeren Absatzpreisen an die Glasindustrie im In- und Ausland. Der durchschnittliche Scherbeneinsatz in der Glasindustrie belief sich in der DDR zuletzt auf etwa 30 bis 40 %.

Die vollständige Verwertbarkeit der SERO-Alttextilien, vor allem der gemischten Textilien aus den Haushalten, war bereits seit Beginn der 1980er Jahre nicht mehr gesichert, sodass die SERO-Lagerbestände mit nicht mehr verkäuflicher Rohware überquollen. Die Lagergebäude befanden sich generell in einem qualitativ nicht einwandfreien Zustand, und ein Teil der Lager stellte lediglich ein Provisorium dar (z.B. Scheunen). Der Alttextilbestand erreichte 1986 eine solche Höhe, dass die SERO-Kombinatsleitung sich zu einer sofortigen Räumung der Lager entschloss. Dies bedeutete letztendlich die Deponie vor allem minderwertiger Alttextilqualitäten (Pappenlumpen). Zieht man für 1988 eine Bilanz, so landete schließlich ca. ein Viertel der zuvor getrennt erfassten und sortierten Alttextilien auf der Deponie[36].

Die Verwertung der rund 8.700 t gemischten Thermoplastabfälle aus Haushalten und dem Kleingewerbe (Folien etc.) konnte gewährleistet werden. Lediglich die Sinkfraktion aus der Aufbereitung der Thermoplaste (20-30 % des Gesamtanfalls aus Haushalten) war nicht verwertbar und wurde z.T. auf dem Betriebsgelände der Aufbereitungsanlagen deponiert. Vermutlich hätte der Anstieg des Pro-

---

[33] Zerschlagung zu Glasbruch in den SERO-Aufbereitungszentren, der dann farbenrein sortiert und wieder zur Glasindustrie verbracht bzw. exportiert wurde.
[34] Barch DG 6 2271 in Hartard (2000).
[35] Barch DG 6 2797 in Hartard (2000).
[36] Vor allem Sortierreste, Pappenlumpen und unsortierte Rohware aus Haushalten.

Kopf-Aufkommens an Thermoplastabfällen auch die DDR vor Verwertungsprobleme gestellt. Die traditionellen Einsatzbereiche der Regenerate waren ähnlich wie in der BRD mehr oder weniger minderwertige Kunststoffprodukte, wie z.b. Blumentöpfe, Pflanzschalen, Mineralölflaschen und Fahrradkleinzubehör.

Verwertungslösungen für die über SERO gesammelten Batterien standen bis zum Schluss noch aus. Sie wurden selektiv auf einer ungedichteten Halde deponiert. Auch die Sammel- und Gelatineknochen konnten nicht immer fristgemäß den Verarbeiterbetrieben zugeführt werden. Die Freilagerung der Knochen verursachte erhebliche hygienische Probleme.

Staatliche Subventionen

Staatliche Subventionen wurden in Form von Preisstützungen in einer Gesamthöhe von 105,561 Mio. Mark/a (1988) an das SERO-Kombinat geleistet. Dem stand ein Betriebsergebnis von rund 147,700 Mio. Mark gegenüber[37], sodass selbst nach Abzug der Subventionen ein Gewinn erzielt wurde. Allerdings waren die zum Teil hohen Aufwendungen der Erfassung und Aufbereitung im Falle der Thermoplaste und des Rücklaufbehälterglases nur durch Subventionen aus der Staatskasse an das Kombinat SERO zu vertreten. So zahlte der Staat z.B. je Tonne Thermoplaste eine Preisstützung von 1.150,- Mark, für Glasbruch entsprechend 480,- Mark. Die Tonne Thermoplaste hatte inklusive Preisstützung allerdings billiger als Primärmaterial zu sein, dessen Rohstoffe (z.B. Erdöl) schließlich importiert werden mussten. Das Kombinat SERO war in ein festes Preissystem eingebunden, konnte die Wertstoffe also zu garantierten Preisen auf- und verkaufen.

Forschung und Entwicklung im SERO-Kombinat

Bis zur Wende arbeiteten 87 Vollbeschäftigte in der Abteilung Forschung und Entwicklung des SERO-Kombinates. Zu den Forschungsschwerpunkten zählten Rationalisierungsmaßnahmen zu logistischen Betriebsabläufen, die Weiterentwicklung von Palettier- und Sortieranlagen sowie warenartbezogene Forschungsaufgaben zur Wiederverwertung der Sekundärrohstoffe.

Bei der Suche nach neuen Einsatzgebieten für Sekundärrohstoffe kooperierte die SERO-Forschungsabteilung u.a. mit Institutionen und Industriebetrieben, wie z.B. dem Chemiekombinat Buna, dem Forschungszentrum Verpackung oder der

---

[37] Das Betriebsergebnis 1988 setzte sich folgendermaßen zusammen: Handelsspanne (Einkaufspreis minus Verkaufspreis) plus sonstige Erlöse plus Preisstützungen (105,561 Mio. Mark) plus Erlöse aus der industriellen Warenproduktion abzüglich Erlösschmälerungen/Ergebnisminderungen = Handelserlöse. Nach Abzug der Gesamtkosten verblieb ein Betriebsergebnis von 147,700 Mio. Mark.

Bauakademie. Bei der Dokumentation der SERO-Forschungsarbeit wurde sichtbar, dass einem hohen Forschungsaufwand nur eine geringe Effizienz bei der praktischen Umsetzung von Forschungsergebnissen gegenüberstand. Offenkundig fehlte der politische Wille zur Umsetzung notwendiger Innovationen des SERO-Systems, dessen technologische Ausstattung sich zuletzt in einem teilweise völlig überaltertem Zustand befand. Notwendige Rationalisierungsvorhaben blieben somit überwiegend „Zukunftsmusik".

Umfangreiche Forschungsaktivitäten zur Alttextilverwertung führten letztendlich zu einigen kleineren Erfolgen bei der Entwicklung von Spezialprodukten mit einem hohen Sekundärtextilanteil. Beispielhaft sind an dieser Stelle zu nennen:
- Herstellung von Textilschnitzelbeton für den Einsatz in Straßendeckschichten (1980-1985: Herstellung von 10.000 m^2),
- Produktion von Wärmedämmputz und –matten,
- Herstellung von Zelenith (Asbestersatzstoff),
- Herstellung von Sekunith (Holz- und Hartfaserplatten-Substitution),
- Entwicklung eines Sickerelementes aus Thermoplastabfällen und Alttextilien.

Ein großflächiger Einsatz dieser Materialien ist jedoch nicht bekannt geworden. SERO übernahm in den letzten Jahren auch Forschungsthemen, die über das eigentliche Erfassungssortiment hinausgingen. Sie bezogen sich auf bestimmte Wertstoffe aus Haushalten, die über das SERO-System wegen seiner flächendeckenden Struktur leicht zu erfassen gewesen wären. In Zusammenarbeit mit dem Institut für Kommunalwirtschaft (Dresden) wurden zum Beispiel umfangreiche Berechnungen zum potentiellen Altholzaufkommen aus dem Sperrmüll durchgeführt, dessen Erfassung durch SERO langfristig geplant war. Im gleichen Zuge standen Planungen zur Leuchtstoffröhren- und Reifenverwertung an. Die genannten Forschungsthemen erlangten jedoch keine praktische Bedeutung.

SERO und die Verpackungswirtschaft

Die Untersuchung der Verpackungswirtschaft der DDR stellt einen wichtigen Bestandteil der Strukturanalyse des SERO-Systems dar, weil sie vor allem durch das Rücklaufbehälterglas-System eng mit SERO verknüpft und ebenfalls nachhaltig durch den allgemeinen Rohstoffmangel geprägt war. Eine staatliche Zielstellung forderte die Verpackungsindustrie auf, den Rohstoffverbrauch trotz der geplanten steigenden Produktionsmengen jährlich um 1,3 % zu senken. Bestimmte im Mangel befindliche Verpackungsmittel aus Kunststoff sollten substituiert werden (Plastbeschluss von 1980). Das Fehlen adäquater Ersatzstoffe hatte jedoch zur Folge, dass die Warenverluste in der DDR infolge einer mangelhaften Verpackung in den 1980er Jahren kontinuierlich anstiegen, was von Staatsseite jedoch verschwiegen wurde.

Das SERO-Rücklaufbehälterglas-System stellte 1988 mit immerhin fast einem Drittel (29 %) der Inlandsbereitstellung an Behältergläsem (69 % Neuglas, 2 % Importe) einen gewichtigen Faktor der Inlandsbereitstellung von Behälterglas dar. Zudem existierte im Lebensmittelhandel ein generelles Pfandsystem für Massengetränke wie Bier, Limonaden und Mineralwässer. Milch füllte man zu 70 Vol.-% in Pfandflaschen ab. Die Umlaufraten beim SERO-RBG-System lagen nach groben Schätzungen bei 8 bis 10 Umläufen, die des Pfandsystems bei durchschnittlich 25. Von Delikatglassortimenten für Lebensmittel[38] und anderen, aber unbedeutenden Glasverpackungen für Lebensmittel einmal abgesehen war die ganze Lebensmittelverpackung in Gläsern und Flaschen in die Mehrwegesysteme SERO oder Pfand eingebunden.

Bereits in den 1970er Jahren wurde in der DDR auch die Rückführung von Transportverpackungen durch den Einzelhandel und deren Wiederverwendung angeordnet. Der Einzelhandel hatte im Vollzug dieser Verordnung gebrauchte Kartonagen bei der Belieferung mit Neuware an den Großhandel zurückzugeben. In der Praxis traten jedoch eine Reihe von Schwierigkeiten (mangelnde Qualität der Kartonagen, hygienische Probleme) bei der Umsetzung der Verordnung auf, sodass von keiner landesweiten Umsetzung dieser Pläne gesprochen werden kann. Die alternative stoffliche Verwertung von Kartonagen über das SERO-System wurde in der DDR-Presse in diesem Zusammenhang sogar als Konkurrenz bezeichnet, da durch SERO eine Vergütung an den Anlieferer erfolgte.

In der DDR befand sich eine definierte Palette von Verpackungen aller Stoffgruppen als Leihverpackungen im Umlauf, die als solche zu kennzeichnen waren, z.B. auch die bei SERO im Umlauf befindlichen Gitterboxpaletten und Kisten. Nicht mehr nachvollziehbar ist jedoch aus heutiger Sicht die tatsächliche Effektivität des Leihverpackungssystems, dass heißt z.b. welche Umlaufraten hierbei erzielt wurden und welche Kosten es letztendlich im Vergleich zu anderen Verpackungssystemen verursacht hat.

Sekundärrohstoffanteile in Verpackungen

Der Rohstoffmangel und geforderte Sekundärrohstoff-Einsatz stellte die Papierproduktion unter den Zwang, eine Reihe von Neuentwicklungen mit hohen Sekundärrohstoff-Anteilen zu kreieren. Zu nennen sind beispielhaft:

---

[38] In Delikatläden wurden Lebensmittel gehobener Qualität zu gehobenen Preisen verkauft.

- Die Herstellung von Duplex-Papieren und Duplo-Kartonagen, bei denen jeweils nur eine Papierlage höheren Qualitätsansprüchen, z.B. dem Weißgrad genügen musste und in der zweiten Lage hohe Sekundärrohstoffanteile (50 bis 70 %) zuließ, wie z.B. Duplex-Tapeten.
- Hygiene-Papiere mit 100 % Altpapieranteil.
- Die Verpackungsindustrie stellte zum Beispiel AROS-[39] und Duplex-Papiere bereits in größerem Ausmaß her. Außerdem wurden AROS-Papiere aus 100 % Altpapier auch als Tapetenpapiere und grafische Papiere hergestellt. Ein Teil der aufwendigen Forschungsarbeiten mussten jedoch wegen Materialmangel oder Finanzierungsschwierigkeiten abgebrochen werden.

In diesem Zusammenhang ist festzustellen, dass die Mangelwirtschaft die Verpackungsindustrie bzw. Forschungszentren zu zahlreichen Innovationen zwang. Die Produktentwicklung konnte insbesondere im Papierverpackungsbereich interessante Erfolge verzeichnen. Die Altpapiereinsatzquote in Verpackungspapieren und -kartonen lag in der DDR im Mittel bei 57 %.

Dennoch konnte der Stand der Technik nicht immer den staatlichen Forderungen entsprechen, die sich zum Teil sogar widersprachen. Der Plastbeschluss sah die Substitution von Kunststoffverpackungen durch Papierverpackungen vor, während ein fast gleichzeitiger erlassener Papierbeschluss den sparsamen Umgang mit Papierrohstoffen forderte. Dies hatte zunehmende Warenverluste zur Folge[40], die jedoch landesweit nie quantifiziert und von offizieller Seite totgeschwiegen wurden.

Die SERO-„Nachfolgebetriebe"

Nach der endgültigen Privatisierung des SERO-Systems stellte sich vor allem die Frage nach dem Verbleib und den neuen Aufgabenfeldern der ehemaligen SERO-Betriebe. Das Fachgebiet Abfallwirtschaft und Recycling der Universität Kassel nahm zu diesem Zweck im Dezember 1991 eine Befragung bei den neuen Eigentümern vor.

Die SERO-Betriebe befanden sich zum Umfragezeitpunkt (1991) im Besitz von elf aus den alten Bundesländern stammenden Firmen. Die alte SERO-Erfassungsstruktur ist Geschichte, lediglich in Eisenhüttenstadt (Nähe Frankfurt/Oder) wurden durch den neuen Besitzer die verbliebenen volkseigenen Annahmestellen im Stadtgebiet wiedereröffnet. Dort fand 1993 die Entgegennahme der folgenden Altprodukte statt:

---

[39] AROS ist die Abkürzung für **altrohst**offhaltiges Papier.
[40] Z.B. 5 % Bruch bei RBG-Verpackung (Paletten) wegen mangelhafter Pappe-Zwischenlagen.

- **Annahme mit Vergütung (nach altem SERO-Stil):** Papier, Zeitung, Pappe, weißes Papier, EDV-Papier, Glas, und Altkleider;
- **Annahme vergütungsfrei:** Autoreifen, -batterien, Kühltruhen und -schränke, Spraydosen, Trockenbatterien, Lackpapiere, Kunststoffe;
- **Annahme nur gegen Bezahlung durch den Bürger:** Computer, Fernseher, Radios, Automobile (Trabant und andere Fabrikate).

Die Öffentlichkeitsarbeit der nach dem SERO-Stil weitergeführten Annahmestellen erinnerte in starkem Maße an das alte SERO-System. So veranstaltete der Betreiber z.b. insbesondere Kinderfeste nach dem alten Muster. Das System „SERO-Neu" in Eisenhüttenstadt wurde durch eine Containererfassung und Wertstoffhöfe (Container, keine durchgehende Besetzung) im Landkreis Eisenhüttenstadt ergänzt. Die Produktpalette unterschied sich allerdings erheblich vom ehemaligen SERO-Sortiment.

Obwohl der Betreiber der Annahmestellen in Eisenhüttenstadt dort 1993 einige als vorbildlich zu bezeichnende Annahmestellen eingerichtet hat, müssen selbige als eine Art Vorzeigeprojekt verstanden werden, da die sonstigen übernommenen Annahmstellen aus den vier ehemaligen Bezirken (ca. 100) nicht in dieser Form umstrukturiert wurden. Gedacht war auch an die Übernahme von Abfallberatungsaufgaben durch das Annahmestellenpersonal und der zukünftige Betrieb und die Finanzierung der Annahmestellen im Auftrag der entsorgungspflichtigen Körperschaft. Hinsichtlich der Erfassung von Verpackungsabfällen wurde im Januar 1992 mit der Dualen System Deutschland (DSD) ein Vertrag abgeschlossen.

Im Zuge einer Umfrage in den neuen Bundesländern (Umweltministerien, Bürgerinitiativen) wurde festgestellt, dass zwar die Entsorgungs- und Recyclingfirmen in den neuen Bundesländern den SERO-Namen teilweise übernommen haben, jedoch die nach der Wende entstandenen Erfassungsstrukturen nichts mehr mit dem alten System zu tun haben. Zudem ist die Absatzsituation für Sekundärrohstoffe nach der Wende nicht mehr mit der früheren vergleichbar. Mit der sukzessiven Einführung des Dualen Systems und wegfallenden Vergütungsmöglichkeit für Sekundärrohstoffe, waren die privaten nebenberuflichen SERO-Sammler nach der Wende als Erste aus der Gesamterfassungsstruktur weggebrochen.

Literatur

Hartard, S.: Stand und Perspektiven der Abfallvermeidung und -verwertung in der DDR. Situationsanalyse 1990 nach Öffnung der Grenzen. Diplomarbeit an der Universität Kassel, Fachgebiet Abfallwirtschaft und Recycling, Witzenhausen 1990

Hartard, S.; Huhn, M. (Bearb.); Bundesministerium für Forschung und Technologie (BMFT) (Hg.): Strukturanalysen des SERO-Systems der DDR im Hinblick auf Eignung und Effizienz unter marktwirtschaftlichen Bedingungen. Forschungsbericht. F+E-Vorhabens 1480687 der Universität Kassel, Projektträger: Umweltbundesamt; Projektleiter: Prof. Dr. Klaus Wiemer, Berlin 1992

Hartard, S.; Huhn, M. Eisenblätter, R. & Wuttke, J.: Das SERO-System der DDR – eine Alternative zum DSD? Müll-Handbuch Band II, 1995, Kennziffer 2862: S. 1-18.

Hartard, S.: Entwicklung einer Indikatormethode zur Effizienzprüfung von Getrenntsammlungssystemen in der Abfallwirtschaft, Dissertationsschrift, Schriftenreihe 05 des Lehrstuhls Abfallwirtschaft und Siedlungswasserwirtschaft, Bauhaus-Universität Weimar 2000.

Schlechtriem, K.P.: Die Preisbildung für Sekundärrohstoffe und ihre Wirksamkeit. Dissertation an der Humboldt-Universität Berlin, 1987, Signatur 89 HB 4232

Ernst Ramin

Verwirklichte und andere Ideen des Umweltschutzes: Drei Beispiele aus einem Vierteljahrhundert der Tätigkeit in der Ostberliner Stadtreinigung

1. Leichtstoff-Trennanlage

Zu den Aufgaben des Stadtreinigungsbetriebes gehörte die Wartung der Leichtstoffabscheider, die ungewollt ausgetretene Mineralöle aus dem abfließenden Regen- oder Abwasser zurückhalten, z.b. an Tankstellen, Kraftfahrzeugwaschplätzen. Dabei saugte man ein Gemisch aus Schlamm (schwerer als Wasser, 5 %), Leichtstoffe (leichter als Wasser, 1,4 %) und das zur Förderung beider erforderliche Wasser (93,6 %) mit sogenannten Baggersaugwagen ab.

In den 1970er Jahren war es in Ost und West üblich, die Abscheiderinhalte auf einer Hausmülldeponie, und zwar auf möglichst mächtiger Müllschicht, abzulassen. Dieses Verfahren wirkte sich nachteilig auf das Deponie-Sickerwasser aus: Es vergrößert dessen *Quantität* und verschlechtert infolge der Mitnahme der vom Müll nicht zurückgehaltenen Mineralölanteile sowie der aus dem Müll gelösten Stoffe auch dessen *Qualität*.

Eines Tages geriet dabei ein Wagen auf der Deponie in Brand und erlitt Totalschaden. Er war nahezu mit purem Benzin, das nach einer Havarie beim Benzinumschlag in den gewarteten Abscheider gelangt war, gefüllt.

Durch dieses Vorkommnis wurde die Unzulänglichkeit der bisherigen Entsorgungsmethode so offensichtlich, dass zum einen unverzüglich eine technologische Lösung zu entwickeln war und zum anderen alle Stellen, die sie zu genehmigen und die Investitionen einschließlich der so knappen Baukapazitäten zu bilanzieren hatten, die Realisierung einsichtig unterstützten. So entstand in Berlin-Heinersdorf eine Trennanlage mit den Zielen:
    a. Schutz der Deponie vor Wasser und Öl,
    b. Verkürzung der Fahrstrecken der Entsorgungsfahrzeuge,
    c. Nutzung der Abfälle.

Verfahrensschritte

- Die Fahrzeuge wurden an der Stirnseite eines der beiden alternierend betriebenen, offenen Becken aus Beton (B x L x T = 4m x 25m x 2m) entleert.
- In ihnen setzte sich der Schlamm ab.
- Nach einer Beruhigungszeit von etwa drei Stunden nach der letzten Anfuhr wurde die flüssige Phase über einen üblichen, nach TGL 11399 standardisierten Leichtstoffabscheider mit Schlammfang geführt. Er trennte Wasser und Öl. Außerdem hielt er vorher nicht abgeschiedene Schlammteilchen zurück. Um einen möglichst hohen Trenneffekt zu erzielen, nahmen wir seinen Nenndurchsatz von 50 l/s nur mit < 5 % in Anspruch.
- In einer letzten Stufe banden Styropor-Brösel die noch im Wasser als schillernder Film aufschwimmenden Ölspuren.

Der Abfluss hatte einen so niedrigen Gehalt an chloroformextrahierbaren Stoffen, dass er mit < 70 mg/l die Grenzwerte der Abwasserkategorie II < 199 mg/l) unterschritt und in die kommunale Schmutzwasser-Kanalisation eingeleitet werden konnte.

Auf diese Weise gelang es, 10.000 m³/a Wasser von der Deponie fernzuhalten und nur noch 500 m³/a Schlamm zu deponieren sowie die damit verbundenen Straßentransporte zu sparen. Darüber hinaus verkürzte die stadtnahe Lage der Anlage die Anfahrstrecke auf etwa die Hälfte. Das abgeschiedene Öl wurde zur thermischen Verwertung verkauft.

Damit war unsere Trennanlage eines der seinerzeit leider so seltenen Beispiele für die *Verwertung nutzbarer Abfallkomponenten* und *Behandlung* der übrigen bis zu deren *Schadlosigkeit*.

Rückblickend mag man angesichts der Entwicklung der Umwelttechnik in den vergangenen 25 Jahren ob der Simplizität der Anlage vielleicht schmunzeln. Aber hat nicht auch noch heute die uns damals beflügelnde und alle Involvierte einigende Maxime Gültigkeit?

Es ist besser, das Machbare zu tun, als durch Forderungen nach unrealisierbaren Idealen selbst kleine Schritte in die richtige Richtung zu blockieren und so den alten, unbefriedigenden Zustand beizubehalten.

Ausdrücklich zu würdigen ist die Zivilcourage der damaligen Bearbeiter dieses Vorhabens bei Feuerwehr und Wasserwirtschaft, die im Genehmigungsverfahren in heute unwiederholbarer Weise manches Risiko auf sich nahmen.

2. Fäkalientransport per Schiff

Um die Rohwasser-Fassungen des Wasserwerkes Friedrichshagen zu erweitern, wurden in den 1970er Jahren an den Ufern von Spree und Dahme sowie an den angrenzenden Seen Brunnen zur Gewinnung von Uferfiltrat abgeteuft. Auf in deren Nähe gelegenen Grundstücken konnten die Kleinkläranlagen mit standortnaher Verrieselung nicht mehr weiter betrieben werden. Sie mussten durch abflusslose Gruben ersetzt werden.

Damit war nun nicht nur wie bisher nur der Klärschlamm abzufahren, sondern die gesamte Abwassermenge, also etwa das *Hundertfache*. Das war mit den üblichen Autos (meist mit 4,8 m³, wenige mit 8 m³ oder 10 m³) nicht zu schaffen.

Es bedurfte eines leistungsfähigeren Transportmittels, das wir uns selbst mit einem Schubschiff-Verband schufen. Dazu wurde auf der Basis eines Schubleichters (L x B = 34 m x 8,3 m) ein Tankschiff (400 m^3) konzipiert, das die Schiffswerft in Eisenhüttenstadt baute. Es war in 6 drucklose Tanks unterteilt und konnte folgende Funktionen ausführen:

- Füllen der Tanks entweder mit einer bordeigenen Kreiselpumpe (Schleuderpumpe) oder über einen Vakuumkessel;
- Transport der Abwässer zu einer Einlassstelle in die Kanalisation. Dazu wurde der Leichter an ein 200-kW-Schubboot angekoppelt.
- Lenzen der Tanks mit der bordeigenen Pumpe innerhalb von drei Stunden;
- Eigenstromversorgung, falls an der Ladestelle kein Landanschluss vorhanden war.

Eingesetzt wurde das Schiff an Großanfallstellen, wie Gaststätten, Ferien- und Sportheime. Eine besondere Rolle spielte darunter ein Campingplatz, der 11 km von der nächsten Einlassmöglichkeit in die Kanalisation entfernt liegt. Sein Abfuhrbedarf betrug in der Hauptsaison bis zu 2.500 m³/Woche. Auf Grund der guten Erfahrungen mit dem ersten Leichter wurde noch ein zweiter, baugleicher angeschafft, sodass der Campingplatz nur noch halb so oft angefahren werden musste. Diese Stellen entsorgte das Schiff direkt. Darüber hinaus war das Schiff noch einmal in der Woche als Zwischentransporter eingesetzt, nämlich bei der Entsorgung des an dem schiffbaren Gewässer „Große Krampe" gelegenen Ortsteiles Müggelheim. Die dort eingesetzten Autos wurden wesentlich effektiver, als sie nicht mehr 5,5 km bis zur nächsten Einlassstelle, sondern nur noch 1 km zu einem eigens für diesen Zweck gebauten Anleger zu fahren brauchten.

Übrigens ist es heute nicht mehr nötig, so große Abwassermengen mit Autos abzufahren; denn zum einen hat der Preis einen sparsameren Umgang mit dem Wasser stimuliert. In Folge dessen fällt auch weniger Abwasser an. Zum anderen sind immer mehr Grundstücke an der Kanalisation angeschlossen.

3. Flächenrekultivierung auf den Gosener Wiesen

Die Kompostierung stand in den 1960er Jahren bei der Planung von Müllverwertungsverfahren gleichrangig neben der Verbrennung. Kompost aus der Versuchsanlage Waßmannsdorf, die ein Müll-Klärschlamm-Gemisch verarbeitete, bestätigte die Tauglichkeit dieses Verfahrens für solch eine Verwertung des Berliner Mülls. Die potentiellen landwirtschaftlichen Kompostabnehmer – wissenschaftlich zerstritten über die Größe des Nutzens von Kompost – zeigten so wenig Interesse an dem Produkt, dass mit der Nachfrage keine Investition in eine große Kompostierungsanlage (Output: 100 kt/a) zu rechtfertigen war. Aber die guten Erfahrungen mit dem Produkt aus Waßmannsdorf führten uns zu der Idee, verrotteten Müll auf andere Weise, nämlich zur Flächenrekultivierung, einzusetzen. Dafür wurden die Gosener Wiesen, 320 ha Flussniederung zwischen Müggelspree und Gosener Graben, ins Auge gefasst. Deren Aufschüttung um 1 ½ m bis 2 m sollte neben der Müllentsorgung erreichen:
- große Bodenfruchtbarkeit,
- Schutz der Flächen vor Überflutung,
- Tragfähigkeit für landwirtschaftliche Großmaschinen.

Eine Anlage, die in ihrem Durchsatz der o. g. vergleichbar wäre, hätte 50 Jahre, also ein Mehrfaches ihrer normativen Nutzungsdauer, mit der Auffüllung der Gosener Wiesen zu tun gehabt.

Verfahrensschritte

1. Aufbereitung des Mülls in einer Anlage, die transportoptimal – insbesondere mit kurzen Wegen für die Einsammelfahrzeugen – zu den Gosener Wiesen lag (z.B. in Köpenick oder in Treptow). Sie schied Metalle, Scherben und Folien aus und raspelte den Müll auf eine Korngröße von < 35 mm.
2. Transport ins Einbaugebiet (ca. 20 km);
3. unverdichteter Einbau in einer Schicht von etwa 1 m, die im Laufe eines Jahres durch Rotte und Setzung auf die Hälfte zusammenging;
4. Wiederholung des Einbaus, bis die gewünschte Aufhöhung erreicht war;
5. land- oder forstwirtschaftliche Nutzung.

Ein Gutachten der Technischen Universität Dresden bescheinigte die Machbarkeit dieser Müllverwertungsart. Um darüber hinaus weitere Erkenntnisse über die Eignung als Pflanzenstandort sowie über eventuelle Emissionen zu gewinnen, wurde eine Versuchsfläche von 600 m² angelegt. 11 Kontrollpegel ermöglichten die Überwachung der Auswirkungen auf das Grundwasser.

Knappe „Bilanzanteile", d.h. fehlende Fonds zum Errichten der Aufbereitungsanlage und zur Anschaffung leistungsfähiger Fahrzeuge sowie Bedenken der Sicherheitsorgane führten zur Einstellung der Investitionsvorbereitung.

Außerdem standen die Behörden, die für die wasserwirtschaftliche und hygienische Überwachung zuständig waren, dem Vorhaben kritisch gegenüber. Möglicherweise hätten sie nach heutiger Genehmigungspraxis – wie wissenschaftlich fundiert sie auch sei – Recht.

„Sammelt Altpapier". Signatur des Gestalters nicht lesbar, Erfurt 1946. Quelle: Deutsches Historisches Museum (Hg., 1999): Plakate der SBZ/DDR, Sammlung des Deutschen Historischen Museums (DHM), München. SBZ, Erfurt, Aufruf, DHM-Inventar-Nr. P90/2977

Giselher Schuschke, Günther Brüdigam und Werner Schirmer[1]

Lärmschutz

1. Allgemeines

Als Lärm werden negativ gewertete bzw. empfundene Schallvorgänge bezeichnet. Wegen der Wahrnehmbarkeit des physikalischen Umweltfaktors „Schall" ist er der direkten Beurteilung zugänglich. Im Vordergrund steht das *Massenphänomen der Belästigung* als eigenständige, wahrnehmungsvermittelte Umweltwirkung (SCHUSCHKE 1990, 1996), deren Intensität großen individuellen und gruppenhaften Schwankungen unterliegt. Die über Jahrzehnte hinweg übliche Abqualifizierung dieser Wirkung als „nur subjektiv" führte zur Suche nach „objektiven", d.h. mit klassischen naturwissenschaftlichen Methoden objektivierbaren, möglichst eng mit Einwirkungsstärken und -dauern korrelierbaren Wirkungen auf die „Gesundheit". Deren Definition stellte und stellt die Schlüsselfrage des gesundheitlich bzw. medizinisch orientierten Lärmschutzes dar (SCHUSCHKE 1981, 1984).

In der „alten Bundesrepublik" widmeten sich die später summarisch als Umweltmediziner bezeichneten Ärzte und sonstige naturwissenschaftlich orientierte Wissenschaftler nahezu ausschließlich der Suche nach lärmbedingten organischen (somatischen) Störungen und Krankheiten. Die betreffende Forschung verlief bis heute widersprüchlich und lieferte keineswegs sog. belastbare Grenzwerte für den Einzelnen, vom Hörschaden abgesehen.[2] Die die öffentliche Lärmdiskussion

---

[1] Verfasser der Kapitel des Beitrags: Giselher Schuschke (Kapitel 1 und 2), Günther Brüdigam (Kapitel 3), Werner Schirmer (Kapitel 4).

[2] Diesen Mangel besitzen jedoch, im Gegensatz zur wissenschaftsfernen öffentlichen Meinung, die Grenzwerte für die meisten Luft- und Wasserschadstoffe und Lebensmittelkontaminanten ebenfalls. Die meisten können selbst in gesundheitsrelevanten Konzentrationen nicht geruchlich oder geschmacklich wahrgenommen und daher auch nicht subjektiv bewertet werden. Politik und Betroffene akzeptieren deshalb mangels Eigenbeurteilung in der Regel die offiziellen Vorgaben in Gestalt sog. wissenschaftlich begründeter Grenzwerte und leiden bei deren in den Medien dramatisierten gelegentlichen Überschreitungen unter Krankheitserwartungen, ohne sich der Tatsache bewusst zu sein, dass wegen der bis zu Zehnerpotenzen großen Sicherheitszuschläge diese Grenzwerte nicht die unmittelbare Grenze zwischen Gesundheit und Krankheit markieren. Dagegen stellt die „*Belästigung*" als eine wahrnehmungsvermittelte eigenständige Umweltwirkungskategorie (für Hörschalle, Schwingungen und Gerüche) ein in seiner Intensität vom Einzelnen selbst beurteilbares Stresserlebnis dar. Das konkrete, negativ stressige und damit gesundheitsrelevante moderne Massenphänomen „Lärmbelästigung" wird jedoch seltsamerweise seit Jahrzehnten in der Umweltpolitik weniger ernst genommen, als die für

hauptsächlich speisenden Belästigungsphänomene wurden als „subjektive" Lärmwirkungen nahezu allein der psychologischen Wissenschaft zur Erforschung und Beurteilung überlassen, obwohl sich Millionen von Bürgern ausschließlich ihretwegen durch große Verbände wie aktuell die Bundesvereinigung gegen Fluglärm (BVF), die Bundesvereinigung gegen Schienenlärm (BVS), den Deutschen Arbeitsring für Lärmbekämpfung (DAL) oder den Bund für Umwelt und Naturschutz Deutschland (BUND) vertreten lassen.

In der DDR unterlagen Lärm und Lärmschutz einer anderen Zuordnung. Die offizielle Anerkennung der weltbekannten programmatischen WHO-Definition der Gesundheit als Leitidee des deshalb auch „medizinisch" genannten Umweltschutzes führte zur *Subsumierung der wahrnehmungsvermittelten Belästigung unter Beeinträchtigung bzw. Schädigung der Gesundheit* (d.h. des „... physischen, psychischen (!) und sozialen Wohlbefindens").

So kam es, dass die Wahrnehmung vieler Teilbelange des Lärmschutzes in die Hände der Organe der Hygieneinspektion des Ministeriums für Gesundheitswesen der DDR gelegt wurde (s. Beitrag MEISZNER). Das betraf demnach nicht nur den hörschädigenden Arbeitslärm, sondern eben auch den „nur" belästigenden sammelbegrifflichen „*Kommunallärm*" (heute *Umgebungslärm* inkl. *Verkehrslärm, Freizeitlärm, Maschinenlärm* usw.). Bei der in vielen Bereichen der DDR-Gesellschaft chronischen Diskrepanz zwischen Wollen und Vermögen blieb die Umsetzung dieses progressiven Konzeptes von Umweltgesundheit aber spätestens dann auf der Strecke, wenn es konkret um Finanzierung von Maßnahmen, z.B. die *Errichtung von Schallschutzwänden* oder die *Ausstattung mit Schallschutzfenstern* ging.

Eine andere Besonderheit des DDR-Lärmschutzes, insbesondere der Lärmerfassung, bestand darin, dass es keine Behinderungen der Offenlegung im In- und Ausland gab wie seit den 1970er Jahren für Luft- und Wasserschadstoffe. Letztere durften in Vorträgen und wissenschaftlichen Veröffentlichungen allenfalls mit verschleiernden Prozenten quantifiziert werden.

Die andersartige Behandlung des Umweltfaktors „Lärm" beruhte auf dessen geringer Reichweite. Er blieb im Lande. Die Luftschadstoffe wurden dagegen -je nach Windrichtung – weit über viele Grenzen getragen. Die DDR musste u.a. Schadenersatzforderungen der durch sie gemeinsam mit Polen, Westdeutschland und anderen mitteleuropäischen Ländern hervorgerufenen SO_2-Schäden an der Vegetation Norwegens, Schwedens und Finnlands befürchten. Auch die Elbe

---

den Einzelnen zwar befürchteten, aufgrund der zumeist lediglich statistisch-epidemiologisch gewinnbaren Basisdaten jedoch nur wenig wahrscheinlichen Schadstoffwirkungen im grenzwertnahen Umfeld.

führte ihre Schadstofffracht aus der ČSSR und der DDR unvermeidlich in „westliches Ausland", wozu damals auch die BRD zählte. Dennoch war auch das Umweltproblem „Lärm" für die DDR-Führung politisch relevant, nicht zuletzt beim Militärfluglärm durch Düsenflugzeuge der Sowjetarmee (z.b. im Raum Merseburg) und der Nationalen Volksarmee, bis hin zu zeitweilig täglichen und nächtlichen Überschallknallen über Großstädten (u.a. Magdeburg[3]). Der Agrarflug konnte aus zwingenden ökonomischen Gründen, das Fallschirmspringen im Rahmen der GST (Gesellschaft für Sport und Technik) wegen spezifischer Vorbereitung von Jugendlichen auf den späteren Armeedienst nicht eingeschränkt werden. Die durchaus von vielen Bürgern wegen Lärmbelästigung getätigten Eingaben gemäß Eingabenerlass des Staatsrates (siehe im Literaturverzeichnis unter G 11) mussten dennoch zumindest einigermaßen logisch beantwortet werden, auch wenn Abhilfe als nicht möglich erschien.

---

[3] In den 1980er Jahren kam es für knapp ein Jahr in Magdeburg zu regelmäßigen Überflügen mit dem berüchtigten „sonic boom" (Überschallknall), der die bis dahin davon verschont gebliebene Stadtbevölkerung erheblich nervte. Anfänglich flogen die Düsenmaschinen der NVA (Nationale Volksarmee) und/oder der sowjetischen Verbündeten so niedrig, das Fensterscheiben zu Bruch gingen und Risse in Bauwerken auftraten. Die Bezirkshygieneinspektion und etwaige andere offizielle Instanzen hatten in diesem Fall Handlungsverbot. Der sich nicht zuletzt durch persönliche Hilfegesuche aus der Stadtbevölkerung verpflichtet fühlende Verf. nutzte seine ihm für Lärmforschung zur Verfügung stehende Messtechnik, um zunächst ganz unverfänglich in seinem Hausgarten die Überschallknalle zu analysieren. Er schätze daraus den Druck ab, der z.B. für Kirchendächer resultierte und leitete davon deren Zerstörungsgefährdung ab. Überdies zählte er kontinuierlich die Knallereignisse und ordnete sie nach Tageszeit und Wochentagen, wobei die Kontinuität dieser Erfassung bei dienstlicher Abwesenheit von Magdeburg gewissenhaft von seiner Ehefrau forgesetzt wurde. Es ergab sich ein eindeutiges Zeitmuster im Sinne von (hier nur als theoretisches Beispiel, praktisch war es etwas komplizierter) „sonnabends nie", „montags immer", „mittwochs in der Nacht" o. Ä. Damit verfügte der Verf. über Zahlen, die in der damaligen Situation von den machtausübenden simplen Bürokraten schon als eine Art Militärspionage hätten gedeutet werden können. Wegen der an anderer Stelle schon als wichtig bezeichneten „persönlichen Kommunikation" wagte sich der Verf. mit seinen Unterlagen und daraus abgeleiteten Empfehlungen dennoch zum Stadtrat für Inneres, der zwar, wie sich in der Wende herausstellte, sogar ein „OiBe" („Offizier im besonderen Einsatz") des MfS, aber dessen ungeachtet ein umgänglicher Pragmatiker war, der natürlich den politischen Sprengstoff der Düsenknalle richtig einschätzte. Er bemühte sich um Entgegenkommen bei der sowjetischen Kommandantur. Eine Einstellung der Flüge wurde vorerst nicht für möglich erachtet, sie dienten angeblich der Verteidigungssicherung, wobei die Piloten den sog. „Sichtflug" in dann notwendigerweise relativ geringen Flughöhen übten, übrigens stets in nord-südlicher oder süd-nördlicher Richtung, ost-westliche Richtung hätte im Radaraufklärungssystem des jenseits der von der sowjetischen Roten Armee und der NVA besetzten Westgrenze beginnenden Nato-Bereichs als ein Angriffsflug gedeutet werden können. Immerhin flogen nun die Überschalljäger höher, Fensterscheiben- und Gebäudeschäden blieben aus. Persönlich hatte der Verf. nur dadurch erheblichen Ärger, dass er an die Gepflogenheit im II. Weltkrieg erinnerte, die Dächer der Krankenhäuser mit großen roten Kreuzen auf weißem Grund als moralischen Appell an die alliierten Bomberpiloten zu versehen. Denn immerhin kann ein Überschallknall durch Erschrecken zum Herausreißen einer Infusionskanüle führen, ein Operator kann in seiner Arbeit schreckhaft irritiert werden und die Patienten erleiden eine extreme Schreck- und Belästigungswirkung zur Tages- und besonders zur Nachtzeit.

Das in den 1970er Jahren eingerichtete *Referenzlabor Kommunaler Lärmschutz* im Erfurter Bezirkshygieneinstitut war denn auch sowohl bei dessen ärztlichem Leiter unmittelbar als auch beim Institutsdirektor zusätzlich in der „sicheren" Hand von Leitungskadern, die nicht nur der SED angehörten, sondern zugleich als IM oder auf andere Weise dem MfS dienten. Das hatte für den Leiter des Labors und einige Mitarbeiter übrigens auch den persönlichen Vorteil, dass sie sich als „bestätigte Reisekader" die wegen Devisenmangel sehr wenigen vom Ministerium für Gesundheitswesen finanzierten Auslandsreisen in Sachen Kommunallärm zuordnen konnten.[4]

2. Schutz vor und Bekämpfung von Kommunallärm (teilidentisch heute: Umweltlärm, Umgebungslärm, Freizeitlärm)

In den folgenden Abschnitten wird der *Arbeitslärm (Betriebslärm)* ausgeklammert. Er befand sich gesetzlich in Betreuung und Kontrolle von Lärmspezialisten

---

[4] Es gab in dieser Hinsicht auch nahezu groteske Bemühungen um „Sicherheit". Der im Beitrag Schirmers (s.u.) gewürdigte ZAK Lärmschutz beim Ministerium für Wissenschaft und Technik verlangte trotz seiner im Grunde unpolitischen Experten-Arbeit die „Vergatterung" seiner Mitglieder – reputierlicher Fachleute mit kaum erkennbarem politischen Ehrgeiz. Es gab dafür die unterste Stufe „Vertrauliche Dienstsache" („VD"), deren Stempelaufdruck schon eine im Grunde wirkungslose flächendeckende Routine in vielen Teilen des ganz normalen Schriftverkehrs war. Die nächst höhere Stufe, mit persönlicher Unterschrift in Zweijahresabstand zu erneuern, hieß „Verschluss-Sache" („VS"). Davon waren in Magdeburg (angeblich wegen dessen „westlicher Lage" quasi als „Frontstadt") alle Institutsund Klinikdirektoren der damaligen Medizinischen Akademie, der Dienststelle des Verf. und somit dieser selbst betroffen. Die Unterschrift war – ohne spezifische Rechtsgrundlage – disziplinarisch angeordnet. Der persönliche Protest dagegen mit der eigentlich triftigen Begründung, dass er dergleichen „heißer" Schriftstücke als Parteiloser ja ohnehin kaum teilhaftig würde und auch de facto nie welche zu Gesicht bekam, nutzte nichts. Es war offenkundig auch der Ehrgeiz des damaligen Rektors der Medizinischen Akademie, eines fanatischen SED-Kaders, MfS-Name „Kropnatel", seine „Genossen Professoren" komplett samt Blockparteizugehörigen und Parteilosen politisch-ideologisch zusätzlich gebunden zu haben. Erstmals im Frühjahr 1989 gelang Verf. die Verweigerung ohne Gewärtigung disziplinarischer Folgen. Was den ZAK Lärmschutz betraf, so war wieder einmal die Unterschriftsaktion an der Reihe. Es blieb zunächst unbemerkt, dass Verf. als Mitglied des ZAK nicht unterschrieb. Er ging davon aus, dass ja ohnehin die in seiner Dienststelle geleistete dubiose Unterschrift ausreiche. Der für die organisatorische und politische Betreuung zuständige ministerielle Mitarbeiter des ZAK war ein vernünftiger und freundlicher, aber offenbar ängstlicher Mann. Telefonisch ersuchte er Verf. dringend um die Unterschrift und bei dessen fortgesetzter Weigerung, extra deshalb etwa gar nach Berlin zu kommen oder einen Berlin-Aufenthalt aus anderen Gründen dafür zu benutzen, bot er an, ausschließlich wegen dieser Unterschrift nach Magdeburg zu reisen. Das konnte ihm nun schlecht aus Termingründen verweigert werden. Verf. war ihm daher während seines bis zur Rückfahrt (nach Berlin) halbstündigen Aufenthaltes auf dem Magdeburger Bahnhof in einem PKW im Interesse seines Seelenfriedens zu Willen. Derartige aus einem übersteigerten Sicherheitsbedürfnis geborene bizarre Vorkommnisse gehörten auch im weitgehend politikfernen Lärmschutz zum real-sozialistischen DDR-Alltag ...

der Arbeitsmedizin und der Hals-Nasen-Ohren-Heilkunde (siehe im Quellenverzeichnis unter G 1, G 2, G 3, G 4, G 5). Die *Lärmschwerhörigkeit* wurde als *Berufskrankheit* anerkannt und je nach Schwere mit einer Rente entschädigt. Es gab ein flächendeckendes Dispensaire über die Polikliniken, in denen ein Facharzt für Hals-Nasen-Ohren-Heilkunde routinemäßig die betrieblich erfassten Lärmarbeiter audiometrierte und Gehörschutz oder sogar Versetzung vom Arbeitsplatz vorschrieb. Die zuverlässige, relativ großzügige Berentung im Schadensfall verführte an den in den Produktionsbetrieben zahlreich vorhandenen Lärmarbeitsplätzen leider oft zur Ignoranz der als lästig empfundenen *Hörschutzmittel* (vorwiegend aus eigener Produktion und nicht auf internationalem Höchststand). *Technischer Schallschutz* aber an den Lärmquellen und gegen die Lärmausbreitung unterblieb oft wegen der Begrenztheit der finanziellen Mittel. Durch beide Umstände gelangte die *Lärmschwerhörigkeit (BK 33) unter den Berufskrankheiten* in eine *Spitzenposition.*

Zur Prophylaxe von *Hörschäden durch Freizeit- inkl. Spielzeuglärm* gab es fachärztliche Empfehlungen, aber keine staatlichen Aktivitäten.

2.1 Gesetzliche und andere Grundlagen des kommunalen Lärmschutzes in der DDR

In der appellativ verquollenen Phraseologie der SED wurde in den Volkswirtschaftsplänen, in Verordnungen und sonstigen offiziellen Verlautbarungen *„die Minderung des Lärmes als eine ständige Aufgabe der Staats- und Wirtschaftsorgane, der Betriebe und Bürger im Zusammenwirken mit der Nationalen Front und den gesellschaftlichen Organisationen unter Verantwortung der örtlichen Volksvertretungen"* formuliert (G 6). Im Einzelnen wurde der „Schutz vor Lärm" in der gleichnamigen *4. Durchführungsverordnung* (G 7) *des Landeskulturgesetzes* (G 6) und in den dazu bis 1970 erlassenen *2 Durchführungsbestimmungen* (G 8 und G 9) geregelt. Darüber hinaus existierte eine Reihe von Schallschutz-Standards – inhaltlich mit DIN- und ISO-Blättern verwandt oder teilweise identisch, im Gegensatz zu diesen aber von unmittelbarer Gesetzeskraft –, so *TGL 10687 „Schallschutz"* (u.a. mit den Blättern 2: *„Zulässiger Lärm",* 3: *„Schalldämmung von Bauwerksteilen",* 4: *„Schallabsorption")* und *TGL 10688 „Akustische Messverfahren".* Diese DDR-Standards wurden 1970 mit RGW-Standards abgestimmt und legten neben zahlreichen sonstigen Details auch *Emissionsgrenzwerte* fest, welche die Schallabgabe von Kraftfahrzeugen, technischen Gebäudeausrüstungen und anderen Industrieerzeugnissen auf das *ökonomisch mögliche, vorläufig noch nicht in jedem Fall hygienisch optimale Maß* beschränken sollten. Umso wichtiger war die verbindliche *Begrenzung der Lärmimmission* nach Maßgabe der in der 1. Durchführungsbestimmung zur 4. Durchführungsverordnung zum Landeskulturgesetz 1970 (G 8) festgelegten Werte. Die Einhaltung dieser Werte, die sich, mit einigen Einschränkungen zur Anwendung des äquivalenten Dauerschallpegels, als praktikabel erwiesen hatten, wurde wegen Anerkennung der Gesundheitsdefinition der WHO (s.o.) von den Organen des Gesundheitswesens überwacht, während diese Aufgabe in der Bundesrepublik hauptsächlich von den Umweltämtern wahrgenommen wird.

Im Einzelnen waren die *Arbeitshygieneinspektionen* (Lärmimmissionen an Arbeitsplätzen), die *Verkehrshygieneinspektionen* beim Medizinischen Dienst des Verkehrswesens der DDR (Lärmimmissionen im Bereich des Verkehrswesens) und die *Bezirks- (BHI) und Kreis- (KHI) Hygieneinspektionen* (Lärmimmissionen in allen übrigen Bereichen) zuständig. Die Nationale Volksarmee (NVA) und das Ministerium für Staatssicherheit (MfS) hatten eigene, von den übrigen „zivilen" Organen unabhängige Hygieneinspektionen.

Die Leiter der genannten „zivilen" Inspektionen und die Vorsitzenden der Räte der Städte und Gemeinden konnten *bei Überschreitungen der höchstzulässigen Grenzwerte Auflagen zur Minderung des Lärmes* erteilen (G 7).

Die gesetzlichen Grundlagen des Lärmschutzes der DDR waren ebenso grenzwertzentriert wie die anderer Länder. Das 1970 in der DDR erlassene Landeskulturgesetz mit seiner Durchführungsverordnung und zwei Durchführungsbestimmungen zum Lärmschutz wies einen Katalog von *„zulässigen Maximalwerten"* und *„empfohlenen Werten"* des äquivalenten Dauerschallpegels L_{eq} in dB (AI) für Räume in Wohn- und Gesellschaftsbauten, für Gebietskategorien und für Tätigkeiten aus und ließ damit einen Spielraum zwischen *akuten Mindestforderungen* und den Forderungen für eine *mittel- bis langfristige akustische Umweltoptimierung* offen. Energetisches *Äquivalenzprinzip, Summenimmissionsprinzip* und die ausschließlich hörphysiologisch determinierte *A-Bewertung* des jeweiligen Frequenzspektrums als Basis der grenzwertorientierten Lärmbekämpfung konnten jedoch den physikalischen *„Stimulusvariablen"*, dem *Informationsgehalt* von Schallereignissen sowie den *psychologischen und soziologischen Moderatoren* der individuellen und gruppenhaften Schallverarbeitung nicht gerecht werden. Dieses Dilemma kennzeichnet noch heute grundsätzlich die Lärmbekämpfungsstrategie der meisten Länder. Immissionsgrenzwerte stellen keine Grenze dar, unterhalb deren eine definierte Wirkung ausbleibt oder oberhalb deren diese Wirkung mit Bestimmtheit eintritt. Darum war die *staatsrechtliche Anerkennung des Vermeidbarkeitsprinzips* in der DDR von großer Bedeutung. Hiernach berechtigten Grenzwerte nicht zur Emission vermeidbaren Lärms und *Grenzwertforderungen* (d.h. die maximal zulässigen Werte, s.o.) *waren als Mindestforderungen zu behandeln* (GLÄß 1974).

Die praktische Einhaltung der Immissionsgrenzwerte sollte vorwiegend durch *baulich-technische Maßnahmen* erreicht werden, wie z. B. Abstandsvergrößerung, Schallschutzfenster und schwimmender Estrich zwecks Vermeidung von Körperschallbrücken in Neubauten.

Die *Standortwahl* für den Wohn- und Gesellschaftsbau und die Gestaltung der Verkehrsstraßen sollte von den Hygieneinspektionen beeinflusst werden (u. a. ausreichende Abstände oder abschirmende lärmunempfindliche Vorbauten, Mauern, Erdwälle). In baulich unbeeinflussbaren Stadtteilen sollten *Nutzungsbeschränkungen* (z.B. Durchfahrtverkehrsverbot) bestimmter Straßen zu bestimmten Zeiten (Nachtruhe, Wochenenden) und für bestimmte, besonders lärmintensive Fahrzeuge (Baufahrzeuge, LKW, Motorräder) gelten; auch konnten Teilbereiche einer Stadt (Krankenhausbereich, Schulen) und Erholungsgebiete von den örtlichen Volksvertretungen *zu Lärmschutzgebieten* mit Sonderregelung erklärt werden (G 6, 7, 8, s. a. Kapitel 3, BRÜDIGAM). Grundlage für derartige Maßnahmen bildeten Messungen oder rechnerische Abschätzungen der aktuellen oder zu erwartenden Lärmbelastung einer Stadt oder eines Stadtteils, die in Form sog. *Lärmkarten* (s. 2.2) hauptsächlich von den Lärm-Fachabteilungen der Hygieneinstitute der Bezirke erarbeitet wurden.

Diese Aufzählung zahlreicher, in Leitdokumenten des DDR-Staates dokumentierter konkreter Möglichkeiten der Lärmprophylaxe und -bekämpfung kann und soll nicht darüber hinwegtäuschen, das es nicht nur von der monetären Leistungsfähigkeit, sondern bei nicht kostenintensiven oder gar kostenfreien Maßnahme-Möglichkeiten, wie in der *Stadt- und Gebietsplanung,* bei Standortvarianten für den Wohn- und Gesellschaftsbau, bei organisatorischer Verkehrsregulation usw., sehr von der fachlichen und sozialen Kompetenz, auch von der Zivilcourage der Entscheidungsträger abhing, ob Lärmschutz stattfand oder nicht. Es gab ja keine Strafandrohung für Unterlassungen. Die *Stadtarchitekten* als Leiter der *Stadtplanungsbüros* bzw. *Büros für Städtebau* waren mit erheblichen Entscheidungsbefugnissen ausgestattet, ebenso wie die Leiter der *Verkehrsplanungsbüros*. Wenn das überwiegend sehr motivierte Fachpersonal der zuständigen Hygiene-Organe mit diesen „Leitkadern" gut kommunizierte, konnte so mancher Standortfehler verhindert werden. Andererseits ist Jena-Lobeda mit seiner diesen Neubau-Stadtteil mittig zweiteilenden vierspurigen Stadtautobahn ein bis heute wirksames Menetekel für Fehlentscheidungen wie auch der Nordabschnitt der Magdeburger Stadtautobahn, die das mehr als zwanzigtausend Einwohner beherbergende Neubau-Stadtgebiet „Nord" bis heute – von einer querenden Hochstraße abgesehen – unüberwindlich in zwei Teile zertrennt („Magdeburger Ring"[5]).

---

[5] Wie sehr auch politisch eigentlich unverdächtige Fachbezeichnungen zum ideologischen Streitpunkt werden konnten, zeigt der jetzige „Magdeburger Ring". Die so benannte, westlich am Stadtzentrum in

2.2 Lärmkarten

Von jeher als „Lärmkarten" bezeichnete symbolische (z.B. farbige) Darstellungen der Lärmbelastung von Städten und Stadtteilen auf Karten hatten erste Vorläufer in den dreißiger Jahren des vorigen Jahrhunderts in Berlin (KÖSTERS et al. 1938) und wurden u.a. seit 1963 für Warschau (BRODNIEWICZ 1963) und 1964 für Dortmund (HILLMANN) bekannt. Angeregt durch eine Würdigung dieser für die damalige BRD beispielhaften Leistung eines westdeutschen Stadtbaudirektors (Hillmann) in einer populären DDR-Zeitschrift (Urania) konnte Verf. mit Hilfe zweier Doktoranden von 1965 bis 1968 für Magdeburg die erste Lärmkarte der DDR erarbeiten (SCHUSCHKE 1970). Es folgten Zwickau (KUBICEK 1971), Erfurt, Berlin, Leipzig, Halle-Neustadt (NEUHOFER und HUNGER 1973) und andere DDR-Städte. Leider gab es bei diesen spontanen Aktivitäten – in DDR-Bezirken mit unmotiviertem Lärm-Fachpersonal an den Bezirks-Hygieneinstituten entstanden keine Lärmkarten – keine einheitliche Methodik, sodass die Kartenwerke nebst ihren ausführlichen Kommentaren mit Handlungsempfehlungen für die konkrete Lärmbekämpfung und -sanierung untereinander nicht vergleichbar waren. Darum bemühten sich einige der Akteure um eine zentrale Vorgabe für dieses wichtige Instrument und fassten ihre Vorstellungen in einer Publikation zusammen (SCHUSCHKE et al. 1977), in der sie u.a. die Zweiteilung des Kartenwerkes in eine Ist-Zustands- und eine Prognose-Karte und einen ausführlichen Untersuchungsbericht mit konkreten und detaillierten Maßnahmen zur Lärmminderung und einen die Handlungsverantwortlichen erfassenden Verteiler vorschlugen.

Die angesprochene zuständige „Hauptabteilung Hygiene" des Ministeriums für Gesundheitswesen reagierte nicht. Sie hätte ohne Probleme eine entsprechende Festlegung für die ihr fachlich unterstellten Bezirkshygieneinspektionen treffen können. Immerhin wurden etliche der entstandenen Lärmkarten von Architekten und Verkehrsplanern mit Interesse zur Kenntnis genommen und teilweise auch umgesetzt. Die meisten verkamen jedoch zu Datenfriedhöfen, was auch vielen der in der Bundesrepublik nach 1990 flächendeckend in West und Ost entstandenen vergleichbaren Immissionsplänen bzw. Lärmminderungsplänen nicht erspart blieb. Aktuell (2004/2005) soll die „Umgebungslärmrichtlinie" der EU, in Rechtsdeutsch

---

Nord-Süd-Richtung verlaufende lärmige Stadtautobahn hieß ursprünglich sachlich korrekt „Westtangente", weil sie das Stadtzentrum im Westen tangierte. Der Wortteil „West" missfiel einem DDR-Minister bei einem Magdeburg-Besuch so sehr, dass man über die unmögliche Umbenennung in „Ost-West-Tangente" schließlich auf „Magdeburger Ring" auswich, weil man hoffte, nach irgendwann später erfolgtem Ausbau einer im Osten das Stadtzentrum tangierenden Elbuferstraße als „Osttangente" beide Tangenten im Norden und Süden zu einem Ring schließen zu können. Dazu ist es bis heute nicht gekommen, aber die Wiedervereinigung hat etlichen Anwohnern des jetzigen „Magdeburger Ringes" Schallschutzwände und Schallschutzfenster beschert.

umgesetzt, auch in Deutschland mit Hilfe kompatibler „strategischer Lärmkarten" und Aktionsplänen eine quasi europäische Wiedergeburt des bisher weitgehend unwirksam gebliebenen bekannten Bekämpfungsinstrumentes einleiten. Wer sich die Mühe macht, die zitierte Publikation und den EU-Text zu vergleichen, wird über die Ähnlichkeit erstaunt sein, wenn er bedenkt, dass inzwischen 27 Jahre verstrichen sind. Seit der Dortmunder Lärmkarte von 1964 sind es sogar noch rund 10 Jahre mehr. Anhand der Geschichte der Lärmkarten oder ihrer Äquivalente wird deutlich, wie töricht und letztlich erfolglos die SED vor einer „Konvergenz" der sich im Kalten Krieg feindlich gegenüberstehenden Gesellschaftsordnungen warnte. Sie vollzog sich in vielen Sachbereichen unvermeidlich – im Positiven wie im Negativen.

2.3   Stadtordnungen und Gebietskategorisierung

2.3.1 Lärmschutzregelungen in der Stadtordnung

Die vielgestaltigen akustischen Begleiterscheinungen des Lebens, z.B. in einer Großstadt, entziehen sich praktisch oft der Reglementierung durch messbedürftige Schallpegelgrenzwerte. Umso wichtiger war das in der DDR den Stadtverordnetenversammlungen und den Gemeindevertretungen seit Beginn der 1970er Jahre zugeordnete Recht (G 12), unter Wahrung der zentralen staatlichen Rechtsnormen eigene *Stadtordnungen* zu beschließen (in Gemeinden: *Ortssatzungen*) und damit die schon seit den 1960er Jahren vorhandenen vergleichbaren kommunalen Vorläuferregelungen auf ein höheres rechtliches Niveau zu heben. Teilweise vergleichbar mit den heutigen *Gefahrenabwehrverordnungen* befassten sie sich u.a. mit Straßenreinigung, Abfallbeseitigung, Gestaltung des Stadtbildes, Baumschutz oder Tierhaltung. Seit den 1960er Jahren nahm die Repräsentation von Umweltschutzregelungen für Luft, Wasser und Lärm ständig zu. In Abhängigkeit von der Kompetenz und Motivation der federführenden Abteilungen für Inneres der Räte der Städte bzw. der Gemeinden und ihrer meist wesentlich besser qualifizierten Fachberater aus den Kreisen der sich formierenden Lärmschützer (u.a. Hygienegruppierungen und Kammer der Technik, s.u.) wurden die entsprechenden zentralen Rechts-grundlagen nicht nur ortsbezogen reproduziert, sondern auch ausgestaltet. Weil die DDR kein stringent durchorganisierter Rechtsstaat war, ergab sich dabei auf kommunaler Ebene ein beträchtlicher Spielraum. Je nach örtlichen Gegebenheiten eilten manche Stadtordnungen bzw. ihre Vorläufer den zentralen rechtlichen Vorgaben weit voraus und standen dann bei deren Neufassung Pate. So war es z.B. bei der 4. Durchführungsverordnung zum Landeskulturgesetz von 1970 (G 6). Bei der etwa alle 3 bis 4 Jahre fälligen Überarbeitung der Stadtordnungen wurde z.B. in Magdeburg durch Publikation der kompletten Entwurfstexte in der Tagespresse und Postwurf die Bevölkerung zu einer oft monatelang der Beschlussfassung vorausgehenden lebhaften öffentlichen Diskussion veranlasst, die auch umweltpädagogische Effekte zeitigte. Bei der 1981 erfolgten Neufassung der Stadtordnung Magdeburgs gab es 41 direkte Bürgerzuschriften allein zur Lärmproblematik an die Redaktionskommission des Rates der Stadt, um die seit 1969 vorbildliche Repräsentanz des kommunalen Lärmschutzes in den Stadtordnungsparagraphen zu erhalten und womöglich noch zu erweitern. Im Folgenden werden, stellvertretend für ähnlich gestaltete Stadtordnungen anderer DDR-Städte, einige Festlegungen der Magdeburger Stadtordnung stichpunkthaft wiedergegeben:

- Artikulation des Vermeidbarkeitsprinzips als oberste Verhaltensregel für Betriebe und Bürger;
- grenzwertüberschreitende Transporte und Tätigkeiten (z.B. nächtliche Bautätigkeit) generell nur mit Ausnahmegenehmigung, im Genehmigungsfall Informationspflicht des verantwortlichen Betriebes gegenüber den betroffenen Bürgern über Art, Zeit und Dauer der durchzuführenden Maßnahme (um den bekannten Lästigkeitsmoderator „Informiertheit" zu nutzen, denn bekanntlich erhöht Nichtvorhersehbarkeit einer Schalleinrichtung und ihrer Dauer die Lästigkeit, andererseits kann Einsicht in den persönlichen oder gesellschaftlichen Nutzen eines mit störendem Schall verbundenen Vorganges die Lästigkeit erheblich verringern);
- Betreiben von Lastkraftwagen und lautstarken Spezialfahrzeugen in Nebenstraßen von 22 bis 6 Uhr nur mit Ausnahmegenehmigung;
- Verboten waren, wie üblich im *Verkehrslärmschutz*: akustische Signale außer zur Warnung; hochtouriges Fahren in kleinen Gängen; unnötiges Leerlaufenlassen (z.B. für Heizzwecke); Betreiben des Motors von Krafträdern in Grünanlagen, auf Höfen und in Hausfluren; ferner
- störendes Betreiben *transportabler Schallquellen* (d.h. kein absolutes Verbot; aber keine Duldungspflicht der Gestörten);
- alle akustisch störenden individuellen Betätigungen einschließlich Haus- und Gartenarbeiten von 20 bis 6 und von 13 bis 15 Uhr.

Zur Sicherung der musischen Bildung und Erziehung sowie der für die Berufsausbildung und -ausübung notwendigen häuslichen Übetätigkeit der Musiker und Sänger schrieb die Magdeburger Stadtordnung lediglich die Herbeiführung angemessener Regelungen zwischen den Rechtsträgern der Wohnstätten und den betreffenden Bürgern vor. Das heißt, der von Fall zu Fall unterschiedliche Verhandlungsspielraum sollte durch eine generelle Reglementierung nicht eingeengt werden. Immerhin ist Magdeburg der Wirkungsort des seinem Zeitgenossen J. S.

Bach fast ebenbürtigen Komponisten Georg-Philipp Telemann gewesen, und man glaubte die auf übenden Nachwuchs angewiesene Erbe- und Traditionspflege auf diese Weise vor allzu (Musik-)Lärmempfindlichen schützen zu müssen.[6] Zur Gewährleistung einer guten Handhabbarkeit durch jeden Bürger enthielt die Stadtordnung schließlich Hinweise auf *Zuständigkeiten* (nach dem jeweiligen „Lärmtatbestand" entweder Kreishygieneinspektion, bestimmte Abteilungen des Rates der Stadt, Volkspolizei, Rechtsträger, Schiedskommissionen der Wohngebiete, Kreisgericht), Kontroll-, Auflage- und Beratungsinstanzen (u.a. *Ständige Lärmschutzkommission*, s.u., die unter Berücksichtigung der aus Eingaben erkennbaren Schwerpunkte geeignete Maßnahmen empfehlen und diese in den einzelnen Verantwortungsbereichen koordinieren sollte) und *Ordnungsstrafmaßnahmen* (vorrangig für „ruhestörenden Lärm", der ordnungsstrafrechtlich unabhängig von Stadtordnungen oder anderen lärmschutzrelevanten Dokumenten schon immer grenzwertfrei geahndet werden konnte). Da Stadtordnungen durch Abdruck in der Presse oder in z.T. bildkünstlerisch gestalteten Broschüren an den Zeitungskiosken gegen geringes Entgelt jedem Bürger zugänglich waren und sich erfolgreich um einfache und allgemein verständliche Sprache bemühten, erfüllten sie die Forderung nach „Bürgernähe" des Umweltschutzrechtes als Prämisse seines Wirksamwerdens. Damit entging der Lärm als Umweltfaktor der Geheimniskrämerei und dem nahezu hysterischen Sicherheitsbedürfnis des stets um seine politische Reputation besorgten Staates, der sogar die rechtliche Übernahme des im „Westen" längst gängigen Wortes und Begriffes *„Umweltschutz"* scheute und stattdessen die schwieriger zu handhabende, allerdings umfassendere *„sozialistische Landeskultur"* als Oberbegriff installierte. Aus heutiger Sicht kann die Subsumierung des Lärmschutzes unter „Landeskultur" auch als seine Aufwertung begriffen werden, weil zumindest ein vorsätzlicher Lärmerzeuger dadurch quasi zum (Landes-)Kulturfeind wird ...

---

[6] Mit Recht wird man nach der Durchsetzung dieser vorbildlich ausgestalteten lokalen Lärmschutzregelungen fragen. Die Bevölkerung nahm sehr zielstrebig die im Klassenstaat hier ausnahmsweise gebotene real-demokratische Möglichkeit wahr, sowohl den Text der Stadtordnung mitzugestalten als auch die Kontrolle ihrer Einhaltung wahrzunehmen. Wer sich nun beispielsweise nachts durch warmlaufende LKW-Motoren gestört fühlte, konnte die Polizei holen, die das generell verbotene nächtliche Betreiben derartiger Fahrzeuge in Nebenstraßen strikt unterband. Das konnte in der DDR-Wirtschaft deshalb ohne die andernfalls verkehrsrechtlich sehr zahlreich benötigten Verkehrs-Verbotsschilder funktionieren, weil es sich fast nur um LKW der Magdeburger (Produktions-)Betriebe handelte, deren Fahrer für ihren Arbeitstag die für sie bequemste Anfahrt von der Wohnung aus wählten, statt das Fahrzeug in ihrem Betrieb abzustellen. Verantwortlich für Abhilfe waren gemäß Stadtordnung die Betriebsleiter, die den akustischen Sünder ggf. nach dem Disziplinarrecht bestrafen konnten.

2.3.2 Gebietskategorisierung

Während sich Lärmschutz durch Stadtordnungen vorwiegend ohne Grenzwertbezug allein organisatorisch und damit meist kostenfrei erreichen ließ, kam die Gebiets-, Stadt- und Verkehrsplanung ohne Grenzwerte nicht aus. Das Landeskulturgesetz (G 6, G 7, G 8) unterschied die 4 Gebietskategorien:
1. Kurort, Erholungsgebiet, Lärmschutzgebiet (L_{eq} 45 dB (AI) 6 bis 22 Uhr/35 dB (AI) 22 bis 6 Uhr),
2. Wohngebiet (50/40),
3. Mischgebiet (55/45) und
4. Industriegebiet, Stadtzentrum (60/50).

Die Einordnung von Gebieten in diese Gebietskategorien oblag den Räten der Städte und Gemeinden. Praktische Abgrenzungsprobleme und dadurch bedingte Verzögerung des Einordnungsprozesses haben die *Sektion Kommunaler Lärmschutz der Gesellschaft Allgemeine und Kommunale Hygiene der DDR* (s. 2.4 und 3.1), die den Hygienekontrollorganen nahe stand, 1977 zur Herausgabe von *„Empfehlungen zur Festlegung von Lärmschutzgebieten"* (LäSG) veranlasst. Daraufhin kam es zur Beschlussfassung örtlicher Volksvertretungen über eine Reihe solcher Gebiete, in denen nicht nur schlechthin die schwierig kontrollierbare Einhaltung der Grenzwerte gefordert, sondern durch verkehrsorganisatorische Maßnahmen, akustische Restriktion des Gaststättenwesens und Information aller Nutzer über lärmschutzgerechtes Verhalten auch ermöglicht wurde. Die geringsten Schwierigkeiten ergaben sich, wenn ein vorwiegend der Erholung dienendes Landschaftsschutzgebiet zum Lärmschutzgebiet erklärt wurde. Größere Probleme traten bei der Festlegung von Lärmschutzgebieten in innerstädtischen Räumen, z.B. zur Gewährleistung des Ruheschutzes von Krankenhäusern oder anderen lärmempfindlichen Gesellschaftsbauten auf. In jedem Fall stand und fiel der Erfolg der organisatorischen LäSG-Festlegungen mit der Qualität der Öffentlichkeitsarbeit, die leider meist nicht auf der Höhe ihrer Aufgaben war.

Ausgehend von der Tatsache, dass für manche Gebiete der Status z.B. eines LäSG oder eines Wohngebietes wünschenswert, aber wegen aktuell noch fehlender Voraussetzungen nicht dekretierbar war, hatte die genannte Sektion 1978 *„Empfehlungen zur Festlegung von Lärmsanierungsgebieten"* herausgegeben, deren Anwendung zu einer geplanten relativen Verbesserung, d.h. zum Aufsteigen in die mindestens nächst bessere Gebietskategorie führen sollte. Eine praktische Umsetzung dieser Empfehlungen war jedoch die Ausnahme.

2.4 Organisationen, Arbeitsgemeinschaften, medizinisch-hygienische Forschung

In der Geschichte des Umweltschutzes in der DDR sind zwei Organisationen bzw. Arbeitsgemeinschaften für Lärmbekämpfung und -prophylaxe wirksam und sichtbar geworden. Die erste war die *„Zentrale Arbeitsgemeinschaft Lärmschutz der Kammer der Technik"*, die von SCHIRMER in Abschnitt 3.3 ausführlich gewürdigt wird (s. d.).

Die andere wurde 1971 in der Sektion Gesunde Wohnumwelt[7] der medizinisch-wissenschaftlichen „Gesellschaft Allgemeine und Kommunale Hygiene der DDR" unter Vorsitz des Verf. zunächst als Arbeitsgemeinschaft „Kommunaler Lärmschutz" gegründet.

Diese Arbeitsgemeinschaft (AG) entwickelte sich bald zu einem Podium für das engagierte Bemühen von Physikern, Ingenieuren, Architekten und Ärzten, die im Hygienewesen tätig waren oder ihm nahe standen, um die akustische Lebensqua-

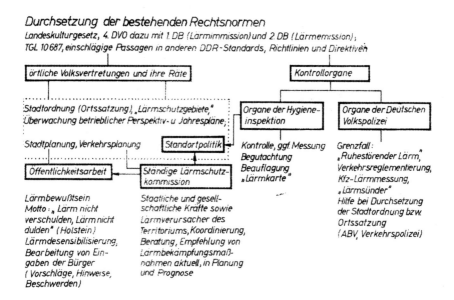

Abbildung 1: Kommunalpolitische Verwirklichung des Lärmschutzes in der DDR (aus Schuschke 1973)

---

[7] Vorsitz: Muschter (Berlin), später Fiedler (Jena), bald nach der Wende übernommen von der in Düsseldorf neu gegründeten Gesellschaft für Hygiene und Umweltmedizin (GHU).

lität in der DDR. In Ermanglung einer entsprechenden fachlichen zentralen Struktur des damaligen DDR-Gesundheitsministeriums standen am Anfang praktische Fragen im Vordergrund: das Einmessen sog. *Lärmkarten (s. Abschnitt 2.2)*, wofür die Methoden vergleichbar gestaltet werden sollten, *Begutachtungen von Bau- und Verkehrsobjekten, Messtechnik, Weiterbildung, Rechtsprobleme.* Zahlreiche ehrenamtliche Zuarbeiten zu Normpapieren, Richtlinien, zu Gesetzes- und Verordnungsentwürfen und gutachterliche Stellungnahmen zu übergreifenden Lärmschutzproblemen wurden erbracht:
- Lärmschutz auf Gewässern,
- Immissionsbegrenzung an Kehrfahrzeugen,
- Sportfluglärm,
- Einrichtung von Lärmschutz- und Lärmsanierungsgebieten,
- Schallschutzfenster,
- Beurteilungshilfen für Bebauungskonzeptionen,
- Entwicklung eines einheitlichen Lärmmessprotokolls

u.a.m. Die AG Kommunaler Lärmschutz stand 1975 fachlich auch bei der Einrichtung eines Referenzlabors gleichen Namens des Gesundheitsministeriums beim Bezirks-Hygieneinstitut Erfurt Pate. *Jährlich* veranstaltete die AG öffentlichkeitswirksame *Informations- und Weiterbildungsveranstaltungen.* 1977 erfolgte die Verselbständigung zur Sektion. Nach der Sektionsbildung differenzierte sich die Arbeit in zwei Hauptrichtungen Die eine wurde von der *AG Planungsunterlagen und Standardisierung* getragen und befasste sich u.a. mit der planungswichtigen Gebietseinteilung (Wohn-, Misch-, Industrie-, Lärmschutzgebiet) und vielen Einzelfragen der praktischen Grenzwertsetzung und -anwendung. Richtlinien bzw. Empfehlungen wurden erarbeitet über Tanz- und Unterhaltungsmusik, über die Ausbreitung von Industrieschallen, zur Minderung des Straßenverkehrslärms, des Straßenbahnlärms, über Rangierbahnhöfe, über Turnhallen, Schießplätze, Vibrationen und besonders über Schallschutz im Städtebau und bei der Verkehrsgestaltung.

Die andere Richtung, die dem Anspruch, Sektionsarbeit in einer medizinisch-wissenschaftlichen Gesellschaft zu leisten, gerecht zu werden hatte, betraf die Entwicklung einer bis dahin vermissten *kommunalhygienischen Lärmforschung.* Bis dahin hatten umweltmedizinisch (d.h. *hygienisch* im damaligen Sprachgebrauch) zum Lärm forschende Einzelpersonen wie Verf. an den bereits etablierten *Forschungsverband Arbeitshygiene* des Ministeriums für Gesundheitswesen Anschluss gefunden, in dem der international geachtete Jenenser Hals-Nasen-Ohren-Arzt, Fachautor und Lärmforscher Dieroff eine *Arbeitsgruppe „Hörschäden"* leitete und auch für davon unabhängige physiologische Lärmforschung aufgeschlossen war. Gestützt auf das in jahrelanger gemeinsamer Tätigkeit geglückte

Zusammenwachsen der aktivsten Mitglieder der Sektion *„Kommunaler Lärmschutz"* zu einem geistig potenten und effizienten Arbeitsteam konnte dann jedoch im Forschungsverband Medizinische Aspekte das Umweltschutzes (s. Beitrag DOBBERKAU) ab 1976 ein Themenkomplex *„Kommunaler Lärmschutz"* (später Erweiterung auf: *„Physikalische Faktoren")* ins Leben gerufen werden. Eine beim Sektionsvorstand gebildete *ständige Arbeitsgruppe Forschung*, bestehend aus Mitarbeitern des Hygieneinstituts der Medizinischen Akademie Magdeburg sowie der Bezirks-Hygieneinstitute Chemnitz/Zwickau, Dresden, Erfurt, Frankfurt/Oder, Gera, Magdeburg und Potsdam befasste sich bis 1990 u.a. mit

- speziellen, z.B. niedrigfrequenten Geräuschen,
- Vibrationen,
- Infraschall,
- Nachtlärmbewertung,
- Schullärm,
- medizinisch-psychologischen Grundlagen,
- physiologischen und psychologischen Reaktionen auf definierte Schallreize unter laborexperimentellen Bedingungen, Aversivität und Akzeptanz bestimmter Geräusche,
- Lärm in Kurorten und Krankenhäusern und
- Eingaben als quantitative und qualitative Indikatoren der Lärmbelästigung.

Die Ergebnisse wurden, soweit sie im Auftrag des Forschungsverbandes durchgeführt und von diesem finanziert wurden, regelmäßig verteidigt, auf vielen wissenschaftlichen Tagungen des Inlandes und einigen des Auslandes (in Abhängigkeit von den beschränkten Reisemöglichkeiten) vorgetragen und in der Fachliteratur dokumentiert.[8]

Das Hineinwachsen in die wissenschaftliche Arbeit krönten sechs Sektionsmitglieder mit einer Promotionsarbeit (Fürst, Dresden; Kubicek, Zwickau; Kunert, Dessau; Lautenbach (verstorben), Berlin; Möhrstedt, Erfurt). Vorwiegend die Mitglieder dieser Forschungsgruppe bestritten die mindestens einmal jährlich, meist

---

[8] Leider gelangte die *Zeitschrift für die gesamte Hygiene und ihre Grenzgebiete*, das bevorzugte Publikationsorgan für die kommunalhygienischen Lärmforscher der DDR, unter den Bedingungen des kalten Krieges nur vereinzelt zu den Lärmforschern des „NSW" („Nichtsozialistisches Wirtschaftsgebiet"), zumal es ja auch kein spezifisches Lärm-Publikationsorgan war, wie die vom DAL herausgegebene *Zeitschrift für Lärmbekämpfung*. Bis in die 1980er Jahre hinein mussten viele DDR-Wissenschaftler ihre Manuskripte primär einem DDR-Publikationsorgan anbieten und durften erst bei Ablehnung „westliche" Adressaten suchen. Das war freilich paradox, denn es handelte sich durchweg um gute Fachtexte, die nahezu sämtlich in der DDR zum Druck kamen. Umgekehrt waren wissenschaftliche Zeitschriften entgegen anderen Aussagen an den Hochschulen und etlichen anderen Einrichtungen, so auch an den Bezirks-Hygieneinstituten, nicht nur per Fernleihe, sondern häufig auch im Abonnement verfügbar und bildeten regelmäßig die Lektüre der akademischen Umweltschützer.

mit internationaler Beteiligung stattfindenden *wissenschaftlichen Sektionstagungen*, so auch noch 1990 in Frankfurt/Oder und 1991 in Magdeburg. Die Verbreiterung des Problemspektrums vom Lärm auf physikalische Umweltfaktoren war programmiert und begonnen, die letzte Tagung 1991 in Magdeburg versuchte eine Integration hygienischer Aspekte der *sinnesvermittelten Umweltwirkungen*, von denen Lärm eine besonders weit verbreitete negative ist (SCHUSCHKE 1990, 1996). Über die hier nur am Rande zu erwähnenden Vibrations- bzw. Erschütterungswirkungen hatten besonders die Sektionsmitglieder Findeis (Potsdam), Fürst (Dresden) und Kubicek (Zwickau) gearbeitet und damit in der gesamtdeutschen Forschung einen Erkenntnisvorlauf geschaffen, der bei dem nach der politischen Wende möglich gewordenen persönlichen Kontakt die Fachkollegen der „alten Bundesländer" erstmals auf dieser Tagung beeindruckte.

Mit Wiedergewinnung der Einheit Deutschlands stand auch die Sektion Kommunaler Lärmschutz am Scheideweg. Der nahezu ausschließlich von vorteilsnehmerischen SED-Genossen (u.a. „Westreisen"!) gebildete Vorstand der Gesellschaft Allgemeine und Kommunalhygiene *der DDR* (sic!) konnte durch Umbenennung in „Gesellschaft für Hygiene e.V." die von den Mitgliedern mehrheitlich gewünschte Selbstauflösung der für den medizinischen Umweltschutz der DDR sehr bedeutsam gewesenen wissenschaftlichen Hygienegesellschaft nicht verhindern.

Wegen ihrer fachlichen Exklusivität war die *Sektion Kommunaler Lärmschutz* von politischen Querelen stets verschont geblieben. Es gab z.B. bei ihren Tagungen nie eine sog. (SED-)Parteigruppe, die bei den meisten anderen größeren Veranstaltungen der wissenschaftlichen Gesellschaften der DDR gebildet wurde, um die „political correctness" im Sinne des SED-Staates zu sichern, was mit der Programmgestaltung und der Zulassung oder Nichtzulassung bestimmter Referenten begann und sich auch über viele Einzelheiten des Ablaufes erstreckte, besonders bei Gästen aus dem „NSW".

Mit der Auflösung der Hygiene-Gesellschaft musste die Sektion Kommunaler Lärmschutz über ihre nun völlig selbständige Weiterexistenz in einer umbrechenden Gesellschaft entscheiden. Nicht wenige Mitglieder wurden leitende Angestellte in den neuen Verwaltungsstrukturen, beispielsweise in Umweltministerien und Umweltämtern. Andere mussten wegen der Auflösung der Umweltschutz-Strukturen an den Bezirks-Hygieneinspektionen ihr Brot in eigener Niederlassung oder als Mitarbeiter in Schall-Messbüros verdienen. Es verwunderte daher nicht, dass auf eine schriftliche Befragung überhaupt nur noch etwa die Hälfte (21) der Mitglieder antwortete, wovon sich 20 für eine Fortführung der Sektionstradition aussprachen. Allerdings wurden Varianten diskutiert, die vom eingetragenen Verein bis zum Anschluss an den DAL *(Deutscher Arbeitsring für Lärmbekämpfung)* oder den BUND (*Bund für Umwelt- und Naturschutz Deutschlands*) reichten. Als bedenkenswerte Möglichkeit erschien auch die Rückführung in die *Sektion Gesunde Wohnumwelt (s.o.)*, wenn diese länderübergreifend weiterexistieren und e.V. werden würde.

Inzwischen lag auf Anfrage des Verf. auch ein freundlicher Brief des 1. Vorsitzenden des DAL, Dr. Carlein, vor, in dem er die Bildung von DAL-Landesverbänden in den Neuen Bundesländern ankündigte und für eine rasche und harmonische Zusammenarbeit aller Lärmbekämpfer beiderseits plädierte. Durch dieses quasi kameradschaftliche Angebot, sehr unterschieden von den damals alltäglichen mehr oder weniger freundlichen oder feindlichen „Übernahmen", kam es bald zum Aufgehen der Sektion Kommunaler Lärmschutz im DAL, der seitdem nicht nur seine Mitgliederbilanz, sondern auch seine Vorstandszusammensetzung durch langjährig bewährte Fachleute und Ehrenamtler aus der verloren gegangenen DDR arrondieren konnte. Zur Bildung von DAL-Landesverbänden kam es jedoch weder in den alten noch in den neuen Bundesländern mit Ausnahme des vom Verf. vor 12 Jahren gegründeten DAL-Landesverbandes Sachsen-Anhalt, der inzwischen u.a. sieben Jahre in Folge in Magdeburg den Internationalen Tag gegen den Lärm („*Noise Awareness Day"*) als Veranstaltung ausrichtete.

3. Der kommunale Lärmschutz in den Bezirks- Hygieneinspektionen der DDR

Bis Anfang der siebziger Jahre wurden von den Kreis-Hygieneinspektionen (KHI) selbständig die in ihrem Territorium anfallenden kommunalen Lärmprobleme bearbeitet sowie Einfluss auf Investitionsvorhaben und Planungen genommen.

Nach der Verabschiedung des Landeskulturgesetzes (G 6) erfolgte in der ersten Durchführungsbestimmung (G 8) zur vierten Durchführungsverordnung (G 7) dazu die Festlegung, dass außer an Arbeitsplätzen und im Verkehrswesen die Bezirks-Hygieneinspektionen für die Lärmimmission in allen übrigen gesellschaftlichen Bereichen zuständig seien.

Auf dieser Grundlage begannen die 15 Bezirks-Hygieneinspektionen der DDR mit dem Aufbau der Fachgebiete „Kommunaler Lärmschutz". Je nach Engagement der staatlichen Leiter dieser Einrichtungen wurden in den Jahren 1970 bis 1974 jeweils zwei bis drei in der Regel naturwissenschaftliche oder ingenieurtechnische Fachkräfte für den kommunalen Lärmschutz in die Strukturen der Umwelthygiene eingegliedert.

Im § 4 der Verordnung über die Staatliche Hygieneinspektion von 1975 (G 13) wurde bei den Aufgaben und der Arbeitsweise der Staatlichen Hygieneinspektion ausgeführt, dass die Anleitung, Bewertung, Unterstützung und Kontrolle zur

Durchsetzung der Rechtsvorschriften, Grundsätze und Normative auf dem Gebiet der Hygiene sich insbesondere auf „... den Schutz vor Lärm im kommunalen Bereich ..." erstreckt.

Den Fachleuten in den Bezirks-Hygieneinspektionen oblag es nun auf dieser Grundlage, den Inhalt des § 35 (2) des Landeskulturgesetzes – „Die zuständigen Staats- und Wirtschaftsorgane sowie die Betriebe sind verpflichtet, planmäßig für die stufenweise Minderung des in ihren Bereichen entstehenden Lärms zu sorgen. Sie haben bei der Planung und Durchführung von Investitionen, bei der Errichtung und Umgestaltung von Wohngebieten, Kurorten und Erholungsgebieten, beim Ausbau und der Rekonstruktion des Verkehrsnetzes sowie bei der Neu- und Weiterentwicklung von Produktionsverfahren und Erzeugnissen einschließlich Verkehrsmitteln die Erfordernisse der Lärmminderung entsprechend den festgesetzten Grenzwerten zu berücksichtigen." – durch Initiativen, Vereinbarungen und Forderungsprogramme im Rahmen der bezirklichen Zuständigkeit mit Aktivitäten zu erfüllen.

Neben diesen administrativen Aufgaben wurden in den Bezirks-Hygieneinspektionen Labor- und Messkapazitäten angesiedelt, die akustische Untersuchungen sowie die Überprüfung von Grenzwerten ermöglichten. Somit wurden in den einzelnen Bezirken die Fachgebiete „Kommunaler Lärmschutz" der Bezirks-Hygieneinspektionen zu Fachkompetenzzentren. Ihre Aufgaben waren, bei der Bau- und Siedlungsplanung, beim Neubau oder der Veränderung von Verkehrstrassen die Einhaltung der Lärmgrenzwerte zu überprüfen, aber auch Lärmkarten zu erstellen, Eingaben zu bearbeiten und die Hygieneinspektoren in den Kreis-Hygieneinspektionen fachlich anzuleiten.

Die Bezirks-Hygieneinspektionen unterstanden organisatorisch den Räten der Bezirke als unterstellte Gesundheitseinrichtungen, juristische Personen und Haushaltsorganisationen; fachlich waren sie der Hauptabteilung Hygiene und Staatliche Hygieneinspektion im Ministerium für Gesundheitswesen unterstellt.

Von dieser Stelle wurde nach anfänglichen Schwierigkeiten im zunehmenden Maße eine qualifizierte Anleitung für die Arbeit der Fachgebiete Kommunaler Lärmschutz gegeben. Ziel war es, die in den einzelnen Bezirken gewonnenen Erfahrungen auf andere Bezirke zu übertragen sowie Vorschriften und Gesetze für den kommunalen Lärmschutz weiterzuentwickeln. So wurde beispielsweise die von der Bezirks-Hygieneinspektion Erfurt praktizierte Methode der Erfassung von auffallend lauten Kraftfahrzeugen im Straßenverkehr und der Zuführung zur technischen Kontrolle bei der Volkspolizei von der Bezirks-Hygieneinspektion Magdeburg mit spürbarem Erfolg in ihrem Territorium eingeführt. Oder die von der Bezirks-Hygieneinspektion Magdeburg eingebrachten Beschlüsse des Rates des Bezirkes Magdeburg über die Reduzierung der Lärmimmission bei Veranstaltungen mit Tanz- und Unterhaltungsmusik oder die Schaffung von Lärmschutzgebieten dienten zur Anregung, auch in anderen Bezirken entsprechende Vorschriften erarbeiten und durch die Räte der Bezirke beschließen zu lassen.

Die Neufassung der 4. DVO zum Landeskulturgesetz – Schutz vor Lärm (G 7) – wurde von den Fachkräften der Bezirks-Hygieneinspektionen maßgeblich mitgestaltet. Bei der Überarbeitung der TGL 39617 Schutz vor Lärm – Grenzwerte der Lärmimmission im kommunalen Bereich – wurden durch Mitarbeiter der Bezirks-Hygieneinspektionen auch die Abstimmungen im Rahmen des RGW vorgenommen.

Seit den 1980er Jahren wurden die Experten der Bezirks-Hygieneinspektionen bei der Ausarbeitung aber vor allem auch bei der Durchsetzung der von der Bauakademie der DDR herausgegebenen Komplexrichtlinien für die städtebauliche Planung und Gestaltung von Neubauwohngebieten im Fünfjahrplanzeitraum 1981-1985 bzw. im Zeitraum 1986-1990 einbezogen. In sehr komplexer Weise war es nach diesen Richtlinien erforderlich, bei den städtebaulichen Planungen von Wohngebieten den Nachweis der Einhaltung städtebauhygienischer Rechtsvorschriften (zum Schutz vor Lärm, Vibrationen und mechanischen Schwingungen, Schutz vor Luftverunreinigungen sowie zur Besonnung) zu erbringen. Die Fachkräfte der Bezirks-Hygieneinspektionen überprüften die Nachweisführungen; jedoch in vielen Fällen erstellten sie auch selbst die Nachweisführungen, um anderen Planungseinrichtungen Verstöße gegen bestehende Rechtsvorschriften zu zeigen.

Neben dem Pool der Fachkräfte aus den Bezirks-Hygieneinspektionen und Kreis-Hygieneinspektionen wurden darüber hinaus Fachleute aus anderen Bereichen, wie z.B. medizinischen Einrichtungen, Hochschulen, Akademien, Architekten- und Planungsbüros in der Gesellschaft Allgemeine und Kommunale Hygiene der DDR, Sektion Kommunaler Lärmschutz zum Erfahrungsaustausch aber auch für die Ausarbeitung Richtung weisender Vorschläge zusammengeführt (s. auch Abschnitt 2.4). Erwähnt wird dies hier, da in die Arbeit der Bezirks-Hygieneinspektionen Vorschläge, Erkenntnisse und Vorlagen aus diesem Gremium einflossen.

Um für den kommunalen Lärmschutz ein umfassendes Kompetenzzentrum zu schaffen, erfolgte auf eine Anweisung des Ministeriums für Gesundheitswesen (G 14) der Aufbau von Referenzlaboratorien. Danach erhielt die Bezirks-Hygieneinspektion Erfurt zusätzlich zu ihren bezirksspezifischen Aufgaben auf dem Gebiet des kommunalen Lärmschutzes die Stellung eines Referenzlaboratoriums für kommunalen Lärmschutz der DDR. Dieses Referenzlaboratorium wurde bei der Erfüllung bestimmter Aufgaben
- auf dem Gebiet des Schallschutzes bei der Vorbereitung und Durchführung von Investitionsvorhaben durch die Bezirks-Hygieneinspektion Berlin;
- auf dem Gebiet des Straßenverkehrslärms durch die Bezirks-Hygieneinspektion Karl-Marx-Stadt, Hygieneinstitut Zwickau;

- auf dem Gebiet des Schienenverkehrslärms und der Vibration durch die Bezirks-Hygieneinspektion Dresden;
- auf dem Gebiet des Industrielärms einschließlich des Lärms landwirtschaftlicher Anlagen durch die Bezirks-Hygieneinspektion Magdeburg

von den genannten teilspezialisierten Referenzlaboratorien unterstützt. Diese Referenzlaboratorien erhielten zusätzliche finanzielle, materielle und personelle Zuwendungen. Als Hauptaufgaben des Referenzlaboratoriums wurden ausgewiesen:

- Analyse der Entwicklung der Lärmimmissionen kommunalen Bereich und Erarbeitung von Vorschlägen zur Verbesserung;
- Erarbeitung methodischer Grundlagen und einheitlicher Arbeitsunterlagen für die Tätigkeit der Organe der staatlichen Hygieneinspektion;
- Beratung der staatlichen Hygieneinspektion zu fachlichen Fragen des kommunalen Lärmschutzes und Erarbeitung von Stellungnahmen und Gutachten;
- Dokumentation der nationalen und internationalen wissenschaftlichen Literatur auf dem Gebiet des kommunalen Lärmschutzes;
- Bearbeitung von Standardisierungsaufgaben.

Unter Einbeziehung der Arbeit der Kreis-Hygieneinspektionen wurden jährlich von den Bezirks-Hygieneinspektionen nach einem von der Staatlichen Hygieneinspektion vorgegebenen Schema Jahresberichte erstellt. Hierin erfolgte eine allgemeine Einschätzung der Lärmsituation im Bezirk (Ergebnisse von Langzeitkontrollmessungen zur generellen Überwachung der Lärmentwicklung an ausgewählten Messpunkten, wesentliche messtechnische Untersuchungen, neu aufgetretene Lärm- und Schwingungsprobleme) sowie Schwierigkeiten bei der Durchsetzung von Lärmschutzforderungen. Im Jahresbericht der Bezirks-Hygieneinspektion Magdeburg wurde z.B. im Jahre 1988 ausgewiesen, dass der Fehlbedarf an Schallschutzfenstern, um bei Neubauten die Einhaltung der Grenzwerte für Innenräume von Wohnungen zu gewährleisten, auf über 8.000 Stück angewachsen war. Ferner musste über die Einstufung territorialer Bereiche (Lärmschutz- und Sanierungsgebiete, s. Abschnitt 2.3), über die Anzahl der Stellungnahmen und Gutachten (die Aspekte des Lärmschutzes enthielten) und über die Einbeziehung in Investitionsvorhaben berichtet sowie über erteilte Auflagen und Einbeziehung in Gerichtsverfahren, eine Einschätzung der Arbeit der bezirklichen Lärmschutzkommission sowie eine Eingabenanalyse ausgewiesen werden.

Als Beispiel für die Aktivitäten der Hygieneinspektionen seien in folgender Tabelle einige Zahlen aus dem Jahresbericht 1988 der Bezirks-Hygieneinspektion Magdeburg zitiert:

Tabelle 1: Zahlen zur Arbeit der Bezirks-Hygieneinspektion und Kreis-Hygieneinspektion 1988

	Bezirks-Hygieneinspektion	Kreis-Hygieneinspektion
Anzahl der Stellungnahmen und Gutachten	77	662
davon zu Eingaben:	15	46
als Zuarbeit für örtliche Räte, Betriebe:	23	41
zu Investitionen:	39	575
Anzahl der bearbeiteten Eingaben	8	52
Anzahl der Projektberatungen und Konsultationen	97	213

Aus den Zahlen ist ersichtlich, dass die Mitarbeiter der Hygieneinspektionen äußerst engagiert versuchten, die Lärmimmissionen der Bevölkerung zu reduzieren. In der Realität blieben jedoch viele Forderungen unerfüllt, da aufgrund der Planvorgaben von wirtschaftsleitenden Organen andere Entscheidungen gefällt wurden sowie beträchtliche materiell-technische Schwierigkeiten auftraten, die die Erfüllung der Forderungen immer wieder zeitlich verschoben bzw. gar ganz unmöglich machten. Daneben waren jedoch auch viele Erfolge zu verzeichnen, indem die Schallschutzforderungen gegenüber Betrieben, bei der Einordnung von Wohngebieten und bei der Veränderung von Verkehrstrassen durchgesetzt wurden.

Vom Referenzlabor für kommunalen Lärmschutz in der Bezirks-Hygieneinspektion Erfurt wurden die Berichte aller Bezirke gebündelt und ein zusammenfassender Bericht für den Haupthygieniker im Ministerium für Gesundheitswesen erarbeitet.

Abschließend eine Betrachtung zur bemerkenswerten fachlichen Qualifikation der Mitarbeiter, die in den gesundheitlichen Einrichtungen den Lärm bekämpften. Im Rahmen der Akademie für ärztliche Fortbildung der DDR führte die Bezirks-Hygieneinspektion Magdeburg in den 1980er Jahren ein *postgraduales Studium für naturwissenschaftliche und ingenieurtechnische Hochschulabsolventen* mit dem Ziel durch, diesen Mitarbeitern grundsätzliches medizinisches, hygienisches und im speziellen kommunalhygienisches Wissen zu vermitteln. Da fast alle Fachkräfte an dieser Qualifizierungsmaßnahme teilnahmen, hatten sie nunmehr nicht nur Wissen über technischen Lärmschutz, sondern verfügten auch über ein solides Rüstzeug, die jeweilige Lärmsituation unter gesundheitlichen bzw. medizinischen Aspekten zu bewerten und einzuordnen.

4. Lärmschutzaktivitäten in der DDR – technische, wissenschaftliche und organisatorische Aspekte (insbesondere Kammer der Technik)

4.1 Motivation und Wirkungen

Trotz allem vorgeblichen staatlichen Zentralismus in der DDR war das Geschehen im Lärmschutz als Teil des Umwelt-, Gesundheits- und Arbeitsschutzes deutlich vom persönlichen, also individuellen Engagement von Fachleuten verschiedener Disziplinen und Verantwortungsbereiche sowie betroffener Bürger bestimmt. Die ihre Führungsrolle betonende Staatspartei SED hielt sich in Fragen Umweltschutz und damit auch Lärmschutz bezüglich Zielvorgaben und Durchsetzung auffallend im Hintergrund.

Die in der DDR bestehenden Organisations- und Wirtschaftsstrukturen förderten das persönliche Engagement kaum. Vielmehr wurden von engagierten Fachkräften des Lärmschutzes und lärmbetroffenen Bürgern diese Strukturen genutzt, ihre selbst gesetzten Ziele im Lärmschutz zu verfolgen. Lärmbetroffene Bürger leiteten ihre Initiativen von ihrem Verlangen nach Lebensqualität ab. Lärmschutz-Fachleute wurden aus ihrem Gestaltungswillen getrieben, der auf zweifache Art aus der internationalen Entwicklung ihres Fachgebietes gespeist wurde: Erkennen von Tendenzen und Maßstäben und das Bedürfnis, in den gegebenen Strukturen der DDR als Berufsstand und als Einzelpersonen entsprechende Leistungen zum Wohle von Lärmbetroffenen zu erbringen.

Auf einigen Gebieten gab es beachtliche Ergebnisse, z.B.
- Einführung von Kenngrößen und Kriterien für die Geräuschemission von Maschinen schon im Jahr 1965 – „Schallleistungspegel" und erzeugnisspezifische „Geräusch-Bestwerte" mit der Wirkung der Produktion einiger hinsichtlich Lärm weltmarktfähiger Erzeugnisse des Maschinenbaues der DDR[9];
- Erfassung und medizinische Betreuung von Beschäftigten mit Gehörschadensrisiko ab 1973;
- schallschutzgerechte Bauwerks- und Städteplanung mittels 1965 eingeführter Schallschutznormen.

Solange bis 1972 in der DDR private Firmen, wenn auch schon großenteils mit staatlicher Beteiligung, bestanden, führten deren unternehmerische Aktivitäten zu vielfältigen technischen Einzellösungen durch Einsatz schallabsorbierender und schalldämmender Elemente: z.B die Fa. Horst Jähne (Löbau), Hersteller der

---

[9] Verfügung „Zur Verbesserung des Lärmschutzes im Bereich des Volkswirtschaftsrates" vom 3. Februar 1965, Verfügungen und Mitteilungen des Volkswirtschaftsrates der DDR vom 31. März 1965.

ASTIK-Schallabsorberplatten aus Gipskarton, ASTIK-Anwendungsberater Rolf KLINKERT (Dresden) und die Ing. Werner Beyer KG (Leipzig), Hersteller von Schallschutzelementen aus Blech, mit einer abenteuerlichen Fertigungsstätte in Pegau südlich von Leipzig.

Im Jahre 1972 wurden selbst kleinste Firmen ausnahmslos in Staatsbetriebe (sog. VEB) umgewandelt – mit für die Wirtschaft und die Menschen in der DDR ähnlich fatalen Folgen wie in den 1950er Jahren die Zwangskollektivierung der Bauern.

Trotz des hohen Bestandes und Engagements gut ausgebildeter Fachleute traten erhebliche Lärmschutzmängel auf, weil benötigte Erzeugnisse nicht in erforderlicher Menge und Qualität produziert wurden, z.b. für den Lärmschutz beim Wohnen
- Trittschall-Dämmmatten,
- Schallschutzfenster,
- Straßen-Lärmschutzwände oder
- lärmarme haustechnische Anlagen (Sanitär, Aufzüge).

Die in der DDR eine erhebliche Rolle spielenden höheren staatlichen Auszeichnungen wurden kaum für Leistungen auf dem Gebiet Lärmschutz vergeben, getreu der schon genannten Zurückhaltung von „Staat und Partei" in Sachen Umwelt- und Lärmschutz. So scheiterten mehrere fachlich wohl begründete Nationalpreis-Antragsverfahren für den international hoch renommierten, parteilosen Prof. Reichardt, Institut für Elektro- und Bauakustik der TU Dresden. Er war über seine 1968 erfolgte Emeritierung hinaus bis zu seinem Tode im Jahre 1985 auf dem Gebiet der Technischen Akustik – mit der Medizin eine der Mutterwissenschaften des Lärmschutzes – nicht nur in der Forschung und Lehre, sondern vor allem auch in der praktischen Umsetzung engagiert und streitbar tätig. Z.B. ist die Schaffung der ca. 25 Lärmschutzgruppen in den Maschinenbau-Branchen der DDR das Ergebnis sehr ausdauernder Korrespondenz und Telefonate von Prof. Reichardt mit Ministern und Generaldirektoren gewesen.

4.2 Zentren der Gemeinschaftsarbeit

Lärm hat verschiedenartige Quellen, Einwirkungsbereiche und Wirkungen. Der Schutz von Lärm ist eine volkswirtschaftliche Querschnitts-Aufgabe, welche die Zusammenarbeit zahlreicher Wissens- und Wirtschaftsbereiche erfordert. In der DDR gab es mehrere Gremien für diese Gemeinschaftsarbeit, von denen hier folgende stellvertretend für alle genannt seien:
- die schon 1960 gegründete zentrale Arbeitsgemeinschaft Lärmschutz beim Präsidium der Kammer der Technik (KDT), in der Ingenieure, Mediziner und Ju-

risten tätig waren, Leitung ab Gründung bis 1964 Prof. Dr. Holstein, 1964-1968 Erwin Gniza und 1969-1984 Prof. Junghans, Bergakademie Freiberg,
- der Koordinierungsausschuss Lärmbekämpfung an Maschinen, ab 1972 bis 1990 tätig unter Mitwirkung von Entwicklungsingenieuren aus 25 Lärmschutzgruppen bei den Maschinen- und Fahrzeugbau-Kombinaten inkl. Schiffbau; Leitung Dr.-Ing. Werner Schirmer, ab 1964 Abt. Lärm- und Schwingungsabwehr im VEB Schwingungstechnik und Akustik Dresden, Hersteller von Schall- und Schwingungsmessgeräten, ab 1970 beim Zentralinstitut für Arbeitsschutz Dresden, Direktor Prof. Gniza, später Prof. Rehtanz;
- eine Arbeitsgruppe Bauakustik mit Architekten und Bauingenieuren in den Baukombinaten, Leitung Prof. Wolfgang Fasold, Abt. Bau- und Raumakustik im Institut für Heizung, Lüftung und Grundlagen der Bautechnik an der Bauakademie der DDR, Berlin;
- eine Arbeitsgruppe Kommunallärm mit Mitarbeitern der Bezirks-Hygieneinstitute, Leitung Prof. Giselher Schuschke, Institut für Sozialhygiene an der Medizinischen Akademie Magdeburg;
- eine Arbeitsgruppe Messung und Bewertung von Arbeitslärm, Leitung Dr. rer. nat. Rublack, Zentralinstitut für Arbeitsmedizin, Berlin, Direktor Prof. Holstein, später Prof. Häublein.

Volkswirtschaftlich wichtige Forschungs- und Entwicklungsvorhaben des Lärmschutzes der Ministerien der DDR wurden ab 1973 vom Ministerium für Wissenschaft und Technik in einem besonderen Teil des zentralen sog. „Staatsplanes Wissenschaft und Technik" aufgenommen. Bei der Aufstellung des Planes wurde eine Gruppe von Fachleuten verschiedener Bereiche des Lärmschutzes zusammen mit Herrn Morgner, MWT, tätig, genannt „Zentraler Arbeitskreis (ZAK) Lärmschutz und Lärmbekämpfung des Ministeriums für Wissenschaft und Technik". Mitglieder Prof. Kraak und Prof. Wöhle (Institut für Technische Akustik, TU Dresden), Prof. Fasold; Prof. Schuschke; Prof. Dieroff (HNO-Klinik Universität Jena), Dr. Schirmer und weitere. Im Jahr 1977 wurde vom ZAK ein Entwicklungskonzept Lärmschutz bis 1990 fertiggestellt (MINISTERIUM FÜR WISSENSCHAFT UND TECHNIK DER DDR 1977).

In Frage gestellt wurde diese umfangreiche Koordinierungsarbeit dadurch, dass die Bearbeitung der im Plan aufgenommenen Projekte nur sehr schwer durchsetzbar war, weil sie mit dem Charakter von Auflagen ohne Bereitstellung der erforderlichen finanziellen bzw. in der Planwirtschaft notwendigen weiteren Mittel (z.B. Personal-Planstellen, Import-Genehmigungen für Messgeräte) vergeben wurden.

Alle ca. 25 Betriebe, die Lärm- und Schwingungsschutz-Elemente herstellten, das sind die in Abschnitt 1 genannten privaten und später staatlichen Betriebe, arbeiteten in der Erzeugnisgruppe bautechnische Lärmbekämpfung zusammen. Das Leitungsgremium war ein Erzeugnisgruppenrat und ein Leitbetrieb, der VEB Isolierungen Berlin mit Herrn Petri als Betriebs- und Erzeugnisgruppenleiter. Die jährlichen Beratungen fanden an repräsentativen Orten wie Weimar, Hotel Elefant, statt und wurden oft von einem Damenprogramm begleitet. Es fanden Abstimmungen über Sortimente, Technologien, Materialbeschaffung, Bedarfsdeckungsprobleme usw. statt. Im Jahr 1975 erschien der Gesamt-Angebotskatalog der Erzeugnisgruppe.[10]

Einen jährlichen, zweitägigen Treffpunkt der Akustiker der DDR einschließlich der im Bereich Lärmschutz tätigen bot der Fachverband Akustik in der Physikalischen Gesellschaft der DDR, Sitz in einem kleinen Palais Am Kupfergraben 7 in Berlin-Mitte. Unter dem Vorsitz von Prof. Schommartz, Universität Rostock, fanden von Sommer 1981 bis Januar 1990 Jahrestagungen statt, zuletzt in Rostock schon unter Teilnahme freudig begrüßter Fachkollegen aus dem Westen Deutschlands.

4.3 Die AG (Z) Lärmschutz in der KDT und in der AICB

Die Kammer der Technik war eine der aufwändig organisierten sogenannten Massenorganisationen der DDR; diese speziell zur Erfassung des Ingenieurpersonals, in DDR-Deutsch der „technischen Intelligenz" (*vgl. Beitrag Mohry*). An der Repräsentations-Spitze stand ein angesehener Wissenschaftler, z.B. Prof. Peschel, Lehrstuhl für Geodäsie TU Dresden. Ein Präsidiumsbüro mit hauptamtlichen Mitarbeitern befand sich in Berlin, Clara-Zetkin-Straße, direkt an der Mauer beim Reichstag. Zuständig für die Zentrale Arbeitsgemeinschaft Lärmschutz waren der Präsidiumssekretär Rudi Höntsch mit Kontakt zum ZK der SED und der Präsidiumsmitarbeiter Dipl. rer. pol. Ing. Weber. In allen Bezirkshauptstädten der DDR und Ost-Berlin gab es Bezirksbüros mit Bezirksvorsitzenden und hauptamtlichen Mitarbeitern. In großen Betrieben gab es Betriebsgruppen der KDT mit Kassierern für die in Mitgliedsbücher einzuklebenden Quartals-Mitgliedsbeitrags-Marken. Das KDT-Präsidium unterhielt ein eigenes komfortables Schulungs- und Erholungsheim, die Scheibenmühle im Polenztal, Elbsandsteingebirge, ein beliebter, aber selten verfügbarer Sitzungsort.

Die Schilderung der Organisationsstruktur KDT möge dem heutigen Leser verstehen helfen, was es bedeutete, innerhalb solcher Struktur einen sachbezogenen Gestaltungswillen zu verwirklichen. Für den Lärmschutz genutzt wurde neben der AG (Z) Lärmschutz die Möglichkeit, in den Bezirken KDT-Arbeitsgemeinschaf-

---

[10] Angebotskatalog der Erzeugnisgruppe Bautechnische Lärmbekämpfung, Berlin, 2 Auflagen 1975/1982, 164 Seiten.

ten Lärmschutz zu schaffen und mit Hilfe der Bezirksbüros Weiterbildungs-Lehrgänge Lärmschutz durchzuführen. Dem dienten KDT-eigene Seminarräume, in deren Bezirksstellen oder angemieteten Räumen. So nahmen im Verlauf von knapp 20 Jahren im Gasthof Erbgericht im Kurort Rathen, Elbsandsteingebirge ca. 1.000 Personen aus allen Bezirken der DDR an fünftägigen Lehrgängen Lärmmesstechnik, Schallemissionsmessungen oder lärmarmes Konstruieren mit praktischen Übungen und Prüfung teil; durchgeführt wurden sie von Dr. Schirmer und Mitarbeitern.

Der Vorstand der AG (Z) Lärmschutz bestand aus den Vorsitzenden der nachfolgend genannten Arbeitsgruppen sowie dem AG (Z)-Vorsitzenden Prof. Junghans, den Stellvertretern Dr.-Ing. Schirmer und Dr. med. Zenk (Weimar) sowie dem Sekretär Dr. Stuhrmann (Erfurt) und Beauftragten für spezielle organisatorische Aufgaben: Frau Dr. Palmer und die Herren Dr. Haustein, Dr. Gruhl und Dipl.-Ing. Schleinig. Arbeitsgruppen waren die:
- AG Lärmschäden, Prof. Dieroff;
- AG Kommunaler Lärmschutz, Prof. Schuschke;
- AG Konstruktion und Technologie, Dipl.-Ing. Parthey, Zentralinstitut für Arbeitsschutz Dresden;
- AG Strömungsakustik, Prof. Költzsch, Bergakademie Freiberg;
- AG Bauwesen, Prof. Fasold;
- AG Gebiets-, Stadt- und Dorfplanung, Dr. Petzold, Institut für Städtebau der Bauakademie der DDR, Dresden;
- AG Verkehrswesen, Dr. med. Lessing, Med. Dienst des Verkehrswesens, Berlin, mit mehreren Untergruppen;
- AG Bergbau, Dr. Wiehe, Bergakademie Freiberg;
- AG Chemie, Dipl. Ing. Göbel, WTZ Arbeitsschutz der Chemischen Industrie, Halle/Saale;
- AG Rechtswesen, Dipl. Ing. E.Traegenap, Berlin;
- AG Lärmschutz Bezirk Erfurt, Herr Schenk, Hygieneinspektion Arnstadt.

Mit den jährlichen, meist zweitägigen Vorstandsberatungen waren Besichtigungen und Fachberatungen in Betrieben verbunden, so z.B. die Beratung in Mühlhausen/Thüringen mit der Einfahrt in einen ca. 1.000 m tiefen Thüringer Kalischacht. Eine weitere jährliche Beratung von Teilen des Vorstandes erfolgte mit den Bezirks-AGen Lärmschutz.

Eine große Besonderheit der AG (Z) Lärmschutz war, dass sie zu den Gründungsmitgliedern der 1960 gegründeten AICB gehörte mit Prof. Bruckmayer (Wien) als Präsident und Dr.Schenker-Sprüngli (Zürich) als Generalsekretär; später Dr. jur. Aecherli (Luzern).

Der Association Internationele contre la Bruit als Nicht-Regierungsorganisationen (NGO) gehörten Lärmschutz-Organisationen zahlreicher europäischer Länder an. Sie hatte große Bedeutung in der Zeit der Ost-West-Spaltung Europas und löste sich gegen 1995 auf.

Im Jahre 1972 richtete die AG (Z) Lärmschutz den seit 1960 alle zwei Jahre stattfindenden AICB-Kongress im Dresdner Hygienemuseum mit 900 Teilnehmern aus 23 Nationen aus. Wenige Monate vor Aufnahme der DDR in die UNO nutzte die Partei- und Staatsführung der DDR die Tagung durch großzügige finanzielle Unterstützung und persönliche Teilnahme des Umweltministers der DDR (Herr Reichelt, DBD) als Werbeveranstaltung für die an sich gering entwickelte Leistungsfähigkeit und Weltoffenheit der DDR. Unabhängig davon bleibt sie bei beteiligten Fachleuten in bester Erinnerung und war Anfang von zum Teil bis heute bestehenden, persönlichen Verbindungen.

Die AG (Z) Lärmschutz hielt turnusmäßig DDR-Lärmschutz-Tagungen ab mit Gera als mehrfachem Tagungsort. Schließlich gab sie ein in loser Folge erscheinendes Informationsblatt zur Information aller Mitglieder der AGen heraus und verteilte es gezielt an für die Durchsetzung von Lärmschutz-Zielen wichtige Personen. Erarbeitung, Druck und Vertrieb von KDT-Richtlinien Lärmschutz schließen den Kreis der Aktivitäten der Mitglieder der AG (Z) Lärmschutz und ihrer Arbeitsgruppen ab. In den Jahren 1977 und 1987 gab die AG (Z) Lärmschutz Broschüren anlässlich ihres 20- bzw. 30-jährigen Bestehens heraus (KAMMER DER TECHNIK 1977 und 1987)

Aus heutiger Sicht sieht es so aus, als wäre die AG (Z) Lärmschutz ein DDR-Pendant von bundesdeutschem VDI und DAL (Deutscher Arbeitsring für Lärmbekämpfung) zusammen gewesen. Von beteiligten DDR-Fachleuten wurde das schon damals so gesehen. Bei den KDT-Präsidiums-Ideologen wären sie allerdings mit diesem Vergleich auf heftige Ablehnung gestoßen.

Literatur

Angebotskatalog der Erzeugnisgruppe Bautechnische Lärmbekämpfung, Berlin, 2 Auflagen 1975/1982, 164 S.
Gläß, K.: Grenzwerte – eine Rechtsform des Umweltschutzes, Staat und Recht 23 (1974), 1838
Hillmann, H.: Die Lärmkarte von Dortmund, Kampf dem Lärm 11 (1964), 4-6
Kammer der Technik (Hg.): 20 Jahre AG (Z) Lärmschutz beim Präsidium der KDT, 1977, 23 S.
Kammer der Technik (Hg.): Konferenz Lärmschutz in Gera, Band 1, Jubiläumsbiträge 30 Jahre AG (Z) Lärmschutz 1987, 70 S.
Kubicek, R.: Lärmbelästigung durch Kraftfahrzeuge im Stadtgebiet von Zwickau, Zf. ges. Hyg. 17 (1971), 504-509
Ministerium für Wissenschaft und Technik der DDR, Zentraler Arbeitskreis Lärmschutz und Lärmbekämpfung (Hg.): Empfehlung zur Entwicklung von Wissenschaft und Technik auf dem Gebiet des Lärmschutzes und der Lärmbekämpfung für den Zeitraum bis 1990, Stand Februar 1977, 46 S.

Neuhofer, R. & Hunger, D.: Lärmkarte Halle-Neustadt, Dtsch. Arch. 22 (1973), 502-506

Schuschke G.: Schallwirkung auf den Menschen (Physiologische Reaktionen, Stress und Rhythmik, Schlafbeeinflussung; physiologische und soziologische Aspekte des Lärms und der Grenzwertproblematik), in: Fasold, W.; Kraak, W. & Schirmer, W. (Hg.): Taschenbuch Akustik, Verlag Technik Berlin 1984, (1823 S.), 298-320

Schuschke, G. & Beckert, C.: Bericht über die 1. Informationstagung „Lärmschutz und Kommunalpolitik" der Sektion Kommunaler Lärmschutz der Gesellschaft Allgemeine und Kommunale Hygiene der DDR, Mitt. d. Ges. Allg. u. Komm. Hyg. DDR 19 (1988) 3, 2-5

Schuschke, G.: Lärmkarte von Magdeburg, Wiss. u. Fortschr. 20 (1970) 5, 216 u. 4. Umschlagseite (farbige Lärmkarte)

Schuschke, G.: Schutz vor Lärm – aktuelle Aufgaben der Hygieneinspektionen in Verwirklichung des Gesetzes über die sozialistische Landeskultur, Mitt. Ges. Allg. u. Komm. Hyg. DDR (1972) 1-2, 4-12

Schuschke, G.: Aktuelle Aufgaben und Wege der kommunalen Lärmbekämpfung in der DDR, Zf. ges. Hyg., Berlin 19 (1973) 2, 142-145

Schuschke, G.: Zum Stellenwert des Kommunallärms in Theorie und Praxis des medizinischen Umweltschutzes, Zf. ges. Hyg. 26 (1980) 9, 647-652

Schuschke, G.: Lärm und Gesundheit, 1. Aufl. Verl. Volk u. Gesundheit Berlin 1976; 2. Aufl. Berlin 1981, 160 S., 24 Abb., 3 Tab.

Schuschke, G.: Stadtordnungen und Gebietskategorisierung als Instrumente des Lärmschutzes, XII. AICB-Kongress „Erfolge und Prognosen der Lärmbekämpfung", Wien, 20.-23.5.1982, Kongressband, Vorträge, 1982, 117-120

Schuschke, G.: Aus der Arbeit der Sektion Kommunaler Lärmschutz – die ständige Arbeitsgruppe Forschung beim Sektionsvorstand, Mitt. d. Ges. Allg. u. Komm. Hyg. DDR 16 (1985) 4, 29-30

Schuschke, G.: 20 Jahre Sektion Kommunaler Lärmschutz, Mitt. d. Ges. f. Hyg. 20 (1990) 4 und (1991) 1-2, 54-57

Schuschke, G.: Sinnesvermittelte Umweltwirkungen aus hygienischer Sicht, Symposium der Sektion Gesunde Wohnumwelt und der Sektion Kommunaler Lärmschutz der Gesellschaft für Hygiene über „Sinnesvermittelte Umweltwirkungen aus hygienischer Sicht", Magdeburg, 11.-12.6.1990, Mitt. d. Ges. f. Hyg. 20 (1990) 4 und 21 (1991) 1-2, 2-9

Schuschke, G.: Sinnesvermittelte Umweltwirkungen, Wahrnehmung und Gesundheit, Umweltmed. Forsch Prax 1 (1996) 2, 93-101

Schuschke, G.; Kubicek, R. & Fürst, P.: Hinweise zur Erarbeitung und Nutzung von Lärmkarten, Architektur der DDR 26 (1977) 1, 53-54

Gesetze, Verordnungen, Richtlinien

G 1: Verordnung über Melde- und Entschädigungspflicht bei Berufskrankheiten vom 14. 11. 57 (GBl. 1/1959, S. 1)

G 2: 2. Durchführungsbestimmung zur Verordnung über Melde- und Entschädigungspflicht bei Berufskrankheiten vom 18.9.1958 (GBl. II/1958, S. 821)

G 3: 5. Durchführungsbestimmung zur Arbeitsschutzverordnung – Arbeitsmedizinische Einstellungs- und Überwachungsuntersuchungen von Werktätigen an Arbeitsplätzen mit hörschädigendem Lärm – vom 5.11.1973 (GBl. I/1973, S. 539).

G 4: Richtlinie zur Durchführung arbeitsmedizinischer Einstellungs- und Überwachungs-Untersuchungen von Werktätigen an Arbeitsplätzen mit hörschädigendem Lärm vom 10.1.1974. VuM des MfGe 1974/Nr. 3, S. 17.

G 5: 1. Gemeinsame Anweisung zur Beurteilung der Tauglichkeit für Berufe mit besonderer Stimm- und Sprechbelastung vom 1.5.1974 VuM des MfH 1974/Nr. 7, S. 32; 2. Gemeinsame Anweisung zur Beurteilung der Tauglichkeit für Berufe mit besonderer Stimm- und Sprechbelastung vom 29. 4. 1977. VuM des MfH 1977/Nr. 6, S. 58-59.

G 6: Gesetz über die planmäßige Gestaltung der sozialistischen Landeskultur in der Deutschen Demokratischen Republik – Landeskulturgesetz – vom 14. 5. 70 (GBl. 1/ 1970, 8.67).

G 7: 4. Durchführungsverordnung zum Landeskulturgesetz – Schutz vor Lärm – vom 14. 5. 70 (GBl. 11/1970, S. 343).

G 8: 1. Durchführungsbestimmung zur 4. Durchführungsverordnung zum Landeskulturgesetz – Schutz vor Lärm – Begrenzung der Lärmimmission – vom 26.10.1970 (GBl. II/1970, S. 595).

G 9: 2. Durchführungsbestimmung zur 4. Durchführungsverordnung zum Landeskulturgesetz - Begrenzung der Lärmemission (Lärmabstrahlung) von Erzeugnissen vom 26.10.1970 (GBl. II/1970, 8. 604)

G 10: Anordnung über Baubeschränkungsbereiche (Sicherheitszonen) in der Umgebung von Flugplätzen vom 5. 3. 71 (GBl.-S Nr. 699/1971, S. 3)

G 11: Gesetz über die Bearbeitung der Eingaben der Bürger – Eingabengesetz – vom 19.6.1975 (GBl. 1 Nr. 26/1975, S. 461-462)

G 12: Gesetz über die örtlichen Volksvertretungen und ihre Organe in der DDR v. 12.7.1973 (Gbl. I, Nr. 32/1973, S. 313, §55/6)

G 13: Verordnung über die Staatliche Hygieneinspektion vom 11. Dez. 1975 (GBl. I, Nr. 2/1975, S.17)

G 14: Verfügungen und Mitteilungen des Ministeriums für Gesundheitswesen der DDR, 1978, Nr. 7, S. 61

G 15: Stadtordnung zur Aufrechterhaltung von Ordnung, Sicherheit, Sauberkeit und Hygiene in Magdeburg. Beschluss der Stadtverordnetenversammlung vom 25.11.1976. 23 S., Anhang 9 S.; Hrsg.: Rat der Stadt Magdeburg.

G 16: Verfügung „Zur Verbesserung des Lärmschutzes im Bereich des Volkswirtschaftsrates" vom 3. Februar 1965, Verfügungen und Mitteilungen des Volkswirtschaftsrates der DDR vom 31.März 1965

"Deine Umwelt braucht dich!" Herausgeberin: Gesellschaft für Natur und Umwelt im Kulturbund der DDR. Quelle: Plakatsammlung im Studienarchiv Umweltgeschichte des Instituts für Umweltgeschichte und Regionalentwicklung e.V. an der Hochschule Neubrandenburg

Manfred Mücke

Umweltschutz durch Bergrecht

1. Vorbemerkungen

„Zu den *klassischen* Umweltrechtsgebieten zählt Bergrecht sicher nicht. Seine *Umweltrelevanz* steht dagegen außer Frage."[1] (SPARWASSER, ENGEL & VOßKUHLE 2003, 654) – Das war auch in der DDR nicht anders. In der Literatur zum Landeskulturrecht (Umweltrecht) war das Bergrecht seit den 1980er Jahren thematisch aufgenommen worden, soweit es den Umweltschutz durch Bergrecht betraf (OEHLER 1986, 40 ff., 140 ff.).

Den Ansatz für eine solche Betrachtung bildeten nur wenige Bestimmungen aus dem Bergrecht. Dabei enthielt das Bergrecht der DDR im Unterschied zum Bundesbergrecht selbst auch eine planungsrechtliche Regelung, die den Bergbau in der Raumplanung privilegierte; zudem erfuhren einzelne umweltschützende Regelungen, die bergbauliche Vorhaben zu berücksichtigen hatten, wie die Wiederurbarmachung von Bodenflächen und die Verwahrung von Grubenbauen, eine ausführliche Darstellung in untergesetzlichen Vorschriften zum Berggesetz (im Einzelnen MÜCKE 1985, insbesondere 79 ff., 152 ff.).

Die allgemeinen materiell-umweltrechtlichen Anforderungen des Landeskulturrechts (Umweltrechts) galten auch für den Bergbau. Sie bildeten keinen Gegenstand des Bergrechts, wurden aber an den Bergbau über die speziellen rechtlichen Vorschriften aus dem Wasser-, Boden- und Landeskulturrecht (Natur, Luft, Lärm, Staub, Abgase, Abfallverwertung und -beseitigung) und über die Verwaltungsentscheidungen zu den Standortplanungen (Standortbestätigungs- und -genehmigungsverfahren für Investitionen) an den Bergbau herangetragen. Anders ausgedrückt: Für die Schutzgegenstände des Landeskulturrechts Wasser, Luft und Natur sowie für den Lärmschutz enthielt das Bergrecht keine Sonderregelungen.

Eine ähnliche rechtlich-strukturelle Situation besteht heute nach dem Bundesbergrecht. Auch hier enthält das BBergG nur wenig bergbauspezifisches Umweltrecht. Eine Ausnahme bildet die Verordnung vom 13. Juli 1990 über die Umweltverträglichkeitsprüfung bergbaulicher Vorhaben (UVP-V Bergbau) BGBl. I S.

---

[1] Aus dem Grunde äußern sich jüngere Veröffentlichungen zum Umweltrecht auch zum Bergrecht (vgl. auch Kloepfer 1998, 681 ff.).

1420 i.d.F. vom 10. Aug. 1998 (BGBl. I, S. 2093). Ansonsten ist die „Einbruchstelle" für die materiell-umweltrechtlichen Anforderungen vor allem das bergrechtliche Betriebsplanzulassungsverfahren (sofern es sich um Bodenschätze handelt, die dem BBergG unterliegen). Im Übrigen benötigt der Bergbau, sofern das bergrechtliche Genehmigungsverfahren keine Konzentrationswirkung hat, Genehmigungen nach den umweltbezogenen Fachgesetzen parallel zu der bergrechtlichen Zulassung (MÜLLER & SCHULZ 2000, 27).

Blickt man auf die umweltrechtlichen Vorschriften des Bergrechts der DDR zurück, so ist es erforderlich, darauf hinzuweisen, dass in der DDR jegliche Bodenschätzegewinnung unter das Bergrecht fiel. Das Berggesetz/DDR kannte die Unterscheidung, die nach dem Bundesbergrecht vorzunehmen ist, in Bodenschätze, die dem BBergG unterstehen und die ihm nicht unterstehen, nicht. Das bedeutete vor allem, dass in der DDR der gesamte Steine- und Erden-Bergbau vom Bergrecht erfasst wurde, während in der Bundesrepublik Deutschland – und in den alten Bundesländern bis zur Gegenwart – der überwiegende Teil dieses Bergbaus im Bau-, Naturschutz-, Immissionsschutz-, Wasser- oder dem sog. Abgrabungsrecht seine rechtliche Grundlage hat (vgl. ausführlich dazu MÜLLER & SCHULZ 2000).

Aus Gründen des Verständnisses – warum Teile des Bergrechts in der DDR thematisch überhaupt im Umweltrecht (Landeskulturrecht) Aufnahme fanden – ist auf einen weiteren Unterschied zwischen dem heutigen Bergrecht und dem Bergrecht der DDR hinzuweisen. In der wissenschaftlichen Literatur des Bergrechts und des Landeskulturrechts war es anerkannt, dass die Bodenschätze und andere geologische Ressourcen der Erdkruste als Naturobjekte anzusehen sind, die als solche zu schützen sind und die zu den Objekten des Landeskulturrechts gehören.

Und eine letzte Vorbemerkung: Nachfolgend wird juristisches Instrumentarium des Bergrechts der DDR beschrieben. Keine Darstellung erfahren politische, soziale, naturwissenschaftliche oder technische Probleme des Umweltschutzes, die mit dem Bergbau verbunden sind; schon gar nicht ihre Bewältigung oder Nichtbewältigung in der DDR. Das kann keine Aufgabe des Juristen sein.[2]

2. Schutzgegenstand Erdkruste und ihre geologischen Ressourcen

Die Erdkruste und ihre geologischen Ressourcen wurden wie gesagt in der jüngeren umweltrechtlichen Literatur der DDR zu den Naturreichtümern gezählt. Auch in der Gesetzgebung standen sie teilweise gleichrangig neben dem Boden, den Gewässern oder der Luft, ohne dass sie im Landeskulturgesetz eine Aufnahme ge-

---

[2] Eine übersichtliche Beschreibung der Problemkreise in den 1980er Jahren geben Aust 1985, 75 ff. und für den Bergbau in der DDR, insbesondere für den Braunkohlebergbau, Einhorn 1985, 128 ff.

funden hatten. Die landeskulturellen Anforderungen in ihrer Allgemeinheit galten für diese nicht vermehrbaren Ressourcen ebenfalls: rationelle Nutzung der Ressourcen, ihre Mehrfachnutzung, Reinhaltung und Schutz. Ziel und Inhalt von Teilen des bergrechtlichen Instrumentariums waren mit diesen Grundsätzen einer haushälterischen Ressourcennutzung jedenfalls zu beschreiben möglich.

Bezüglich des Begriffs „Erdkruste" wurde an § 2 Berggesetz/DDR angeknüpft. Der Boden als die „belebte Verwitterungsrinde" oder „äußerste Lockerschicht" der Erdkruste war kein Gegenstand des Bergrechts mehr. Ansonsten waren zu den Bestandteilen der Erdkruste die mineralischen Ressourcen, die geologischen Raumressourcen (poröses oder kluftiges Gestein, natürliche oder bergmännisch hergestellte Hohlräume), die geologischen Flächenressourcen (als Standortpotential in der Erdkruste) und die geologischen Energieressourcen (geothermische Energie) zu rechnen.

Vom Berggesetz/DDR erfasst waren allerdings neben den mineralischen Ressourcen nur die geologischen Raumressourcen, soweit sie eine behälterlose unterirdische Speicherung von Gasen und Flüssigkeiten (§ 1 II Berggesetz/DDR) zuließen. Geologische Raumressourcen, die als Aufnahme- und Reinigungsraum für industrielle, landwirtschaftliche und andere Abprodukte genutzt werden konnten, hatten in §§ 32 ff. Landeskulturgesetz und der 6. Durchführungsverordnung zum Landeskulturgesetz (Schadlose Beseitigung nicht nutzbarer Abprodukte vom 01.09.1983 GBl. der DDR I Nr. 27, S. 257) – eigentlich eine bergrechtliche Materie – eine Regelung erfahren. Auch die Wärmespeichereigenschaft der Erdkruste hatte im Berggesetz/DDR noch keine Regelung erfahren, obwohl eine Lagerstätte niederthermaler Wässer im Norden der DDR ausgebeutet wurde. Lediglich die geologischen Vorarbeiten (geologische Suche und Erkundung) waren dem Berggesetz/DDR unterfallen. Perspektivisch sollten weitere Nutzungen der Erdkruste Aufnahme im Berggesetz/DDR finden. Jedenfalls war das ein konzeptioneller Ansatz für die Ende der 1980er Jahre von der Obersten Bergbehörde der DDR angestrebte Neufassung des Berggesetzes von 1969.

Prägend für das Berggesetz/DDR waren natürlich die mineralischen Rohstoffe und deren Gewinnung. Von den Mineralrohstoffen wurden in der DDR nach der Einstellung der Gewinnung von Steinkohle in den 1970er Jahren[3], der allmählichen Beendigung der Eisenerzgewinnung sowie der Einstellung der Bleierzförderung (letztere 1968) vor allem Braunkohle, Kalisalz, Erdgas, Kupfer, Zinn, Uran, Schwerspat sowie Steine-Erden-Rohstoffe gewonnen.[4] Gemessen an der Weltproduktion beachtlich war die Förderung von Braunkohle und Kalisalz (BACHMANN

---

[3] Die Sanierung ist detailliert beschrieben worden in: Steinkohlenbergbauverein Zwickau e.V. 2000, 169 ff.

[4] Zum primären Eigenaufkommen an mineralischen Rohstoffen in der DDR vgl. Bachmann 1983, 68 ff.

& STRZODKA 1983, 16, 19). Im Grad der Bedeutung für die Volkswirtschaft der DDR mit der Braunkohle und dem Kalisalz durchaus vergleichbar waren die mineralischen Rohstoffe, von denen die Bauindustrie abhängig war, und zwar insbesondere Kiese und Kiessande, Gesteine zur Herstellung von Schotter und Splitt, tonige Gesteine.

Das Berggesetz/DDR erklärte die mineralischen Rohstoffe, deren Nutzung von volkswirtschaftlicher Bedeutung war, zu „Bodenschätzen", die unabhängig vom Grundeigentum volkseigen waren. Bis auf Ausnahmen waren damit nahezu alle mineralischen Rohstoffe als „Bodenschätze" qualifiziert. Eine solche weitgehende Loslösung der Bodenschätze vom Grundeigentum gestattete es die Bodenschätze – ohne auf Eigentumsschranken Rücksicht nehmen zu müssen – als Naturreichtum anzusehen und in der DDR ein entsprechendes rechtliches Regime zur Rohstoffsicherung zu schaffen.[5]

Nebenbei gesagt erleichterte dies bei der Wiedervereinigung der beiden deutschen Staaten eine Maßgabegesetzgebung im Einigungsvertrag zur Anwendung des BBergG zu schaffen, die eine rechtsstaatlich zulässige „Überführung" der Bodenschätze nach Berggesetz/DDR in bergfreie Bodenschätze nach § 3 III BBergG ermöglichte. Das Bundesverfassungsgericht hat die Regelung im Einigungsvertrag ausdrücklich als verfassungskonform anerkannt.[6] Die Rechtssituation wurde für die „Steine und Erden" erst mit dem Gesetz vom 15. April 1996 zur Vereinheitlichung der Rechtsverhältnisse bei Bodenschätzen (BGBl. I, S. 602) an das Recht der alten Bundesländer angepasst, in denen diese Bodenschätze immer dem Grundeigentum zugehörig waren (dazu: PHILIPP & KOLONKO 1996, 2694 ff.).

2.1 Schutz mineralischer Rohstoffe und Ordnung von Ansprüchen an den Raum (Territorium) – Bergbauschutzgebiete

Zwischen dem Nachweis mineralischer oder anderer geologischer Ressourcen durch die Aufsuchung und die tatsächliche Gewinnung bzw. Nutzung der Res-

---

[5] Zur Rohstoffsicherung in der alten Bundesrepublik in den 1980er Jahren vgl. Schulte 1986. Der Fragestellung wendet sich neuerdings Frenz wieder zu (vgl. Frenz 2000).

[6] Beschluss des Bundesverfassungsgerichts vom 24. Sept. 1997 (1 BvR 647/91, 1239/91, 250/96 und 268/91), abgedruckt Zeitschrift für Bergrecht (1997), 283 ff.. Zuvor hatte bereits das Bundesverwaltungsgericht in seinem Beschluss (4B 46.96) vom 03.05.1996, abgedruckt Zeitschrift für Bergrecht (1996), 132 ff. – keine Bedenken gegen die Begründung der Bergbaufreiheit für bestimmte Bodenschätze (z.B. Kiese und Sande) durch die noch vom Berggesetzgeber der DDR erlassene Verordnung vom 15.08.1990 über die Verleihung von Bergwerkseigentum (GBl. I S. 1071). Auch in maßgeblicher Literatur wird die Regelung gestützt (vgl. Hüffer & Tettinger 1993, besonders 145 ff.). Verfasser wird im Übrigen wohl zu Unrecht als Wegbereiter für die 1990 in der Verordnung über die Verleihung von Bergwerkseigentum gefundene Lösung angesehen: ebd., 120. Bezug wird dabei auf Mücke 1981, 75 ff. genommen. Zur Verfassungsmäßigkeit vgl. Kremer & Neuhaus 2001, Rn 518 ff.

source (Bergbau) liegen Zeiträume, die Jahrzehnte oder gar Jahrhunderte betragen können. Noch heute verursacht bekanntlich mittelalterlicher Tiefbergbau Schäden an der Tagesoberfläche. Die Ansprüche des Bergbaus an den Raum („Territorium"), der von ihm wegen der Standortgebundenheit der geologischen Ressourcen nicht frei wählbar ist, in Gestalt der Inanspruchnahme großer Flächen (auch bebauter), der Abtragung des Bodens, des Grundwasserentzugs und des Grundwasserwiederanstiegs, der Bildung von Bodensenkungen und der Beanspruchung von Natur und Landschaft sind vorhersehbar. Um den Bergbau mit der wirtschaftlichen und sozialen Entwicklung und den Belangen der Umwelt im Territorium in Einklang zu bringen oder ihre Beziehungen zu ordnen, enthielt das Berggesetz/ DDR in § 11 eine Regelung zu „Bergbauschutzgebieten". Die „Raumordnung" war vorrangiges Ziel der Regelung. Bergbauschutzgebiete dienten aber auch dem Schutz von Lagerstätten mineralischer Rohstoffe oder von speicherfähigen Gesteinen vor nachteiligen Auswirkungen und Verlusten durch Bebauung, Zerschneidung (Verkehrswege und Versorgungsleitungen) oder sonstiger Beeinträchtigung bei der Nutzung der Ressource (§ 11 I und II Berggesetz/DDR). Insofern war das Ziel der Regelung zu den Bergbauschutzgebieten sehr komplex.

Das Bergbauschutzgebiet war von den Bergbauunternehmen oder von ihren übergeordneten Wirtschaftsorganen zu beantragen. Die Antragsvoraussetzungen ergaben sich aus § 2 der 3. DVO vom 12.08.1976 zum Berggesetz/DDR (GBl. der DDR I, S. 403). Danach waren ein Nachweis über die volkswirtschaftliche Notwendigkeit des Schutzgebietes zu führen und die Grenzen sowie die derzeitige Nutzungsart des beantragten Bergbauschutzgebietes anzugeben. Darüber hinaus waren dem Antrag – je nach dem Stand der Aufsuchung z.B. einer Lagerstätte – Angaben zur Bonität der Lagerstätte, der Abbaukonzeption und zu den zu erwartenden Auswirkungen auf die Tagesoberfläche, den Boden, das Grundwasser und zum Eintreten von Bergschäden beizufügen. § 4 IV Buchst. e) der AO über die Festsetzung, öffentliche Bekanntgabe und Registrierung von Bergbauschutzgebieten vom 30. Juli 1969 (GBl. der DDR II, S. 405) i.d.F. von 1976 schrieb auch vor, dem Antrag Stellungnahmen zuständiger Behörden vorzulegen, wenn unter anderem Naturschutzgebiete von der Festsetzung betroffen waren. Der Antragsteller hatte ferner ein Kartenwerk vorzulegen, in dem die Grenzen von Landschafts-, Naturschutz- und Wasserschutzgebieten, die von dem beantragten Bergbauschutzgebiet berührt wurden, eingetragen waren.

Der Antrag war an die zuständige Verwaltungsbehörde, den Rat des Bezirkes, zu richten. Die Entscheidung über die Festsetzung allerdings traf der Bezirkstag; bei überbezirklicher Bedeutung war der Ministerrat zuständig (§ 11 IV Berggesetz/DDR). Bergbauschutzgebiete waren öffentlich bekannt zu machen. Über die Bergbauschutzgebiete wurde bei der Obersten Bergbehörde ein Register geführt.

War ein Bergbauschutzgebiet festgesetzt, genoss der Bergbau einen gewissen „Vorrang" in diesem Gebiet vor anderen wirtschaftlichen oder auch ökologischen Ansprüchen an den Raum. In den Bergbauschutzgebieten für Braunkohlelagerstätten dürfte der „Vorrang" absolut gewesen sein. Die Rechtswirkung der Bergbauschutzgebiete beschränkte sich auf die Verpflichtung der Auftraggeber von Bauvorhaben (im Sinne des Baurechts) oder Maßnahmen (wie Meliorationsmaßnahmen, Aufforstungen, wasserwirtschaftliche Maßnahmen), bergbauliche Stellungnahmen vor dem Festlegen der Standorte bei dem durch die Schutzgebietsfestsetzung Begünstigten einzuholen (§ 3 I der 3. DVO zum Berggesetz/DDR). Die bergbauliche Stellungnahme selbst war kein Verwaltungsakt mit verbietender oder erlaubender Wirkung. Sie beinhaltete lediglich eine Beschreibung der geplanten Maßnahmen des Bergbaus und ihrer möglichen Folgen z.B. für die Bodenbenutzung oder das Entstehen von Bodenbewegungen oder Grundwasserabsenkungen und damit für den Vorhabensträger, der die Stellungnahme einholte. Sie war allerdings die Grundlage für die aus der Sicht des Investitionsrechts der DDR von den zuständigen Verwaltungsbehörden zu treffenden Standortbestätigungen, Standortgenehmigungen oder städtebaulichen Einordnungen.

Diese Verwaltungsentscheidungen durften nur ergehen, wenn die bergbauliche Stellungnahme vorlag. Der Inhalt der bergbaulichen Stellungnahme präjudizierte die Entscheidung der Verwaltungsbehörden nicht. Nur in einer Hinsicht hatte die bergbauliche Stellungnahme eine direkte rechtliche Wirkung. Gemäß § 21 II Berggesetz/DDR war die Ersatzpflicht für Bergschäden ausgeschlossen, soweit der Eintritt des Bergschadens für einen Bauauftraggeber aufgrund der bergbaulichen Stellungnahme vorherzusehen war oder hätte vorhersehbar sein müssen. Der bergbaulichen Stellungnahme wird insoweit auch eine Funktion der Bauwarnung zugeschrieben (BOLDT & WELLER 1992, Anhang Rn 30).

2.2 Lagerstätteninteressengebiete

Vordergründiger – aber in der Schutzwirkung auch weitaus eingeschränkter – als bei Bergbauschutzgebieten regelte der Berggesetzgeber der DDR den Schutz von Lagerstätten mineralischer Rohstoffe mit der Regelung zu Lagerstätteninteressengebieten in §§ 16 ff. der AO vom 15. März 1971 über die Berechnung, Bestätigung und Erfassung von Lagerstättenvorräten und ihrer optimalen Nutzung sowie die Berechnung und Bestätigung von Speichervolumina – Lagerstättenwirtschaftsanordnung – (GBl. der DDR II, S. 279). Die Regelung sah den Schutz von Lagerstätten vor schädigenden Einflüssen durch Aufsuchung vor, sobald die Durchführung der geologischen Untersuchungsarbeiten durch Dritte, d.h. nicht durch den mit der Festlegung eines Interessengebietes Begünstigten, erfolgte. Die Festlegung eines Lagerstätteninteressengebietes war insbesondere dann erforderlich, wenn es sich um erkundete oder prognostizierte Lagerstätten handelte, deren Nutzung noch nicht absehbar war, bei denen aber befürchtet werden musste, dass es z.B. bei einer Durchteufung mit einer Bohrung bei einer späteren Nutzung zu hohen Vorratsverlusten (im Tiefbau durch beispielsweise Stehenlassen von zusätzlichen Sicherheitspfeilern) kommt.

„Lagerstätteninteressengebiete sind durch Feldesgrenzen abgegrenzte Territorien, die für Industriezweige, Betriebe oder Betriebsteile festgelegt werden ..." (§ 16 II Lagerstättenwirtschaftsanordnung). Die Verwaltungsentscheidung über die Festlegung wurde im Ministerium für Geologie auf Antrag getroffen. In dieser Behörde wurde auch über die Änderung oder Aufhebung der Festlegung entschieden.

Mit der Festlegung eines Landschaftsteils als Lagerstätteninteressengebiet war lediglich die Verpflichtung für Bergbauunternehmen verbunden, die beabsichtigten geologischen Untersuchungsarbeiten in einem Interessengebiet durchzuführen, sich mit den Wirtschaftsorganen oder den Bergbauunternehmen ins Benehmen (Abstimmung) zu setzen, für welche die Interessengebiete festgelegt waren (§ 17 Lagerstättenwirtschaftsanordnung).

2.3 Vorratsverlustlimite

Natürlich wurde beim Schutzgegenstand „mineralische Ressourcen" überdeutlich, dass diese vor allem schützenswert aus ökonomischen Gründen waren. Nichtsdestoweniger ist das juristische Instrumentarium des Bergrechts der DDR zum sparsamen Umgang mit den Lagerstättenvorräten an einheimischen mineralischen Rohstoffen auch ein Ziel des Landeskultur-/Umweltrechts; so auch die Regelung zu den Vorratsverlustlimiten in den §§ 12 ff. Lagerstättenwirtschaftsanordnung. Die Verlängerung der Vorhaltedauer einer Lagerstätte durch die vollständige Ausbeutung beinhaltete zugleich z.B. auch den Wegfall oder die Verringerung oder eine zeitliche Verschiebung der Beanspruchung von anderen Schutzgütern des Landeskultur-/Umweltrechts. Abgesehen davon ist das Instrumentarium der Verlustlimite dazu geeignet gewesen, Raubbau an der Lagerstätte zu verhindern.

Bergbauunternehmen waren verpflichtet, Lagerstätten vollständig zu nutzen. § 8 II Berggesetz/DDR bestimmte, dass Vorratsverluste auf das volkswirtschaftlich vertretbare Mindestmaß zu beschränken sind. Die Bergbauunternehmen hatten sich im Antragsverfahren deshalb bei den übergeordneten Wirtschaftsorganen die jährlich zulässigen Mengen an Abbau-, Gewinnungs- und Förderverlusten genehmigen zu lassen. Die Verlustlimite waren von den Wirtschaftsorganen in m^3 oder t und in Prozent, bezogen auf den Bilanzvorrat der jeweiligen Jahresscheibe bzw. des Jahresabbaufeldes, vorzugeben und durch Text und Risswerk zu begründen. Auf Einzelheiten zur komplizierten Bestimmung der Vorratsverluste soll hier nicht weiter eingegangen werden (vgl. insoweit BACHMANN 1983, 180).

Die Verlustlimite wurden verbindliche Vorgaben für die Jahresbetriebspläne der Bergbauunternehmen (§ 13 II Lagerstättenwirtschaftsanordnung). Die Wirtschaftsorgane wiederum hatten ihrerseits die Verlustlimite gegenüber dem Ministerium für Geologie anzuzeigen. Dieses war berechtigt, ggf. eine Neuvergabe der Verlustlimite zu verlangen.

Die Vorratsverlustlimite bildeten die Grundlage für die staatliche Kontrolle der Einhaltung der genehmigten Vorratsverluste. Überschritten die Bergbauunternehmen die Limite, zog das Sanktionen im eigentlichen Sinne nicht direkt nach sich. Nach der VO vom 18. Dezember 1974 über die Staatliche Lagerstätteninspektion (GBl. der DDR I, S.125) war der Leiter der Inspektion gem. § 8 berechtigt gewesen, den zuständigen Leiter des Bergbauunternehmens oder einen Mitarbeiter disziplinarisch oder arbeitsrechtlich zur Verantwortung ziehen zu lassen. Ein gleiches Recht hatten die speziellen Kontrollorgane für die Einhaltung der Vorratsverlustlimite.

Gemäß § 13 VIII Lagerstättenwirtschaftsanordnung wurde die Kontrolle grundsätzlich von den Bezirksstellen für Geologie bei den Räten der Bezirke im Auftrag des Ministeriums für Geologie wahrgenommen. In zentral geleiteten Bergbauunternehmen wurde die Kontrolle durch Beauftragte für die Vorratsverlustkontrollen durchgeführt, die von den Wirtschaftsorganen in Abstimmung mit dem Ministerium eingesetzt wurden.

2.4 *Komplexe Nutzung von Lagerstätten mineralischer Rohstoffe*

Die verstärkte Nutzung einheimischer mineralischer Rohstoffe war für die DDR eine zwingende wirtschaftliche Notwendigkeit. Daher wurde die für den Braunkohlebergbau bereits 1963 erlassene Verordnung über die Untersuchung und Nutzung der in den Braunkohlenfeldern vorhandenen Lagerstätten der Steine- und Erdenrohstoffe auf den gesamten Bergbau übertragen. Vordergründig ebenfalls wirtschaftlich verursacht war die 4. DVO zum Berggesetz der DDR vom 13. Juli 1977 (– Untersuchung und Nutzung von mineralischen Begleitrohstoffen – GBl. der DDR, S. 309) auch dazu angetan, die Umwelt zu schonen. Bedenkt man beispielsweise, dass etwa 50 % der bauwürdigen Sand-, Kies- und Tonvorkommen in der DDR im Deckgebirge der in Abbau befindlichen Braunkohlelagerstätten oder der künftigen Braunkohletagebaue lagen (BACHMANN 1983, 166), wird deutlich, dass bei einem zumeist auch mit der Gewinnung der Braunkohle einhergehenden zeitlich und technologisch verbundenen Abbau der Deckgebirgsrohstoffe Lagerstätten dieser mineralischen Rohstoffen an anderen Standorten geschont werden konnten. Zugleich fielen an diesen und anderen Standorten nicht erneut Eingriffe in Natur und Landschaft an.

Der Grundgedanke der 4. Durchführungsverordnung zum Berggesetz/DDR war, Bergbauunternehmen zu verpflichten, die bei der Forschung, Suche, Vor- und Detailerkundung auf einen mineralischen Hauptrohstoff zu erwartenden bzw. angetroffenen Begleitrohstoffe mit aufzusuchen. Als Hauptrohstoff galt der mineralische Rohstoff, auf den das Hauptziel der Aufsuchung (geologische Untersuchungsarbeiten) gerichtet war; Begleitrohstoff war der Rohstoff, der innerhalb oder außerhalb des Hauptrohstoffes angetroffen wurde.

Den Grundgehalt der Durchführungsverordnung bildete die detaillierte Beschreibung des Verfahrens und der Entscheidungsetappen bei der geologischen Untersuchung von Begleitrohstoffen und der an diesem Verfahren beteiligten Verwaltungsbehörden. Sie sind heute von keinem Interesse mehr. Zugleich enthielt die Durchführungsverordnung Regelungen zur Finanzierung der Aufsuchung der Begleitrohstoffe. Die Finanzierung der Anfangsstadien der Aufsuchung (Such- und Vorerkundungsarbeiten) wurde vom Staatshaushalt übernommen; die Finanzierung der Detailerkundung hatte der Auftraggeber für die Aufsuchung (zumeist der spätere Nutzer der Begleitrohstoffe) zu tragen.

Die Durchführungsverordnung hielt auch eine Regelung für die durchaus praktisch gewordenen Fälle bereit, dass die anfallenden Begleitrohstoffe nicht unmittelbar einer Nutzung zugeführt werden konnten und somit der Rohstoff für eine spätere Nutzung aufgehaldet oder verkippt werden musste. § 5 der Durchführungsverordnung bestimmte dazu eine direkte (zwar oberflächliche, allgemein gehaltene) Verpflichtung zur Schonung der Umwelt: Die Aufhaldung oder Verkippung hat so zu erfolgen, dass Leben und Gesundheit der Menschen sowie die Tier- und Pflanzenwelt vor Schadenswirkung geschützt werden.

3. Schutzgegenstand Boden (Sanierung)

§ 17 des Landeskulturgesetzes orientierte auf die „Erhaltung, Pflege und Verbesserung sowie die rationelle gesellschaftliche Nutzung des Bodens als einer wichtigen Grundlage der Umwelt- und Lebensbedingungen der Bürger und unersetzliches Hauptproduktionsmittel der Land- und Forstwirtschaft". Aus dieser etwas plakativen Zielsetzung ist zu entnehmen, dass die landeskulturelle Vorschrift die ordnungsgemäße Bewirtschaft des Bodens zugleich als ein Moment des Umweltschutzes (Sicherung und Erhaltung der natürlichen Ressource) betrachtete.

In dieser Zielsetzung Parallelen zum heute geltenden Gesetz vom 17.03.1998 zum Schutz vor schädlichen Bodenveränderungen und zur Sanierung von Altlasten, Bundesbodenschutzgesetz, BBodSchG (BGBl. 1998 I, S. 502 ff.) zu ziehen, ist nicht möglich. Zweck des BBodSchG ist es, schädliche Bodenveränderungen abzuwehren, den Boden und Altlasten sowie hierdurch verursachte Gewässerverunreinigungen zu sanieren und Vorsorge gegen nachteilige Einwirkungen auf den Boden zu treffen (§ 1 S. 1 BBodSchG) – eine gänzlich andere Zielstellung. Sie ist in der Bundesrepublik Deutschland auch erst 1998 spezialgesetzlich umgesetzt worden. Zuvor war im Wesentlichen, wie im Übrigen in der DDR auch, Ordnungs- oder Polizeirecht vorhanden, das zur Gefahrenabwehr bei Bodenverunreinigungen anzuwenden war. In der DDR galt dafür ab Mitte 1968 das Gesetz vom 11. Juni 1968 über die Aufgaben und Befugnisse der Deutschen Volkspolizei (GBl. der DDR I, S. 232).

Im Zentrum des Bodenschutzes der DDR standen die Vorschriften, die den Boden vor „ungerechtfertigtem" Bodenverbrauch („Entzug") schützten, ausdrücklich so § 21 I Landeskulturgesetz. Der Bodenschutz aber war wesentlich Gegenstand der Verordnung vom 26. Februar 1981 zum Schutz des land- und forstwirtschaftlichen Grund und Bodens und zur Sicherung der sozialistischen Bodennutzung, Bodennutzungsverordnung (GBl. der DDR II 1981, S. 116); flankiert von der Umweltabgabe „Bodennutzungsgebühr" nach der Verordnung vom 26. Februar 1981 über Bodennutzungsgebühr (GBl. der DDR, S. 116). Ihrer Funktion nach war die Bodennutzungsgebühr auch ein Mittel umweltpolitischer Steuerung.

Grundsätzlich nahm der Bergbau in diesen Rechtsvorschriften keine Sonderstellung ein – mit einer Ausnahme: die Wiederurbarmachung. Die Spezialvorschriften zum Bodenschutz verweisen auf die Regelungen zur bergrechtlichen Wiederurbarmachung (§ 12 Bodennutzungsverordnung). Nicht der gesamte Bergbau wurde der Bodennutzungsverordnung unterworfen; ausgenommen war der Wismut-Bergbau (§ 1 IV Buchst. e) Bodennutzungsverordnung) – ein Relikt aus der sowjetischen Besatzungszeit in Ostdeutschland. Somit galt auch die genannte Vorschrift zur Wiederurbarmachung nicht.

Gemäß § 15 II Berggesetz/DDR waren die Bergbauunternehmen, die Bodenflächen in Ausübung des Untersuchungs-, Gewinnungs- und Speicherrechts genutzt hatten, zur Wiederurbarmachung verpflichtet. Dabei umfasste die Wiederurbarmachung „sämtliche Maßnahmen, die im volkswirtschaftlichen und territorialen Interesse notwendig sind, um die in Ausübung des Untersuchungs-, Gewinnungs- und Speicherrechts genutzten Bodenflächen für eine Folgenutzung herzurichten" (§ 15 I Berggesetz/DDR). Dazu gehörte auch die Einhaltung der Leitnormen des Landeskulturgesetzes. Also waren die Forderungen zur Herstellung gestörter Landschaften, die vorrangige Rückführung sanierter Bodenflächen in die landwirtschaftliche Nutzung, Mehrfachnutzung bei landflächengebundenen Folgenutzungen[7] usw. zu erfüllen (z.B. § 21 III Landeskulturgesetz).

Intension und Extension des Begriffs der Wiederurbarmachung entspricht dem Begriff der Wiedernutzbarmachung im BBergG: „Wiedernutzbarmachung ist die ordnungsgemäße Gestaltung der vom Bergbau in Anspruch genommenen Oberfläche unter Beachtung des öffentlichen Interesses" (§ 4 IV BBergG). Im Sinne des Berggesetzes/DDR gehörte zur Wiedernutzbarmachung noch die Rekultivierung („Herstellung der vollwertigen Bodenfruchtbarkeit" – § 14 Berggesetz/DDR). Dazu waren die Bergbauunternehmen nicht mehr verpflichtet. Daraus folgt, dass die Wiederurbarmachungspflichten nach dem Bergrecht der DDR und derjenigen der Wiedernutzbarmachung nach §§ 4 IV, 55 I Nr. 7, II Nr. 2 BBergG kongruent sind (HÜFFER & TETTINGER 1994, 97).[8]

Untergesetzliche Vorschriften füllten die wenigen Bestimmungen des Berggesetz/DDR zur Wiederurbarmachung aus, und zwar waren es die §§ 22 ff. der 1. DVO vom 12. Mai 1969 zum Berggesetz/DDR (GBl. der DDR II, S. 257 i.d.F. der 3. und 4. DVO zum Berggesetz/DDR aus den Jahren 1976 bzw. 1977) und die Anordnung vom 17. Dezember 1985 über die Wiederurbarmachung bergbaulich genutzter Bodenflächen – Wiederurbarmachungsanordnung – (GBl. der DDR I, S. 369). Erläuternd muss zur systematischen Stellung der genannten Vorschriften hinzugefügt werden, dass die Wiederurbarmachungsanordnung zwar die ausführlichste Vorschrift zur Wiederurbarmachung war, sie aber nur für die Wiederurbarmachung von Bodenflächen galt, die durch bergbauliche Arbeiten „dauernd umfassend" genutzt wurden. Da der Tagebergbau aber vorherrschte, wurden damit die meisten Flächen erfasst. Zum Verständnis der Regelungen zur Wiederurbarmachung muss ferner hinzugefügt werden, dass die bergbauliche Inanspruchnahme von in privatem, genossenschaftlichem oder persönlichen Eigentum stehenden Grundstücken für den Tagebaubetrieb in aller Regel mit einer Eigentumsverschiebung zugunsten des Volkseigentums an Grund und Boden verbunden war.

Das Wiederurbarmachungsrecht war in früheren Jahren (1951, 1958, 1964) rein verwaltungsrechtlich konzipiert. Die Bergbehörden waren zuständig für die Auf-

---

[7] Nur am Rande sei auf die methodischen Überlegungen zur Eignungsbewertung und Beurteilung einer Mehrfachnutzung von Wohlrab et al. verwiesen (Wohlrab et al. 1995, 216).

[8] Es gehört zu den Kuriositäten in der Spruchpraxis des Staatlichen Vertragsgerichts der DDR, dass die einzige Leserzuschrift, die je eine veröffentlichte Entscheidung eines Vertragsgerichts kritisierte und zusätzlich zur Aufhebung der Entscheidung führte, aus dem Bereich des Wiederurbarmachungsrechts kam. Das Bezirksvertragsgericht Gera (Az. 33-G-49.50/69) sprach rechtlich unzulässig gegenüber einem Bergbauunternehmen die Verpflichtung zur Wiedernutzbarmachung und damit die Pflicht zur Bereitstellung der entsprechenden Investitionsmittel auch für die Rekultivierung aus. Diese Entscheidung wurde im Nachprüfungsverfahren des Zentralen Staatlichen Vertraggerichts aufgehoben, weil das Bergbauunternehmen nur zur Wiederurbarmachung verpflichtet war. (vgl. Leserzuschrift von Mücke 1971, 186).

sicht der Wiederurbarmachung und die Übertragung des Bodens an Folgenutzer. Die Traditionslinie zu den Richtlinien vom 19. Juni 1940 für die Urbarmachung der Tagebaue (Min.Bl. RwiM, S.318, abgedruckt bei DAPPRICH & SCHLÜTER 1959, 564 ff.), die für die unter die Bergaufsicht fallenden Tagebaubetriebe galten, ist nicht zu übersehen. Erst 1971 wurde in Ansätzen die Grundstruktur der auch noch einige Zeit nach dem Beitritt geltenden Wiederurbarmachungsanordnung von 1985 geschaffen.

a) Verwaltungsrechtsvorschriften

Im Tagebaubetrieb war vom Beginn des Abbaus der Lagerstätte an auf die Beseitigung des Eingriffs in die Natur und Landschaft und auf die Profilierung der Bergbaufolgelandschaft hinzuwirken. Der Berggesetzgeber gab auch das „öffentliche Interesse" vor: „Die Wiederurbarmachung hat mit dem Ziel zu erfolgen, alle nicht mehr für bergbauliche Zwecke benötigten Bodenflächen ... unverzüglich, planmäßig und vorrangig für eine landwirtschaftliche Folgenutzung herzurichten (§ 13 I Berggesetz/DDR, § 2 I Wiederurbarmachungsanordnung). Erst dann, wenn eine Sanierung der Bodenfläche für eine landwirtschaftliche Nutzung nicht erreichbar war oder sie nicht den volkswirtschaftlichen oder territorialen Erfordernissen entsprach, bestimmte der Gesetzgeber die Herrichtung der Bodenfläche für eine forstwirtschaftliche oder sonstige Nutzung (§ 13 I Berggesetz/DDR).

Relativ detailliert wurden normativ Inhalt und Umfang der Maßnahmen vorgegeben, die zur Wiederurbarmachung gehörten. Sowohl § 23 der 1. DVO zum Berggesetz/DDR als auch § 2 II Wiederurbarmachungsanordnung enthielten einen Kanon von Pflichten wie beispielsweise:
- Bei der Auswahl der Tagebautechnologie sind die Eigenschaften und der Kulturwert der Abraumschichten zur Gewährleistung einer optimalen Bodenqualität der Folgenutzung zu berücksichtigen.
- Es sind die notwendigen Maßnahmen zur Regelung der Vorflut auf den wieder urbar zu machenden Bodenflächen durchzuführen.
- Es hat eine verkehrstechnische Erschließung der Bodenflächen durch Zufahrten und Hauptwirtschaftswege zu erfolgen.
- Restlöcher sind für eine Folgenutzung vorzubereiten.
- Die Böschungen sind entsprechend den Anforderungen der Folgenutzung zur Gewährleistung der Standsicherheit und des Erosionsschutzes zu gestalten.

Ferner wurde bestimmt, dass eine Grundmelioration zur Boden- und Ertragsverbesserung durchzuführen ist, sobald die deckgebirgsgeologischen Verhältnisse die vorgesehene land- oder forstwirtschaftliche Folgenutzung verhinderten (§ 12 I Wiederurbarmachungsanordnung). Für die Anlage und den Umfang der Hauptwirtschaftwege wurden Richtwerte aufgestellt (§ 13 I Buchst. e) Wiederurbarmachungsanordnung). Und es wurden den Bergbauunternehmen (vor allem Braunkohlebergbau) Vorfeldgutachten mit Angaben z.b. zu den Eigenschaften und dem Kulturwert der Abraumschichten vor Beginn der bergbaulichen Arbeiten (§ 10 Wiederurbarmachungsanordnung) abverlangt und Kippengutachten zur Planung der Wiederurbarmachungsarbeiten und zur bodengeologischen Bewertung der Rückgabeflächen nach Beendigung der bergbaulichen Tätigkeit abgefordert (§ 11 Wiederurbarmachungsanordnung).

Die Wiederurbarmachung war in die langfristige Landschaftsplanung der „örtlichen Staatsorgane" sowie in die Fünfjahr- und Jahrespläne der Bergbauunternehmen aufzunehmen. Den Plänen lagen „Wiederurbarmachungskonzeptionen" der Unternehmen zugrunde, die Vorstellungen über die künftigen Bergbaufolgelandschaften beinhalteten. Die Wiederurbarmachungskonzeptionen und die Fünfjahresplanungen bedurften zu ihrer Verbindlichkeit der Zustimmung des Rates des Bezirkes (§ 5 I Wiederurbarmachungsanordnung). Die Jahrespläne der Wiederurbarmachung wurden nur zur Abstimmung bei der gleichen Verwaltungsbehörde vorgelegt (§ 5 II Wiederurbarmachungsanordnung). Der Inhalt der Jahrespläne wurde rechtlich sehr ausführlich vorgegeben (§ 6 Wiederurbarmachungsanordnung).

Seinerzeit wurde – heute undenkbar – das Folgenutzer-Unternehmen (z.B. landwirtschaftliche Genossenschaften, volkseigene Güter und Forstbetriebe, andere Unternehmen) durch eine Verwaltungsentscheidung festgelegt (§ 7 Wiederurbarmachungsanordnung). Da der Tagebergbau die Grundstücke „dauernd umfassend" benötigte, waren sie auch nach dem Kauf durch das Bergbauunternehmen in Volkseigentum übergegangen. Der Wechsel des Besitzers und Nutzers konnte nur über den sog. Rechtsträgerwechsel erfolgen. Die Grundstücke blieben volkseigen. Je nach Art der Folgenutzung oblag die Festlegung dem Rat des Bezirkes, dem zuständigen Organ der Wasserwirtschaft oder dem Rat des Kreises. Grundlage für die Verwaltungsentscheidung bildete die erteilte Zustimmung zum Fünfjahrplan der Wiederurbarmachung.

b) Wirtschafts„privatrechtliche" Vorschriften (Wiederurbarmachungsvertrag)

Für die Gestaltung des Rechtsverhältnisses zwischen dem Bergbauunternehmen und dem Folgenutzer bemühte der Berggesetzgeber die Rechtsfigur des Wirtschaftsvertrages (§ 8 Wiederurbarmachungsanordnung) nach dem Gesetz vom 25. März 1982 über das Vertragssystem in der sozialistischen Wirtschaft, Vertragsgesetz (GBl. der DDR I, S. 293). Natürlich lag diesem Vertrag keine echte Leistung-Gegenleistung-Beziehung zugrunde. Das Bergbauunternehmen hatte nahezu nur

Pflichten, der Folgenutzer nahezu nur Rechte. Ein Entgelt als Gegenleistung hatte der Folgenutzer für die Überlassung der wieder urbar gemachten Bodenfläche (Grundstück) nicht aufzubringen.

Im Wiederurbarmachungsvertrag waren Art, Umfang und Zeitraum der vom Bergbauunternehmen zu erbringenden Wiederurbarmachungsleistungen im Einzelnen aufzunehmen (§ 22 I Berggesetz/DDR; § 8 I Wiederurbarmachungsanordnung).

Wesentliche Vertragsbedingungen wurden dabei den Bergbauunternehmen rechtlich aufgezwungen (§ 15 Berggesetz/DDR; § 23 der 1. DVO zum Berggesetz/ DDR; §§ 13 Wiederurbarmachungsanordnung); so die Pflicht, die Bodenflächen boden- und ertragsverbessernd zu behandeln, wenn kein Kulturbodenauftrag möglich war (regelmäßig traf das auf den Braunkohlebergbau zu). In diesem Fall war eine Grundmelioration durchzuführen (§ 12 I Wiederurbarmachungsanordnung). Andere wesentliche Vertragsbedingungen waren zu vereinbaren. Dazu gehörten:
- der Zeitpunkt der Abnahme der Flächen und der Rechtsträgerwechsel (ggf. vereinbarten die Vertragspartner eine produktive Vornutzung der Flächen vor der Abnahme),
- Inhalt und Umfang der zur Abnahme vorzulegenden Dokumente und Nachweise, die die Bodenfläche charakterisieren (z. B. Kippengutachten),
- gemeinsam durchzuführende Kontrollen während der Wiederurbarmachung,
- Schadenersatzleistungen bei Pflichtverletzungen aus dem Vertrag (ausführlich MÜCKE 1987, 274 ff.).

Die Wiederurbarmachung war beendet, wenn das Bergbauunternehmen (im Ausnahmefall die Verwaltungsbehörde) die vertraglichen Abreden eingehalten und der Folgenutzer die Abnahme der wieder urbar gemachten Bodenfläche erklärt hatte (§ 16 Wiederurbarmachungsanordnung). Die Abnahme war die feststellende Entscheidung über die Beendigung der Wiederurbarmachung oder die Stilllegung einer obertägigen bergbaulichen Anlage.

Für einige Wiederurbarmachungsleistungen hatte das Bergbauunternehmen Garantie durch Nachbesserung zu gewähren. Für die Gestaltung und Erfüllung der Verträge über Wiederurbarmachungsleistungen und über die Erfüllung von Verträgen über den Rechtsträgerwechsel war das Staatliche Vertragsgericht zuständig (§ 23 II und III Wiederurbarmachungsanordnung).

Die Wiederurbarmachung umfasste nicht nur die Sanierung des Bodens, sondern auch die Herrichtung von Restlöchern des Tagebergbaus und ihre Landschaftsanpassung sowie die Wiederurbarmachung von Halden (§§ 14, 15 Wiederurbarmachungsanordnung).

Das Verwaltungsverfahren, die Festlegung der Beteiligten an den Entscheidungen zur Wiederurbarmachung sowie der Inhalt und Umfang der Wiederurbarmachung ergaben sich für die Bergbauhalden und die Restlöcher vor allem aus der Wiederurbarmachungsanordnung (besonders §§ 5 ff.) und für sog. Althalden und -restlöcher sowie Nichtbergbauhalden aus der Anordnung über Halden und Restlöcher vom 2. Oktober 1980 i.d.F. der Anordnung Nr. 2 vom 18. März 1982 (GBl. der DDR I, S. 361).

Zur Einordnung der verbleibenden Restlöcher stillzulegender Tagebaue in das Territorium hatten die Bergbauunternehmen der Verwaltungsbehörde (Rat des Bezirkes) rechtzeitig, spätestens 3 Jahre vor der Überbaggerung der Hauptflächen der Restlöcher, Entwürfe der Auslaufprogramme zur Genehmigung (Bestätigung) vorzulegen (§ 14 I Wiederurbarmachungsanordnung). Sie umfassten auch die an die zu erwartende Wasserfläche angrenzende Bodenfläche (§ 14 II Wiederurbarmachungsanordnung; § 19 III Bodennutzungsverordnung).

Halden und die angrenzenden Bodenflächen sollten einer Wiederurbarmachung für eine land- oder forstwirtschaftliche Nutzung zugeführt werden. War das nicht möglich, war das Bergbauunternehmen grundsätzlich zur Begrünung verpflichtet. Zum anderen waren die Unternehmen verpflichtet, zu verhindern, dass die Nutzung der an die Halden angrenzenden Bodenflächen infolge von Erosionen oder durch andere schädliche Auswirkungen (Rauch- und Staubentwicklung, austretende Haldenwässer) beeinträchtigt wurden (§ 15 Wiederurbarmachungsanordnung).

4. Sanierung der Erdkruste (Verwahrung)

Zur Vermeidung von Gefahren und nachteiligen Einwirkungen auf die Umwelt waren nach Beendigung des bergbaulichen Eingriffs die in der Erdkruste angelegten Grubenbaue einer Verwahrung zuzuführen. Ein Grubenbau ist ein zum Zwecke einer bergbaulichen Nutzung hergestellter oder bergbaulich genutzter unterirdischer Hohlraum (Fachbereichsstandard, Bergbau unter Tage, Begriffe TGL 7167/02 Nr. 19).

Das Berggesetz selbst erwähnte die Verwahrung nur in der Festlegung des sachlichen Geltungsbereichs des Berggesetzes/DDR (§ 1 Buchst. b)) und überließ die Regelung einer Spezialvorschrift, und zwar der Anordnung vom 19. Oktober 1971 über die Verwahrung unterirdischer bergbaulicher Anlagen, Verwahrungsanordnung (GBl. der DDR II, S. 621). Zu den nachteiligen Einwirkungen, die durch Grubenbaue entstehen können, gehören neben den Bergschäden (§§ 18 ff. Berggesetz/DDR) Bodenbewegungen in der Erdkruste und an der Tagesoberfläche (Senkungs- und Bruchtrichter), Überflutungen, Änderungen des Grundwasserspiegels, Beeinträchtigungen der Wassermenge und -qualität der Gewässer, Verunreinigungen der Luft z.B. durch Gasaustritte.

Die „Verwahrung" von Grubenbauen umfasste „sämtliche notwendigen vorbeugenden, dauerhaft wirksamen Maßnahmen zur Vermeidung oder Verminderung von Bergschäden oder anderen nachteiligen Einwirkungen, die durch Grubenbaue verursacht werden können" (§ 2 VI Verwahrungsanordnung). Sichtbar wird an dieser in der Anordnung enthaltenen Begriffsbestimmung, dass die Verwahrung – im Gegensatz zur Wiederurbarmachung – nur für den Bedarfsfall vorgesehen war. Waren keine nachteiligen Einwirkungen zu erwarten, wurden die Grubenbaue nicht verwahrt. Eine Verwahrung konnte durch Maßnahmen an einzelnen Grubenbauen erreicht werden (z.b. Deckel, Pfropfen, Damm, Verfüllung von Tagesschächten) oder sie umfasste das gesamte stillgelegte Grubengebäude (z.B. künstlich gelenkte Flutung).

Die Verwahrung war eine Rechtspflicht des Bergbauunternehmens, das die Grubenbaue angelegt oder genutzt oder das als Folgeerscheinung seiner bergbaulichen Nutzung unterirdische Hohlräume verursacht hatte (§ 7 I Verwahrungsanordnung). Inhalt und Umfang der Verwahrung wurden individuell bestimmt. Als Grundlage diente eine vom Bergbauunternehmen anzufertigende bergschadenkundliche Analyse (§ 6 Verwahrungsanordnung). Sie bildete zugleich die Grundlage für die Abstimmung der Ziele der Verwahrung mit dem zuständigen Rat des Bezirkes (§ 8 I Verwahrungsanordnung). Die technologischen und bergbautechnischen Maßnahmen der Verwahrung waren der Bergbehörde über den technischen Betriebsplan anzuzeigen (§ 9 I Verwahrungsanordnung).

Die Verwahrung war beendet, wenn das mit der Verwaltungsbehörde abgestimmte Ziel erreicht und die im technischen Betriebsplan vorgesehenen Maßnahmen durchgeführt waren (§ 9 I Verwahrungsanordnung). Die Bergbauunternehmen traf (so § 9 II Verwahrungsanordnung) ferner eine Informationspflicht der Verwaltungen, Unternehmen und Bürger, sollten nach Beendigung der Verwahrung noch nachteilige Einwirkungen zu erwarten sein (z.B. Wiederanstieg des Grundwassers).

5. Abproduktebeseitigung („Abfallbeseitigung")

Nicht nutzbare Abprodukte waren in der DDR schadlos zu beseitigen. Nach der Legaldefinition des § 2 Buchst. a) der 6. DVO zum Landeskulturgesetz waren „nicht nutzbare Abprodukte feste, schlammartige und flüssige Abfälle und Rückstände, für deren volkswirtschaftliche Nutzung als Sekundärrohstoffe zum Zeitpunkt des Anfalles die wissenschaftlichen, technischen oder ökonomischen Voraussetzungen" fehlten.

Eine erste orientierende Regelung enthielten im Jahre 1970 die §§ 32, 33 des Landeskulturgesetzes. 1976 entstand mit der 6. DVO zum Landeskulturgesetz eine etwas genauere Regelung dazu. Den Schwerpunkt dieser Vorschrift bildete aber vorwiegend die Nutzbarmachung (!) von Abprodukten, also die Sekundärrohstoffwirtschaft. Erst die 2. DB zur 6. DVO im Jahre 1977 und die 1983 erlassene, überarbeitete 6. DVO zum Landeskulturgesetz stellten die schadlose Beseitigung nicht nutzbarer Abprodukte in den Vordergrund, bestimmten das verwaltungsrechtliche Regelwerk und den ordnungsrechtlichen Sanktionsmechanismus bei Verstößen gegen die Vorschriften.

Das Bergrecht wurde von dem Regelwerk zur Abproduktebeseitigung insoweit tangiert, als für die schadlose Beseitigung der Abfälle bergtechnische Arbeiten oder die Nutzung und der Betrieb bergtechnischer Anlagen vonnöten waren.[9]

a) Bergbauliche Abprodukte („Bergbauabfälle")

Waren bergmännisch entstandene Hohlräume (Tagebauhohlraum oder Grubenbaue) aus Gründen der Wiederurbarmachung oder der Verwahrung mit bergbaulichen „Abfällen" (Abraum, taubes Gestein usw.) zu verfüllen oder Halden anzulegen, war Bergrecht originär anzuwenden. Bereits das technische Regelwerk zur Bergbausicherheit schrieb das vor (vgl. z.B. § 3, 48, 64 der Arbeits- und Brandschutzanordnung 122/1 – Bergbausicherheit im Bergbau über Tage – vom 5. Oktober 1973 (GBl. der DDR Sonderdruck Nr. 768). Die Zulassung dieser bergbautechnischen Arbeiten erfolgte regelmäßig über den technischen Betriebsplan, der bei der Bergbehörde zur Genehmigung einzureichen war (§ 26 Berggesetz/DDR; § 32 II und III der 1. DVO zum Berggesetz/DDR). Dabei war der Betriebsplan auf die rein technischen Belange und die Bergbausicherheit – von der komplexeren Zielstellung der Wiederurbarmachung einmal abgesehen – ausgerichtet. Dass die Bergbehörde wie heute nach dem BBergG z.B. im Rahmen des § 48 II in der Betriebsplanzulassung über Naturschutzbelange mit entscheidet, war nicht möglich. Das Berggesetz/DDR war insoweit auf dem Stand des Preußischen Allgemeinen Berggesetzes vom 24.09.1865 und des Sächsischen Allgemeinen Berggesetzes vom 31.08.1910 stehen geblieben.[10]

---

[9] Dass die 6. DVO zum Landeskulturgesetz sicher auch eine Reaktion auf die Missstände bei der ungeordneten und unkontrollierten Beseitigung von Siedlungs- und Industrieabfällen auf Bergbaugelände war, sei wenigstens erwähnt. 1974 beklagt die ungeordnete Nutzung von Bergbaugelände andeutungsweise Wagner (1974, 28). Zum heutigen Umgang mit diesen Altlasten an einem konkreten Standort siehe Thomas 1997, 49 ff.

[10] Bis zum Erlass des Berggesetzes im Jahre 1969 galten ohnehin noch Teile dieser Vorschriften. (vgl. Ebert 1962, Abschnitt 5.4.).

b) Beseitigung bergbaufremder Abprodukte („Abfälle") in oberirdischen und unteririschen Deponien

Toxische Abprodukte, andere schadstoffhaltige Abprodukte und Abprodukte mit geringem oder ohne Schadstoffgehalt (eine weiter ins Einzelne gehende Klassifizierung enthält § 2 Buchst. b) bis d) der 6. DVO zum Landeskulturgesetz) konnten einer schadlosen Beseitigung durch Umwandlung in Beseitigungsanlagen oder durch Ablagerung in Deponien zugeführt werden. Als oberirdische Deponien wurden Halden und Restlöcher genutzt (vgl. z.B. KRUMMSDORF & GRÜMMER 1981, 159, 165 ff., 168 ff.), als unterirdische Deponien kamen Salzkavernen, poröses Gestein (Poren- und Kluftgestein) oder auflässige Grubenbaue (Bergwerke) infrage. Für die Abproduktebeseitigung in Deponien galt zusätzlich zur 6. DVO zum Landeskulturgesetz Bergrecht; § 8 der 6. DVO zum Landeskulturgesetz verwies darauf, soweit es die Untertagedeponie betraf; § 9 IV der 6. DVO zum Landeskulturgesetz erklärt die Wiederurbarmachungsanordnung für anwendbar bei oberirdischen Deponien.

Für die Abproduktebeseitigung und die Deponien galt grundsätzlich:
- Die Verursacher nicht nutzbarer Abprodukte sind für die schadlose Beseitigung verantwortlich (§ 3 I der 6. DVO zum Landeskulturgesetz).
- Die Anforderungen der Landeskultur und des Umweltschutzes sind zu gewährleisten (§ 3 III und IV der 6. DVO zum Landeskulturgesetz) – Schutz von Menschen, Tieren, Pflanzen, des Bodens, des Wassers, der Luft. Unabdingbar für Untertagedeponien jeder Art war deshalb die Undurchlässigkeit der Deckgebirgsschichten des Deponiekörpers und hydrologische Verhältnisse am Standort der Deponie, die eine Gefährdung des Grundwassers ausschlossen. Für die Erkundung, Errichtung, Führung und Stilllegung der unterirdischen Deponie ist Bergrecht anzuwenden (§ 8 der 6. DVO zum Landeskulturgesetz). Oberirdische Deponien unterlagen den Vorschriften der Wiederurbarmachung (§ 9 IV der 6. DVO zum Landeskulturgesetz).
- Die schadlose Beseitigung nicht nutzbarer Abprodukte, die Errichtung und Führung von Deponien und die Festlegung des Betreibers einer Deponie unterliegt der ausschließlichen staatlichen Disposition (§§ 5, 6, 7 III der 6. DVO zum Landeskulturgesetz).

Auf die Behördenzuständigkeit soll nicht weiter eingegangen werden. Es sei wenigstens erwähnt, dass sowohl für das Verfahren zur Genehmigung der schadlosen Beseitigung von Abprodukten als auch für die Entscheidung über die Errichtung und Führung der Deponien die „Mittelbehörden", also die Räte der Bezirke, vor allem zuständig waren.

Die Überwachung der Deponien oblag den Räten der Bezirke und Kreise (§ 11 II und III der 6. DVO zum Landeskulturgesetz). Den Betreibern war die Eigenkontrolle vorgeschrieben. Untertagedeponien unterlagen der Bergaufsicht (§ 8 II der 6. DVO zum Landeskulturgesetz). Verstöße von Personen gegen die Genehmigungspflicht für die Beseitigung der Abprodukte oder gegen Auflagen in den Verwaltungsakten oder die Verursachung von größeren Schäden usw. waren mit Ordnungsstrafen bedroht (§ 15 der 6. DVO zum Landeskulturgesetz). Die Durchführung der Ordnungsstrafverfahren oblag wiederum den „Mittelbehörden". Verstöße gegen das Bergrecht wurden von der Bergbehörde geahndet. Unternehmen hafteten auch für Bergschäden (§§ 18 ff. Berggesetz/DDR), sofern die bergbauliche Tätigkeit ursächlich für den Schaden war.

c) Einlagerung radioaktiver Abfälle

Für die Einlagerung radioaktiver Abfälle enthielt § 1 III der 6. DVO des Landeskulturgesetzes eine Bereichsausnahme. Es galten das Gesetz vom 14. Dezember 1983 über die Anwendung der Atomenergie und den Schutz vor ihren Gefahren, Atomenergiegesetz (GBl. der DDR I, S. 325) und die Verordnung vom 21. Nov. 1984 über die Gewährleistung von Atomsicherheit und Strahlenschutz (GBl. der DDR I, S. 341). § 17 III der Verordnung über die Gewährleistung von Atomsicherheit und Strahlenschutz verwies auf eine „zentrale Erfassung und Endlagerung radioaktiver Abfälle", die einer gesonderten Regelung zugeführt wird. Das Regelwerk dazu enthielt die Anordnung vom 25. Februar 1986 über die zentrale Erfassung und Endlagerung radioaktiver Abfälle (GBl. der DDR I, S.182). Die zentrale Erfassung erfolgte gemäß § 2 III dieser Anordnung im Endlager für radioaktive Abfälle in Morsleben (nachgenutzte Grubenräume eines Salzbergwerks).

6. Geplante Neufassung des Berggesetzes (Stand 1989)

Ende der 1980er Jahre wurde eine Überarbeitung des Berggesetzes/DDR geplant. Die Vorbereitung dazu erfolgte in einer Arbeitsgruppe bei der Obersten Bergbehörde der DDR. Der letzte Entwurf der Arbeitsgruppe stammt vom März 1989. In seiner Grundstruktur (einschließlich des geringen Regelungsgehalts und -umfangs) entsprach er dem damals geltenden Berggesetz. Das war im Übrigen auch eine „Vorgabe" des seinerzeitigen Stellvertreters des Ministerpräsidenten der DDR, der für den Bergbau zuständig war, an die Arbeitsgruppe. Vorgaben dieser formalen Art waren in der Rechtssetzungspraxis der DDR durchaus üblich. Dahinter stand der Gedanke, dass untergesetzliche Rechtsvorschriften schneller der Wirklichkeit angepasst werden können als formale Gesetze, die die Volkskammer zu „passieren" hatten.

Thematisch bezogen war an eine Ausweitung und Vertiefung umweltrechtlicher Bestimmungen in einem neuen Berggesetz insoweit gedacht, als zu seinem künftigen Gegenstand alle Ressourcen der Erdkruste gehören sollten. Erfasste das geltende Bergrecht bereits Gesteine zur unterirdischen behälterlosen Speicherung von Gasen und Flüssigkeiten, so sollten künftig alle Gesteine, die schlechthin zur Herstellung unterirdischer Speicher und Hohlräume geeignet sind, unter das Berggesetz fallen. Die Untertagedeponie fiel darunter. Ferner sollte die Erdwärme einen Gegenstand des Bergrechts bilden.

Ansonsten wurden vermehrt und vordergründig die Bezüge des Bergbaus zur Umwelt angesprochen, ohne den Regelungsgehalt tatsächlich zu verbessern. Zur Steuerung einer verlustarmen und komplexen Nutzung von Ressourcen der Erdkruste war die Einführung von Abgaben im Berggesetzentwurf vorgesehen.

7. Schlussbemerkungen

Die Mehrzahl der das Bergrecht der DDR bildenden Rechtsvorschriften wurde mit der Maßgabegesetzgebung des Einigungsvertrages vom 31. August 1990 zur Anwendung des Bundesberggesetzes außer Kraft gesetzt. Zuvor ließ bereits die Einführung der Wirtschafts- und Währungsunion zwischen der Bundesrepublik Deutschland und der DDR weitgehend bundesdeutsches Umweltrecht zur Anwendung kommen. Der berühmte Ausspruch von J.H. von Kirchmann aus dem Jahre 1847 – „drei berichtigende Worte des Gesetzgebers (lassen) ... ganze Bibliotheken ... zu Makulatur" werden – (KIRCHMANN 2000, 29) traf hier in besonderer Weise zu. Ab dem 3. Oktober 1990 galt grundsätzlich bundesdeutsches Bergrecht. Die Ausnahmen von der Aufhebung waren zumeist befristet; das Bergschadensrecht (§§ 18 ff. Berggesetz/DDR) gilt fort[11], sofern die Ursachen für den Bergschaden vor dem Tag des Wirksamwerdens des Beitritts gesetzt wurden.

Die Entscheidung über die Änderung der Wirtschafts- und Rechtsordnung in der DDR war bekanntlich eine politische Entscheidung. Die marktwirtschaftliche Wirtschaftsverfassung war in den Grundzügen im späten Frühjahr 1990 eingeführt worden. Im Unterschied zur zentralen staatlichen Planung der DDR ist für die marktwirtschaftliche Wirtschafts- und Rechtsordnung „eine dezentrale Planung

---

[11] Es gibt mittlerweile auch Rechtsprechung zur Anwendung des Bergschadensrechts der DDR. Siehe z.B. Urteil des BGH vom 8. Juli 1999 (III ZR 159/97), veröffentlicht in Zeitschrift für Bergrecht (1999), S. 271.

des wirtschaftlichen Gesamtprozesses auf Unternehmensebene (kennzeichnend). Das Planziel der Unternehmen bildet die Erwirtschaftung von Gewinnen und die Vermeidung von Verlusten." (LINDNER 1996, 7)

Davon war das Bergrecht der DDR in seinem Hauptgehalt betroffen. Allerdings stand es nicht im Zentrum der Rechtsordnung der DDR. Bei allen systembedingten Unterschieden wirkten Traditionen in der Berggesetzgebung aus der zweiten Hälfte des 19. Jahrhunderts in beiden Bergrechtssystemen fort, die Ähnlichkeiten in der Struktur und – von den politischen Grundlagen einmal abgesehen – im Inhalt (technischer Betriebsplan, Bergschaden, im Ausnahmefall zwangsweise Bodenbenutzung, Wiedernutzbarmachung, Baubeschränkungsgebiete/Bergbauschutzgebiete) beider Bergrechte bewahrten. Die zuletzt genannte Erscheinung war zusätzlich erzwungen durch die „besonderen Sachgesetzlichkeiten des Bergbaus" (in einem anderen Zusammenhang Begrifflichkeit bei SCHULTE 1993, 44). Dazu gehören die spezifischen Besonderheiten der Arbeitssicherheit im Bergbau, die Art der Einwirkung des Bergbaus auf die Umwelt im weitesten Sinne (insbesondere Tagesoberflächenschäden, Bodenbenutzung), die Standortgebundenheit der geologischen Ressourcen und die dynamische Betriebsweise (Ortsveränderlichkeit) des Bergbaus (genauer SCHULTE 1993, 44 f.). Das ermöglichte eine zeitweise Weitergeltung nicht im Kernbereich des Bergrechts der DDR liegender Vorschriften. In seiner Gänze war das Bergrecht wie auch das Umweltrecht im Bergrecht einer Marktwirtschaft nicht adäquat und musste aufgehoben werden, zumal das dem vergleichbaren Recht der DDR überlegene Verwaltungs- und Verwaltungsverfahrensrecht der Bundesrepublik Deutschland ab dem 3. Oktober 1990 Geltung erlangt hatte.

Hinzu kam ein bereits bei der Übernahme des Umweltrechts der alten Bundesrepublik erkennbarer Bedeutungswandel des Bergrechts nach dem Beitritt. Obwohl zunächst praktische Probleme der marktwirtschaftlichen Bewertung von Lagerstätten mineralischer Rohstoffe der DDR, der bergbehördlichen Vergabe und der rechtlichen Sicherung von Berechtigungen zur Aufsuchung und Gewinnung mineralischer Rohstoffe oder der Verkauf von Bergwerkseigentum durch die Treuhandanstalt im Vordergrund standen, wurde recht schnell das Thema „Bergbau als Belang in Umweltschutz und Raumplanung", wie in den Altbundesländern auch (SCHULTE 1987, 179 ff.), zum Hauptthema des Bergrechts.

Literatur

Aust, H.: Bergbau, Angewandte Geowissenschaften in Raumplanung und Umweltschutz: Sonderausg. von Kap. 4 aus: Aust, H. & Becker-Platen, J.D.: Angewandte Geowissenschaften, Bd. III, Enke Verlag Stuttgart 1985

Bachmann, H. & Strzodka, K.: Die Verfügbarkeit mineralischer Rohstoffe, Rohstoffverteilung, Produktion und Nutzung. Vortrag vor der Klasse Geo- und Kosmoswissenschaften der Akademie der Wissenschaften der DDR am 18.11.1982, Akademie der Wissenschaften der DDR, Wissenschaftliches Informationszentrum (1983) 7

Bachmann, H.: Ökonomie mineralischer Rohstoffe, VEB Verlag für Grundstoffindustrie Leipzig 1983

Boldt, G. & Weller, H.: Bundesberggesetz, Ergänzungsband, Walter de Guyter, Berlin, New York 1992

Dapprich, G. & Schlüter, B. von: Das Allgemeine Berggesetz, Carl Heymann Verlag KG, Köln, Berlin 1959

Ebert, K.: Gesetzessammlung, Bergakademie Freiberg, Eigenverlag 1962

Einhorn, W.: Bergbau und Industrie, in: Weinitschke, H. (Hg.): Naturschutz und Landnutzung, VEB Gustav Fischer Verlag Jena 1987, 128-140

Frenz, W.: Bergrecht und Nachhaltige Entwicklung, Schriften zum öffentlichen Recht, Bd. 841, Duncker & Humboldt Berlin 2001

Hüffer, U. & Tettinger, P.J.: Sand und Kies als Gegenstand des Bergwerkseigentums in den neuen Bundesländern, in: Bochumer Forschungsberichte zum Berg- und Energierecht 7, 1993

Kirchmann, J.H. von: Die Wertlosigkeit der Jurisprudenz als Wissenschaft, Mayer-Tscheppe, H. (Hg.), Manutius Verlag, Heidelberg 2000

Kloepfer, M.: Umweltrecht, C.H. Beck Verlag, München 1998

Kremer, E. & Neuhaus gen. Wever, P.: Bergrecht, Verlag W. Kohlhammer Stuttgart 2001

Krummsdorf, A. & Grümmer, G.: Landschaft vom Reißbrett, Urania Verlag, Leipzig, Jena, Berlin, 1981

Lindner, N.: Der Übergang des Rechts der Wirtschaft von der Plan- zur Marktwirtschaft in Ostdeutschland. Schriften zum deutschen und europäischen Zivil-, Handels- und Prozessrecht, Bd. 165, Verlag Ernst und Werner Gieseking 1996

Mücke, M.: Leserzuschrift, in: Wirtschaftsrecht (1971) 31, 186

Mücke, M.: Untersuchungen über den Gegenstand und Inhalt sowie die Entwicklungsrichtung des Bergrechts in der DDR, Bergakademie Freiberg, Dissertation B, 1981

Mücke, M.: Bergrecht, Staatsverlag der DDR Berlin (Ost) 1985

Mücke, M.: Zum Gegenstand und Inhalt des Wiederurbarmachungsvertrages, Neue Bergbautechnik, 1987

Müller, W. & Schulz, P-M.: Handbuch Recht der Bodenschätzegewinnung, Nomos Verlagsgesellschaft, Baden-Baden 2000

Oehler, E.: Landeskulturrecht, Staatsverlag der DDR Berlin (Ost) 1986

Philipp, U. & Kolonko, B.: Vereinheitlichung des Bergrechts in Deutschland, in: Neue Juristische Wochenschrift (1996) 41

Schulte, H.: Rechtliche Gegebenheiten und Möglichkeiten der Sicherung des Abbaus oberflächenaher Bodenschätze in der Bundesrepublik Deutschland, Curt R. Vincentz Verlag Hannover 1986

Schulte, H.: Bergbau, Umweltrecht, Raumplanung, Zeitschrift für Bergrecht 1987

Schulte, H.: Kernfragen des bergrechtlichen Genehmigungsverfahrens. Nomos Verlagsgesellschaft. Baden-Baden 1993

Sparwasser, R., Engel, R. & Voßkuhle, A.: Umweltrecht. Grundzüge des öffentlichen Umweltrechts. C.F. Müller Verlag Heidelberg 2003

Steinkohlenbergbauverein Zwickau e.V.: Der Steinkohlenbergbau im Zwickauer Revier, Förster & Borries Zwickau 2000

Thomas, A.: Strategie der Lausitzer und Mitteldeutschen Bergbau-Verwaltungsgesellschaft beim Umgang mit Altlasten im Geiseltal, in: Dachverband Bergbaufolgelandschaften e. V. (Hg.): Jahrbuch Bergbaufolgelandschaften 1997

Wagner, E.: Sozialistische Landeskultur zur Gestaltung der natürlichen Umwelt – Aufgaben und Ergebnisse im VEB Braunkohlenkombinat Regis, in: Bodennutzung und Umweltschutz, Beiträge aus dem Braunkohlenbergbau (1974) 9

Wohlrab, M., Ehlers, D., Günnewig, H. & Söhngen, H.: Oberflächennahe Rohstoffe – Abbau, Rekultivierung, Folgenutzung, Gustav Fischer Verlag, Jena, Stuttgart 1995

„Wildernde Hunde gehören nicht in Feld und Wald". Herausgeber: Ministerrat der DDR – Landwirtschaftsrat – Oberste Jagdbehörde. Gestalter: Wagner (1964). Quelle: Plakatsammlung im Studienarchiv Umweltgeschichte des Instituts für Umweltgeschichte und Regionalentwicklung e.V. an der Hochschule Neubrandenburg

Albrecht Krummsdorf

Wiederurbarmachung und Rekultivierung im Braunkohlenbergbau

Terminologische und rechtliche Vorbemerkungen

Unter dem Begriff Wiedernutzbarmachung wurden in der DDR die getrennt rechtlich geregelten Verpflichtungen zur Wiederurbarmachung bergbaulich beanspruchter Flächen und die für eine geordnete land-, forst- und wasserwirtschaftliche Folgenutzung sowie für sonstige Zwecke vorgesehene Rekultivierung zusammengefasst. Erst nach der politischen Wende wurden diese Begriffe dem westdeutschen bzw. internationalen Terminus Rekultivierung angepasst und von technischer bzw. bergtechnischer und biologischer Rekultivierung gesprochen. Das AdL-Institut für Landschaftspflege und Naturschutz Halle veröffentlichte bereits 1978 ein „Fachwörterbuch Wiedernutzbarmachung". Und schon ab September 1976 waren die TGL 32778/01 bis /15 „Begriffe für den Tagebau" verbindlich (1987/89 überarbeitet). Sie entsprachen etwa dem Inhalt eines „ABC Tagebau", das der Grundstoffverlag Leipzig im Juli 1986 herausgab, wobei auch weitere Begriffe aus dem Standardkomplex „Bergmännisches Rißwerk" (TGL 6429/01 bis /83) sowie des Meliorationswesens (TGL 6466, 42200 und 42812) Berücksichtigung fanden.

Rechtsgrundlagen hierfür lieferten
- § 21 (3) Landeskulturgesetz vom 14.5.1970 (GBl. I, S. 67),
- §§ 13 bis 17 Berggesetz vom 12.5.1969 (GBl. I, S. 29) mit Wiederurbarmachungs-AO vom 4.11.1985 (GBl. I, S. 369) und
- Rekultivierungs-AO vom 15.3.1971 (GBl. II, S. 245) sowie hierzu Nr.2 vom 4.1.1984 (GBl.I, S. 63), außerdem die
- Bodennutzungs-VO vom 26.2.1981 (GBl. I, S. 105),
- die VO über Bodennutzungsgebühr vom 26.2.1981 (GBl. I, S. 116) sowie
- die Investitionsverordnung,
- die Projektierungsordnung,
- VO und DB des Meliorationswesens,
- das Wassergesetz und fachspezifische Richtlinien/Vorschriften.

Diese gesetzlichen Grundlagen und wichtigsten Vorschriften erfuhren durch Beschlüsse und Verfügungen zentraler und bezirklicher Organe noch ergänzende oder regional vertiefende Regelungen, um nach den zeitlich begrenzten Bergbaumaßnahmen die hinterlassenen Flächen einer sinnvollen Gestaltung und Nutzung zuzuführen, wobei oftmals auch größeren Bereichen als sog. „Bergbaufolgelandschaft" quasi schon am Reißbrett völlig neue Perspektiven eröffnet wurden (KRUMMSDORF, GRÜMMER et al. 1981).

Flächenentzug/Devastierung und Wiederurbarmachungsaufgaben des Bergbaues

In der DDR wurden alljährlich für die verschiedensten volkswirtschaftlichen Belange 12.000 bis 15.000 ha der bisherigen Nutzung entzogen, wobei etwa 20 bis 25 % durch den Braunkohlenbergbau beansprucht wurden. Dem Entzug für Bergbauzwecke folgte die Devastierung, d.h. der Abbau oder das Überkippen gewachsenen Bodens im Abraumbetrieb. Territorialen Anforderungen, der Lage und Nutzungseignung entsprechend, wurden die bergbauseitigen Maßnahmen zur Wiederurbarmachung festgelegt, denen sich die Rekultivierungsleistungen der Folgenutzer anschlossen. Die Bergbehörden überwachten die technische und qualitative Seite der Wiederurbarmachung und Abnahmekommissionen bestätigten dies protokollarisch, ggf. mit Auflagen für Nachbesserungen. Eine für den ganzen Industriezweig verbindlich gemachte „Arbeitsrichtlinie zur Planung, Projektierung und Durchführung der Wiederurbarmachung im Braunkohlenbergbau" (herausgegeben 1966 von der Leitstelle für Wiederurbarmachung der Kohleindustrie im Wissenschaftlich-Technischen Institut Regis-Breitingen) erläuterte die grundsätzlichen Parameter und schuf nicht zuletzt auch maßgebende Voraussetzungen für eine erhöhte Leistungsbereitschaft auf diesem Gebiet. Schon 1968 gelang es, den jährlichen Flächenentzug zu kompensieren und das vielerorts geprägte Bild zurückgelassener „Mondlandschaften" zielstrebig zu korrigieren. Die bis zur Wendezeit gültigen Devastierungs- und Wiederurbarmachungszahlen liefert *Tabelle 1* (nach MOEWES 1985 – die verbleibende Differenz rechnet zur vorerst noch benötigten Betriebsfläche und ist erst später wieder urbar zu machen).

Die Rekultivierungsleistungen der Folgenutzer entsprachen dieser erfreulichen Tendenz und unterlagen der Kontrolle bezirklicher Fachgremien mit wissenschaftlicher Betreuung durch die Abteilung (Zweigstelle) Dölzig mit Außenstelle Finsterwalde des AdL-Instituts für Landschaftsforschung und Naturschutz Halle.

Tabelle 1: Devastierung und Wiederurbarmachung bis 1990 in der DDR (in ha)

Zeitraum	gesamt	LN	FN	WN	SN
Devastierung					
Bis 1970	84638	49020	30450	48	5120
1971/75	14725	8471	5238	52	994
1976/80	15942	8067	5929	271	1675
1981/85	15994	8792	5685	158	1359
1986/90	20637	12398	6653	336	1250
Summe	151936	86718	53955	865	10398
%	100	57,1	35,5	0,6	6,8
Wiederurbarmachung					
bis 1970	40518	16467	16511	320	7220
1971/75	13486	4857	5686	1656	1287
1976/80	13753	3645	5505	536	4067
1981/85	8700	3602	3504	226	1365
1986/90	14353	6066	4618	1940	1728
Summe	90810	34637	35824	4678	15670
%	100	38,1	39,7	5,1	17il

Devastierung = Abgraben/Überkippen gewachsenen Bodens
Wiederurbarmachung = Maßnahmen des Bergbaues zur Herrichtung devastierter Flächen für anschließende Rekultivierung zwecks land-, forst-, wasserwirtschaftlicher oder sonstiger Folgenutzung
LN = Landw. Nutzfläche
FN = Forstw. Nutzfläche
WN = Wasserw. Nutzfläche
SN = Sonstige Nutzfläche

Statistik nach MOEWES (1985), Diss. Univ. Rostock

Dabei war die Qualität der Wiederurbarmachung letztlich ausschlaggebend für die Rekultivierungserfolge, weshalb auch den Vorfeldgutachten der Geologischen Forschung und Erkundung Freiberg mit präzisen Angaben zu den Deckgebirgsverhältnissen sowohl für den Abbauprozess und die Wiederurbarmachung als auch hinsichtlich der Rekultivierungsmöglichkeiten große Wertschätzung als Projektierungsgrundlage zukam. Das für die Abnahme der wiederurbargemachten Flächen maßgebende Kippengutachten brachte eine umfassende geologisch-bodenkundliche Analyse und Bewertung der verkippten Roh-Bodenformen gemäß Klassifikationsmerkmalen (WÜNSCHE, OEHME et. al. 1981). Bezugnehmend auf das Vorfeldgutachten waren die Untersuchungen an (Kipp-)Lockergesteinen hinsichtlich der „möglichen, volkswirtschaftlich vertretbaren und unbedingt erforderlichen Maßnahmen im Rahmen der bestehenden Abraumtechnologien auszuwerten, darzustellen und Analogieschlüsse für die günstigste Abraumbewegung/-verkippung auf Rückgabeflächen herzuleiten. Vorhandene Unzulänglichkeiten der Kippenführung, -gestaltung und Qualität der durchwurzelbaren Schicht sind darzulegen und Vorschläge zur Beseitigung durch Sondermaßnahmen zu unterbreiten" (ARBEITSRICHTLINIE, 29). Die Flächenbefunde waren maßstabsgetreu zu kartieren, durch Markscheider zu beurkunden und auch allgemeinverständlich für die Rekultivierungspraxis zu interpretieren. WÜNSCHE (1991) stellt die Vorfeld- und Kippenuntersuchungen seitens der Bodengeologie ausführlich dar.

Nach der prognostischen und Perspektivplanung im Zusammenwirken mit den Territorialorganen und den Projektierungsphasen (Studie, technisch-ökonomische Zielstellung, Aufgabenstellung) erforderte die Jahrestechnologie bzw. das bergtechnische Projekt eine objektbezogene Bearbeitung der bergbauseitigen Wiederurbarmachungsverpflichtungen. Diese umfassten im Einzelnen: Darstellung des Flächenentzugs, der Devastierung, der geplanten Wiederurbarmachungsflächen und der bereits wiederurbargemachten Flächen sowie der noch betrieblich benötigten Flächen („Wiederurbarmachungskarten" nach TGL 6429, Bl. 15). Diese genannten Arbeitsschritte entsprechen etwa heutigen Anforderungen der Fachplanungs-, Konzeptions- und Projektplanungsebene.

Zu den Wiederurbarmachungsflächen gehörten alle betrieblich nicht mehr benötigten Flächen, die durch entsprechende Arbeiten (z.B. Kulturbodenüberzug, Planierung, Sondermaßnahmen wie Grundmelioration oder ingenieurbiologische Böschungssicherung) wieder urbargemacht werden mussten. Erst wenn diese Leistungen erbracht und durch Abnahmeprotokoll bestätigt waren, handelte es sich um eine wieder urbargemachte Fläche des Bergbaus, und die Voraussetzungen für die anschließende Rekultivierung durch den vorgesehenen Folgenutzer waren geschaffen. Wesentliche Arbeitsgrundlagen lieferten die Kulturbodenbilanzen und die aus bodengeologischen Gutachten und ergänzenden Bewertungen durch Betriebsgeologen nachgewiesenen Qualitätskriterien zur Technologie der Wiederurbarmachung, also Kulturbodengewinnung, -transport und -verkippung, Böschungsgestaltung/-sicherung und Vorflutregelung. Die Notwendigkeit der Sondermaßnahme Grundmelioration zur Neutralisierung pflanzenschädlicher Stoffe im Rohboden und auf Flächen mangels Kulturbodenauftrag sowie zusätzlicher Erosionsschutz durch ingenieurbiologische Bauweisen waren ebenfalls gutachterlich zu begründen. Sie wurden in der Regel als Fremdleistungen durch vertraglich gebundene Fachbetriebe ausgeführt, desgleichen der notwendige Bau von Hauptwirtschaftswegen zur Erschließung und von Zufahrten zwecks Anschluss an das Straßennetz.

Für eine uneingeschränkte Nutzung waren Planierungsarbeiten zum Einebnen der Oberfläche von Schlusskippen erforderlich. Dem Grobplanieren folgte das Feinplanieren unmittelbar oder erst dann, wenn nachträglich eingetretene Setzungen beseitigt werden mussten. Bis 60 m Förderweite waren Planierraupen für diese horizontalen Massenumlagerungen einzusetzen, bei längeren Förderwegen Schürfkübelfahrzeuge unterschiedlicher Dimension. Für Erdtransportwagen (Autokipper) lag der rationellste Einsatzbereich zwischen 1.000 und 2.000 m.

Waren größere Kippenflächen mit ungünstiger Beschaffenheit einzuebnen, so war der kombinierte Einsatz dieser Hilfsgeräte mit (Klein-)Baggern vorteilhaft, auch Seilzugplaniergeräte (Erdhobel) oder das sog. Regiser Böschungsplaniergerät (WAGNER 1970) haben sich bewährt. Eine Arbeitsmappe „Hilfsgeräte im Tagebau" des Projektierungs- und Konstruktionsbüros Kohle, Außenstelle Leipzig, gab spezielle Hinweise.

Für den Bau von Hauptwirtschaftswegen galten die Richtwerte 10 lfm Weg/ha landwirtschaftlicher, 7 lfm/ha forstwirtschaftlicher Nutzfläche. Die Vorflutregelung durch Generalneigung und bedarfsgerechten Grabenausbau sollte Vernässung und/oder Wassererosion verhindern. Entstanden durch Setzungserscheinungen Mulden oder abflusslose Senken, so musste der Bergbau nachträglich für Entwässerung und Vorflutanschluss sorgen. Um dabei meliorationstechnische Zielstellungen mit ökologischen Anforderungen beim Folgenutzer zu verbinden oblag dem Projektanten die Aufnahme und Beurteilung der leistungsbegrenzenden, bemessungswirksamen Standortfaktoren nach dem Standardkomplex TGL 42812 mit neuen Regelungen zur Standortuntersuchung für Entwässerungsmaßnahmen. Hiernach waren flurmeliorative Veränderungen wie Grabenausbau auch in ökosystemarer Hinsicht zu beurteilen, indem neben Substrateigenschaften, Grabenbett, Fließgeschwindigkeit, Licht- und Temperaturverhältnisse, Sauerstoffhaushalt, mögliche Wasserschäden und Eintrag organischer Substanz sowie künftiger Bewuchs bei der Gestaltung berücksichtigt wurden. Hierzu gab es eine spezielle Richtlinie der Zweigstelle Greifswald des AdL-Instituts für Landschaftsforschung und Naturschutz Halle zur „Erhaltung und Neuanlage von Kleingewässern und Feuchtflächen" (z.B. als Tierbiotop). Sie hätte aber eine größere Anwendung erfahren müssen. Kleinere Feuchtgebiete oder wasserführende Hohlformen wirken nämlich in Verbindung mit anderen standort- und landschaftsgerechten Flurelementen ökologisch und zugleich auch ökonomisch vorteilhafter als aufwändiger

Grabenausbau mit Anschluss von Drän-Sauger- und Sammlersystemen bei ungewissen Erfolgsaussichten.

Um auf solchen stauvernässten Bergbauflächen neben den bodenphysikalisch-chemischen Daten und wasserhaushaltlichen Parametern auch diese ökologischen Prozesse intensiver verfolgen zu können, wurde der Einsatz organischer Bodenverbesserungsmittel in Feldversuchen mit Nachwirkungsprüfungen im 4. und 9. Jahr auf der Geschiebelehm-Kippe 1067 des Tagebaus Schleenhain untersucht (KRUMMSDORF, SAUPE & SCHNURRBUSCH 1977; KRUMMSDORF, MENNING & BOHNE 1978; KRUMMSDORF, MENNING & BOHNE 1979 u. 1980).

Im Ergebnis konnte die mangelhafte Abflussorientierung des als „Ententeich" bezeichneten Areals über die gesteuerte Humusbilanz zugunsten der produktiven Wasserverwertung/-rückhaltung und des Landschaftswasserhaushaltes positiv beeinflusst und bereits im Sinne der heutigen EU-Wasserrahmenrichtlinie behandelt werden. Die vormalige Staunässe-Fläche erfuhr durch 40 cm tief eingefräste Kompostgaben (620 t/ha zertifizierter Stadtkompost aus dem Institut für Kommunalwirtschaft Dresden) nachstehende Veränderungen:
1. verbesserte physikalisch-chemisch-biologische, morphologische und bearbeitungstechnische Bodeneigenschaften,
2. erhöhtes Wasserspeichervermögen (Anstieg auf 170 % bis etwa 4 dm Meliorationstiefe), außerdem wuchs die als Retentionsvolumen wirksame Schichtwassermenge auf 20 l/qm x cbm bzw. um den Faktor 2,2 gegenüber Kontrollvarianten (nur Pflügen auf 25 cm),
3. angewachsener Humusspiegel wie nach 8-jähriger Fruchtfolge, dadurch auch Entwässerungseffekt,
4. stabile Mehrerträge, Wegfall von Nässeschäden, Wirtschaftserschwernissen und Sanierungsaufwand.

Das speziell zum Einbringen der Meliorationsmittel entwickelte „Regiser Bodenfräsgerät" mit 2,3 m Arbeitsbreite und maximal 60 cm Arbeitstiefe (KRUMMSDORF 1978) wurde im Kombinat Meliorationstechnik Dannenwalde in einer Kleinserie von 9 Stück nachgefertigt und kam auch für die Erdstabilisierung mit Kalk oder Zement im Straßen-/Wegebau sowie im Landschafts- und Sportplatzbau jahrelang erfolgreich zum Einsatz.

Sondermaßnahmen der Wiederurbarmachung: Grundmelioration und ingenieurbiologische Bauweisen

Die in der DDR praktizierten Verfahren der Grundmelioration dienten der Ausschaltung vegetationshemmender Standortfaktoren (extreme Azidität, Schwerbenetzbarkeit, bodenbiologische Inaktivität, Nährstoffarmut), um phytotoxische Schlusskippen kulturfähig zu machen und ihre land- oder forstwirtschaftliche Rekultivierung zu ermöglichen. Dabei werden die im bodengeologischen Kippengutachten berechneten basisch wirksamen Meliorations-/Bodenverbesserungsmittel bzw. Bodenzuschlagstoffe intensiv eingearbeitet und durch eine mineralische Volldüngung ergänzt. Bei über 10 % Tonfraktion und einer Umtauschkapazität von etwa 20 mval/100 g lutro Feinboden gelten Rohbodenformen als landwirtschaftlich nutzungsfähig. Mit objektbezogenen, wissenschaftlich-technisch begründeten Dokumentationen vorbereitet (KRUMMSDORF, WAGNER & LORENZ 1969), wurden je nach den standörtlichen Gegebenheiten 3 Grundmeliorationsverfahren angewandt:

Das Böhlener (Kalkmeliorations-)Verfahren (nach BRÜNING 1962)

Im Rahmen sich ergänzender bodenmeliorativer, agrartechnischer und pflanzenbaulicher Maßnahmen erfolgt zunächst eine ganzflächige, etwa 30 cm tiefe Oberbodenmelioration von sorptionskräftigem Tertiärabraum durch Brannt- bzw. Hüttenkalk (bis zu 200 dt/ha CaO) zwecks Aufkalkung zu optimalen Boden-pH-Werten (um 5,5 bis 6,0) zuzüglich Kaliphosphatdüngung. Sorptionsschwächere Rohböden erhalten Mergel anstatt Kalk. Nach einer Stickstoffgabe wird ein erster Testanbau anspruchsloser Gräser/Leguminosen durchgeführt (bei Bedarf auch Nachsaat). Mit dem anschließenden Vollumbruch auf möglichst 60 cm wird dann der meliorationsbedürftige Unterboden aus 30 bis 60 cm Tiefe heraufgepflügt und in einer zweiten Bearbeitungsphase durch Kalkung, Mineraldüngung und Testpflanzenanbau behandelt.

Das Domsdorfer (Aschemeliorations-)Verfahren (nach ILLNER & LORENZ 1965)

Der aus einer Säure-Basen-Bilanz des Rohbodens errechnete Kalkbedarf wird durch kalkreiche (über 15 % CaO), schwefelarme (unter 4 % SO_3) Braunkohlenasche zusammen mit Mineraldüngern abgedeckt. Erfahrungsgemäß werden 300 bis 700 cbm/ha je nach Rohbodenverhältnissen und Aschequalität benötigt, um optimale pH-Werte bis auf 60 cm Meliorationstiefe herzustellen. Zunächst wird die Grunddüngung zusammen mit der halben Aschegabe auf etwa 30 cm durch schwere Scheibeneggen oder Scheibenpflüge eingearbeitet. Anschließend erfolgt Vollumbruch mittels Tiefpflug B 175. Dann wird die zweite Aschegabe ausgebracht und tief eingeeggt bzw. gepflügt, anschließend für die weitere Rekultivierungsarbeit abgeschleppt. Spezialgeräte wie der Weißkeiseler Großraum-Kalk-

bzw.-Düngerstreuer oder der sog. Schälicke-Forstpflug dienten der technologischen Verbesserung des Verfahrens.

Zu besonders günstiger Produktivität der Aschemelioration führte im mitteldeutschen Revier der Einsatz kalkreicher Kraftwerks-Elektrofilteraschen mittels Silozug-Technologie (KRUMMSDORF 1970). Verladen, Transport und Ausstreuen der Filteraschen übernahmen Silofahrzeuge, die in Kraftwerken geeignete kalkreiche Chargen pneumatisch laden, direkt auf die planierten Meliorationsflächen tranportieren und mit Kompressor ausbringen konnten. Als Böschungsvariante oder zur Behandlung von Forstbeständen wurden Feuerwehr-B-Schläuche angeflanscht, die einen bedarfsgerechten Austrag der staubförmigen Asche ermöglichten. Gegenüber den kieselsäurereichen bzw. alumosilikatischen Aschetypen der Lausitz boten die Kraftwerke im Süden Leipzigs basische Filteraschen mit hohem Spurenelementgehalt (Schwermetalle!). Allerdings war unmittelbares Einarbeiten für das Abbinden im Boden erforderlich. Durch die Asche-Korngrößen von Feinsand über Schluff bis Ton wurden auch die physikalischen Eigenschaften der meliorationsbedürftigen Kippböden wesentlich verbessert. Selbstverständlich mussten aber die Ascheparameter bei der Mineraldüngung und den pflanzenbaulichen Folgemaßnahmen berücksichtigt werden.

Das Koyne-Verfahren (nach ILLNER & KATZUR 1966)

Auf feinbodenarmen, soptionsschwächeren Standorten von minimal 3 bis 5 % abschlämmbaren Teilchen wird neben Braunkohlenasche nährstoffhaltiger Bioschlamm (aus Kokereiabwässern) zwecks Grundmelioration ausgebracht oder auch zur Ertragssicherung im Rekultivierungsprozess verregnet. Ein exaktes Planum mit maximal 0,5 % Gefälle ist Vorbedingung, um Abfluss zu vermeiden.

Das Koyne-Verfahren umfasst 3 Arbeitsschritte:
1. Verbesserung der Bodenreaktion entsprechend grundmeliorativer Verfahren auf etwa 20 cm Tiefe,
2. Nährstoffanreicherung des Rohbodens durch Kali-Phosphatdüngung und Bioschlammberegnung bis etwa 600 mm/Jahr in Einzelgaben von 70 mm (bei niedrigem Feinbodenanteil werden Einzelgaben von 70 mm auf 2 Jahre verteilt und Grasansaat erfolgt im 1.Jahr),
3. landwirtschaftliche Rekultivierung, d.h. weiterführende Abwassergaben (14-tägig 15 mm) bei Grünlandnutzung mit periodischem Umbruch.

Böschungsbearbeitung und Erosionsschutz durch ingenieurbiologische Bauweisen

An bergbaulichen Kippen, Halden und Restlöchern kann der Einsatz von Pflanzen und Pflanzenteilen als Baustoffe zum nachhaltigen Schutz rutschungs-/erosionsbedingt abtragsgefährdeter Böschungen auch im Interesse der öffentlichen Sicherheit gefordert werden. Dieser pflanzliche Bodenschutz durch ingenieurbiologische Bauweisen verkürzt das Initialstadium bis zur Wirksamkeit der Anlage im Vergleich zur üblichen Ansaat oder Pflanzung. Er führt in der Regel zu standorts- und landschaftsökologischen Verbesserungen für zumeist forstliche Folgenutzungen (Schutzwald) und begünstigt Spontansukzessionen. Standsicherheitsberechnungen und bodengeologische Gutachten müssen aber die notwendige Begründung für diese zusätzliche Baumaßnahme im Rahmen der Wiederurbarmachung liefern. Ist der Erfolg bei Rutschungsgefährdung erfahrungsgemäß nicht immer gesichert, so gelingt es doch, Erosionsschäden auf Böschungsflächen einzudämmen oder überhaupt zu vermeiden. Ingenieurbiologischer Verbau wird dann aber unbedingt erforderlich, wenn die Richtwerte zur Formgebung im Leistungsbetrieb nicht einzuhalten waren und wegen der örtlichen Situation auch keine Nachbesserungen mehr möglich sind.

Im Regelfall sollte die Neigung von Einzelböschungen flacher als 1:2 sein, der senkrechte Bermenabstand 10 m und die Bermenbreite 5 m betragen. Für wasserangrenzende Böschungen bzw. Böschungssysteme an Restlöchern ist der aufgehende Wasserspiegel zu berücksichtigen. Da aber etwa 5 % der jährlich wiederurbarzumachenden Fläche Böschungen unterschiedlicher Ausgangsneigung sind, wovon etwa 40 bis 60 % forstlich rekultiviert werden, muss über ordnungsgemäße Planierung und Terrassierung mit oder ohne Kulturbodenauftrag (und dann Grundmelioration) rechtzeitig entschieden werden. Da Planierraupenarbeit auf Böschungen flacher als 1:3 begrenzt ist, wurden für steilere Schüttungen oder Standböschungen vertikal seilgezogene Erdhobel interessant. Mit solcher Seilzugtechnik kamen auch der sog. ‚Kalkstreuwagen' (nach Homuth) oder die zur Grundmelioration bzw. Bodenverbesserung in Regis und Senftenberg weiterentwickelten Böschungsbearbeitungsgeräte zum Einsatz, die auch zur Bodenauflockerung oder -verdichtung, Düngung und Ansaat umzurüsten waren. Damit blieb aber die aus Erosionsschutzgründen geforderte Problematik einer Schichtlinienbearbeitung ungelöst. Wenn auch unabhängig von der Arbeitsrichtung per Silozug mit Schläuchen pneumatisch Asche, Kalk oder streufähiger Kompost auf Böschungen auszublasen waren, ja sogar Agrarflugzeuge Dünge- und Pflanzenschutzmittel ausbrachten, so wurden doch in der Regel anschließende Bodenbearbeitungsgänge erforderlich, um die notwendige Kulturfähigkeit für Saat oder

Pflanzung herzustellen. Selbst das neigungsunabhängig einzusetzende ‚Merseburger Anspritzverfahren' einer Bitumen-Latex-Emulsion mit standortgerechten Gräsermischungen (auch unter Zusatz von Leguminosen und/oder Gehölzsamen) blieb nur auf kulturfähigen Bodenformen erfolgreich. Selbst bei gelungener Mulchdecksaat fehlt Tiefenwirksamkeit.

Wegen mangelnder Hangtauglichkeit der vorhandenen Landtechnik war aber eine antierosive Horizontal- bzw. Hangquerbearbeitung planierter Böschungen kaum realisierbar, und mitunter wurde der Umsturz von Traktoren zu einer bedauerlichen Unfallursache. Deshalb war es erfreulich, dass auf der Grundlage eines am Landmaschineninstitut der Universität Jena entwickelten kleinen Prototyps die Parameter eines leistungsstarken Hangtraktors, der sog. ‚Regiser Zweiwege-Arbeitsmaschine', abzuleiten waren (KRUMMSDORF 1975).

Das daraufhin im Leipziger Raum praxiswirksam eingeführte Zweiwegeverfahren ermöglichte eine horizontale Böschungsbearbeitung im isohypsenkonformen ‚Weberschiffchenprinzip'. Weitere Rationalisierungs- und Mechanisierungsschritte durch Kombination der allradgetriebenen Grundmaschine mit Anbaugeräten und Beitechnik folgten. Entscheidender Vorteil war, dass am Feldrand nur Fahrt- bzw. Arbeitsrichtungswechsel ohne das unfallgefährdete Umlenken oder Wenden erforderlich war. Hangabtrieb wurde durch Fahrt in der Furche und Gegensteuerung zweier lenkbarer Achsen („Hundegang") kompensiert. Außerdem ermöglichte der Zweiwegetraktor neben dem Hangeinsatz die mechanisierte Bearbeitung schmaler Streifen (wie Waldbrandschutzriegel, Wege und Gleistrassen im Tagebau), und eine weitere betriebliche Auslastung als Normalschlepper wäre ohnehin gewährleistet.

Mit diesem Hangtraktor, der bereits angeführten Silozugtechnologie und dem Regiser Bodenfräsgerät ergaben sich neue Intensivierungsmöglichkeiten für die Wiederurbarmachung, insbesonders zur Grundmelioration und Bodenverbesserung devastierter Bergbauflächen sowie für die Rekultivierung. Da dieser Gerätepark durch die ‚Zwischenbetriebliche Einrichtung Borna' (ZBE) im Auftrag der Kohle- und Chemieindustrie kooperativ mit der Land- und Forstwirtschaft regional zum Einsatz kam (SEELA 1983), konnten jahrelange Erfahrungen zum Nutzen der Wiederurbarmachungs- und Rekultivierungspraxis gesammelt werden. Die erbrachten Leistungen verdeutlicht *Tabelle 2*.

Tabelle 2: Leistungsübersicht zur Grundmelioration tertiärer Rohbodenkippen im Einzugsbereich der ZBE Rekultivierung Borna von 1967 bis 1989

Zeitraum	Grundmelioration				Eingearbeitete Tonnage	
	LN (ha)	FN (ha)	SN (ha)	gesamt (ha)	KFA (t)	DK (t)
1967/70	148,0	192,3	6,4	346,7	30361	2090
1971/75	341,2	315,6	40,2	697,0	90692	23010
1976/80	322,2	263,7	34,0	619,9	96833	11935
1981/85	300,0	230,0	50,0	580,0	78048	-
1986/89	171,6	100,0	23,0	588,0	72850	-
Summe	1283,0	1101,6	153,6	2538,2	368784	37035

Grundmelioration = Bodenchemisch-meliorative Maßnahmen zur Ausschaltung vegetationshemmender Faktoren von kulturfeindlichem Abraum
LN = Landw. Nutzfläche
FN = Forstw. Nutzfläche
SN = Sonstige Nutzfläche (Wasser, Wege, Gräben, Naturschutz)
KFA = Kraftwerks-E-Filterasche
DK = Düngekalk
Kompost = zertifiziert aufbereitet aus organischem Siedlungsabfall, Teich-/Klärschlamm, Güllesediment, Kalk

Als Sondermaßnahme der Wiederurbarmachung kamen ingenieurbiologische Bauweisen vor allem für nicht mehr zu planierende Steilböschungen in Betracht, obwohl in der Regel Böschungsneigungen flacher als 1:2 gefordert wurden, die gleichermaßen Standsicherheit, öffentliche Sicherheit und Nutzungsfähigkeit bieten mussten. Geregelte Wasserführung ist ohnehin geboten, wenngleich die Möglichkeiten und Erfolgsaussichten der Ingenieurbiologie hiervon nicht unbedingt abhängig sind, da der vegetative Böschungsschutz auch selbst in erheblichem Maße hydromeliorativ wirksam ist. Dabei sind Böschungsschulter und Böschungsfuß die primären Ansatzpunkte des ingenieurbiologischen Verbaus, aber der eigentliche Arbeitsgegenstand ist wohl die gesamte abtragsgefährdete Böschungsfläche. Im Zusammenhang mit dem Vorflutanschluss im Gelände sollte auch die räumlich zugehörige Landschaftsgestaltung und die insgesamt zu verbessernde landeskulturelle Situation mit betrachtet werden.

Die einzusetzenden Baustoffe umfassen:
1. Pflanzliche Hilfsmittel (Pflanzen und Pflanzenteile, die nach dem Einbau ohne Austrieb bleiben),

2. Lebende Baustoffe, die durch Bewurzelung und Austrieb Schutzfunktionen übernehmen (Gräsermischungen – auch mit Leguminosen – als Saat; Grassoden, Fertigrasen oder Vegetationsmatten; bewurzelte Gehölze oder unbewurzelte Steck- oder Leghölzer, Reisig, Setzruten und Setzstangen; Röhricht-Pflanzengemeinschaften, insbes. zur Ufersicherung).

Nach evtentuell erforderlichen erdbaulichen und/oder chemisch-physikalischen Standortverbesserungen oder zusammen mit diesen Arbeiten kamen Deckbauweisen oder Stabilbauweisen zur Anwendung. Während erstere vorwiegend Oberflächenschutz bieten, ermöglichen Stabilbauweisen bereits unmittelbar nach dem Einbau einen tiefenwirksamen Bodenschutz. Bewurzelungsfähige Weiden sind dabei dank ihrer Genügsamkeit und standörtlichen Anpassung allen anderen Gehölzarten überlegen. Startpflege und Unterhaltung müssen aber die Bestandsentwicklung unter den oft extremen Bedingungen sichern, damit später über den eigentlichen ingenieurbiologischen Zweck hinaus auch landschaftspflegerische Aufgaben erfüllt werden.

Spezialprojektanten nutzten einen „Typenkatalog Ingenieurbiologische Bauweisen" bzw. arbeiteten nach Anleitungen/Empfehlungen eines Kammer der Technik-Fachausschusses („Ingenieurbiologische Bauweisen und Landeskultur", Berlin 1970).

Behandlung von Tagebaurestlöchern

Für die beim Auslaufen von Tagebauen aufgrund des Massendefizits entstandenen Restlöcher waren etwa 3 Jahre vor der Devastierung der Hauptflächen des künftigen Restlochs die Standortgenehmigungen durch territoriale Organe zu erteilen, um mittels Auslaufprojekt die womöglich über einen Variantenentscheid vorbestimmte künftige Nutzung und Verwendung bearbeiten zu können. Mit entsprechender Beratung durch die Wiederurbarmachungskommission der Bergbehörde wurden zunächst allgemeine Angaben zur Lage, Böschungsneigung und Standsicherheit, über die zu erwartende Wasserfüllung oder die landschaftliche Einbindung gemacht. Bezogen auf die mit Ende der Kohleförderung bestehende Betriebsfläche wurden die notwendigen Wiederurbarmachungsleistungen und die vorgesehenen Nutzerbereiche festgelegt. Die Folgenutzer waren dann auch für Unterhaltungs- und Sicherungsmaßnahmen zuständig. Die als Wasserspeicher oder Rückhaltebecken geplanten Restlöcher sollten im Sinne biologisch gesunder Binnenseen auch für Mehrfachnutzungen entwickelt werden (Fischerei, Sport und Erholung, landwirtschaftliche Bewässerung usw.).

Nutzungen als Kippreserve, zum Versturz oder Einspülen industrieller und kommunaler Rückstände oder als Klärbecken für Abwässer und Grubenwässer, Neutralisationsbecken oder Deponie bedurften einer Sondergenehmigung mit konkreten Bedingungen und Bewirtschaftungsauflagen. Den heutigen Umweltschutzanforderungen genügen diese allerdings längst nicht mehr. Für zusätzliche Baumaßnahmen auch außerhalb der Restlochareale waren technische Voraussetzungen und Zuständigkeiten rechtzeitig abzustimmen. Das betraf auch die mitunter erheblichen Folgeinvestitionen und Sonderleistungen des Bergbaues für andere volkswirtschaftliche Aufgaben, z.b. die Übernahme notwendiger Massenbewegungen mit vorhandener Großtechnik.

Wasserwirtschaftliche Folgenutzungen erlangten sowohl in Mitteldeutschland als auch in der Lausitz vorrangige Bedeutung. Die Auslaufprogramme waren daher unter Inanspruchnahme bergbauseitiger und tagebautechnologischer Möglichkeiten objektbezogen orientiert auf Standsicherheit der Böschungen, form- und mineralgerechte Gestaltung, durch:

a) Gewährleistung von Zu- und Abflussmöglichkeiten,

b) Ausbildung von Tiefwasser- und Flachwasserbereichen,

c) Entwicklung breiter Flachufer- und Sandstrandzonen für Badebetrieb, Camping und Touristik,

d) Sicherung wasserchemischer Qualität und zunehmend günstiger hydrobiologischer Eigenschaften,

e) Nutzung für Gewässerkunde, Ökosystemforschung, Naturschutz, Archäologie, Denkmalpflege,

f) Rückführung betrieblich nicht mehr benötigter Rand- und Nachbarflächen gemäß landschaftsplanerischer Konzeption einschl. verkehrstechnischer Erschließung sowie Ver- und Entsorgungseinrichtungen.

Beispielhafte Pionierarbeit leistete bereits vor etwa 80 Jahren der so genannte ‚Weißelsterverband' durch Ausbau des mittleren Pleißelaufs mit Stau- und Speicherräumen von fast 70 Mio. cbm zum Schutze der unterliegenden Industrie- und Stadtgebiete. Aus wasserwirtschaftlicher Vorsorge und um die schweren bergbaulichen Eingriffe im Süden und Norden Leipzigs, aber auch im Raume Halle-Magdeburg auszugleichen, wurden einstige Tagebaue inzwischen zu beliebten Erholungsgebieten. Nachdem beispielsweise Pahna und Kulkwitz schon um 1960 für Wassersport und Badebetrieb ausgebaut waren, folgten Haselbach und die Vision ‚Markkleeberg am See' der 1980er Jahre ist heute bereits dreifach mit Cospuden, Markkleeberg und Störmtal Wirklichkeit geworden. Wasser- und Waldflächen schufen Naherholungsmöglichkeiten, wie sie wohl nie zuvor bestanden. Auch viele Restlöcher der Lausitz beweisen trotz anhaltender Braunkohleförderung in diesem Raum, dass Mehrfachnutzungen je nach den Standortverhältnissen planbar sind und erreicht werden. ‚Helene' bei Frankfurt/Oder und Knappensee, Senftenberger See oder Silbersee bezeugen das Wachsen und Werden einer neuen Landschaft nach dem Bergbau, wenngleich besondere Probleme in Wasserhaushalt der Spree durch die geschaffenen Speicherräume entstanden sind, die sich auf den sog. ‚Bäderring Spreewald' und in Trockenjahren bis nach Berlin auswirken können.

Ein geradezu ideales Beispiel für Natur- und Umweltschutz im Industriegebiet liefert die umfassende ökologische Aufwertung des Tagebaues Zechau im Kreis Altenburg/Thüringen durch Entwicklung zum Naturschutzgebiet (KRUMMSDORF, HÖSER & SYKORA 1998). Hier sind nicht nur die 10 oder besser 15 % wünschenswerter Naturschutzfläche als Folgenutzung ausgewiesen. In Zechau finden Bergbau und Naturschutz zusammen, denn im 216 ha großen ehemaligen Tagebau hat sich die Natur ihr Terrain zurückerobert. Wegen sehr schwieriger geologischer Bedingungen wurde 1959 die Kohlegewinnung gestoppt. Und da eine rationelle Wiedernutzbarmachung wenig sinnvoll erschien, wurde eine Ruheperiode eingeräumt und die Flächen blieben sich selbst überlassen. Inzwischen liefen Sukzessionen zugunsten von Flora und Fauna, die 1978 das Kreisnaturschutzaktiv mobilisierte, nach administrativen Hemmnissen erstmals einen ganzen Tagebau zum Schutzgebiet zu machen. Eine geologisch aufschlussreiche Flachmoorkaskade, große Vorkommen von Buntem Schachtelhalm und zehn verschiedene Orchideen sowie etwa 260 Pilzarten wurden entdeckt. Aus dem heutigen Vorwaldstadium wird sich ein natürlich gewachsener Laubmischwald entwickeln. Ein Eldorado für Naturschützer und Wissenschaftler entstand. Mit steigendem Allgemeininteresse und öffentlicher Zustimmung ist durch das Naturschutzgebiet eine gesellschaftlich tragfähige, standorts- und landschaftsökologisch wertvolle, umweltfreundliche und echt nachhaltige Folgenutzung des Tagebaugebietes gewährleistet, die bereits überregionale Bedeutung für die Landeskultur des Raumes Altenburg/Meuselwitz gewonnen hat.

Land- und forstwirtschaftliche Rekultivierung wieder urbar gemachter Kipprohböden

Nach ordnungsgemäßer Wiederurbarmachung und Abnahme des Bergbaugeländes erfolgte die vertragsgerechte Übergabe an die Folgenutzer mit Kartenunterlagen der Markscheiderei und bodengeologischen Kippengutachten, die detaillierte standörtliche Bedingungen für die Rekultivierung beinhalteten. Soll die als Aufgabe des Bergbaues herzustellende Mindestfruchtbarkeit das Anwachsen der Erstkultur und die Folgenutzung gewährleisten, so sind Ziele im Rekultivierungszeitraum vollwertige Bodenfruchtbarkeit, gute biologische und technologische Eigenschaften und Ertragssicherheit. Alle Maßnahmen werden deshalb auf die Steigerung der Bodenfruchtbarkeit ausgerichtet. Dazu bedarf es der aktiven Erschließung des durchwurzelbaren Profils, Begünstigung des Wasser- und Nährstoffhaushalts, optimaler Bodenreaktion und einer humusmehrenden Fruchtfolgegestaltung. Um eine bodeneigene Humuswirtschaft aufzubauen, übersteigen bedarfsgerechte Mineraldüngergaben das Zwei- bis Dreifache der normalen Landwirtschaft, da zunehmende Ernten den Nährstoffentzug, aber auch die Wurzelmasse erhöhen. Nach langjährigen Versuchsergebnissen und Erfahrungen der Praxis wurden spezielle Leitfruchtfolgen für lehmige Standorte (A) und für besonders schwere Böden, aber auch für sandige oder grundmeliorierte, zusätzlich bearbeitungsbedürftige Flächen (B) entwickelt, wobei Luzerne- bzw. Luzerne-Knaulgrasanbau dominierten.

Ansonsten wird die landwirtschaftliche Rekultivierung über den herkömmlichen Acker- und Pflanzenbau hinaus durch spezifische Sonderleistungen intensiviert. So erfolgen meist mehr und tiefgründigere Arbeitsgänge als auf gewachsenen Böden und höherer Zugkraftbedarf (Allrad- oder Kettenschlepper) entsteht. Außerdem wird zusätzliche Technik wie Tiefpflüge, Lockerungs- und Entsteinungsgeräte wegen der anfänglich schlechten Bodenkultur benötigt. Eine effektive Auslastung dieser Aggregate wird in der Regel durch Kooperation erreicht. Im Raume Borna übernahm die ‚Zwischenbetriebliche Einrichtung Rekultivierung' die Erstbearbeitung der Kippenfläche und die Anlauffruchtfolgen. Durch die hohe Konzentration des Futter- und Getreidebaues wurde der Bodennutzungstyp ‚Grobfutterproduktion' nach der Nomenklatur für die ‚industriemäßige' Produktion in der Landwirtschaft gewählt. Hierfür erarbeitete das AdL-Institut für Landschaftsforschung und Naturschutz Halle, Zweigstelle Dölzig, in Abhängigkeit vom Bodensubstrat sog. ‚Behandlungseinheiten' und stellte technologische Musterkarten und EDV-Programme bereit. Wurden im Mittel der ersten beiden Rotationen zwischen 32 und 48 Getreideeinheiten vom Hektar geerntet, so konnte beispielsweise die Produktionsgenossenschaft Neukirchen/Wyhra, eine zu 85 % Kippen bewirtschaftender Betrieb, die Anfangsleistungen von 23,1 GE/ha (1960/65) nach 10 Jahren mehr als verdoppeln. Natürlich gelang das nicht ohne staatliche Fördermittel (für Saatgut, Dünger oder Spezialtechnik) und zinslose Kredite (bei erheblichen Produktionsumstellungen). Vom Ablieferungssoll blieben die Flächen 2 bis 3 Jahre befreit. Trotzdem wurden in der ersten Rekultivierungsphase oft negative finanzielle Ergebnisse erzielt. Aber in der Endrotation der Anlauffruchtfolgen lagen die Bruttogewinne zwischen 100 und 1.340 M/ha (Preisbasis 1986).

Die Arbeitsgruppe Finsterwalde des Hallenser Instituts konzipierte ‚Böschungszieleinheiten' maschinell nicht bearbeitbarer Flächen aus produktiver und landeskultureller Sicht für die land- oder forstwirtschaftliche Folgenutzung. Unterschie-

den wurden 11 Böschungstypen, 4 Topografieklassen, 5 Substratklassen und 5 Erosionsgefährdungsklassen und aus diesen Böschungszieleinheiten Vorschläge zur Gestaltung und Nutzung abgeleitet:
Wirtschaftswald, Schutzwald, Waldbrandriegel, Erholung, Bienenweide, Schafweide, fruchttragende Gehölze (7 Varianten), wertvolle Biotope (4 Varianten) und Kippraum (Deponie).

Außerdem wurden 3 Varianten zur Einordnung der forstlich zu bewirtschaftenden Rückgabeflächen des Bergbaues in den Waldfonds der DDR und den zentralen Datenspeicher mit Betriebsregelungsanweisungen der Forstwirtschaft vorgelegt („Praxisreife Forschungsergebnisse" lt. Mitteilung des Instituts für landwirtschaftliche Information und Dokumentation der AdL Berlin 9 (1990) 3).

Damit ist für die Entwicklung einer standortgerechten und umweltfördernden Forstwirtschaft auf Kippengelände zumindest konzeptioneller Vorlauf geschaffen worden. Zur Wahrung ökologischer Zusammenhänge müsste aber jetzt eine weitere überbetriebliche Betrachtung nachfolgen, um auf der Basis neuer Strukturen die Umweltverträglichkeit der Produktion sowie Natur- und Gewässerschutzaufgaben hinreichend zu berücksichtigen (KRUMMSDORF 1989; LEHMANN & BÜTTNER 1989). Auch durch landschaftsplanerische Arbeiten zur Orts-und Flurgestaltung in den Bergbaugebieten sind Fehlentwicklungen der Vergangenheit zu korrigieren. Erst recht, weil mit der reduzierten Braunkohleförderung und solaren Strategien (SCHEER 1999) die qualitativen Chancen auch in dieser Hinsicht gestiegen sind, wenngleich der Sanierungsbedarf nach der abrupten Aufgabe von 18 Tagebauen allein im Revier Mitteldeutschland summarisch etwa 18.000 ha beträgt. Vor allem sollte nun der Waldanteil in den Territorien erhöht werden, um über die Rekultivierungsflächen Boden- und Klimaschutz, Wasserhaushalt, Landschaftsökologie, nachhaltigen Holzzuwachs und mögliche Erholungsnutzung intensivieren und sichern zu können. Das betrifft auch die Umorientierung der landwirtschaftlichen Nutzung auf ertragsarmen Standorten. Entsprechend den Anforderungen der Bergbaufolgelandschaft haben sich Weichlaubhölzer wie die leistungstüchtigen und anspruchslosen Weidengewächse als Pionierholzarten gut bewährt, zumal sie durch mehrjährigen Mitanbau von Leguminosen als Hilfspflanzen humusbildend und Zuwachs fördernd unterstützt werden. Dennoch sind Laubholzmischbestände (insbesondere mit Harthölzern wie Rot- und Traubeneiche mit N-bindender Roterle und Robinie) und ein gewisser Koniferenanteil (Schwarzkiefer, Lärche) wertbeständiger und für die Mehrfachfunktion des Waldes vollkommener. Für aufzuforstende Böschungen stehen natürlich Bodenschutz-Gesichtspunkte in der Artenwahl und relative Pflegearmut im Vordergrund.

Neben der Landwirtschaft nutzte auch die forstliche Rekultivierung die Abwasser- und Gülleverwertung, und das lag sicher am Bemühen der Praxis um erhöhte

Produktivität auf ehemaligem Kippengelände. Ebenso fanden Mergelung, Bentoniteinsatz, Müll- oder Stadtkompost aus organischen Siedlungsabfällen sowie Zusatzberegnung von Restlochwasser oder geeigneten Industrieabwässern über Versuchsflächen hinaus verbreitet Anwendung, um acker- und pflanzenbauliche und bodenmeliorative Intensivierungsschritte im Sinne höherer Anbausicherheit und Ertragsstabilität zu erreichen. Vielfach kamen aber dabei Landeskultur, Umwelt- und Naturschutzbelange zu kurz, und Korrekturbedarf blieb mitunter bis heute.

Ein erfreuliches Beispiel alternativer Altlast-Sanierung und Rekultivierung ist die kulturbodenlose Aufforstung von 3,5 ha „Ascheberg" in Rositz/Thüringen (KRUMMSDORF, JOACHIM & KASTEN 1973). Diese Hochhalde aus Kohletrübe und -staub, Schlacke, Brikettabrieb und Industriemüll der Brikettfabrik wurde zum Schandfleck des Ortes und belästigte die Umgebung. Nach einem wissenschaftlich-technischen Eignungstest wurden Kompostgaben für Pflanzlöcher, Stickstoff-Startdüngung und Kompost-Überwurf zum spontanen Begrünen der Gesamtfläche als Optimalvianten festgelegt. Aufgestellte Windschutzgatter sicherten das Anwachsen der Kulturen auf dem offenen Plateau. Die Böschungen erhielten im Anspritzverfahren eine Grasansaat mit beigemischten Robinien und Dauerlupinen. Das Mindestziel einer geschlossenen Begrünung wurde nicht nur 1968/70 erreicht. Heute sind dort forstlich nutzbare Mischwaldbestände aus Pappeln, Weiden, Erlen und Robinien herangewachsen. Der gesamte Haldenkörper mit seinen stabilisierten Böschungen wurde ohne zusätzlichen Kulturbodenauftrag erfolgreich saniert, rekultiviert und dem Waldfonds des geplagten Industriegebietes zugeführt.

Zusammenfassung

Der historisch-technische Überblick behandelt die bergbauseitigen Wiederurbarmachungsverpflichtungen und die Belange der Rekultivierung zur Gestaltung und Nutzung der Bergbaufolgelandschaft. Gestützt auf Forschungsergebnisse und gesammelte Erfahrungen werden die unter den politisch-ökonomischen Bedingungen der DDR nachweisbaren Leistungen kritisch erörtert. Nach den terminologischen und rechtlichen Besonderheiten kommen die mit dem Flächenentzug und der Devastierung verbundenen planerischen Vorarbeiten bis zum bergtechnischen Projekt (Jahrestechnologie Wiederurbarmachung) zur Sprache. Bodengeologische Untersuchungen begleiten den Prozess vom Vorfeld bis zur Schlusskippe, wobei die aufgebrachten Rohbodenformen klassifiziert und begutachtet neben den Kartenunterlagen der Markscheiderei zum Bestandteil bergbehördlicher Abnahmeprotokolle werden. Die Fachkommissionen bestätigten die ordnungsgemäße Wiederurbarmachung nicht selten mit Nachbesserungsauflagen. Dennoch wurden bemerkenswerte Ergebnisse der form- und mineralgerechten Wiederherstellung nutzbaren Neulandes einschließlich zugehöriger Böschungen erzielt. Der kooperative Einsatz neu entwickelter Technik, wissenschaftlich begründete bodenmeliorative Verfahren, Bodenbehandlungseinheiten, Leitfruchtfolgen, waldbauliche Bestockungszieltypen, Böschungszieleinheiten für Gestaltung, ingenieurbiologische Sicherung und Folgenutzung waren durchaus breite Praxis. Es wurden großflächige Voraussetzungen geschaffen für modernen Acker- und Pflanzenbau. Wälder wuchsen zu Wald- und Forstökosystemen heran, die ihre bergbaubedingte Herkunft schon kaum noch erkennen lassen. Zahllose neue Tagebauseen gestalten abwechslungsreiche Folgelandschaften, wo Wasserwirtschaft, Binnenfischerei, Sport, Touristik und Campingwesen in enger Partnerschaft stehen. Selbstverständlich reichen aber die angeführten Beispiele landschaftsökologischer Aufwertung und die bisherigen Naturschutzaktivitäten heute nicht mehr aus, und es obliegt nunmehr der jungen Generation, weitergehende und möglichst nachhaltige landeskulturelle Verbesserungen auch unter den heutigen wirtschaftlichen und sozialen Zwängen im Interesse ihrer eigenen Zukunft durchzusetzen.

Literatur

Brüning, E.: Zur Frage der Rekultivierbarkeit tertiärer Rohbodenkippen des Braunkohlentagebaues. Wiss. Zf. Univ. Leipzig, Math.-Nat. Reihe 11 (1962) 2, 325-359

Illner, K. & Lorenz, W.D.: Das Domsdorfer Verfahren zur Wiederurbarmachung von Kippen und Halden des Braunkohlenbergbaues, Veröffentlichungen des Instituts für Landschaftspflege der Humboldt-Universität zu Berlin, 1965

Illner, K. & Katzur, J.: Das Koyne-Verfahren zur Wiedernutzbarmachung von Kippen und Halden des Braunkohlenbergbaues, Veröffentlichungen des Instituts für Landschaftspflege der Humboldt-Universität zu Berlin, 1966

Krummsdorf, A., Wagner, E. & Lorenz, W.D.: Rahmenkonzeption zur Aufstellung von Dokumentationen für Grundmeliorationen bei der Wiederurbarmachung bergbaulich genutzter Flächen, Bergbautechnik 19 (1969) 11, 591-598

Krummsdorf, A.: Silozugeinsatz mit Braunkohlenfilteraschen zur Grundmelioration kulturfeindlicher Bergbauflächen, Neue Bergbautechnik 1 (1970) 4, 283-286

Krummsdorf, A., Joachim, H.-Fr. & Kasten, P.: Kulturbodenlose Auffostung einer Aschenhalde – Auswertungsbericht der Arbeitsgemeinschaft „Ascheberg Rositz", Technik und Umweltschutz, Grundstoffverlag Leipzig 9 (1973), 128-146

Krummsdorf, A.: Einsatz des Zweiwegetraktors zur Böschungsmelioration, Technik und Umweltschutz, Grundstoffverlag Leipzig 9 (1973), 118-127

Krummsdorf, A., Saupe, G. & Schnurrbusch, G.: Möglichkeiten und Erfahrungen der meliorativen Verbesserung bodenphysikalisch schwieriger Kippmergelböden, Technik und Umweltschutz, Grundstoffverlag Leipzig, 18 (1977), 140-148

Krummsdorf, A.: Das Register Bodenfräsgerät zur Grundmelioration, Bodenverbesserung und Erdstabilisierung, Wiss.-Techn. Informationen aus der Braunkohlenindustrie, Senftenberg 6 (1978), 716-718

Krummsdorf, A., Menning, P. & Bohne, K.: Wirkung kombinierter Anwendung von Stadtkompost und Tieffräsen auf physikalische Eigenschaften und hydrologisches Verhalten eines Kipprohbodens, Archiv für Acker- und Pflanzenbau und Bodenkunde 22 (1978) 12, 779-784

Krummsdorf, A., Menning, P. & Bohne, K.: Wirkung komplexer Bodenmelioration auf stauvernäßtem Kipplehm, Wiss.Z.Univ.Rostock, Math.-Nat. Reihe 28 (1979) 4, 321-324 und dito: Neue Bergbautechnik 10 (1980) 8, 472-475

Krummsdorf, A.; Grümmer, G. et.al.: Landschaft vom Reißbrett – Die Zukunft unserer Kippen, Halden und Restlöcher, Urania Leipzig 1981

Krummsdorf, A.: Ökologische Anforderungen der Planung und Gestaltung landeskulturell hochwertiger Bergbaufolgelandschaften, Neue Bergbautechnik 19 (1989) 2, 470-473

Krummsdorf, A., Höser, N. & Sykora, W.: Naturschutzgebiet Tagebau Zechau im Kreis Altenburg in Thüringen, in: Pflug, W. (Hg.): Braunkohlentagebau und Rekultivierung, Springer-Verlag Berlin, Heidelberg 1998, 916-925

Lehmann, M. & Büttner, F.: Ökologische Aufwertung von Hochkippen der Tagebaue Schleenhain und Phönix-Ost, in: Pflug, W. (Hg.): Braunkohlentagebau und Rekultivierung, Springer-Verlag Berlin, Heidelberg 1998, 822-827

Moewes, K.: Untersuchungen zur Wiederurbarmachung und landeskulturellen Funktion der Bergbaufolgelandschaft am Beispiel der Intensivierung des Tagebaus Schleenhain, Diss. Univ. Rostock, Lehrstuhl Landeskultur u. Umweltschutz 1985

Pflug, W. (Hg.): Braunkohlentagebau und Rekultivierung, Springer-Verlag Berlin, Heidelberg 1998

Scheer, H.: Solare Weltwirtschaft – Strategie für die ökologische Moderne, Verlag Antje Kunstmann München 1999

Seela, M.: Aufgaben, Probleme und Ergebnisse der Wiedernutzbarmachung devastierter Böden – dargestellt am Beispiel des Arbeitsbereiches der ZBE Rekultivierung Borna, Diss. Univ. Rostock, Lehrstuhl Landeskultur u. Umweltschutz 1983

Wagner, E.: Erprobung und Verbesserung des Rostocker Böschungsbearbeitungsgerätes, Bericht W 20 der Zentralen Gruppe Wiederurbarmachung im Braunkohlenkombinat Regis, unveröff., 1970

Wünsche, M.; Oehme, W.-D. et.al.: Die Klassifikation der Böden auf Kippen und Halden in den Braunkohlenrevieren der DDR, Neue Bergbautechnik 11 (1981) 1, 42-48

„Schützt und pflegt unsere Natur!" Herausgegeben vom Staatlichen Komitee für Forstwirtschaft der DDR, Zentrale Naturschutzverwaltung. Quelle: Plakatsammlung im Studienarchiv Umweltgeschichte des Instituts für Umweltgeschichte und Regionalentwicklung e.V. an der Hochschule Neubrandenburg

Sebastian Pflugbeil

Der radikale Ausstieg – wenig beachtete Früchte der Revolution von 1989

Vor 15 Jahren – am 18.12.1990 – ging der letzte russische Kernkraftwerksblock auf dem Gebiet der alten DDR außer Betrieb. Innerhalb von nur wenigen Monate wurden sechs laufende Kernkraftwerke (KKW) abgeschaltet, der Bau von fünf weiteren abgebrochen und die Pläne für zwei weitere Standorte aufgegeben. Gründe genug für einen kurzen Rückblick.

Traum und Wirklichkeit

Wie in den anderen Staaten, die Kernkraftwerke betreiben, gab es auch in der DDR in den 1950er Jahren abenteuerliche Vorstellungen von der Entwicklung der Kernenergienutzung. 1957 hat Professor H.-J. Hildebrand prognostiziert, dass 1995 auf dem Gebiet der DDR 75.000 MW_e Kernkraftwerke laufen würden und im Jahre 2000 weitere 35.000 MW_e, das wären insgesamt rund 250 Blöcke vom Typ des sowjetischen 440-MW_e-KKW, das in Greifswald gebaut wurde (oder 110 große KKW zu jeweils 1.000 MW_e) – die Direktoren hätten sich mit Flaggensignalen untereinander verständigen können. So kurios diese Prognosen heute anmuten – wir sollten dabei nicht die weitreichende Wirkung der damaligen Euphorie unterschätzen. Ich bezweifele stark, dass sich die Energetiker der DDR auf Kernkraftwerke eingelassen hätten, wenn sie damals gewusst hätten, dass tatsächlich nur 4 Blöcke zu je 440 MW_e in Greifswald und 70 MW_e in Rheinsberg zum Laufen gebracht werden würden.

Von Mitte der 1970er bis Mitte der 1980er Jahre sanken die Prognosen der IAEA zum weltweiten Ausbau der Kernenergie im Jahr 2000 von 4.500 GW_e auf rund 450 GW_e, also auf ein Zehntel. In dieser Zeit der Desillusionierung träumten Prof. Flach – Direktor des Kernforschungszentrums Rossendorf und der bekannte Atomspion Klaus Fuchs weiter – Flach meinte, dass „Kernspaltungsenergetik nur eine Episode ist", wenn es nicht „gelingt, den Brutprozeß, d.h. die Umwandlung des (fast) nicht spaltbaren U-238 bzw. Th-232 in spaltbares Pu-239 und U-233 mit genügender Effektivität zu realisieren." Fuchs wollte nach dem KKW bei Stendal (von dem es heute nur eine aufgegebene Riesenbaustelle gibt) mit dem Einsatz der „Schnellen Brüter" in der DDR beginnen. Die dazugehörige Wiederaufarbeitung war Diskussionsthema in der Akademie der Wissenschaften der DDR, wurde aber weder ernsthaft betrieben noch von den Sowjets aus der Hand gegeben, die sehr sorgfältig darauf achteten, dass das Atomwaffenmonopol innerhalb des Warschauer Pakts fest in ihrer Hand blieb.

Noch Anfang 1990, angesichts des wirtschaftlichen und politischen Zusammenbruchs der DDR, wurden im Wirtschaftskabinett der damaligen Wirtschaftsministerin Christa Luft Energiekonzepte auf den Tisch gelegt, die bis 2000 die Vollendung der Blöcke 5-8 in Greifswald, 3 Blöcke mit je 1.000 MW$_e$ in Stendal und einen Block mit 1300 MW$_e$ westlicher Bauart am Standort „IV" in der Dahlener Heide vorsahen. Danach sollten in Greifswald noch 2 x 1.300 MW$_e$, in Stendal weitere 1.000 MW$_e$, am Standort IV weitere 3 x 1.300 MW$_e$ und am Standort V zwei Blöcke zu 1.300 MW$_e$ gebaut werden. Die Chance eines klügeren neuen Anfangs, die in jedem Zusammenbruch steckt, wurde weder erkannt noch genutzt.

Nur kleine Forschungsreaktoren ?

Schon 1957 nahm der erste Forschungsreaktor im Zentralinstitut für Kernforschung in Rossendorf den Betrieb auf. Er hatte eine Leistung von 10 MW$_{th}$ und wurde mit hochangereichertem Uran betrieben (36 % U-235). Ein Ringzonenreaktor mit einer Leistung von 1 kW$_{th}$ wurde Ende 1962 in Betrieb genommen, er arbeitete auch mit hochangereichertem Uran (20 % U-235). Ein kleiner Reaktor für kritische Experimente mit einer Leistung von 10 W ging 1969 in Betrieb, es wurde auf 10 % angereicheres Uran verwendet. In weiteren Anlagen AMOR I-III wurden verschiedene Isotope hergestellt, die in der Medizin oder für verschiednee technische Zwecke eingesetzt wurden.

Problematisch sind die hohen radioaktiven Emissionen solcher Forschungszentren. Folgender Vergleich soll davon einen Eindruck geben: Biblis A hat 1985 Jod-131-Emissionen in Höhe von 37 MBq (Millionen Becquerel) verursacht, das KKW bei Greifswald hat 1985 4 GBq (Milliarden Becquerel) Jod-131 abgegeben, in Rossendorf wurden 1979 381 GBq Radiojod abgegeben (in diesem Jahr gab es mehrere Pannen), 1984 waren es immer noch 174 GBq. Für Edelgasemissionen liegen ebenfalls vergleichbare Daten vor: Biblis A 1985 – 2.997 GBq, Greifswald 1985 – 158.360 GBq, Rossendorf 1979 – 233.100 GBq, 1984 – 254.005 GBq. In einer interessanten Dissertation, in der auch die extrem hohen Werte von 1979 enthalten sind, wurde eine Übersicht über die Strahlensicherheitsprobleme gegeben und abgeschätzt, welche Folgen die Emissionen auf die Bevölkerung haben. Teile von Dresden, die von der Anlage der Arbeit mit in die Analyse der Auswirkungen für die Bevökerung hineingehört hätten, sind jedoch ausdrücklich ausgeklammert worden. Warum wohl? Leider landete die Doktorarbeit – wie viele andere auch – im Giftschrank.

Es gibt Anzeichen dafür, dass es auch in der Umgebung des ZfK Rossendorf überdurchschnittlich viele Leukämiefälle gibt. Möhner und Stabenow haben für die 10 km-Region um Rossendorf sechs Leukämiefälle gefunden, zu erwarten gewesen wären nur 2,84 Fälle. Es wäre sehr wichtig, hier genauere Untersuchungen durchzuführen.

Wenn bei Forschungsreaktoren oder in der Isotopenproduktion hochangereichertes Uran verwendet wird, ist besondere Sorgfalt darauf zu richten, dass von dem hoch angereicherten Uran nichts verschwindet – hier wird der Bereich der Weiterverbreitung von Kernwaffen berührt. Aus Unterlagen des Staatlichen Amtes für Atomsicherheit und Strahlenschutz der DDR und Berichten, die in regelmäßigen Abständen an die IAEA in Wien geschickt wurden, geht eindeutig hervor, dass im Bericht 1986 559g, im Bericht 1987 613g, 1988 326g und 1989 1.034g hoch angereichertes Uran als fehlend ausgewiesen werden. In den vorliegenden Unterlagen wird auch erwähnt, dass die IAEA diese Beträge für unerheblich einstuft. Es gibt die Hypothese, dass die Sowjetunion Brennelemte mit weniger Inhalt geliefert hätte, als vereinbart worden war. Ob das die alleinige Ursache für die in Frage stehenden Differenzen gewesen ist, konnte bis heute nicht nachgewiesen werden. Nachdenklich macht, dass Jahre nach der Vereinigung im Januar 1995 auf erneute Pressemeldungen über diesen Sachverhalt sowohl die IAEA als auch Prof. Häfele, die zentrale Figur in den Nachfolgestrukturen des früheren ZfK Rossendorf, nichts von dieser Geschichte wissen wollten. Kleine Reaktoren und Forschungszentren müssen sorgfältiger, als das bisher der Fall ist, bezüglich der durch sie verursachten Umwelt- und Gesundheitsbelastungen behandelt werden.

Aufbau, Betrieb und Stillegung der KKW in der DDR

Die folgenden Angaben stammen aus der Feder handverlesener Fachleute aus verschiedenen Institutionen der DDR, die vom Vorsitzenden des Ministerrates im Jahre 1982 in die Ständige Kontrollgruppe Anlagensicherheit (SKG) berufen wurden (Die Berichte der SKG sind heute in den Unterlagen des Ministerrates der DDR im Bundesarchiv in Potsdam zu finden). Damals gab es den zweifellos richtigen Eindruck, dass die Sorgfalt der Betreiber der KKW zu wünschen übrig ließ und dass das Staatliche Amt für Atomsicherheit und Strahlenschutz (SAAS) nicht stark genug war, alleine erfolgreich auf Ordnung, Qualität, Sicherheit und Strahlenschutz zu drängen. Die von der SKG in der Zeit von 1982 bis 1989 verfassten 15 Berichte waren als Staatsgeheimnis deklariert, also keinesfalls zur Veröffentlichung bestimmt. Sie gingen direkt an die Regierung. Die Sachlichkeit, die scharfe Kritik und der hohe Geheimhaltungsgrad dieser Berichte sprechen für deren hohen Wahrheitsgehalt. Anfang 1990 hat der Verfasser als Minister in der Modrow-Regierung nach Unterlagen über die Nutzung der Kernenergie in der DDR gesucht und u.a. diese Berichte gefunden, studiert und – heimlich kopiert. So anerkennenswert diese Berichte auch aus heutiger Sicht sind, so scharf werden beim Lesen der Berichte Fragen an die Autoren:

Ihr habt alle diese Mängel genau gekannt – wie konntet ihr tolerieren, dass diese gefährlichen Anlagen so lange unbehelligt weiterbetrieben wurden? Hättet ihr nicht reden müssen?

Diese Frage spitzt sich noch zu, wenn man sich an das Bild von der Kernenergie erinnert, dass von Regierungsvertretern, Aufsichtsbehörde, Betreibern und Fachleuten in der DDR gemalt wurde – sicher, sauber, billig, ordentlich – kritische Fragen? Panikmache, vom Klassenfeind eingeflüstert!

Auf einer dritten Ebene stellen sich Fragen, wenn solche Fachleute heute eine vergleichbare Rolle in den analogen Institutionen des vereinten Deutschland spielen – zu den aktuellen Schwierigkeiten der Kernenergienutzung in gewohnter Weise schweigen oder sie verleugnen, die Probleme der KKW der alten DDR jedoch so locker bestätigen, als hätten sie das schon immer getan.

Ist es nicht auch fragwürdig, wenn sich heute Fachleute aus der West- und aus der Ost-Hälfte gemeinsam daran beteiligen, dass russische Reaktoren im Ostblock zurechtgebügelt werden, die für unsere eigenen Kinder zu gefährlich, in Deutschland nicht zurechtzubügeln oder genehmigungsfähig wären?

1960 sollte in Rheinsberg das erste KKW in der DDR ans Netz gehen – mit sechs Jahren Verspätung nahm der Reaktor des Typs WWER-70 mit einer Leistung von 70 MW$_e$ den Betrieb auf. Der Sicherheitsstandard war schon während des Baus der Anlage vergleichsweise niedrig. Er wurde in einer einfachen Leichtbauhalle aufgestellt – es gab keinerlei Schutz vor verirrten sowjetischen Militärmaschinen, die in unmittelbarer Nähe stationiert waren, kein Containment. Das Notkühlsystem müsste heute Kühlmittelverluste aus einer Leckfläche von rund 4.000 cm^2 ausgleichen können – in Rheinsberg war es für eine maximale Leckgröße von nur 50 cm^2 ausgelegt. Trotz mehrfacher komplizierter Pannen wurden nach zwanzigjähriger Betriebszeit 1986 noch einmal umfangreiche und kostspielige Rekonstruktionen durchgeführt. Die SKG schätzte ein, dass „kein grundsätzlich höheres Sicherheitsniveau erreicht" wurde (SKG 1987). Im Sommer 1990 wurden bei einer Generalinstandhaltung Risse im Bereich des Reaktordruckbehälterdeckels gefunden. Das war das Ende.

1973, 1975, 1978 und 1979 wurden die Blöcke 1 bis 4 des Kernkraftwerks „Bruno Leuschner" bei Greifswald in Betrieb genommen. Es handelte sich um Druckwasserreaktoren aus der Sowjetunion vom Typ WWER-440/V230, von denen 10 weitere Blöcke heute in Russland, Armenien, ČSFR und Bulgarien stehen. Anders als in der Öffentlichkeit wird in zahlreichen internen Berichten des SAAS und der SKG wiederholt ganz offen eingestanden, dass der Sicherheitsstandard deutlich unter dem westlicher KKW liegt. Block 5 – eine etwas verbesserte Variante des 440-MW-Reaktors – war 1990 fertig, ging aber wie die in unterschiedlichen Stadien aufgegebenen Blöcke 6, 7 und 8 nicht mehr ans Netz.

Es hat während der ganzen KKW-Geschichte in der DDR Versuche von Seiten des SAAS und später der SKG gegeben, die Probleme anzusprechen und auf Lösungen zu drängen. Sie waren nicht stark genug. Dagegen standen die „Freunde", die daran wenig Spaß hatten und der Parteiapparat, der den Bau der KKW als Prestigeobjekt behandelte, bei dem interessanter war, an einem runden Feiertag einen Startknopf drücken zu können, als eine Schweißnaht sauber auszuführen. Das Ministerium für Staatssicherheit (MfS) hatte im KKW eine eigene Struktureinheit, die einerseits versuchte, die Sowjets in den zwangsläufig anfallenden Debatten über Sicherheitsprobleme in Schutz zu nehmen, die andererseits über ihre Verbindung zum Ministerium für Staatssicherheit bemüht war, grobe Entgleisungen in den Bereichen Arbeitsmoral und Qualität zurechtzudrücken.

Ordnung, Sauberkeit, Qualifikation und Qualität

„Mindestanforderungen an Ordnung und Sauberkeit werden nicht durchgängig erfüllt, und elementare Verstöße gegen Grundregeln der Qualitätsarbeit insbesondere mit austenitischem Material treten auf." (SKG 7, 1985) Aus Austenit sind nicht die Sanitäreinrichtungen, sondern ist die Hauptumwälzleitung im Primärkreislauf des Reaktors!

„Es häufen sich Fälle, wo Fertigmeldungen ohne vorangegangene Kontrollen bestätigt werden und deshalb Mängel spät festgestellt werden und zu abnahmebehindernden Restarbeiten führen." (SKG 9, 1986)

„... Qualitätsmängel ... Diese Mängel führen teilweise zu erheblichen Störungen des Bau- und Montageablaufs ... und stellen Verstöße gegen allgemeine Regeln der Technik und der Qualitätssicherung dar (Umgang mit Austenit, Sauberkeit an den Arbeitsplätzen)." (SKG 8, 1986)

Immer wieder wird harsche Kritik an der Qualifikation der Leiter und des Instandhaltungspersonals formuliert: „Eine nicht ausreichende Zahl an wissenschaftlich qualifizierten Leitern auf den verschiedensten Leitungsebenen ..." (SKG 6, 1985)

Auch in den KKW-internen Technischen Jahresberichten wird immer wieder auf Probleme dieser Art hingewiesen. Besonders alarmierend war, dass wiederholt die „Bedingungen des sicheren Betriebs" nicht beachtet, d.h., dass Betriebs- und Sicherheitsvorschriften ignoriert wurden – erinnern wir uns kurz an Tschernobyl.

„Beeinträchtigung der Qualität der Anlagen entstehen auch durch schlechte Materialqualität und konstruktive Mängel der Armaturen der DDR-Produktion. Sie beeinflussen sowohl die Sicherheit als auch die Verfügbarkeit der Kernkraftwerksblöcke negativ." (SKG 8, 1986)

„Durch projektmäßig nicht vorbereitete und unkoordinierte Verlegung von Rohrleitungen kleiner Nennweite ist die Zugänglichkeit von Ausrüstungen und Rohrleitungen für Kontrolle, Wartung und Reparatur erheblich beeinträchtigt." (SKG 8, 1986)

Im Block 5 wurden während des Baus 50.000 Projektänderungen durchgeführt. „Eine wichtige noch nicht fertiggestellte Aufgabe ist die Erarbeitung der Dokumentation über die 50.000 durchgeführten Projektänderungen und alle Werkstoffdaten." (SKG 15, 1989)

„Es treten häufig Veränderungen des Nullpunktes und der Kennlinien ein, wodurch die zuverlässige Auslösung von Sicherheitsfunktionen beeinträchtigt werden kann, die durch diese Geräte erfolgt. Das betrifft ca. 760 sicherheitsrelevante Meßkanäle, von denen sich ca. 100 direkt im Havarieschutzsystem des Reaktors befinden." (SKG 14, 1989)

„... dass die 6-kV-Leistungskabel ausgetauscht werden müssen und dass 50 % der insgesamt 48 km Steuerkabel fehlerhaft sein können." (SKG 10, 1987)

Nadelrohre

Die am Greifswalder Bodden gebauten Reaktoren aus der Sowjetunion verfügten über zwei Kreisläufe. Der Primärkreislauf stand unter hohem Druck (ca. 12,3 MPa), enthielt Wasser mit einer Temperatur von 270-300 C und war radioaktiv verunreinigt. In Dampferzeugern wurde mit der Wärme des Primärkreislaufs Dampf für den Sekundärkreislauf erzeugt, der dann die Turbinen antrieb, wie in einem konventionellen Kraftwerk. Mit den Dampferzeugern waren viele technische Probleme verbunden, von denen hier nur eines erwähnt werden soll: In den 6 Dampferzeugern eines jeden KKW-Blocks wurde das heiße Wasser des Primärkreislaufs mit großer Gewalt durch 33.200 fingerstarke Rohre – die Nadelrohre – gepresst. Man versteht sofort, dass diese Nadelrohre (auch Siederohre genannt) sehr starken Belastungen ausgesetzt sind.

„Eine zuverlässige Aussage über den derzeit bestehenden tatsächlichen Zustand der korrosionsgeschädigten Dampferzeuger ist z.Zt. nicht möglich, da die erforderliche Werkstoffprüftechnik nicht zur Verfügung steht. ... Die Notwendigkeit des Einsatzes einer speziellen Werkstoffprüfung im KKW ‚Bruno Leuschner' Greifswald ist seit Jahren erkannt." (SKG 1, 1982)

„Nicht befriedigen kann die Situation hinsichtlich der Prüftechnik für die Werkstoffe der Hauptausrüstungen des 1. Kreislaufs. Die SKG bewertet den ungenügenden Stand der Werkstoffprüfung und die Versäumnisse bei der Entwicklung bzw. Beschaffung der Prüftechnik sowie bei der Erarbeitung der Grundlagen zur Fehlererkennung und -bewertung als sehr nachteilig für die Gewährleistung des sicheren und zuverlässigen Betriebes der Kernkraftwerke ... Die Spannungsrißkorrosion am Kollektor stellt eine Gefährdung der nuklearen Sicherheit dar. Lecks im Kollektor können nicht beherrschbare Störfälle verursachen, die zu unzulässigen Strahlenbelastungen und zu schweren Zerstörungen im Kernkraftwerk führen können." (SKG 2, 1983)

„Alle (ca. 1000) am Block 1 untersuchten Siederohre wiesen Korrosionsschädigungen, allerdings unterschiedlicher Tiefe, auf. 275 Rohre in den sechs Dampferzeugern des Blockes 1 wurden auf Grund des festgestellten Schädigungsgrades bzw. durchgehender Risse vorbeugend verschlossen. An den geprüften Siederohren der Dampferzeuger des Blockes 4 wurde beginnender Korrosionsangriff ... vorgefunden. ... Darüber hinaus erlangen mit der Möglichkeit des gleichzeitigen Reißens mehrerer Siederohre während des Betriebes zunehmend Sicherheitsprobleme Bedeutung." (SKG 5, 1984)

„... zeigten alle geprüften Siederohre der Dampferzeuger der Blöcke 1 und 2 Korrosionsschäden unterschiedlicher Anzahl und Tiefe." (SKG 7, 1985)

Zur Dampferzeugerbox von Block 5 hieß es: „Sie ist ... durch Rohrleitungsführungen aller Art derartig verbaut, dass Zugänge, Begehbarkeit, Wartung, Instandhaltung, Brandbekämpfung u.Ä. äußerst kompliziert werden. Grundlegende Änderungen sind trotz vorgenommener Verbesserungen nicht möglich." (SKG 10, 1987)

Ende 1989 waren in Block 1.899 Nadelrohre defekt und verschlossen, in Block 2 waren es 495, in Block 3 81 und in Block 4 wurden 52 Nadelrohre gesperrt. Zur Bewertung des Nadelrohrproblems muss man wissen, dass das Notkühlsystem dieser Reaktoren so dimensioniert war, dass es den Kühlwasserverlust durch ein Leck mit einem Querschnitt von 10 cm^2 ausgleichen konnte. Die Nadelrohre haben einen Querschnitt von 1,4 cm^2 – das bedeutet, dass im ungünstigsten Fall (2F-Bruch) schon die Zerstörung von nur 4 Nadelrohren, in jedem Fall aber ein oder zwei Dutzend gleichzeitig defekter Nadelrohre das Notkühlsystem überfordern würde. Das heißt Kernschmelze, Zerstörung des Reaktors, Freisetzung ungeheurer Mengen an Radioaktivität.

Nur am Rande sei hier darauf aufmerksam gemacht, dass die Konstrukteure den Abriss einer Hauptumwälzleitung im Primärkreislauf nicht bedacht haben. Diese massiven Rohre haben einen Innendurchmesser von 50 cm, damit einen Querschnitt von 2.000 cm^2 – das Notkühlsystem kann aber nur den Abriss von Leitungen mit einem Innendurchmesser von maximal 3,6 cm oder einem Querschnitt von 10 cm^2 ausgleichen. Erst 1988 haben sich die Sowjets ernsthaft mit dem Abriss der Hauptumwälzleitung befasst – sie mussten festellen, dass der Abriss wahrscheinlicher ist, als sie bis dahin angenommen hatten – es erfolgte die hilflose Empfehlung, deutlich sorgfältiger und öfter zu kontrollieren.

Sprödbruchbelastung des Reaktordruckgefäßes

Der Reaktordruckbehälter der WWER-440-Reaktoren war ein etwa 12 m hoher Zylinder mit einem Durchmesser von rund 4 m, er bestand aus niedrig legiertem Cr-Mo-V-Stahl. In diesem Behälter steckte der Reaktorkern, in dem die Spaltprozesse abliefen. Der Druckbehälter musste den o.g. hohen Belastungen standhalten. Besonders beansprucht worden wäre der Druckbehälter beim An- und Abfahren, stärker noch, wenn das Notkühlsystem angesprungen wäre. Dann wäre kaltes Wasser in den heißen Druckbehälter gepresst worden – es wäre zu starken Spannungen aufgrund der Temperaturdifferenz gekommen. Es ist aus dem Bereich der Küche (hoffentlich) hinreichend vertraut, was passiert, wenn man kaltes Wasser in eine Glasschüssel schüttet, die auf dem Herd steht. Wenn der Reaktor neu ist, reagiert der Stahl des Druckgefäßes auf solche Temperaturdifferenzen elastisch. Problematisch wird es erst, wenn die Neutronen, die bei der Kernspaltung freigesetzt werden, längere Zeit die Druckgefäßwand bombardiert haben – dadurch wird der Stahl „spröde", also empfindlicher gegen Temperaturschocks. Die genauen Daten sind abhängig von der Zusammensetzung und Reinheit der Stahllegierung. Bis 1990 lagen diese Angaben von sowjetischer Seite nicht vor. Auch andere übliche Verfahren, die Veränderung des Druckgefäßstahls verfolgen zu können, wurden nicht eingesetzt.

„Die Stahlversprödung der Reaktordruckgefäße der Blöcke 1 bis 4 erfolgt schneller, als vom sowjetischen Konstrukteur bei der Projektierung und Herstellung angenommen." (SKG 6, 1985)

„Die vorhandene Versprödung der Reaktordruckgefäße der Blöcke 1 bis 4 des KKW ‚Bruno Leuschner' wird von der SKG als sehr ernstes Problem eingeschätzt. Berechnungen der bei bestimmten Störfällen, die im Projekt berücksichtigt wurden, im Reaktordruckgefäß auftretenden Spannungen zeigen, dass insbesondere bei Block 1 bereits ein kritischer Zustand erreicht ist." (SKG 7, 1985)

„... Maßnahmen zur Gewährleistung der Sprödbruchsicherheit (sind) schnellstmöglich zu realisieren. Diese Maßnahmen müssen, obwohl bei Block 1 vordringlich, bei allen vier Blöcken eingeführt werden." (SKG 7, 1985)

„Die SKG schätzt die eingetretene Versprödung der Reaktordruckgefäße der Blöcke 1 bis 4 als bisher schwerwiegendste Beeinträchtigung der Sicherheit und möglichen Lebensdauer der Kernkraftwerksblöcke ein." (SKG 8, wenige Wochen nach Tschernobyl, Aug. 1986)

„In die Untersuchungen sind auch schwere Störfälle einzubeziehen (z.b. Bersten des Reaktordruckgefäßes." (SKG 9, Okt. 1986)

„Am Block 1 ist die Versprödung soweit fortgeschritten, dass die verringerten Belastungsgrenzwerte bei bestimmten Störfällen überschritten werden könnten. ... Die SKG weist mit Nachdruck darauf hin, dass die Wiederinbetriebnahme von Block 1 nach Abschluß der Kampagne 1986/87 ohne Realisierung der vorgesehenen Rekonstruktionsmaßnahmen nicht vertretbar ist." (SKG 10, 1987)

„Die für das Jahr 1987 geplanten Rekonstruktionen in den Blöcken 1 bis 4 wurden nur teilweise realisiert. ... Der Weiterbetrieb des Blockes 1 erfolgte auf der Grundlage einer auf 1988 befristeten Ausnahmegenehmigung des sowjetischen Hauptkonstrukteurs ..." (SKG 12, 1988)

„Langfristig ist dafür (für die Verbesserung der Sprödbruchsicherheit, d.A.) die Entwicklung eines neuen Reaktordruckgefäßes erforderlich." (SKG 13, 1988)

Als es 1990 um das Überleben des KKW Greifswald ging, spielte die Sprödbruchsicherheit eine wichtige Rolle. Deshalb wurde bei der Firma Siemens ein Gutachten in Auftrag gegeben, das einen unverfänglichen Titel hatte: „Berechnung der minimalen Wassertemperatur im RDB-Ringraum zu vorgegebenen Transienten". In dem Gutachten wird zurechtgerechnet, dass beim Einspeisen von kaltem Notkühlwasser in den heißen Reaktordruckbehälter das kalte Wsser sich auf dem Weg zur heißen Stahlwand so stark mit dem heißen Kühlwasserrest vermischt, dass es mit der Sprödigkeit des Druckbehälterstahls keine Probleme geben wird. Brisant ist das Deckblatt, dort steht geschrieben: „Der Inhalt dieses Berichts und seine Ergebnisse dürfen für Rekonstruktionsmaßnahmen an Blöcken des KKW Greifswald oder für die Entscheidung über eine Wiederinbetriebsetzung bzw. einen Weiterbetrieb einzelner Blöcke des KKW Greifswald nur mit unserer vorherigen ausdrücklichen schriftlichen Zustimmung verwendet werden." Das klingt zwar eigenartig, aber warum soll man sich nicht darauf einlassen. Dann geht es aber weiter: „Diese schriftliche Zustimmung kann von uns erst dann erteilt werden, wenn wir in Besitz einer für uns akzeptablen staatlichen Freistellungserklärung sind, aufgrund deren Siemens, ihre Unterauftragnehmer und Lizenzgeber, einschließlich Personal, von einer Haftung für Schäden aufgrund eines nuklearen Ereignisses im KKW Greifswald vollumfänglich durch die DDR freigestellt sind,

unabhängig davon, wo und in welcher Höhe solche Schäden entstanden sind." Mit diesem Satz haben wir einen nahtlosen Übergang von der Geschichte der Kernenergienutzung in der DDR zur Gegenwart der Kernenergienutzung im Vereinten Deutschland.
Block 5 wurde aus dem Probebetrieb am 29.11.1989 abgeschaltet, Block 2 am 15.2.1990, Block 3 am 28.2.1990, Block 4 am 1.6.1990 und zuletzt ging Block 1 am 18.12.1990 vom Netz.

Schlussbemerkungen

Alle die hier zitierten geheimen SKG-Berichte wurden von Prof. Sitzlack, dem Präsidenten des Staatlichen Amtes für Atomsicherheit und Strahlenschutz unterzeichnet. 1988 wurden vom SAAS die Texte der DDR-Delegation für eine UN-Konferenz zur Förderung der Internationalen Zusammenarbeit bei der Friedlichen Nutzung der Kernenergie (23.3.-10.4.1987) veröffentlicht. Im Vorwort werden die Konferenzergebnisse zusammengefasst, dort steht u.a. „Die langjährigen Betriebserfahrungen und die Schlußfolgerungen aus den KKW-Unfällen in Tree Mile Island und Tschernobyl belegen, dass Kernkraftwerke und andere Kernanlagen sicher betrieben werden können ...". J. Krämer trug dort für die DDR vor: „Vorschriften und Einrichtungen zur Überwachung von Materialien und Komponenten, die konsequent angewendet werden, schließen praktisch einen plötzlichen Komponentenfehler in den Kernkraftwerken der DDR aus." D. Richter berichtete auf dem gleichen internationalen Kongress: „Die bisherige Erfahrung in der DDR zeigt, dass das bestehende Regierungssystem zur Kontrolle von Atomsicherheit und Strahlenschutz sich als wirksam erwiesen hat ..." – die Ständige Kontrollgruppe Anlagensicherheit, die oben mehrfach zitiert wurde, kommt in seinem Beitrag nicht vor.

Die in den Archiven des Ministerrates aufgefundenen geheimen Unterlagen wurden im Auftrag des Zentralen Runden Tisches in kürzester Zeit zu einem Gutachten verdichtet, an dem Helmut Hirsch (Hannover), Norbert Meyer (Greifswald), Sebastian Pflugbeil (Berlin), Detlev Rieck (Greifswald), Michael Sailer (Darmstadt), Prof. Klaus Traube (Hamburg) und Ilse Tweer (Hannover) mitarbeiteten. Die Zeiten waren damals so, dass ein Anruf genügte, diese Gruppe von Fachleuten aus Ost und West zusammenzubringen, niemand dachte an ein Honorar, an Reisespesen. Die beiden Greifswalder Kollegen arbeiteten damals noch im KKW, sie verloren nach ihrer offenen Darstellung der Probleme ihren Arbeitsplatz. Das Gutachten hat durch die Veröffentlichung der Vielzahl sonst geheim gebliebenen Details über irreparable Sicherheitsmängel der sowjetischen Reaktoren einen nicht unwesentlichen Anteil an der Stillegung aller Kernkraftwerke auf dem Boden der alten DDR – wenn auch der tatsächliche Beschluss zum Abschalten von anderen getroffen wurde.

Literatur

Die angegebenen Quellen können auf Wunsch vom Autor bezogen werden.

Grafiker für das Motiv des Einbandes

Arno Krause, geb. 1937. Lehre als Schriftsetzer, Studium Grafikdesign an der Fachhochschule Heiligendamm. Tätig als Pressegestalter und Gebrauchsgrafiker. 1971 Mitglied des Verbandes Bildender Künstler der DDR und überwiegend freischaffend als Grafiker tätig. Seit 1992 Mitglied in der Allianz deutscher Designer. Designleistungen u.a. für das Datenverarbeitungszentrum Mecklenburg-Vorpommern (M-V) GbR, die Landesregierung M-V, das DesignZentrum M-V, den Zoo Schwerin und die Rattunde & Co GmbH. Ausstellungsbeteiligungen: VIII. Kunstausstellung der DDR in Dresden, Plakat-Biennale in Brno und Mexico City, Weltausstellung EXPO '92 in Sevilla (Design aus M-V), Design in Europa (Frankfurt am Main), Hommage á Lissitzky (Berlin). Ausstellungen ferner in Amsterdam, Moskau, Tallin, Pecs, Leipzig, Berlin, Dresden, Rostock, Cottbus, Karl-Marx-Stadt (Chemnitz), Eilenburg oder Bad Düben. Dazu Personalausstellungen in verschiedenen Orten. Auszeichnungen: Fritz-Reuter-Kunstpreis 1988, Designpreis des Landes Mecklenburg-Vorpommern 1998 und 2000.

Die Autorinnen und Autoren

Joachim Bencard, geb. 1918, gest. 2004. Sohn des bekannten Rostocker Stadtforstmeisters Charles Bencard. Studium der Forstwirtschaft an der Humboldt-Universität zu Berlin 1946 bis 1949. Leitende Tätigkeiten zunächst bei der Landesregierung Mecklenburg, seit 1956 in der Wasserwirtschaft tätig, Bereich Küstenschutz, Leiter des Küstenschutzamtes (zuletzt dem Amt für Wasserwirtschaft der DDR unterstellt). Seit 1955 ehrenamtlich im Kulturbund, dort seit 1960 Mitarbeit im Zentralen Fachausschuss Landschaftsgestaltung und Naturschutz. Nach Eintritt in den Ruhestand 1983 weiterhin Mitarbeit in der Wasserwirtschaftsdirektion Rostock und mit wissenschaftlich-historischen Problemen des Küstenschutzes befasst.

Günther Brüdigam, geb. 1936. 1962 Abschluss des Physikstudiums an der Universität Rostock mit der Diplomarbeit „Bau eines Hochvakuum-Röntgenspektrographen mit streifender Inzidenz". Von 1962 bis 1973 Fachgebietsleiter für Röntgen- und Gammadefektoskopie im Amt für Standardisierung, Messwesen und Warenprüfung der DDR in Magdeburg. 1973 Arbeitsaufnahme in der Bezirks-Hygieneinspektion Magdeburg, um dort das Fachgebiet „Kommunaler Lärmschutz" aufzubauen und es danach zu leiten. 1982 Berufung als Abteilungsleiter „Bau-, Wohn- u. Siedlungshygiene". 1986 Fachabschluss auf dem Gebiet Kommunalhygiene als Fach-Physiker der Medizin an der Akademie für ärztliche Fortbildung der DDR. 1991 bis 1992 Referatsleiter „Physikalische Umweltfaktoren" in der Abteilung Immissionsschutz im Ministerium für Umwelt und Naturschutz des Landes Sachsen-Anhalt.

Dr. Rolf Donner, Chemiestudium an der Karl-Marx-Universität Leipzig bis 1958. Laborleiter am Institut für chemische Toxikologie bei der Akademie der Wissenschaften der DDR bis 1970 (Promotion 1968). Danach Tätigkeiten auf dem Gebiet des Umweltschutzes, 1972 bis 1975 im Ministerium für Umweltschutz und Wasserwirtschaft. 1978 Organisation und Durchführung der ersten Berliner Abproduktenmesse (Vorstellung von Industrieabfällen und Verwertungsmöglichkeiten) im Auftrag des Magistrates von Berlin. Seit 1994 freier Mitarbeiter. Seit 1975 Mitglied der KDT (Kammer der Technik der DDR), ab 1977 Leiter der zentralen Arbeitsgruppe „Stoffwirtschaftliche Nutzung von Abprodukten" und Stellvertreter des Vorsitzenden der Zentralen Arbeitsgruppe Abproduktarme/-freie Technologie. Seit 1986 Leiter der AG(B) Umweltschutz Berlin (bis 1990), seitdem Stellvertretender Obmann des VDI-Arbeitskreises Umwelttechnik Berlin-Brandenburg.

Olaf Gloger, geb. 1935. 1954 bis 1956 Lehre in der Baumschule des VEB(k) Grünanlagen und Friedhofswesen Halle/S.; 1956 bis 1960 Studium der Garten- und Landeskultur an der Humboldt-Universität zu Berlin; 1960 bis 1965 Entwurfsbüro für Gebiets-, Stadt- und Dorfplanung in Frankfurt/Oder mit den Arbeitsschwerpunkten Gebiets- und Erholungsplanung; 1965 bis 1990 Büro für Territorialplanung Frankfurt/Oder mit Arbeitsschwerpunkten Erholungsplanung, Untersuchungen zur Umweltsituation, Siedlungsstruktur, Standorteinordnungen, Vorbereitung Braunkohlenbergbau und Funktionen als Gruppenleiter Landeskultur, Abteilungsleiter Strukturplanung, Sektorenleiter Produktionsstruktur und Ressourcennutzung. 1990 Referatsleiter für Landesentwicklung, Regional- und Landschaftsplanung in der Bezirksverwaltungsbehörde Frankfurt/Oder. 1991 bis 1995 Abordnung zur Abteilung Raumordnung des Ministeriums für Umwelt-, Naturschutz und Raumordnung des Landes Brandenburg, 1996 bis 2000 Gemeinsame Landesplanungsabteilung der Länder Berlin und Brandenburg.

Dr. Karl Heinz Großer, geb. 1925. Dr. rer. silv., Diplom Forstwirt. Nach dem Gymnasium (Zinzendorf-Pädagogium in Niesky [1935 bis 1943]) 1943 bis 1945 Reichsarbeitsdienst und Militär; 1946 bis 1950 Studium der Forstwissenschaften in Berlin (Humboldt-Universität) und Eberswalde. Promotion 1954 („Forstliche Vegetations- und Standortsuntersuchungen in der Oberlausitzer Heide und an den natürlichen Fichtenvorposten der südlichen Niederlausitz"). Nach Tätigkeit am Institut für Waldkunde der Forstwirtschaftlichen Fakultät der HUB in Eberswalde (1950 bis 1956) und am Staatlichen Museum für Naturkunde Görlitz (1956 bis 1959) 31 Jahre wissenschaftlicher Mitarbeiter am Institut für Landschaftsforschung und Naturschutz der Akademie der Landwirtschaftswissenschaften der DDR, davon 24 Jahre Leiter der Arbeitsgruppe Potsdam des ILN. Während dieser Zeit u. a. Redaktion der Schriftenreihe „Naturschutzarbeit in Berlin und Brandenburg". Per 31. August 1990 Emeritierung. Danach Fortsetzung der wissenschaftlich-technischen Arbeit (Naturschutz, Landschaftspflege, Waldkunde) vorwiegend in Süd-Brandenburg und in der Oberlausitz. Arbeits- und Veröffentlichungsprofil: Ab 1954 Forstliche Vegetationskunde (in Verbindung mit forstlicher Standortskunde); Vegetation von Mooren (Muskauer Heide); NSG Serrahn (Kr. Neustrelitz); ab 1965 verstärkt Themen des allgemeinen und speziell des brandenburgischen Naturschutzes, darin neben aktuellen Themen aus der brandenburgischen Naturschutzarbeit auch Berichte und Arbeiten aus der Oberlausitz, zum Naturschutz in Polen und in der UdSSR. Zeitweilig Arbeiten zum Thema „Erholungswälder", später auch Naturschutz und Braunkohlenbergbau (Naturschutzkonzept für den Kreis Weißwasser); ab 1990 steht Waldkunde im Vordergrund der wissenschaftlichen und wissenschaftlich-technischen Arbeiten: vegetationskundliche Arbeiten (in Verbindung mit waldgeschichtlichen Untersuchungen), Bestockungsstrukturanalysen; Funktionsleistungsvermögen von Wäldern als Biotop; Gutachten zu Naturschutzproblemen.

Dr. Walter Haase, Diplomingenieur für technische Kybernetik und Automatisierungstechnik, Promotion zum Dr.-Ing. mit dem Thema „Projektierung der Automatisierung mit verteilten Mikrorechnern am Beispiel der Abwassertechnik". Berufliche Tätigkeiten: Seit 1956 Berechnungs- und Versuchsingenieur für Flugtriebwerke, 1963 Wechsel in die Automatisierungsindustrie, Projektingenieur und Gruppenleiter für Automatisierungsanlagen der Verfahrenstechnik; seit 1978 Gruppenleiter für die Projektierung von Automatisierungsanlagen im Bereich der Abwasserreinigung; seit 1980 Leitung eines Teams zur Einführung der Prozessleittechnik für die Steuerung großer Kläranlagen. 1990 Wechsel in die Landesregierung Brandenburg, Leiter des Aufbaustabes und Präsident des Landesumweltamtes Brandenburg, 1995 Wechsel in den Ruhestand. 1995 bis 2000 Vorsitz Brandenburgisches Umweltforschungszentrum in Neuruppin.

Dr.-Ing. Susanne Hartard, geb. 1962. 1987 Dipl.-Ing. Agrarwirtschaft, 1990 Dipl.-Ing. Ökologische Umweltsicherung (Universität Kassel), 1990 bis 1992: BMBF-Forschungsvorhaben zum SERO-System an der Universität Kassel und Aufbau des Forschungsverbundes Abfall Hessen, ab 1993 mehrjährige Ingenieurbürotätigkeit in Thüringen (Gewerbeabfallkataster, Abfallwirtschaftspläne), 1990 bis 2000 regelmäßige Dozentin beim Büro für Umweltpädagogik (BUP) an Schulungsstätten in Halle, Leipzig und Rostock-Warnemünde, ab 1997 Mitarbeit im Fernstudium Wasser und Umwelt der Bauhaus-Universität

Weimar, 1999 Promotion an der Bauhaus-Universität Weimar zur „Effizienz von Getrenntsammlungssystemen für Wertstoffe" (SERO-System, DSD), 2000 Projekttätigkeit im Öko-Institut Darmstadt „Nachhaltige Stadtteile auf innerstädtischen Konversionsflächen – Stoffstromanalyse als Bewertungsinstrument", ab 2001: Wissenschaftliche Mitarbeiterin der TU Darmstadt, Fachbereich Bauingenieurwesen und Geodäsie, Institut WAR, Fachgebiet Industrielle Stoffkreisläufe, *Forschung:* Soziale Verantwortung von Unternehmen, Industrielle Stoffkreisläufe, Materialeffizienz, *Lehre:* Industrieller Umweltschutz, Einführung in die Umweltwissenschaften, Stoffstrom- und Nachhaltigkeitsmanagement, Industrielle Ökologie.

Dipl.-Ing. Michael Huhn, geb. 1950. 1969 Abitur in Offenbach am Main, Studium der Agrarwissenschaften an der Justus-Liebig-Universität in Gießen, 1975 Diplomarbeit über Müll- und Klärschlamm-Kompostierung, 1976 bis 1990 Redakteur und Regionalkorrespondent einer Tageszeitung in Düsseldorf. 1990 bis 1993 Aufbaustudium „Ökologische Umweltsicherung", Fachrichtung Abfallwirtschaft und Recycling an der Universität Gesamthochschule Kassel (GhK) in Witzenhausen, 1990 bis 1992 wissenschaftlicher Mitarbeiter am Fachgebiet Abfallwirtschaft und Recycling der GhK und Mitarbeit im Witzenhausen-Institut für Abfall, Energie und Umwelt (Prof. Dr.-Ing. habil. Klaus Wiemer), 1993 bis 2000 Geschäftsführung im Hessischen Forschungsverbund Abfall e.V. (HFvA) an der Universität Gesamthochschule Kassel, Beteiligung am Hessischen Abfall- und Altlasten-Forschungskatalog und der Entwicklung des europäischen Abfall-Informationssystems „European Waste Information Network" (EWIN), 1990 bis 2000 freie Mitarbeit beim Büro für Umweltpädagogik (BUP) an Schulungsstätten in Rostock-Warnemünde, Halle und Leipzig. Dezember 2001 bis April 2003 Abfallberater der Stadt Masaya in Nicaragua, Mai 2003 bis April 2005 Entwicklung und Aufbau eines Kompostierungszentrums bei der Nichtregierungsorganisation „Masinfa" (Masaya sin fronteras) in Masaya, Nicaragua, und seit August 2005 Abfallberater der nationalen Agraruniversität in Managua, Nicaragua, mit den Schwerpunkten Abfallpädagogik, Bioabfallkompostierung, Abfall- und Recyclingkonzepte und Beratung von Städten und Gemeinden in einem GTZ-Programm zum nachhaltigen Ressourcenmanagement – alle Tätigkeiten in Nicaragua als Integrierte Fachkraft von CIM (Centrum Internationale Migration und Entwicklung – eine Arbeitsgemeinschaft der GTZ und der Bundesanstalt für Arbeit).

Prof. Dr. habil. Hans-Friedrich Joachim, geb. 1925. Nach kriegsbedingtem Notabitur (in Magdeburg) 1943 bis 1945 Soldat. Anschließend 1945/46 Forstanwärter im Forstamt Thale. 1946 bis 1950 Studium der Forstwirtschaft in Berlin und Eberswalde. Anschließend im forstlichen Versuchswesen in Eberswalde tätig, dort vor allem mit schnellwüchsigen Pappeln beschäftigt. 1953 Promotion in Eberswalde, 1964 Habilitation an der Technischen Universität Dresden, Forstliche Fakultät Tharandt. 1961 bis 1970 Wissenschaftlicher Abteilungsleiter im Institut für Forstwissenschaften Tharandt/später Forstpflanzenzüchtung Graupa der Akademie der Landwirtschaftswissenschaften Berlin. Nach Auflösung dieser Institution Rückkehr nach Eberswalde. Von 1968 an vorrangig mit Aufgaben und Problemen des Flurholzanbaus und der Flurholzwirtschaft beschäftigt. 1989 zum Professor der Akademie der Landwirtschaftswissenschaften ernannt. Nach 1990 Stadtverordnetenvorsteher der Stadt Eberswalde und verantwortlich für die Vorbereitung und Durchführung der 100-Jahrfeier des Internationalen Verbandes forstlicher Forschungsanstalten (IUFRO) 1992 in Chorin-Eberswalde-Berlin. Danach als forstlicher Berater der Landesanstalt für Großschutzgebiete Brandenburgs tätig.

Prof. Dr. habil. Helmut Klapper, geb. 1932. Seit 1997 Gastwissenschaftler am UFZ Umweltforschungszentrum Leipzig-Halle GmbH, Sektion Gewässerforschung Magdeburg. Nach seiner hydrobiologischen Diplomarbeit über die Saidenbachtalsperre arbeitete er bei der Gewässeraufsicht Magdeburg am Biomonitoring und der Kartierung des Großeinzugsgebietes Mittlere Elbe, über biologische Vorgänge bei der künstlichen Grundwasseranreicherung und über die Behandlung von Zuckerfabrikabwässern. 1962 promovierte er an der Universität Leipzig mit einer Dissertation zur biologischen Wasseranalyse. Es folgten Forschungen zur Seeneutrophierung, Standards zur Wassergütebewirtschaftung und zur Klassifizierung von Seen sowie zu Ökotechnologien wie Tiefenwasserbelüftung, Tiefenwasserableitung, Phosphat-

Fällung, Calcitaufspülung, Nitratelimination in Trinkwassertalsperren sowie zahlreiche limnologische Begutachtungen. Die Methoden der Wassergütebewirtschaftung waren Inhalt seiner Habilitation 1978 an der Universität Dresden. 1991 wurde er Abteilungsleiter im GKSS-Institut für Gewässerforschung Magdeburg und erhielt 1992 eine Honorarprofessur für Limnologie an der Universität Halle. Aktuelles Arbeitsgebiet sind die neu entstehenden Bergbaurestseen, von denen fast die Hälfte geogen versauert ist mit pH-Werten von 2-3,5. Neue Ansätze zur Gütebewirtschaftung zielen auf die Umkehr des Versauerungsvorganges durch mikrobielle Desulfurikation in anoxischen Teilen des Ökosystems. Bisher sind über 200 wissenschaftliche Publikationen erschienen.

Dr. Hermann Könker, geb. 1940. 1959 Abitur, 1959 bis 1965 Studium der Agrarwissenschaften an der Universität Rostock, Diplom; 1965 bis 1969 Fernstudium Meliorationsingenieurwesen, Diplom; 1971 Promotion zum Dr. agr. an der Universität Rostock, 1987 Habilitation (Diss. B und facultas docendi). Nach Abschluss des Studiums wiss. Assistent und Oberassistent an der Sektion Meliorationswesen und Pflanzenproduktion der Universität Rostock. 1983 bis 1989 mehrmalige längerfristige Studien- und Forschungsaufenthalte in Ungarn und der (damaligen) Tschechoslowakei; seit 1989 Hochschuldozent für Standortkunde an der Agrar- und Umweltwissenschaftlichen Fakultät der Universität Rostock. 1990 bis 2000 gemeinsame Arbeiten mit ungarischen, slowakischen und polnischen Universitäten zur Entwicklung umweltrelevanter Studienprogramme in den Mittel- und Osteuropäischen Ländern. Forschungsgebiete: Bodenmelioration, komplexe Standortmelioration, Bewässerung, Standorttypisierung, Gewässersanierung und -restaurierung, Flurneuordnung, Landschaftsgestaltung. Lehre in den Studiengängen Meliorationsingenieurwesen, Pflanzenproduktion, Landeskultur und Umweltschutz, Agrarökologie.

Prof. em. Dr. agrar. habil. Albrecht Krummsdorf, geb. 1926. Studium Landwirtschaft und Gartenbau, 1952 bis 1966 wissenschaftlicher Assistent/Oberassistent im Institut für Landschaftsgestaltung an der Karl-Marx-Universität Leipzig, 1966 bis 1976 tätig in der Braunkohlentagebau-Rekultivierung im Wissenschaftlich-Technischen Institut/Braunkohlenkombinat Regis, 1976 bis 1991 Lehrstuhl für Landeskultur und Umweltschutz an der Universität Rostock. Langjährig ehrenamtlich tätig bei den Natur- und Heimatfreunden sowie der Gesellschaft für Natur und Umwelt im Kulturbund der DDR, u.a. BFA Landeskultur und Naturschutz Leipzig, 1980 bis 1990 Vorsitzender des Bezirksvorstandes der GNU Rostock; Mitarbeit in zahlreichen Fachgremien der Fachgebiete Landeskultur und Umweltschutz, z.B. AG Ingenieurbiologische Bauweisen sowie AG Bodenschutz und Abproduktnutzung der Kammer der Technik. Ab 1980 Mitglied der Sektion Landeskultur und Naturschutz der ADL und ihrer Fachgremien; ab 1960 Landschaftsarchitekt BdA/ DDR, ab 1980 Mitglied Nationalkomitee der DDR für das UNESCO-Programm Man and Biosphere (MAB).

Dr. habil. Kurt Kutzschbauch, geb. 1928. Besuch der Volks-, Mittel- und Oberschule in Zeitz, 1948 Abitur. 1948/1949 Ausbildung als landwirtschaftlicher Berufsschullehrer in Leipzig; 1949 bis 1952 Studium an der Wirtschaftswissenschaftlichen Fakultät der Universität Leipzig. 1952 bis 1959 wissenschaftlicher Assistent am Institut für Agrarwesen der Landwirtschaftlichen Fakultät in Leipzig; Einführung der Vorlesung für Agrarstatistik. 1958 Promotion zum Dr.rer.oec; 1959-1964 wissenschaftlicher Mitarbeiter im Staatlichen Büro für die Begutachtung volkswirtschaftlich wichtiger Investitionsvorhaben. 1964 bis 1969 Leiter der Abteilung Müllverwertung in der Groß-Berliner Straßenreinigung und Müllabfuhr. 1968 Habilitation zum Dr. rer. oec. et agr.habil. an der Landw. Fakultät der Universität Jena mit dem Thema: "Untersuchungen zur Verbesserung der Methodik der Ermittlung des Nutzeffekts von Investitionen". 1969 bis 1972 wissenschaftlicher Mitarbeiter in der Arbeitsgruppe „Sozialistische Landeskultur" im Büro des Ministerrates und anschließend im Ministerium für Umweltschutz und Wasserwirtschaft. 1972 bis 1981 wissenschaftlicher Mitarbeiter im Zentralinstitut für Wirtschaftswissenschaften der AdW; zeitweise Lehraufträge für Umweltschutz an der Fakultät für Geographie der Humboldt-Universität zu Berlin. Ab 1988 Kleindarsteller bei der DEFA und Aufbau eines Umweltbüros bzw. Pressebüros; seit 1990 freier Journalist für Umwelt/Kultur/Soziales. Während der beruflichen Tätigkeit immer auch ehrenamtlich tätig.

Prof. i.R. Dr.-Ing. habil. Ulrich Mittag, geb. 1931. Besuch der Rainer-Fetscher-Oberschule mit Abschluss Abitur in Pirna (1937 bis 1950), anschließend Baupraxis bei der Bau-Union Dresden, Abt. Pirna. Studium der Architektur mit Abschluss als Dipl.-Ing. (1951 bis 1957) an der Technischen Hochschule Dresden, danach Wiss. Ass. und Oberass. am Institut für Ländliches Bauwesen der TH/TU Dresden (1958 bis 1965); Promotion A an der TU Dresden 1967 (Thema: „Einführung eines universalen Konstruktionssystems nach dem Baukastenprinzip in das landwirtschaftliche Bauwesen"). Ab 1965 Lehrtätigkeit an der Universität Rostock/Sektion Landtechnik, 1969 Berufung zum Hochschuldozenten und 1982 zum ord. Professor für „Landtechnischen Anlagenbau" an der WPU Rostock, 1981 Habilitation ebenda. Lehrgebiete u.a. Landwirtschaftliches Bauwesen, Landtechnischer Anlagenbau, Technologische Projektierung. Forschungsarbeiten auf den Gebieten Dorfplanung, Stallbauten, Stallklima, Projektierungsmethoden sowie Mechanisierung und Automatisierung von Stallanlagen. 1993 bis 1998 Lehrtätigkeit am Fachbereich Landeskultur und Umweltschutz der Universität Rostock auf den Gebieten Baukonstruktion, Landschaftsbau und Entwurf von Bauwerken. Mitautor mehrerer Fach- und Lehrbücher des Landwirtschaftsbaues und der Technologie der Tierproduktion.

Dr. agrar. Hans-Joachim Mohr, geb. 1934. Diplomlandwirt, Diplom-Meliorationsingenieur, 1954 Abitur in Bad Doberan und Beginn des Studiums an der Universität Rostock, 1961 Abschluss als Diplomlandwirt. Danach Qualifizierung zum Diplom-Meliorationsingenieur und Promotion zum Dr. agrar.; 1961 bis 1990 im Meliorationswesen, vorwiegend beim Meliorationskombinat Neubrandenburg, auf technisch-technologischem bzw. technisch-wissenschaftlichem Gebiet tätig. 1990 Wechsel zum neuen Landkreis Teterow, nach einem Jahr erneut Wechsel ins Staatliche Amt für Umwelt und Natur (STAUN) Teterow, ab 1994 im STAUN Neubrandenburg als Dezernent in der Abteilung Naturschutz. 1998 vorzeitiges Ausscheiden aus dem Berufsleben infolge Erkrankung.

Prof. Dr. sc. jur. Manfred Mücke, geb. 1939. Bergmann; Jura-Studium an der Humboldt-Universität zu Berlin; wissenschaftlicher Mitarbeiter in der Wirtschaftsgesetzgebung im Ministerium für Justiz der DDR; ordentlicher Professor für Bergrecht an der Bergakademie Freiberg; infolge Abwicklung im Jahre 1991 entlassen; danach Mitarbeiter und Geschäftsführer einer Ingenieurgesellschaft für Bergbauplanung in Dresden; seit 1991 zugleich auch Rechtsanwalt; Veröffentlichungen und wissenschaftliche Gutachten vor allem zum Bergrecht.

Dr. rer. nat. Sebastian Pflugbeil, geb. 1947. Schule und Physikstudium in Greifswald. Grundlagenforschung in der Akademie der Wissenschaften der DDR (Herz-Kreislaufforschung). Mitbegründer des Friedensseminars der evangelischen Immanuelkirchgemeinde in Berlin. Aufklärung über die Wirkung von Atomwaffen und die Gefahren der Kernenergienutzung. 1989 Gründungsmitglied des „Neuen Forum" und dessen Sprecher am Berliner und Zentralen Runden Tisch, ab Februar 1990 Minister ohne Geschäftsbereich. 1990-1994 Mitglied der Berliner Stadtverordnetenversammlung und des Abgeordnetenhauses von Berlin. Ordentliches Mitglied der Internationalen Ökologischen Akademie, Präsident der Gesellschaft für Strahlenschutz. Seit 1993 Vorsitzender des Vereins „Kinder von Tschernobyl" in Berlin.

Dr.-Ing. Ernst Ramin, geb. 1936. Lehre als Schmied. Studium an der Ingenieurschule Berlin-Wartenberg zum Ingenieur für Landtechnik. Fernstudium und externe Promotion an der Technischen Universität Dresden. Wissenschaftlicher Assistent am Institut für landwirtschaftliches Maschinen- und Bauwesen der Humboldt-Universität zu Berlin. Von 1965 an in der Ostberliner Stadtreinigung im Abfallwesen tätig, zuerst als wissenschaftlicher Mitarbeiter, ab 1970 – bis zur Vereinigung der beiden Berliner Stadtreinigungsbetriebe Anfang 1992 – als Fachdirektor. Danach Geschäftsführer in Recyclingbetrieben. Seit 1997 freiberuflich beratender Ingenieur.

Dr. sc. Lutz Reichhoff, geb. 1948. Studium Biologie, seit 1976 wiss. Mitarbeiter der ILN-Arbeitsgruppe Halle/Dessau, 1986 bis 1988 Leiter der ILN-Arbeitsgruppe Potsdam, 1988 bis 1990 Forschungsteilkomplexleiter Agrarraumplanung und stellv. Direktor ILN, 1990 Referatsleiter/Unterabteilungsleiter Naturschutz im Ministerium für Umweltschutz und Wasserwirtschaft der DDR, heute Geschäftsführer der Landschaftsplanungsbüros LPR Landschaftsplanung Dr. Reichhoff GmbH/GbR; ehrenamtliche Tätigkeit seit 1963 in Fachgruppen Botanik, Mykologie und Ornithologie in Dessau, 1980 bis 1990 Mitglied des Bezirksvorstandes der GNU Halle, 1982 bis 1990 Vorsitzender des GNU Kreisvorstandes Dessau, seit 1990 Mitglied mehrerer Fördervereine für Großschutzgebiete Sachsen-Anhalts.

Dr.-Ing. Werner Schirmer, geb. 1931. Student und Assistent an der TU Dresden, Institut für Elektro- und Bauakustik. Ab 1964 Forschung, Fachplanung und Beratung im Technischen Schall- und Schwingungsschutz, Schwerpunkte Schallentstehung in Maschinen, Schallausbreitung, Bauakustik und Erschütterungsschutz. Bis 1971 Abt.-Ltr. im VEB Schwingungstechnik und Akustik Dresden, dann im Zentralinstitut für Arbeitsschutz und in der Bundesanstalt für Arbeitsschutz, beide Dresden. Ab 1993 KÖTTER Beratende Ingenieure Dresden, dabei 5 Jahre als geschäftsführender Gesellschafter. Langjähriger Fachbuch-Herausgeber und Autor: Lärmbekämpfung. 1971 Tribüne Verlag Berlin mit mehreren Nachauflagen bis 1989; Taschenbuch der Akustik, 2 Bände, 1984 Verlag Technik Berlin; Technischer Lärmschutz 1996 VDI Verlag Düsseldorf, 2. Auflage im Springer Verlag Berlin 2006. Mitglied in der Deutschen Gesellschaft für Akustik seit 1990 und Korrespondierendes Mitglied des Institute of Noise Control Engineering USA seit 1984. Dozent im 1972 bis 1990 von der TU Dresden angebotenen Postgradualen Studium Schallschutz sowie in der Ingenieur-Weiterbildung bei KDT, VDI und Technischer Akademie Esslingen.

Prof. em. Dr. med. habil. Giselher Schuschke, geb. 1935. Abitur 1953. Medizinstudium 1955 bis 1960 in Berlin (Humboldt-Universität) und Magdeburg (Medizinische Akademie). 1961 Promotion zum Dr. med.; 1965 Facharzt für Hygiene und Epidemiologie (1990 umbenannt in „Hygiene und Umweltmedizin") und staatlich geprüfter Kreishygieneartz. Aufbau und Leitung einer Abteilung/Institut für Hygiene (später: „und Umweltmedizin"). 1979 Berufung zum ord. Professor für Hygiene. Wissenschaftliche Arbeiten über Luftverunreinigungen, über laborphysiologische und epidemiologische Untersuchungen sinnesvermittelter Umweltwirkungen (Lärm, Farbe, Licht, Raumklima), elektromagnetische Felder, Medizinische Mikrobiologie, Infektiologie und Krankenhaushygiene. Bis zur „Wende" in der DDR 20 Jahre Vorsitzender der Sektion Kommunaler Lärmschutz der (medizinisch-wissenschaftlichen) Gesellschaft Allgemeine und Kommunalhygiene der DDR. Bis zur „Wende" auch Vorsitzender des Bezirksvorstandes Magdeburg der Gesellschaft für Natur und Umwelt (GNU) im Kulturbund, danach u.a. Vorsitzender des Landesvorstandes Sachsen-Anhalt des Bundes für Natur und Umwelt (BNU) und 3. Vorsitzender des Deutschen Arbeitsringes für Lärmbekämpfung (DAL, Düsseldorf). Für langjähriges Engagement im Umweltschutz Bundesverdienstkreuz 1995.

Manfred Simon, geb. 1938. Grundschule und Oberschule im Raum Magdeburg. Nach dem Abitur 1958 bis 1963 Studium an der Baufakultät der Technischen Hochschule in Prag, mit der Spezialisierung in der Fachrichtung Wasserbau. Ab 02.01.1964 wissenschaftlicher Mitarbeiter für Speicherwirtschaft und Flussbau in der Wasserwirtschaftsdirektion Mittlere Elbe-Sude-Elde in Magdeburg. Ab Juni 1965 Einsatz als Oberflussmeister für das Flussgebiet der Bode in Blankenburg/Harz und ab November 1975 als Oberflussmeister in Dresden für den Bezirk Dresden. Nach der Berufung zum Direktor der Wasserwirtschaftsdirektion Untere Elbe in Magdeburg ab November 1982 Gesamtkoordinierung der Wasserbewirtschaftung des Einzugsgebiets der Elbe auf DDR-Gebiet. Von 1991 bis 2003 wissenschaftlicher Mitarbeiter im Sekretariat der Internationalen Kommission zum Schutz der Elbe. Neben zahlreichen ehrenamtlichen Funktionen 1984 bis 1990 Vorsitzender des Bezirksfachausschusses „Wasser" der Gesellschaft für Natur und Umwelt im Bezirk Magdeburg. Es war dies der einzige Bezirksfachausschuss in der DDR, der sich mit der breiten Thematik Wasser befasste.

Dr. Uwe Wegener, geb. 1941. Studium Landwirtschaft, seit 1972 ILN-Arbeitsgruppen Halle und Potsdam, seit 1982 Naturschutzwart im Staatlichen Forstwirtschaftsbetrieb Wernigerode, nach 1990 Leiter Aufbaustab Nationalpark Hochharz und stellv. Leiter Nationalpark Hochharz; heute Projektleiter Forschung im Nationalpark Harz. Ehrenamtliche Tätigkeit ab 1955 als Naturschutzhelfer in den Kreisen Wernigerode und Halberstadt, ab 1982 Mitglied des Kreisvorstandes der GNU Wernigerode, stellv. Vorsitzender des ZFA Naturschutz in der GNU, Mitglied des ZFA Botanik und des AK Heimische Orchideen, 1990 bis 1997 Geschäftsführer des Bundes für Natur und Umwelt Sachsen-Anhalt e.V., seit 1996 Botanischer Verein Sachsen-Anhalt e.V.; seit 2002 Vorstandsmitglied Stiftung Archiv, Forum und Museum zur Geschichte des Naturschutzes in Deutschland (Königswinter).

Dr. Uwe Zuppke, geb. 1938. Studium Landwirtschaft, wiss. Mitarbeiter im Institut für Wasserwirtschaft und Zentrum für Umweltgestaltung Berlin/Außenstelle Wittenberg bis 1990, heute Mitarbeiter in einem Landschaftsplanungsbüro; ehrenamtliche Tätigkeit als Naturschutzhelfer, Leiter der FG Ornithologie Wittenberg (1965 bis1990), Leiter der Bezirksarbeitsgruppe Artenschutz Halle, Leiter des BFA Ichthyofaunistik Halle, seit 1990 ehrenamtlicher Bearbeiter der Roten Liste „Fische und Fischfauna" für das Landesumweltamt Sachsen-Anhalt.

STUDIENARCHIV UMWELTGESCHICHTE

 Umwelt hat Geschichte!

Archiv und Bibliothek

Wir sammeln Archivalien (Akten, Aufzeichnungen u.Ä.), Dias, Fotos, Schriftgut jeglicher Art (Bücher, Zeitschriften), Musealien (Abzeichen, Plaketten, usw.) zu den Bereichen:

- Bürgerliche und proletarische Heimat-, Naturschutz- und Wanderbewegung vor 1945
- Naturschutz, Umweltpolitik in der SBZ und DDR,
- Natur- und Umweltschutzbewegung (Natur- und Heimatfreunde, Gesellschaft für Natur und Umwelt im Kulturbund der DDR, kirchliche und oppositionelle Umwelt- und Naturschutzgruppen),
- Umwelt- und Naturschutzbewegung seit 1990 in den neuen Bundesländern.

Wenn Sie Quellen und Dokumente zu den genannten Themen haben und sie nicht mehr benötigen und die Zeugnisse Ihrer wissenschaftlichen, beruflichen oder ehrenamtlichen Natur- und Umweltschutzarbeit am richtigen Ort wissen wollen, dann ...
Werfen Sie nichts weg und regeln Sie, wo Zeugnisse Ihrer Tätigkeit bleiben sollen.
Rufen Sie uns an oder schreiben Sie uns !

 **Institut für Umweltgeschichte und Regionalentwicklung e.V.**
an der Hochschule Neubrandenburg

Brodaer Str. 2, 17033 Neubrandenburg
Tel.: 0395-5693 224 oder -255, Fax: 0395-5693 299
Internet: www.iugr.net Email: info@iugr.net

Nachhaltigkeit A-Z →

W wie Wachsen durch Wandel

Wachstum – wie gerne hören wir dieses Wort. Es ist so positiv, dass wir spontan das Gegenteil nicht eindeutig benennen können. Doch ist alles gut, was wächst? In unserer Wirtschaft besteht ein Zwang zum Wachstum, wenn etwas schrumpft – der DAX, die Arbeitsplätze, das Einkommen – können wir damit nicht umgehen. Dieses Buch zeigt, wie Veränderungen – auch Schrumpfungen – unser Leben bereichern und andere Perspektiven auf die Wirtschaft eröffnen.

F. Hager, W. Schenkel (Hrsg.)
Schrumpfungen
Wachsen durch Wandel – Ideen aus den Natur- und Kulturwissenschaften
oekom verlag, München 2003, 283 Seiten (mit zahlreichen Tabellen und Abbildungen)
22,50 EUR, ISBN 10: 3-928244-95-7, ISBN 13: 978-3-928244-95-4

G wie gemeinsam nutzen – lokal gestalten

Ländliche Gebiete – wirtschaftliches und kulturelles Brachland? Es gibt auch andere Wege! Am Beispiel Brandenburgs zeigen die Autor(inn)en: Einrichtungen der Gemeinschaftsnutzung wie Dorfgemeinschaftshäuser und Tauschringe tragen dazu bei, die Lebensqualität der Bevölkerung zu erhöhen und die lokale Wirtschaft zu stärken.

I. Bonas, T. Büttner, A. Leeb, M. Piek, U. Schumacher, C. Schwarz, A. Tisch (Hrsg.)
Gemeinschaftsnutzungsstrategien
für eine lokale nachaltige Entwicklung
oekom verlag, München 2006, 220 Seiten, 29,80 EUR
ISBN 10: 3-936581-87-8, ISBN 13: 978-3-936581-87-4

Erhältlich bei
www.oekom.de | oekom@rhenus.de | Fax +49/(0)81 91/970 00-405

oekom verlag